大智慧

炒股软件

从入门到精通

龙马金融研究中心 编著

人 民 邮 电 出 版 社

北 京

图书在版编目（CIP）数据

大智慧炒股软件从入门到精通 / 龙马金融研究中心编著. -- 北京 : 人民邮电出版社, 2024.7
ISBN 978-7-115-60612-9

Ⅰ. ①大… Ⅱ. ①龙… Ⅲ. ①股票交易－应用软件－基本知识 Ⅳ. ①F830.91-39

中国版本图书馆CIP数据核字(2022)第231281号

内容提要

本书以实例为主线，系统地介绍了股票投资的基础知识，以及大智慧炒股软件的使用方法和操作技巧。

本书分为 4 篇，共 19 章。第 1 篇为入门篇，介绍了新投资者入市必备常识、股票的基础知识、影响股市的主要因素等；第 2 篇为技术篇，介绍了基本面分析、单 K 线分析、多 K 线组合形态识别、移动平均线分析、趋势线分析、常用的技术指标及通过成交量透视股票走势等；第 3 篇为实战篇，介绍了涨停板技法、选股技法、逃顶技法及跟随主力技法等；第 4 篇为软件篇，介绍了大智慧软件的基础知识、使用大智慧软件分析看盘、分时走势看盘分析、预警和条件选股及公式的应用与系统测试平台等。

本书适合广大股票投资者学习使用，也可以作为高等院校相关专业或股票投资培训班的教材或辅导用书。

◆ 编　　著　龙马金融研究中心
责任编辑　贾鸿飞
责任印制　胡　南

◆ 人民邮电出版社出版发行　　北京市丰台区成寿寺路 11 号
邮编　100164　　电子邮件　315@ptpress.com.cn
网址　https://www.ptpress.com.cn
北京市艺辉印刷有限公司印刷

◆ 开本：787×1092　1/16
印张：25.5　　2024 年 7 月第 1 版
字数：734 千字　　2024 年 7 月北京第 1 次印刷

定价：99.90 元

读者服务热线：(010)81055410　印装质量热线：(010)81055316
反盗版热线：(010)81055315
广告经营许可证：京东市监广登字 20170147 号

前　言

每一次股票的牛市都会吸引大量投资者涌入，有的投资者满载而归，有的投资者则付出了巨大的代价。对普通投资者来讲，要想真正实现盈利，进而将买卖股票作为一种长期的投资方式，不仅需要扎实的基础知识，还需要掌握相关软件的操作方法和股市实战技能。为了满足广大读者的学习需求，我们邀请了多位证券投资专家和高级股票分析师，共同参与本书的策划和写作，希望能够帮助投资者以最高效的方式快速掌握相关知识和投资技巧，并引导投资者理性决策，从而避免损失、实现盈利。

本书内容

本书是一本面向零基础读者的股票投资指南，系统地介绍了股票的基础知识、股票软件的操作方法及实战技能。本书通过大量真实案例讲解知识点的运用方法，帮助读者打牢基础且熟悉实际操作，书中还总结了大量技巧，从而满足不同读者的学习需求。

本书特色

❖ 通俗易懂，快速上手

本书由浅入深地介绍了股票知识及其实际运用，帮助读者透彻理解并能触类旁通。

❖ 讲解细致，面向实战

本书将知识点融入大量真实案例，内容涵盖宏观层面的分析，同时兼顾微观层面的操作，使读者在学习阶段即可进入实战状态。

❖ 精心排版，图文并茂

本书通过精心排版大大扩充了信息容量。在具体操作上，本书配备大量图片进行说明，让内容一目了然，让学习简单高效。

❖ 高手秘技，扩展学习

本书的“高手秘技”栏目展示了各种操作技巧，总结了大量炒股实战经验，为读者提供了实用

的操作方法。

本书电子资源

赠送资源01　100页PPT版股票投资必修课

赠送资源02　100招炒股实战秘技电子书

赠送资源03　73条新投资者常见疑难问题解答电子书

赠送资源04　手机、计算机炒股必备安全常识电子书

赠送资源05　24个股票基本技术指标详解电子书

赠送资源06　10个股票实战技术指标详解电子书

赠送资源07　190个计算机炒股获利秘技电子书

赠送资源08　股票代码速查手册电子书

赠送资源09　基金投资入门及获利秘技电子书

赠送资源10　期货投资入门及获利秘技电子书

赠送资源11　10小时计算机操作视频教程

要获得以上电子资源，请打开异步社区官网（http://www.epubit.com），注册并登录账号；在主页中单击Q按钮，在打开页面的搜索框中输入“60612”，单击搜索产品按钮；进入本书的产品页面，在【配套资源】栏目中单击去下载按钮；在打开的页面中单击链接地址即可进入电子资源下载页面，按提示进行操作即可。

创作团队

本书由龙马金融研究中心策划编著，河南省科学技术情报中心高磊主编。

在本书的编写过程中，我们竭尽所能地将最好的内容呈现给读者，但难免有疏漏之处，敬请广大读者不吝指正。若读者在学习中遇到困难或有任何建议，可发送邮件至jiahongfei@ptpress.com.cn。

龙马金融研究中心

目 录

第1篇 入门篇

第2篇 技术篇

第3篇 实战篇

第4篇 软件篇

第1篇 入门篇

第1章　新投资者入市必备常识

本章引语

知己知彼，百战不殆；不知彼而知己，一胜一负；不知彼，不知己，每战必殆。

——《孙子兵法》

在战争中既了解自己，又了解敌人，百战都不会失败；不了解敌人而只了解自己，胜败的可能性各半；既不了解敌人，又不了解自己，则每战必败。股票市场如同战场，如果投资者盲目投资，很可能会投资失败，只有全面了解股票相关的知识，并形成自己的交易模式，才能真正做好股票投资。

本章要点

★对股票建立基本认知

★股票交易流程——办理委托

★新股申购的流程

1.1 入市前的准备

想让股市成为自己的“摇钱树”，投资者就必须了解股市的“习性”。本章将介绍入市前投资者必知必会的炒股基础知识。

1.1.1 对股票建立基本认知

听说周围的朋友、同事又在股市中赚了一大笔，任何人的心中多少都会泛起一丝波澜。股票市场是一个高风险与高收益并存的市场，投资者若想推开市场大门，就必须做一些准备工作。

投资者首先需要了解的就是基础的证券和交易知识。其实投资股票很简单，就如同日常购物一样。日常购物购买的是实物产品或服务，而投资股票购买的则是股权。股权是基于股东资格而享有的、从公司获得经济利益的权利。购物一般用于消费，而投资股票则可以从中获取经济利益，当然也有可能会亏损。所以，投资者要对股票有一定的认识。

（1）股票是一种股权。

（2）股票交易有固定的交易场所——证券交易所。我国最大的两家证券交易所是上海证券交易所（一般简称上交所、上证或沪市）和深圳证券交易所（一般简称深交所、深证或深市）。

（3）投资者需要通过证券公司才可以买卖股票。

（4）股票要在规定的时间买卖。每周有固定的交易时间，在交易时间之外，投资者均不可以买卖股票。

（5）股票买卖以“手”为单位，单笔买卖必须是一手的整数倍，一手等于100股，因此最少需要购买100股。

上述只是简单的证券基础知识，有助于投资者对股票建立基本的认知。相关的证券知识与交易知识还有许多，在后面的章节将进行更详细的介绍。

1.1.2 炒股是如何赚钱的

投资者购买股票的主要目的是获取收益，那么炒股究竟是如何赚钱的呢？主要有以下两种途径。

1. 分红获取利润

上市公司当年如果实现盈利，会根据投资者所持有的股份给投资者分配利润，这就是股利分红。分红种类主要有现金和股票。如果该公司没有盈利，或者对未分配利润不派息，投资者则无法获得股利分红。

例如，李明买入1 000股万科A，在持有该股票一周之后，万科A宣布分红除息[1]，每10股分派现金红利1元，下一个交易日也就是除权日，该股票开盘基准价（也就是昨日收盘价）下降0.1元。李明的账户上每股多出来0.1元分红，也就是1 000×0.1=100（元），再按照持股时间长短不同，扣除20%的个税（如果持股超过1个月扣5%的个税），李明持有的万科A实际分红为100×（1–20%）=80（元）。

2. 依靠股价差获取利润

在投资股票的过程中，投资者主要依靠股价差获取利润。当投资者所投资的股票需求大于供给时，买的人多、卖的人少，股票的价格就会上涨。如果投资者逢低买入，当价格上涨时果断卖出，就等于低买高卖，可赚取买入和卖出股价间的差额，获得股价差的利润。

例如，王珊出资10万元买入8 000股某只股票，买入价格为每股12.5元，之后该股票价格一度

1 除息是指上市公司对每年的盈利给投资者分派现金红利。

拉升至每股13.6元，那么王珊卖出后能获利多少呢？如果不计交易费用，通过股价差获利＝8 000×（13.6 － 12.5）=8 800（元）。

1.1.3　炒股是如何赔钱的

盈亏同源，既然有人炒股赚钱，也就有人炒股赔钱。股市上有句俗语：十人炒股，一赚两平七赔。这也就说明，有更多的投资者在股票市场上是赔钱的。为什么会出现炒股赔钱的情况呢？主要有以下几种原因。

1. 追涨杀跌，折损本金

许多未曾涉股的投资者看着周围的人在大牛市中挣得盆满钵满，在未经过系统学习和模拟盘操练的情况下就一头扎入股市，很难不赔钱。新人入市，大多喜欢追涨杀跌。

例如，李兰看到中国电建股价一直上涨，从7元一直涨至16.5元，她认为该股很有前途，股价还会再涨，于是在18元时终于按捺不住，投资9 000元买进500股。结果万万没想到，该股票价格最高冲到19.9元之后一路狂跌，李兰实在承受不了，最终以14元的价格卖出股票，最终亏损2 000元（暂不计交易费用），亏损比例为22%。结果，在李兰卖出股票之后，股价反弹至17元。这就是典型的追涨杀跌。

2. 频繁操作，提高交易成本

有些投资者妄想能够把握住股市中每一次股价上涨的机会，希望能够短线获利，于是天天交易，甚至每天多次买卖，结果操作越频繁亏损越多。交易频繁容易亏损的原因主要是容易迷失方向，难以长期保持理性的心态。而且频繁地买卖所付出的交易成本过高，利润减少。

3. 股票种类过多，操作杂乱无章

许多投资者认为鸡蛋不应该都放入同一个篮子里，于是在刚入市的时候喜欢买许多只（10只以上）股票，在每一只股票上所投入的资金并不多。由于买入的股票数量太多、种类太杂，投资者无法潜心研究股票，从而难以做到精心管理。在行情震荡上扬的时候，容易出现一半涨一半跌、无利可图的结果。当遇到大盘猛跌时，个股价格纷纷跟随大盘猛跌，投资者在卖股票时往往顾此失彼，导致利润减少甚至亏损。

1.1.4　股票分析和交易软件

与传统的交易方式相比，使用计算机和手机交易具有获取信息速度更快、获取信息内容更精准、交易更便捷等优势，只要有计算机、智能手机并且能接入互联网，安装了相关证券公司的行情交易客户端，即可随时随地登录客户端查看行情，在交易时间内买卖股票。

通常情况下，证券公司会为在本公司开户的投资者提供股票分析和交易软件。另外，网络上也有许多免费的行情分析软件，投资者可以根据自己的需要下载和使用。下面简单介绍目前市面上较普及的几款主流行情分析软件。

1. 大智慧

大智慧是一款用来显示行情、分析行情和接收即时信息的炒股软件。大智慧软件刷新速度非常快，有深圳市场的全景封单功能，许多追涨停板的投资者用这个功能来看自己的排单位置。大智慧软件系统稳定、操作便捷、界面风格简洁，支持查看股指期货等衍生金融产品行情、透视交易细节；独创DDE（dynamic data exchange，动态数据交换）决策选股分析系统，BS（buy sell，买卖）点决策平台，为投资者提供参考。大智慧计算机客户端界面如图1-1所示。

大智慧手机客户端的功能是针对手机客户端用户的操作习惯，独立设计、开发的，大部分承接

了计算机客户端的主要功能，可以提供行情数据、委托交易等基本功能。其界面表现形式、操作方法与大智慧计算机客户端非常相似，投资者无须花费很多时间就能很好地掌握大智慧手机客户端的操作。图1–2所示为大智慧手机客户端主界面。

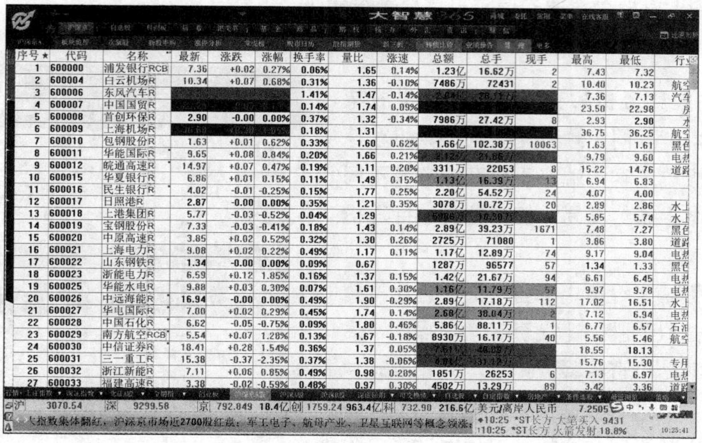

图1–1

图1–2

2. 通达信

通达信是目前投资者使用较多的软件之一，也是证券公司广泛使用的股票行情分析软件。其界面简单整洁而且可以自定义；有深市的逐笔委托单功能，可以自定义设置查看委托单的大小，过滤一些小单；也可以实现多账户委托交易，可编程性强，适合公式爱好者。通达信软件能够展示实时和全面的股指行情和即时信息，问答和圈子功能为投资者了解股市、熟悉市场规则提供了一个完善的互助平台。通达信软件为投资者建立投资理念、优化投资策略提供了互动环境，帮助新入市的投资者快速成为“炒股达人”。

打开通达信计算机客户端后，投资者看到的是市场界面（见图1–3）。在不同的板块下，界面中显示不同的行情、状态栏和功能树等内容，以及各类实时财经信息和便捷小工具。

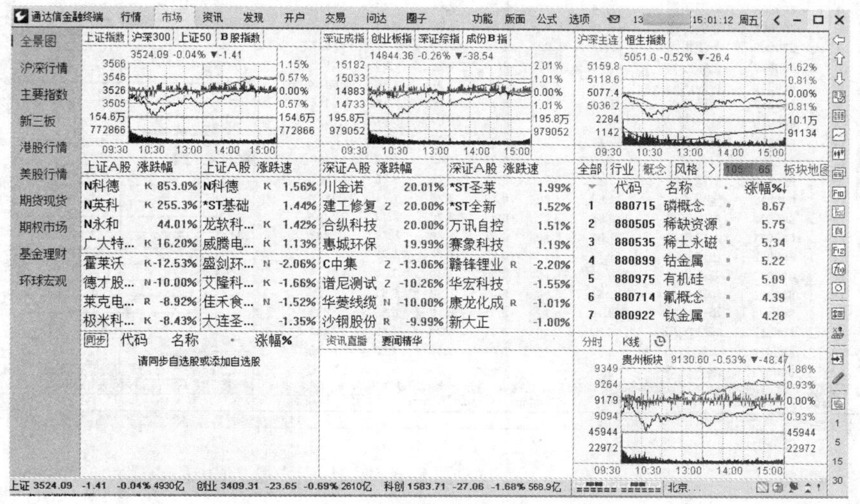

图1–3

通达信手机客户端拥有实用的技术分析工具、完整的基本面数据、开放的接口、智能化操作和个性化的功能，是一个用来进行行情显示、行情分析及信息即时接收的证券信息平台。通达信手机客户端的行情交易系统功能完善、操作简单，不仅支持日常交易、融资融券交易，还支持开放式基金的认购、申购、赎回操作。图1–4所示为通达信手机客户端主界面。

3. 同花顺

同花顺是一款功能强大的股票分析和交易软件，提供股票资讯、行情分析和行情交易等功能。同花顺有免费的计算机客户端、付费的计算机客户端、平板电脑客户端、手机客户端等不同版本。普通的个人投资者如果做中长线交易，使用免费的计算机客户端即可。

同花顺软件还有许多特色板块：经典指标自定义，可让投资者自由选择、自主定义指标；模拟炒股，让投资者学习操作，演练实战技巧；主力买卖指标，帮助投资者降低风险。同花顺软件免费提供个股资金流向数据、主力增仓数据，以及数据中心、研报中心两大平台精选财经信息。新版同花顺软件可以以游客身份登录，也可以使用微信账号登录，还可以使用手机号登录。同花顺软件根据证券机构、个人投资者的需求和使用习惯，新增了通达信模式。

打开同花顺软件，可在菜单栏中找到最新动态信息及分析等；工具栏中的实用工具可以帮助投资者进行决策分析；自应用是投资者根据自己的操作习惯自行添加的应用；分时图可以显示个股以及大盘的最新进展情况。图1–5所示为同花顺计算机客户端主界面。

图1–4

排	代码	名称	涨幅%	现价	涨跌	买价	卖价	总手
1	600000	浦发银行	-0.30	9.91	-0.03	9.91	9.92	19.50万
2	600004	白云机场	-1.77	10.53	-0.19	10.53	10.54	11.27万
3	600006	东风汽车	+2.77	7.80	+0.21	7.79	7.80	56.46万
4	600007	中国国贸	-1.64	17.41	-0.29	17.41	17.42	19152
5	600008	首创环保	+3.34	3.09	+0.10	3.08	3.09	83.21万
6	600009	上海机场	+0.43	46.20	+0.20	46.20	46.21	47327
7	600010	包钢股份	+8.28	1.83	+0.14	1.82	1.83	1331万
8	600011	华能国际	-0.75	3.97	-0.03	3.97	3.98	86418
9	600012	皖通高速	-1.12	6.17	-0.07	6.17	6.18	20416
10	600015	XD华夏银	-0.17	5.84	-0.01	5.84	5.85	22.15万
11	600016	民生银行	-0.46	4.33	-0.02	4.33	4.34	32.78万
12	600017	日照港	-0.38	2.63	-0.01	2.63	2.64	21400
13	600018	上港集团	-2.44	5.19	-0.13	5.19	5.20	32.49万
14	600019	宝钢股份	+1.58	7.70	+0.12	7.70	7.71	36.31万
15	600020	中原高速	+0.62	3.23	+0.02	3.22	3.23	12357
16	600021	上海电力	-1.02	6.78	-0.07	6.78	6.79	36242
17	600022	山东钢铁	+1.14	1.78	+0.02	1.77	1.78	100.0万
18	600023	浙能电力	-0.88	3.36	-0.03	3.36	3.37	11.95万
19	600025	华能水电	-1.61	5.50	-0.09	5.50	5.51	12.81万
20	600026	中远海能	+0.16	6.19	+0.01	6.19	6.20	59253
21	600027	华电国际	-0.29	3.39	-0.01	3.39	3.40	97894
22	600028	中国石化	-0.24	4.19	-0.01	4.19	4.20	58.68万
23	600029	南方航空	-0.35	5.75	-0.02	5.75	5.76	15.20万

图1–5

同花顺手机客户端支持iOS手机、安卓系统手机安装。图1–6所示为安卓系统同花顺手机客户端主界面。

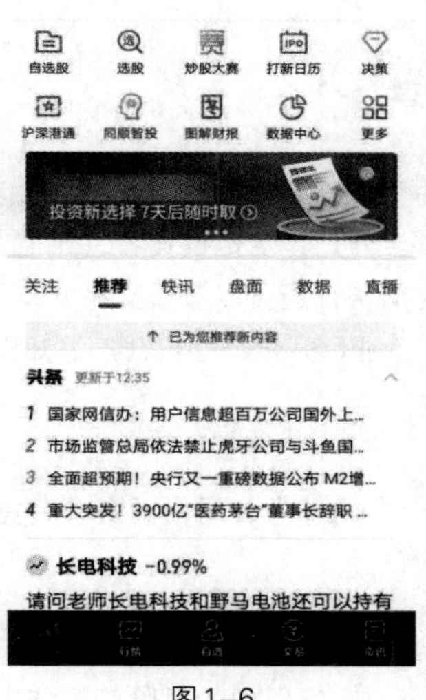

图1-6

4. 东方财富

东方财富信息股份有限公司旗下拥有证券经纪、金融数据、互联网广告、期货经纪、公募基金、私募基金、证券投资顾问等多个业务板块，其开发的东方财富软件可为投资者提供金融交易、行情查询、资讯浏览、社区交流、数据支持等全方位一站式的金融服务。东方财富软件基本功能齐全，个股的公告、大事件、新闻发送较快；数据统计分析功能强，龙虎榜单信息整理得较为全面、细致；自带论坛，论坛用户多且十分活跃。东方财富信息股份有限公司在2015年收购具有证券公司牌照，可以从事证券经纪业务的西藏同信证券股份有限公司（后更名为东方财富证券股份有限公司），因此，东方财富软件还具有证券交易功能。图1-7所示为东方财富计算机客户端主界面。

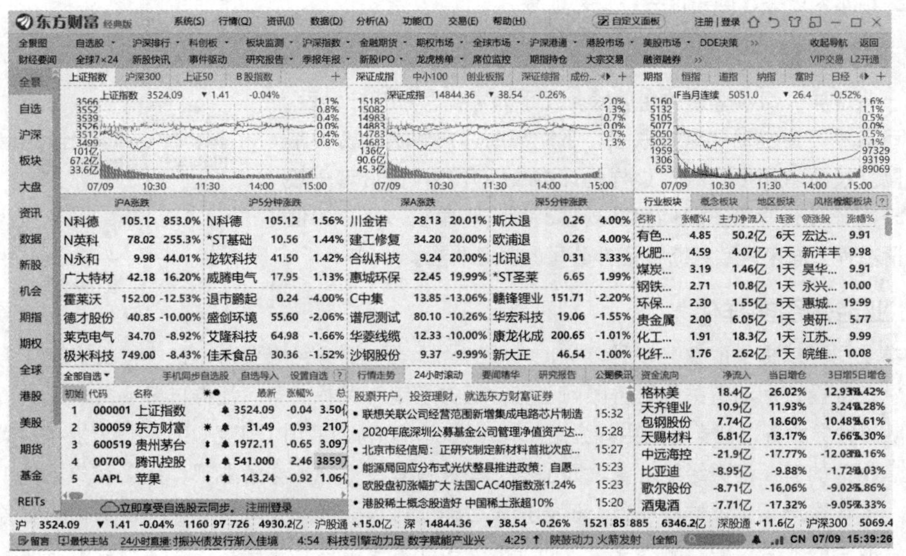

图1-7

东方财富手机客户端设置了全球指数、资金流向、热点题材、新股申购、全球期指等信息浏览的快速入口；具有明日机会、热点主题、市场风向、资金流向、科创板IPO（initial public offering，首次公开募股）等信息展示模块。其资讯覆盖了沪深市场、场内基金、场外基金、债券、沪深港通、新三板、金融期货等多个金融市场。图1-8所示为东方财富手机客户端主界面。

1.2 办理开户手续

在学习了股票相关基础知识，准备好所需的软件、硬件设备之后，投资者想要进入二级市场进行投资，还需要先开立证券账户。去哪里开户，这是投资者首先需要解决的问题。选择一家好的证券公司开户，不仅可以得到贴心的个性化服务，还可以节省交易成本、增加投资收益。本节为投资者就选择证券公司、开户需要准备的资料、营业厅开户、手机开户等知识进行一一介绍。

1.2.1 选择证券公司

现在证券公司数量繁多，面对众多的证券公司，投资者究竟该如何选择呢？下面就为投资者介绍在选择证券公司时应当考虑的几大问题。

1. 证券公司等级

投资者一般难以直接判断证券公司在行业内的风险管理能力及合规管理水平。不过，中国证券监督管理委员会（以下简称“证监会”）每年都会对证券公司进行评级。《证券公司分类监管规定》将证券公司分为A（AAA、AA、A）、B（BBB、BB、B）、C（CCC、CC、C）、D、E五大类，共11个级别。其中，A、B、C三大类中各级别公司均为正常经营公司，D类、E类公司分别为潜在风险可能超过公司可承受范围和被依法采取风险处置措施的公司。投资者应尽量选择在A、B、C这三大类证券公司开户。规模越大的证券公司，所持的金融牌照越全面，可开展的金融业务越广泛。比较优秀的头部AA级证券公司有中信证券、中金公司、中信建投证券、国泰君安证券、银河证券、招商证券、华泰证券、平安证券、海通证券、国信证券、申万宏源、安信证券、光大证券、国金证券、中泰证券。

图1-8

2. 服务质量

有一些证券公司对客户的售后服务几乎为零，客户开户之后，这些公司几乎不会主动和客户联系，不能帮助客户解决投资中常见的问题。投资者不要选择在这样的证券公司开户。投资者一般可以从一家证券公司投资顾问团队规模、投资者学校、平日的信息推送情况等方面来大致判断该证券公司的服务质量。

3. 业务是否多样化

证券公司可以提供的业务多种多样，一般有九大类：证券经纪业务，证券投资咨询业务，与证券交易、证券投资活动有关的财务顾问业务，证券承销与保荐业务，证券自营业务，证券资产管理业务，融资融券业务，证券公司中间介绍（introducing broker，IB）业务，直接投资业务。其中与投资者息息相关的有：证券经纪业务，即证券公司通过其设立的证券营业部，接受客户委托，按照客户要求，代理客户买卖证券的业务；证券投资咨询业务，即证券公司提供证券投资顾问服务和证券研究报告服务的业务；融资融券业务，即证券公司向客户出借资金供其买入证券或出借证券供其卖出的业务；证券公司中间介绍业务，即证券公司接受期货经纪商的委托，为期货经纪商介绍客户的业务。投资者可根据自己的需求，选择业务多样化的证券公司开户。

4. 交易成本

交易成本即开户之后交易的手续费，俗称佣金。证券公司一般按资金量、交易量等数据来给客户定佣金的等级，资金量大、交易量大的投资者的佣金等级优惠力度大，拥有更多的谈判资格。一般情况下，大公司的佣金水平会比小公司略高，不过也不能一概而论，所谓货比三家，投资者只有多问、多打听才能找到适合自己的证券公司。目前一些证券公司已经将手续费费率降低至万分之三的水平，甚至更低，高于这个水平的，基本可以忽略。

5. 资讯推送

服务好的证券公司会在每个交易日收盘后对当天的行情复盘，收集整理每日市场热点，分析资金流向，对市场数据进行跟踪。例如，即将发行的新股有哪些，央行的降息降准信息，北上资金的净流入、净流出等信息。

1.2.2 开户需要准备的资料

投资者如需入市，应事先开立证券账户卡，即分别开立深圳证券账户卡和上海证券账户卡。依据开户的主体不同，投资者可分为个人投资者和机构投资者，二者在开户时所应准备的资料有所不同。

1. 个人投资者

个人投资者（须年满18周岁）需要携带本人有效身份证以及银行卡，到相关的证券营业厅登记机构办理开户手续。若是代理人，还需与委托人同时临柜签署授权委托书，并提供代理人的身份证原件和复印件。

2. 机构投资者

机构投资者需要携带的资料较多，具体如下：法人营业执照及复印件、法定代表人证明书、证券账户卡原件及复印件、法人授权委托书和被授权人身份证原件及复印件、单位预留印鉴。B股开户还需提供境外商业登记证书及董事证明文件。

1.2.3 营业厅开户

自2015年4月3日起，投资者可以一人开设多个证券账户，投资者可以在多家证券公司开设账户。但是自2016年10月15日起，自然人及普通机构投资者已开设的3户以上同类证券账户符合账户实名制管理要求且确有实际使用需要的，投资者本人可以继续使用；对于长期不使用的3户以上的账户，将被依规纳入休眠账户管理。也就是不允许投资者在3家以上证券公司开立证券账户，对于原来已多开的证券账户不强制销户，但会纳入休眠账户。但是，对于融资融券交易账户只允许开一个账户，如果老客户已经开通融资融券交易账户，并且想转去其他证券公司开户，则需要先撤销已开通的融资融券交易账户，再去其他证券公司的营业厅开立融资融券账户。

个人投资者去营业厅办理A股开户的流程如下。

（1）选择一家证券公司。

（2）持本人身份证和银行卡去证券公司的业务网点办理开户手续。若是代理人，还需与委托人同时临柜签署授权委托书，并提供代理人的身份证原件和复印件。

（3）开设深、沪证券账户卡（或称股东卡）。

（4）填写开户申请书，签署《证券交易委托代理协议书》，同时签订《指定交易协议书》。

（5）证券营业部为投资者开设资金账户。如要开通网上交易，还需填写《网上委托协议书》，并签署《风险揭示书》。

（6）签署《交易结算资金银行存管协议书》，办理资金的第三方存管。

1.2.4 手机开户

伴随着智能手机的普及，以及微信小程序等轻量应用的产生，越来越多的证券公司开发了手机客户端开户App和微信开户小程序。投资者若想采用手机客户端开户，需要先准备开户所需的资料，包括有效期内的中华人民共和国第二代居民身份证、本人银行借记卡。

下面以中山证券为例，简单介绍手机开户的流程。

❶ 在微信搜索并关注"中山证券"微信小程序或者在手机应用商城搜索并下载"中山证券"App。

❷ 如果通过微信小程序开户，选择"账户"菜单栏的"开户"，打开"股票开户"界面，如图1-9所示；如果通过App开户，则打开中山证券手机客户端，选择"首页"的"掌上营业厅"。

❸ 填写手机号和验证码并点击"下一步"按钮，进入输入获取的短信验证码的界面，如图1-10所示。

图1-9

图1-10

❹ 拍摄并上传本人身份证正反面照片，如图1-11所示。

❺ 核对身份证信息，如图1-12所示。注意，身份证号码一定要多检查几遍，以免出错。

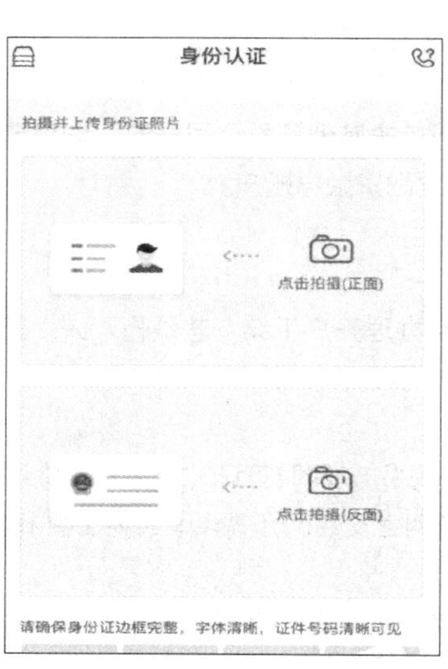

图1-11

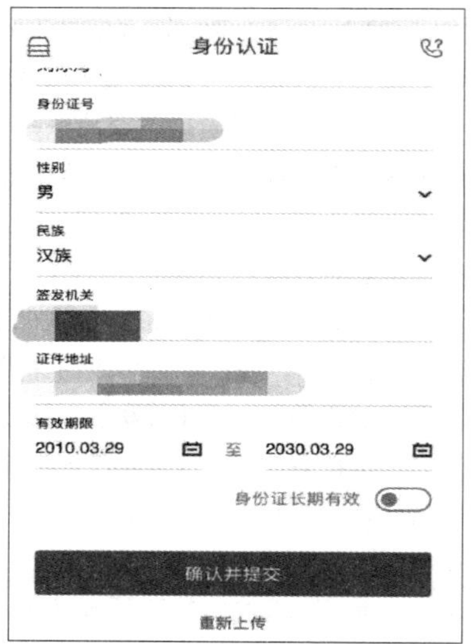

图1-12

❻ 填写补充资料，如图1–13所示。

❼ 填写其他补充资料，确认无误后，点击勾选复选框，并点击"完成" 按钮 ，如图1–14所示。

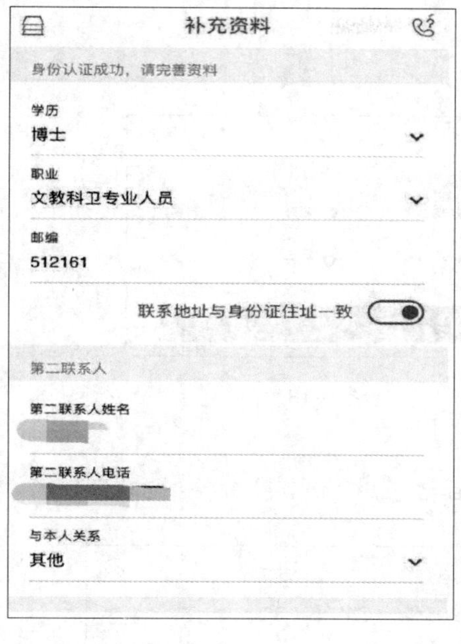

图1–13

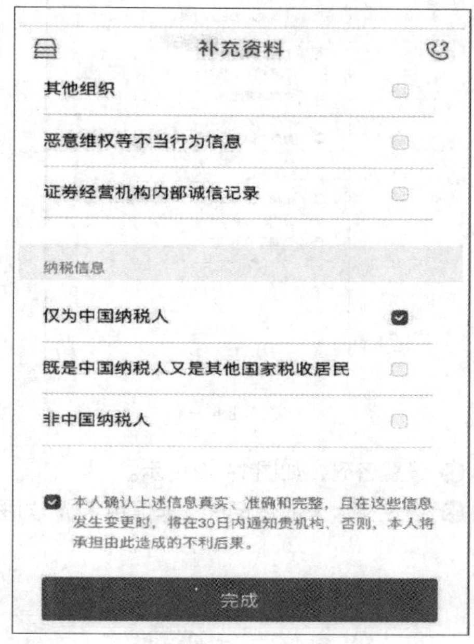

图1–14

❽ 拍摄并上传本人大头照，如图1–15所示。

❾ 根据图片展示要求，拍摄并上传本人姿势照片（共3张），如图1–16所示。

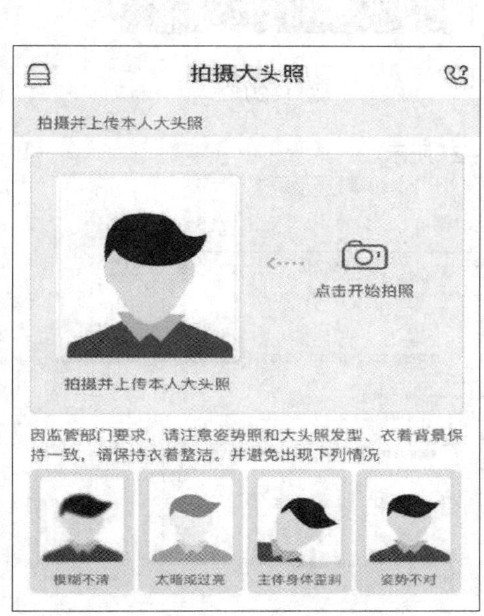

图1–15

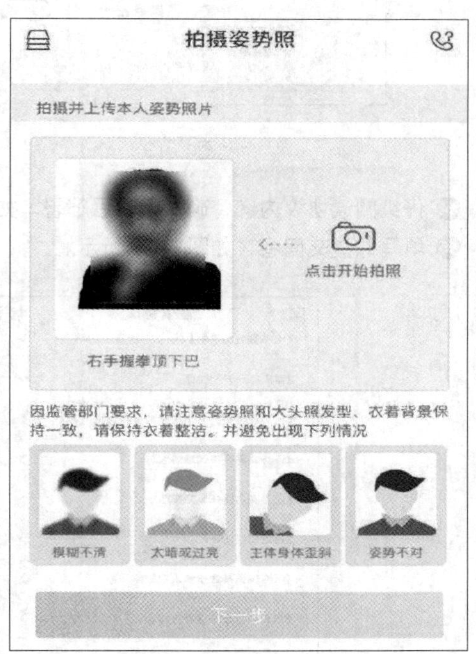

图1–16

❿ 根据自身实际情况，完成风险测评（共20道题），如图1–17所示。

⓫ 选择拟开通的证券账户（选择新开或转入已有的证券账户），如图1-18所示。

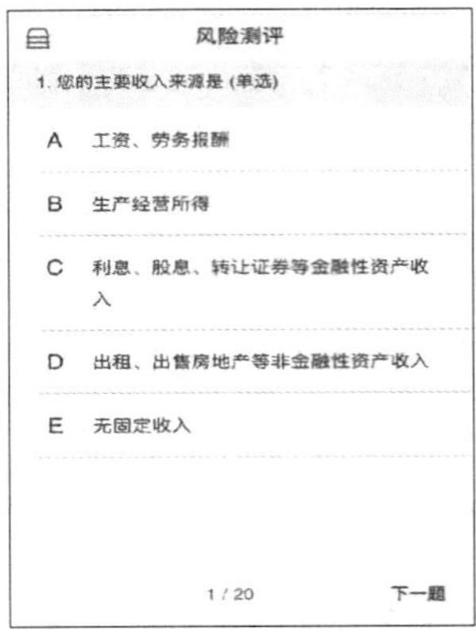

图1-17

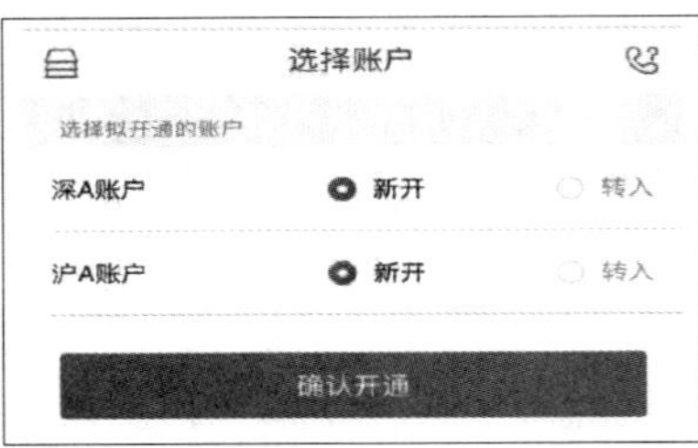

图1-18

⓬ 设置密码，如图1-19所示。

⓭ 绑定持卡人的借记卡（非信用卡），如图1-20所示。

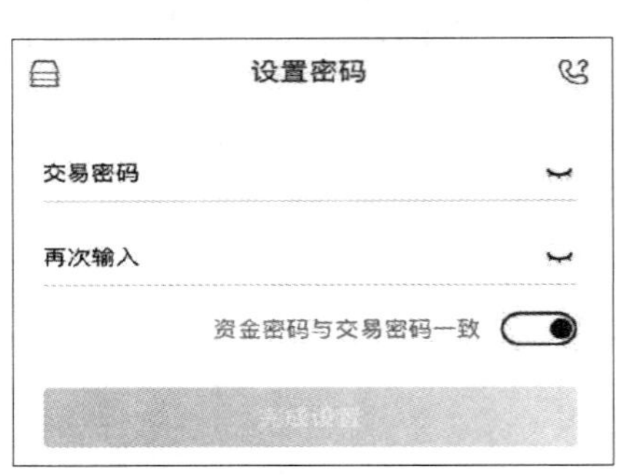

图1-19

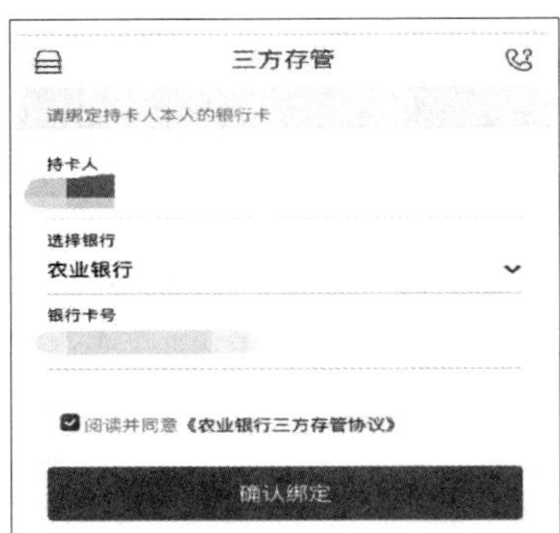

图1-20

⓮ 仔细阅读协议内容，确认无误后签署，如图1-21所示。

⓯ 填写并提交问卷，如图1-22所示。

图1-21

图1-22

⑯ 开户申请提交成功，如图1–23所示，留意通知开户结果的短信。

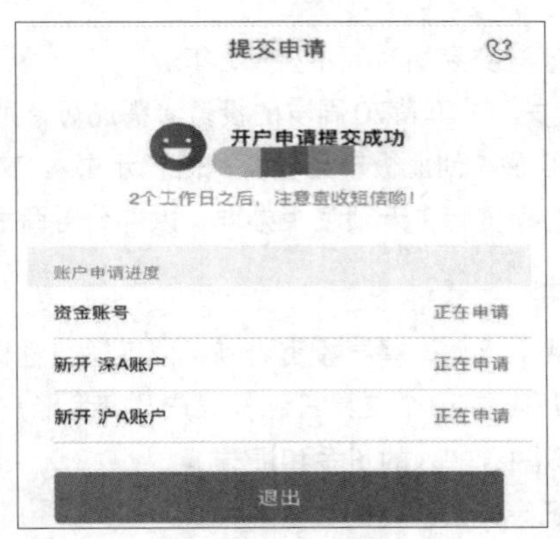

图1–23

1.2.5 银行卡及资金安全

投资者在投资股票时不可以直接用银行借记卡内的资金购买股票，而需要将银行借记卡与资金账户关联之后，先把资金从银行借记卡划转至资金账户内，再利用资金账户内的钱买股票。

1. 什么是第三方存管

第三方存管是指证券公司客户的证券交易结算资金交由银行存管，由存管银行按照法律、法规的要求，负责客户资金的存取与资金交收。

2. 第三方存管的办理

原来办理第三方存管手续需要投资者本人先在证券公司营业部开具《客户交易结算资金银行存管协议书》，然后拿着《客户交易结算资金银行存管协议书》和身份证去银行进行现场签约。现在，如果用手机开户，则直接通过手机客户端开通第三方存管，投资者无须去银行办理。投资者也可以登录想签约的银行网上营业厅，自助办理第三方存管的签约。若网上办理或者手机办理出现误填、漏填的情况，可先去证券公司营业部开具《客户交易结算资金银行存管协议书》，然后去银行进行现场签约。

1.2.6 开通创业板、科创板、沪港通、融资融券业务

目前在沪、深两市上市的板块有上证主板、深证主板、创业板、科创板、风险警示板和退市整理板，部分证券公司还有参与港股交易的港股通业务。其中，退市整理板股票是即将面临退市交易的股票，流动性极差并伴随较大风险，因此，很少有新的投资者交易退市整理板的股票。投资者开通了上证和深证证券账户并不能直接交易创业板、科创板、风险警示板和港股通的股票，还需要根据交易的需要再次开通特殊业务。此外，投资者还可以根据自身实际情况开通沪港通、融资融券业务。

1. 创业板业务开通条件

首次开通创业板业务需投资者本人持身份证到证券公司营业部现场申请，投资者应满足以下适当性标准。

（1）资产要求：申请开通权限前20个交易日证券账户及资金账户内的资产日均不低于人民币10万元（不包括该投资者通过融资融券融入的资金和证券）。

（2）适当性匹配要求：客户适当性类型为专业投资者，或风险等级为稳健型及以上的普通投资者。

（3）交易经验要求：参加证券交易的时间不少于2年。

（4）年龄要求：年满18周岁，对年满70周岁的投资者需进行特别风险提示。

上述条件同时满足，才可签署《创业板市场投资风险揭示书》，文件签署两个交易日后即可开通交易。非首次开通创业板业务的投资者，无须临柜办理，大部分券商线上即可办理创业板转签业务。

2. 科创板业务开通条件

首次开通科创板业务可在线上操作，需要投资者满足以下适当性标准。

（1）资产要求：申请权限开通前20个交易日证券账户及资金账户内的资产日均不低于人民币50万元（不包括该投资者通过融资融券融入的资金和证券）。

（2）交易经验要求：参加证券交易的时间在2年以上。

（3）适当性匹配要求：风险等级为积极型及以上。

3. 沪港通业务开通条件

首次开通沪港通业务可在线上操作，需要投资者满足以下适当性标准。

（1）年龄要求：年满18周岁、不满70周岁。

（2）资产要求：在申请权限开通前20个交易日以投资者名义开立的证券账户及资金账户内的资产日均不低于人民币50万元（不包括该投资者通过融资融券融入的资金和证券）。

（3）适当性匹配要求：客户适当性类型为专业投资者，或风险等级为积极型及以上的普通投资者。

（4）测试要求：普通投资者需完成港股通业务知识水平测试，且测试结果达到70分及以上（专业投资者无须测试）。

（5）信用档案要求：无不良诚信记录。

4. 融资融券业务开通条件

融资融券业务开通需要投资者本人持第二代身份证到证券公司营业部现场签约，需要投资者满足以下条件。

（1）年龄及民事行为能力要求：个人投资者年满18周岁，具有完全民事行为能力。

（2）交易经验要求：普通证券账户在公司从事证券交易不少于6个月，即开户交易满6个月。

（3）资产要求：以证券资产不少于人民币50万元为基本门槛，作为验资用途（人民币50万元指20个交易日日均持有的股票市值，证券资产包括交易结算资金、股票、债券、资产管理计划等）。

（4）适当性匹配要求：在2年内，投资者风险评估问卷要求为C4和C5，具有较强的风险承受能力；风险承受能力较弱或风险评估问卷为C1的投资者不允许开通。

（5）信用档案要求：信誉良好且不在公司信贷业务“黑名单”库内的个人或机构。

（6）亲属规避合规要求：非本公司的股东或关联人。

（7）其他要求：按照公司适当管理的规定，没有不适合进行融资融券业务的情况。

1.3 股票交易流程——办理委托

投资者完成开户之后，即可参与沪市A股与深市A股的交易，这需要在股票交易日按照沪、深两市的交易规则进行委托申报。

股票交易日是指能够进行股票交易的日期。交易日一般为周一至周五，国家法定的节假日和周末休市不交易，需要注意的是，在法定节假日调休的周六或周日，交易所也休市不交易。例如，

2021年"五一"假期是2021年5月1日至2021年5月5日，因此，股市休市五天，虽然2021年5月8日（周六）是调休日，要正常上班，但是交易所在这一天不进行交易。在通常情况下，上海、深圳证券交易所每个交易日的交易时间分为表1-1所示的几个时段。

表1-1　上海、深圳证券交易所交易时段

时间段	交易时段	投资者可以进行的操作
9:15—9:20	集合竞价	可以进行竞价申报，也可以撤单
9:20—9:25	集合竞价	可以进行竞价申报，不可以撤单
9:25—9:30	申报	可以进行竞价申报，不可以撤单
9:30—11:30	连续竞价	可以进行竞价申报，也可以撤单
13:00—14:57	连续竞价	可以进行竞价申报，也可以撤单
14:57—15:00	集合竞价	可以进行竞价申报，不可以撤单

1.3.1　股票买卖的委托程序

投资者完成开户的第二日就可以进行股票买卖。投资者买卖的委托程序分为委托受理、委托执行和委托撤销3步。

1. 委托受理

证券公司在收到客户委托之后，首先对客户的身份、委托内容、委托卖出的证券数量以及委托买入的资金余额进行审查。经查验符合要求之后，证券公司才会接受委托。

2. 委托执行

证券公司接受客户买卖证券的委托之后，应当根据委托的证券名称、买卖数量、出价方式、价格变化幅度等，按照证券交易所的交易规则代理买卖证券操作。买卖成交之后，应当按照规定制作买卖成交报告单交付客户。

3. 委托撤销

在委托成交之前，客户有权变更或撤销委托。一旦证券营业部申报竞价成交，买卖就已经成立，成交部分不得撤销。客户可以直接将撤单信息通过计算机或手机终端输入证券交易所交易系统，办理撤单。对客户委托的撤销，证券公司必须及时将冻结的资金和证券解冻。

1.3.2　股票买卖的委托内容

股票买卖委托的内容主要包含基本委托内容和上海、深圳证券交易所证券买卖申报价格的规定两部分。

1. 基本委托内容

投资者买卖股票时，向证券公司下达的委托指令主要包括：证券账号、日期、品种、买入卖出方向、委托数量、委托价格、时间、股票名称、股票代码。图1-24和图1-25所示分别为计算机终端的股票买入和卖出界面。

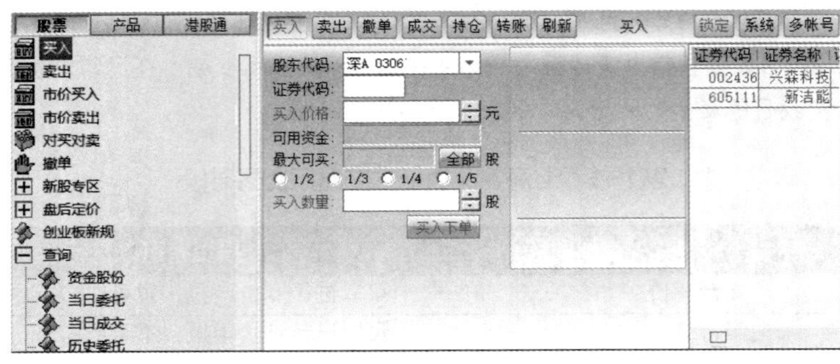

图1-24

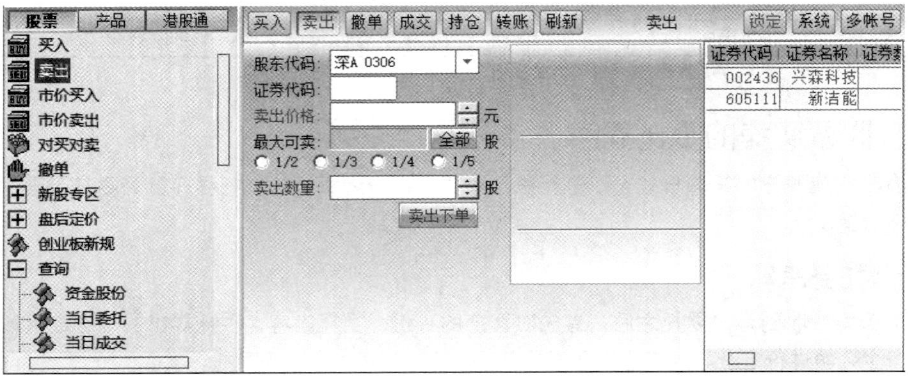

图1-25

打开交易界面后，选择左侧功能列表中的“买入”选项，在窗口右侧可进行买入操作，如图1-26所示。输入买入股票的证券代码后，系统自动根据账户中的可用资金金额计算出最大可买数量。投资者输入买入数量和买入价格后，单击“买入下单”按钮即可。

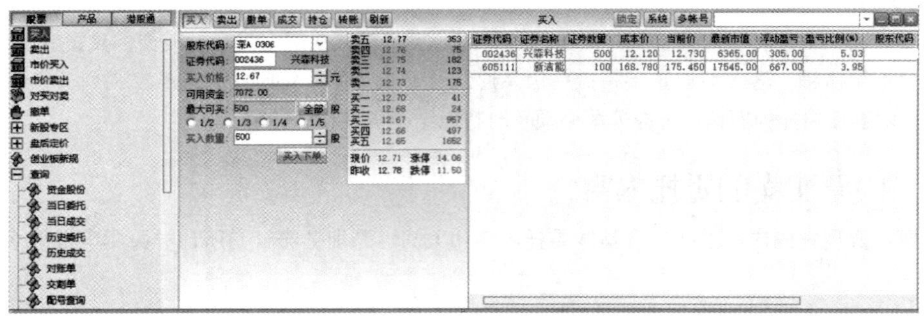

图1-26

选择左侧功能列表中的“卖出”选项，在窗口右侧可进行卖出操作，投资者输入卖出股票的证券代码、卖出数量和卖出价格后，单击“卖出下单”按钮即可，如图1-27所示。

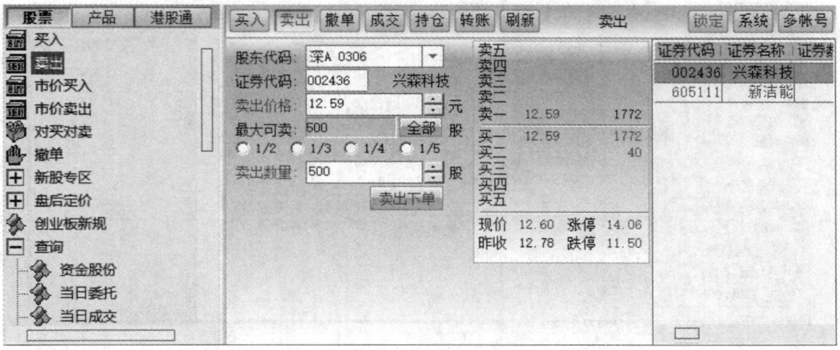

图1-27

依据《上海证券交易所交易规则》和《深圳证券交易所交易规则》，两家证券交易所通过竞价交易的证券买卖申报数量和单笔申报最大数量分别如表1-2和表1-3所示。

表1-2　证券交易所竞价交易的证券买卖申报数量

交易内容	申报数量	
	上海证券交易所	深圳证券交易所
买入股票、基金、权证	100股或其整数倍	100股或其整数倍
卖出股票、基金、权证	100股或其整数倍，余额不足100股的部分应一次性申报卖出	100股或其整数倍，余额不足100股的部分应一次性申报卖出
买入债券	1手或其整数倍	10张或其整数倍
卖出债券	1手或其整数倍	10张或其整数倍，余额不足10张部分应当一次性申报卖出
债券质押式回购交易	100手或其整数倍	10张或其整数倍
债券买断式回购交易	1 000手或其整数倍	—

表1-3　证券交易所竞价交易的单笔申报最大数量

交易内容	单笔申报最大数量	
	上海证券交易所	深圳证券交易所
股票、基金、权证交易	100万股	100万股
债券交易	1万手	10万张
债券质押式回购交易	1万手	10万张
债券买断式回购交易	5万手	—

2. 上海、深圳证券交易所证券买卖申报价格的规定

从委托价格限制形式来看，委托可分为市价委托和限价委托。

市价委托是指客户向证券公司发出买卖某种证券的委托指令时，要求证券公司按照证券交易所当时的市场价格进行买进或者卖出证券操作。市价委托的优点是没有价格限制，证券公司执行委托指令比较容易，成交迅速且成交率高。图1-28所示为市价买入的交易界面。

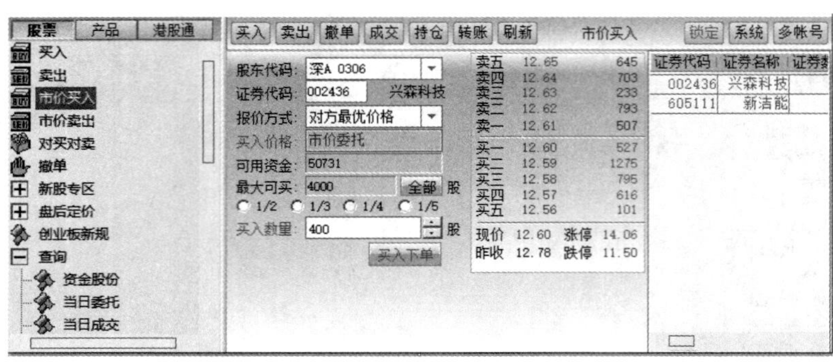

图1-28

限价委托是指客户要求证券公司在执行委托指令时，必须按限定价格或比限定价格更有利的价格买卖证券，即以限定价格或更低的价格买入，以限定价格或更高的价格卖出。限价委托的优点是可以以客户的预期价格或更有利的价格成交，有利于客户实现预期投资计划。但是，采用限价委托时，必须等市价与限价一致时才可以成交，而且，当市价委托和限价委托同时出现时，市价委托优先成交。因此，客户在采用限价委托时申报有不能成交的可能，也许会错失很好的成交机会。

1.3.3 股票买卖的委托手段和方式

投资者在买卖股票时，要进行下单委托，可以根据证券公司所提供的设备条件，采用如下不同的委托方式报单。

（1）人工委托。投资者在证券营业部填单委托，目前已很少使用。

（2）电话委托。一般证券公司都有委托交易用的电话，投资者可通过电话委托交易，这种方式在20世纪90年代比较常用，现在也很少使用。

（3）网上交易。目前证券公司都开通了网上交易，投资者输入资金账号、密码即可登录，交易比较方便、迅速。

（4）手机交易。投资者可以通过智能手机，登录证券公司的手机客户端进行交易。目前手机交易已经非常普遍，投资者可以通过手机客户端随时随地查看行情，实现交易。

1.3.4 为什么委托价和成交价不一致

上海、深圳证券交易所目前采用两种竞价方式：集合竞价和连续竞价。投资者在9:30—11:30、13:00—14:57的买卖申报都属于连续竞价。连续竞价时，交易系统对每一笔买卖委托进行自动撮合，成交价的确定原则如下。

（1）买入价与卖出价相同，该价格就为成交价。

例如，李三申报以10.5元/股的价格卖出中国远洋200股，王丽申报以10.5元/股的价格买入中国远洋200股，最终会以10.5元/股成交200股。

（2）如买（卖）方的申报价格高（低）于卖（买）方的申报价格，采用双方申报价格的平均数。

例如，李兰申报以18元/股的价格（最低卖出价）卖出中国人寿1 500股，张琪申报以18.2元/股的价格买入中国人寿1 500股，最终会以18.1元/股成交1 500股。

1.3.5 集合竞价成交

集合竞价是指在交易日对一段时间内接收的买卖申报一次性集中撮合价格的方式。沪、深A股参与集合竞价的时间为9:15—9:25和14:57—15:00。在这两个时间段进行的买卖委托的报价，将按照价格优先和时间优先的原则计算出最大成交量的价格，这个价格就是集合竞价的成交价，而这个过程就被称为集合竞价。

集合竞价确定成交价的原则如图1-29所示。

可实现最大成交量的价格
集合竞价确定成交价的原则
高于该价格的买入申报与低于该价格的卖出申报全部成交的价格
与该价格相同的买方或卖方至少有一方全部成交的价格

图1-29

提示

集合竞价未能成交的委托并不会作废，而是直接进入连续竞价阶段。

1.4 风险较小的炒股方式——打新股

股票交易在二级市场进行，而新股申购（又称打新股、打新）在一级市场进行。通俗来讲，股票交易就像消费者从经销商那里购货，打新股则是消费者直接从生产商那里购货，省去了中间环节和成本，自然风险小、收益高。本节主要介绍与新股相关的知识。

1.4.1 新股的发行方式

股份公司发行新股常用的方式有网上申购和网下发行。网上申购通过证券交易所的交易平台进行，投资者可以比照常规A股交易的方法操作；网下发行一般针对法人投资者。

1.4.2 新股申购的注意事项

个人投资者在进行新股申购时，需注意以下事项。

（1）投资者必须持有市值1万元以上的非限售A股股份和足额资金，才能参与新股网上申购，而且不能合并计算沪、深两个市场市值，沪、深两市证券账户都只能申购本市场的新股，并需在申购前存入足额申购资金。

（2）市值是指*T*-2日（*T*日为申购日，下同）投资者持有的（包括主板、科创板和创业板）非限售A股股份市值，包括融资融券客户信用证券账户的市值和证券公司转融通担保证券明细账户的市值，不包括B股股份、交易型开放式指数基金（exchange traded fund，ETF）、基金、债券或其他限售A股股份的市值。投资者持有多个证券账户的，将合并计算账户市值。

（3）投资者参与网上公开发行股票的申购，以该投资者的第一笔申购为有效申购。一个投资者只能用一个证券账户进行一次申购，其余申购将被系统自动撤销。新股一经申报，不得撤单。同一天有多只股票发行的，该可申购市值额度对投资者申购每一只股票均适用。

（4）所持股票*T*-2日市值确定后，可以在*T*-1日或*T*日将*T*-2日持有的股份卖出，资金可用于*T*日申购新股。

1.4.3 新股申购的流程

1. 证券账户准备

通过证券公司开立证券账户，申购上海证券交易所股票需要有上海证券交易所的账户，申购深圳证券交易所股票需要有深圳证券交易所的账户。

2. 新股申购资金及市值准备

我国自2015年开始实行新股申购新规，与以往申购新股不同，新规规定按市值申购。投资者持有的市值指*T*–2日前20个交易日（含*T*–2日）的日均持有市值。根据投资者持有的股票市值，持有市值1万元以上股票的投资者才能参与新股申购（两市都需要满足此要求）。同一天有多只股票发行的，该可申购市值额度对投资者申购每一只股票均适用。

上海证券交易所规定申购单位为1 000股，申购数量不少于1 000股，超过1 000股的必须是1 000股的整数倍，但最多不得超过当次社会公众股上网发行数量的千分之一或者9 999.9万。深圳证券交易所规定申购单位为500股，每一证券账户申购委托不少于500股，超过500股的必须是500股的整数倍，但不得超过本次上网定价发行数量的千分之一，且不超过999 999 500。

上海证券交易所申购时间为9:30—11:30、13:00—15:00；深圳证券交易所申购时间为9:15—11:30、13:00—15:00。

新股申购的流程主要包括以下几步。

❶ 投资者申购（*T*日）。申购当日（*T*日）按发行公告和申购办法等规定进行申购。

以中山证券为例，投资者进入交易软件，可在左侧功能列表中依次选择“新股专区”“新股申购”选项，即可查看当日可申购的个股，选择其中一只股票，系统自动显示申购上限、最大可申股数，一般选择最大可申购数进行申购，如图1–30所示。

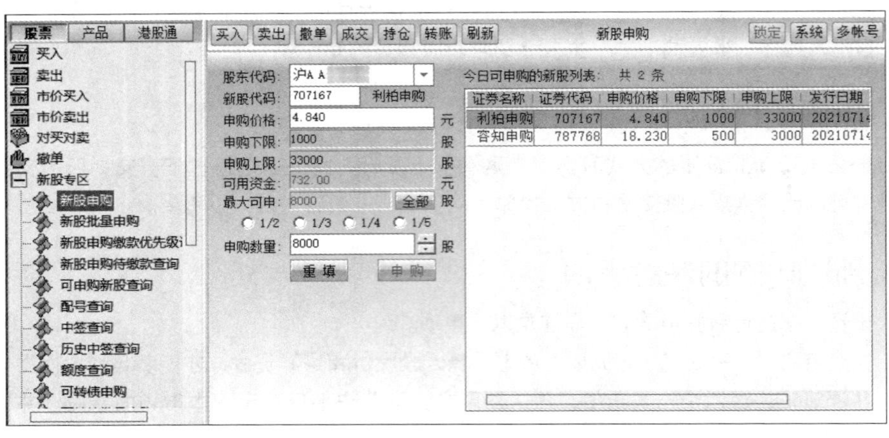

图1–30

注意：申购新股的委托不能撤单，新股申购期间不能撤销指定交易。

在新股申购日（*T*日）申购成功之后，在交易软件中会看到自己申购的新股，不过这时候并不代表中签，只是表示申购成功，并且获得由系统提供的配号数据。

❷ 配号（*T*+1日）。在申购之后的一个交易日，主承销商公布中签率后进行摇号抽签，在当日收盘后证券交易所会向证券公司发送该股的中签结果。

❸ 摇号抽签、中签处理（*T*+2日）。申购日后的第二天（*T*+2日），主承销商会公布股票的发行价格以及中签数据，投资者也可以通过相关网站获得结果。当然即使这时候不去查询结果也会在*T*+3

日收到证券公司发送的中签提醒短信。

❹ 新股缴款日（*T*+3日）。如果中签，投资者需按照相关规定对新股认购进行缴款。每一个中签号码可以认购1 000股或500股新股。投资者需在新股缴款日当天16点之前将需要缴款的数额存入账户。扣款为系统自动操作，扣款时间可能不完全相同，投资者一定要注意提前准备好资金，不要出现缴款不及时的情况。

提示

一旦出现连续12个月有3次因为各种原因没有完成缴款的情况，投资者将在从最后一次缴款日起的6个月（按照自然日计算）之内不能进行新股申购。

1.5 融资融券交易

我国境内融资融券业务始于2010年3月31日，上海证券交易所市场和深圳证券交易所市场均可接受融资融券的申报。融资融券交易具体可分为融资交易与融券交易。融资交易是指投资者向具有融资融券业务资格的证券公司提供担保物（可以是资金也可以是所持有的股票），借入资金买入证券；融券交易是指向证券公司借入证券并卖出。融资交易与融券交易的主要流程如图1–31所示。

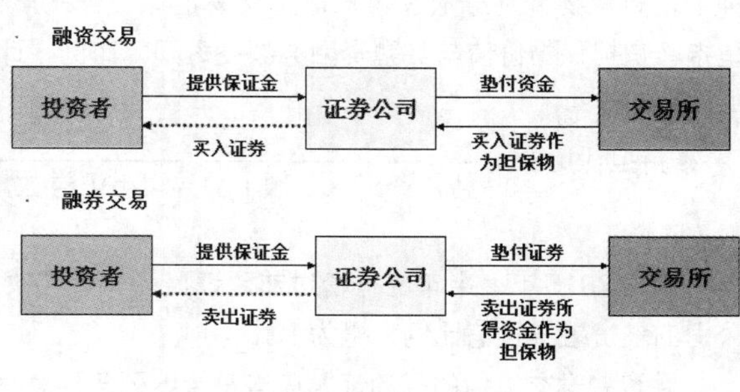

图1–31

1.5.1 融资融券交易的发展历程

融资融券交易的发展历程如图1–32所示。

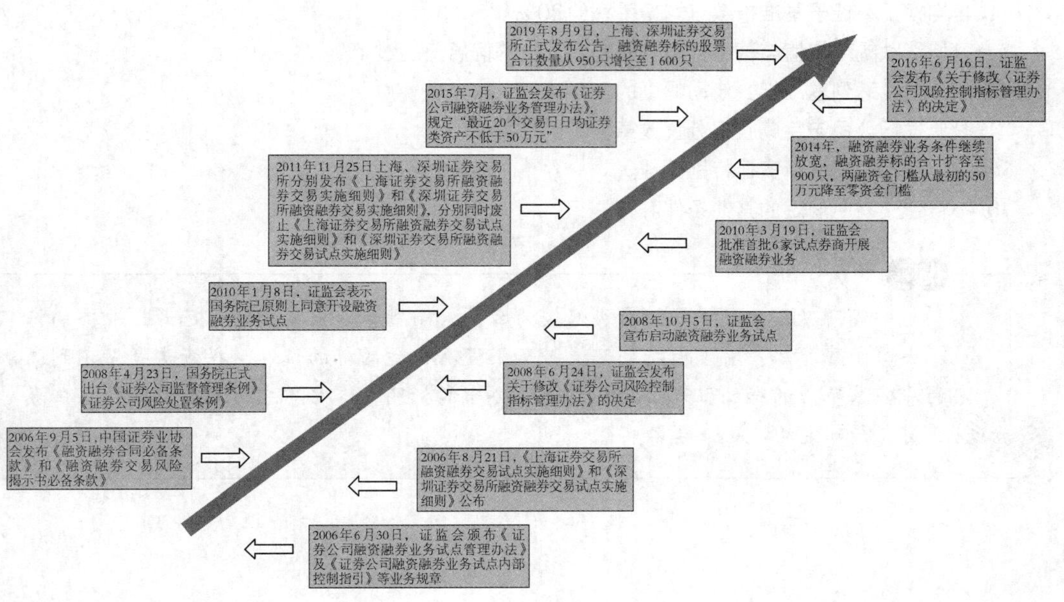

图1–32

1.5.2 融资交易与融券交易概述

融资交易是指投资者向证券公司交纳一定的保证金，通过融入一定数量的资金买入股票的交易行为。投资者向证券公司交纳的保证金可以是现金也可以是所持有的股票。投资者在开立信用账户之后，可以在授信额度内买入融资标的名单内的证券。如果融资买入的股票价格上涨，投资者获利，只需卖出股票归还欠款即可。如果融资买入的股票价格下跌导致投资者亏损，投资者就需要拿自己的资金来归还欠款。

融券交易是指投资者向证券公司交纳一定的保证金，通过融入一定数量的证券并卖出的交易行为。投资者融入的证券并不计入投资者的信用证券账户，而是在融券卖出成交当日结算时由证券公司代为支付，卖出证券所得资金除买券还券外不得用作其他用途。如果投资者认为后市股价即将下跌，可以借入股票卖出，待股价下跌之后再买入还券，从而获利；或通过融券对冲已持有证券的价格下跌风险，以套期保值。

融资融券交易中的担保物是指投资者向证券公司借款买卖股票的抵押物或向证券公司借券的抵押物，担保物分别存放在客户信用交易担保证券账户和客户信用交易担保资金账户。维持担保比例是指客户担保物价值与其融资融券额度之间的比例，计算公式如下。

$$维持担保比例=\frac{现金+信用证券账户内证券市值总和}{[融资买入金额+融券卖出证券数量\times 当前市价+利息及费用总和]}\times 100\%$$

由于2015年上半年的行情过热，证监会一直在收紧对证券公司的融资融券授信比例，之后证券公司的融资融券授信比例大概为1:1.1。

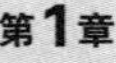

融资融券交易中的标的证券应当符合下列条件。

（1）在交易所上市满3个月。

（2）融资买入标的股票的流通股本不少于1亿股或流通市值不低于5亿元，融券卖出标的股票的流通股本不少于2亿股或流通市值不低于8亿元。

（3）股东人数不少于4 000人。

（4）在过去3个月内没有出现下列情形之一。

① 日均换手率低于基准指数日均换手率的20%。

② 日均涨跌幅平均值与基准指数涨跌幅平均值的偏离值超过4%。

③ 波动幅度达到基准指数波动幅度的5倍以上。

④ 股票发行公司未完成股权分置改革。

⑤ 股票交易被交易所实行特别处理。

⑥ 不符合交易所规定的其他条件。

提示

一般情况下，投资者融资买入较为容易，而融券卖出要查看自己开通业务的证券公司的融券库中有没有标的证券，如果没有合适的标的证券，投资者是融不到券的。融券卖出的标的证券必须在交易所公布的标的证券名单中，同时也必须在证券公司自行确定的标的证券名单上。

1.5.3 融资融券业务的开通步骤

目前，我国对投资者开通融资融券业务有明确的规范，开通融资融券业务的投资者资格详见1.2.6小节，具体的开通步骤如下。

❶ 去原普通账户所在地的证券公司开立信用账户。如果原证券公司不是证监会批准的具有融资融券业务办理资质的证券公司，则需要投资者去具有融资融券业务办理资质的证券公司先开通普通账户，交易满半年以上，再开通融资融券账户。

❷ 提供身份证，然后进行融资融券知识测验，填写信用评估报告等材料，由证券公司综合确定投资者的信用额度。

❸ 与证券公司签订融资融券合同、风险揭示书等。

❹ 在开户营业部开立信用证券账户与信用资金账户。

❺ 开通信用账户的第三方存管业务，签订三方存管协议。

高手秘技

技巧1 提高新股中签率的妙招

成功购入新股的收益相当诱人，下面介绍一些提高中签率的技巧和方法。

（1）刚开盘或收盘时的申购中签率低，10:30—11:30和13:00—14:00时段的申购中签率高。

（2）资金充足的情况下，选准一只新股，并全仓进行申购，可以提高中签率。

（3）选择大盘股或冷门股，盘子大的股票发行量大，客观上中签的概率就大。

（4）几只新股接连发行，选择发行时间靠后的新股中签概率大。

投资者可以登录股票分析和交易软件手机客户端或者一些财经网站，查看新股频道获取新股的资讯。例如，打开大智慧手机客户端，即可看到“新股申购”，投资者点击进入可以看到每日即将申购、待上市的新股，新债和新三板等板块的信息，如图1-33所示。

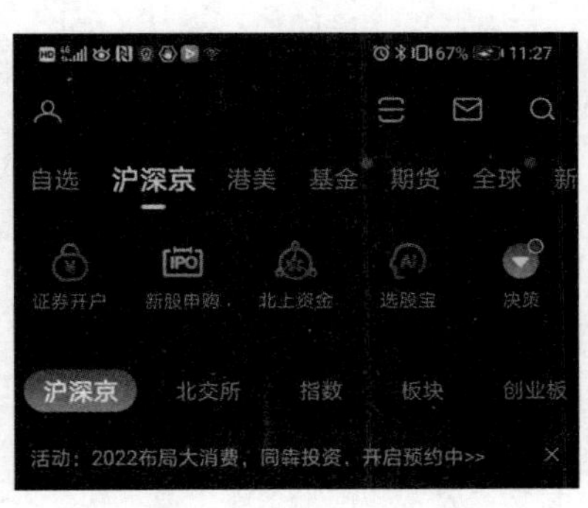

图1-33

技巧2 把股票做成T+0交易的方法

所有股票都遵循T+1交易制度，也就是当天买入股票之后，第二个交易日才可以卖出。投资者可能会问，如何才能打破这种交易制度，让其变成T+0的交易模式?

首先，投资者必须对选中的股票留有底仓，也就是事先已经买入并持有某只股票，同时手中有用于继续购买股票的资金。

其次，投资者根据对这只股票走势的判断，在交易日高位卖出原来持有的股票，然后待股价下跌时再买进同一只股票；或者先趁股价下跌时用手里的闲置资金买进这只股票，然后等股价拉升时卖出原来持有的同一只股票。

这样就完成了当日既买又卖的交易行为。在股价波动较大的时候，投资者做T+0交易甚至可能当日收益率就超过10%。

第2章　股票的基础知识

本章引语

千里之行，始于足下。

——《道德经》

想要在资本市场实现理想，就要从眼前打基础的小事做起。基础不打牢，地动又山摇，理想再美好也终将会化作泡影。为了降低入市投资风险，投资者首先要了解股票的基础知识。

本章要点

★股票的交易单位

★股市的常见风险

★常见的股票术语

2.1 为什么购买股票

随着社会经济的高速发展，广大民众的收入渐渐增加，闲置资金也越来越多。以前人们基本没有理财的概念，风险防范意识也非常强烈，习惯把闲置资金存入银行。近年来，人们的投资理念在不断变化，有理财观念的投资者会考虑如何更好地利用闲置资金。不同的人有不同的投资方式，有些人喜欢买不动产，有些人喜欢买黄金等贵金属，有些人喜欢买银行理财产品，有些人会投资股票等证券。

为什么会有人用闲置资金购买股票？买股票的好处又有哪些？

从本质上来讲，买某只股票就是投资某一公司，成为该公司的股东。与购买债券及把钱存入银行相比较，这种方式风险更高，但与之相随的是收益更高。一些投资者正是看中了高收益，才踏进证券市场的。

买股票的主要好处如图2-1所示。

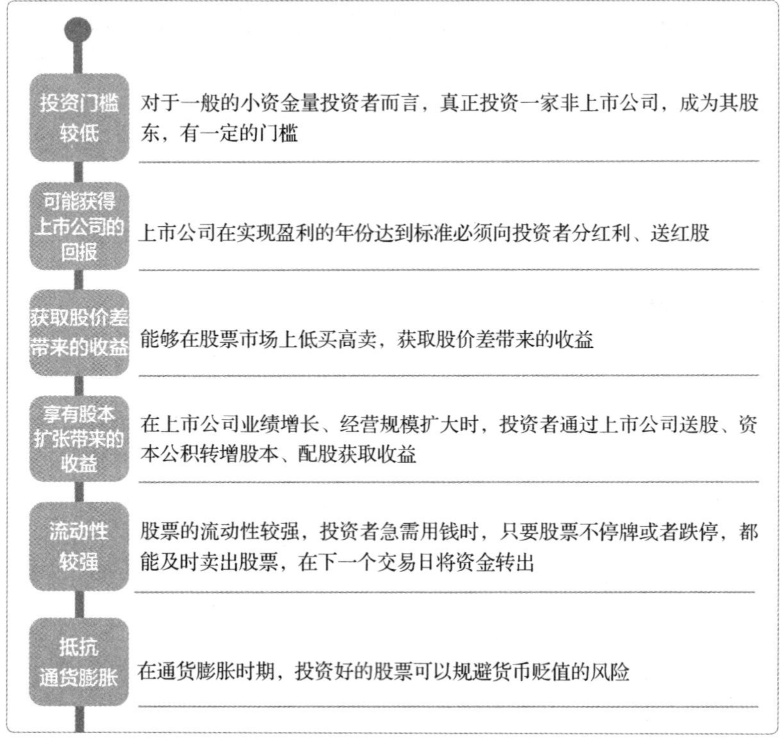

图2-1

2.2 认识股票

投资股票并不是一件简单的事情，股市并不是所有投资者的“提款机”。投资者在投资股票之前要了解什么是股票及股票的特征和作用，真正明白股票的含义、本质和属性。

2.2.1 什么是股票

股票是股份公司发行的所有权凭证，是股份公司为筹集资金而发行的、股东作为持股凭证并借以取得股息和红利的一种有价证券。一股股票代表股东对公司拥有一个基本单位的所有权。股东有权按公司章程从公司领取股息和分享公司的经营红利。

股票作为一种所有权凭证，最初是纸面印刷的，如“上海老八股”[1]。时至今日，随着电子技术与信息技术的发展与应用，电子化股票应运而生。电子化股票没有纸面凭证，而是将有关数据存储于信息中心，股东持有股东账户，通过计算机、手机等终端可查到持有的股票品种和数量，这种电子化股票又称为无纸化股票。目前，上海证券交易所和深圳证券交易所上市的股票均采取这种方式。

在证券市场中，发行股票的公司根据不同投资主体的投资需求发行不同种类的股票。人们通常所说的股票是指在上海、深圳证券交易所挂牌交易的A股，这些A股也可称为流通股、社会公众股、普通股。除此之外，证券市场上还有B股[2]。

2.2.2 股票的特征和作用

1. 股票的特征

股票主要具有以下特征。

（1）不可偿还性。股票是一种无偿还期限的有价证券，投资者一旦认购了股票，就不能再要求退股，只能到二级市场交易，转让给第三者。股票的转让只意味着公司股东的改变，并不减少公司的股本。而其股价在转让时受到公司收益、公司前景、市场供求关系、经济形势等多种因素的影响。历史上也存在回购股票并注销的行为，例如，格力电器在2021年6月28日决定注销回购股票，格力电器总股本从原来的6 015 730 878股变为5 914 469 040，相当于原来持有的格力电器1股变为1.017股，这对于格力电器的投资者来讲是利好。

（2）参与性。股东有权出席股东大会、选举公司董事会、参与公司的重大决策。股票持有者的投资意志和享有的经济利益，通常是通过行使股东参与权来实现的。股东参与公司决策权利的大小，取决于其所持有股份的多少。从实践看，只要股东持有的股票数量达到左右决策结果所需的实际多数时，就能掌握公司的决策控制权。

例如，某上市公司一共有1亿股股票，流通盘[3]7 000万股，张华持有该公司股票5 100万股，则张华持该公司51%的股份，属于绝对控股，并且是第一大股东。在召开股东大会时，张华具有对该公司的决策控制权。

（3）收益性。股东可以凭其持有的股票，从公司领取股息或红利，从而获取投资收益。至于股息或红利的多少，则取决于该公司的盈利水平和公司的盈利分配政策。股票的收益性，还表现在投资者通过低价买入和高价卖出获得股价差带来的收益。

以北方华创公司股票为例。如果投资者在2019年1月22日投资42.2元买入该公司股票100股，到2021年7月22日便能以352元的市场价格卖出100股，赚取超过7倍的利润。在通货膨胀时，股价会随着公司资产价格的上升而上涨，从而避免了资产贬值。因此，股票被视为在高通货膨胀时期优先选择的投资对象。

（4）流通性。股票的流通性是指股票在不同投资者之间的可交易性。流通性通常以可流通的股票数量、股票成交量及股价对成交量的敏感程度来衡量。可流通股数越多，成交量越大，价格对成

1 “上海老八股”是指最早在上海证券交易所上市交易的8只股票。

2 B股的正式名称是人民币特种股票。B股是以美元或者港元计价，面向境外投资者发行，但在中国境内上市的股票。现在B股的投资主体已经放开，境内的公民也可以开通B股账户。

3 股份公司发行股票的总股本中，分流通股和非流通股。流通盘是指股票能在二级市场进行交易的流通量，描述单位为万股。投资者在股票市场只能买卖流通盘股票。

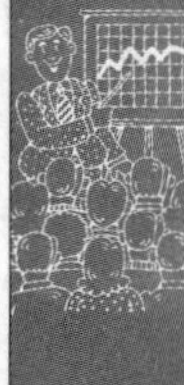

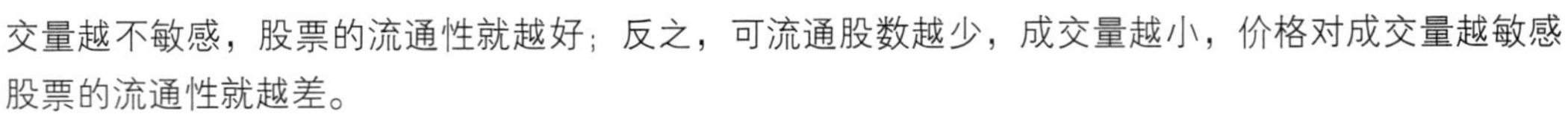
交量越不敏感，股票的流通性就越好；反之，可流通股数越少，成交量越小，价格对成交量越敏感，股票的流通性就越差。

（5）价格波动性和风险性。作为证券市场上的交易对象，股票与商品一样，有自己的市场行情和市场价格。股票价格会受到诸多因素的影响，如公司经营状况、供求关系、银行利率、大众心理等。所以股价波动有很大的不确定性，这种不确定性有可能会使股票投资者遭受损失。价格波动的不确定性越大，投资风险也越大。因此，股票是一种高风险的金融产品。

2. 股票的作用

对于发行股票的公司而言，股票的作用主要有以下4点。

（1）股票是筹集资金的有效手段。股票的基本作用就是筹集资金。上市的股份制公司可以通过发行流通股，在二级市场进行流通，进而可以将短期资金通过股票转让的形式衔接为长期资金，为企业的进一步发展提供所需的资金。没有上市的股份制公司也可以发行股票，投资者可以在证券市场之外的场外交易市场（如银行、证券公司等）对该公司的股票进行认购。这些股份制公司发行股票的主要目的也是为公司进一步发展筹集所需的资金。

（2）公司通过发行股票来分散投资风险。无论是哪一类型的公司，都会存在经营风险。尤其是一些高新技术产业，由于产品的技术工艺尚未成熟和稳定，市场前景不明朗，在经营过程中，风险更大。这些前景难以预测的公司，当发起人不愿承担所面临的所有风险时，就会想方设法地让他人与之共担风险。发行股票组建股份制公司就是分散投资风险的好办法。这样即使投资失败，各个股东所承受的损失也非常有限。

（3）公司通过发行股票来实现创业资本的增值。在证券市场上，股票的发行价应当与公司的经营业绩相联系。当一家业绩优良的公司发行股票时，其发行价会高出其每股净资产许多，若碰到二级市场的火爆行情，其溢价往往能达到每股净资产的2 ~ 3倍或者更多。而股票的溢价发行又使股份制公司发起人的创业资本得到增值。例如，2020年7月10日上市的葫芦娃（605199），上市开始交易之后20个交易日均“一字涨停”，公司股价从发行价6.23元直接涨停至最高价49.73元，股价上涨了近7倍，持有该公司股票的原始股东资产也就上涨了近7倍。

（4）公司通过股票的发行与上市，来宣传公司形象。在牛市或者结构性牛市行情中，有更多人参与股票投资。此时，股市就成为舆论的一个热点，各大媒体每天都会实时报道股市信息，无形之中提高了上市公司的知名度，起到了免费的广告宣传作用。例如，华熙生物（688363）是科创板第一批上市公司，2019年11月6日在上海证券交易所科创板上市交易。其作为首批上市科创板的公司，迎来了金融行业各方面的关注，股价在上市之后一路上扬。作为一家医美背景的上市公司，其生产的玻尿酸产品也渐渐被人知晓，虽然之前公司也打过广告，但是上市后被更多的投资者知晓，有些投资者正是因为投资了华熙生物股票，才购买了该公司的产品。

2.3 股票的常见分类

股票按其投资主体、上市地点、性质、经营业绩的不同，分类也有所不同。投资者应当区别不同种类的股票，选择适合自己的投资策略组合。

2.3.1 按投资主体分类

按投资主体分类，我国上市公司的股份可以分为国有股、法人股和社会公众股，如图2-2所示。

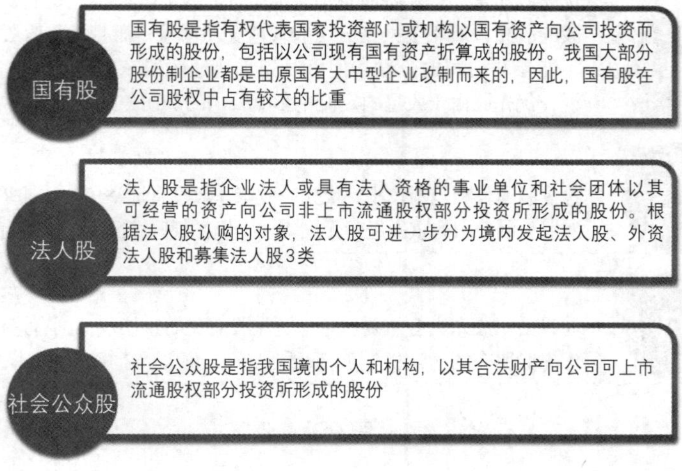

国有股

国有股是指有权代表国家投资部门或机构以国有资产向公司投资而形成的股份，包括以公司现有国有资产折算成的股份。我国大部分股份制企业都是由原国有大中型企业改制而来的，因此，国有股在公司股权中占有较大的比重

法人股

法人股是指企业法人或具有法人资格的事业单位和社会团体以其可经营的资产向公司非上市流通股权部分投资所形成的股份。根据法人股认购的对象，法人股可进一步分为境内发起法人股、外资法人股和募集法人股3类

社会公众股

社会公众股是指我国境内个人和机构，以其合法财产向公司可上市流通股权部分投资所形成的股份

图2-2

2.3.2 按上市地点分类

按上市地点分类，股票可分为表2-1所示的几种类型。

表2-1 股票按上市地点分类

股票种类	基本信息	投资主体
A股	人民币普通股票，由我国境内的公司发行，供境内机构、组织或个人（含境内居住的香港、澳门、台湾地区投资者）以人民币认购和交易的普通股股票	年满18周岁的个人投资者、我国境内的机构投资者、证监会规定的其他投资者
B股	人民币特种股票，以人民币标明面值，以外币认购和买卖，在境内（上海、深圳）证券交易所上市交易	外国的自然人、法人和其他组织，我国香港、澳门、台湾地区的自然人、法人和其他组织，定居在国外的中国公民，证监会规定的其他投资者
H股	注册地在内地、上市地在香港的股票	中国机构投资者、国际资本投资者
N股	在纽约（New York）证券交易所上市的股票	在美国的证券公司开通N股证券账户的个人投资者和机构投资者
S股	在新加坡（Singapore）证券交易所上市的股票	在新加坡的证券公司开通S股证券账户的个人投资者和机构投资者
L股	在伦敦（London）证券交易所上市的股票	在英国的证券公司开通L股证券账户的个人投资者和机构投资者

2.3.3 按性质分类

1. 优先股

优先股是股份制公司发行的、在分配红利和剩余财产时具有优先权的股份，与“普通股”的概念相对。优先股是无期限的有权凭证，优先股的股东一般不能在中途向公司要求退股。

优先股的主要特征如图2-3所示。

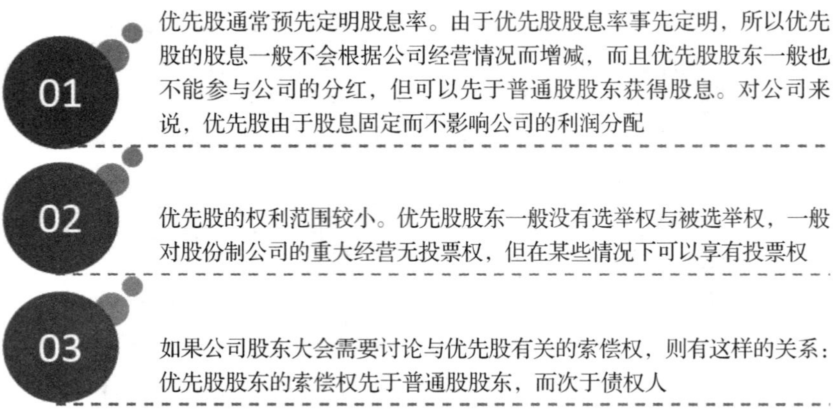

01

优先股通常预先定明股息率。由于优先股股息率事先定明，所以优先股的股息一般不会根据公司经营情况而增减，而且优先股股东一般也不能参与公司的分红，但可以先于普通股股东获得股息。对公司来说，优先股由于股息固定而不影响公司的利润分配

02

优先股的权利范围较小。优先股股东一般没有选举权与被选举权，一般对股份制公司的重大经营无投票权，但在某些情况下可以享有投票权

03

如果公司股东大会需要讨论与优先股有关的索偿权，则有这样的关系：优先股股东的索偿权先于普通股股东，而次于债权人

图2-3

2. 普通股

普通股是随着公司利润变动而变动的一种股份，是股份公司资本构成中最普通、最基本的股份之一，是股份公司资金的基础部分。

普通股的投资收益（股息和分红）在购买时不进行约定，会在事后根据股票发行公司的经营业绩确定。公司的经营业绩好，普通股的收益就高；反之，若经营业绩差，普通股的收益就低。普通股是股份公司资本构成中最重要、最基本的股份，也是风险最大的一种股份，同时又是股票中最基本、最常见的一种。在我国证券交易所上市的股票都是普通股。

3. 后配股

后配股是利益或利息分红及剩余财产分配后于普通股的股票，一般是在普通股分配之后，对剩余利益进行再分配。如果公司盈利巨大并且后配股的发行数量有限，则后配股的股东可以获取很高的收益。公司发行后配股，一般所筹措的资金不能立即产生收益，因此，投资者的范围会受限制。

后配股一般在图2-4所示的情况下发行。

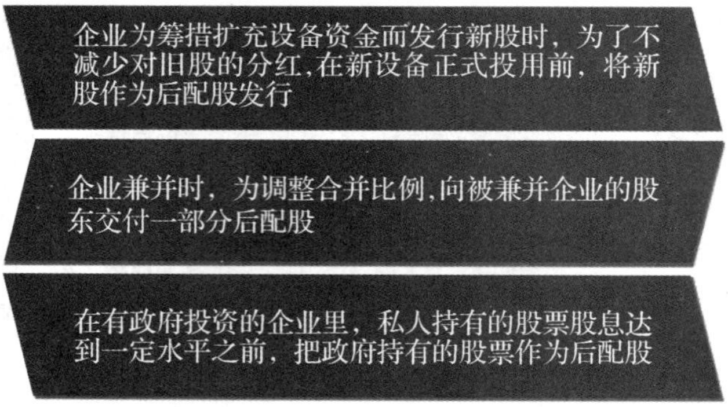

企业为筹措扩充设备资金而发行新股时，为了不减少对旧股的分红，在新设备正式投用前，将新股作为后配股发行

企业兼并时，为调整合并比例，向被兼并企业的股东交付一部分后配股

在有政府投资的企业里，私人持有的股票股息达到一定水平之前，把政府持有的股票作为后配股

图2-4

2.3.4 按经营业绩分类

A股按其经营业绩是否亏损可分为普通A股、ST股及*ST股。

ST（special treatment）股，即特别处理股。发行ST股的是出现财务异常状况或其他异常状况的上市公司。1998年4月22日，上海、深圳证券交易所宣布，对财务状况或其他状况出现异常的上市公司股票交易进行特别处理，由于是“特别处理”，所以在股票名称前冠以“ST”，这类股票被称为ST股。如果某一只股票的名称前有ST，就是给投资者警示：该股票存在投资风险。但这种股票风险大，收益也大。

*ST意味着该股票有退市风险，需要警惕。如果上市公司向证监会递交的财务报表显示连续3年亏损，就有退市的风险。投资者在投资此类股票时需要特别谨慎。该类股票有退市的风险，但即使退市也并非意味着不可以交易，投资者可以到证券公司进行柜台交易。

2015年1月31日，上海证券交易所在《上海证券交易所风险警示板股票交易管理办法》（以下简称《办法》）中增加了参与退市整理期股票交易的投资者适当性的内容。《办法》规定，个人投资者参与退市整理股票交易的，应当具备2年以上的股票交易经历，并且以本人名义开立的证券账户和资金账户内的资产（不含通过融资融券交易融入的证券和资金）在人民币50万元以上。不符合以上规定的个人投资者不得买入ST股票和*ST股票。

深圳证券交易所则规定，要求参与退市整理期股票买入交易的投资者必须具备2年以上交易经验和人民币50万元以上的证券资产规模。

提示

长期看，ST股票的波动率比市场基准的波动率要低。除了业绩扭亏为盈能摘帽的ST股票值得投资者关注，其余的ST股票的投资风险很大，盈亏比太低，不值得投资。

2.4 股票市场与股票发行

投资者一般熟知的股票市场实际上是股票流通的二级市场，而股票的发行市场被称为一级市场。

2.4.1 了解股票市场

股票市场是指已经发行的股票转让、买卖和流通的场所，包括交易所市场和场外交易市场两大类。它是建立在发行市场基础上的，因此又称作二级市场。股票市场的结构和交易活动比发行市场（一级市场）更为复杂，其作用和影响力也更大。

股票市场最早起源于荷兰的阿姆斯特丹，1602年，荷兰人在阿姆斯特尔河大桥上对东印度公司的股票进行交易。后来在美国成立了史上第一家正规的股票市场。股票市场是一个国家或地区经济和金融活动的晴雨表，经济发展处于良好态势时，股票市场也会是一派生机盎然的景象。

2.4.2 证券机构

证券机构是指依法设立的、从事证券服务业务的法人机构。在我国，证券机构主要包括证券交易所、证券公司、证券业协会、证券登记结算机构、证券监督管理机构等，如图2-5所示。

证券交易所	是依据国家有关法律，经政府证券主管机关批准设立的集中进行证券交易的有形场所。证券交易所本身不持有证券，也不参与证券的买卖
证券公司	既是为投资者提供代理证券买卖的中介服务机构，也是依法成立的经营证券业务的有限责任公司或股份有限公司。证券公司在证券交易活动中发挥着重要的作用。有些证券公司不只是提供代理证券买卖的中介机构，还是市场上的机构投资者
证券业协会	既是证券业的自律性组织，也是不以营利为目的的社会团体法人
证券登记结算机构	是为证券交易提供集中登记、存管和结算服务，不以营利为目的的法人。我国的证券登记结算机构是中国证券登记结算有限责任公司
证券监督管理机构	既是国家行政管理机构，也是由国家或政府组建的对证券市场实施监督管理的主管机构。我国的证券监督管理机构是中华人民共和国证券监督管理委员会及其派出机构

图2-5

2.4.3 股票的发行与上市

股票发行是指符合条件的发行人以筹资或实施股利分配为目的，按照法定的程序，向投资者、原股东发行股份或无偿提供股份的行为。在股票上市发行前，上市公司与股票的代理发行证券公司签订代理发行合同，确定股票发行的方式，明确各方面的责任。股票代理发行的方式按发行承担的风险不同，一般分为包销发行和代销发行，如图2-6所示。

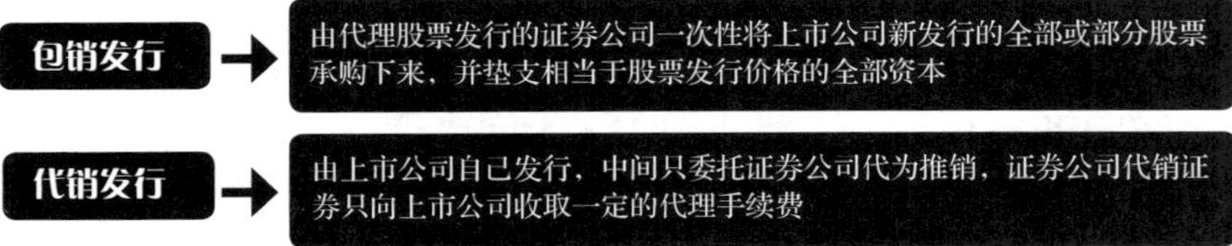

包销发行
由代理股票发行的证券公司一次性将上市公司新发行的全部或部分股票承购下来，并垫支相当于股票发行价格的全部资本
代销发行
由上市公司自己发行，中间只委托证券公司代为推销，证券公司代销证券只向上市公司收取一定的代理手续费

图2-6

股份公司如果需要资金为公司谋发展，有两种融资途径：一种是向银行或他人借贷，这属于间接融资；另一种是上市发行股票，寻找投资者入股，这属于直接融资。对国家来说，公司进行直接融资更为有利，因为这样既可以由整个社会来分散经营的风险，国家又能从中得到一部分税收收入。此外，发行股票还能够起到筹集资金的作用，可以将社会上的闲置零散资金用合理、合法的方式集中起来发挥作用，如用在国家鼓励发展的行业上。对于发行股票的股份制公司而言，一方面，发行股票可以圈定资金，因为不管股东持有多少股票，只能将其转让，而不能退股，这样通过发行股票募集到的资金就成为公司的资本，而不受股东的影响；另一方面，发行股票属于直接融资，降低了融资成本。

股票发行与股票上市并不是一个概念。股票上市是指已经发行的股票经证券交易所批准后，在交易所公开挂牌交易的法律行为。股票上市是连接股票发行和股票交易的“桥梁”。在我国，股票公开发行后即获得上市资格。上市后，公司在一定程度上获得资金保障，有利于公司研发新产品、拓展新业务。上市的股份公司通过发行股票把企业、大股东、小股东紧密联结在一起，其要对全体股东负责，并且要受到社会和股东的监督，这样有助于促进上市公司加强经营管理、提高企业效益。

股份公司上市发行股票为人们提供了一条闲置资金的投资途径，它把人们手中零散的资金都集中起来，整合成有效的生产资金，让闲置资金也有用武之地，在提高资金使用率的同时也推动了社会生产力的发展。从其他发达经济体的经验来看，股份制公司是市场经济的重要组成部分。图2-7所示为上市方式。

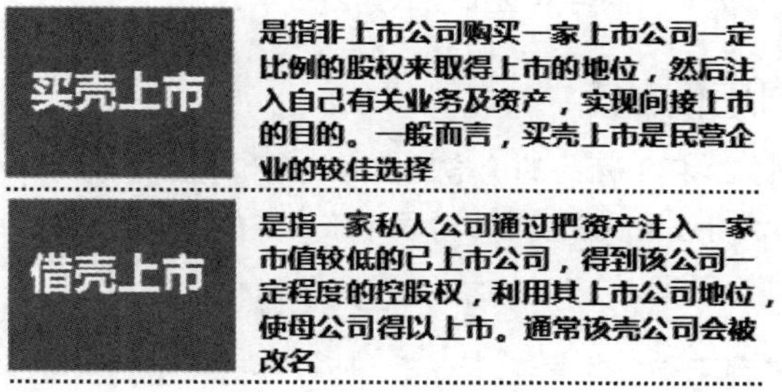

买壳上市	是指非上市公司购买一家上市公司一定比例的股权来取得上市的地位，然后注入自己有关业务及资产，实现间接上市的目的。一般而言，买壳上市是民营企业的较佳选择
借壳上市	是指一家私人公司通过把资产注入一家市值较低的已上市公司，得到该公司一定程度的控股权，利用其上市公司地位，使母公司得以上市。通常该壳公司会被改名

图2-7

股票上市不仅有利于企业本身，也有利于投资者。具体的有利因素主要有以下几点。

（1）上市股票的流通性较好。股票的流通性越好，投资者的购买意愿就越强。如果股份公司的股票没有上市，知晓该公司的投资者就很有限，该公司股票的流通性将受限，不利于投资者通过买卖该公司股票获取股价差带来的收益。

（2）增强公司信息的透明性。股票上市有利于投资者获取上市公司的经营及财务方面的信息，了解公司的真实状况，从而有助于投资者做出正确的投资决策。

（3）成交价格更透明。上市股票的买卖需经买卖双方的“讨价还价”，只有在买进与卖出报价基本一致时方能成交。

（4）有助于投资者了解趋势信息。目前，投资者可以通过网络直接查询股票的即时信息，及时获取上市公司的公告，这为投资提供了决策参考的依据。

（5）交易成本透明。证券公司对证券经纪人所收取的佣金有各自的规定。投资者和证券经纪人可以谈判，降低交易成本。

2.4.4 平价发行与溢价发行

股票发行价格是股票上市发行时的价格，也是投资者认购股票时的价格。股票发行价格与股票面额可以是一致的，也可以是不一致的，通常由发行公司根据股票面额、股市行情及其他有关因素确定。股票的发行按价格形式主要分为平价发行、溢价发行、折价发行、时价发行等。本小节将主要介绍平价发行与溢价发行。

1. 平价发行

平价发行亦称面额发行或等价发行，是指股份公司在发行股票筹措资本时，直接以每股的票面金额作为发行价格。例如，股票面额为20元或100元，则每股发行价格也为20元或100元。这种发行价格对发行公司而言，其所得资本与公司股本是一致的。

平价发行的优点包括：股票发行时价格不受市场波动的影响；发行费用较低；股票容易推销，发行公司能够稳妥地筹集到资金。平价发行的缺点主要是缺乏市场弹性，不能针对市场的股票价格波动水平及时、合理地确定股票发行价格，从而使那些信誉好、经营业绩好、股票容易销售的发行公司无法以自身优势获得发行的溢价收益。平价发行一般在股票初次发行或股东内部分摊增资的情况下采用。

2. 溢价发行

溢价发行是指股份公司在发行股票时以高于股票面额的价格发行。例如，某股票面额为10元，发行价格为50元。溢价发行是一种对发行公司十分有利的发行价格形式，它能够让发行公司在发行股票的过程中获得一笔利润，使所筹资本高于公司股本。目前，许多国家新上市的股票一般都采用溢价发行的价格形式，发行公司所获得的溢价收入列入资本公积。

2.4.5 股票的价值与价格

从政治经济学原理可知，任何商品的价格都会围绕其价值上下波动。股票也不例外，但是股票不同于普通商品，股票的价格还反映投资者对公司未来发展的预期。

1. 股票价值

股票仅是一个拥有某种所有权的凭证。股票之所以会有价值，主要有两方面的原因：一方面，持有股票的股东可以行使股东权利、参加股东大会并且对股份公司的经营决策施加影响；另一方面，投资者享有参与分红派息的权利，可以从中获得相应的经济利益。综上所述，股票的价值主要取决于公司本身的盈利能力和发展前景。上市公司盈利能力越强，相应的股票价值就越高；上市公司盈利能力越弱，相应的股票价值就越低。如果公司发展前景非常好，不断开发新市场，研发新产品，投资规模不断扩大，效益不断提高，就能够有足够的利润不断分红，股价也会上涨，形成戴维斯双击（注：戴维斯双击指在低市盈率买入股票，待成长潜力显现后，以高市盈率卖出的投资政策），那么股票自身的价值就会提高；反之则会降低，形成戴维斯双杀（注：戴维斯双杀是指估值和每股利润的下滑导致的股价暴跌）。

2. 股票价格

虽然股票本身不具有价值，但它可以作为商品买卖，有一定的价格。股票价格又称股票行市，是指股票在证券市场上买卖的价格。股票价格主要分为理论价格与市场价格。股票的理论价格就是为获得股息、红利收入的请求权而付出的代价，是股息资本化的表现。股票的市场价格即股票在股票市场上买卖的价格。股票的理论价格并不等于股票的市场价格，二者之间有相当大的差距。股票的理论价格为预测股票市场价格的变动趋势提供了重要的依据，这也是股票市场价格形成的一个基础性因素。

2.5 股票的交易单位

不同股票市场的股票交易规则不同，我国A股市场对股票的最小报价单位及最小交易单位都有明确的规定，投资者要按照规定进行交易。

2.5.1 最小报价单位

最小报价单位是指证券买卖申报价格的最小变动单位。上海、深圳证券交易所的价格最小变动单位如表2-2、表2-3所示。

表2-2　上海证券交易所的价格最小变动单位

品种	价格最小变动单位
A股、债券、债券买断式回购交易	0.01元人民币
基金、权证	0.001元人民币
B股	0.001美元
债券质押式回购交易	0.005元人民币

表2-3　深圳证券交易所的价格最小变动单位

品种	价格最小变动单位
A股	0.01元人民币
基金、债券、债券质押式回购交易	0.001元人民币
B股	0.01港元

例如，A股票现价5.01元，李菲想要马上买入A股票，可以提高一单位的申报价格，以5.02元的价格提交申报买入。按照价格优先原则，如果没有比李菲申报的价格更高的申报，将优先成交李菲的申报。

2.5.2　最小交易单位

上海、深圳证券交易所股票买卖申报最小交易单位均为一手，一手即100股。

账户因为送股等原因而出现不到100股的零散股数，可以一次卖出。但是在买入时只可以按手数委托。

如果下单时遇到对方卖出股票数不够买入数，如投资者A下单买入300股，卖出方B一次卖出230股，若无其他报价，投资者A就买入成交230股，另外70股没有成交。当然，这只是个别案例。

2.6　证券指数

反映股票市场变化的除了有股票的价格走势，也有根据所有股票或者具有代表性的股票编制的不同的股票指数。作为证券指数的一种，股票指数的变化反映的是某一市场或者某一类股票的整体趋势。投资者在投资股票的时候，可以结合股票指数的走势，相应地调整投资策略。

2.6.1　什么是股票指数

股票指数即股票价格指数，是描述股票市场总的价格水平变化的指标。它是选取有代表性的一组股票（样本股），把它们的价格进行加权平均，通过一定计算得到的。不同股票指数选取的股票和计算方法是不同的。

2.6.2　国内证券指数

1. 上证指数

在我国，上证指数是最重要的股票指数之一。上证指数的全称是上海证券交易所股票价格综合指数，其样本股是全部在上海证券交易所上市的股票，包括A股和B股。自2020年6月20日起，上海证券交易所调整了指数编制方案，所有ST股和*ST股从被挂ST的次月的第二个星期五的下一交易

日起，从指数样本中剔除。摘帽的ST股从被摘除ST的次月的第二个星期五的下一交易日起被计入指数。日均总市值排名在沪市前10位的新上市证券，于上市满3个月后计入指数，其他新上市证券于上市满1年后计入指数。上海证券交易所上市的红筹企业发行的存托凭证、科创板上市证券依据修订后的编制方案计入上证指数，调整后的上证指数更加健康。

上证指数以样本股的发行股本数为权数进行加权计算，计算公式为：报告期指数=（报告期样本股的总市值/基期样本股的总市值）× 基期指数。其中，总市值= Σ（股价 × 发行股数）。样本股中的B股在计算上证B股指数时，价格采用美元计算。样本股中的B股在计算其他指数时，价格按适用汇率（中国外汇交易中心每周最后一个交易日的人民币兑美元的中间价）折算成人民币计算。

上证指数的指数代码为000001，投资者也可以在股票软件中输入数字“03”，快速查看上证指数的行情走势，如图2–8所示。

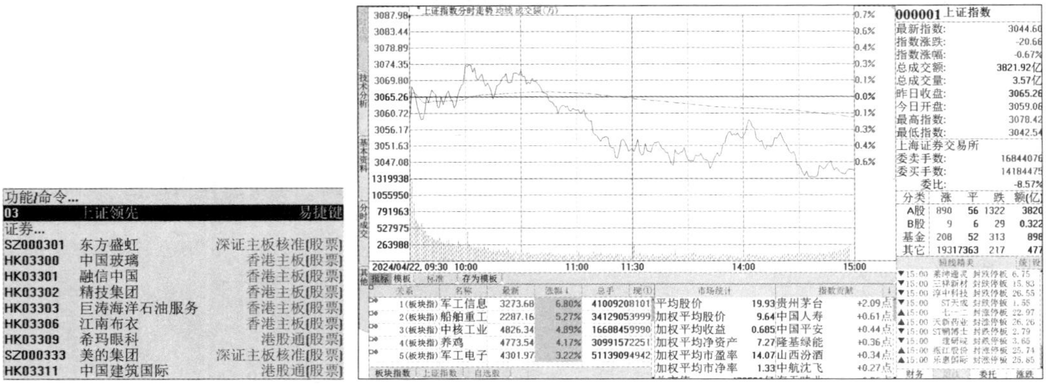

图2–8

上证指数是我国股市大趋势的晴雨表，对于投资者而言意义重大。有一些ETF也跟踪上证指数的走势，如上证指数ETF（510210）、上证综指ETF（510760），其价格的涨跌主要跟踪上证指数。投资者如果不想买股票，投资对应的ETF或者投资宽基指数基金（覆盖股票面广泛，具有相当代表性的指数基金）组合也是不错的选择。

2.深证指数

深证指数是指由深圳证券交易所编制的股票指数，该股票指数的计算方法基本与上证指数相同，其样本为所有在深圳证券交易所挂牌上市的股票，权数为股票的总股本。由于深证指数以所有挂牌的上市公司为样本，所以其代表性非常强，与深圳股市的行情同步发布，是投资者和专业人员研判深圳股市股票价格变化趋势必不可少的参考依据。

深证指数包括深证A指、深证成指、深证B指、深证综指，如图2–9所示。

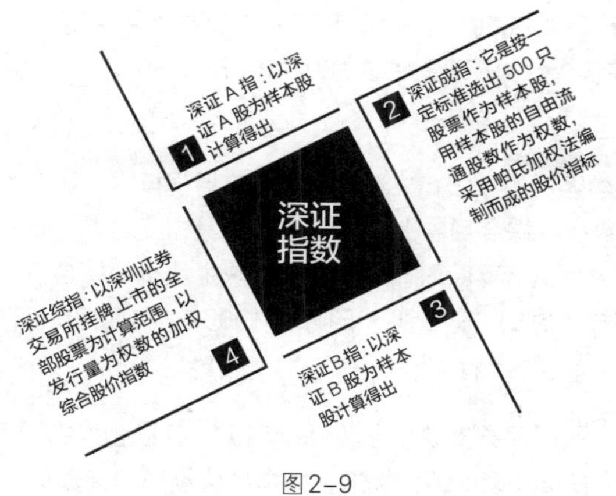

图2-9

对投资者最具有参考价值的一般为深证成指，其指数代码为399001。投资者也可以在股票软件中输入数字“04”，快速查找深证成指查看行情，如图2-10所示。

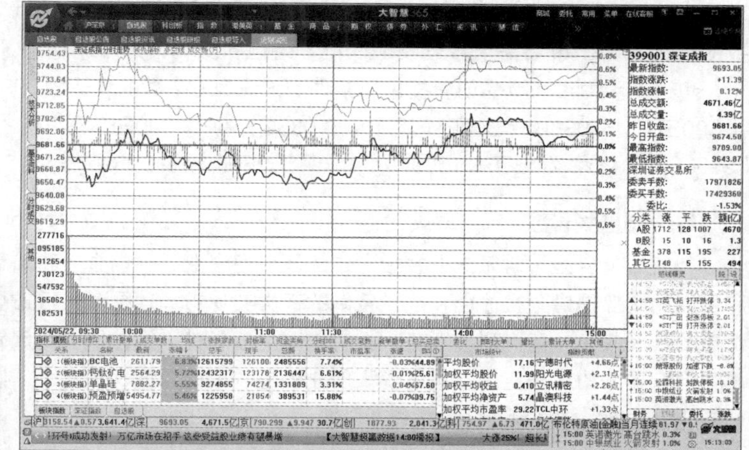

图2-10

除此之外，深证A指的指数代码为399107，深证B指的指数代码为399108，深证综指的指数代码为399106。跟踪深证成指的ETF是深证成指ETF（159943），其价格的涨跌主要跟踪深证指数。投资者如果不想买股票，也可以考虑投资深证成指ETF。

3. 上证180指数

上证180指数（又称上证成分指数）是上海证券交易所对原上证30指数进行调整并更名而形成的，其样本股是在所有A股股票中抽取的最具市场代表性的180种股票，其自2002年7月1日起正式发布。

作为上证指数系列核心的上证180指数的编制方案，其目的在于建立一个反映上海证券市场的概貌和运行状况、具有可操作性和投资性、能够作为投资评价尺度及金融衍生产品基础的基准指数。

上证180指数与通常计算的上证指数之间的最大区别在于，它属于成分指数而不是综合指数。成分指数是根据科学客观的选样方法挑选出的样本股形成的指数，有助于投资者更准确地认识和评价市场。

上证180指数的推出，有利于推出指数化投资，引导投资者理性投资，并促进市场对蓝筹股的关注。

上证180指数的指数代码为000010。投资者可以在股票软件中输入“SZ180”，快速查找上证180指数来查看行情。跟踪该指数的ETF有上证180ETF（510180）。

4. 上证50指数

上证50指数是根据科学客观的方法，挑选上海证券市场规模大、流动性好的最具代表性的50只股票组成样本股形成的指数，以综合反映上海证券市场最具市场影响力的一批优质龙头企业的整体状况。上证50指数可以作为价值蓝筹股的代名词，是反映主流机构持仓情况的风向标。上证50指数的代码为000016。跟踪该指数的ETF有上证50ETF（510050）和上证50ETF博时（510710）。

5. 沪深300指数

沪深300指数由上海、深圳证券交易所于2005年4月8日联合发布，反映沪深300指数编制目标和运行状况，并能够作为投资业绩的评价标准，为指数化投资和指数衍生产品创新提供基础条件。目前，沪深300指数是我国股指期货的标的物，这也就意味着股指期货的走势紧紧跟随沪深300指数的走势。

虽然上海、深圳两个证券市场各自均有独立的综合指数和成分指数，并且这些指数在投资者中有较高的认同度，但市场缺乏反映上海、深圳两个市场整体走势的跨市场指数。因此，沪深300指数的推出契合了市场需求，适应了投资者结构的变化，为市场增加了一项用于观察市场走势的指标，也进一步为市场产品创新提供了条件。沪深300指数的代码为399300。跟踪该指数的ETF有沪深300ETF（510300）、300ETF基金（510330）、沪深300ETF易方达（510310）、沪深300ETF基金（510360）、沪深300ETF（159919）、沪深300ETF南方（159925）。

6. 创业板指数

创业板是专为暂时无法在主板上市的创业型企业、中小企业和高科技产业企业等需要进行融资和发展的企业提供融资途径和成长空间的证券交易市场，是对主板市场的重要补充。在创业板市场上市的公司大多从事高科技业务，具有较高的成长性，往往成立时间较短、规模较小、业绩也不突出，但有很大的成长空间。可以说，创业板是一个门槛低、风险大、监管严格的股票市场，也是一个孵化科技型、成长型企业的摇篮。

创业板指数也称为“加权平均指数”，就是以起始日为一个基准点，按照创业板所有股票的流通市值，一个一个计算当天的股价，再加权平均，并与开板之日的基准点比较。创业板指数是整个创业板股票的风向标，投资者可以结合创业板指数判断其中的个股趋势行情。创业板指数代码为399006。跟踪该指数的ETF有创业板ETF易方达（159915）、创业板ETF建信（159956）、创业板50ETF（159949）、创50ETF（588380）、深创100ETF（159716）。

7. 中证500指数

中证500指数是中证指数有限公司发布的一种指数，样本股由全部A股中剔除沪深300指数成分股及总市值排名前300名的股票后，总市值排名靠前的500只股票组成，综合反映我国A股市场中一批中小市值公司的股票价格表现。中证500指数代码为399905。跟踪该指数的ETF有500沪市ETF（510440）、中证500ETF（510500）、中证500ETF基金（510510）、500ETF基金（512500）、中证500指数ETF（512510）、中证500ETF易方达（510580）、国寿500ETF（510560）。

8. 恒生指数

恒生指数是香港股市价格的重要指标，该指数由香港恒生银行全资附属的恒生指数有限公司编制，是以香港股票市场中的50只上市股票为成分股样本，以其发行量为权数的加权平均股价指数，是反映香港股市价格趋势最有影响力的股价指数。恒生指数由恒生指数有限公司负责计算并按季检讨，公布样本股调整。跟踪该指数的ETF有恒生ETF（159920）、恒生ETF（513660）、恒生指数ETF（513600），跟踪恒生互联网板块（包括港股腾讯控股、阿里巴巴、美团、快手、京东、中芯国际、联想、小米等）的ETF有恒生互联网ETF（513330）。需要提醒投资者的是，恒生ETF是*T*+0交易，当天可以买卖，这一点与跟踪上证指数和深证指数的ETF有所不同。

2.6.3 国外证券指数

1. 日经指数

日经指数是由日本经济新闻社编制公布的反映日本东京证券交易所股票价格变动的股票价格平均指数。该指数的前身为1950年9月开始编制的“东证修正平均股价”。1975年5月1日，日本经济新闻社向美国道琼斯公司买进商标，采用修正的美国道琼斯公司股票价格平均数的计算方式编制日经指数。

2. 纳斯达克综合指数

纳斯达克综合指数是反映纳斯达克证券市场行情变化的股票价格平均指数，基本指数为100。纳斯达克证券市场的上市公司涵盖所有新技术行业，包括软件和计算机、电信、生物技术、零售和批发贸易等，主要由美国的数百家发展快速的先进技术、电信和生物公司组成，包括微软、英特尔、美国在线、雅虎等家喻户晓的高科技公司，因而成为美国“新经济”的代名词。

3. 道琼斯指数

道琼斯指数历史悠久，它的全称为股票价格平均指数。通常人们所说的道琼斯指数是指道琼斯指数四组中的第一组——道琼斯工业平均指数。如果说纳斯达克综合指数反映的是美国的高科技、高成长性股票的综合指数，那么道琼斯工业平均指数反映的是美国股票市场上工业构成的发展情况。

2.7 股市的常见风险

股市风险是指投资者买入股票后在预定的时间内不能以高于买入价的价格将股票卖出，将导致浮动亏损，如果以低于买入价的现价卖出股票，将造成实际损失。股市的风险主要分为两类：系统性风险和非系统性风险。本节主要介绍系统性风险，股市的常见系统性风险有以下几种。

1. 购买力风险

由物价的变化导致资金实际购买力的不确定性，称为购买力风险，或通货膨胀风险。一般理论认为，轻微通货膨胀会刺激投资需求的增长，从而带动股市的活跃；当通货膨胀超过一定比例时，未来的投资回报将大幅减少，货币的购买力将下降，也就是投资的实际收益将下降，将给投资者带来损失。

2. 宏观经济风险

宏观经济风险主要是宏观经济因素的变化，如经济政策变化、经济的周期性波动以及国际经济因素的变化给股票投资者可能带来的意外损失。宏观经济因素的变动会给证券市场的运作以及股份制公司的经营带来重大影响，如经济体制的转轨、企业制度的改革、加入世界贸易组织等。

3. 政策风险

经济政策和管理措施可能会造成股票收益的损失，这在新兴股市中表现得尤为突出。如财税政策的变化，可以影响到公司的利润；股市的交易政策变化，可以直接影响到股票的价格。此外，还有一些看似无关的政策，如房改政策，也可能会影响到股票市场的资金供求关系。

4. 市场风险

市场风险是股票投资活动中最普通、最常见的风险之一，是由股票价格的涨跌直接引起的。尤其在新兴市场上，造成股价波动的因素更为复杂，价格波动大，市场风险也大。

5. 利率风险

在股票市场上，股票是按市场价格进行交易的，而不是按其票面价值进行交易的。市场价格的变化随时受市场利率水平的影响。当利率向上调整时，股票的相对投资价值将会下降，从而导致整体股价的下滑。

2.8 常见的股票术语

2.8.1 利空、利好

利空是指能够促使股价下跌的信息，如股票上市公司经营业绩恶化、银行贷款收紧、银行利率调高、经济衰退、通货膨胀严重、出现海外政策风险、出现天灾人祸等，以及其他经济、外交等方面的促使股价下跌的消息。

利好又被称为利多，泛指刺激股价上涨的信息，如股票上市公司经营业绩大幅增加、公司订单饱满、银行利率降低、存款准备金率降低、社会资金充足、银行信贷资金放宽、行业受到国家扶持、市场繁荣等，以及其他经济、外交等方面对股价上涨有利的信息。利好大部分来自公司内部，如营业收入创新高、接获某超大订单等。

2.8.2 主力

证券市场的投资者按身份可以分为机构投资者和个人投资者两大类。由于机构投资者资金力量雄厚、收集分析信息能力强，交易员的专业素养高，所以主力大部分情况下是指机构投资者。机构投资者主要有：公募基金公司、私募基金公司、社保基金、养老基金、共同基金、国家产业扶持基金、外资基金公司、保险机构等。虽然主力对股价的影响会比较大，但是正是因为机构投资者的参与度高，业绩优良的公司的股价才能那么坚挺。例如，贵州茅台（600519）就是被各大机构青睐的龙头股，由于股价昂贵（2021年7月27日，买一手贵州茅台股票需要17万多元），所以持有贵州茅台股票的散户数量相对其他股票少很多，机构抱团取暖，股价就能够抗住外围的各种利空，在上涨的波段，也不容易因为意见过于分散导致一上涨就有人卖出，从而对股价拉升造成压力。

2.8.3 洗盘、做多、做空

洗盘是常见的股票术语。洗盘可以出现在主力任何一个区域内，基本目的是清理市场多余的浮动筹码，抬高市场整体持仓成本。主力为达到炒作目的，会尽量让途中低价买进、意志不坚定的散户抛出股票，以减轻上涨压力，同时让持股者的平均价位升高，以利于达到股价上涨可以稳住的目的。

做多是股票、外汇或期货等金融市场术语，即看好股票、外汇或期货等未来的上涨前景而买入持有等待上涨获利的操作。做多就是做多头，多头对市场的判断是上涨，就会立即买入股票，所以做多就是买入股票、外汇或期货等。

做空又称空头，既是一种股票、期货等的投资术语，又是股票、期货等市场的一种操作模式。空头与多头相对，在理论上是先借货卖出，再买进归还。在境内证券市场，只允许先买后卖，卖出的这个动作就是做空，越跌越卖就会导致股价连续下跌。在股指期货[1]市场做空是指预期未来行情下

1 股指期货是指以股价指数为标的物的标准化期货合约，双方约定在未来的某个特定日期，可以按照事先确定的股价指数的大小，进行标的指数的买卖，到期后通过现金结算差价来进行交割。

跌，将手中股票按目前价格先卖出，待行情跌后买进，获取差价利润。其交易行为特点为先卖后买。实际上有点像商业中的赊货交易模式，这种模式在价格下跌的波段中能够获利，即先在高位借货卖出，等跌了之后再买进归还。例如，预计某一只股票价格未来会跌，就在当期价位高时将此股票（实际交易是买入看跌的合约）卖出，再到股价跌到一定程度时买进，以现价还给卖方，产生的差价就是利润。

2.8.4 分红、配股

分红是上市公司在实现盈利的年份，按股票份额的一定比例支付给投资者的红利，是上市公司对股东的投资回报。分红前需要按规定提取法定公积金、公益金等项目。通常股东得到分红后会继续投资该公司股票以达到复利的目的。

配股是上市公司向原股东发行新股、筹集资金的行为。按照惯例，公司配股时新股的认购权按照原有股权比例在原股东之间分配，即原股东拥有优先认购权。

2.8.5 除权、除息、填权、贴权

除权指的是股票的发行公司依一定比例分配股票给股东作为股票股利，除权会增加上市公司的总股本数。例如，配股比率为20/100，表示原持有100股的股东，在除权后，股东持有股数会增加为120股。此时，公司总股数增加了20%。除权的股票会在除权当日暂时更改股票名称为“XR××”。

除了股票股利之外，上市公司也可分配现金股利给股东，此时则称为除息。当上市公司宣布上年度分红派息方案并获董事会及证监会批准后，即可确定股权登记日。在股权登记日交易后（包括股权登记日）手中仍持有这种股票的投资者均有享受分红派息的权利。除息的股票会在除息当日暂时更改股票名称为“DR××”。

在除权(除息)后的一段时间里，如果多数人对该股看好，该只股票交易市价高于除权（除息）基准价，这种行情称为填权。例如，移为通信（300590）在2021年5月31日至7月19日短短两个月不到的时间已经将原来的除权缺口完全填满，如图2-11所示。

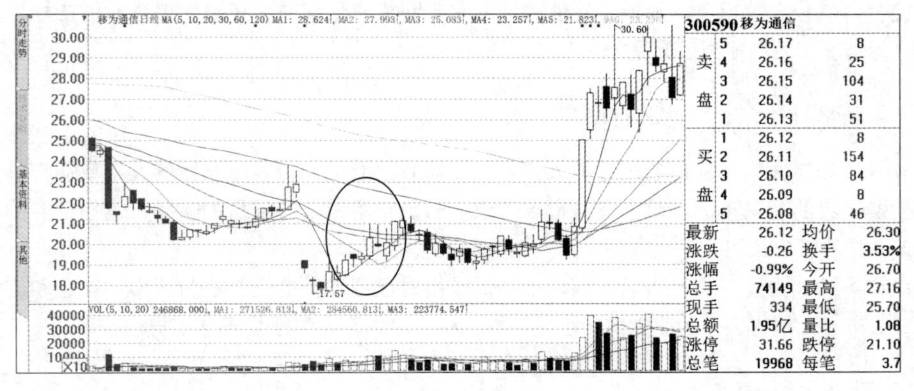

图2-11

贴权是指在除权(除息)后的一段时间里，交易市价低于除权（除息）基准价，即股价比除权(除息)日的收盘价有所下降。图2-12为国投资本（600061）在2021年6月18日至8月2日的行情，该公司股票价格在除权之后一路下跌，属于明显的贴权行情。

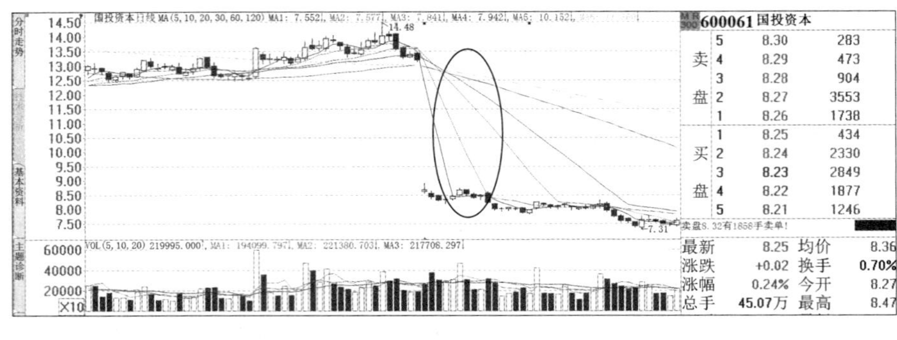

图2-12

2.8.6 股权登记日

上市公司在送股、派息、配股或召开股东大会的时候，需要确定某一天，界定哪些主体可以参加分红、参与配股或具有投票权利，确定的这一天就是股权登记日。也就是说，在股权登记日这一天收盘时仍持有或买进该公司股票的投资者，是可以享有此次分红、参与此次配股或参加此次股东大会的股东，这部分股东名册由证券登记公司统计在案，届时将所应送的红股、现金红利或者配股权划到这部分股东的账上。持股时间不同的投资者，所纳的个人所得税不同。

2.8.7 市盈率、市净率

市盈率是某种股票每股市价与每股收益的比率。市场广泛谈及的市盈率通常指的是静态市盈率，通常用来作为比较不同价格的股票是否被高估或者低估的指标。用市盈率衡量一家公司股票的价格时，并非总是准确的。一般认为，如果一家公司股票的市盈率过高，那么该股票的价格具有泡沫，价值被高估。当一家公司增长迅速以及未来的业绩增长非常被看好时，利用市盈率比较不同股票的投资价值时，这些股票必须属于同一个行业，因为此时公司的每股收益比较接近，才有可比性。

市净率指的是每股市价与每股净资产的比率。市净率可用于投资分析，一般来说市净率较低的股票，投资价值较高；相反，则投资价值较低。在判断投资价值时，还要考虑当时的市场环境以及公司的经营情况、盈利能力等因素。

2.8.8 一级市场、二级市场

在金融市场方面的一级市场是指筹集资金的公司或政府机构将其新发行的股票或债券等证券销售给最初购买者的金融市场。对于证券市场来讲，一级市场是证券发行的市场，销售证券的收入属于发行该证券的股份公司。

二级市场又称为证券交易市场、次级市场，是指对已经发行的证券进行买卖、转让和流通的市场。在二级市场上销售证券的收入属于出售证券的投资者，而不属于发行该证券的公司。

2.8.9 基本面、技术面

基本面分析是指对宏观经济、行业以及上市公司基本情况等进行的综合性分析，包括对公司经营理念策略、公司报表等的分析。基本面分析内容主要包括宏观经济运行态势和上市公司基本情况等。宏观经济运行态势反映出上市公司整体经营业绩，也为上市公司进一步的发展确定了背景，因此，宏观经济运行态势与上市公司及相应的股票价格有密切的关系。上市公司基本情况包括财务状况、盈利状况、市场占有率、经营管理体制、股东构成、人才构成等方面。

技术面指反映股价变化的技术指标、走势形态以及K线组合等。技术面分析有3个前提假设：

① 市场行为包含一切信息；② 价格变化有一定的趋势或规律；③ 历史会重演。

2.8.10　牛市、熊市

牛市一般指多头市场，是指股价的基本趋势为持续上升时形成的投机者不断买进股票、需求大于供给的市场现象。例如，我国股市在2014年7月底至2015年6月这段时间就属于牛市，如图2-13所示。

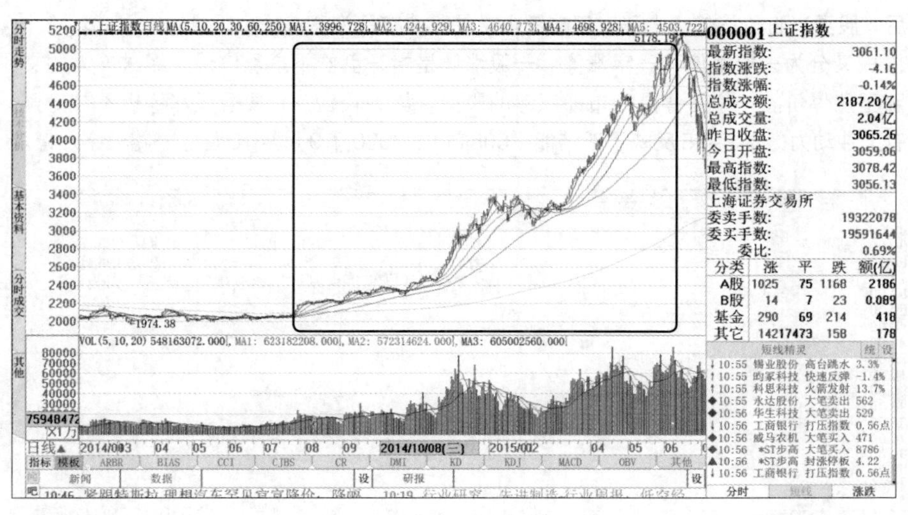

图2-13

熊市一般指空头市场，证券市场总体的运行趋势向下，其间虽有反弹，但一波比一波低，属于价格持续走低的市场。熊市中，部分投资者开始恐慌，纷纷卖出所持股票，都保持空仓观望状态。此时，空方在市场中占主导地位，看好后市的氛围严重不足。在这样的市场中，绝大多数人是亏损的，所以说在熊市中的操作尤其困难。境内股市在2023年5月至2024年2月初这段时间就属于熊市，如图2-14所示。

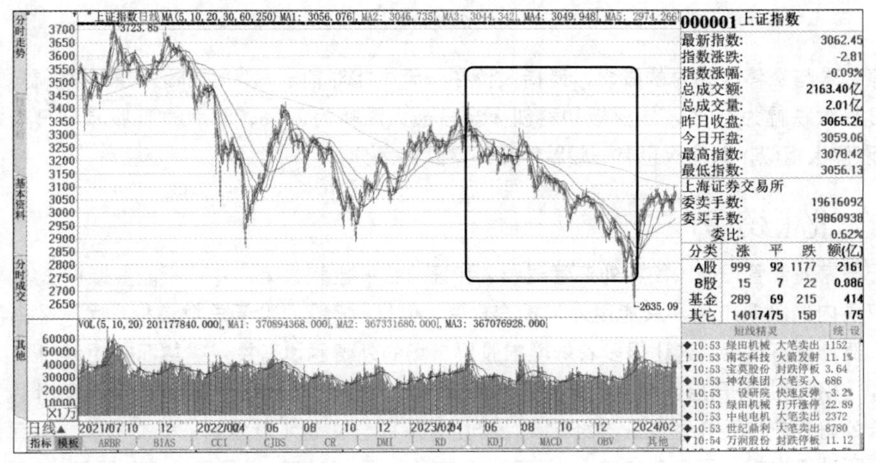

图2-14

2.8.11 涨停板、跌停板

目前，我国的证券市场实行涨跌停板限制制度，普通A股、B股、ETF、上市型开放式基金（Listed Open-Ended Fund，LOF）等均有上涨和下跌的限制。

涨停板是指证券市场中交易当天股价的最高限度。涨停板时的股价叫涨停价。境内证券市场主板的涨跌幅以10%为限，当日涨幅达到10%称为涨停板；创业板和科创板的涨跌幅以20%为限，当日涨幅达到20%称为涨停板。ST和*ST股票的涨跌幅以5%为限，涨幅达到5%称为涨停板。达到涨停板后，股票当日价格停止上涨，但非停止交易，成交价为涨停价。

涨停板又分为一般涨停和一字涨停。一般涨停是指开盘价不是涨停价，经过一天的交易，在收盘之前涨至涨停价。一字涨停是开市即涨停的股票，势头较猛，只要当天涨停板不被打开，第二日就仍然有上冲动力。图2-15反映了新洁能（605111）2020年9月至10月底一路一字涨停。

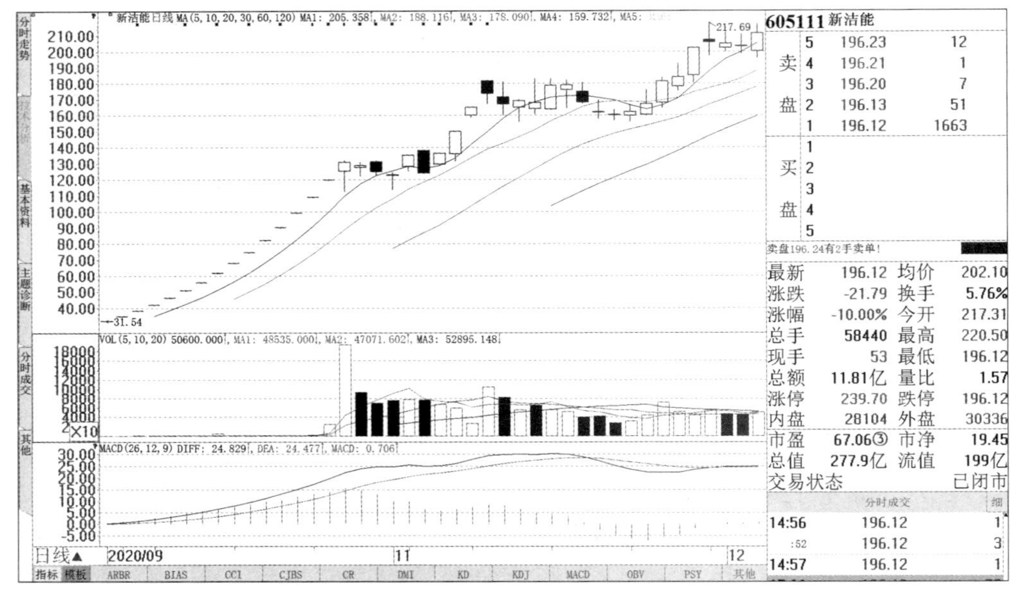

图2-15

跌停板是与涨停板相对的概念，是指股价在一天中相对前一日收盘价达到最大跌幅。目前规定主板当日最大跌幅为10%，创业板和科创板当日最大跌幅为20%，ST和*ST股票当日最大跌幅为5%。与涨停板相似，跌停板也有一般跌停和一字跌停之分。

2.8.12 北上资金

由于国家外汇管理局（简称外汇管理局）和证监会的监管政策，外资不能直接投资境内的A股，想要投资境内的股票市场，只能用外汇投资B股。但是，B股的股票总数较少，尤其是高新技术产业股票大部分没有B股，这让很多看好境内股票市场的外资因没有投资渠道而被拒之门外。2014年5月8日，沪港通业务开启，其中的沪股通向外资开放了投资上证A股的渠道合格的境外投资者可在香港证券公司开户，委托香港证券经纪商，经由香港联合交易所设立的证券交易服务公司，向上海证券交易所进行申报（买卖盘传递），买卖规定范围内的上海证券交易所上市的股票。2016年12月5日，深港通正式启动，证券市场迈出了互联互通的第二步，合格的境外投资者可以委托香港证券经纪商，通过深股通向深圳证券交易所进行申报（买卖盘传递），买卖规定范围内的深证A股。通过沪股通和深股通交易A股的资金被称为北上资金。外资通过沪股通和深股通当日买入成交总额减去卖出成交总额就是北上资金当日净流入。

图2-16为北上资金从2014年12月至2021年8月累计净流入情况。从图中不难看出，外资对A股的投资从2014年年底的764亿元左右，到2021年8月增加到26 252亿元。外资在2018年A股去杠杆的这一年持续逆向买入，并在后期持续加码，可见外资对A股市场的认可度越来越高，对我国证券市场的持续良好发展有信心，认可我国上市公司的经营能力。当然，任何事情都有正反面，如外资大规模集中撤离A股市场，也将对A股市场带来沉重的打击。

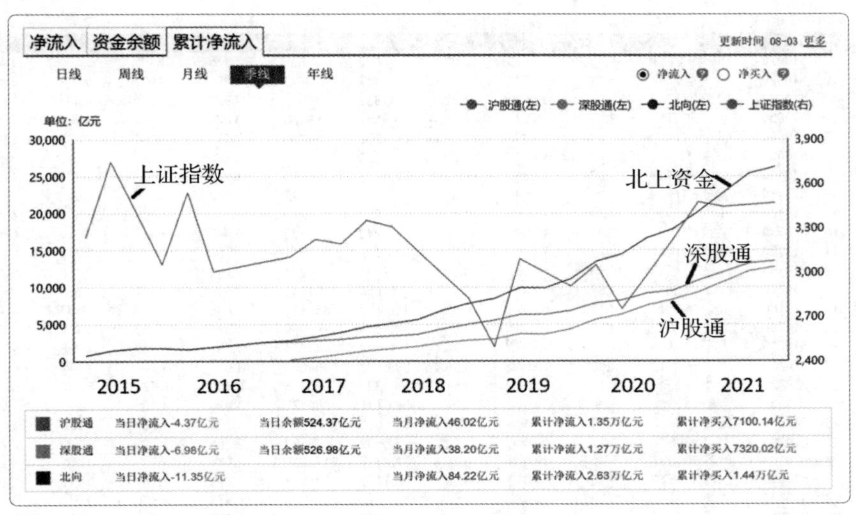

图2-16

高手秘技

技巧1　投资者如何参与集合竞价

9:15—9:20属于开放式集合竞价时段，允许撤销委托买进和委托卖出的申报，因此，投资者看到的成交量有可能是虚假的。有些主力会在9:15—9:30撤单，然后把筹码成功地卖给投资者。因此，投资者一旦发现主力有撤单行为，应马上跟着撤单。

如果投资者想要抢涨停板，9:20—9:25这一时段很重要。虽然此时投资者可以委托买卖，但是此时撤单是无效的，买进委托都是真实的。投资者可以在股票软件中输入“61”查看上海A股涨幅排名，输入“63”查看深圳A股涨幅排名。

投资者在9:25—9:30这一时段可以委托买卖，也可以撤单，只是主机不处理，如果投资者对自己手中股票的卖出有把握，资金在9:25就可以使用。投资者此时可以调仓换股，在9:26买进另一只看好的股票。

技巧2　ETF的投资方法

ETF可以在交易所上市交易，并且基金份额可变。根据投资方法的不同，ETF可以分为被动跟踪指数基金和积极管理型基金。国内推出的ETF绝大部分是被动跟踪指数基金，基金的走势和跟踪的指数基本一致，投资者所取得的收益也与指数涨跌密切相关。投资ETF的一个好处是可以规避个股由于公司经营不善、政策影响等利空导致的股票断崖式下跌的风险，个股可能出现连续跌停，而指数从未出现连续跌停的情况，所以ETF也不会出现连续跌停的情况。

许多个人投资者的交易习惯是股票越跌越买，越跌越补仓，对于普通股票交易这是一个非常不好的习惯，但是这个交易习惯对于投资ETF来说是适用的。纵观上证指数、创业板指数和深证指数，整体来说指数在缓慢上行，所以指数越跌越买，在后期的行情当中可以获利。也可以采取定投的方式购买ETF，在长期看来，定投ETF是会获利的。

打开大智慧软件，单击主界面的“基金”选项卡，选择“ETF基金”即可查询到所有ETF的信息，如图2–17所示。

序号★	代码	名称	最新	涨跌	涨幅	总手	现手	昨收	今开	最高	最低
上海证券交易所 - ETF基金											
1	510010	180治理ETF	1.488	+0.013	0.88%	633	633	1.475	1.495	1.506	1.4
2	510020	超大盘ETF	3.470	+0.074	2.18%	417	417	3.396	3.451	3.472	3.4
3	510030	价值ETF	0.830	+0.010	1.22%	11932	11932	0.820	0.830	0.833	0.8
4	510050	上证50ETF	3.251	+0.026	0.81%	549.91万	5499133	3.225	3.244	3.261	3.2
5	510060	央企ETF	2.098	+0.038	1.84%	1202	1202	2.060	2.081	2.098	2.0
6	510090	ESGETF基金	2.497	+0.027	1.09%	68	68	2.470	2.519	2.519	2.4
7	510100	上证50ETF	1.321	+0.013	0.99%	22.89万	228906	1.308	1.312	1.323	1.3
8	510110	周期ETF	3.999	+0.039	0.98%	645	645	3.960	4.029	4.029	3.9
9	510120	非周期ETF	4.301	-0.069	-1.58%	291	291	4.370	4.290	4.301	4.2
10	510130	中盘ETF	6.074	+0.029	0.48%	243	243	6.045	6.110	6.110	6.0
11	510150	消费ETFR	0.773	+0.007	0.91%	31.62万	316231	0.766	0.770	0.775	0.7
12	510160	产业升级ET	0.756	+0.007	0.93%	2291	2291	0.749	0.751	0.758	0.7
13	510170	大宗商品ET	3.617	-0.028	-0.77%	51056	51056	3.645	3.680	3.690	3.5
14	510180	上证180ETF	4.133	+0.035	0.85%	18.14万	181416	4.098	4.108	4.133	4.1
15	510190	上证龙头ET	4.110	+0.039	0.96%	589	589	4.071	4.092	4.110	4.0
16	510200	上证券商ET	1.253	+0.002	0.16%	41944	41944	1.251	1.255	1.266	1.2
17	510210	上证指数ET	1.005	-0.000	0.00%	33.81万	338057	1.005	1.006	1.011	0.9
18	510220	中小盘ETF	6.107	-0.026	-0.42%	235	235	6.133	6.124	6.125	6.0
19	510230	金融ETFR	1.067	+0.011	1.04%	58.67万	586729	1.056	1.065	1.069	1.0
20	510270	国企ETF	1.351	-0.004	-0.30%	616	616	1.355	1.364	1.365	1.3
21	510290	上证380ETF	2.278	-0.006	-0.26%	5533	5533	2.284	2.289	2.293	2.2
22	510300	沪深300ETF	5.002	+0.028	0.56%	212.43万	2124268	4.974	4.995	5.009	4.9
23	510310	沪深300ETF	2.287	+0.012	0.53%	58.47万	584672	2.275	2.282	2.290	2.2
24	510330	300ETF基金	5.000	+0.026	0.52%	135.40万	1354025	4.974	4.998	5.010	4.9
25	510350	工银沪深30	5.038	+0.012	0.24%	53500	53500	5.026	5.045	5.057	5.0
26	510360	沪深300ETF	1.708	+0.009	0.53%	15.82万	158162	1.699	1.699	1.711	1.6

行情　封闭基金　ETF基金　LOF基金　T+0基金

图2–17

第3章　影响股市的主要因素

本章引语

一切诸果，皆从因起。

——《华严经》

股价上涨还是下跌都有其内在原因。从表面上看，证券市场上供需双方的博弈影响股价的走势；从宏观角度分析，国家政策导向对证券市场的投资方向有影响。除此之外，证券市场还受到国内外经济环境、行业所处经济周期的阶段、证监会相关新政策、媒体的社论观点、机构和普通投资者的偏好等因素的影响。

本章要点

★宏观因素对股市的影响

★分红、企业价值、市盈率对股票价格的影响

3.1 宏观因素对股市的影响

对于股市走向的分析，投资者首先要从国际层面、国家层面等宏观视角对经济形势有个初步的判断；在对经济大环境有预判之后，再对个股进行筛选。

3.1.1 国家政策对股市的影响

投资者必须对国家政策的动向保持关注，才能捕捉到市场热点和投资机会。国家政策主要包括财政政策、货币政策等。本小节主要介绍财政政策和货币政策对股市的影响。

1. 财政政策对股市的影响

财政政策是政府调节宏观经济的有效手段。财政政策对股市影响很大，其主要通过税收影响股市。一般来讲，税负越重，企业用于生产、发展和发放股利的盈余资金就越少。如果提高个人所得税税率，投资者的工资收入则会减少，用于投资股票的闲置资金也会减少。因此提高税率会增加企业的生产成本，减少投资者的可支配收入，进而导致投资者没有更多资金投资股票，股价就可能会下跌，股票指数也会受到影响。

在2020年2月，我国出台了一系列减税降费的政策，助力疫情防控、支持企业复工复产。2020年前两个月全国减税降费共计4 027亿元。其中，新出台的税费优惠政策增加减税降费额1 589亿元。这样持续有效的财政政策也缓和了后面A股证券市场股价下跌的态势，A股股价没有像美股股价一样跌幅过大。图3-1与图3-2所示分别为疫情后的上证指数走势和道琼斯工业平均指数走势。

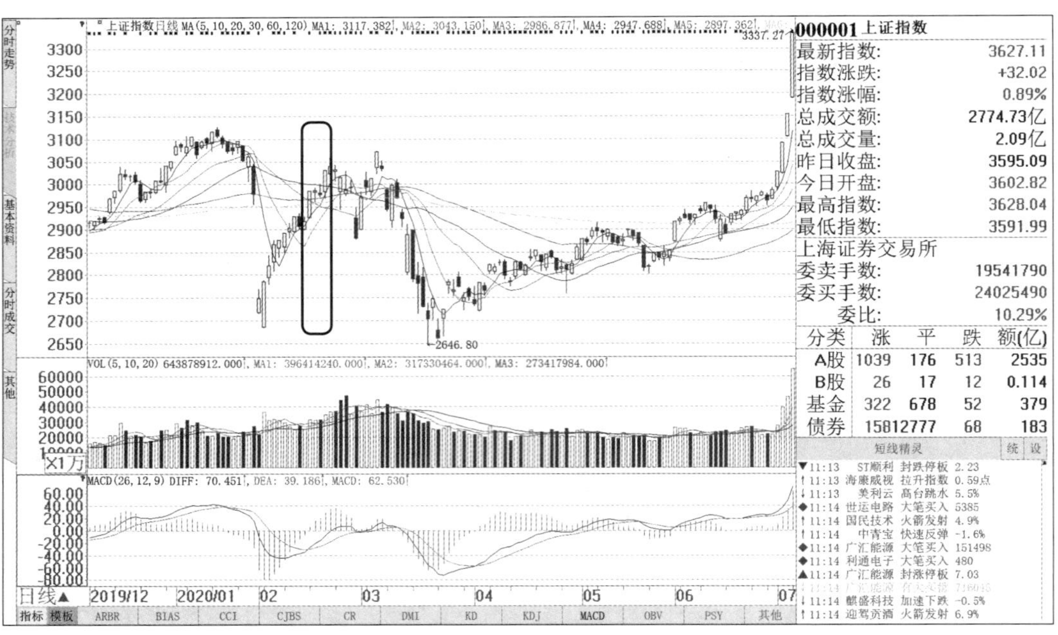

图3-1

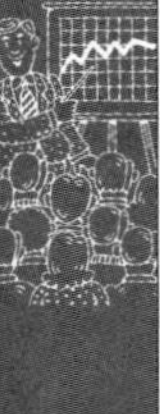

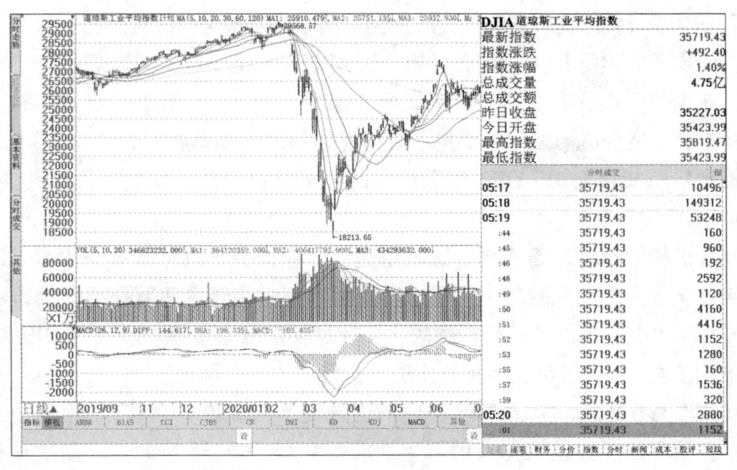

图3-2

2.货币政策对股市的影响

货币政策是中央银行（以下简称央行，我国的中央银行为中国人民银行）调控宏观经济的基本手段之一。由于社会总供给和总需求的平衡与货币供给总量及货币需求总量的平衡密切相关，因此宏观经济调控的重点一般会立足于货币供给量。

货币政策对股价的影响很大。紧缩的货币政策会减少社会上的货币供给总量，不利于经济发展，不利于证券市场的活跃，会增加企业的成本负担，并减少市场中的活跃资金总量，对股价上涨很不利。与之相反，宽松的货币政策会增加社会上的货币供给总量，对经济发展和证券市场交易有着积极影响，会降低企业融资成本，也会为市场提供相对充裕的资金，为市场行情的开展提供充足的“弹药”。除此之外，货币政策对人们的心理影响非常大，这种影响对股价的涨跌又将产生极大的作用。

2013年6月4日至6月25日，A股开始一轮急跌行情，如图3-3所示。当时上证指数位于2 300点附近，这一轮下探到了1 849.65点，下跌将近500点，让原本就处于低位的A股雪上加霜。个股更是惨烈。造成这一次指数低位下跌的主要原因就是市场货币流动性不足，银根紧缩，7天回购利率报6.24%，成为当年新高，中国工商银行等多家金融机构均出现货币流动性不足的情况。

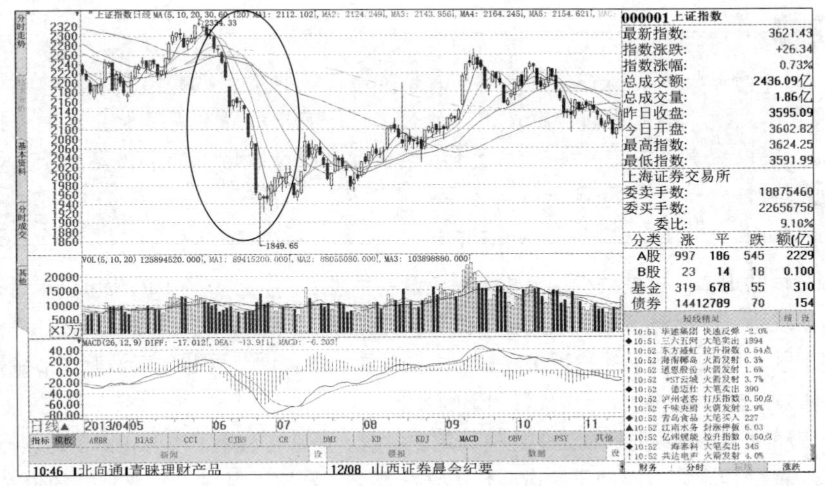

图3-3

在市场经济条件下，央行调节市场上货币供给的方法主要有以下3种。

（1）公开市场操作。这是指央行在公开市场上买入或卖出财政部或政府的债券或证券，以增加或减少市场上的基础货币量，影响市场货币供给的操作。央行在市场上卖出证券时，将从金融机构或居民手中回收货币，减少市场上的货币量；央行在市场上买入证券时，会向市场上增加货币供给，增加市场上的货币量。货币增加，流动性宽松，证券市场也受益；反之，货币减少，流动性紧缩，证券市场就有可能遭受损失。

（2）调节金融机构的存款准备金率。这是指通过上调或者下调存款准备金率，以增加或者减少货币供应量。存款准备金是指金融机构为保证客户提取存款和资金清算需要而准备的缴存在央行的存款，央行要求的存款准备金占其存款总额的比例就是存款准备金率。降低存款准备金率俗称降准，是增加货币供给的信号，投资者可以将其看作是央行释放的一种利好。

例如，2015年2月5日起，央行下调金融机构人民币存款准备金率0.5个百分点。同年4月央行第二次降准，各类存款类金融机构人民币存款准备金率下调1个百分点。图3-4圈内为上证指数2015年2月至4月的走势，可以看到，在宽松的货币政策下，上证指数维持着持续上涨的态势。

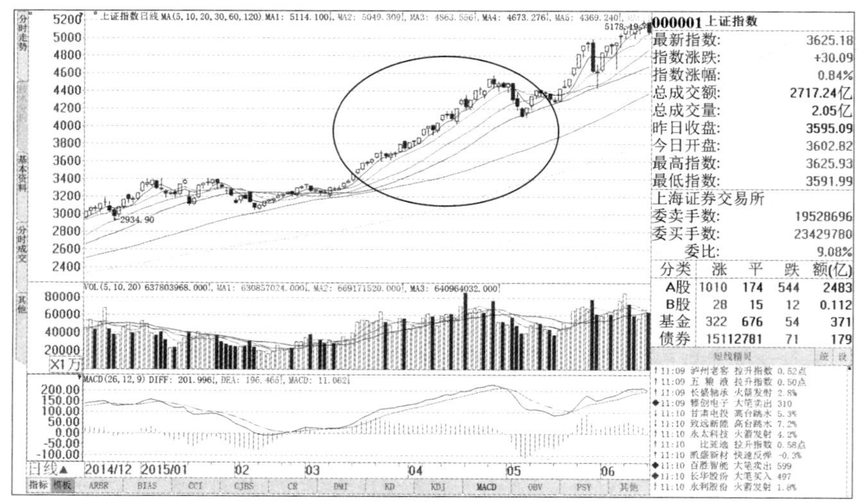

图3-4

提示

并非每一次降准都会带来市场行情的上涨，投资者也要结合当时的市场环境等因素来判断。熊市中的降准是出逃的时机，牛市中的降准有可能会带来一轮新的上涨。所以投资者不可一味地认为降准就能带动市场行情上涨，仍需结合多维度信息进行判断。

（3）调节再贴现率。这是央行调节货币供应量的手段之一。当市场上的货币供应量过多时，央行可提高再贴现率，以促进市场一般利率的提升，减少市场上的货币供应量。反之，降低再贴现率使市场利率下跌，增加市场上的货币供应量。大多数情况下，调节再贴现率没有调节金融机构的存款准备金率和公开市场操作对货币供应量的影响大。

利率的变动对证券市场的行情走向也有一定的影响。通常当利率下降时，除了对银行股是利空，对其他股票均是一种利好，有助于刺激股价上涨；反之，利率上升时，企业贷款的资金成本增加，股价就会受其影响下跌。

为什么利率的升降与股价的变化会呈上述负相关关系呢？主要有以下3个方面的原因。

（1）我国上市公司平均资产负债率较高，利率上升将直接增加公司的成本或财务费用，并且还会增加公司贷款的难度。如此一来，上市公司有可能因没有足够的流动资金扩大生产规模而发展受阻，进而未来可能创造的利润减少，因此，股价就会下降；反之，利率下降，企业贷款更容易，流动资金充足，能够促进生产和扩大规模，股价就会上涨。

（2）利率上升时，投资者以此评估股票投资价值的折现率也会上升，股票价值因此会下降，从而导致股价相应下跌；反之，利率下降时，股价就会上涨。

（3）利率上升时，一部分资金从股市转向银行储蓄和债券，从而减少市场上的投资需求，使股价下跌；反之，利率下降时，储蓄的盈利能力降低，资金就要流向更能带来收益的投资，就有可能投入股市中，从而增加对股票的投资需求，促使股价上涨。

例如，央行决定自2020年2月起下调金融机构人民币贷款和存款基准利率，金融机构1年期贷款基准利率从原来的4.15%下调至4.05%，5年期以上贷款基准利率从4.80%下调至4.75%。紧接着2020年4月，央行将1年期贷款基准利率又下调至3.85%，将5年期以上贷款基准利率下调至4.65%。这两次降息是央行对国内外经济形势审时度势做出的调整，如图3-5所示。

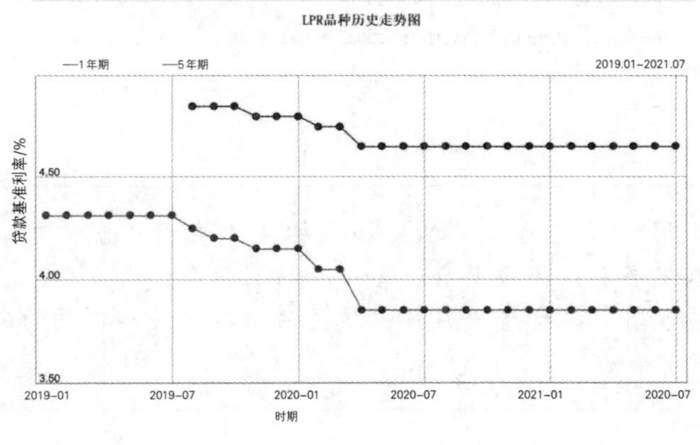

图3-5

这对于证券市场来说是个很大的利好，上证指数从2020年4月20日第二次公布降息消息时的2 852.55点（图中箭头处）一路上扬至7月的阶段性高点3 458.79点，如图3-6所示。

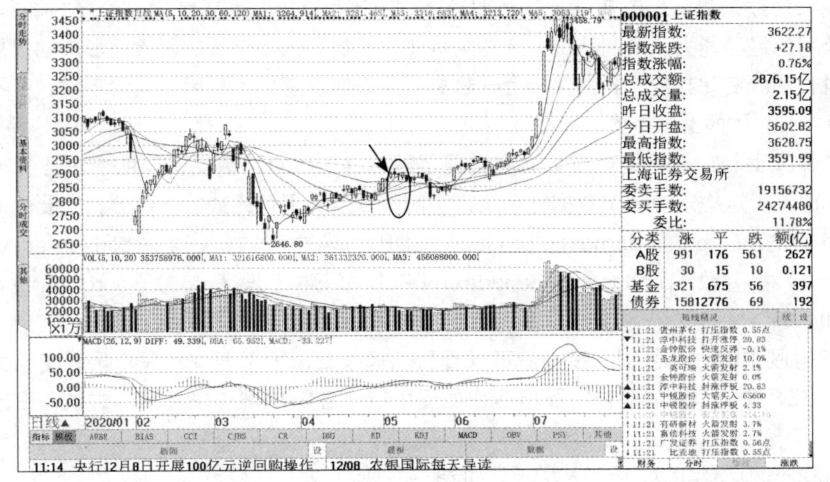

图3-6

既然一般情况下利率与股价有一定的负相关关系，那么投资者就应该密切关注利率的升降，并对利率的走向做出预判，以便在利率变动之前制定股票买卖策略。如果投资者想要了解市场上货币政策的宽松程度，可以登录上海银行间同业拆放利率网站进行查看，如图3-7所示。

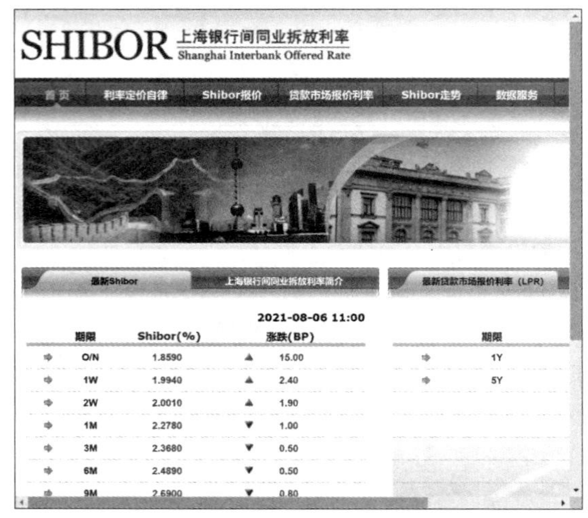

图3-7

> **提示**
>
> 对股市影响较大的国家机关和机构主要有国务院、财政部、央行、证监会、国家发展和改革委员会、工业和信息化部、商务部、国务院国有资产监督管理委员会。投资者平时可以多关注这些机关和机构的网站，了解最新政策。

3.1.2 经济形势对股市的影响

证券市场的波动总是与国家经济形势的变化联系在一起。证券市场素来有宏观经济“晴雨表”之称，甚至可以说，证券市场长期趋势是由宏观经济发展状况决定的，其他因素可以暂时改变证券市场的中期和短期走势，但改变不了其长期趋势。所谓长期趋势，就是指股价受经济形势的影响，以及股份公司的经营能力、盈利状况、产业结构变化等稳定的、渐变的因素而形成的发展趋势，这是一种相对长期的变化趋势。长期保持上升趋势的股价遇到短期不利因素也会下跌，但不久就会止跌回升，保持其总体的上升态势。

从这个意义上说，分析证券市场时有必要了解各种宏观经济数据，以助于对证券市场未来大方向走势的研判。这些宏观经济数据甚至成为了解股价走势不可或缺的一部分。主要的宏观经济数据有国内生产总值（gross domestic product，GDP）、消费者物价指数（consumer price index，CPI）、生产价格指数（producer price index，PPI）、采购经理人指数（purchasing managers' index，PMI）等。

以GDP对股市的影响为例。投资者可以看到，基本上GDP增长率和股市呈现正相关关系。也就是说，当GDP增长率高的时候，股市往往处于牛市，当GDP增长率回落的时候，股市行情也会回落。

我国2006—2023年的GDP与其增长率如表3-1[1]所示。

1 数据来源：国家数据网。

表3-1　我国2006—2023年的GDP与其增长率

年份（年）	GDP（亿元）	增长率（%）
2006	219 438.5	12.72
2007	270 092.3	14.23
2008	319 244.6	9.65
2009	348 517.7	9.40
2010	412 119.3	10.64
2011	487 940.2	9.55
2012	538 580	7. 86
2013	592 963.2	7.77
2014	643 563.1	7.43
2015	688 858.2	7.04
2016	743 585.5	6.85
2017	820 754.3	6.95
2018	919 281.1	6.75
2019	986 515.2	5.95
2020	1 015 986.2	2.30
2021	1 149 237.0	8.45
2022	1 204 724.0	3
2023	1 260 582.1	5.2

我国2010—2020年的上证指数月K线图如图3-8所示。

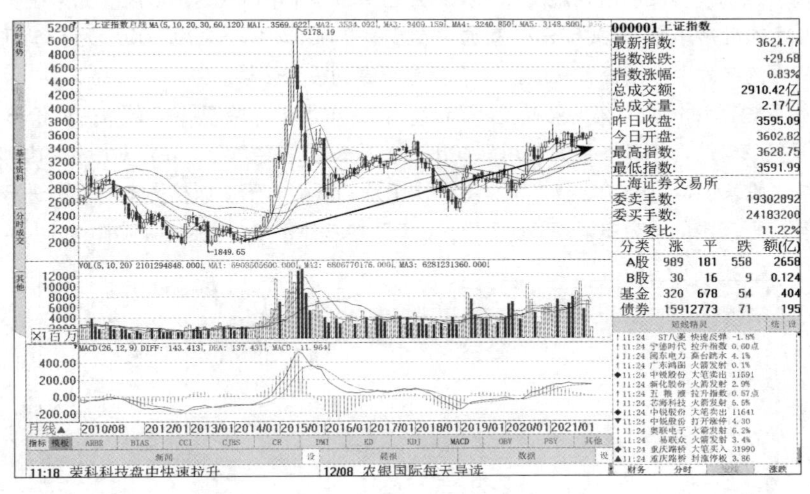

图3-8

参照GDP的历年增长率和上证指数月K线图，不难发现：当GDP增长率逐年增长的时候，上证指数处于上涨态势；当GDP增长趋于平缓时，上证指数走势也多处于震荡行情或者缓慢下跌行情。只有2015年，GDP增长率并没有比2014年的高，却迎来了一波牛市，当时助推此轮牛市的主要因素是资金杠杆，与GDP增长率相关性不大。但是整体来看，GDP增长率对股市是有正相关影响的。当然，随着GDP基数的增大，增长会放缓，增长率会下降，但是上证指数的中位数还是在缓慢上升。

3.2 分红、企业价值、市盈率对股票价格的影响

如果说宏观经济环境对大盘有较大影响，那么对于个股来说，除了受宏观的国家政策和经济形势的影响之外，还受企业本身的业绩影响。分红、企业价值、市盈率等财务指标均会影响个股股价的走势。

3.2.1 分红对股价的影响

上市公司每年都要公布年报，如果公布的年报盈利大幅增长，则企业会有分红计划。上市公司常见的分红方式为送红股（即除权）和股息分红（即除息）。

从表面上看，送红股后股东持股数量增加了，但实际上，股东权益在公司中的份额和价值并没有改变。例如，一家上市公司共有1亿股股本，净资产4亿元，年净利润8 000万元，则每股净资产是4元，每股收益是0.8元，净资产收益率是20%。假设公司进行“10送10”的分红，则总股本从1亿股增加为2亿股，净资产还是4亿元，年净利润依旧是8 000万元，每股净资产则从4元变为2元，每股收益从0.8元变为0.4元，净资产收益率还是20%。这就相当于，原来上市公司有一张100元的钞票，现在变成了两张50元的钞票。

送红股对上市公司并没有影响，但对二级市场的股价可能会造成一定影响，主要取决于以下两个因素。

1.投资者心理因素

由于股票进行除权之后，股价会按比例下降，这让原本很贵的股票变得便宜。例如，原本60元的股票，“10送10”之后变成了30元，股价下跌了，降低了投资门槛，有些投资者就会考虑购买。

2.投资者购买力因素

我国上海、深圳证券交易所均规定每次交易最小单位是1手，就是100股。如果投资者想要购买股价为2 000元的贵州茅台（600519），就必须至少有2 000×100=200 000（元）才可以购买。对于投资资金有限的广大中小投资者来说，20万元是很高的投资门槛。

除权对股票短期和长期走势的影响是不同的。在牛市当中，股票除权之后往往价格上涨的概率较大，称为填权。当然，也有些主力利用除权出货。从长线角度来看，除权对股价的影响不是很大。但是，对于绩优股来讲，每一次除权，都是下一次上涨的低点。下面以格力电器为例进行说明。

（1）前复权形态中的格力电器基本上从2006年开始就处于单边上涨的行情，如图3–9所示。

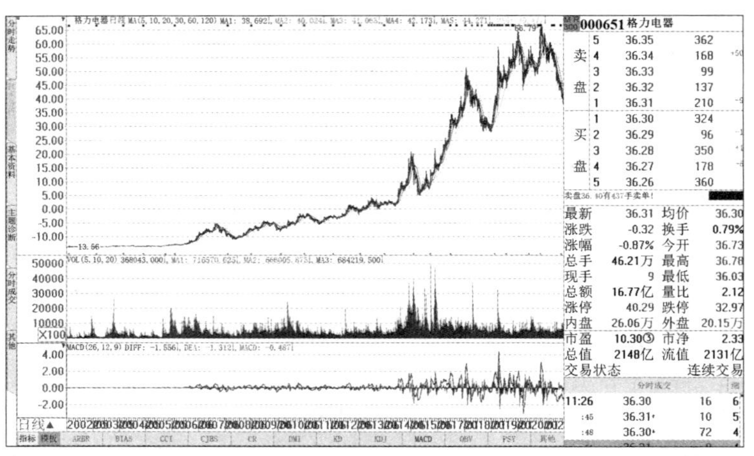

图3–9

（2）除权形态中的格力电器每一次除权基本都是下一轮上涨的低点，如图3-10所示，图中的符号▲表示除权除息。

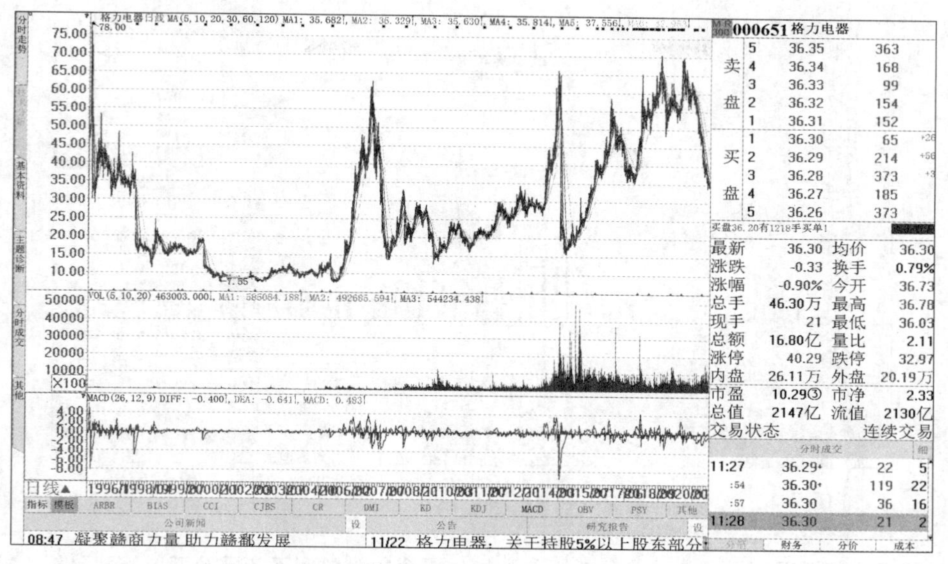

图3-10

每到年底，各大公司纷纷开始发布自己的年报。有些公司本年财务报表显示盈利增长较大，将会对这些盈利进行现金股息分红。

大家更加认可的是按照市盈率对股票进行定价，而现金分红虽然减少了公司的净资产，但是对每股净收益没有任何影响。因此，一般进行现金分红时对应的走势都是填权走势。因为分红的比例都不会很大，所以除息的缺口一般也不会很大，基本不存在可套利的空间。对于上市公司而言，现金分红并不是越多越好。

公司的生命周期可以分为导入期、成长期、成熟期和衰退期4个阶段。在不同的阶段，公司对现金的需求也是不同的。公司在导入期和成长期需要大量的投资，如购买生产线、增建厂房等。此时，上市公司不应该大比例分派现金。而在成熟期公司现金流较稳定的时候，上市公司可以依据自身的发展方向选择是否进行分派现金。公司进入衰退期后，如果没有较好的项目进行投资，则应把现金分派给股东，由股东自行选择。

3.2.2 企业价值对股价的影响

大家对股票的价格都有一定的认识，但是上市公司本身的价值比较难以直观地了解。企业价值有账面价值、内在价值等。常见的是采用市盈率、市净率估值的方法来判断上市公司的价值。从理论上说，股票价格应该等于股票价值，但是股票的价格有时与其价值并不一致。

由于上市公司自身的未来有不确定性，因此其股票价格在资本市场上会出现阶段性波动。2012—2019年，我国医美市场规模由298亿元增至1 769亿元，年复合增速为29%，已成为仅次于美国的全球医美第二大市场。但是，医美板块的股票在2020年才渐渐被投资者了解，真正被追捧买入的时间段是2021年上半年，医美板块热火朝天的行情让很多投资者不论什么价格都敢于买入。然而，随着时间的推移，投资者渐渐开始真正了解医美概念股票的价值，才渐渐明白其上涨的幅度远超出了投资的价值，到最后其实是情绪的作用。因此，这些股票的价格就出现了回归价值的“泡沫破灭之旅”。例如，金发拉比（002762）曾因为收购了两家整形医院而从母婴概念股转变为医美概念股，股价一度从2021年3月25日的5.37元涨到最高价22.18元，股价上涨了3倍，冲顶之后就出现

大幅回落，如图3-11所示。

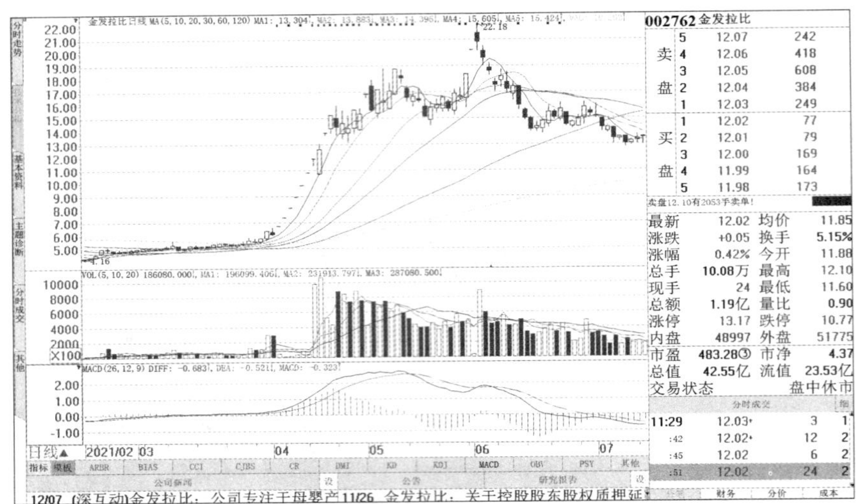

图3-11

投资者不禁要问，那企业价值高的股票和炒作概念的股票能不能区分开？答案是能。投资者可以通过多种方式区分出业绩优良的股票。首先，投资者可以搜索各个行业、各个领域的龙头企业，尤其是具有品牌效应的绩优股，如贵州茅台、格力电器、云南白药、双汇发展、宇通客车、中国中免等。其次，参考上市公司的市盈率，如果市盈率过高，则不适合长期投资。再次，在上证指数处于阶段性调整时，考虑上市公司的技术走势是否抗跌，如果抗跌，则往往是上市公司有业绩支撑。题材股在股市大跌行情中往往也下跌，而绩优股则表现得特别坚挺。白马股（指长期绩优、回报率高并且具有较高投资价值的股票）抱团现象在熊市行情中的表现尤为明显。以2015年的行情为例，上证指数从5 178.19点一路下跌至3 373.54点，只经过了18个交易日，跌幅高达34.8%，如图3-12所示。而贵州茅台（600519）在2015年6月18日大盘最高点时，最高股价为272元，到大盘3 373.54点的前一天跌至最低价219.75元，跌幅为19.2%，并且贵州茅台基本处于箱体震荡而不是单边下跌走势，这充分体现了绩优股抗跌的优点，如图3-13所示。

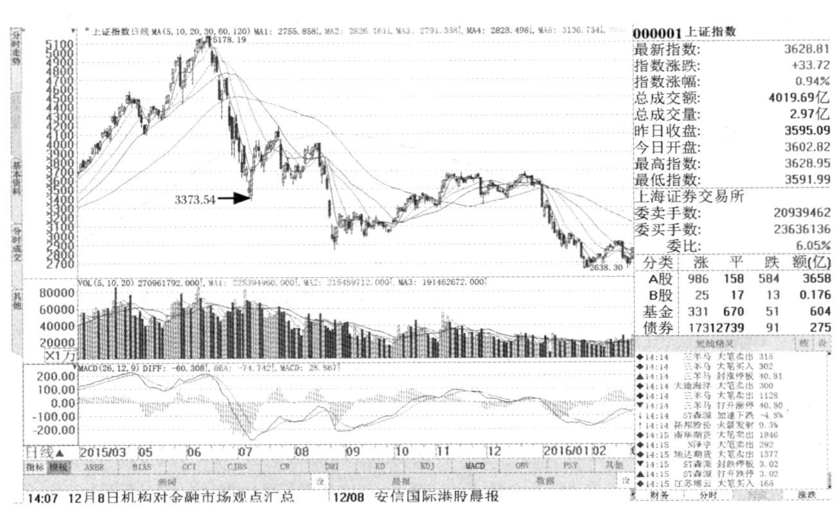

图3-12

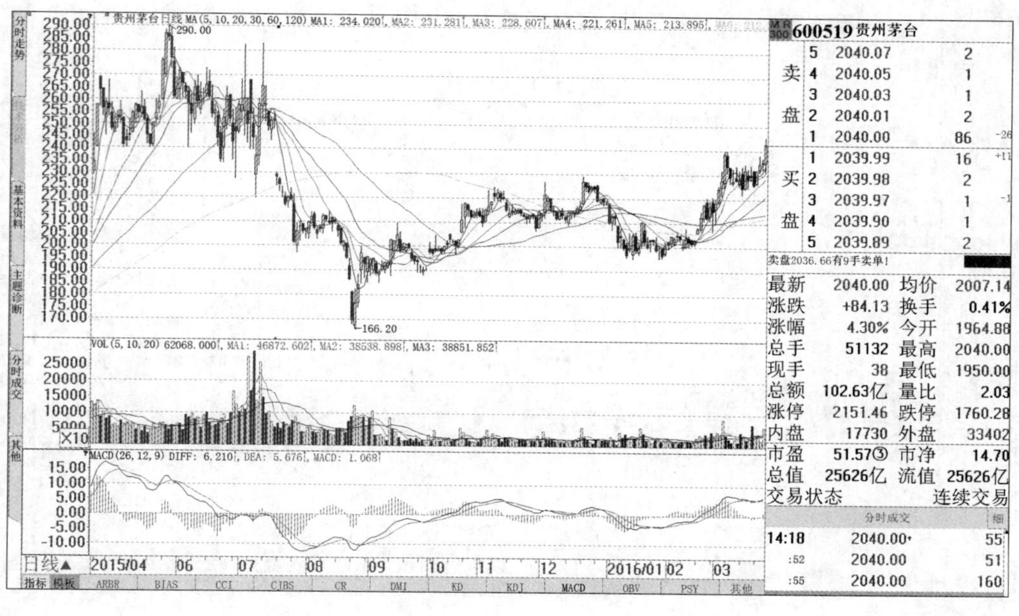

图3-13

2018年A股市场也经历了长达一年的熊市，上证指数从2018年1月的3 587.03点一路下跌至2019年1月的2 440.91点，如图3-14所示。所有均线呈空头排列的形态，这是典型的熊市特征。而同时期的中国中免（601888），先经历了长达7个月的上涨态势，后进行横盘震荡调整，股价与2018年1月相比，还有所上涨，如图3-15所示。所以在单边下跌的慢熊市环境中，选择白马股是好策略。同时期的科技股和中小盘股，估值基本是原值的一半。

图3-14

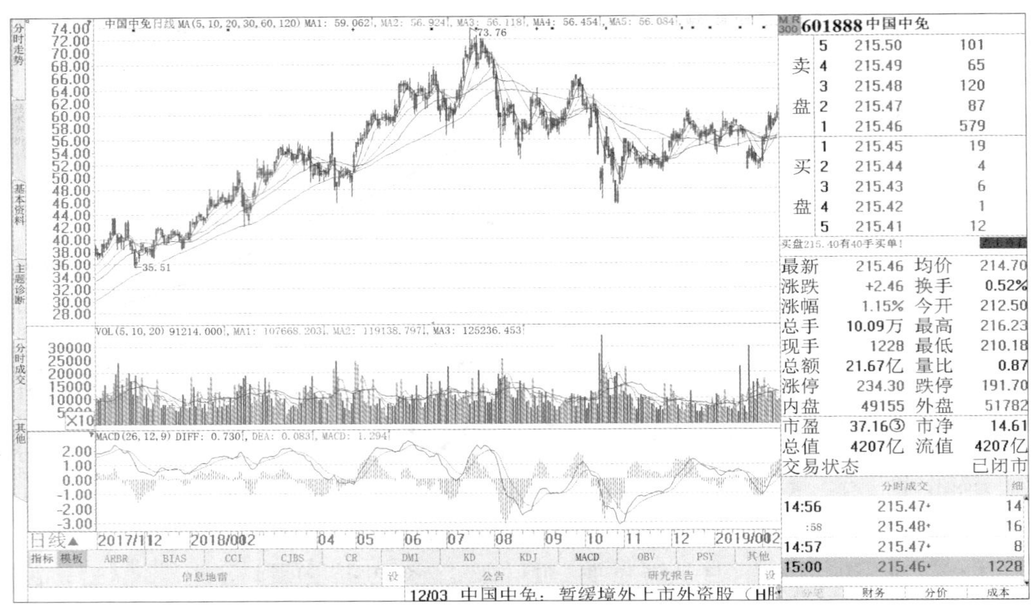

图3-15

3.2.3 市盈率对股价的影响

市盈率又称本益比，是衡量股价和企业盈利能力的一个重要指标。具体来讲，市盈率反映了每股盈利不变和所得股息没有进行再投资的情况下，经过多少年投资者可以通过股息全部收回成本。其计算公式为：

市盈率＝普通股每股市场价格 ÷ 普通股每年每股盈利

一般来说，某只股票的市盈率越低，说明投资回收期越短，投资风险越小，股票投资价值越大；反之，则说明投资回收期越长，投资风险越大，股票投资价值越小。例如，股价同为100元的两只股票，其每股收益分别为10元和2元，则其市盈率分别是100 ÷ 10=10和100 ÷ 2=50，也就是说，若企业盈利能力不变，则说明投资者以同样100元的价格购买两种股票，要分别在10年和50年以后才能从企业盈利中收回投资。

但是，由于企业的盈利能力是不断改变的，投资者购买股票更看重企业的未来发展。因此，一些发展前景很好的企业即使当前的市盈率较高，投资者也愿意购买。预期利润增长率高的企业，其股票的市盈率也会比较高。例如，对两家上年每股盈利同为10元的企业来讲，甲企业市盈率是30，乙企业市盈率为20。如果甲企业今后每年保持20%的利润增长率，乙企业每年只能保持10%的增长率，那么到第十年时，甲企业的每股盈利将达到61.9元，乙企业只有25.9元。因此尽管甲企业当前的市盈率高于乙企业，投资者若以同样价格购买这两家企业的股票，对甲企业的投资能更早地收回成本。

投资者在大智慧软件中，进入个股技术分析或者分时走势页面即可对上市公司的市盈率进行查看。仍以贵州茅台（600519）为例，投资者进入其分时走势或者技术分析界面之后，即可在盘口的下方看到动态市盈率，如图3-16所示。

贵州茅台 操盘必读 财务透视 主营构成 行业新闻 大事提醒 八面来风 公司概况 管理层
600519 单季指标 股东研究 股本分红 资本运作 关联个股 公司公告 事件提醒 盈利预测
最新指标 — 上期主要指标 — 公司概要 — 事件提醒 — 控盘情况 — 概念题材 — 成交回报

◆最新指标（2021年三季报）◆ ◇大智慧数据中心制作:更新时间:2021-12-08◇

每股收益(元) :29.6700　目前流通(万股) :125619.78
每股净资产(元) :138.7906　总 股 本(万股) :125619.78
每股公积金(元) :1.0945　营业收入(万元) :7705315.50
每股未分配利润(元) :116.6196　营收同比(%) :10.75
每股经营现金流(元) :29.2568　净利润(万元) :3726617.42
净利率(%) :53.02　净利润同比(%) :10.17
毛利率(%) :91.19　净资产收益率(%) :21.68

◆上期主要指标◆ ◇2021中期◇

每股收益(元) :19.6300　扣非每股收益(元) :19.6220
每股净资产(元) :128.7518　扣非净利润(万元) :2464911.77
每股公积金(元) :1.0945　营收同比(%) :11.15
每股未分配利润(元) :106.5797　净利润同比(%) :9.08
每股经营现金流(元) :17.2898　净资产收益率(%) :14.20
毛利率(%) :91.38　净利率(%) :53.39

◆ 公司概要 ◆

所属行业：制造业->酒、饮料和精制茶制造业
主营业务：茅台酒系列产品的生产与销售;饮料、食品、包装材料的生产、销售;防伪技术开发、信息产业相关产品的研制、开发;酒店经营管理、...查看全部▼
概念题材：酒及饮料、贵州、沪深300、融资融券、中证100、白酒、证金汇金、健康中国、价值品牌、MSCI中国、价值成长、贵州国资、富时罗素概念、茅概念、

600519贵州茅台

		价格	数量
卖盘	5	2043.82	1
	4	2043.66	1
	3	2043.64	2
	2	2043.31	4
	1	2043.00	5
买盘	1	2042.98	1
	2	2042.53	1
	3	2042.52	3
	4	2042.50	10
	5	2042.15	2

卖盘2044.00有37手卖单!

最新	2043.00	均价	2012.37
涨跌	+87.13	换手	0.49%
涨幅	4.45%	今开	1964.88
总手	61048	最高	2045.00
现手	2688	最低	1950.00
总额	122.85亿	量比	2.03
涨停	2151.46	跌停	1760.28
内盘	22976	外盘	38072
市盈	51.65③	市净	14.72
总值	25664亿	流值	25664亿
交易状态			已闭市

分时成交

14:50	2035.00	7
:05	2034.85	9
:08	2034.00	3
15:00	2043.00	2688

逐笔 财务 分价 指数 分时 新闻 短线

图3-16

3.3 每年不同时间节点股市的变化

上市公司股票走势除了受到国家政策、经济形势等因素影响外，在不同的时间段，还会受到诸如年报或者节日等的影响。投资者有必要对年报行情和节日行情有一定的认识。

3.3.1 年报公布前后股市的走向

上市公司每年第一季度必须公布上一年度的财务报表。如果当年的各项财务指标好于上一年度的财务指标，股价就会上涨。一般运营正常的情况下，公司的效益会一年比一年好。所以出现了一个规律：在上市公司公布年报之前，投资者因预期上市公司会有好的表现而买入股票，供求关系导致股价有一定的上涨空间。时间段一般为当年的十二月底至第二年的三、四月。投资者将上市公司披露的年报作为依据来买卖股票，这就是所谓的年报行情。

当然，并非所有年报预增的公司都会得到市场的追捧而股价上涨。年报披露前有预披露，如果预披露的年报经营业绩有大幅度增长，此时股票可能会受到追捧，等到年报正式披露的时候，股价已经上涨很多，这时会出现盈利盘兑现，引发股价下跌，因此投资者需要辨别利润增长的原因。比较好的利润增长的原因是其原有主营业务的销售额增长，主营业务在提高技术含量的同时降低成本，从而提高毛利率。其他因素也会引起利润的急剧变化，如出让资产、股权改变引发的会计记账的变化等。因此，投资者还需要注意年报中的其他项目变化，如投资利润、主营业务利润、政府补贴、负债率等。投资者可以在证监会指定信息披露网站对所有上市公司的年报、季报信息进行查询，如图3-17所示。

图3-17

3.3.2 各大节日对相关股票的影响

除了年报，节日对股票行情也有特殊的影响，如每年的春节、国庆节、元旦和其他节日等。我国每年休市时间最长的假期就是春节，因此，春节对我国证券市场的影响也最大，其次是国庆节和元旦。

1. 春节对股市的影响

根据江恩理论，在所有节日因素中，最应当注意圣诞节前后的市场变化，市场经常会在圣诞节前后发生变盘。而这一理论套用在我国证券市场上，就是股市往往会在春节前后发生变盘。因为年关将至，投资者对持股过年还是持币过年看法不一，因此股市容易发生变化。据统计，自1999年起，春节因素对股市影响很明显，多次形成市场拐点。部分春节前后股市走势如表3-2所示。

表3-2 春节前后股市走势

年份	时间	走势
1999年	2月9日—3月1日	中期转折
2000年	1月28日—2月14日	中期转折
2001年	1月19日—2月5日	短期转折
2002年	2月8日—2月25日	短期转折
2004年	1月16日—1月29日	短期转折
2007年	1月26日—2月22日	短期转折
2008年	2月5日—2月18日	短期反弹
2009年	1月23日—2月2日	短期加速
2010年	2月12日—2月22日	短期回调
2011年	1月25日—2月16日	短期回调
2012年	2月1日—2月28日	短期回调
2013年	2月8日— 2月28日	中期转折
2014年	1月27日—2月9日	短期回调
2015年	2月15日—3月9日	中期上涨
2016年	2月5日—2月24日	短期反弹
2017年	1月23日—2月23日	短期反弹
2018年	2月12日—3月12日	短期反弹
2019年	2月1日—3月7日	中期上涨
2020年	1月20日—2月28日	短期反弹
2021年	2月8日—3月5日	短期回调

通过对历史数据的观察，投资者不难发现每年春节前两个交易日和节后两个交易日是股市变盘的时间窗口期。在这4天内，市场行情往往会出现较大幅度的上涨或下跌，从而有可能进一步改变市场趋势，值得大家重点留意。

2. 国庆节对股市的影响

国庆节与春节放假时间基本一样长，再结合国庆节节日因素，其对股市的影响仅次于春节对股市的影响。不过相对春节而言，国庆节对市场的影响多为短期趋势的转折。由统计数据可知，2000年、2003年、2005年、2006年、2008年、2009年、2010年、2015年和2016年的国庆节，均引发了市场不同程度的转折。

例如，2016年国庆节前后上证指数均出现较为明显的趋势转折。2016年9月30日，上证指数收盘价为3 004.7点，由于受到国庆节因素对市场的影响，在假期结束的第一个交易日就放量上涨，收出一根大阳线（关于阳线，第5章将会详细介绍）。在之后的第二个交易日又高开高走，收出一根跳空缺口的小阳线，并且成交量进一步放大。之后上证指数走势发生转变，一路上扬，并于2016年11月29日涨至最高点3 301.21点，如图3-18所示。

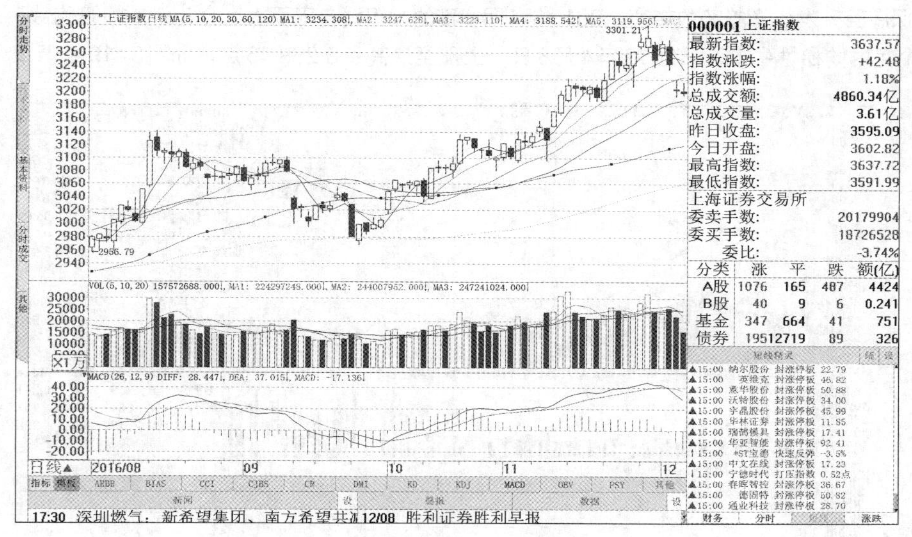

图3-18

3. 元旦对股市的影响

每年的12月均是各大银行争夺资金的月份。对于银行来讲，央行经常会在12月检查储备金是否充足，而银行对员工也要进行年末考核。为了完成吸储任务，各大银行会使出各种手段与市场抢夺资金。因此，元旦作为阳历新年的开始，对市场的影响也不容小觑。部分元旦股市走势变化如表3-3所示。

表3-3　元旦股市走势变化

年份	走势变化	年份	走势变化
2002年	短期转折	2012年	短期回调
2003年	中期转折	2014年	短期转折

续表

年份	走势变化	年份	走势变化
2007年	短期转折	2016年	中期下跌
2008年	长期转折	2017年	短期反弹
2009年	中期转折	2018年	中期反弹
2010年	短期转折	2019年	中期上涨
2011年	短期转折	2021年	短期反弹

例如，2019年元旦之后上证指数出现较为明显的“熊转牛”趋势转折。2018年全年股市行情都处于下跌趋势中，2018年12月28日上证指数收盘价为2 493.9点，由于前期受到金融去杠杆因素的影响，市场经历了一整年的金融去杠杆过程，已挤压出大量的资产泡沫。因此在元旦后的一周，股票走势探底回升发生了趋势的转变。2019年1月4日的大阳线自下而上刺穿5日、10日均线，从此开始了4个月的阶梯性牛市，于2019年4月8日，上涨至最高点3 288.45点，如图3-19所示。

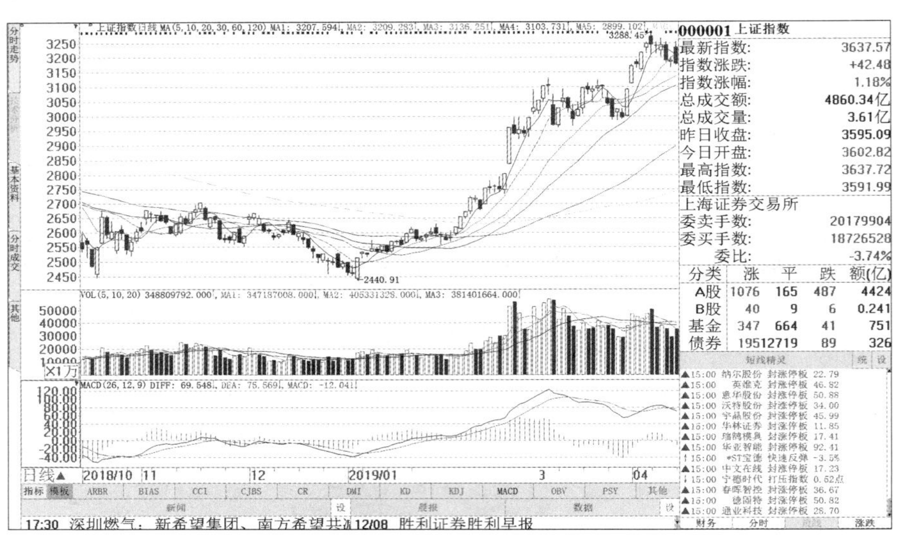

图3-19

除春节、国庆节、元旦以外，其他节日也会出现市场的转折点。例如，劳动节前后也极容易成为市场的转折点。劳动节前后股市出现拐点的年份有2000年、2002年、2003年、2006年、2008年和2009年。此外，2015年端午节也是“牛转熊”的拐点。投资者可以在大智慧等股票软件中进行查看，发现其中的规律。

3.4 新股发行与资金监管对股市的影响

资本市场的表现在很大程度上是由资金流动情况决定的，换言之，资金对资本市场有很大的影响。新股发行、证监会对股市资金进行监管是比较常见的影响资金流动情况的因素。

3.4.1 新股发行对股市的影响

新股发行又称为IPO，是指一家企业或公司（股份有限公司）第一次将它的股份向公众出售，增加股票的供给量。因此IPO会分流股市资金，加大股市供给。因为市场上的资金只有那么多，如果股票数量变多，平摊在每一只股票上的资金就会相应减少，因此短期内对股市造成利空。不过从长期的角度来看，增加新鲜“血液”，让更多优质公司上市，对股市长久健康发展是有利的，对上市公司的发展也是有利的。

所以，在资本市场低迷的时候，证监会一般会放慢甚至是暂停新股发行，稳定市场的信心。一旦股市活跃，新股发行就会加快，所以新股发行的节奏跟市场所处的阶段和环境有很大关系。

3.4.2 证券市场的资金监督管理对股市的影响

证监会除了对上市公司新股发行进行强有力的监督管理外，对于市场上的资金也有严格的监督管理措施。证监会对股市的资金监管主要有两个方面：一方面是对境内资金进行监管，另一方面是对境外资金进行监管。

证监会对境内资金进行监管，主要包括对券商融资融券开通资格的限定、融资融券担保品比例的调控、上市公司高管减持股票的限定、公募基金的审批与资金限定、私募基金的资金管理等。这些强有力的资金监管有助于调控证券市场行情的过度上涨和过度下跌，在有效地维护证券市场秩序的同时，也保障了投资者的合法权益。

证监会对境外资金进行监管有助于保证我国金融市场的安全和稳定。证监会对境外资金的监管主要包括对合格境外机构投资者（qualified foreign institutional investor，QFII）机制、沪股通以及外资对基金公司的持股比例等进行监管。QFII机制是有限度地引进外资、开放资本市场的过渡性制度。证监会对其限制的内容主要有资格条件、投资登记、投资额度、投资方向、投资范围、资金的汇入和汇出等。沪股通是指中国香港或国外投资者通过香港联合交易所有限公司，向上海证券交易所进行申报，买卖规定范围内的上证市场的股票。

3.5 机构投资者和个人投资者对股市的影响

股市上的投资者分为两类：一类是机构投资者；另一类是个人投资者，俗称散户。机构投资者的性质与个人投资者不同，在投资来源、投资目标、投资方向等方面都与个人投资者有很大差别，因此二者对股市的影响也有很大不同。

3.5.1 机构投资者对股市的影响

在股市发展初期，市场参与者主要是个人投资者。然而自20世纪70年代以来，西方各国股市出现了证券投资机构化的趋势。有关统计数据表明，在20世纪70年代机构投资者所占市场份额为30%，20世纪90年代初发展到70%，机构投资者已成为股市的主要力量。由此可见，当市场发展趋于成熟时，市场中的机构投资者占大多数。

机构投资者主要是指一些金融机构，包括银行、保险公司、投资信托公司、信用合作社、政府或社会团体设立的退休基金等组织。机构投资者参与度的增加对股市产生的影响是非常大的。

1. 正面影响

（1）机构投资者丰富了投资品种，扩大了市场容量。

（2）机构投资者的投资策略有助于股市的稳定。大部分机构投资者采取价值投资策略，采用长期持股、不断低价吸筹的方法获利。这种方法在很大程度上降低了交易成本，并且避免了市场价格

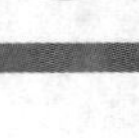

的短期波动，着眼于长期投资。此外，机构投资者还会以成长型股票作为主要投资目标，其借助自身的判定标准，评估上市公司的成长潜力，从而挖掘并长期持有能够获利的成长型股票。

（3）机构投资者参与申购占优势。机构投资者拥有积聚社会个人投资者闲置资金的优势。因此，当机构投资者进行新股申购时，可以大大提高中签率，从而使整个机构获得一定的稳定收益，降低了风险。

（4）机构投资者积极参与上市公司治理，提高上市公司质量。

2.负面影响

（1）机构出现踩踏行为对股价影响更大。由于信息不对称，机构投资者与个人投资者相比占据明显的信息优势，因此也在股市占据主导地位，引导股价走势。如果机构投资者提前获取到上市公司的利空消息，会提前抢跑，引发踩踏。随着机构投资者占比越来越多，机构投资者砍仓也是绝不手软。例如，2022年年初的高估值股票的踩踏，包括医药、新能源、储能、锂电、半导体等高估值个股的股价同时大幅度下跌，给市场增加了极大的不稳定性。面对机构投资者毫不留情的砍仓，个人投资者势单力薄难以抵抗，如果没能及时卖出将面临严重的亏损。

（2）机构投资者的短视行为。并非所有的机构投资者的策略组合都是长线策略，不乏专门做短线套利的机构投资者，这些机构投资者一旦短线获利就会抛出手中的筹码。机构投资者的资金量很大，因此会给市场带来不小的抛压。此外，一只股票会有若干个机构投资者投资，持有同一股票的机构投资者之间存在竞争压力，如果短线出货，机构投资者会竞相出货。

（3）机构投资者的流动性压力为市场增加了不稳定性。当市场出现特殊情况时，如爆发金融危机、重大利好公布或机构投资者的资金链出现问题时，机构投资者都会竞相卖出或买入股票，或者频繁更换股票，这会导致证券市场价格的不稳定性和“雪崩效应”。

机构投资者与个人投资者相比更具有优势，主要表现在以下几个方面。

（1）机构投资者具有专业化投资管理模式。机构投资者资金实力较为雄厚，在对上市公司进行信息搜集分析与研究等方面都配备有专门部门，由证券投资专家对投资决策运作和投资理财方式进行管理。现在我国大部分证券公司都有自己的证券研究所。大部分个人投资者投入的资金量较小，并且缺乏足够的时间搜集信息、分析行情、判断走势，也缺少足够的资料数据分析上市公司经营情况，容易受证券市场波动的影响，追涨杀跌。因此，从理论上讲，机构投资者的投资行为相对理性，投资规模相对较大，投资周期相对较长，从而有利于证券市场的健康稳定发展。

（2）机构投资者的投资组合策略更稳定。由于证券市场的风险较高，并且机构投资者的入市资金比个人投资者多，因此其承受的风险就较大。为了尽可能地规避非系统性风险，机构投资者会设计投资组合策略，并按照策略执行。个人投资者由于资金较少，很难进行投资组合，因此面临的非系统性风险也较大。

（3）机构投资者的投资行为更规范。机构投资者是具有独立法人身份的经济实体，因此会有相应的监管部门对其进行监管，其投资行为也更为规范。机构投资者遵守证券交易的“公开、公平、公正”原则，维护了市场的相对稳定。此外，机构投资者可以通过自律管理，从各个方面规范自己的投资行为。而个人投资者的投资行为相对更自由、更不规范。

3.5.2 个人投资者对股市的影响

个人投资者俗称散户，因其资金量散而得名。与机构投资者不同，个人投资者资金量小，难以形成规模效应，不能有效左右股价，且其投资行动散乱不一，难以形成规模。因此个人投资者的资金对整个股市的影响不大。

金融市场较发达地区的主要证券市场的交易所和券商的数据表明，个人投资者在股市的平均投资业绩明显低于大市。整个盘面处于下跌态势时，个人投资者往往亏损最多。事实上，由于资本市场的发展阶段和监管制度不完全一致，个人投资者在资本市场中的表现也都不同。大多是因为个人投资者对自己的投资能力缺乏正确的认识，对于股市行情规律缺乏起码的了解。

值得指出的是，个人投资者在市场中的重要地位并不局限于他们自己的投资回报，而是直接影响市场监管层推进“公开、公平、公正”原则的进度。股市是自由度较高的市场，允许不同资金规模的投资者参与。而监管层主要是保证所有的投资者在同一市场按照相同的规则进行交易。在股市，机构投资者和个人投资者之间的博弈，从某种程度上讲，更像是大鱼和小鱼之间的竞争，大鱼胜在体格大实力强，小鱼虽体格小，但更灵活。只有达到大鱼和小鱼的一种平衡，股市才能保持稳定。

如果股市中没有个人投资者存在，机构投资者之间短兵相接，一旦引发信心的崩塌，股价同样会暴跌。个人投资者并没有真正地离开股市，他们可能会从股民变成基民。当股价下跌引发投资者信心缺失的时候，投资者就会赎回手中的基金，导致机构不得不持续卖出持有的股票，进一步引发股价踩踏。只有当空头得到足够的释放，才能慢慢让广大投资者对股市恢复信心，基金规模才能再一次不断扩大，也才能为市场注入新的活力。

高手秘技

技巧　大股东减持对股票有哪些影响

其实，股市最大的主力不是机构投资者，更不是个人投资者，而是以很低的成本获取非流通股的大股东。这些非流通股在经过规定的时间之后可以解禁，转化为可流通股。但是大股东并不能一下子把股票全部卖光，而是在规定的时间，以一定限度分批减持。当大股东减持股票的时候，股价就面临抛压，因此可能会下跌。

一般情况下，这些非流通股可以减持之后，大股东不会马上减持，而是等股价上涨到一定的高度之后再抛出手中的股票。一般在非流通股解禁之前，上市公司必须就解禁发布公告。投资者在获取上市公司股东要减持股票的消息之后就应当对所持有的股票保持警惕，一旦发现股价上涨乏力，就应马上卖出。

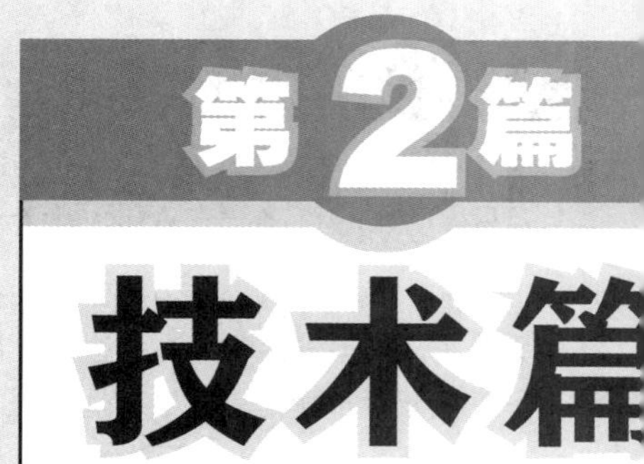

第2篇 技术篇

第4章　基本面分析

本章引语

投资的目标是寻找那些未来20年具有持续竞争优势而且价格上具有安全边际的优秀公司。

——巴菲特

价值投资是巴菲特一直奉行的投资原则，而价值投资的基础就是对公司的基本面分析。他也曾说，如果不能根据公司基本面分析进行估值，就根本不会关注这家公司。所以，要成为一名优秀的投资者，基本面分析至关重要。

本章要点

★宏观层面的基本面分析

★行业层面的基本面分析

★企业层面的基本面分析

4.1 宏观层面的基本面分析

宏观层面的因素能够对证券市场的整体走势产生很大影响，其中主要的影响因素有经济因素、政治因素和国内外重大事件等。说到底，股市最终是为经济发展服务的。因此，本节重点对经济因素进行详细介绍。

4.1.1 经济政策

证券市场是社会经济的一个重要组成部分，证券市场的发展受国家经济政策的影响。经济政策是国家经济发展意志和目标的集中体现。国家大力发展和扶植的产业，往往能在配套资金、资源上获得很大的支持，这也给投资者提供了很好的投资指引，普通投资者如果没有行业研究的能力，多关注国家政策也可以发掘好板块。

因此，投资者需要深入理解国家经济政策，密切关注国家经济政策的动向，选择具有发展前景的行业，把握好投资方向。

例如，芯片领域分为上游、中游、下游三部分。上游为半导体装备及材料领域，主要包括光刻机、蚀刻机、大硅片、光刻胶、靶材等；中游主要包括分立器件、光电子、传感器、集成电路等；下游主要包括通信及智能手机、平板电脑、工业医疗、消费电子等。2019年10月22日，国家集成电路产业投资基金二期股份有限公司（简称“国家大基金二期”）注册成立，注册资本为2 041.5亿元。国家大基金二期主要投资上游和中游领域。如果对经济政策敏感的投资者，会紧跟政策导向，早早布局有上涨潜力的板块和个股。国家大基金一期与二期明确了投资的具体公司：南大光电（光刻胶）、北方华创（光刻机）、兆易创新（芯片存储）、长电科技（封测）、华天科技（封测）、通富微电（封测）、晶方科技（封测）、国科微（芯片设计）、景嘉微[人工智能（artificial intelligence，AI）芯片]、士兰微[有机发光二极管（organic light emitting diode，OLED）芯片]等。

以大智慧软件为例，投资者可以通过该软件，查找芯片领域个股。

❶ 打开大智慧软件，进入其主界面。选择“沪深京”选项卡，再选择下方的“板块监控”选项卡，即可查看各个板块当日的排名情况，如图4-1所示。

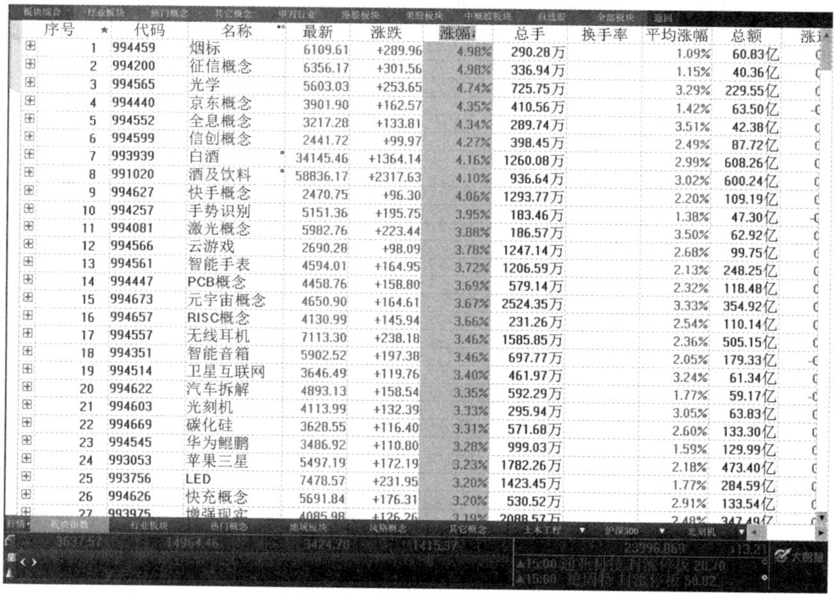

序号	代码	名称	最新	涨跌	涨幅	总手	换手率	平均涨幅	总额
1	994459	烟标	6109.61	+289.96	4.98%	290.28万		1.09%	60.83亿
2	994200	征信概念	6356.17	+301.56	4.98%	336.94万		1.15%	40.36亿
3	994565	光学	5603.03	+253.65	4.74%	725.75万		3.29%	229.55亿
4	994440	京东概念	3901.90	+162.57	4.35%	410.56万		1.42%	63.50亿
5	994552	全息概念	3217.28	+133.81	4.34%	289.74万		3.51%	42.38亿
6	994599	信创概念	2441.72	+99.97	4.27%	398.45万		2.49%	87.72亿
7	993939	白酒	34145.46	+1364.14	4.16%	1260.08万		2.99%	608.26亿
8	991020	酒及饮料	58836.17	+2317.63	4.10%	936.64万		3.02%	600.24亿
9	994627	快手概念	2470.75	+96.30	4.06%	1293.77万		2.20%	109.19亿
10	994257	手势识别	5151.36	+195.75	3.95%	183.46万		1.38%	47.30亿
11	994081	激光概念	5982.76	+223.44	3.88%	186.57万		3.50%	62.92亿
12	994566	云游戏	2690.28	+98.09	3.78%	1247.14万		2.68%	99.75亿
13	994561	智能手表	4594.01	+164.95	3.72%	1206.59万		2.13%	248.25亿
14	994447	PCB概念	4458.76	+158.80	3.69%	579.14万		2.32%	118.48亿
15	994673	元宇宙概念	4650.90	+164.61	3.67%	2524.35万		3.33%	354.92亿
16	994657	RISC概念	4130.99	+145.94	3.66%	231.26万		2.54%	110.14亿
17	994557	无线耳机	7113.30	+238.18	3.46%	1585.85万		2.36%	505.15亿
18	994351	智能音箱	5902.52	+197.38	3.46%	697.77万		2.05%	179.33亿
19	994514	卫星互联网	3646.49	+119.76	3.40%	461.97万		3.24%	61.34亿
20	994622	汽车拆解	4893.13	+158.54	3.35%	592.29万		1.77%	59.17亿
21	994603	光刻机	4113.99	+132.39	3.33%	295.94万		3.05%	63.83亿
22	994669	碳化硅	3628.55	+116.40	3.31%	571.68万		2.60%	133.30亿
23	994545	华为鲲鹏	3486.92	+110.80	3.28%	999.03万		1.59%	129.99亿
24	993053	苹果三星	5497.19	+172.19	3.23%	1782.26万		2.18%	473.40亿
25	993756	LED	7478.57	+231.95	3.20%	1423.45万		1.77%	284.59亿
26	994626	快充概念	5691.84	+176.31	3.20%	530.52万		2.91%	133.54亿
27	993975	增强现实	4085.98	+126.26	3.19%	2088.57万		2.48%	347.49亿

图4-1

❷ 拖动右侧的滑块，可查看第三代半导体、光刻胶、芯片概念等芯片相关概念板块的当日涨幅，成交总手、总额等信息，如图4–2所示。

序号	代码	名称	最新	涨跌	涨幅↓	总手	换手率	平均涨幅	总额	涨速
30	994619	NMN概念	3065.22	+93.59	3.15%	213.12万		1.19%	24.42亿	0
31	994625	第三代半导体	4457.17	+134.38	3.11%	1573.75万		2.59%	380.98亿	0
32	994525	ETC概念	6544.25	+196.82	3.10%	645.50万		1.49%	132.78亿	0
33	994663	PVDF概念	4938.59	+145.42	3.03%	203.08万		1.93%	38.58亿	0
34	994513	轮胎	5397.64	+158.57	3.03%	200.21万		3.73%	25.46亿	0
35	994026	传感器	4997.62	+145.88	3.01%	1863.03万		2.40%	405.49亿	0
36	994237	电池管理	7160.04	+208.48	3.00%	667.76万		3.07%	131.80亿	0
37	993041	海工装备	2114.00	+61.03	2.97%	1125.56万		2.73%	142.43亿	0
38	993055	石墨烯	3803.92	+109.60	2.97%	1438.52万		2.37%	202.63亿	-0
39	994500	流媒体	3130.48	+89.76	2.95%	494.29万		2.34%	65.78亿	0
40	994086	健康中国	5874.48	+167.99	2.94%	1780.55万		0.66%	337.97亿	0
41	991015	橡胶塑料	4442.84	+126.50	2.93%	929.10万		1.84%	177.32亿	0
42	994672	NFT概念	4188.46	+119.02	2.92%	796.56万		2.70%	91.87亿	0
43	994586	存储器	4344.53	+122.20	2.89%	325.38万		2.25%	155.46亿	0
44	994650	数字能源	4763.91	+130.30	2.81%	635.21万		2.66%	87.98亿	0
45	993951	智能手机	5838.94	+159.39	2.81%	1737.72万		2.00%	412.95亿	0
46	993054	5G	6564.75	+178.76	2.80%	4398.53万		1.93%	789.25亿	0
47	994479	光刻胶	7881.39	+213.36	2.78%	233.57万		2.36%	63.78亿	0
48	994483	新基建	4885.51	+131.22	2.76%	2055.29万		2.05%	350.28亿	0
49	994583	氮化镓	4862.36	+128.21	2.71%	767.97万		2.46%	160.90亿	0
50	994512	休闲食品	5190.97	+136.71	2.70%	85.73万		1.64%	25.41亿	0
51	993974	虚拟现实	3215.96	+83.93	2.68%	4640.09万		2.01%	633.18亿	0
52	994664	CRO概念	3637.77	+94.63	2.67%	94.48万		1.82%	83.82亿	-0
53	994501	氟化工	8167.88	+212.12	2.67%	424.96万		2.14%	135.05亿	-0
54	994489	超高清	4728.34	+122.76	2.67%	1916.25万		1.88%	308.59亿	0
55	994397	芯片概念	6437.74	+166.94	2.66%	3096.21万		2.47%	893.34亿	0
56	994597	油气存储	3475.70	+90.06	2.66%	710.68万		1.14%	41.57亿	0

行情 板块指数 行业板块 热门概念 地域板块 风格概念 其它概念 土木工程 沪深300 光刻机

图4–2

❸ 双击“第三代半导体”可进入该板块指数的技术分析界面，还可以单击界面左侧不同选项卡，查看该指数的分时走势、基本资料、分时成交等信息。在界面右侧的行情盘口下方是成分股列表，里面包括纳入该指数的所有个股，默认按照涨幅进行排序，如图4–3所示。

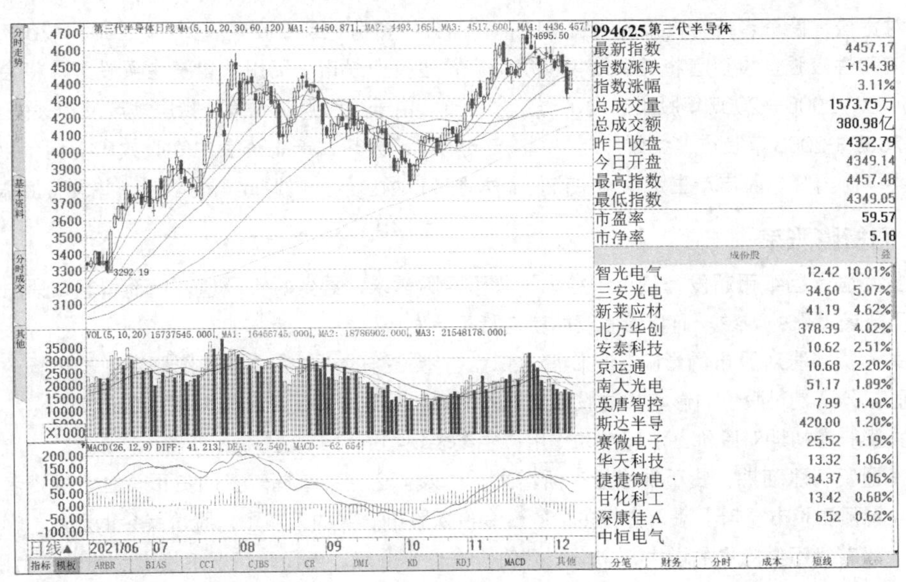

图4–3

除了利用炒股软件获取经济资讯，投资者也可以浏览各大官方财经网站获取信息。如中证网，该网站汇集了经济政策信息。又如中国证券网，该网站是证监会指定信息披露媒体，也可用于了解国家经济政策。

4.1.2 经济指标

投资者在新闻中常常会接触到一些经济指标，如GDP、经济增长率、利率、通货膨胀率等。这些指标由国家统计局定期公布，对判断宏观经济形势具有重要作用。

1. GDP与经济增长率

简单地说，GDP是指在一定时期（一般按年统计），在一个国家或地区范围内生产的产品和劳务的总值。这些产品和劳务的界定以在一个国家或地区范围内生产为标准。例如，我国的制造企业在俄罗斯设厂，其生产产品的产值不计入我国的GDP；但是，俄罗斯公司在我国设厂，它的产值计入我国当年的GDP。

经济增长率反映一定时期一个国家或地区经济发展水平的变化程度。我国的经济增长率从2000年的8.49%连续增长到2007年的14.23%，2007—2008年股市“牛转熊”，经济增长率也在2008年下降为9.65%。之后由于基数不断增大，经济增长率也连续下降。2020年前两个季度经济增长率为负值，但是在第三季度和第四季度，随着国内经济的复苏，GDP也实现当年正增长，我国成为全世界经济复苏最强劲的经济体。

在宏观经济分析中，GDP指标举足轻重。当GDP连续、稳定增长，经济发展势头良好时，企业盈利能力不断提升，股票的内在价值提高；同时，经济增长带来了人们生活水平的改善和收入的提高，增加了投资者投资股票的需求。所以，股价开始慢慢上涨，形成牛市。相反，当GDP持续下跌，经济发展动力不足时，企业自身的盈利能力下降，股票的内在价值有所降低，而人们的收入增速缓慢，投资者就会减少对股票的投资，进而造成股价下跌，形成熊市。

2. 利率

利率是影响证券市场的最为敏感的因素之一。通俗来说，利率就是货币的价格。利率降低，货币供给量增加；利率升高，货币供给量减少。进一步思考，如果利率下降，将会增加货币供给，流动性相对宽松，投资者持有货币的收益下降，转而会投资房地产或股票。例如，2006—2007年，货币市场流动性较强，投资者将资金既投向房地产，也投向股市。而用大量资金买股票，将会使股价上涨。所以，2006—2007年股市启动了一轮大牛市。由于当时财政政策扶持房地产及相关配套行业，所以在2007—2008年股市“牛转熊”，房地产市场持续火热，产生资金的虹吸效应。到了2020年，利率水平一降再降，股市产生结构性牛市，而房地产市场由于受财政政策的限制，并没有上涨趋势。

3. 通货膨胀率

通货膨胀是因纸币超发，货币供给大于货币实际需求，导致货币贬值，进而引起一段时间内物价持续而普遍上涨的现象。通货膨胀实质就是货币超发。

有关通货膨胀对股市的影响，是仁者见仁，智者见智的。其实，通货膨胀对证券市场的影响有两个方面，分别是对股价的影响和对股市发展的影响。这里介绍通货膨胀对股价的影响。

通货膨胀在初期对股价上涨起推动作用，主要表现如下。

（1）通货膨胀初期，货币供应量有所增大，个人、企业会掌握较多的货币资金。投资者如果看好股市或者预测股市行情上涨，会将多余的资金投入股市。买的人多了，股价就会上涨。

（2）随着货币供应量的增大，市场产品的价格也会上涨，而通常情况下投资品的价格上涨更快。这样，以生产投资品为主的上市公司的账面盈利将会大幅提升。因此，投资者看好这些上市公司的前景，纷纷买入股票，从而促使股价上涨。

不过，持续的通货膨胀会引起股价下跌，主要表现如下。

（1）当通货膨胀趋于高峰时，将会造成经济秩序混乱、消费者抱怨等现象。这时，决策者将采取措施抑制通货膨胀。个人、企业手中的货币资金减少，导致资金流出股市，从而股价下跌。

（2）持续的通货膨胀会使市场产品的价格持续上涨，造成实际生产成本的大幅上升，物资供应紧张，导致一些上市公司账面盈利减少，投资者相应地不看好其前景。再加上严重的通货膨胀下，投资者的信心减弱，更倾向于投资有形资产，因此纷纷退出股市，进而导致股价下跌。

总体来说，短期温和的通货膨胀会促使股价上涨，长期恶性的通货膨胀最终会导致股价下跌。

4.1.3 经济周期

宏观经济呈现复苏期、高峰期、衰退期和谷底期反复循环的周期性波动。

1. 复苏期

否极则泰来，经济已经处在底部无法再低，只能向上。随着经济形势的好转，消费需求逐步增加，企业投资增加，产品生产量、销售量、利润都稳步上升，呈现出蓬勃发展的态势。这一阶段，投资者适合进入股市分批建仓，股市也会同步开始复苏。

2. 高峰期

经过复苏期，经济发展步入正常轨道，进入高峰期，生产、投资、消费水平都快速提高，企业利润稳步上升，投资者看好的预期不变，所以该时期股市活跃，易形成牛市。

3. 衰退期

盛极而衰，这是客观规律，股市也不例外。在高峰期，企业本身的潜能基本上得到充分挖掘，股价处在相对高位，如果没有新的经济增长点，回调在所难免。此时，投资者获利出货的心态更加迫切，市场稍有风吹草动，投资者就会纷纷出货。在衰退期，买入动力不足，卖出压力增大，股价开始下跌。

4. 谷底期

谷底期经济发展速度迅速下降，甚至出现倒退，企业产能萎缩，出现大面积亏损，甚至倒闭。消费需求严重不足，缺乏促使经济上涨的动力因素，企业和投资者情绪普遍悲观。此时，股市一跌再跌，投资者争相出货，又进一步加剧了股价的下跌。

选股更需选时，根据经济周期，投资者最佳的获利时间是从复苏期到高峰期，在衰退期、谷底期，投资者应该以保本不亏损为主。此外，不同行业的股票在整个经济周期中的表现大不相同。通常情况下，消费类、基建类、制造类企业的股票在复苏期表现比较强势，而科技股、中小盘股则在高峰期开始发力。投资者在具体操作时，要特别注意不同企业的投资组合。

综上所述，在经济周期的不同阶段，投资者应该有不同的投资策略，如图4–4所示。

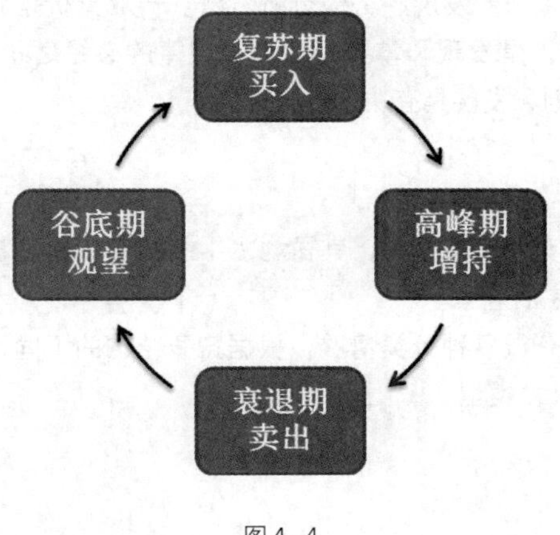

图4–4

4.1.4 其他因素

股价的波动，除受经济因素影响外，还受政治因素的影响。

政治因素主要是指国内外的政治形势变化，如政局的动荡、国家领导人的更迭，以及国家或地区间的战争、冲突等。这些因素中，以政局突变和战争爆发对股市造成的影响最大。

国家重大战略的选择和重大政策的出台，会对股市产生重要影响。例如，2015年我国提出“一带一路”倡议后，上证指数便开启了连续上涨模式。

提示

投资者还需要考虑自然灾害（如台风、海啸、地震等）对股市的影响。

总体来说，宏观层面的基本面分析要考虑的因素如图4-5所示。

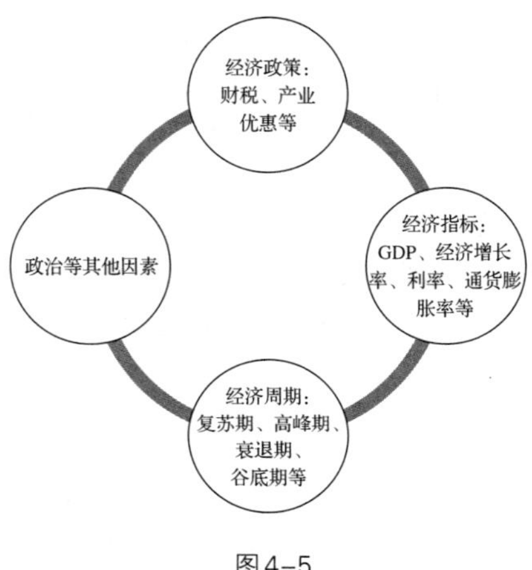

图4-5

4.2 行业层面的基本面分析

行业分析是指运用多种分析工具对行业经济的运行状况、产品生产、产品销售、产品消费、产品技术、行业竞争力、市场竞争格局、行业政策等行业要素进行深入分析，进而发现行业运行的内在经济规律，从而预测行业未来的发展趋势的分析方法。行业分析是介于宏观经济分析与微观经济分析之间的中观层次的分析，是发现和掌握行业运行规律的必经之路，是行业内企业发展的大脑，对指导行业内企业的经营规划和发展具有决定性的意义。

4.2.1 行业特征

行业的经济结构不同、变化规律不同，其盈利水平及经营的稳定状况不同。行业特征是投资者在进行行业分析时要着重考虑的因素。

根据不同的特征，行业有很多种分类情况。根据竞争结构的不同，行业可分为完全竞争、垄断竞争、寡头垄断、完全垄断4种类型。

提示

行业的竞争结构主要包括该行业中企业的数量、产品的性质、价格的制定等。

1. 完全竞争型行业

完全竞争型行业是指一个行业中有众多企业，企业以相同的方式向市场提供同质产品。其主要特点如下。

（1）企业只能是价格的接受者，不能影响产品的价格。

（2）所有企业向市场提供的产品都是同质的、无差别的。

（3）生产者众多，所有资源都可以自由流动。

（4）市场信息完全透明，可随意进入或退出此行业。

完全竞争型行业的条件比较苛刻，现实中只有部分农产品生产行业比较接近。

2. 垄断竞争型行业

垄断竞争型行业是指行业中有许多企业生产同一类产品，但产品之间是有差别的。其主要特点如下。

（1）企业生产同一类产品，但不同企业产品之间是有差别的，其差别主要表现在质量、商标、尺寸、售后服务等方面。

（2）企业对产品的价格有一定的影响力。

（3）由于生产者众多，所有资源可以流动，进入该行业比较容易。

现实经济结构中，大部分行业属于此类行业，如服装行业、家电行业等。

3. 寡头垄断型行业

寡头垄断型行业是指一个行业中的少数几家大企业（称为“寡头”）控制了整个行业当中绝大部分产品的生产和销售。其主要特点如下。

（1）企业数量不多，而且彼此之间相互联系。每个企业的战略选择和变动都会给其他企业造成影响。

（2）企业对产品的价格具有很强的控制力。

（3）由于企业数量有限，所以进入该行业十分困难。

寡头垄断型行业在现实中是普遍存在的，如汽车行业和石化行业等。

4. 完全垄断型行业

完全垄断型行业是指一个行业中只有一家企业，全部的产品都由这一家企业提供。其主要特点如下。

（1）一个行业仅有一家企业，其他企业根本无法进入该行业。

（2）产品没有替代性，所以企业能够完全控制产品的价格，是产品价格的制定者。

在现实经济生活中，公用事业（如铁路运输、燃气供应、自来水供应和邮电通信等），某些资本、技术高度密集型行业，以及稀有金属矿藏的开采等行业属于完全垄断型行业。

对不同类型的行业，投资者应当采取不同的投资策略，如图4-6所示。对于完全竞争型行业，由于行业中的企业同质化较严重，很难形成自己的核心竞争力，投资者应以短线波段投资为主；对于垄断竞争型行业，由于行业中的企业存在一定的差异性，投资者应选择具有核心竞争力的企业，进行中长线操作；对于寡头垄断型行业，由于行业中企业数目不多，核心竞争力各不相同，投资者在选择标的后，应进行长线操作；对于完全垄断型行业，投资者应密切关注政策变化进行操作。

完全竞争型行业	垄断竞争型行业	寡头垄断型行业	完全垄断型行业
• 企业同质化较严重，很难形成核心竞争力，投资者应以短线投资为主	• 企业存在差异性，投资者应选择具有核心竞争力的企业，进行中长线操作	• 企业数目不多，核心竞争力各不相同，投资者在选择标的后，应进行长线操作	• 投资者应密切关注政策变化进行操作

图4-6

4.2.2 行业与经济周期的关系

根据行业与国民经济总体周期变动关系的密切程度，行业可分为以下3类。

1. 发展型行业

发展型行业主要是指通过技术的突破和产品的研发，推出全新的产品引领消费需求的增长；或者通过不同的组合模式和全新的服务方法，增加产品的销售量的行业。此类行业的投资回报率会比较高。投资者要想把握此类行业，除了要具备丰富的行业知识和经验外，更要具备敏锐的眼光，能够及时捕捉到新的投资机会。

2. 周期型行业

周期型行业与经济周期存在密切的关系。当周期型行业处在上升阶段时，发展迅猛，股价随之上涨；而一旦周期型行业出现下滑态势，其生存环境马上恶化，股价应声下跌。投资者要把握对应的经济周期，适时投资该类行业。周期型行业主要有煤炭、贵金属、猪肉等行业。

3. 稳定型行业

此类行业主要是指消费需求相对固定，不会随着经济周期的波动而产生剧烈波动的行业，如食品行业等。通常情况下，由于此类行业变化不大，因此股票价格相对稳定，在经济处于下行状态时，此类股票将成为保值的标的。

行业的分类有很多种，这里不赘述。总之，投资者只有对行业进行全面、彻底的分析，才能更加清晰地了解某个行业的发展状况，以及它所处的行业生命周期阶段，并据此做出正确的投资决策。

4.2.3 行业生命周期

任何一个行业都有其生命周期。行业生命周期指行业从萌芽阶段到最终衰落与退出社会经济活动的动态过程。行业生命周期主要包括4个阶段：幼稚期、成长期、成熟期、衰退期。识别行业生命周期所处阶段的主要指标有市场增长率、需求增长率、产品品种、竞争者数量、进入壁垒及退出壁垒、技术变革、用户购买行为等。下面分别介绍行业生命周期各阶段的特征。

1. 幼稚期

在行业的幼稚期，产品设计尚未成熟，行业利润率较低，市场增长率较高，需求增长较快，技术变动较大，行业中的企业主要致力于开辟新用户、占领市场。此时，行业在技术上有很大的不确定性，在产品、市场、服务等策略上有很大的余地，行业特点、行业竞争状况、用户特点等不明朗，行业进入壁垒较低。这一时期，行业处于萌芽阶段，技术发展不够稳定，投资回报率不高，同时伴随着巨大的风险，所以行业内企业的股价往往会大起大落。

2. 成长期

在行业的成长期，产品设计基本成熟，市场增长率很高，需求高速增长，技术渐趋定型，行业特点、行业竞争状况及用户特点已比较明朗，行业进入壁垒提高，产品品种及竞争者数量增多。这一时期是投资者进行投资的较好时期，行业加速发展，投资回报率较高，收益会随着行业效益的增长而增加。

3. 成熟期

在行业的成熟期，市场增长率不高，需求增长率不高，技术已经成熟，行业特点、行业竞争状况及用户特点非常清楚和稳定，买方市场形成，行业盈利能力下降，新产品和产品的新用途开发困难，行业进入壁垒很高。该阶段的投资回报率不高，不是最佳投资时期，而且投资者很容易在顶点买入。

4. 衰退期

在行业的衰退期，市场开始趋向饱和，行业生产能力会出现过剩现象，技术被模仿后出现的替代产品充斥市场，市场增长率严重下降，行业的生产规模甚至会出现收缩现象，需求减少，产品品种及竞争者数量减少，利润下降。投资者应在此时售出股票，并将资金投向处于成长期的行业。

4.2.4 大智慧软件中的操作

投资者通过大智慧软件当中的“板块监控”功能可以查看热点行业板块的排名等信息。投资者可以在热门板块中挑选理想的个股。

❶ 打开大智慧软件，进入其主界面。选择“沪深京”选项卡，再选择下方的“板块监控”选项卡，如图4-7所示，即可查看当天的板块排名情况。

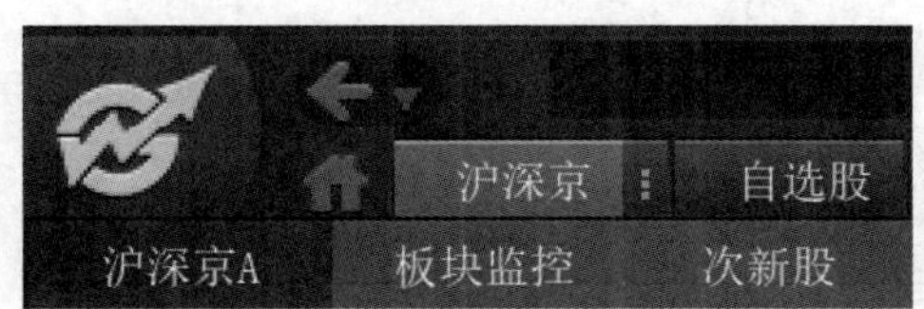

图4-7

❷ 定制家居板块是当日涨幅最大的板块，如图4-8所示。双击该板块则进入该板块指数的分时走势页面，切换至技术分析界面，按Enter键即可看到该板块的成分股列表。该板块的个股按照涨幅由大到小依次排列。

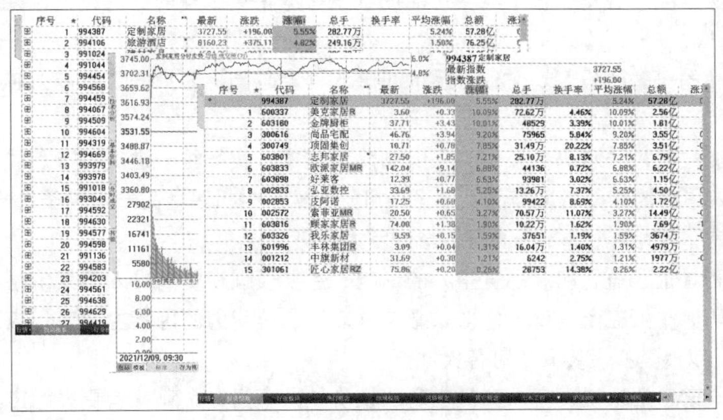

图4-8

❸ 双击“美克家居”，进入该股的分时走势界面。该股开盘就高开高走，上涨强劲，开盘1小时内就触及涨停板，如图4-9所示。该股当日封单较大，属于强势涨停，但是美克家居和整个定制家居板块因之前受到房地产行业不景气的牵连，基本都处于下降趋势当中，目前处于横盘震荡见底的位置。投资者可以先观望或者小单量参与跟踪，如果后面该股突破重要压力并且回调有支撑，则可以考虑买入。

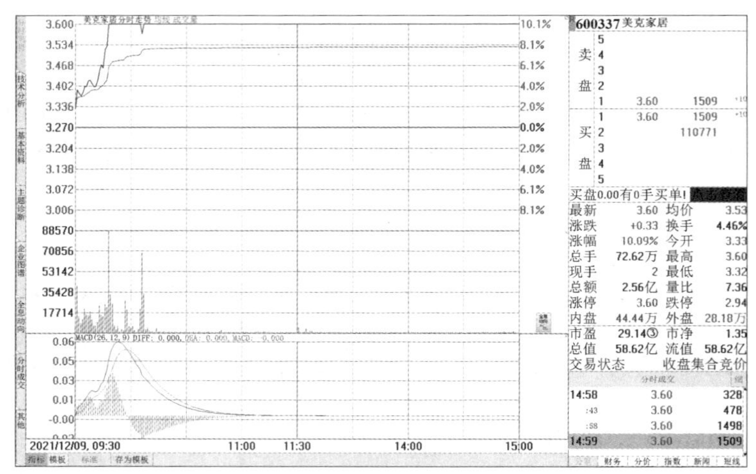

图4-9

4.3 企业层面的基本面分析

通过分析企业的经营、财务等因素，投资者可以更确切地把握企业目前的经营状况，并对企业未来发展做出判断和预测，然后做出相应的投资决策。

4.3.1 客户和供应商

客户对企业的影响，主要表现在对产品的压价和要求企业提供更高的产品或服务质量的能力，通常称作客户的议价能力。影响客户议价能力的主要因素有以下3个方面。

（1）客户的数量。客户数量越多，单个客户的议价能力越弱；客户数量越少，单个客户的议价能力就越强。

（2）客户购买产品的数量。客户购买产品的数量占据企业销量的比例越大，议价能力越强；反之，议价能力越弱。

（3）企业产品的可替代程度。企业产品的可替代程度越高，客户的议价能力越强；反之，客户的议价能力越弱。

例如，在进货方面，沃尔玛采取中央采购制降低成本，实行统一进货。特别的是，沃尔玛一般对其在全球范围内销售的高知名度商品，如可口可乐、索尼相机等商品一次性签订一年的采购合同，由于数量巨大，其价格优惠远远高于同行，形成巨大优势。

同理，供应商对企业盈利和产品竞争力的影响，主要表现在提高投入要素价格与降低单位价值质量的能力，通常称作供应商的议价能力。影响供应商议价能力的因素主要有供应商数量、供应商供应量所占份额，以及其提供要素的可替代性。

总之，对于一家企业来说，客户和供应商的议价能力不强，企业就有更强的市场主导权，进而就有能力获得比其他企业更丰厚的回报。这样的企业通常都是优质企业，投资者可适当关注。

4.3.2 竞争者和潜在竞争者

为了获取有限的生产资料和客户资源，同行业的生产企业之间必然存在相当激烈的竞争。这些竞争通常表现为价格战、广告战、营销战等。通常来说，影响行业竞争激烈程度的因素有以下方面。

（1）竞争者的数量。整个行业中竞争者数量越多，竞争就越激烈。

（2）进入行业的门槛。进入行业的门槛越低，就意味着将会有更多竞争者加入；进入行业的门槛越高，就越能形成一个天然过滤器，过滤掉那些有想法但无条件的潜在竞争者。

（3）行业的发展程度。如果行业处在初创阶段，由于存在太多未知因素，竞争者数量不会太多，基本上不存在同业竞争；而行业进入发展阶段时，局外人纷纷加入，竞争自然会加剧。

潜在竞争者是指目前没有介入，但将来有可能会介入的非本行业企业。通常，企业比较重视本行业中的竞争者，对其信息掌握得比较全面，而对可能跨行业的潜在竞争者关注不够。但是，这些跨行业的潜在竞争者不仅能影响原来行业中企业的经营，甚至能够给原行业带来致命打击。

例如，苏宁和国美是两家大型的家电卖场，其经营业务几乎完全重叠，所以这两家企业都会密切注意对方的最新动态，而对局外人缺乏关注。为了获得更多市场份额，两家企业大打价格战，曾经多次成为社会的热点话题。就在不经意间，电子商务迅猛发展，淘宝的线上购物模式颠覆了这两家企业的竞争格局，线上商家迅速占领大部分市场份额，倒逼两家企业纷纷改变营销模式。

总之，对于一家企业来说，竞争者和潜在竞争者的能力不强或数量很少，企业就有更强的市场主导权，进而就有能力获得比其他企业更丰厚的回报。这样的企业通常都是优质企业，投资者可适当关注。

4.3.3 管理层和战略

战略观念，是指管理主体在管理实践中从全局和长远角度出发，对管理客体和管理过程进行总体谋划的管理观念体系。管理主体的战略观念、战略思考和研究的能力，是管理者素质与才能产生差异的重要原因。因此，一个优秀的管理者，必须始终坚持从全局、长远角度看问题，树立牢固的战略观念，研究发展战略问题，使战术服从于战略，近期服从于未来。必须指出的是，强调从战略角度看问题，并不是不干实事，而是为了求得全面均衡发展，使各种短期措施与长远目标有机地衔接起来。

例如，苹果公司成立3年就上市，公司发展很顺利。然而好景不长，不久后乔布斯因与公司董事会意见不一，被董事会挤出公司管理层。接下来因产品开发思路不能适应投资者的需求，苹果的业绩逐步走下坡路。1996年乔布斯重返苹果公司时，苹果公司已经濒临破产。受命于危难之际的乔布斯开始了大刀阔斧的改革，先是与以前的“宿敌”微软结成战略联盟，进行交叉授权。然后他凭借当年修习美术课的功底和对消费者心理的洞察，推出了炫目的iMac——半透明的外观、发光的鼠标、丰富的色彩、标新立异的构思和出色的工业设计，使得iMac和随后的iMac二代、iBook等产品获得了一系列荣誉称号，成为时尚的代名词。直至现在，苹果产品都代表着主流的设计理念，是竞争者争相效仿的对象。

一位优秀的企业家给企业带来的发展潜力是无限的。从某种角度来说，投资者投资企业，实际上是在投资企业家以及他的企业发展战略。因此，只有充分了解企业的管理层和企业战略，投资者才能做出明智的决策。

4.3.4 企业经营状况

企业经营状况分析，主要是指以企业公开的财务报表和其他相关资料为依据，并结合搜集到的各种与企业决策相关的信息进行分析的方法。企业经营状况指标通常包括以下几个方面。

1. 盈利能力

盈利能力（也称收益能力）是指企业获取利润的能力，也称为企业的资金或资本增值能力，通常表现为一定时期内企业收益数额的多少及水平的高低。盈利能力指标主要包括营业利润率、成本费用利润率、盈余现金保障倍数、总资产报酬率、净资产收益率和资本收益率6项。实务中，上市公司经常采用每股收益、每股股利、市盈率、每股净资产等指标评价盈利能力。反映企业盈利能力的指标很多，通常使用的主要有销售净利率、销售毛利率、资产净利率、净值报酬率等。

2. 偿债能力

偿债能力是指企业用其资产偿还长期债务与短期债务的能力。企业有无支付现金的能力和偿还债务的能力，是企业能否健康生存和发展的关键。企业偿债能力能够反映企业财务状况和经营能力。偿债能力包括偿还短期债务和长期债务的能力。企业偿债能力，静态地讲，就是用企业资产清偿企业债务的能力；动态地讲，就是用企业资产和经营过程创造的收益偿还债务的能力。

3. 营运能力

营运能力是指企业的经营运行能力，即企业运用各项资产赚取利润的能力。企业营运能力的财务分析比率包括存货周转率、应收账款周转率、营业周期、流动资产周转率和总资产周转率等。这些比率揭示了企业资金运营周转的情况，反映了企业对经济资源管理、运用效率的高低。企业资金周转越快，流动性越强，企业的偿债能力就越强，企业资产获取利润的速度就越快。

大智慧软件为投资者提供了多种用于分析上市公司的资料和信息，帮助投资者分析。其中的“基本资料”选项卡列出了股票的各项基本财务数据，帮助投资者更方便、直接地了解整个企业的财务状况。下面以长电科技为例进行说明。

❶ 打开大智慧软件，输入长电科技汉语拼音首字母“CDKJ”，如图4–10所示。

图4–10

❷ 按Enter键确认，进入长电科技的技术分析界面，如图4–11所示。

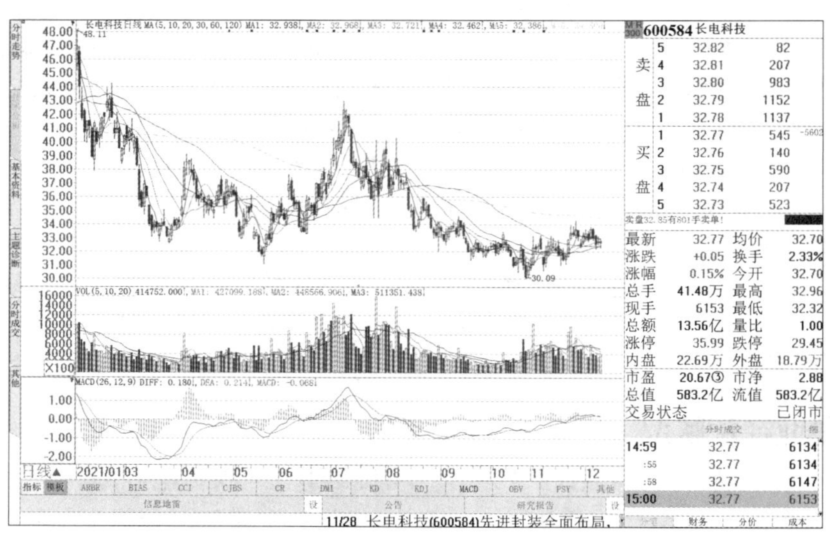

图4–11

❸ 选择界面左侧的“基本资料”选项卡，进入长电科技的基本资料界面。默认进入行业新闻界面。投资者可以单击界面上方的其他栏目，查看该股票的其他基本信息。长电科技是国内半导体封测行业的龙头，封测业务全面且营收较高。

❹ 切换至财务分析界面，投资者可以看到公司的三大财务报表的基本情况，不同的财务指标从不同的角度反映了企业的财务现状，这为投资者分析个股提供了数据支撑。从图4-12中可以看出长电科技的基本每股收益在逐渐增长，从2018年末期的负值逐渐增长为正值，且每年增长呈周期性波动。

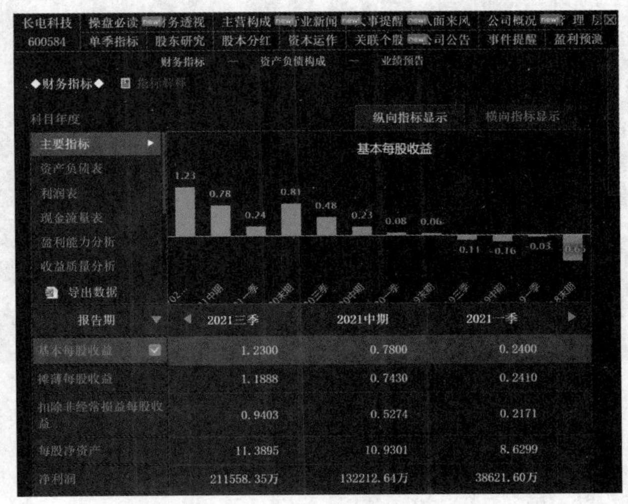

图4-12

投资者在进行财务分析时首先看营收情况。如果营收增加、成本降低，对企业是利好；相反，如果营收减少、成本增加，对企业是利空。其次看企业偿债能力和现金流。如果一家上市公司偿债能力强、现金流充裕，但是有较多借贷，往往企业存在问题，这不符合正常的逻辑。例如，康得新（002450）就存在大借大贷的情况，在面临审计时，发现账面上没有钱，财务出现巨大亏损，最后股价一落千丈，不得不退市。最后看企业利润情况。若未分配利润高，说明企业的盈利能力很强，值得投资；反之则说明企业经营不善，不值得投资。图4-13所示为长电科技现金流量表界面，投资者可以看到本期与上期相比，现金流量指标有哪些变化。

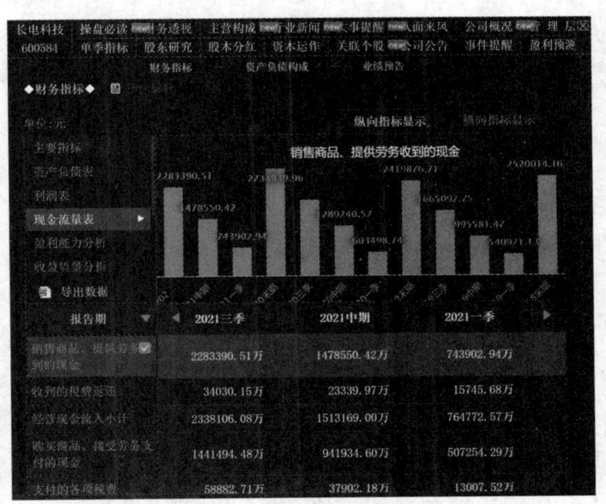

图4-13

企业的资产负债表是相当重要的财务报表，最重要的功用在于反映企业整体的经营状况。图4-14所示为长电科技的资产负债表界面。

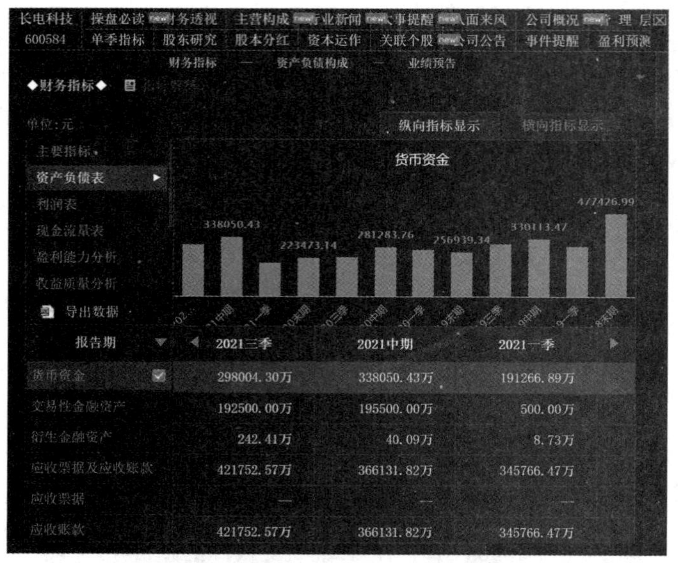

图4-14

4.4 基本面分析的误区

基本面分析是市场分析方法中最科学、实用的方法之一，但有很多投资者不能真正理解基本面分析的应用条件和应用环境，盲目崇尚基本面分析，最终有可能陷入基本面分析的误区。

4.4.1 信息误导

信息误导主要指主力或者机构利用信息传播手段，放大某种趋势或形势，使投资者盲目跟风。

股价过快上涨时，投资者情绪通常会过分高涨，到最后会造成股价虚高、出现大量泡沫的情况，然后情绪恢复平静，股价也像泡沫破碎一样回归正常的估值水平，这个问题在股市屡见不鲜。其实，之所以会出现此类问题，是因为信息对投资者的误导起了一定的作用。因为在股价上涨的过程中，媒体一般会侧重报道利好因素，这让更多投资者加入股市，而更多资金的流入会引来更多的报道，如此这般循环往复。主力就是利用投资者这种跟风的特性，通过散播信息造势，进而达到建仓、出货的目的，收获暴利。

4.4.2 简单类比

简单类比主要是指没有逻辑的分析和对比，片面地认为热门行业的企业股价普遍比较高，那些价格偏低的股票肯定存在补涨的机会，于是大举买入。

股票不应简单类比，这个领域某只股票价格涨，不代表其他股票价格也会涨。企业内部管理水平、产品结构、市场以及客户群体都存在差异，甚至管理层的一些偏好也会影响股价，如有的管理层只想利用股票套现，并没有真正好好儿经营企业，其目的就是让个人投资者接盘。还有的投资者在收集了行业中的不同个股资料之后，选择买行业内价格低的股票，认为可以多买股数。殊不知便宜股票有便宜的道理，贵的股票有贵的价值。单价贵的股票其实自带投资门槛，如贵州茅台

（600519）最贵的时候，买一手需要262 788元，这直接形成了很高的投资门槛，高昂的单价直接把部分个人投资者挡在门外。确实，贵州茅台的投资者大部分都是机构投资者，而它们在熊市当中就互相抱团得以让股价坚挺。

4.4.3 以偏概全

以偏概全主要体现在发现企业有优点，就把企业当成优质投资标的，把财务指标分析当成企业的整体价值分析。

投资者通过财务数据来评估股票价值，实际上是从1996年开始的。1996年年初，市场逐渐活跃起来，为了进一步激活股市，引导市场注重“绩优”的理念，深圳证券交易所举办了一个“20家绩优公司”的评选，主要依据就是财务指标，如每股收益、每股净资产、净资产收益率、资产负债率、流动比率等。应该说，上述指标都是对上市公司及其价值研究的结果。但是，如果把这些结果用到股票投资上，就会发现这些指标对股票投资几乎没有直接用途。例如，按照上述方法选出的企业无法保证今后仍然“绩优”，即便可以，由于财务指标没有和股价直接联系，无从判断是否被市场高估或低估，所以这些结果对投资就没有直接作用。当然，上述研究可能只是就其股价的某一方面而言的，并非针对具体选股，但在股市上，这些结果很容易被人理解为“价值评估”。

在此要特别提醒投资者，企业的财务数据能够科学地反映企业某一方面的特质，但并不表示财务数据就是企业的实际价值。因为，企业很多内在价值是无法通过数据表现的。所以，投资者在判断一个企业是否具有投资价值时，财务数据是很重要的方面，但不是全部。如果想更加全面地了解一个企业，投资者需要了解财务数据以外的其他综合信息，这样才不会被财务数据蒙蔽双眼。因为，个别企业为了获得投资者的青睐，会通过财务造假的方法来骗取投资。

投资者需要做的是，综合运用多种财务指标，进行多种层面的分析，尽可能了解企业的全部资料，在此基础上做出综合判断，这样才能有效避免损失，取得相对合理的投资收益。

高手秘技

技巧 如何高效读懂企业年报

查看企业的年报，投资者需重点关注财务报告、会计资料和业务资料、董事会报告三大部分。

财务报告由审计报告、资产负债表、损益表、现金流量表等组成。这些资料是企业日常经营活动的记录形式。投资者充分了解这些资料，不仅能有效提高阅读年报的效率，也能对企业有更深层次的认识。

会计资料和业务资料主要给投资者提供企业盈利能力、偿债能力、经营能力等技术指标数据，让投资者对企业的竞争力有直观感受，并最终有效地指导投资者的投资行为。

董事会报告能够透露出企业的战略布局或战略谋划，有助于投资者对企业未来发展有更加清楚的认识。

第5章　单K线分析

本章引语

以目而视，得形之粗者也；以智而视，得形之微者也。

——刘禹锡《天论（中）》

用眼睛去看事物，只能看到事物粗略的概貌；以智慧去看事物，才能看到事物的细小精微之处，看到事物的本质。投资者在投资股票时，不仅要注意K线的形状，更应该分析K线背后的买卖信息，这样才能更精准地预测股价的未来趋势，把握合理的买卖时机。

K线，作为一种记录价格的工具，在股票市场和期货市场被广泛采用。因此，投资者要进入股市，第一步就要认识K线。

本章要点

★常见K线

★分时图

5.1 认识K线

日用消费品的价格变动，通常用价格变动表反映。同样，股市股价每天都不一样，有涨有跌，通常用K线反映股价的历史变动情况。

5.1.1 什么是K线与K线图

K线又称日本线、阴阳线、棒线等。K线起源于日本德川幕府时代的米市交易，用来计算米价每天的涨跌。因其标画方法独到，人们把它引入股票市场价格走势的分析中。经过发展，K线现在已经广泛应用于股票、期货、外汇、期权等证券市场。

K线是技术分析的一种工具，在日本早期的米市用于记录开盘价、收盘价、最高价及最低价，阳烛代表升市，阴烛代表跌市。由于用这种方法绘制出来的图形颇似蜡烛，加上这些蜡烛有黑白之分，因而K线图也叫阴阳线图表或蜡烛图。

开盘价和收盘价之间是K线实体。K线实体的上下方各有一条竖线，上方的是上影线，其顶点表示当天股价曾达到的最高价；下方的是下影线，其最低点表示当天股价曾达到的最低价。如果收盘价高于开盘价，K线就用红色或者空心显示，称为阳线；反之，如果收盘价低于开盘价，K线就用绿色或实心显示，称为阴线。阳线和阴线如图5-1所示。

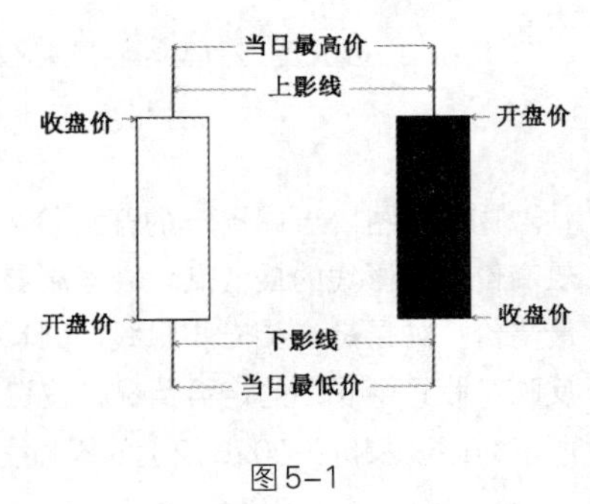

图5-1

股市的K线图包含4个数据，即开盘价、最高价、最低价、收盘价，所有的K线都围绕这四个数据展开，来反映大势的状况和价格信息。把单根K线连续不间断地放在一张图上，就组成K线图。

根据形态的不同，K线可以分为光头光脚阳线或阴线、大阳线或大阴线、十字星、螺旋桨线、T字线、锤子线、一字线等，后面会详细介绍。

根据时间周期的不同，K线图可以分为1分钟K线图、5分钟K线图、15分钟K线图、30分钟K线图、60分钟K线图、日K线图、周K线图、月K线图等。其中，周K线图、月K线图为长期K线图，其他都为短期K线图。每一种K线的使用范围是不同的，投资者根据操盘时间的不同，可以选择不同的K线进行参考。下面对同一只股票的月K线图、周K线图和日K线图进行介绍。

提示

同一只股票的K线图周期越长，反映的行情越真实，所以月K线图反映的行情最真实，周K线图其次，日K线图最次。因此，投资者通过日K线图预测后市时，最好结合周K线图和月K线图进行分析。

月K线图以当月第一个交易日的开盘价为开盘价，当月最后一个交易日的收盘价为收盘价，上影线的顶点代表当月最高价，下影线的最低点代表当月最低价。如果是光头光脚阳线，K线的开盘价就是最低价，K线的收盘价为最高价；如果是光头光脚阴线，则开盘价为最高价，收盘价为最低价。月K线图可以全面、清晰地反映股票的长期走势，每一根K线都表示了这一个月所有投资者进行交易的股价区间。投资者可以通过月K线图对个股和各种指数的长期走势进行分析。图5-2所示为朗姿股份（002612）的月K线图。

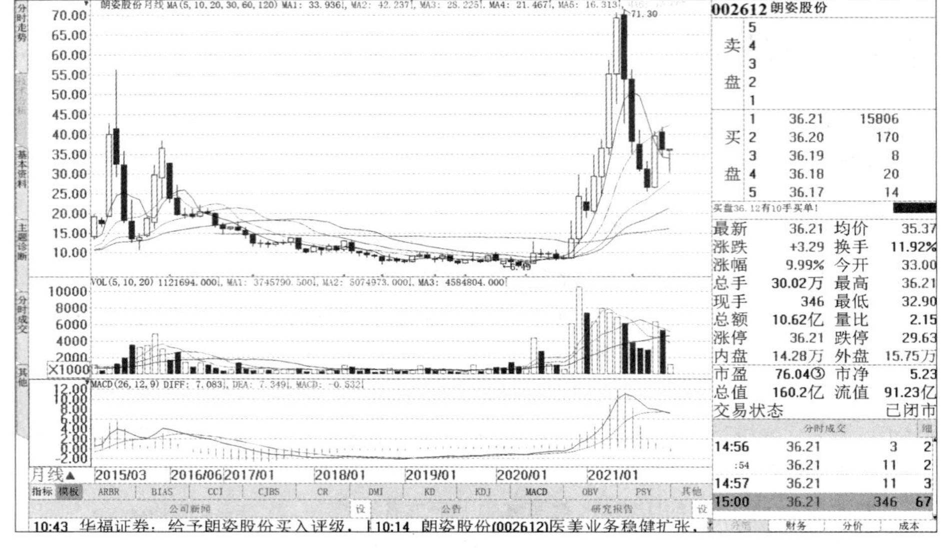

图5-2

周K线图以当周周一的开盘价为开盘价，当周周五的收盘价为收盘价，上影线的顶点代表当周最高价，下影线的最低点代表当周最低价。如果是光头光脚阳线，K线的开盘价为最低价，收盘价为最高价；如果是光头光脚阴线，则K线的开盘价为最高价，收盘价为最低价。周K线图准确、客观地反映了股票中长期的走势情况，投资者据此可以把握股价的中期走势，进行中长期投资分析。图5-3所示为朗姿股份（002612）的周K线图。

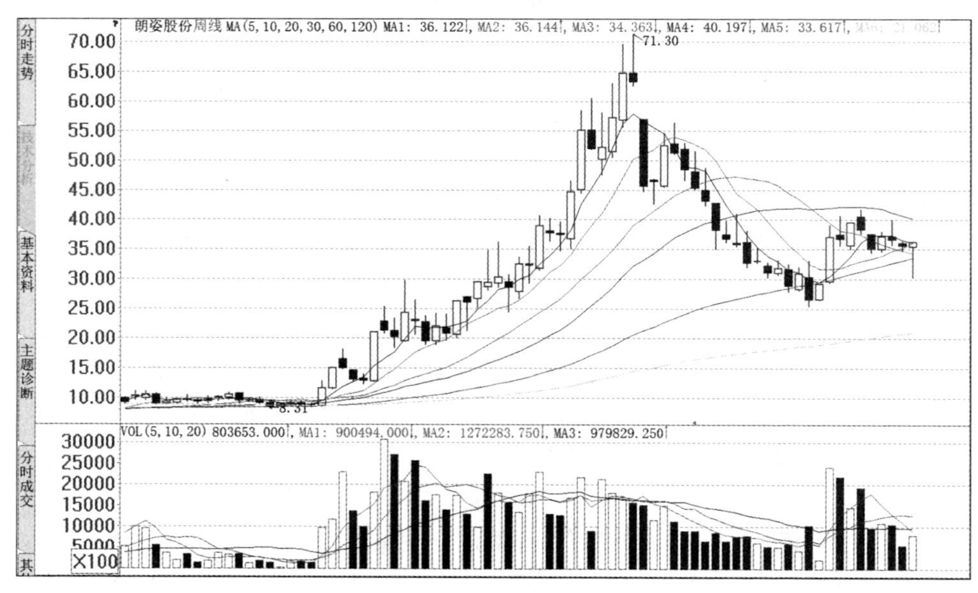

图5-3

日K线图以当天的开盘价为开盘价，当天的收盘价为收盘价，上影线的顶点代表当日最高价，下影线的最低点代表当日最低价。日K线图准确、客观地反映了股票短期的变动情况，投资者据此可以把握股票的短期变化趋势，进行短期投资分析。图5-4所示为朗姿股份（002612）的日K线图。

图5-4

5.1.2 K线图的作用

K线图的基本作用就是寻找“买卖点”。K线图可以把每日或某一周期的市况表现完全记录下来。股价经过一段时间的波动后，这一期间多根K线的组合，形成不同的走势和形态，而不同的K线形态表示的意义也不同。投资者可以从不同的K线形态中，摸索出其中的规律，进而为自己的投资决策提供技术支撑。

通常情况下，投资者判断股市大体趋势，需要关注中长期K线图，如周K线图和月K线图。如果周K线图和月K线图处在相对较高的位置，表明股价已经处在相对高位，下跌风险比较大。因此，投资者要注意控制仓位，重仓时尽早减仓止盈，轻仓时以观望为主。如果周K线图和月K线图处在相对较低的位置，表明股价相对较低，但是低位并不能表示继续下探的风险较小，只能表明下跌空间没有之前那么大。此时投资者不应盲目卖出，如果空仓可以先少资金买入股票，等出现转向的趋势之后再加仓。这就需要运用短期K线图找到最适合的买点介入，这样才能使利润最大化。卖出股票的道理是一样的。

投资者虽然面对的是同样的K线图，但由于不同投资者自身的阅历和思维分析方法不同，从其中得到的领悟各有不同。要想提高分析K线的能力，必须长期认真观察，主动积极思考。对于别人的投资技巧和经验，初学者不要盲信，要辩证地看，暂时不懂也没关系。随着投资者看盘时间的增加，领悟自然会越来越深刻，投资判断的准确率也会提升。建议投资者选择几只感兴趣的股票和每日涨停股票，坚持进行复盘训练，这是很好的提升盘感和提高技术分析能力的方法。

5.1.3 K线图的分析技巧

分析K线图主要是分析K线的阴阳、实体的长短以及影线的长短。这些因素不同，K线图反映出来的信息也就不同。投资者应该根据不同的信息采取不同的投资策略。

1. 看阴阳

分析K线图最先分析的维度是阴阳维度。阴和阳是相对的，阴线和阳线对应的含义也是相对的。当日开盘价低于收盘价，就会形成阳线；反之，当日开盘价高于收盘价，就会形成阴线。但是这只是从当日的开盘价和收盘价这个维度分析得出的结论。如果结合前一交易日的收盘价进行分析，会发现存在特殊情况：①当日收盘价高于开盘价，走出阳线，但是当日收盘价低于前一交易日收盘价，

这样的阳线被称为假阳线；②当日收盘价低于开盘价，走出阴线，但是当日收盘价高于前一交易日收盘价，这样的阴线被称为假阴线。

图5-5所示为西部矿业2021年7月至8月的日K线图。2021年7月12日是一根跳空的阴线，当日涨幅为1.97%，所以是一根假阴线。2021年8月9日是一根锤子线阳线，但是当日跌幅为1.21%，所以是一根假阳线。

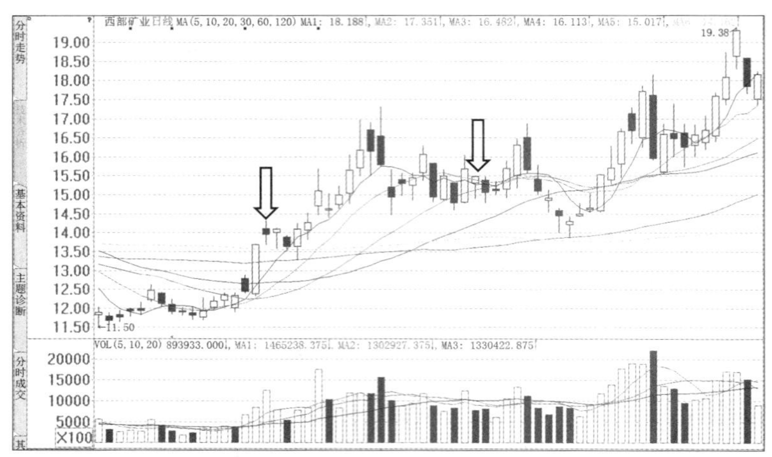

图5-5

K线的阴阳就是涨跌，由市场的供求关系决定，是多空双方博弈的结果。通常，股票的涨跌都具有一定的趋势，就像高速行驶的汽车不会马上停或转向一样。所以，如果出现大量阳线，尤其是多个交易日出现小阳线，说明多头力量强，通常会沿着上涨趋势上行，在后期涨幅可能会进一步增大；反之，如果出现大量小阴线，则很可能会沿着下跌趋势进一步下跌，投资者应该顺势而为，卖出手中的股票。

❶ 打开大智慧软件，输入英威腾的股票代码"002334"，按Enter键确认，如图5-6所示。

图5-6

❷ 图5-7所示为英威腾（002334）2021年6月至8月的日K线图。从图中不难看出，6月至7月，小阳线居多，小阳线攒多了就容易出现大阳线。果不其然，在2021年7月20日，走出一根大阳线。总体来看左边阳线占优，股价处于上升阶段；右边阴线占优，股价短线回调。但是股价在上升阶段会出现阴线，是股价回调的正常现象。只要出现的这些阴线和阳线数量很少，成交量不大，就不会改变股价原来的走势。不过，当股价处于顶部或底部的时候，投资者需要特别注意，这时候出现不一样的K线，可能是股价开始反转的信号。

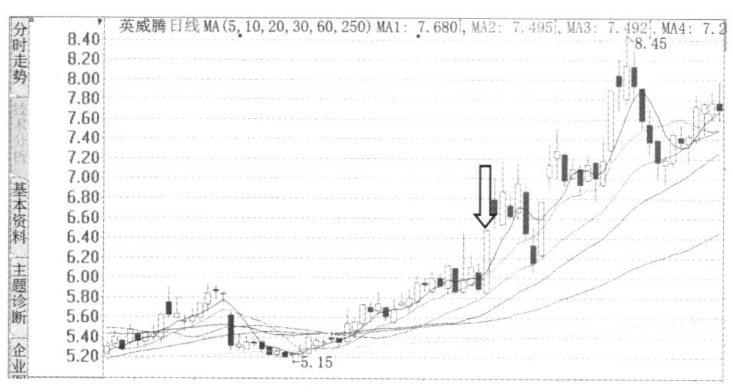

图5-7

2. 看实体

实体长短可以更精确地表现出多空双方的力量对比。K线实体越长，显示出多方或空方当天占据的优势越大，对于后续股价上涨或下跌的支撑也越大。而实体越短，显示出多空双方基本上势均力敌，不能为后续股价的走势指明方向，所以小阴线、小阳线不足以带动股价走势。总结来说，阳线实体的长短与股价上涨的动力成正比，阴线实体的长短与股价下跌的动力也成正比。

❶ 打开大智慧软件，输入国民技术的股票代码“300077”，按Enter键确认，如图5-8所示。

300077
SZ300077　国民技术　创业板核准(股票)

图5-8

❷ 图5-9所示为国民技术（300077）2021年5月下旬至8月的日K线图。出现大实体阳线之后，股价开始接连上涨。出现大实体阴线之后，股价开始下跌，并开始进入调整趋势，在横盘了几日之后再次出现大阴线，这就大大削弱了多头的热情，让回调的周期延长。

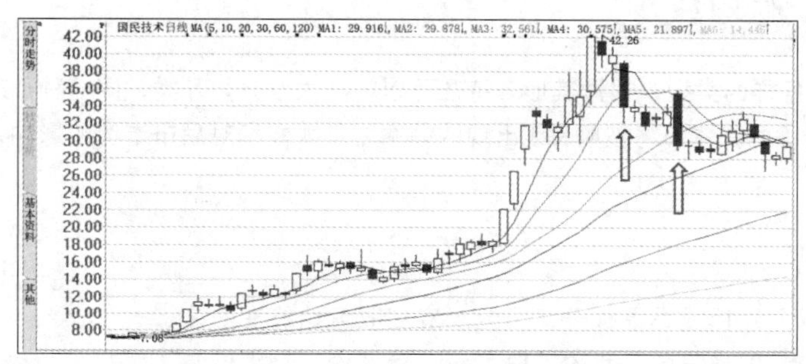

图5-9

3. 看影线

K线的影线可以体现出股价多空哪一方力量更强。之所以会出现长上影线，是因为上涨的阻力较大；反之出现长下影线，是因为上涨的动力较大。不管K线是阳线还是阴线，K线上一个方向的影线越长，越不利于股价朝这个方向变动。上影线较长，说明空头阻力较大，多头不能有效突破，股价继续向上的可能性较小；下影线较长，说明多头阻力较大，空头不能形成有效跌破，股价继续向下将出现抵抗。投资者可利用这些信息识顶逃顶、识底抄底。

提示

主力出货不可能做到毫无预兆，如果一只股票前期股价已经大涨，突然出现带长上影线的K线，成交量放大，很可能是主力出货所留下来的痕迹，投资者此时应该谨慎操作。

❶ 打开大智慧软件，输入丰乐种业的股票代码“000713”，按Enter键确认，如图5-10所示。

000713
SZ000713　丰乐种业　深证主板(股票)

图5-10

❷ 图5-11所示为丰乐种业（000713）2021年2月至6月的日K线图。股价经历一波上涨之后，在2月26日至3月3日这几日，K线接连3天出现长上影线，说明多头上攻受阻，阶段顶部形成，突破起来相当困难，可能会进入短期调整态势。随后出现1根大阴线，标志着前期上涨告一段落，上涨趋势被打破，紧接着后面出现两根大阴线，这标志着股价开始调整，上涨趋势彻底改变。而且K线快速跌破均线，从原来的由均线支撑转变为受均线压制，形成熊市形态。

图5-11

5.2 常见K线

K线存在各种各样的类型，根据其形态特征可以将其大致分为几类，同一种形态的K线，在不同的趋势下含义有所不同。本节将按照K线出现的频率以及大概率对后市走势的影响，介绍常见的K线类型。

5.2.1 一字线

一字线是指以涨停板或跌停板开盘，全天直到收盘始终在涨停板或跌停板成交，即当日的开盘价、收盘价、最低价、最高价是同一个价格。因此其形态为“一”字，所以形象地称其为“一字线”，如图5-12所示。

图5-12 一字线

A股市场在未形成涨跌停板制度之前，一字线是交易冷清的表现。在实行了涨跌停板制度之后，一字线受到投资者的格外关注。在上涨初期出现一字线，投资者可以理解为股票出现了重大利好，应该积极跟进买入，第一个交易日没有买入，第二个交易日还可以继续跟进买入。因为出现一字线通常表明该股上涨动力很强，持续上涨的可能性非常大。但是，如果已经连续出现了多个一字线，股价上涨幅度过大、风险较大，建议投资者就不要继续跟进了，以规避短期风险。下跌初期出现一字线，投资者应果断平仓出货，如果猜测后面可能大涨可以先卖出一半仓位，等待股价跌破五日均线再卖出另一半仓位。如果出现跌停的一字线，投资者一定要积极挂单卖出，很有可能主力第二天接着出货。如果连续出现多个下跌的一字线，并且企业并没有出现类似于财务造假、重大信用风险等严重的可能直接导致企业倒闭的利空，投资者如果在前几个一字跌停交易日没有顺利卖出，也可以等股价反弹再卖出。

❶ 打开大智慧软件，输入金发拉比的股票代码“002762”，按Enter键确认，如图5-13所示。

002762
SZ002762 金发拉比 深证主板(股票)

图5-13

❷ 图5-14所示为金发拉比（002762）2021年2月至5月的日K线图。金发拉比出现6个一字线之后涨停板连续两天被打开，虽然前期已经出现6个涨停板，但是也不建议投资者贸然介入。如果想追，也只能是小单量买入。由于该股收购了两家整形医院，从原来的母婴概念转变为医美概念，而且正值医美概念大火，所以该股后市又连续出现两个涨停板。如果不是因为恰逢时机，后面可能不会上涨，投资者容易在高位被套。

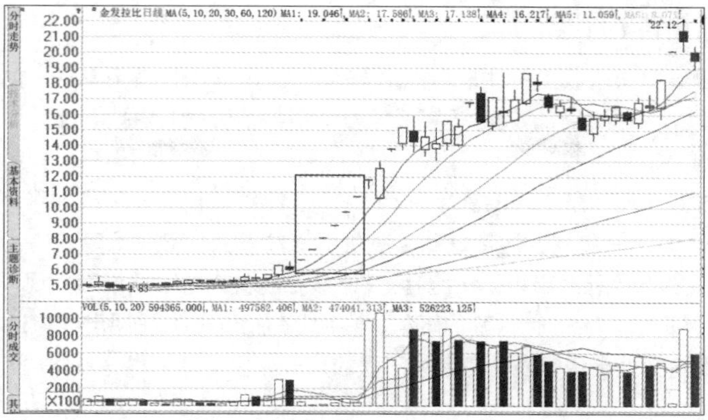

图5-14

5.2.2 光头光脚阳线、阴线

光头光脚阳线是指开盘价为当日最低价，收盘价为当日最高价的K线；光头光脚阴线是指开盘价为当日最高价，收盘价为当日最低价的K线。所以，严格意义上的光头光脚阳线、阴线都没有上、下影线，如图5-15所示。有时，如果影线很短，也可以认为没有影线，近似看作光头光脚阳线、阴线。通常，把当日涨幅在1.5%以内的定义为小阳线、小阴线，涨幅在1.5% ~ 5%的定义为中阳线、中阴线，涨幅大于5%的定义为大阳线、大阴线。

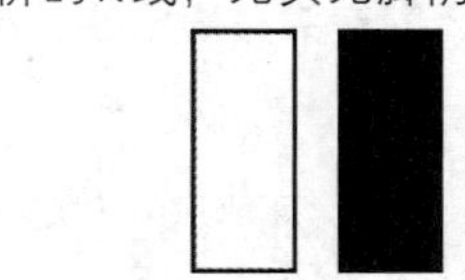

（a）光头光脚阳线　（b）光头光脚阴线

图5-15

光头光脚的中、大阳线、阴线具有极强的信号作用。如果股价处在底部，此时出现光头光脚的中、大阳线，是逐步企稳、准备拉升的典型表现，如果再加上成交量的配合，大概率将出现反转行情。如果在横盘整理期间出现中、大阳线，很可能是主力进行突破的明确信号，后市看涨，投资者可果断跟进。如果股价位于顶部出现中、大阳线，投资者应该保持谨慎，尽早落袋为安。相反，中、大阴线出现在顶部是股价下跌开始的信号，出现在横盘期间是突破下行的信号，出现在底部则表明股价可能要触底反弹。

❶ 打开大智慧软件，输入首创证券股票代码“601136”，按Enter键确认，如图5-16所示。

图5-16

❷ 图5-17所示为首创证券（601136）2023年11月初至2024年4月底的日K线图。光头光脚大阳线出现在底部区域，预示着股价将触底反弹，是反转信号。光头光脚阳线出现在底部区域或者刚启动的位置，后市上涨的概率较大。

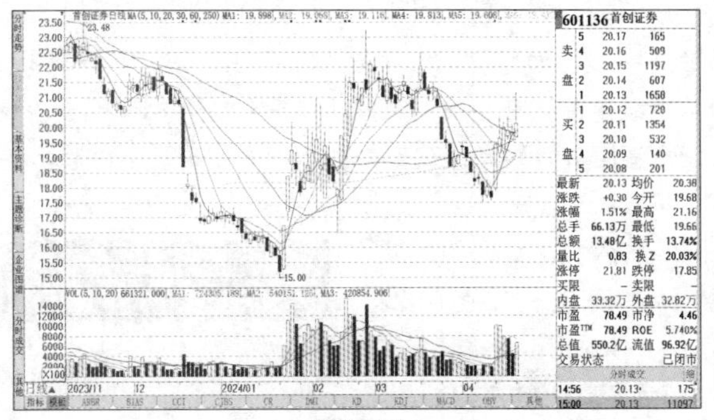

图5-17

5.2.3 T字线和倒T字线

T字线是指当日开盘价、收盘价、最高价相同的K线，K线上只有下影线，如果有上影线，也很短，如图5-18所示。T字线信号强弱与下影线长短成正比，下影线越长，则信号越强。

图5-18

T字线出现的位置不同，所表示的意义也不一样。T字线往往在一字线大涨之后出现或股价大幅上涨之后出现，通常意味着股价上涨动能被打破，表示着有主力已经出货了，多头的队伍已经出现了抢跑者；T字线在股价大幅下跌之后出现，通常意味着空头力量衰竭，遇到了多头抵抗，股价有见底的可能；T字线在股价上涨初期出现，通常是继续上涨的信号；T字线在股价下跌初期出现，通常是继续下跌的信号。投资者要根据具体的K线位置和相关信息进行综合判断。

❶ 打开大智慧软件，输入咸亨国际的股票代码“605056”，按Enter键确认，如图5-19所示。

605056
SH605056 咸亨国际 上证A股(股票)

图5-19

❷ 图5-20所示为咸亨国际（605056）2021年7月至8月的日K线图。该股股价在上升途中出现了两次T字线，并且在每次出现T字线之后股价都开始下跌，预示着空头力量已经介入，多头队伍已经有人离场，是见顶的信号，投资者此时不可贸然介入。

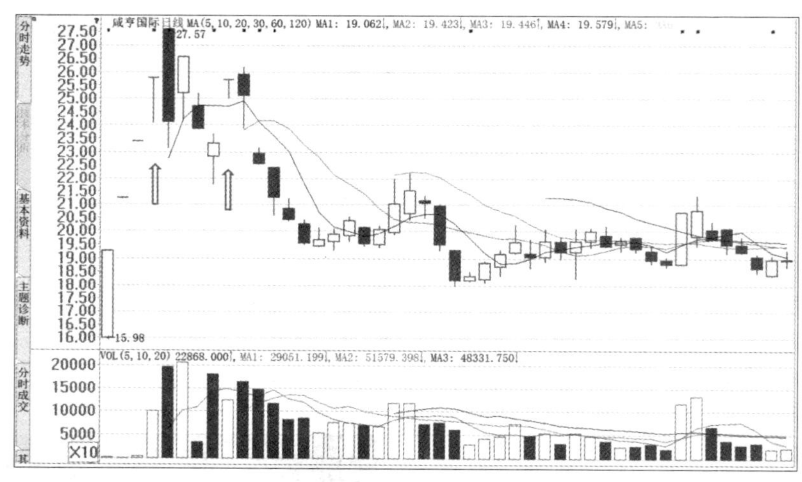

图5-20

倒T字线是指开盘价、收盘价、最低价为同一价格，形成“一”字，但最高价与之有相当距离，因而留下一根上影线的K线，构成倒T字状图形，如图5-21所示。倒T字线上影线越长，信号越可靠。

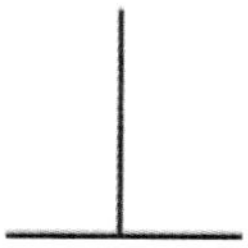

图5-21

在上升趋势中出现倒T字线，通常称为“上档倒T字线”或“下跌转折线”。开盘时股价趁着上涨趋势继续走高，在空方的打压下，股价逐步回落至开盘时，表明多方力量衰竭，上涨动力不足。此时，投资者应该以轻仓或观望为主。如果在一轮下跌趋势的末期出现倒T字线，通常视为股价止跌信号。

❶ 打开大智慧软件，输入*ST宝德的股票代码“300023”，按Enter键确认，如图5-22所示。

300023
SZ300023 *ST宝德 深证风险(股票)

图5-22

❷ 图5-23所示为*ST宝德（300023）

2021年4月至6月的日K线图。该股在横盘调整之后突然遭遇利空，股价开始下跌，在下跌期间出现了倒T字线，说明已经有资金开始介入接盘，可以看作股价止跌的信号，结合后面的K线走势也不难看出，股价开启反弹并恢复到前期的震荡区间。

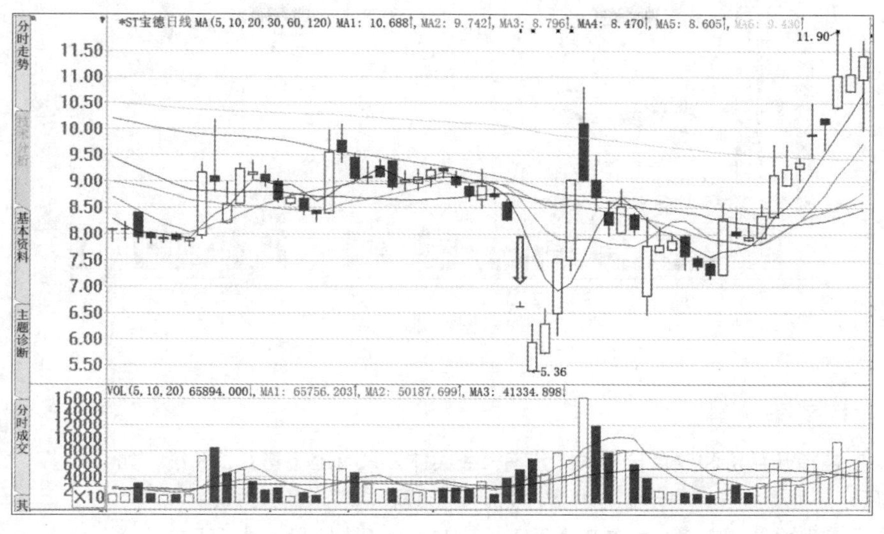

图5-23

5.2.4 大阳线、大阴线

大阳线是指最高价与收盘价相同（或略高于收盘价），最低价与开盘价一样（或略低于开盘价），上下没有影线或影线很短的K线。大阴线是指最高价与开盘价相同（或略高于开盘价），最低价与收盘价一样（或略低于收盘价），上下没有影线或影线很短的K线，大阳线和大阴线如图5-24所示。

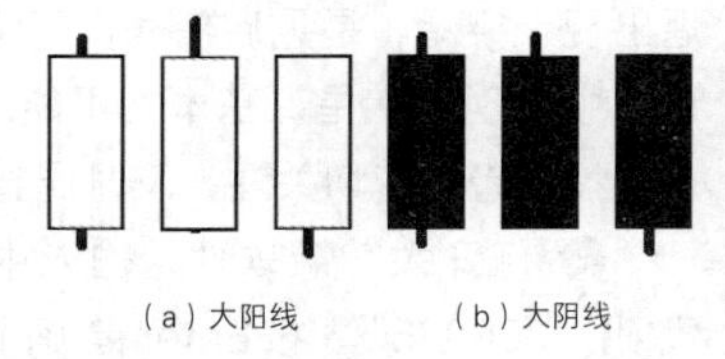

图5-24

从多空力量角度分析，大阳线表明从开盘到收盘，多方始终占据着优势，基本上没有给空方任何机会。这是一种强势的信号，也表现出投资者的情绪高涨。但是，大阳线出现的位置不同，对未来股价的走势判断也会不同。如果大阳线出现在股价长期横盘或底部，毫无疑问这是上涨的信号，投资者可果断买入，等待上涨；如果大阳线出现在股价上涨过程中，这是涨势的强化，投资者可继续持有；如果大阳线出现在股价大幅上涨之后，这可能是主力为了更好地出货，故意拉高股价，投资者应尽早落袋为安。大阴线的信号则刚好与大阳线相反。

❶ 打开大智慧软件，输入华鹏飞的股票代码“300350”，按Enter键确认，如图5-25所示。

300350
SZ300350　华鹏飞　创业板核准(股票)

图5-25

❷ 图5-26所示为华鹏飞（300350）2021年6月至8月的日K线图。图中出现了多根大阳线，但是在不同的位置表示的含义不同。在上涨初期第一根大阳线表示横盘震荡结束，这一时期的特点是阳线刚刚在均线的上方。在上涨中期出现大阳线表示多头的动力强劲，但是这时已错失了好买点，风险承受能力强的投资者可轻仓跟进。在上涨末期出现大阳线极有可能是见顶信号，这需要结合后面的K线进行判断。上涨末期的大阳线后面紧跟了一根中阴线，并且后面3个交易日跌破了5日均线，构成顶部特征，投资者应该及时止盈，不再买入。

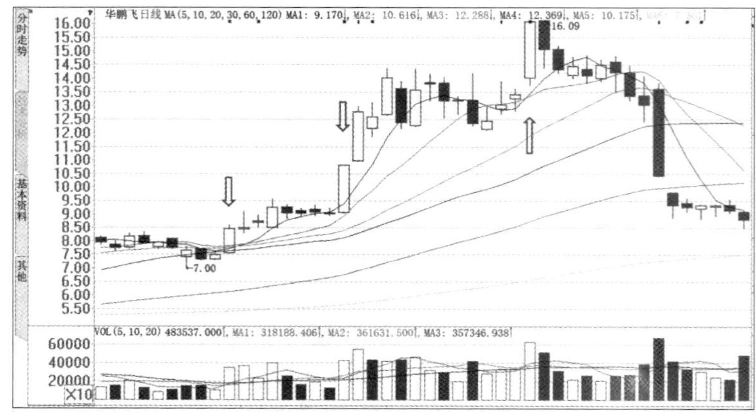

图5-26

5.2.5 十字星

十字星是指开盘价和收盘价相同，没有K线实体，只有上下影线的K线，如图5-27所示。上影线长，表示空方力量占优。下影线长，表示多方力量占优。

图5-27

十字星表现的是多空双方力量基本平衡的状态。分析十字星，主要不是区分阴阳，而是分析十字星出现的位置。通常情况下，在股价高位或大幅上涨过后出现十字星，是见顶信号，行情反转下跌的可能性较大；在股价低位或大幅下跌过后出现十字星，是见底信号，行情反转上升的可能性较大；在涨势、跌势或横盘过程中出现十字星，基本上不能改变原有的走势。总体来说，十字星往往预示着市场到了一个转折点，投资者需密切关注，及时调整操盘的策略，做好应变的准备。

❶ 打开大智慧软件，输入中国天楹的股票代码“000035”，按Enter键确认，如图5-28所示。

000035
SZ000035　中国天楹　深证主板(股票)

图5-28

❷ 图5-29所示为中国天楹（000035）2021年1月至3月的日K线图。股价长期下跌之后，在底部开始放量并且出现十字星，表示空头动能衰竭，多头开始反击，股价后市开始上涨。如果是股价上涨途中或横盘时出现十字星，则不改变股价原有走势。

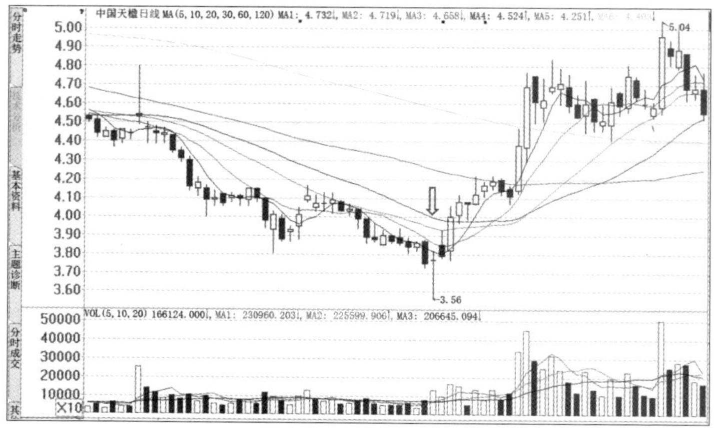

图5-29

5.2.6 其他常见K线

除了以上几个常见的单根K线形状外，K线还有其他特殊形状。

1. 锤子线和上吊线

锤子线和上吊线的共同特征是实体位于整个价格区间的上端，下影线的长度至少达到实体长度的2倍，没有上影线，或上影线极短，如图5-30所示。上吊线是变盘信号，在上涨的趋势当中，在经历一波大涨之后，出现上吊线是见顶信号。锤子线也是变盘信号，在下跌趋势当中，出现锤子线是股价见底的表现。

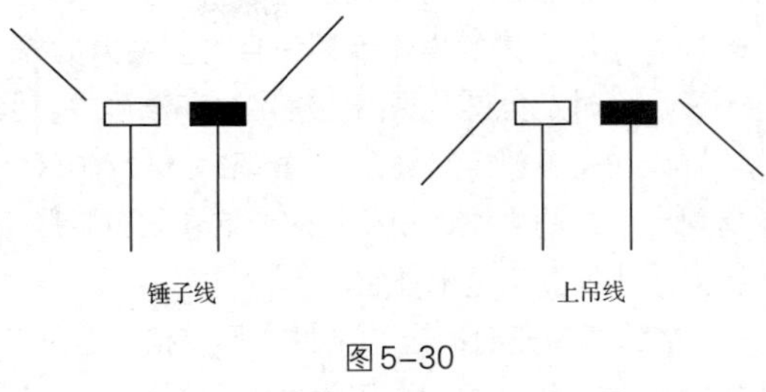

图5-30

锤子线和上吊线的主要区别是锤子线位于股价下行阶段的低位，而上吊线则位于股价上行阶段的高位，两者都是很强的股价反转信号。

2. 射击之星和倒锤子线

射击之星和倒锤子线的共同特征是实体位于整个价格区间的底部，上影线的长度至少达到实体长度的2倍，没有下影线，或下影线极短，如图5-31所示。两者主要区别是倒锤子线位于股价下行阶段的低位，而射击之星则位于股价上行阶段的高位，两者都是股价反转的信号。值得注意的是，射击之星比上吊线展现出更强的空头力量，高位出现长上影线，后市看空的信号更强。

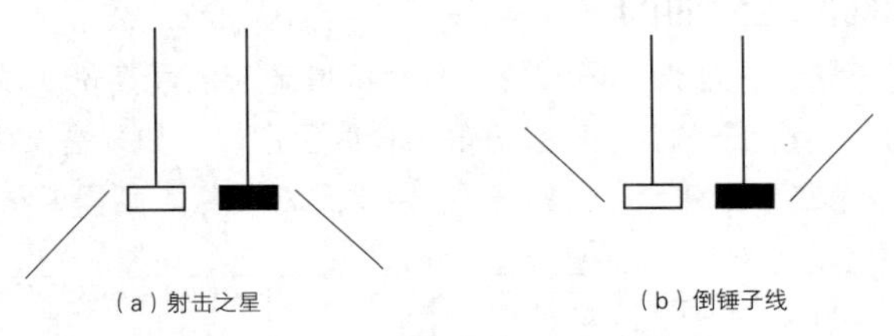

图5-31

3. 螺旋桨线

螺旋桨线是指实体较短、上下影线较长的K线，如图5-32所示。螺旋桨线往往是见顶或见底的信号之一，其还有可能出现在上涨行情或下跌行情当中成为上涨中继或者下跌中继。在上涨的趋势中，如果前期股价大涨，出现螺旋桨线就预示着股价见顶；在下跌的趋势中，如果前期股价大幅下跌，出现螺旋桨线就预示着股价见底。

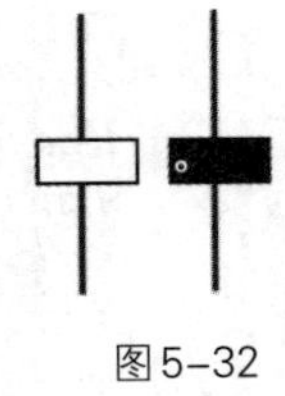

图5-32

5.3 如何解读K线中的信息

表面上，K线只记录了交易信息；实际上，K线还隐藏了主力的买卖信息。投资者研究K线，重点就是要把握主力的意图。

5.3.1 K线图和分时图的相互作用

股票分析过程中经常要看K线，K线能够直观地表现出股价走势，这是K线真正的价值所在。但K线也具有一定的不确定性，这是因为K线是由4个股价的不同组合决定和形成的，即开盘价、最低

价、最高价和收盘价。这4个价格的不同组合就形成了不同的K线，显然，仅通过4个价格就完全真实地表现出股价的运行状态不太现实，因此，K线不能完全准确地表现主力的操作计划和目的。也就是说，主力完全可以通过操控这4个价格做出其想要的K线形态，这就是K线的不确定性。

在分析股票的时候，还应该重视分时走势，分时走势完整地记录了股价每一分钟的走势，能清晰地体现出主力的操作计划和目的。主力的操作动作必然会通过分时走势体现出来。从这个意义上来说，分时走势具有更高的确定性和准确性。因此在实战分析过程中要多看分时图而不是K线。

无论是分时走势还是K线形态，其产生必然有一定的原因，每一种形态都有其形成的原因，都能体现出主力的操作计划和目的，这才是分析股价的真正意义。只有理解了分时走势和K线形态背后的含义，才能真正地把握它。

K线相对于分时走势来说，具有相当的不确定性。分时走势能比较完全地反映出股价走势和主力的操作计划和目的，是因为主力的操作计划和目的是通过交易来完成的。而主力的操作计划和目的是分析的重要内容。分析股票时，首先就要分析分时走势和分时走势形成的原因，以及所体现出的主力的操作计划和目的，然后结合相关的K线形态做进一步的确认。如果二者能相辅相成、相得益彰，那么投资者分析结果的准确性将大幅提高。

5.3.2 分时图形成的K线图形态

每一种分时走势的出现必然对应不同的股价交易情况，而不同的股价交易情况能体现出不同的K线图形态。下面就介绍几种特殊的单根K线所对应的分时图。

1. 光头光脚阳线对应的分时图

光头光脚阳线说明开盘价是全天的最低价，收盘价是全天的最高价。从图5-33所示的分时图可以看出，全天的股价是一直上升的，表明多方的力量明显占优。如果是光头光脚大阳线或中阳线，那么多方实力显露无遗，第二天继续看涨；如果是光头光脚小阳线，则需要根据其他信息进行判断。

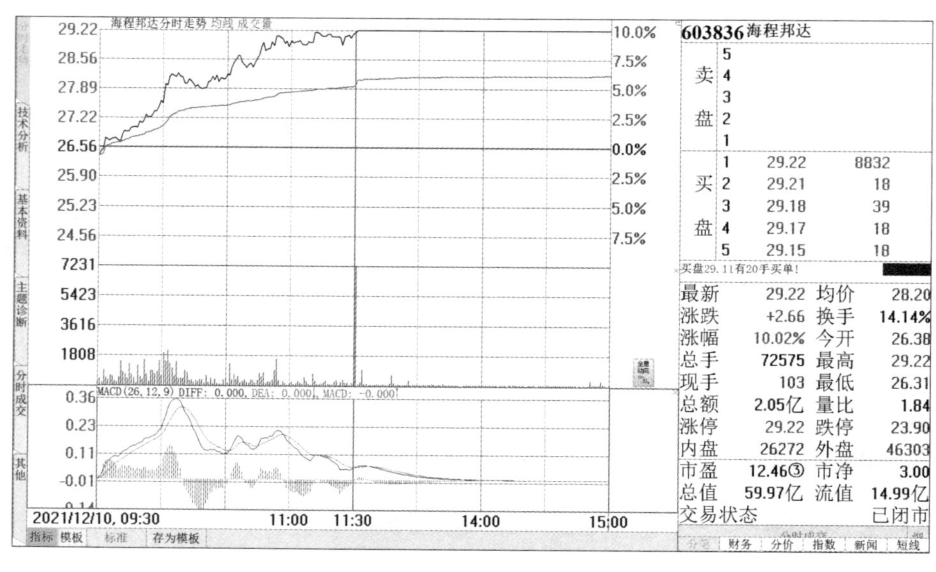

图5-33

2. 带下影线的大阳线对应的分时图

图5-34所示的分时图表现的是有下影线的大阳线。首先，从开盘到收盘，股价上涨7%以上，属于大阳线。其次，上午开盘后的一段时间，股价跌破了当天的开盘价，随后又涨了上去，所以，最低价低于当天的开盘价，K线存在下影线。再次，从分时图可以看出下影线比较短。这种带短下影线的大阳线表明当天多方势力很强，后市看涨。

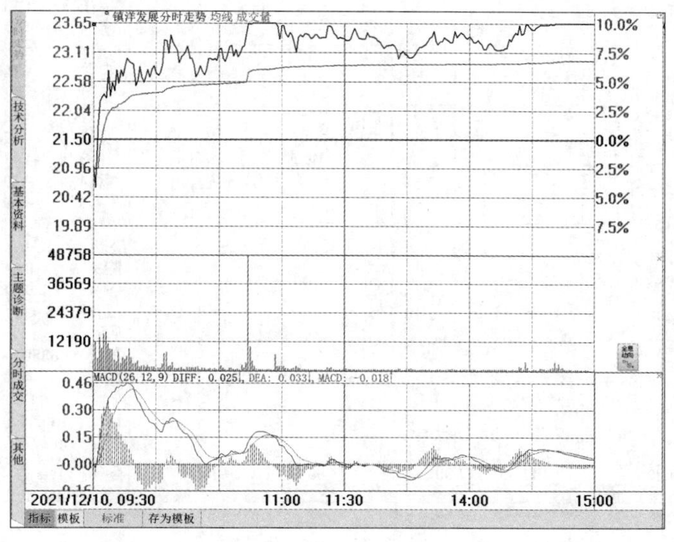

图5-34

3. T字线对应的分时图

图5-35所示的股票当天以涨停板开盘。开盘之后股价就下跌，小幅震荡之后，紧接着股价快速回升至涨停板，在10点半筹码松动，又小幅打开之后该股再次强势封涨停一直到收盘。所以开盘价和收盘价相同，最低价低于开盘价1%，属于典型的小T字线。这表明有部分投资者抢跑了，锁定了这个涨停的利润。但从该股后期强势封板的单量来看，后续还有一定的上涨动能。

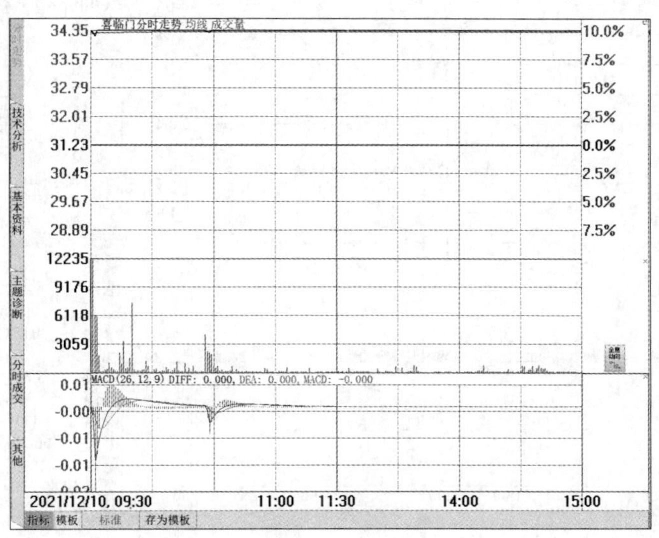

图5-35

4. 十字星对应的分时图

图5-36所示的股票当天低开之后迅速企稳反弹并在昨日收盘价附近来回震荡，在14点之后，股价开始震荡下跌。该股基本上全天震荡回落，最终收盘价和开盘的股价一致。这是典型的十字星，开盘价和收盘价相等，有上影线和下影线。这表明多空双方博弈激烈，势均力敌。

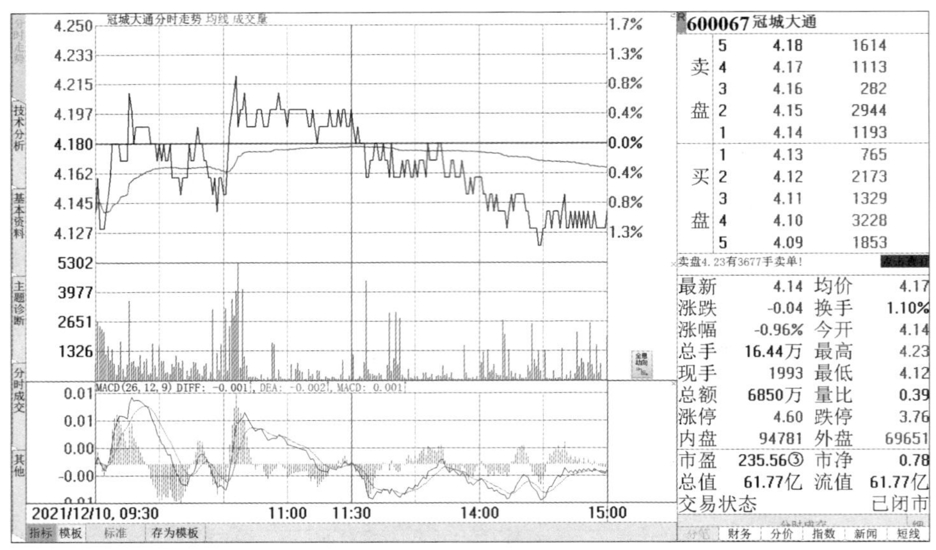

图5-36

5. 锤子线对应的分时图

图5-37所示的股票的当日开盘价高于收盘价，说明此K线是阴线，开盘价和收盘价直接差别较小，说明K线的实体较短。而当天股价大部分处在开盘价的下方，没有超过开盘价，说明没有上影线。另外，下跌幅度比上涨幅度大，表明下影线的长度远长于K线的实体。这是典型的锤子线的形态。其具体反映的信号还要结合其他指标进行综合分析。

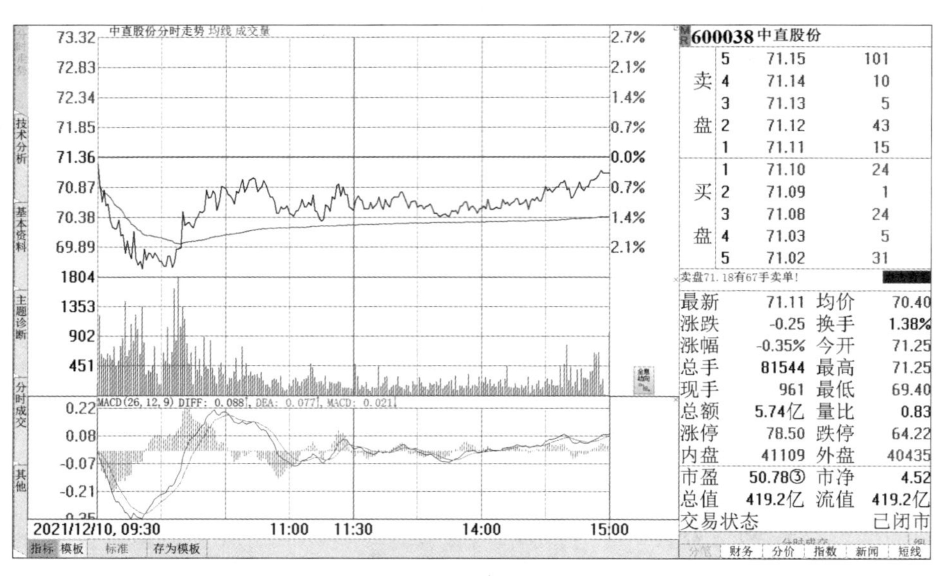

图5-37

5.4 综合分析不同形态的K线

下面通过一些具体案例，介绍K线分析的整个过程。

5.4.1 实战：下影线长、实体短的上吊线形态

上吊线是实体位于整个价格区间的上端，下影线的长度至少达到实体长度的2倍，没有上影线或上影线极短的K线，如图5-38所示。下影线长、实体短的上吊线通常出现在阶段顶部，投资者如果能熟练掌握K线形态，就能够利用该形态识顶和逃顶，避免损失。

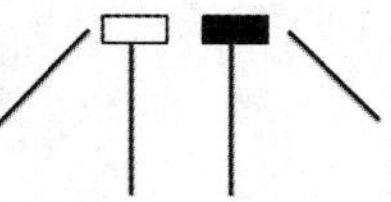

图5-38

❶ 打开大智慧软件，输入雅克科技的股票代码“002409”，按Enter键确认，如图5-39所示。

002409
SZ002409 雅克科技 深证主板(股票)

图5-39

❷ 进入雅克科技的日K线图。通过缩放，可以看到雅克科技2021年6月至10月的日K线图，如图5-40所示。雅克科技的股价经过一轮上涨之后，阶段高点基本已经形成，此时出现了高位的上吊线，这是行情反转的信号，投资者应尽早出货。

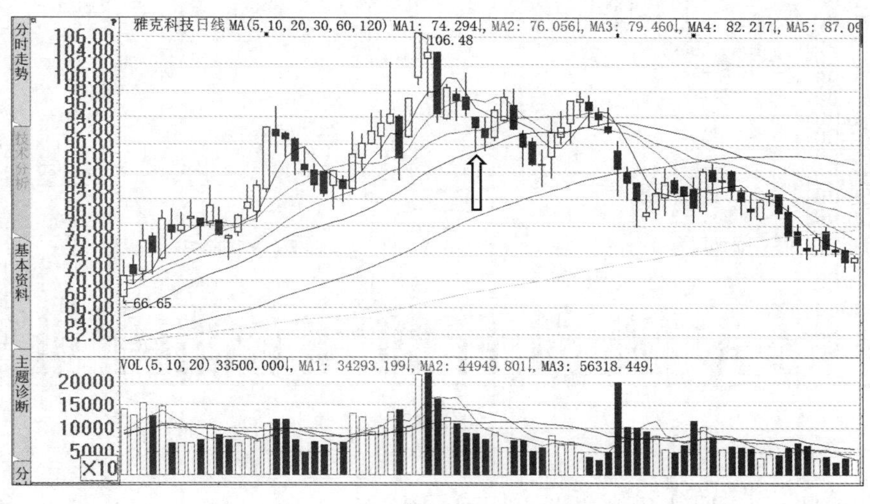

图5-40

5.4.2 实战：快速上涨后的螺旋桨线形态

螺旋桨线是指实体较短、上下影线较长的一种K线形态，如图5-41所示。高位螺旋桨线往往代表行情即将反转。

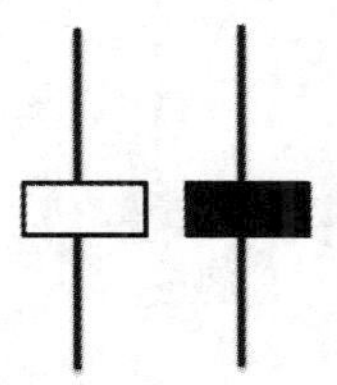

图5-41

螺旋桨线通常是多空双方互相拉锯、不分伯仲时的一种特殊形态，是较清晰的行情反转信号，

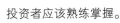

投资者应该熟练掌握。

❶ 打开大智慧软件，输入广联达的股票代码“002410”，按Enter键确认，如图5-42所示。

图5-42

❷ 进入广联达的日K线图。通过缩放，可以看到广联达2021年1月至2月的日K线图，如图5-43所示。广联达在经历前期多轮大涨之后，在顶部出现螺旋桨线，之后又出现了多根上吊线和螺旋桨线，在下跌初期还出现了一根放量的十字星。此时主力基本上已经完成了出货，后面的螺旋桨线是下跌中继的信号。投资者需要及时卖出，避免造成更大的亏损或盈利回撤。

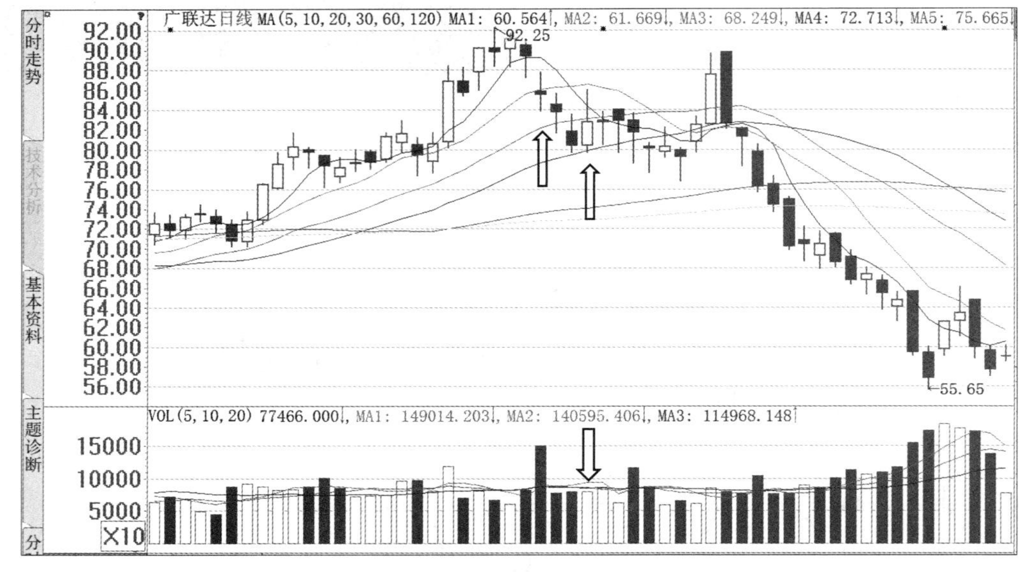

图5-43

5.4.3 实战：长阴线后的探底十字星形态

长期探底后的十字星（见图5-44）代表股市多空力量平衡，特别是长阴线后出现下影线较长的十字星，表示多方力量占优，行情即将反转。

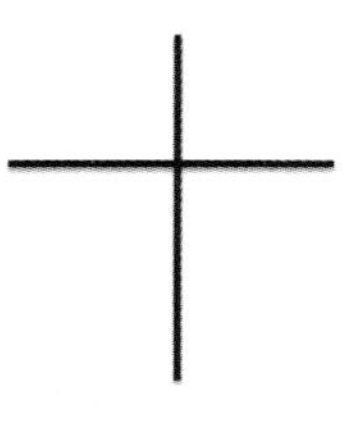

图5-44

十字星是具有很强反转信号的K线形态。通常来讲，股价大幅下跌过后出现十字星，多半是行情反转的开始，投资者应格外关注。

❶ 打开大智慧软件，输入中芯国际的股票代码“688981”，按Enter键确认，如图5-45所示。

688981
SH688981　中芯国际　科创板(股票)

图5-45

❷ 进入中芯国际的日K线图。通过缩放，可以看到中芯国际2020年9月至11月的日K线图，如图5-46所示。经过前期的几轮下跌，股价已经有了见底迹象，小幅反弹之后，又出现了急跌，虽然底部阴线实体较短，但是因为是跳空低开，所以当日跌幅达到7%。之后出现了两根小十字星，并且股价呈缓慢上涨态势，这说明空头力量衰竭，多头试探性买入。之后的一个交易日出现一根大阳线，同时配合成交量的巨幅放大，说明底部确立。

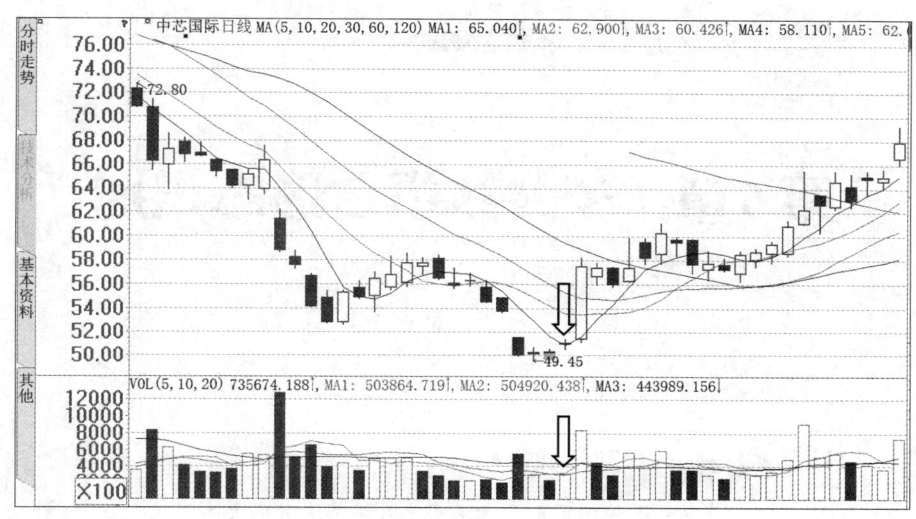

图5-46

高手秘技

技巧1　如何看待向上跳空缺口

通常情况下，向上跳空缺口的产生是主力资金大规模集中造成的。因此，向上突破缺口的出现就意味着多方资金大规模积聚，新一轮的上涨即将开始。判断该形态时，投资者需要注意如下两个因素。

（1）缺口位置。如果缺口处在低位，很可能是上涨信号；如果缺口处在上涨途中，则后市继续看涨；如果缺口出现在顶部，可能是主力拉高出货，后市看跌。

（2）成交量。如果低位产生向上跳空缺口，伴随成交量的明显放大，可以确信此为上涨信号。

技巧2　谨慎看待日K线的见顶下跌

多数投资者都有这样的经历：分析日K线图，感觉股价已经开始见顶下跌，于是赶紧卖出，但没过多久股价就迅速拉升，创出新高。究其原因，自然是投资者被日K线图中的“假顶部”所迷惑。因为日K线图期限相对较短，主力常常创造假K线欺骗投资者，而在期限长的周K线图中，出现假K线的概率就大大减小。所以，投资者在卖出时，眼光应放长远，等到周K线筑顶之后再操作。

第6章　多K线组合形态识别

本章引语

善弈者谋势，不善弈者谋子。善谋势者必成大事。

——杨官畴

善于下棋的人注重整个局势，不善于下棋的人只看到单个棋子的得失。而善于从整个局势考虑问题的人一定会成就一番大事业。投资者在买股票时，除关注单根K线外，更应该关注多根K线所构成的组合形态，进而发现变动趋势，顺势而为。

本章要点

★见顶信号K线组合

★见底信号K线组合

★上升形态和下降形态K线组合

单根K线代表的是多空双方一天之内的博弈结果，不足以反映连续的市场变化，多根K线的组合才可能更详尽地表现多空双方一段时间内“势”的转化。研究K线组合的目的，就是通过观察多空势力强弱盛衰的变化，感受双方“势”的转化，顺势而为，才能果断抄底、选中牛股、安全逃顶。

6.1 见顶信号K线组合

K线组合多种多样，不同的组合反映出不同的信号，常见的有见顶信号、见底信号、上升信号等。在股市里，如果没有抓住卖出股票的机会，最后有可能会亏钱。因此，掌握见顶信号的K线组合很重要，投资者要熟练掌握，活学活用，从而成为识顶和逃顶的高手。

见顶信号K线组合的出现并不能百分之百地确认顶部，只能提醒投资者，上涨的动能不足，遇到了空头打压，后市盘整和下跌都有可能，投资者需要再结合其他的指标和后续的K线走势进一步确认是否已经形成顶部结构。投资者可以在出现顶部结构或者变盘K线的时候，先卖出一部分股票止盈，如果后期跌破了投资者交易模型的价位，再卖出剩余股票。

6.1.1 黄昏十字星

黄昏十字星是重要的见顶信号，其标准图形如图6-1所示。

黄昏十字星的主要特征：① 出现在涨势中；② 由3根K线组成，第一根为阳线，第二根为十字星，第三根为跳空阴线；③ 第三根阴线的实体深入第一根K线的内部。

黄昏十字星的指示信号：股价已经见顶或离顶部不远，趋势可能会反转，由涨转跌，后市看跌。投资者应尽早出货或轻仓。

注意事项：① 黄昏十字星中的阴线和阳线不一定是光头光脚阴线和阳线，带上、下影线亦可；② 十字星的数目也可以为多根。

图6-1

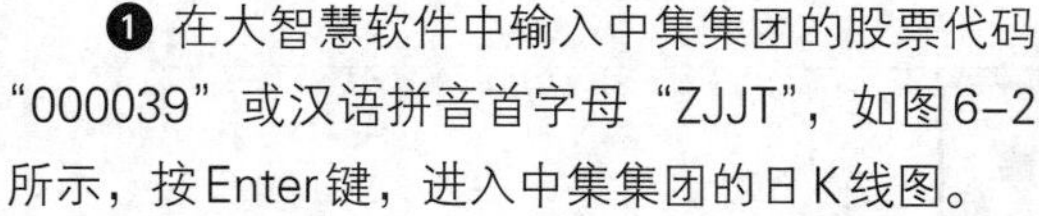

❶ 在大智慧软件中输入中集集团的股票代码“000039”或汉语拼音首字母“ZJJT”，如图6-2所示，按Enter键，进入中集集团的日K线图。

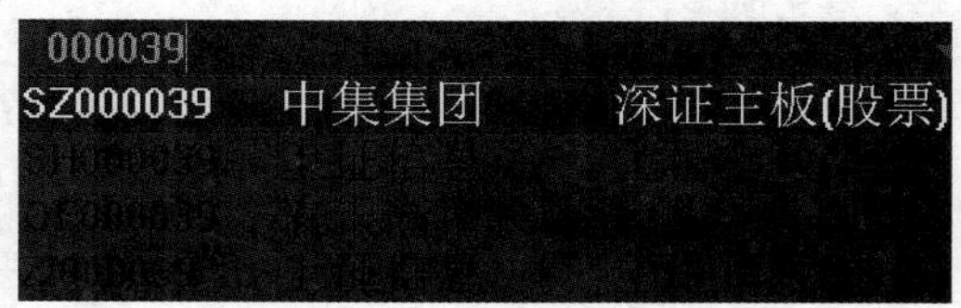

图6-2

❷ 通过缩放，可以看到中集集团2020年12月至2021年2月的日K线图，如图6-3所示。该股经过前期的横盘震荡，开启小幅上涨。1月25日，中集集团的股价处在相对高位，在一根大阳线之后出现顶部十字星，随后出现中阴线，此时出现黄昏十字星的K线组合，表明股价见顶，行情要反转。投资者如果有持仓应尽早出货，以避免损失；如果没有持仓则建议空仓观望。

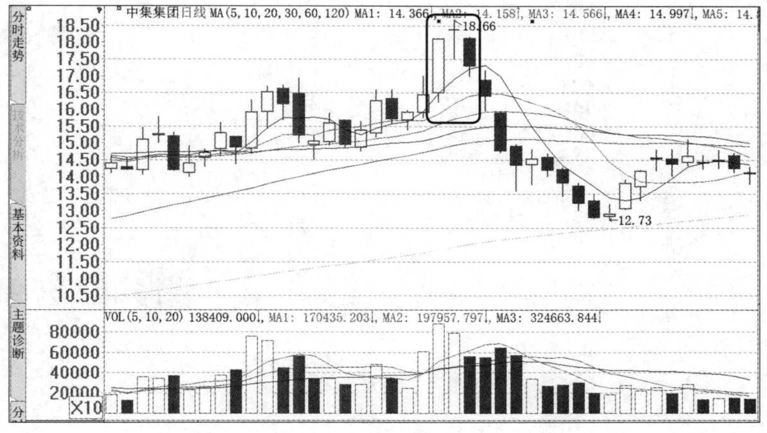

图6-3

6.1.2 黄昏之星

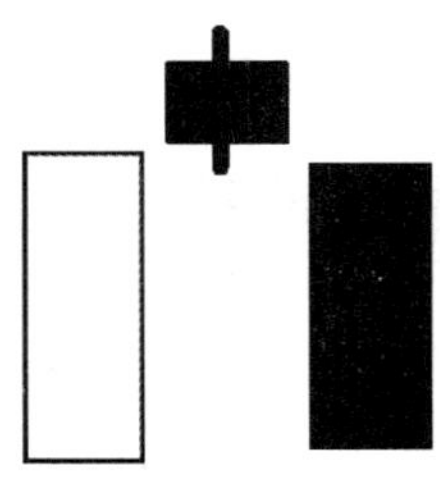

图6-4

黄昏之星的标准图形如图6-4所示。

黄昏之星的主要特征：① 出现在前期多轮上涨趋势顶部；② 由3根K线组成，第一根为阳线，第二根为小阳线或小阴线，第三根为跳空阴线；③ 第三根阴线的实体深入第一根K线的内部。

黄昏之星的指示信号：股价已经见顶或离顶部不远，趋势可能会反转，由涨转跌，后市看跌。投资者应尽早出货或轻仓。

注意事项：① 黄昏之星中的阴线和阳线不一定是光头光脚阴线和阳线，带上、下影线亦可；②小阴线、小阳线的数量不限于一根；③ 见顶信号不如黄昏十字星强。

提示

把三天的成交量加在一起就可计算出三日换手率。三日换手率越高，主力出货的可能性就越大。

❶ 在大智慧软件中输入江南高纤的股票代码“600527”或汉语拼音首字母“JNGX”，如图6-5所示，按Enter键，进入江南高纤日K线图。

600527
SH600527　江南高纤　上证A股(股票)

图6-5

❷ 通过缩放，可以看到江南高纤2020年3月至5月的日K线图，如图6-6所示。当时熔喷布紧缺，熔喷布概念股经历了一轮大涨。经过前期的上涨，江南高纤的股价从原来的1.71元上涨至最高4.33元，上涨不止一倍。大涨之后在顶部出现一组黄昏之星的K线组合，同时配合巨大的成交量，可以确定股价见顶，行情要反转，投资者应尽早出货，避免损失。

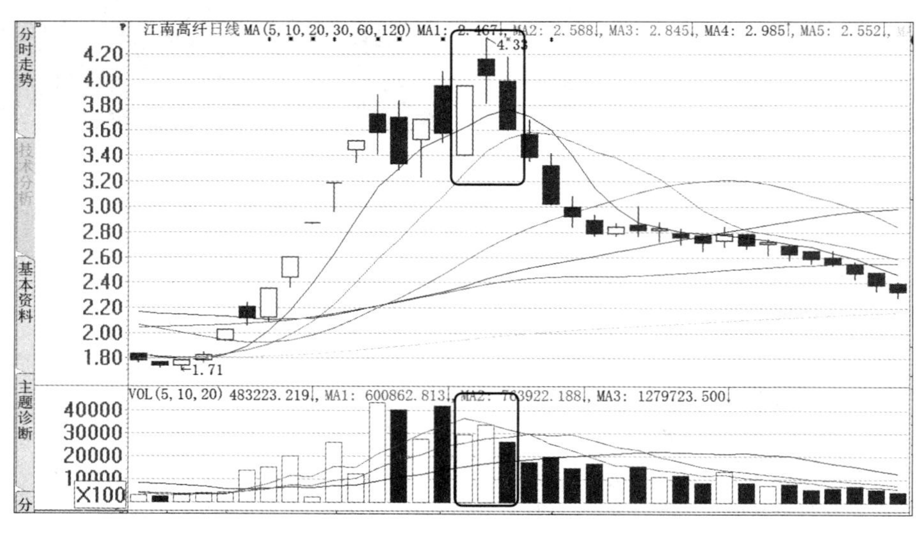

图6-6

6.1.3 淡友反攻

淡友反攻的标准图形如图6-7所示。

淡友反攻的主要特征：① 出现在反弹行情中；② 由2根K线组成，第一根为阳线，第二根为阴线；③ 第二根阴线高开低走，收盘价在前一根K线收盘价相同或相近的位置。

淡友反攻的指示信号：股价已经反弹见顶或离顶部不远，趋势随时会反转，由涨转跌，后市看跌。投资者应尽早出货或轻仓。

注意事项：淡友反攻中的阴线和阳线不一定是光头光脚阴线和阳线，带上、下影线亦可。

图6-7

❶ 在大智慧软件中输入康缘药业的股票代码“600557”或汉语拼音首字母“KYYY”，如图6-8所示，按Enter键，进入康缘药业的日K线图。

600557
SH600557　康缘药业　上证A股(股票)

图6-8

❷ 通过缩放，可以看到康缘药业2017年1月至5月的日K线图，如图6-9所示。经过前期的横盘震荡，股价开始反弹，在突破均线之后，突然拉出一根长阳线，但是第二个交易日股价就高开低走，收出一根长阴线，出现淡友反攻的K线组合，并且这两日的成交量是之前的五六倍。此时股价处在相对高位，有见顶的迹象，之后行情反转，股价日渐走低。在反弹行情中，投资者看到这种K线组合形态应谨慎，不要盲目买入，如果之前已持仓应尽早出货，以避免损失。

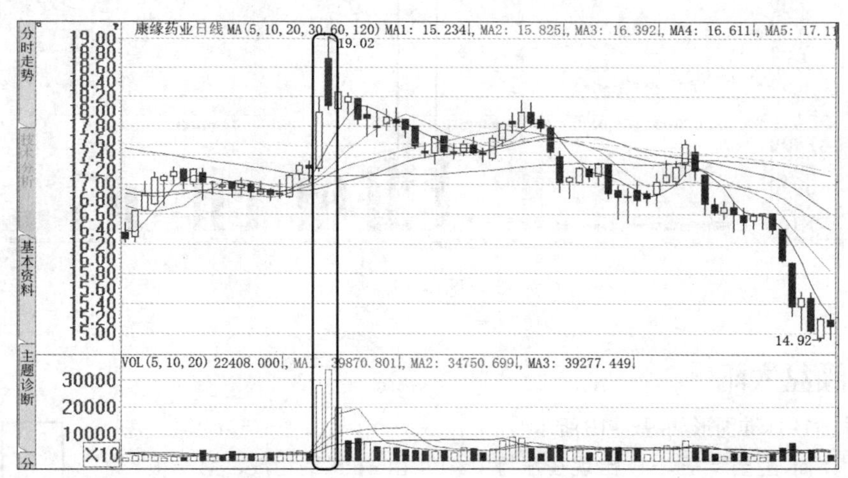

图6-9

6.1.4 乌云压顶

乌云压顶的标准图形如图6-10所示。

乌云压顶的主要特征：① 出现在涨势中；② 由2根K线组成，第一根为阳线，第二根为阴线；③ 第二根阴线高开低走，收盘价深入第一根阳线的内部。

乌云压顶的指示信号：股价已经见顶或离顶部不远，趋势随时会反转，由涨转跌，后市看跌。投资者应尽早出货或轻仓。

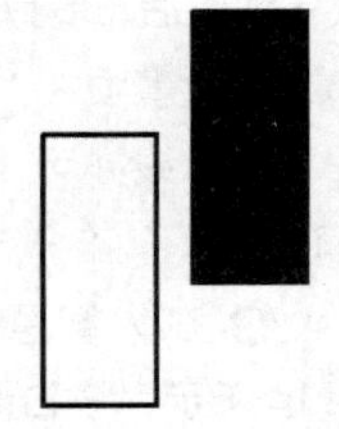

图6-10

注意事项：① 乌云压顶中的阴线和阳线不一定是光头光脚阴线和阳线，带上、下影线亦可；② 反转信号强于淡友反攻。

❶ 在大智慧软件中输入ST三五的股票代码“300051”或汉语拼音首字母“STSW”，如图6-11所示，按Enter键，进入ST三五的日K线图。

300051
SZ300051　ST三五　深证风险(股票)

图6-11

❷ 通过缩放，可以看到ST三五2020年1月至3月的日K线图，如图6-12所示。经过前期连续的一字上涨，ST三五的股价处在相对高位，并放出巨大成交量。此时出现乌云压顶的K线组合，表明股价见顶，第二个交易日股价下跌，但成交量没有超越前面的成交量，说明主力已经完成了出货，后面股价将难以获得支撑，行情要反转。投资者应尽早出货，避免损失。

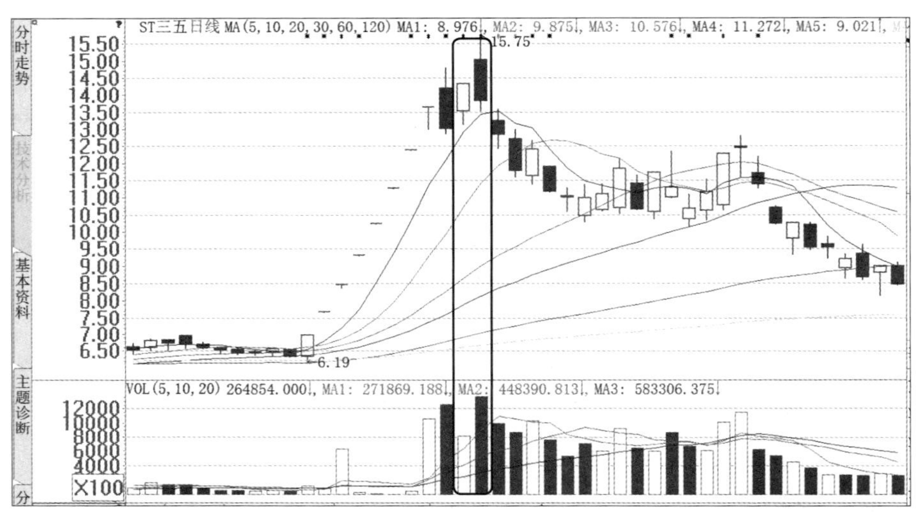

图6-12

6.1.5　倾盆大雨

倾盆大雨的标准图形如图6-13所示。

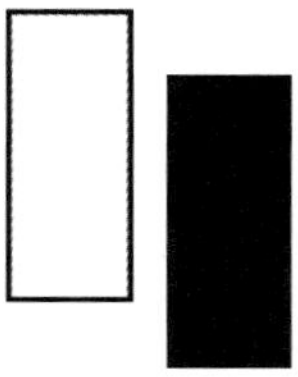

倾盆大雨的主要特征：① 出现在涨势中；② 由2根K线组成，第一根为阳线，第二根为阴线；③ 第二根阴线低开低走，收盘价低于第一根阳线的开盘价。

倾盆大雨的指示信号：股价已经见顶或离顶部不远，趋势随时会反转，由涨转跌，后市看跌。投资者应尽早出货或轻仓。

图6-13

注意事项：① 倾盆大雨中的阴线和阳线不一定是光头光脚阴线和阳线，带上、下影线亦可；② 阴线收盘价离阳线开盘价越远，信号越强；③ 反转信号强于淡友反攻和乌云压顶。

❶ 在大智慧软件中输入山鹰国际的股票代码“600567”或汉语拼音首字母“SYGJ”，如图6-14所示，按Enter键，进入山鹰国际的日K线图。

600567
SH600567 山鹰国际 上证A股(股票)

图6-14

❷ 通过缩放，可以看到山鹰国际2021年5月至7月的日K线图，如图6-15所示。经过前期的上涨，山鹰国际的股价出现了放量滞涨的情况，虽然股价处在相对高位，但是成交量没有超过前面上涨时的成交量，并且出现了倾盆大雨的K线组合，表明股价见顶，行情要反转。投资者应尽早出货，避免损失。

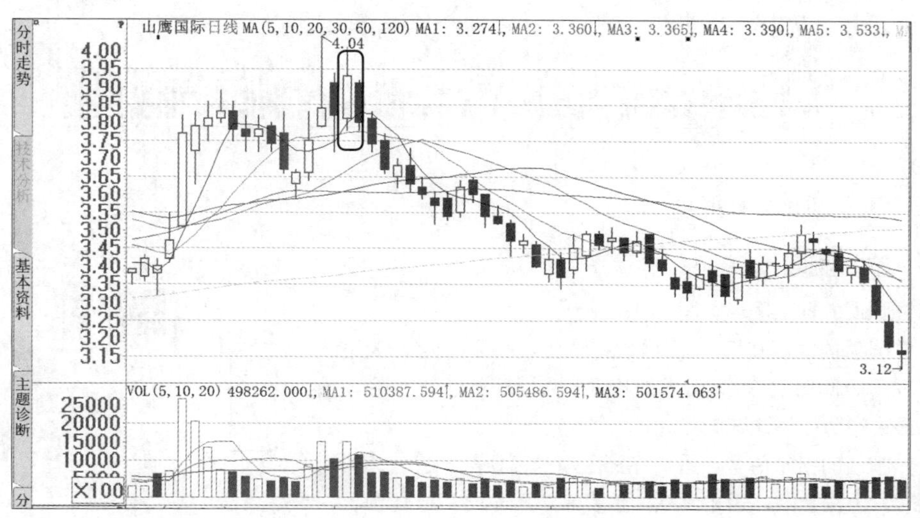

图6-15

6.1.6 高位平顶

高位平顶的标准图形如图6-16所示。

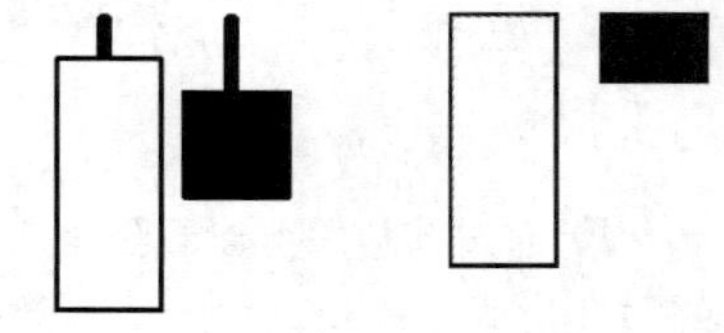

图6-16

高位平顶的主要特征：① 出现在涨势中；② 由2根或2根以上的K线组成；③ K线的最高价相同。

高位平顶的指示信号：股价已经见顶或离顶部不远，趋势可能会反转，由涨转跌，后市看跌。投资者应尽早出货或轻仓。

注意事项：K线的最高价非常接近或相等。

❶ 在大智慧软件中输入海油工程的股票代码“600583”或汉语拼音首字母“HYGC”，如图6-17所示，按Enter键，进入海油工程的日K线图。

600583
SH600583 海油工程 上证A股(股票)

图6-17

❷ 通过缩放，可以看到海油工程2020年1月至3月的日K线图，如图6-18所示。经过前期的上涨，海油工程的股价出现了缩量滞涨的情况，此时的股价处在相对高位并且出现了高位平顶的K线组合，表明股价见顶，行情要反转。在下跌了一个波段之后又出现了高位平顶的K线组合。投资者应尽早出货，避免损失。高位平顶的K线组合也会出现在反弹行情当中。

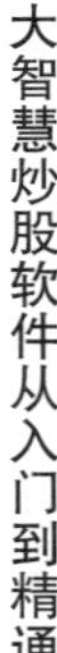

图6-18

6.1.7 高位圆顶

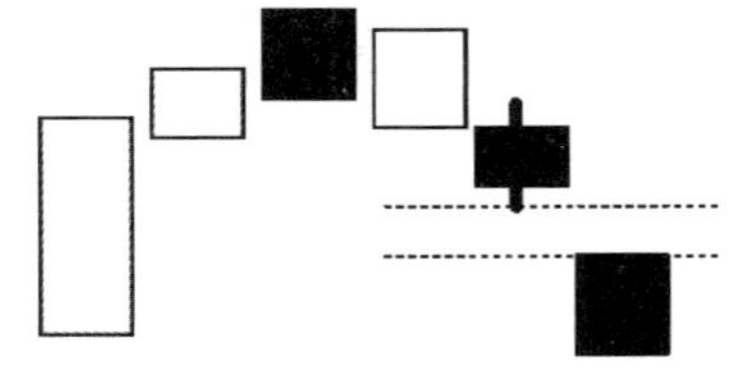

图6-19

高位圆顶的标准图形如图6-19所示。

高位圆顶的主要特征：① 出现在涨势中；② 由多根K线组成，构成一个圆弧；③ 圆弧内的K线多为小阴线、小阳线，最终以一根跳空阴线确认该圆弧。

高位圆顶的指示信号：股价已经见顶或离顶部不远，趋势可能会反转，由涨转跌，后市看跌。投资者应尽早出货或轻仓。

❶ 在大智慧软件中输入重庆建工股票代码“600939”或汉语拼音首字母“CQJG”，如图6-20所示，按Enter键，进入重庆建工的日K线图。

图6-20

❷ 通过缩放，可以看到重庆建工2020年11月至12月的日K线图，如图6-21所示。经过前期的触底反弹，股价反弹至最高3.91元。2020年12月7日，出现跳空低开低走的阴线，形成了高位圆顶的K线组合，表明股价反弹见顶，行情要反转。投资者应尽早出货，避免损失。

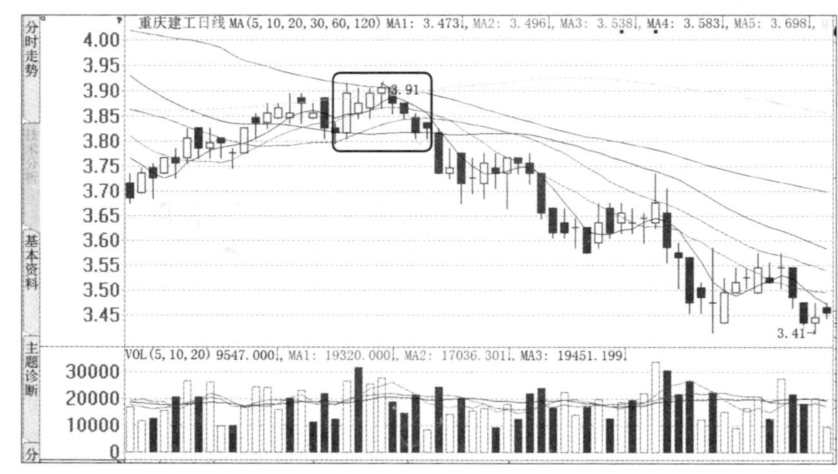

图6-21

6.1.8 高位塔顶

高位塔顶的标准图形如图6-22所示。

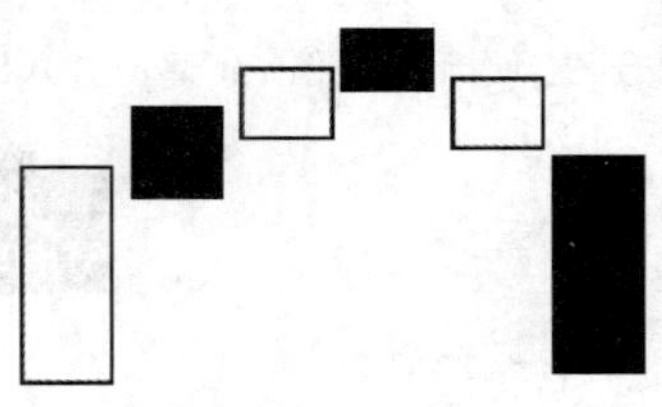

图6-22

高位塔顶的主要特征：① 出现在涨势中；② 由多根K线组成；③ 第一根阳线为大阳线或中阳线，后面跟着几根小阴线、小阳线，最后以一根大阴线或中阴线确立形态。

高位塔顶的指示信号：股价已经见顶或离顶部不远，趋势可能会反转，由涨转跌，后市看跌。投资者应尽早出货或轻仓。

❶ 在大智慧软件中输入富奥股份的股票代码“000030”或汉语拼音首字母“FAGF”，如图6-23所示，按Enter键，进入富奥股份的日K线图。

图6-23

❷ 通过缩放，可以看到富奥股份2020年10月至12月的日K线图，如图6-24所示。经过前期的两轮上涨，富奥股份的股价从6元附近增长至最高8.92元，高位出现螺旋桨线，并且出现高位塔顶的K线组合，表明股价见顶，行情要反转。持仓的投资者应尽早出货，空仓的投资者不要轻易入场，以避免损失。

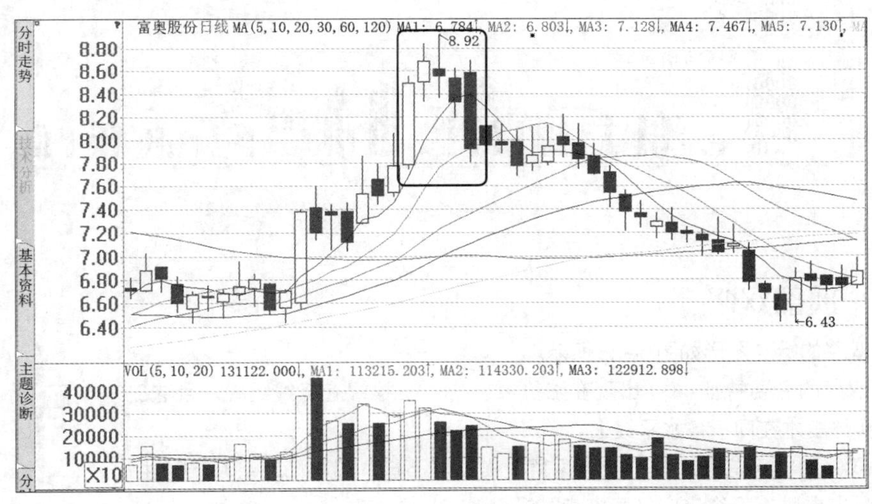

图6-24

6.1.9 巨阴包阳

巨阴包阳的标准图形如图6-25所示。

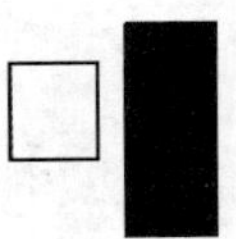

图6-25

巨阴包阳的主要特征：① 出现在涨势中；② 由2根K线组成，第一根为阳线，第二根为阴线；③ 第二根阴线高开低走，完全把第一根阳线的实体包裹在内。

巨阴包阳的指示信号：股价已经见顶或离顶部不远，趋势随时会反转，由涨转跌，后市看跌。投资者应尽早出货或轻仓。

注意事项：巨阴包阳中的阴线和阳线不一定是光头光脚阴线和阳线，带上、下影线亦可。

❶ 在大智慧软件中输入山东药玻的股票代码“600529”或汉语拼音首字母“SDYB”，如图6–26所示，按Enter键，进入山东药玻的日K线图。

600529
SH600529 山东药玻 上证A股(股票

图6–26

❷ 通过缩放，可以看到山东药玻2020年7月至9月的日K线图，如图6–27所示。经过近2年的牛市，山东药玻的股价经历了一轮又一轮的拉升，从9元上涨至76.55元，增长了7倍多。2020年8月，山东药玻的股价处在最高位，此时出现巨阴包阳的K线组合，同时伴随着巨大的成交量，表明主力已经撤退，股价见顶，行情将反转。投资者应尽早出货，以避免损失。

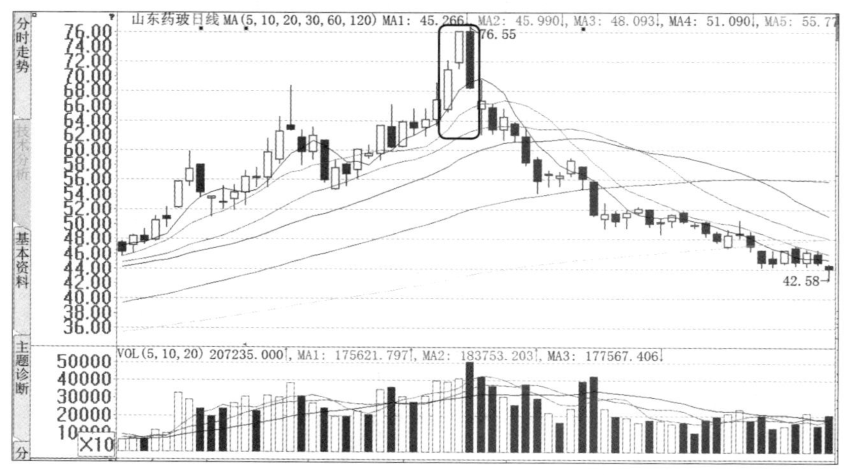

图6–27

6.1.10 顶部双桨

顶部双桨的标准图形如图6–28所示。

顶部双桨的主要特征：① 出现在涨势中；② 由2根螺旋桨线组成，且这2根K线的实体基本在同一条水平线上。

顶部双桨的指示信号：股价已经见顶或离顶部不远，趋势随时会反转，由涨转跌，后市看跌。投资者应尽早出货或轻仓。

图6–28

注意事项：顶部双桨中的螺旋桨线可全是阴线，也可全是阳线。

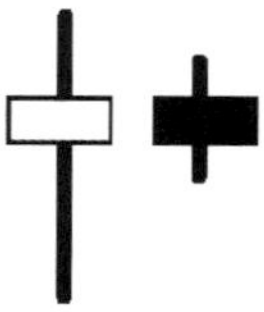

❶ 在大智慧软件中输入中信海直的股票代码“000099”或汉语拼音首字母“ZXHZ”，如图6–29所示，按Enter键，进入中信海直的日K线图。

000099
SZ000099 中信海直 深证主板(股票)

图6–29

❷ 通过缩放，可以看到中信海直2020年7月至9月的日K线图，如图6–30所示。经过一轮的

拉升，中信海直的股价处在相对高位，先出现了淡友反攻形态，股价震荡9个交易日之后，出现顶部双桨的K线组合，双重见顶信号，可以确定股价已经见顶，行情要反转。投资者应尽早出货，避免损失。

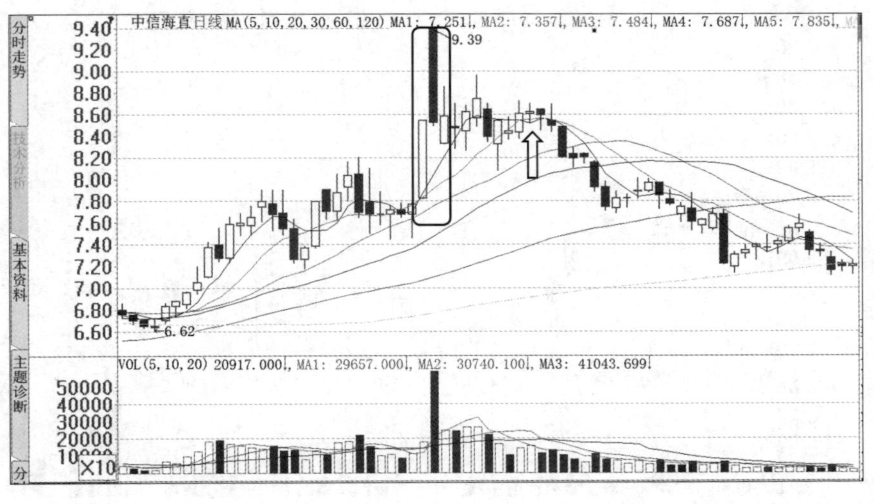

图6-30

6.2 见底信号K线组合

见底信号K线组合是判断股价是否出现底部特征的工具。但是见底信号K线组合的出现并不能百分之百地确认底部，只能提醒投资者，下跌遇到了多头的反击，下跌的动能不足，后市盘整和上涨都有可能，投资者需要结合其他的指标和后续的K线走势进一步确认是否已经形成底部结构。投资者如果空仓，可以尝试在出现见底信号K线组合之后，轻仓买入，或者金字塔式买入。股票的见底信号相当重要，投资者应熟练掌握，灵活运用，从而占得先机。

6.2.1 早晨十字星

早晨十字星的标准图形如图6-31所示。

图6-31

早晨十字星的主要特征：① 出现在跌势中；② 由3根K线组成，第一根是阴线，第二根是十字星，第三根是阳线；③ 阳线的收盘价能达到阴线的实体所代表的价格区间。

早晨十字星的指示信号：股价已经见底或离底部不远，趋势随时会反转，由跌转涨，后市看涨。投资者可果断进入。

注意事项：早晨十字星中的阳线和阴线不一定是光头光脚阳线和阴线，带上、下影线亦可。

❶ 在大智慧软件中输入华天酒店的股票代码“000428”或汉语拼音首字母“HTJD”，如图6-32所示，按Enter键，进入华天酒店的日K线图。

000428
SZ000428 华天酒店 深证主板(股票)

图6-32

❷ 通过缩放，可以看到华天酒店2021年1月至3月的日K线图，如图6-33所示。经过一段时间的下跌，华天酒店的股价处在相对底部。此时出现早晨十字星的K线组合，表明股价见底，行情要反转。投资者可适时做多，抓住这一轮上涨行情。

图6-33

6.2.2 早晨之星

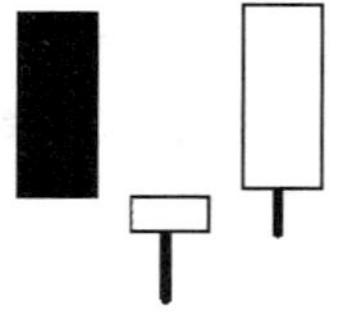

图6-34

早晨之星的标准图形如图6-34所示。

早晨之星的主要特征：① 出现在跌势中；② 由3根K线组成，第一根是阴线，第二根是小阴线或小阳线，第三根是阳线；③ 最右边的阳线的收盘价能达到阴线的实体代表的价格区间。

早晨之星的指示信号：股价已经见底或离底部不远，趋势随时会反转，由跌转涨，后市看涨。投资者可果断进入。

注意事项：① 早晨之星中的阳线和阴线不一定是光头光脚阳线和阴线，带上、下影线亦可；② 见底信号不及早晨十字星强烈。

❶ 在大智慧软件中输入金杯汽车的股票代码“600609”或汉语拼音首字母“JBQC”，如图6-35所示，按Enter键，进入金杯汽车日K线图。

图6-35

❷ 通过缩放，可以看到金杯汽车2021年1月至3月的日K线图，如图6-36所示。经过一段时间的下跌，股价处在相对底部，此时出现早晨之星的K线组合，表明股价短时间内将见底。早晨之星K线组合后面的一根大阳线更加确立了底部。这说明空头遇到多头的反抗，股价持续下跌的可能性减小，持仓的投资者不要盲目卖出，但是空仓的投资者，要持谨慎态度适时做多，因为有可能趋势只是反弹而不是反转。

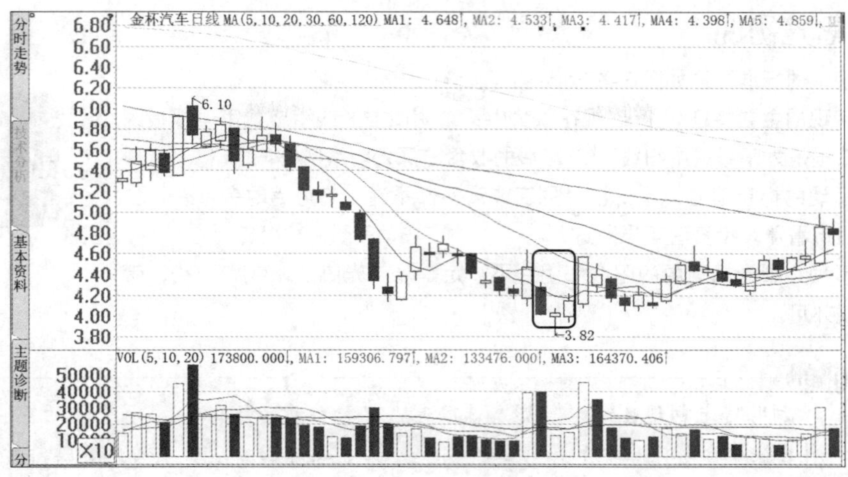

图6-36

6.2.3 好友反攻

好友反攻的标准图形如图6-37所示。

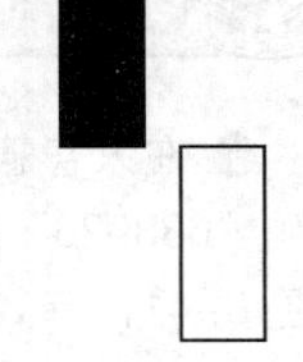

图6-37

好友反攻的主要特征：① 出现在跌势中；② 由2根K线组成，第一根是大阴线，第二根是大阳线或中阳线；③ 阳线的收盘价与阴线的收盘价相同或接近。

好友反攻的指示信号：股价已经见底或离底部不远，趋势随时会反转，由跌转涨，后市看涨。投资者可果断进入。

注意事项：好友反攻中的阳线和阴线不一定是光头光脚阳线和阴线，带上、下影线亦可。

❶ 在大智慧软件中输入天准科技的股票代码“688003”或汉语拼音首字母“TZKJ”，如图6-38所示，按Enter键。进入天准科技的日K线图。

688003		
SH688003	天准科技	科创板(股票)

图6-38

❷ 通过缩放，可以看到天准科技2020年12月至2021年2月的日K线图，如图6-39所示。经过一段时间的震荡下跌，天准科技的股价处在震荡区间的相对底部。此时出现好友反攻的K线组合，表明股价见底，行情要反转。投资者应结合其他指标判断，或等待后面的K线进一步验证，再确定是否买入。出现见底信号，股价并不一定马上大涨，也可能会盘整之后缓慢上涨，会有反复确认底部的过程。

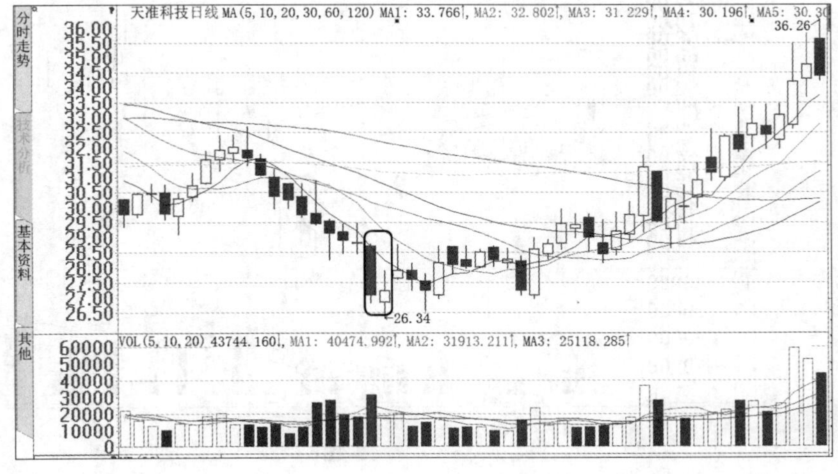

图6-39

6.2.4 曙光初现

曙光初现的标准图形如图6-40所示。

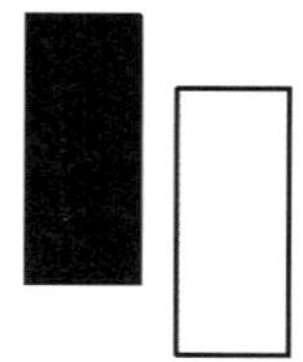

图6-40

曙光初现的主要特征：① 出现在跌势中；② 由2根K线组成，第一根是大阴线，第二根是大阳线或中阳线；③ 阳线的收盘价深入阴线实体内部。

曙光初现的指示信号：股价已经见底或离底部不远，趋势随时会反转，由跌转涨，后市看涨。投资者可果断进入。

注意事项：曙光初现中的阳线和阴线不一定是光头光脚的阳线和阴线，带上、下影线亦可。

> **提示**
>
> 运用曙光初现K线组合形态选股时，必须注意3个要点：① 量能的变化情况，这种K线组合形态出现的同时出现缩量，表示股价已经筑底成功；②股价所处的环境位置很重要，如果个股价格涨幅过大，出现曙光初现K线组合形态，则有主力创造假K线的可能性；③ 出现曙光初现K线组合形态后，如果股价立即展开上升行情，则力度往往并不大，相反，出现曙光初现后，股价有一个短暂的蓄势整理过程的，后期往往会爆发强劲的个股行情。

❶ 在大智慧软件中输入洁特生物的股票代码“688026”或汉语拼音首字母“JTSW”，如图6-41所示，按Enter键，进入洁特生物的日K线图。

688026
SH688026 洁特生物 科创板(股票)

图6-41

❷ 通过缩放，可以看到洁特生物2020年12月至2021年2月的日K线图，如图6-42所示。经过一段时间的连续下跌，洁特生物的股价跌至50元附近。在后期下跌过程中，出现了一根巨大成交量的阳线。之后股价继续下跌，看起来没有止跌迹象，但是在底部出现曙光初现的K线组合，同时底部放量，成交量递增，这表明股价见底，有资金开始进场，后市的行情要反转。投资者要适时做多，抓住这一轮上涨行情。

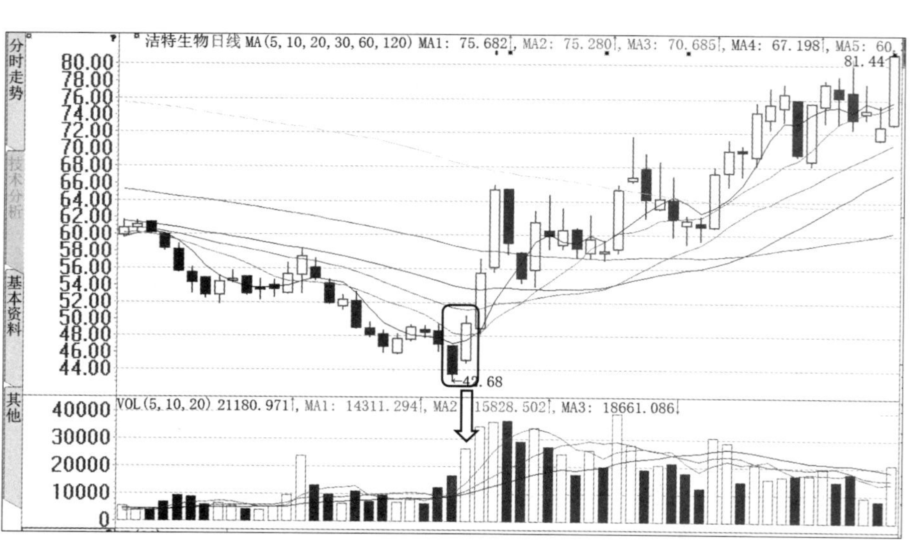

图6-42

6.2.5 旭日东升

旭日东升的标准图形如图6-43所示。

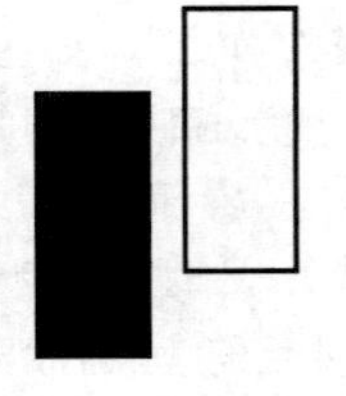

图6-43

旭日东升的主要特征：① 出现在跌势中；② 由2根K线组成，第一根是大阴线，第二根是大阳线或中阳线；③ 阳线的开盘价深入阴线实体内部，阳线的收盘价则超过阴线的开盘价。

旭日东升的指示信号：股价已经见底或离底部不远，趋势随时会反转，由跌转涨，后市看涨。投资者可果断进入。

注意事项：① 旭日东升中的阳线和阴线不一定是光头光脚阳线和阴线，带上、下影线亦可；② 阳线的收盘价超过阴线开盘价越多，反转信号越强烈。

❶ 在大智慧软件中输入瑞丰高材的股票代码“300243”或汉语拼音首字母“RFGC”，如图6-44所示，按Enter键，进入瑞丰高材的日K线图。

300243
SZ300243　瑞丰高材　创业板核准(股票)

图6-44

❷ 通过缩放，可以看到瑞丰高材2021年4月至6月的日K线图，如图6-45所示。经过一段时间的下跌，瑞丰高材的股价处在相对底部。此时出现旭日东升的K线组合，表明股价见底，结合后面出现的一根巨量涨停的大阳线，可以确定行情要反转。投资者可以考虑买进，抓住这一轮上涨行情。

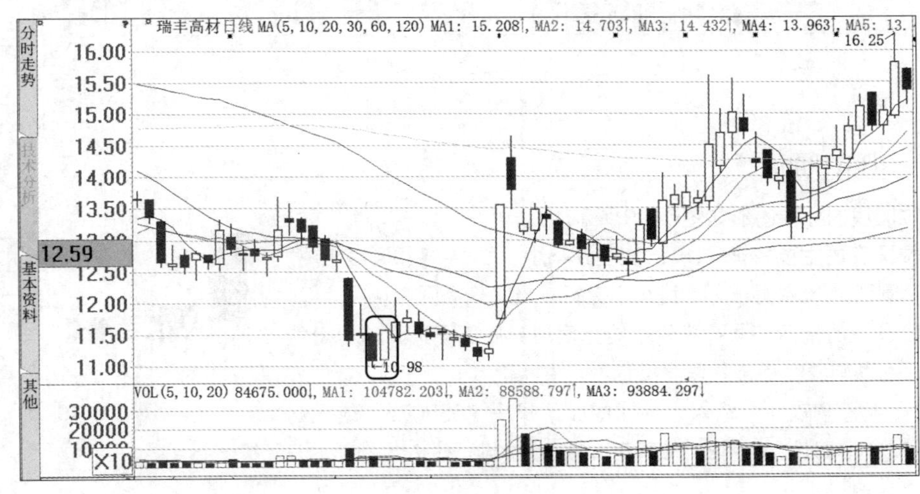

图6-45

6.2.6 低位平底

低位平底的标准图形如图6-46所示。

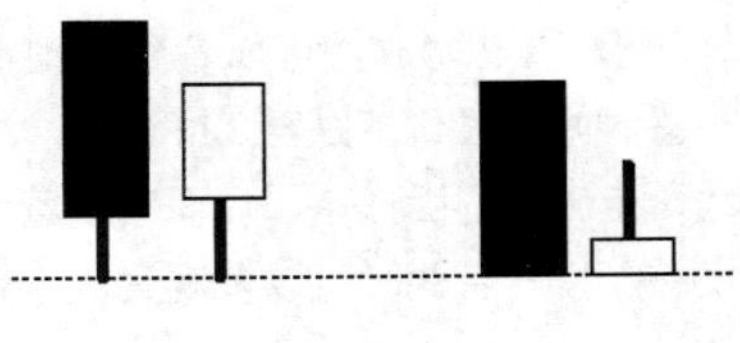

图6-46

低位平底的主要特征：① 出现在跌势中；② 由2根或2根以上的K线组成；③ K线的最低价相同或相近。

低位平底的指示信号：股价已经见底或离底部不远，趋势可能会反转，由跌转涨，后市看涨。投资者可果断进入。

❶ 在大智慧软件中输入皖维高新的股票代码“600063”或汉语拼音首字母“WWGX”，如图6-47所示，按Enter键，进入皖维高新的日K线图。

图6-47

❷ 通过缩放，可以看到皖维高新2021年4月至5月的日K线图，如图6-48所示。经过上涨之后一段时间的盘整下跌，皖维高新的股价日渐走低，在底部出现一根巨量长阴线之后量能急剧减小，并且连续4日收出十字星，并且收盘价十分接近。股价此时出现低位平底的K线组合，之后连续出现三根小阳线，表明股价止跌见底，行情要反转。

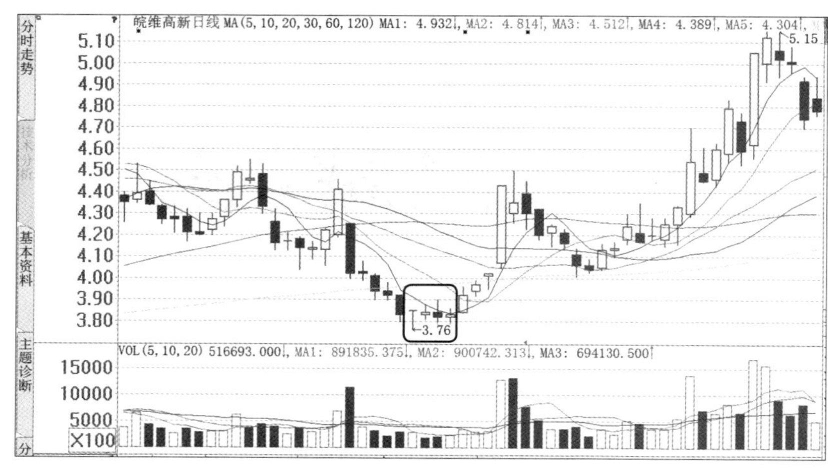

图6-48

6.2.7 低位圆底

低位圆底的标准图形如图6-49所示。

低位圆底的主要特征：① 出现在跌势中；② 由多根K线组成，构成一个圆弧；③ 最后一根K线跳空上行，最终确立圆弧。

低位圆底的指示信号：股价已经见底或离底部不远，趋势可能会反转，由跌转涨，后市看涨。投资者可果断进入。

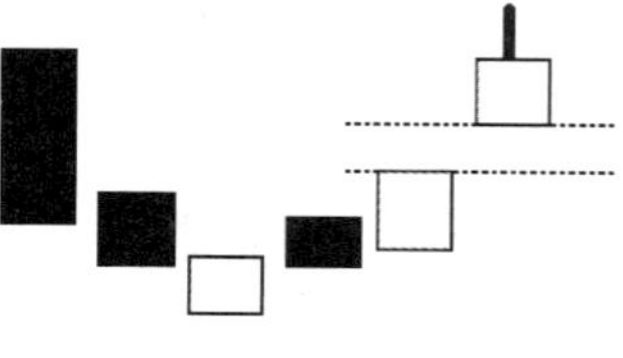

图6-49

❶ 在大智慧软件中输入大地熊的股票代码“688077”或汉语拼音首字母“DDX”，如图6-50所示，按Enter键，进入大地熊的日K线图。

图6-50

❷ 通过缩放，可以看到大地熊2020年12月至2021年3月的日K线图，如图6-51所示。经过一段时间，股价下跌至32.96元，大地熊的股价已经处在相对底部。此时底部出现多根小阴线和小阳线，走出小圆弧形态，后面紧跟着一根跳空阳线，形成低位圆底的K线组合，表明股价见底，行情要反转。投资者此时可以多观察，等待买点再适时做多，抓住后面的上涨行情。

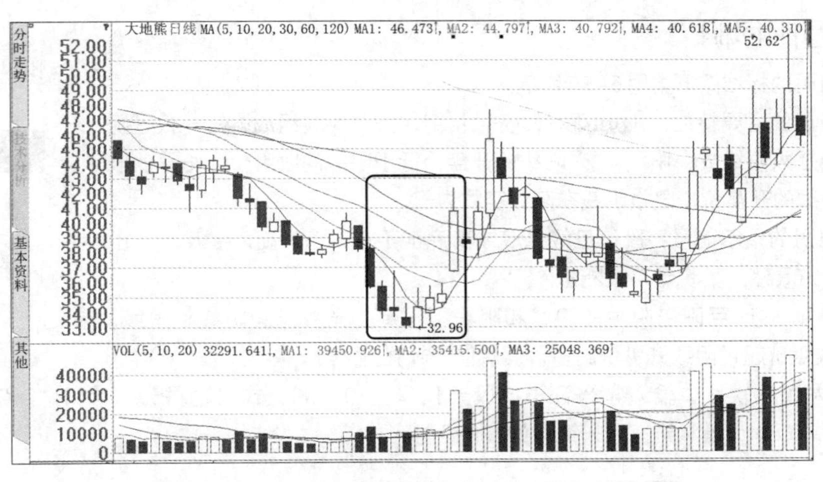

图6-51

6.2.8 低位塔底

低位塔底的标准图形如图6-52所示。

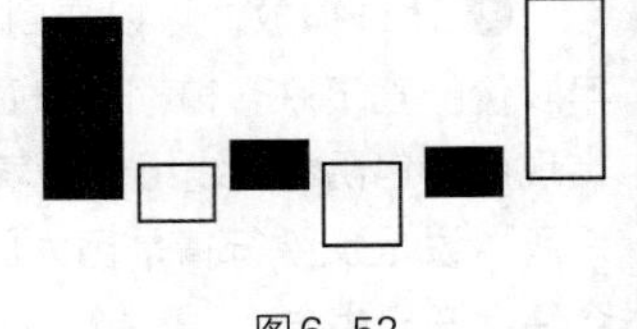

图6-52

低位塔底的主要特征：① 出现在跌势中；② 由多根K线组成；③ 第一根是大阴线或中阴线，之后连续有多根小阴线、小阳线，最后以一根大阳线确立塔底。

低位塔底的指示信号：股价已经见底或离底部不远，趋势可能会反转，由跌转涨，后市看涨。投资者可果断进入。

❶ 在大智慧软件中输入万里石的股票代码“002785”或汉语拼音首字母“WLS”，如图6-53所示，按Enter键，进入万里石的日K线图。

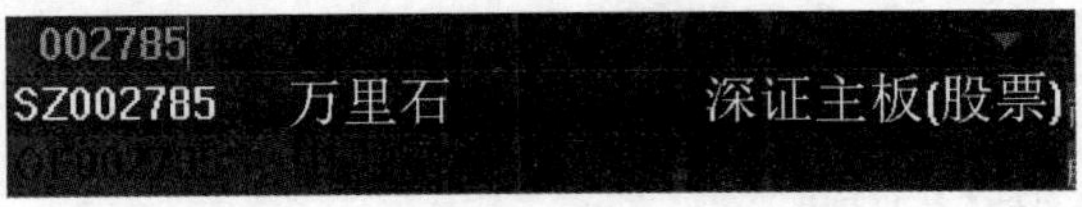

002785
SZ002785 万里石 深证主板(股票)

图6-53

❷ 通过缩放，可以看到万里石2021年4月至8月的日K线图，如图6-54所示。经过一段时间的阴跌，万里石的股价在相对底部出现了止跌迹象。在底部一根高开低走的中阴线后面紧跟一阴一阳的小实体K线，之后紧跟一根高开高走的大阳线，此时出现低位塔底的K线组合，确立了股价底部。其实这个形态也是低位平底形态，表明行情要反转。投资者应适时做多，抓住这一轮上涨行情。

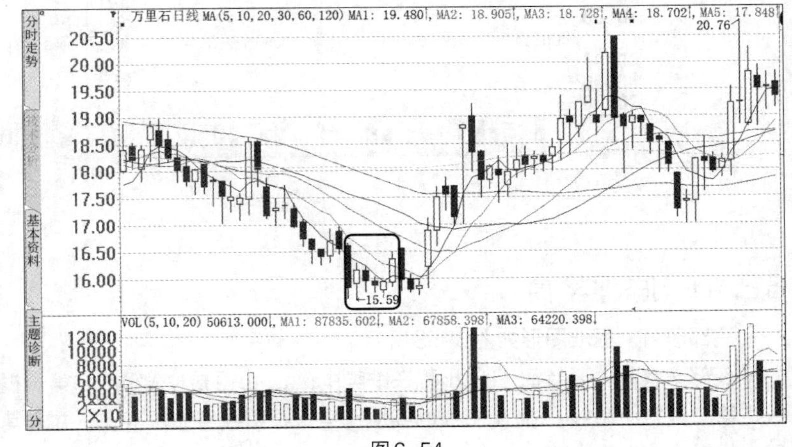

图6-54

6.2.9 巨阳包阴

巨阳包阴的标准图形如图6-55所示。

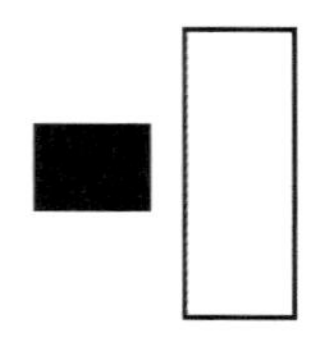
图6-55

巨阳包阴的主要特征：① 出现在跌势中；② 由2根K线组成，第一根是阴线，第二根是大阳线或中阳线；③ 阳线的开盘价低于阴线的收盘价，阳线的收盘价高于阴线的开盘价，整根阴线在阳线实体内部。

巨阳包阴的指示信号：股价已经见底或离底部不远，趋势随时会反转，由跌转涨，后市看涨。投资者可果断进入。

注意事项：① 巨阳包阴中的阳线和阴线不一定是光头光脚阳线和阴线，带上、下影线亦可；② 阳线的收盘价超过阴线开盘价越多，反转信号越强烈。

❶ 在大智慧软件中输入东兴证券的股票代码“601198”或汉语拼音首字母“DXZQ”，如图6-56所示，按Enter键，进入东兴证券的日K线图。

图6-56

❷ 通过缩放，可以看到东兴证券2021年4月至5月的日K线图，如图6-57所示。2021年前半年股价一直下跌，前期东兴证券的股价最低是9.95元，5月的最低价10元已经处在底部区间，此时出现巨阳包阴的K线组合，表明股价见底，行情要反弹。投资者可适时做多，抓住这一轮反弹行情。之所以说是反弹行情是因为股价经历长期下跌之后，需要一个反复确认底部的过程，大部分情况不会马上开启牛市。

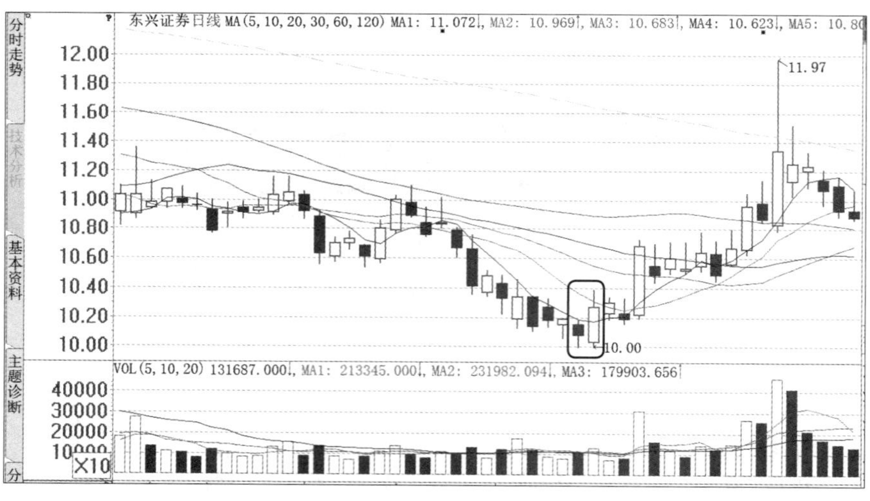

图6-57

6.2.10 底部孕育

底部孕育的标准图形如图6-58所示。

图6-58

底部孕育的主要特征：① 出现在跌势中；② 由两根K线组成，第一根为阴线，第二根为小阳线；③ 小阳线的实体比第一根阴线实体短很多，并且其处在第一根阴线中间的位置。

底部孕育的指示信号：股价已经见底或离底部不远，趋势随时会反转，由跌转涨，后市看涨。投资者可果断进入。

❶ 在大智慧软件中输入华测检测的股票代码“300012”或汉语拼音首字母“HCJC”，如图6-59所示，按Enter键，进入华测检测的日K线图。

300012
SZ300012 华测检测 创业板核准(股票)

图6-59

❷ 通过缩放，可以看到华测检测2021年2月至4月的日K线图，如图6-60所示。经过一段时间的急速下跌，华测检测的股价从31.56元跌至最低23.18元。此时出现底部孕育的K线组合，表明股价见底，该形态后面紧跟一根放量的阳线，可以确定行情要反转。投资者可以适时做多，抓住后面这一轮上涨行情。

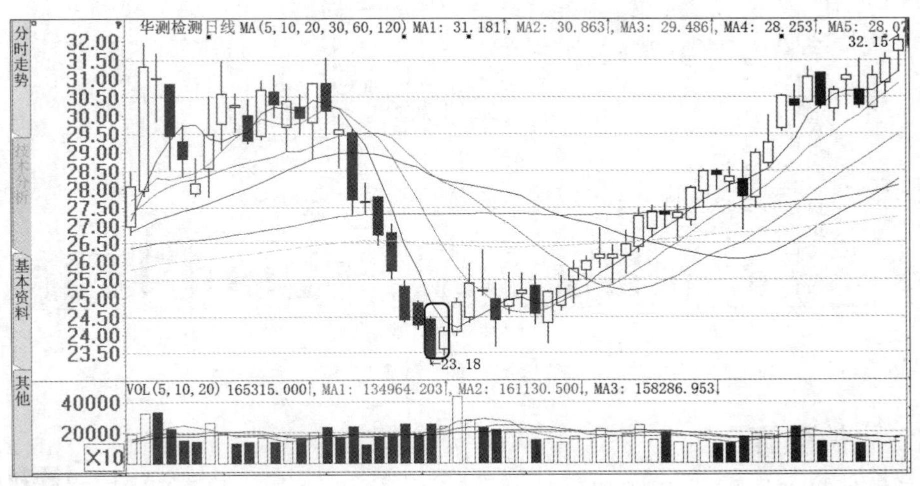

图6-60

6.3 上升形态K线组合

除了底部信号和顶部信号K线组合，还有上升形态和下降形态K线组合。本节将详细介绍上升形态的K线组合。

6.3.1 红三兵

红三兵的标准图形如图6-61所示。

红三兵的主要特征：① 出现在底部或涨势中；② 由3根阳线组成，3根阳线的收盘价逐渐升高。

红三兵的指示信号：大盘将维持上涨态势或开始上涨，后市看涨。投资者可适时进入。

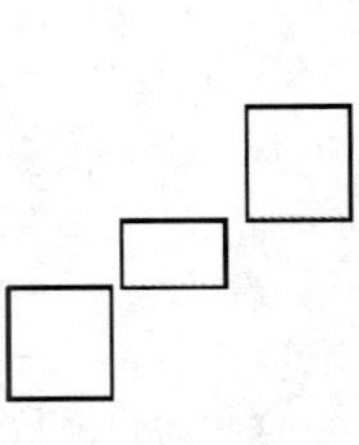

图6-61

注意事项：阳线不一定是光头光脚阳线，带上、下影线亦可。

❶ 在大智慧软件中输入骆驼股份的股票代码“601311”或汉语拼音首字母“LTGF”，如图6-62所示，按Enter键，进入骆驼股份的日K线图。

601311
SH601311 骆驼股份 上证A股(股票)

图6-62

❷ 通过缩放，可以看到骆驼股份2021年6月至7月的日K线图，如图6-63所示。经过之前的触底反弹，骆驼股份的股价处在相对底部，并且没有什么成交量，说明虽然处在低位，但是还没有机构游资等大资金的买入。此时出现红三兵的K线组合，并且成交量逐步放大，这表明已经有资金开始进入，股价见底，行情要反转。投资者可以选择买入，抓住后面的上涨行情。

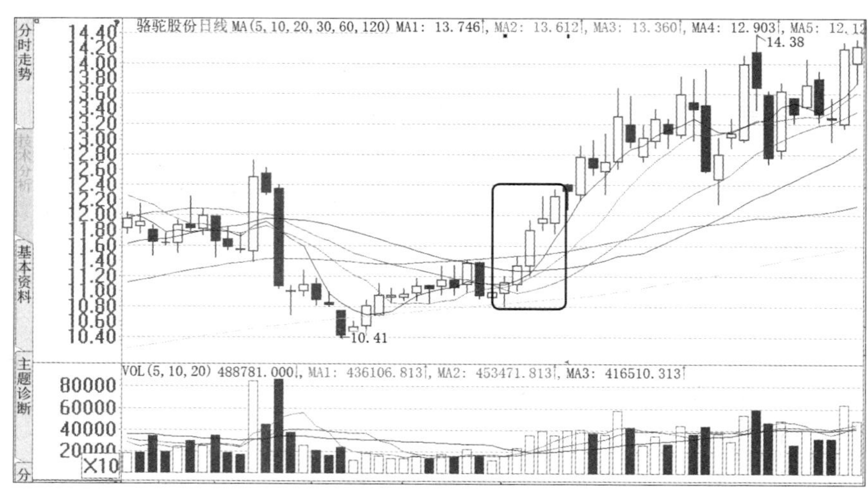

图6-63

6.3.2 高位盘旋

高位盘旋的标准图形如图6-64所示。

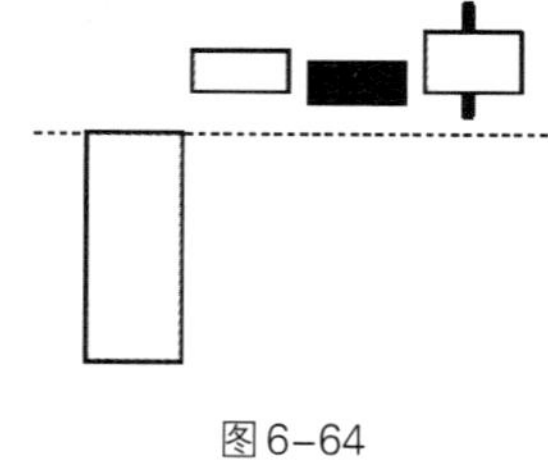

图6-64

高位盘旋的主要特征：① 出现在上涨初期或中期；② 由多根K线组成，先是一根大阳线，紧接着数根小阳线、小阴线；③ 小阳线、小阴线最低价高于大阳线收盘价。

高位盘旋的指示信号：大盘将开始上涨或保持涨势不变。投资者可适时进入。

❶ 在大智慧软件中输入罗平锌电的股票代码“002114”或汉语拼音首字母“LPXD”，如图6-65所示，按Enter键，进入罗平锌电的日K线图。

002114
SZ002114 罗平锌电 深证主板(股票)

图6-65

❷ 通过缩放，可以看到罗平锌电2021年6月至8月的日K线图，如图6-66所示。经过一段时间的下跌，罗平锌电的股价触底反弹，且透露出一点儿涨势，此时出现高位盘旋的K线组合，表明后期行情要走强，并且K线已经位于均线之上，出现转势信号。投资者此时买入盈利概率较大，可以适时做多，抓住后面的上涨行情。

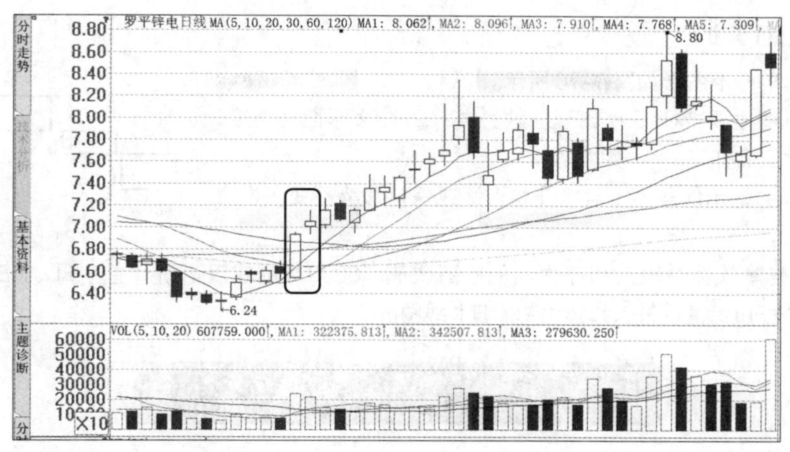

图6-66

6.3.3 连续跳高

连续跳高的标准图形如图6-67所示。

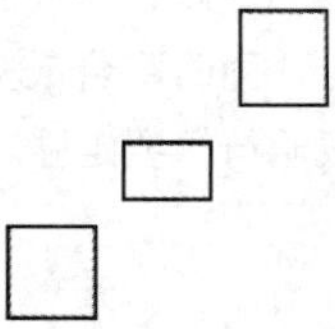

连续跳高的主要特征：① 出现在见底转涨势之后；② 由多根阳线组成，每根阳线都跳空高开。

连续跳高的指示信号：大盘将开始上涨或保持涨势不变。投资者可适时进入。

图6-67

❶ 在大智慧软件中输入本钢板材的股票代码“000761”或汉语拼音首字母“BGBC”，如图6-68所示，按Enter键，进入本钢板材的日K线图。

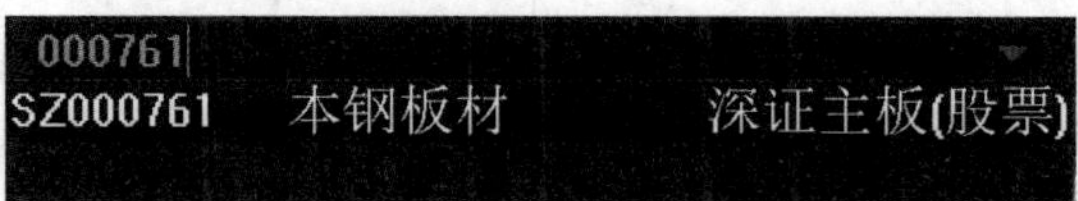

图6-68

❷ 通过缩放，可以看到本钢板材2021年1月至3月的日K线图，如图6-69所示。经过半年多的熊市，本钢板材的股价跌至最低2.28元，底部出现多根十字星，说明已经跌无可跌，并且没有什么成交量。之后形成连续跳高的K线组合，并且成交量逐步放大，在第三根K线放量大增，表明行情要走强，但是冲破均线有压力，需要时间或者金钱（成交量）。投资者可以适时做多，抓住反转上涨行情。

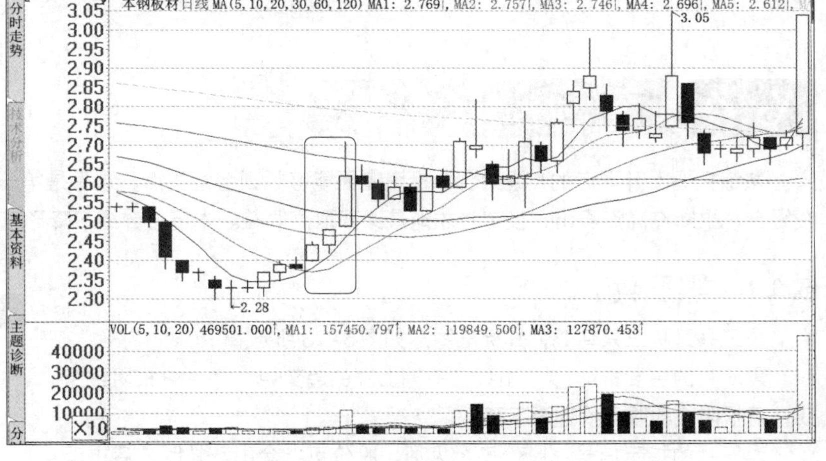

图6-69

6.3.4 五阳上阵

五阳上阵的标准图形如图6-70所示。

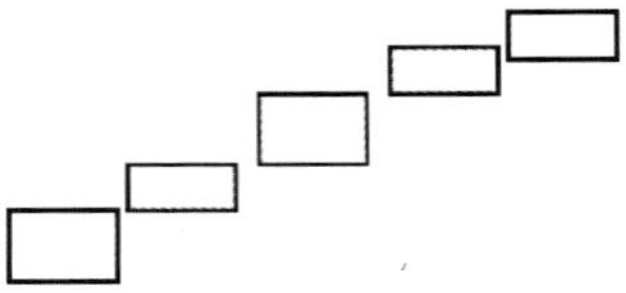

图6-70

五阳上阵的主要特征：① 出现在跌势中；② 由多根阳线组成，每根阳线都跳空高开。

五阳上阵的指示信号：大盘将开始上涨或保持涨势不变。投资者可适时进入。

❶ 在大智慧软件中输入和邦生物的股票代码“603077”或汉语拼音首字母“HBSW”，如图6-71所示，按Enter键，进入和邦生物的日K线图。

603077

SH603077 和邦生物 上证A股(股票)

图6-71

❷ 通过缩放，可以看到和邦生物2021年1月至3月的日K线图，如图6-72所示。经过一段时间的下跌，和邦生物的股价跌至1.28元，这是2019年以来的历史低位。此时出现五阳上阵的K线组合，同时配合成交量的逐步放大，并且5根小阳线冲破了均线的层层压力，K线位于均线之上，这都表明行情要走强。投资者可以适时做多，抓住后面的上涨行情。

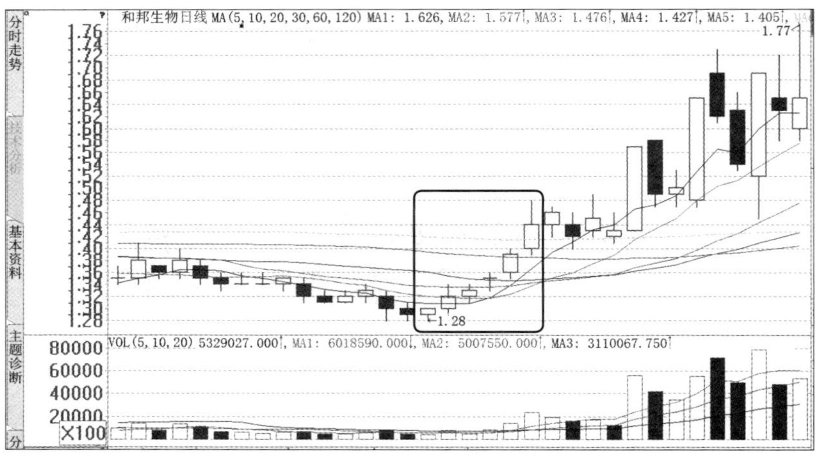

图6-72

6.4 下降形态K线组合

熟练把握上升形态的K线组合，投资者便能够找到合适买点，这只是第一步。把握下降形态的K线组合，果断在高点卖出，投资者才能最终获取高收益。本节将介绍下降形态的K线组合。

6.4.1 黑三兵

黑三兵又称三只乌鸦，其标准图形如图6-73所示。

图6-73

黑三兵的主要特征：① 出现在前期上涨的趋势中；② 由3根阴线组成，每根阴线的收盘价逐渐下降。

黑三兵的指示信号：股价已经见顶，股价可能会由涨转跌，后市看跌。投资者应尽早出货或轻仓。

注意事项：黑三兵中的阴线不一定是光头光脚阴线，带上、下影线亦可。

❶ 在大智慧软件中输入长电科技的股票代码“600584”或汉语拼音首字母“CDKJ”，如图6-74所示，按Enter键，进入长电科技的日K线图。

600584
SH600584　长电科技　上证A股(股票)

图6-74

❷ 经缩放可以看到长电科技2021年1月至3月的日K线图，如图6-75所示。经过前期的反弹上涨，长电科技的股价升至短期高点48.93元，此时出现黑三兵的K线组合，且K线跌破所有均线，表明上涨趋势已变，股价见顶，行情要反转。持仓的投资者应尽早出货，空仓的投资者不要盲目进入，以避免损失。

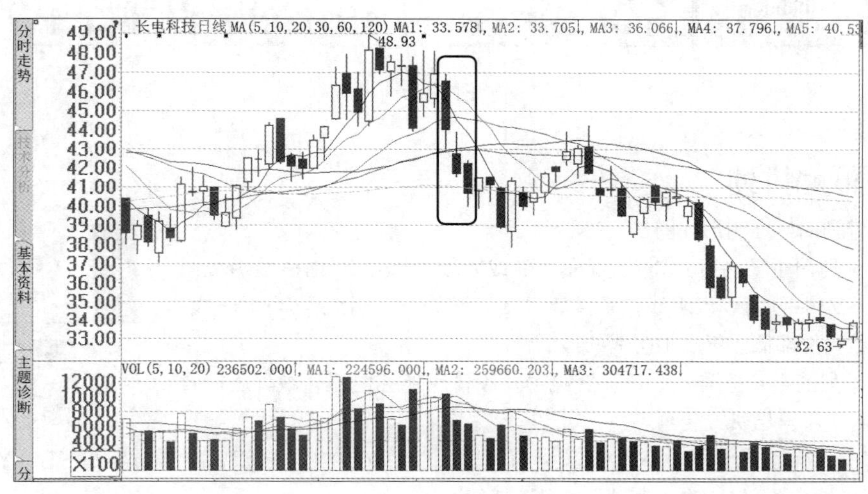

图6-75

6.4.2　五阴连天

五阴连天的标准图形如图6-76所示。

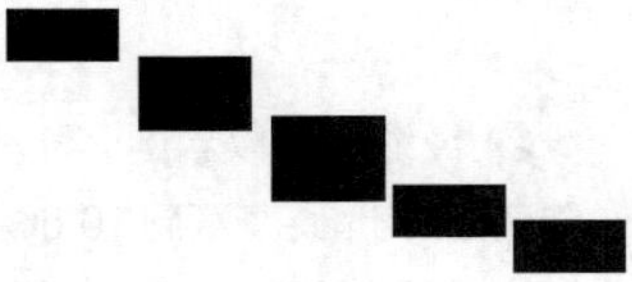

五阴连天的主要特征：① 出现在顶部；② 由5根阴线组成，每根阴线的收盘价逐渐下降。

五阴连天的指示信号：股价已经见顶，股价可能会由涨转跌，后市看跌。投资者应尽早出货或轻仓。

图6-76

注意事项：五阴连天中的阴线不一定是光头光脚阴线，带上、下影线亦可。

❶ 在大智慧软件中输入安科生物的股票代码“300009”或汉语拼音首字母“AKSW”，如图6-77所示，按Enter键，进入安科生物的日K线图。

300009
SZ300009　安科生物　创业板核准(股票)

图6-77

❷ 经缩放可以看到安科生物2021年6月至8月的日K线图，如图6-78所示。经过前期的上涨，安科生物的股价升至其历史新高18.09元，之后股价放量大跌，随后出现反弹，但是成交量并没有超过前面两根大阴线的成交量。紧接着出现五阴连天的K线组合，且K线跌破所有短期均线，并且到60日均线并没有强势反弹说明，多头趋势反转为空头趋势。持仓的投资者应尽早出货，以避免损失。

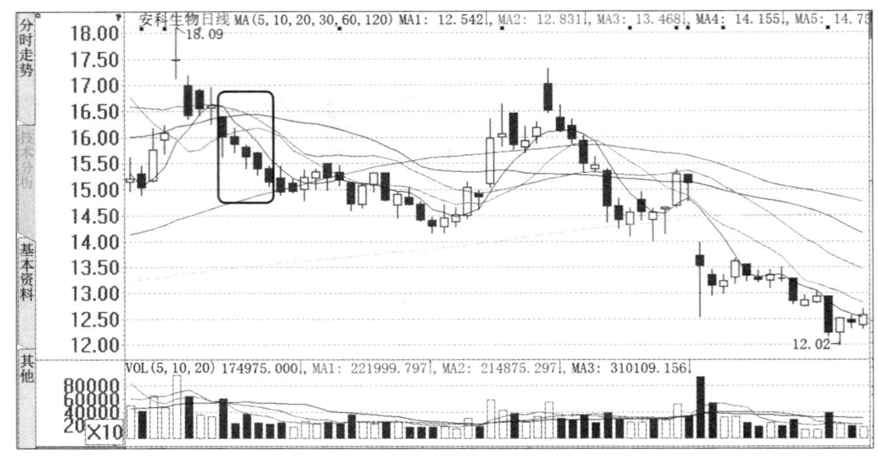

图6-78

6.4.3 低档排列

低档排列的标准图形如图6-79所示。

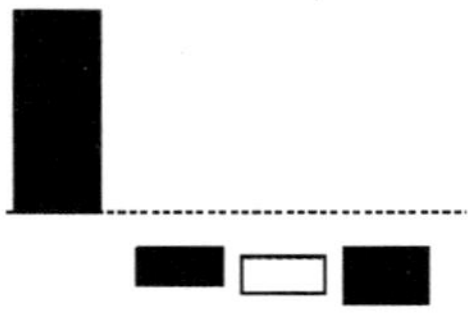

低档排列的主要特征：① 出现在顶部或阶段顶部；② 由多根阴线组成，第一根为中阴线或大阴线，紧接着多根小阳线、小阴线；③ 小阳线、小阴线的最高价都低于第一根阴线的最低价。

低档排列的指示信号：股价已经见顶，股价可能会由涨转跌，后市看跌。投资者应尽早出货或轻仓。

图6-79

❶ 打开大智慧软件，输入北陆药业的股票代码“300016”或汉语拼音首字母“BLYY”，如图6-80所示，按Enter键，进入北陆药业的日K线图。

300016
SZ300016 北陆药业 创业板核准(股票)

图6-80

❷ 经缩放可以看到北陆药业2021年6月至7月的日K线图，如图6-81所示。经过前期的上涨，北陆药业股价最高涨到10.56元，股价处在短期的相对高位。之后高位放量，说明有主力提前跑路了。之后股价就开始下跌，并且在反弹时出现低档排列的K线组合，表明股价已经见顶，行情要转为熊市。持仓的投资者应尽早出货，以避免损失；空仓的投资者不要盲目买进。

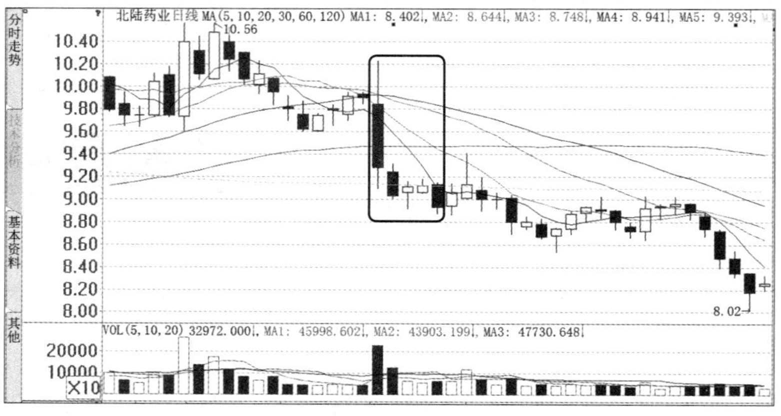

图6-81

6.4.4 三级跳水

三级跳水的标准图形如图6-82所示。

图6-82

三级跳水的主要特征：① 出现在顶部；② 由3根阴线组成，第一根阴线跳空高开，后两根阴线跳空低开。

三级跳水的指示信号：股价已经见顶，股价可能会由涨转跌，后市看跌。投资者应尽早出货或轻仓。

❶ 打开大智慧软件，输入天龙集团的股票代码“300063”或汉语拼音首字母“TLJT”，如图6-83所示，按Enter键，进入天龙集团的日K线图。

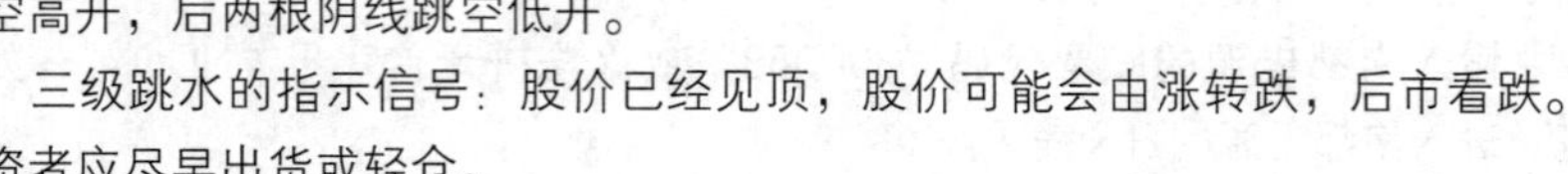

图6-83

❷ 经缩放可以看到天龙集团2021年5月至7月的日K线图，如图6-84所示。经过前期的横盘突破，天龙集团K线冲出均线压制，股价反弹到短期高位5.55元。但紧跟着三级跳水的K线组合，表明股价见顶，前期的突破为假突破，并没有真正要发动上涨行情，反而股价跌至均线附近，并且后期跌穿均线，说明行情走弱。投资者应尽早出货，或者空仓观望。

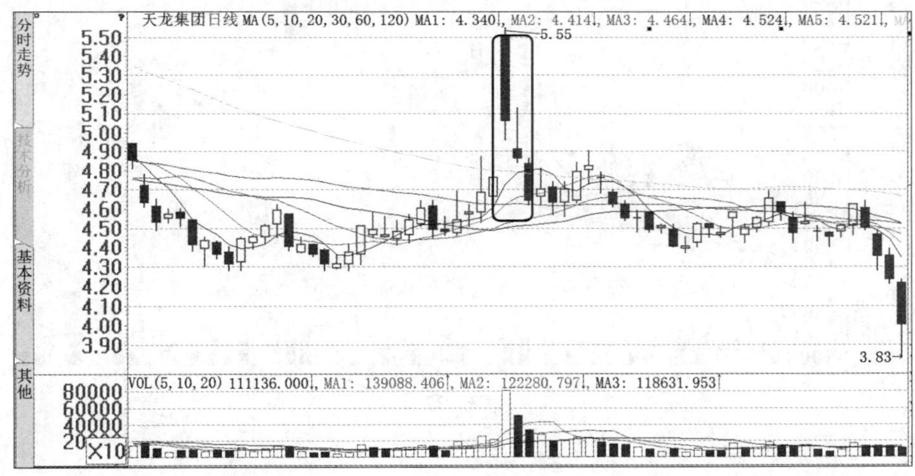

图6-84

6.5 其他形态K线组合

投资者对见顶信号K线组合、见底信号K线组合、上升形态K线组合和下降形态K线组合有所了解之后，还应了解几种其他形态的K线组合。

6.5.1 巨阳孕阴

巨阳孕阴的标准图形如图6-85所示。

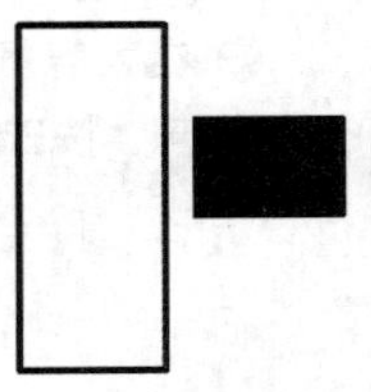
图6-85

巨阳孕阴的主要特征：① 出现在涨势或顶部；② 由2根K线组成，第一根为大阳线或中阳线，第二根为阴线，且阴线完全在阳线的实体内部。

巨阳孕阴的指示信号：如果在顶部，表明处在顶部或离顶部不远，投资者

应尽早出货。在上涨的过程中也会遇到很多巨阳孕阴的形态，这时投资者需要结合其他指标和成交量等进行判断，上涨过程中出现此形态可以继续持有。

注意事项：① 投资者要结合其他信息，确定巨阳孕阴所处的位置；② 巨阳孕阴中的阳线、阴线并不一定是光头光脚阳线、阴线，带上、下影线亦可。

❶ 在大智慧软件中输入南都电源的股票代码“300068”或汉语拼音首字母“NDDY”，如图6-86所示，按Enter键，进入南都电源的日K线图。

300068
SZ300068　南都电源　创业板核准(股票)

图6-86

❷ 经缩放可以看到南都电源2021年7月至8月的日K线图，如图6-87所示。经过4个月的上涨，南都电源的股价从原来的10.12元上涨至17.33元，在顶部出现巨阳孕阴的K线组合，并且放出了巨大的成交量，表明行情要反转。后面紧跟一根长阴线，可以确定顶部特征。此时持仓的投资者应尽早出货，以避免损失；空仓的投资者不要贸然买入。

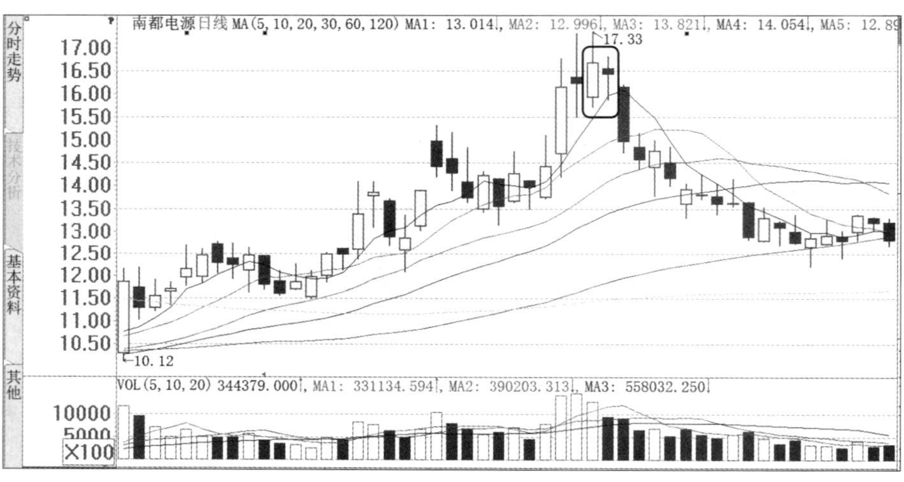

图6-87

6.5.2 势不可当

势不可当的标准图形如图6-88所示。

势不可当的主要特征：① 出现在上涨初期；② 由多根K线组成；③ 第一根K线是大阳线或中阳线，之后连续有多根小阴线或小阳线，但基本在阳线的实体之内，最后以一根大阳线确立形态。

势不可当的指示信号：股价上涨态势得到加强，后市看涨。投资者可果断进入。

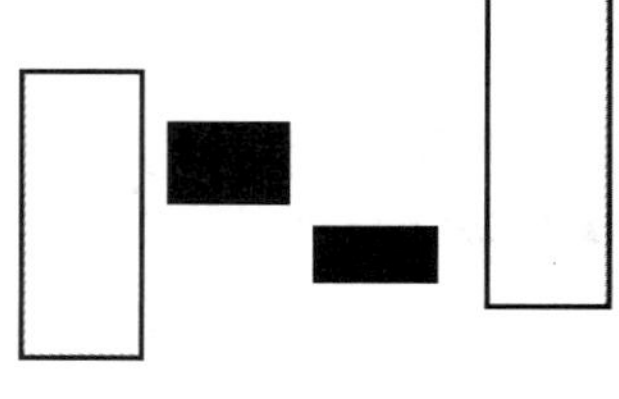

图6-88

❶ 在大智慧软件中输入海油工程的股票代码“600583”或汉语拼音首字母“HYGC”，如图6-89所示，按Enter键，进入海油工程的日K线图。

600583
SH600583　海油工程　上证A股(股票)

图6-89

❷ 经缩放可以看到海油工程2021年7月至9月的日K线图，如图6-90所示。经过前期的下跌，股价触底反弹，开启一轮新的反弹行情。海油工程的股价从最低4.08元开始缓慢上涨。之后出现势不可当的K线组合，表明行情将得到加强，后市看涨。投资者可以适时做多，抓住后面的上涨行情。

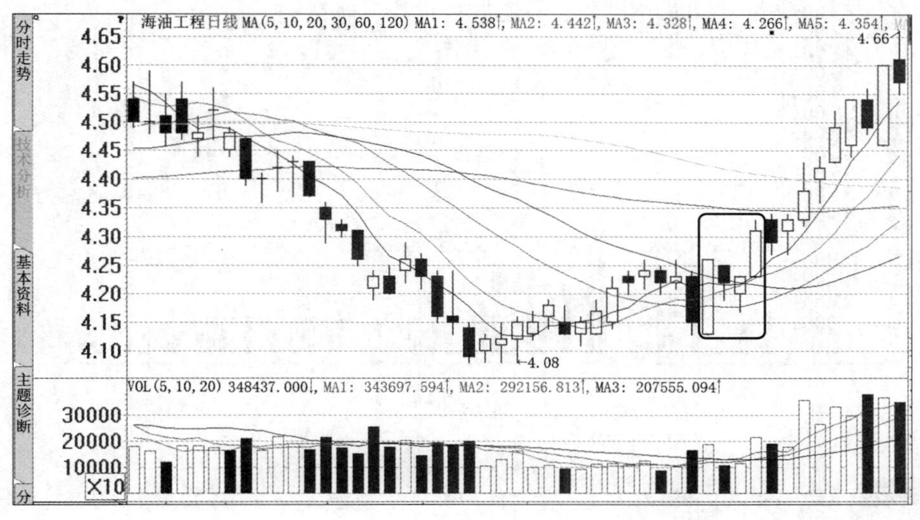

图6-90

6.5.3 无力回天

无力回天的标准图形如图6-91所示。

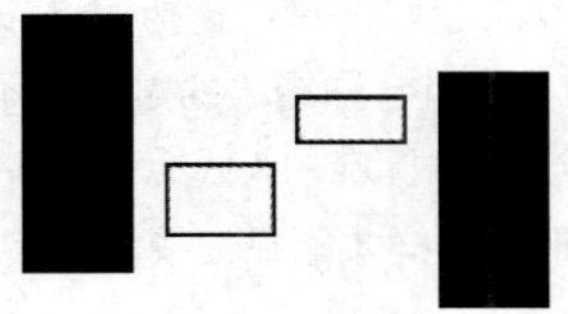

图6-91

无力回天的主要特征：① 出现在跌势中；② 由多根K线组成；③ 第一根是大阴线或中阴线，之后连续有多根小阳线，但阳线均在阴线的实体之内，最后以一根大阴线确立形态。

无力回天的指示信号：股价下跌态势得到加强，后市看跌。投资者可果断出货。

❶ 在大智慧软件中输入长电科技的股票代码“600584”或汉语拼音首字母“CDKJ”，如图6-92所示，按Enter键，进入长电科技的日K线图。

600584
SH600584　长电科技　上证A股(股票)

图6-92

❷ 通过缩放，可以看到长电科技2021年1月至3月的日K线图，如图6-93所示。经过前期的上涨，股价达到阶段性的最高点48.93元，之后长电科技高位放量滞涨，说明主力在高位出货很充分，并且此时出现无力回天的K线组合，确立了顶部。之后转为下跌态势，并且股价进一步下跌，跌破所有均线。投资者应尽早出货，减少损失。

图6-93

高手秘技

技巧1　投资者在应用K线分析时应该注意的问题

投资者在应用K线分析的时候要注意以下两点。

（1）使用其他方法配合K线分析。投资者单纯依靠K线分析结果来做决策，着实有些鲁莽。K线仅包含价格信息，比较片面，因此应结合趋势信息、指标信息和基本面分析，进行综合判断。

（2）活学活用，融会贯通。经典K线组合是经验的总结，不是必然的结论，在实际运用过程中，不能生搬硬套。另外，实际走势中完全符合标准的K线组合很少，基本上都是变形形态。所以，投资者研究K线组合时，要重其意、轻其形，这样才能抓住投资机会。

技巧2　反转形态需要注意的两点

反转形态是指股价从顶部开始下跌或从底部开始上涨的形态。其主要包括头肩底（顶）、三重底（顶）、双底（顶）、V形反转以及圆弧底（顶）等形态。研究反转形态时，投资者需要注意以下两点。

（1）当原有的趋势线第一次被有效突破时，投资者应该明白，原有趋势要发生变化，而不是行情一定发生反转。至于趋势是完全反转，还是横盘调整，抑或只是降低原有趋势强度，投资者要结合其他信息和指标进行判断。

（2）反转形态发生时，伴随着成交量放大，反转信号的可靠性增强。兵马未动，粮草先行。在股市中，成交量很多时候不光起到“粮草”的作用，更能起到“稳定军心”的作用。

第7章 移动平均线分析

本章引语

让趋势成为你的朋友。

——彼得·林奇

在实际操作中，经验丰富的投资者通常都会看大势做股，在一个趋势的运行初期，及时、准确地介入，从而达到顺着趋势交易的目的。移动平均线作为一项反映趋势的重要指标，投资者应该重点关注。

本章要点

★牛市常见的均线

★熊市常见的均线

★K线与均线相交的形态

移动平均线是当今应用最普遍的技术指标之一，它能帮助投资者确认现有趋势，判断将出现的趋势、即将反转的趋势。本章将详细介绍移动平均线。

7.1 移动平均线概述

股价有涨有跌，K线有红有绿，无端的变化使刚入市的投资者感到迷茫。移动平均线是一定周期内收盘价的平均值，可有效地熨平股价过度的起伏，使走势变得清晰。因此，投资者要想消除疑云，更好地把握市场趋势，分析移动平均线必不可少。

7.1.1 移动平均线对炒股的意义

移动平均线（moving average，MA），通常简称均线。它是某一周期内的收盘价之和除以该周期的值。比如日均线MA5就是把5日内的收盘价之和除以5。均线是由美国投资专家格兰威尔在20世纪中期提出来的，是目前应用最普遍的指标之一，能够帮助投资者判断局势，把握趋势，进而做出有利的决策。

均线通常有5日均线、10日均线、20日均线、30日均线、60日均线、120日均线和250日均线等。其中，5日均线、10日均线和20日均线被称为短期均线，适用于短线操作；30日均线和60日均线被称为中期均线，适用于中线操作；而120日均线和250日均线被称为长期均线，适用于长线操作。

提示

假如K线在年线（250日均线）之上且保持上行态势，表明股价高于这250日内的平均成本，资金处于盈利状态，行情继续看涨，此时处在牛市阶段；若年线保持下行态势，且K线在年线之下，说明处在熊市阶段。因此，年线又被称为牛熊线。

通常情况下，股票每天的价格不停地波动，而大多数微小的波动仅仅是一个重要趋势的小插曲，如果过分看重这些小波动，反而容易忽略主要的趋势。因此，分析股价走势应有更广阔的眼光，采用均线指标，着眼于价格变动的大趋势。之所以利用均线能够分析价格走势，是因为它具有以下基本特征。

（1）趋势特征。均线能够反映股价的基本趋势，并且近似地表现出这个价格趋势。

（2）稳重特征。均线是一个周期内的平均值，因此不会像日K线那样变化剧烈，而是表现得相对平稳，即上升的时候稳步上升，下降的时候平稳下降，改变上升或下降趋势相对来说不容易。

（3）安全特征。此特征也可以称为滞后特征。均线改变方向不容易，不能第一时间反映股价的最新动态，只有等形势明确之后，才会转向。所以，移动平均线在带来一定安全保证的同时，也带来一定的滞后。股价刚开始回落时，均线是向上的，只有等到显著回落时，均线才转向下。

（4）助涨特征。此特征也可以称为支撑特征。当股价从下向上穿过均线时，均线开始向上移动，可以看成多方的支撑线。而当股价跌回均线的位置时，均线自然会产生支撑力量。

（5）助跌特征。此特征也可以称为阻力特征。当股价从上向下穿过均线时，均线开始向下移动，可以看成空方的阻力线。而当股价上涨到均线的位置时，均线自然会产生阻力。

正是因为以上特征，均线的分析对炒股起到重要作用。投资者根据均线反映的信息，可确定合适的买入和卖出时机，获得高额的投资回报。

7.1.2 移动平均线的计算原理

根据平均值计算方法的不同，移动平均线可以分为算数移动平均线、加权移动平均线和指数平滑移动平均线。下面对这3种移动平均线做简单介绍。

1. 算术移动平均线

所谓算术移动平均，首先是算术平均数，如1~10这10个数字，其平均数便是5.5；而移动则意味着这10个数字在变动。假如第一组是1~10，第二组变动成2~11，第三组又变为3~12，那么，这三组平均数各不相同。而这些不同的平均数的集合，统称为移动平均数。计算公式为：

$$MA(n)=(C_1+C_2+\cdots+C_n)/n$$

其中，MA（n）代表n期移动平均值，$C_1,C_2,\cdots,C_n$代表参与算术平均计算的n个数，n代表期数。比如5日指数算术移动平均值就可用MA（5）表示，此时n为5。

2. 加权移动平均线

加权的原因是移动平均线中收盘价对未来价格波动的影响最大，因此赋予它较大的权重。加权移动平均线分为如下4种。

（1）末日加权移动平均值。计算公式为：

$MA(n)=(C_1+C_2+\cdots+C_n\times 2)/(n+1)$

（2）线性加权移动平均值。计算公式为：

$MA(n)=(C_1\times 1+C_2\times 2+\cdots+C_n\times n)/(1+2+\cdots+n)$

（3）阶梯加权移动平均值。计算公式（以5日为例）为：

第5日的阶梯加权移动平均值=[（第1日收盘价+第2日收盘价）×1+（第2日收盘价+第3日收盘价）×2+（第3日收盘价+第4日收盘价）×3+（第4日收盘价+第5日收盘价）×4]/（2×1+2×2+2×3+2×4）

（4）平方系数加权移动平均值。计算公式（以5日为例）为：

第5日的平方系数加权移动平均线=[（第1日收盘价×1×1）+（第2日收盘价×2×2）+（第3日收盘价×3×3）+（第4日收盘价×4×4）+（第5日收盘价×5×5）]/（1×1+2×2+3×3+4×4+5×5）

3. 指数平滑移动平均线

普通的移动平均线存在滞后性，即一旦股价与均线差值增大，平均线是不会立刻显示的。指数平滑移动平均线（exponential moving average，EMA）就是为了规避类似的缺点发展出来的。

以5日指数平滑移动平均线为例，首先以算术移动平均线计算出第一移动平均线，第二个移动平均值=（第6日收盘价×1/5）+（前一日移动平均值×4/5）。

计算公式：

$EMA=C_6\times 1/5+EMA(5)\times 4/5$

7.2 牛市常见的均线

牛市是所有投资者都向往的，能够发现牛市的蛛丝马迹也是投资者梦寐以求的。本节介绍牛市常见的均线。

7.2.1 均线黄金交叉

均线黄金交叉（简称金叉）是牛市中均线常见的形态，其标准图形如图7-1所示。

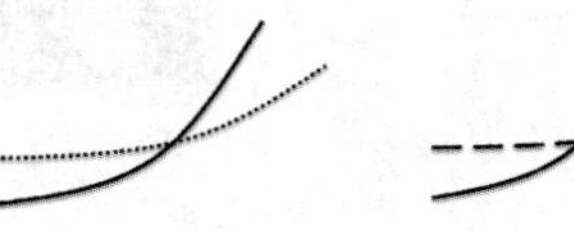

图7-1

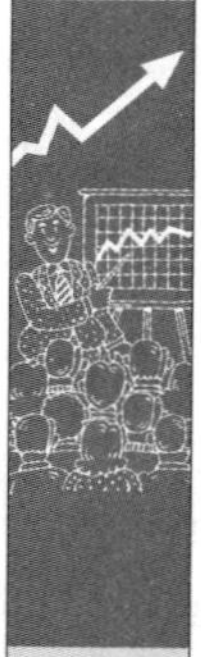

均线黄金交叉的主要特征：① 出现在上涨初期；② 一根周期较短的均线由下往上穿过周期较长的均线，且周期较长的均线呈上升态势。

均线黄金交叉的指示信号：见底信号，后市看涨。如果均线黄金交叉出现在股价大跌之后，投资者可果断进入。中长线投资者可在周K线或月K线上出现此信号时买入。

注意事项：两条均线交叉的角度越大，上涨动力越强。

❶ 在大智慧软件中输入金辰股份的股票代码“603396”或汉语拼音首字母“JCGF”，如图7-2所示，按Enter键，进入金辰股份的日K线图。

603396
SH603396 金辰股份 上证A股(股票)

图7-2

❷ 通过缩放，可以看到金辰股份2021年4月至6月的日K线图，如图7-3所示。经过一段时间的震荡回调，金辰股份的股价开始止跌回升，此时出现了密集的均线黄金交叉走势，并且底部成交量有所放大，后市上涨是大概率事件。

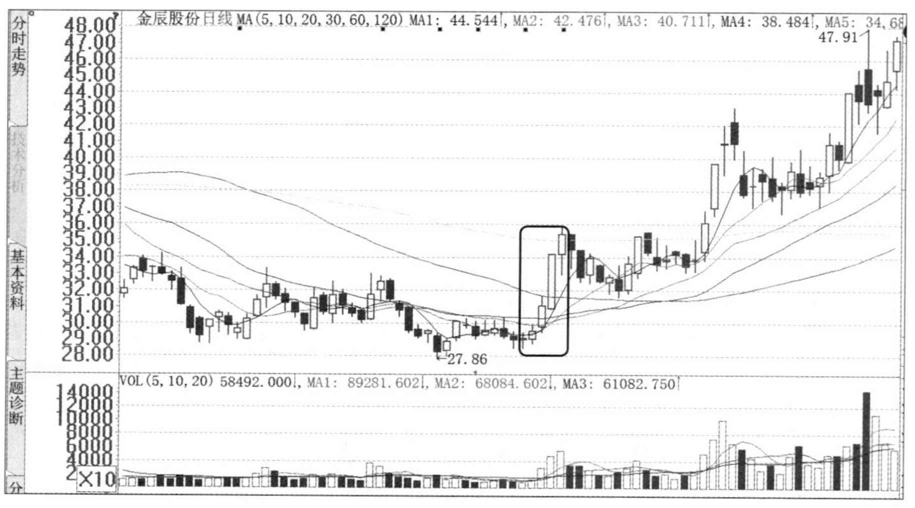

图7-3

7.2.2 均线多头排列

均线多头排列的标准图形如图7-4所示。

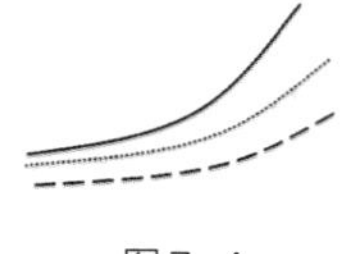

图7-4

均线多头排列的主要特征：① 出现在涨势中；② 短期、中期、长期均线按照从上到下的顺序依次排列，即短期均线在上，中期均线在中间，长期均线在下；③ 所有均线呈上升态势。

均线多头排列的指示信号：标准的做多信号，后市看涨。如果处在均线多头排列的初期和中期，投资者可果断做多；如果处在后期，投资者应谨慎交易。

❶ 在大智慧软件中输入北方华创的股票代码“002371”或汉语拼音首字母“BFHC”，如图7-5所示，按Enter键，进入北方华创的日K线图。

002371
SZ002371 北方华创 深证主板(股票)

图7-5

❷ 通过缩放，可以看到北方华创2021年5月至8月的日K线图，如图7-6所示。经过一段时间

的横盘调整，北方华创的股价开始向上爬升，此时出现了均线多头排列的走势，均线由拧在一起渐渐分开，成交量明显放大，后市上涨是大概率事件。这就是典型的趋势行情，一轮趋势行情足以让一只股票股价翻倍甚至上涨3倍、5倍。

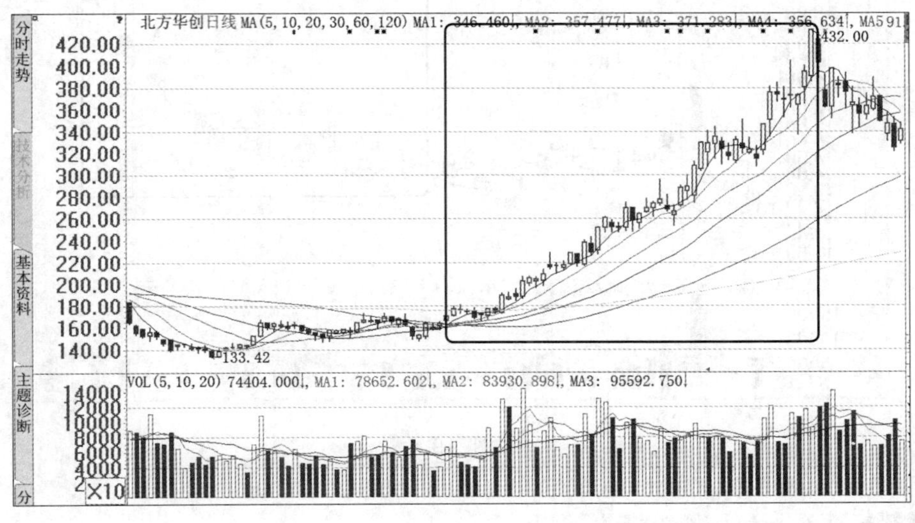

图7-6

7.2.3 均线黏合向上发散

均线黏合向上发散的标准图形如图7-7所示。

均线黏合向上发散的主要特征：① 出现在下跌后横盘末期或小幅上涨后横盘末期；② 短期、中期、长期均线以喷射状向上发散，发散前基本黏合。

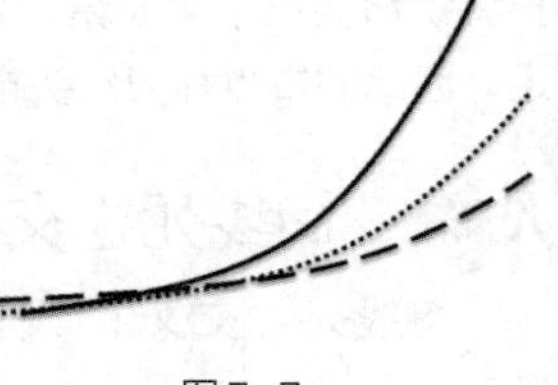

图7-7

均线黏合向上发散的指示信号：标准的做多信号，后市看涨。投资者此时可果断进入。

注意事项：① 均线黏合时间越长，向上发散的力度越大；② 均线向上发散的同时如果成交量明显放大，上升信号更加可靠。

> **提示**
>
> 假如股价快速上扬、均线发散后相距过远，此时回落的风险加大，均线有重新接近的趋势，投资者不宜追高。

❶ 在大智慧软件中输入广汽集团的股票代码“601238”或汉语拼音首字母“GQJT”，如图7-8所示，按Enter键，进入广汽集团的日K线图。

601238		
SH601238	广汽集团	上证A股(股票)

图7-8

❷ 通过缩放，可以看到广汽集团2021年6月至9月的日K线图，如图7-9所示。经过一段时间的横盘调整，广汽集团的股价开始向上爬升，短期和中期均线已经基本重合。此时出现了均线黏合

向上发散的走势，后市上涨是大概率事件。

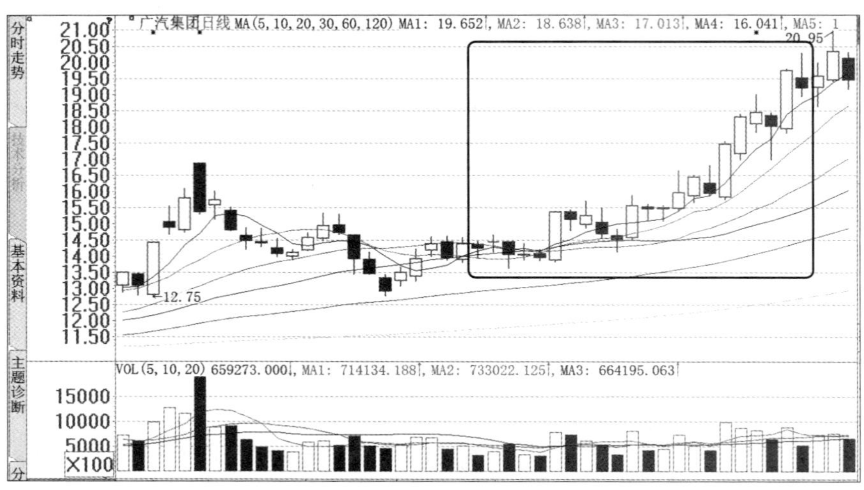

图7-9

7.3 熊市常见的均线

熊市是指股价总体的运行趋势向下，其间虽有反弹，但一波比一波低的市场。此时，大部分投资者纷纷卖出手中股票，保持空仓观望。空方在市场中占主导地位，做多（看好后市）氛围严重不足，因此熊市也称为空头市场。下面介绍熊市常见的均线。

7.3.1 均线死亡交叉

均线死亡交叉（简称死叉）的标准图形如图7-10所示。

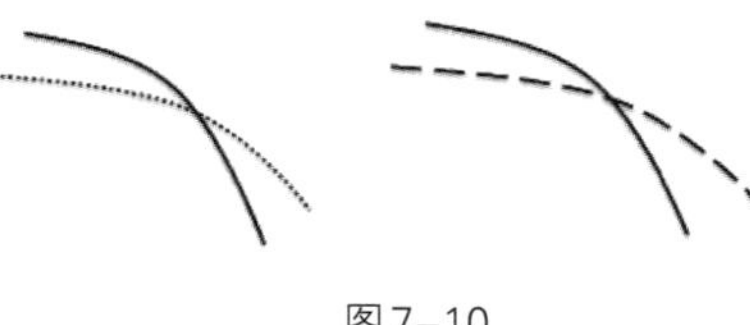

图7-10

均线死亡交叉的主要特征：① 出现在下跌初期；② 一根周期较短的均线由上而下穿过周期较长的均线，且周期较长的均线呈下跌态势。

均线死亡交叉的指示信号：见顶信号，后市看跌。如果其出现在股价大幅上涨之后，投资者可果断出货。中长线投资者可在周K线或月K线上出现此信号时卖出。

注意事项：两条均线交叉的角度越大，下跌势头越猛。

❶ 在大智慧软件中输入英利汽车的股票代码“601279”或汉语拼音首字母“YLQC”，如图7-11所示，按Enter键，进入英利汽车的日K线图。

601279
SH601279　英利汽车　上证A股(股票)

图7-11

❷ 通过缩放，可以看到英利汽车2021年4月至8月的日K线图，如图7-12所示。经过新股上市的暴涨，英利汽车的股价处在高位。由于是新股上市，所以上市之后均为一字涨停，不同周期的均线会有不同的出现时间。而在6月4日附近，K线跌破所有短期均线，形成均线死亡交叉走势，并且前期已经出现了一个阴线下穿4根均线的断头铡刀形态，两个形态相互印证，表明后市下跌是大概率

事件。在此之后，该股股价下跌至7.2元，跌幅接近50%。

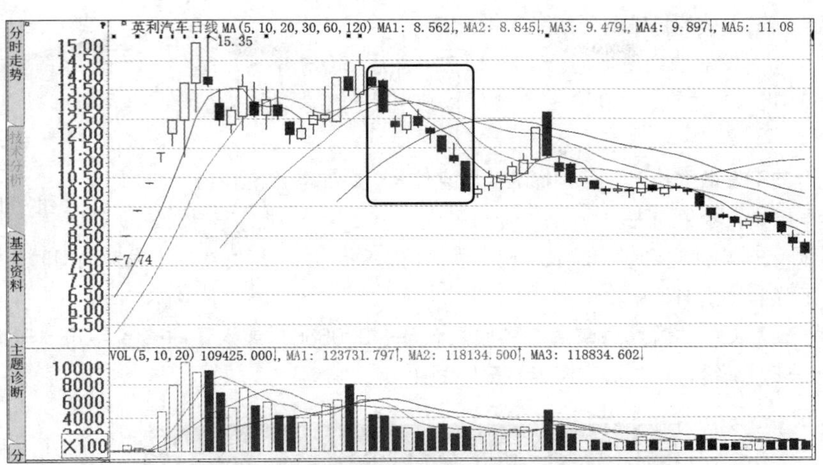

图7-12

7.3.2 均线空头排列

均线空头排列的标准图形如图7-13所示。

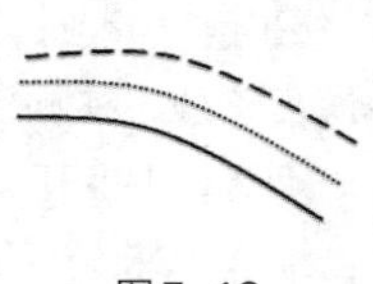

图7-13

均线空头排列的主要特征：① 出现在跌势中；② 长期、中期、短期均线按照从上到下的顺序依次排列，即长期均线在上，中期均线在中间，短期均线在下；③ 所有均线呈下跌态势。

均线空头排列的指示信号：标准的做空信号，后市看跌。如果均线处在空头排列的初期和中期，投资者可果断出货；如果均线处在后期，投资者可轻仓买入。

❶ 在大智慧软件中输入红日药业的股票代码“300026”或汉语拼音首字母“HRYY”，如图7-14所示，按Enter键，进入红日药业的日K线图。

300026
SZ300026 红日药业 创业板核准(股票)

图7-14

❷ 通过缩放，可以看到红日药业2020年10月至2021年3月的日K线图，如图7-15所示。经过一段时间的横盘震荡，红日药业股价进入下跌趋势，此时出现了均线空头排列的走势，成交量萎缩并且中间有几次放量反弹，但是都遇到30日均线就回落。这说明30日均线的压力巨大，对股价形成了很强的压制。真正的熊市就是不停地阴跌，没有反弹。投资者只要发现K线被均线压制，一定要尽快离场。不要等待支撑，因为跌破20日均线之后还可以跌破30日均线，继续跌破60日均线，一味地找支撑只会越陷越深。

图7-15

7.3.3 均线黏合向下发散

均线黏合向下发散的标准图形如图7-16所示。

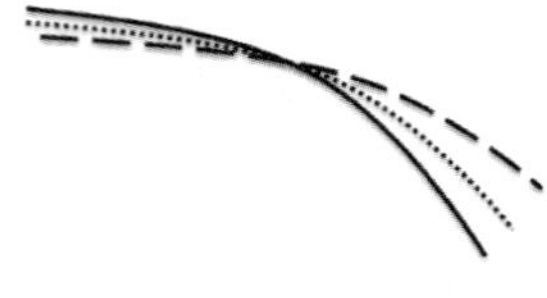

图7-16

均线黏合向下发散的主要特征：① 出现在上涨后横盘末期或小幅下跌后横盘末期；② 短期、中期、长期均线以喷射状向下发散，发散前基本黏合。

均线黏合向下发散的指示信号：标准的做空信号，后市看跌。投资者此时应尽早出货，避免损失。

注意事项：① 均线黏合时间越长，向下发散的力度越大；② 均线向下发散的同时，如果成交量明显放大，下降信号更加可靠。

❶ 在大智慧软件中输入海南海药的股票代码“000566”或汉语拼音首字母“HNHY”，如图7-17所示，按Enter键，进入海南海药的日K线图。

000566
SZ000566 海南海药 深证主板(股票)

图7-17

❷ 通过缩放，可以看到海南海药2021年5月至8月的日K线图，如图7-18所示。经过一段时间的横盘整理，海南海药的股价开始向下调整，多根均线已经基本重合。此时出现了均线黏合向下发散的走势，并且下跌初期成交量有所放大，后市下跌是大概率事件。在这轮下跌之前，海南海药股价已经从11.5元下跌至6.55元，跌幅超过40%，结果并没有止跌，又跌至最低4.47元，所以股价在均线的下方时，千万不要随意抄底，股价极有可能还会下跌。在股市中，上不言顶，下不言底，跟随趋势起码可以保全自己的本金。

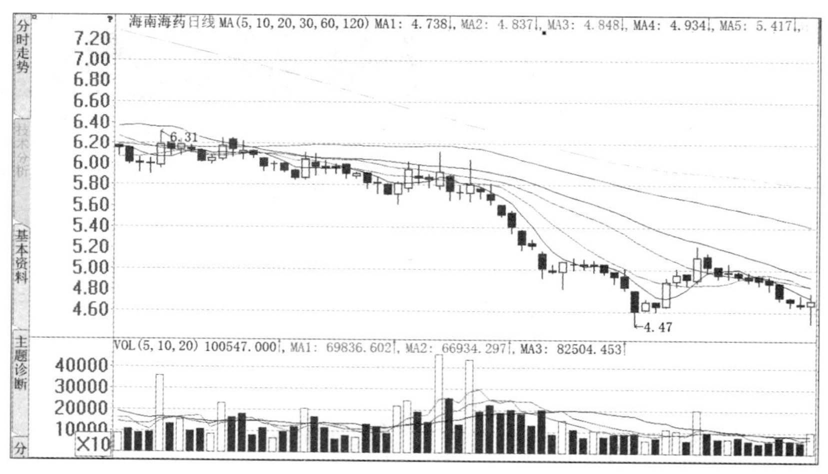

图7-18

7.4 K线与均线相交的形态

K线代表股价的实时走势，均线代表股价的历史趋势，因此，当两者相交时，通常能够显示出重要的信息，投资者应予以关注。

7.4.1 K线与均线黄金交叉

K线与均线黄金交叉的标准图形如图7-19所示。

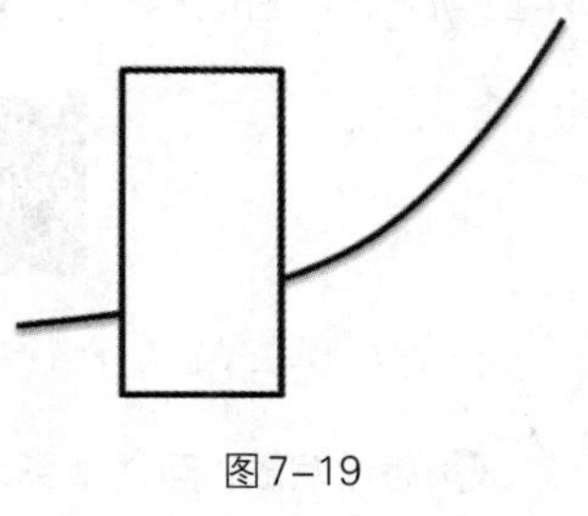

图7-19

K线与均线黄金交叉的主要特征：① 阳线由下而上穿过均线；② 如果均线向上，信号较强，如果均线向下，信号较弱。

K线与均线黄金交叉的指示信号：如果在底部，通常为看涨信号；如果在上升或下降途中，通常不改变走势；如果在顶部，通常继续看涨的可能性不大。投资者应相机抉择。

注意事项：① 阳线实体越长，上涨信号越强；② 阳线穿过的均线越多，上涨信号越强；③ 如果成交量跟着放大，信号可信度更强。

❶ 在大智慧软件中输入风华高科的股票代码“000636”或汉语拼音首字母“FHGK”，如图7-20所示，按Enter键，进入风华高科的日K线图。

000636

SZ000636 风华高科 深证主板(股票)

图7-20

❷ 通过缩放，可以看到风华高科2021年5月至8月的日K线图，如图7-21所示。看涨的原因：①6月17日的K线上穿4根均线，且成交量有所增加；②出现在前期下跌之后，且均线黏合，更容易向上突破均线压力，转而获得均线支撑；③阳线实体大，说明多头的意愿强烈，信号比较真实可靠；④成交量明显放大，较前一日成倍增加，说明已经有主力进场。

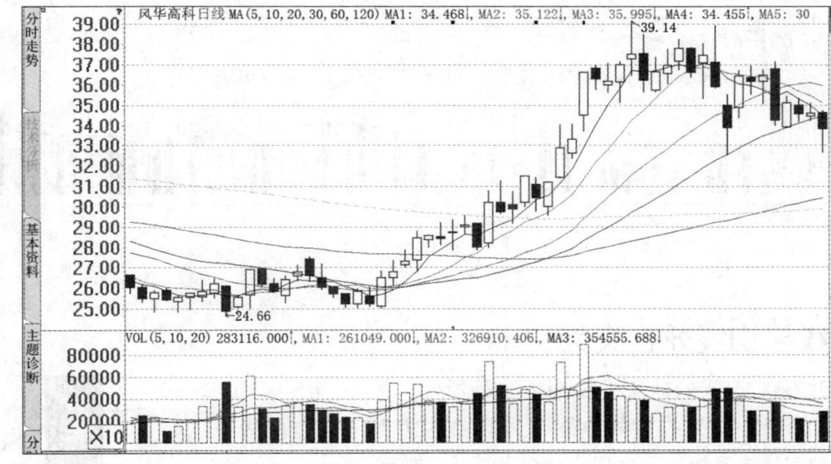

图7-21

7.4.2 K线获得均线支撑

K线获得均线支撑的标准图形如图7-22所示。

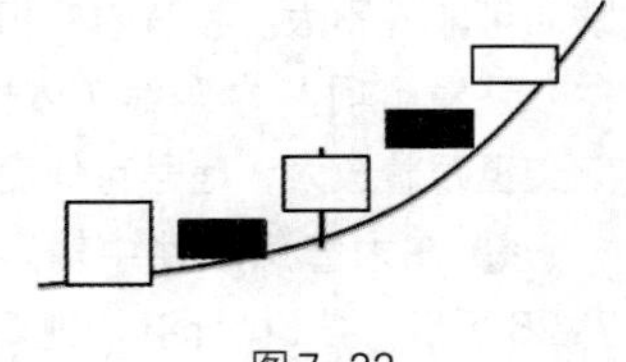

图7-22

K线获得均线支撑的主要特征：① 出现在涨势中；② K线在5日均线或10日均线附近得到强有力支撑，很难跌破均线。

K线获得均线支撑的指示信号：标准的做多信号，后市看涨。投资者只要发现该股之前没有过分上涨，可果断买入。

❶ 在大智慧软件中输入北方华创的股票代码“002371”或汉语拼音首字母“BFHC”，如图7-23所示，按Enter键，进入北方华创的日K线图。

002371
SZ002371　北方华创　深证主板(股票)

图7-23

❷ 通过缩放，可以看到北方华创2021年5月至8月的日K线图，如图7-24所示。经过一段时间的横盘，北方华创的股价从5月中旬突破均线压力，开始向上爬升，此时出现了K线获得均线支撑的走势，K线在10日均线的位置得到强有力支撑，同时可以看到阴线不仅数目少，而且K线实体也不长，可以确定这是看涨信号。随着大阳线的出现和成交量的突然放大，该形态得到确认，进入新一轮上涨态势。

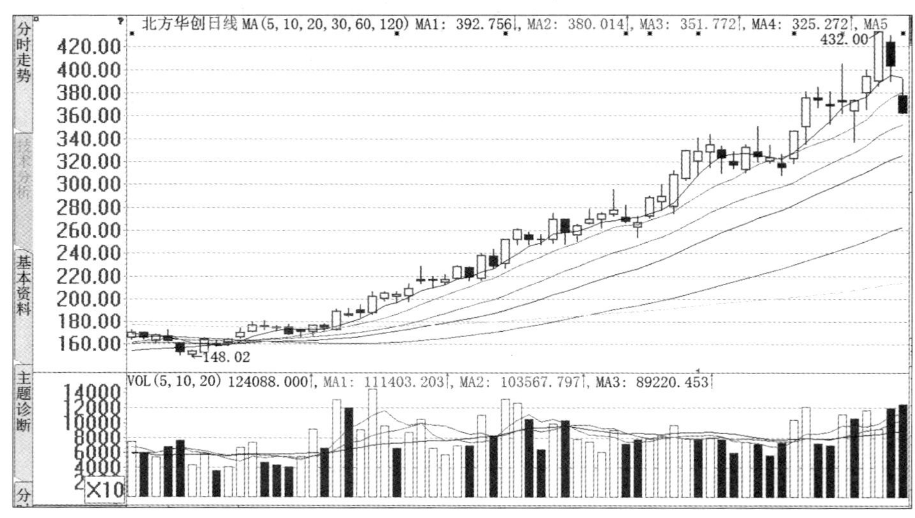

图7-24

7.4.3 K线与均线死亡交叉

K线与均线死亡交叉的标准图形如图7-25所示。

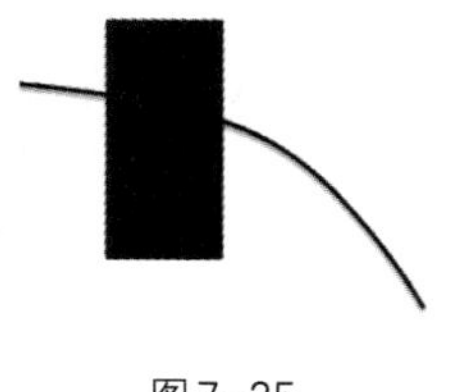

图7-25

K线与均线死亡交叉的主要特征：① 阴线由上而下穿过均线；② 如果均线向下，信号较强，如果均线向上，信号较弱。

K线与均线死亡交叉的指示信号：如果在顶部，通常为看跌信号；如果在上升或下降途中，通常不改变走势；如果在底部，通常继续看跌的可能性不大。投资者应相机抉择。

注意事项：① 阴线实体越长，下跌信号越强；② 阴线穿过的均线越多，下跌信号越强；③ 如果成交量跟着放大，信号可信度更强。

❶ 在大智慧软件中输入光明乳业的股票代码“600597”或汉语拼音首字母“GMRY”，如图7-26所示，按Enter键，进入光明乳业的日K线图。

600597
SH600597 光明乳业 上证A股(股票)

图7-26

❷ 通过缩放，可以看到光明乳业2021年4月至7月的日K线图，如图7-27所示。看跌的原因有如下几个：①2021年4月23日，K线与均线出现死亡交叉，1根长阴线下穿3根均线；②当日K线的成交量放出异量，较前一交易日增加了约一倍；③10日均线和60日均线已经拐头向下；④大跌之前横盘震荡了近两周，横盘期间十字星、螺旋桨线较多，它们的出现表明股价很难向上有所突破，处在阶段高点。投资者应尽早出货，避免损失。

图7-27

7.4.4 K线受制于均线压力

K线受制于均线压力的标准图形如图7-28所示。

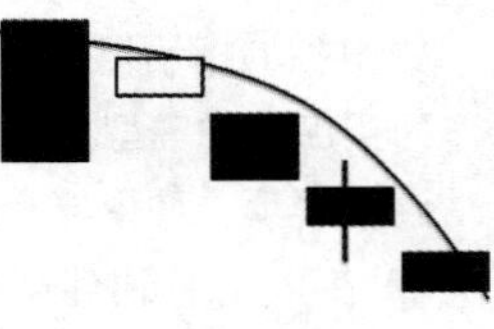

图7-28

K线受制于均线压力的主要特征：① 出现在跌势中；② K线在5日均线或10日均线附近受到强有力阻拦，很难突破均线。

K线受制于均线压力的指示信号：标准的做空信号，后市看跌。投资者应尽早出货，避免损失。

❶ 在大智慧软件中输入中国平安的股票代码“601318”或汉语拼音首字母“ZGPA”，如图7-29所示，按Enter键，进入中国平安的日K线图。

601318
SH601318 中国平安 上证A股(股票)

图7-29

❷ 通过缩放，可以看到中国平安2021年5月至8月的日K线图，如图7-30所示。经过一段时间的横盘，中国平安的股价短暂地向上反弹，之后又开启了下跌模式。从股价跌破5日均线以后，该股股价在接连几天的时间内始终没有回到5日均线之上。这就是熊市的特征，主要表现为：①K线受制于均线压力，反弹也不超过20日均线；②可以看到阳线不仅数目少，而且成交量不大；③小阴线和

大阴线都很多，并且阴线的成交量很大，可以确定这是看跌信号，后市继续下跌是大概率事件。

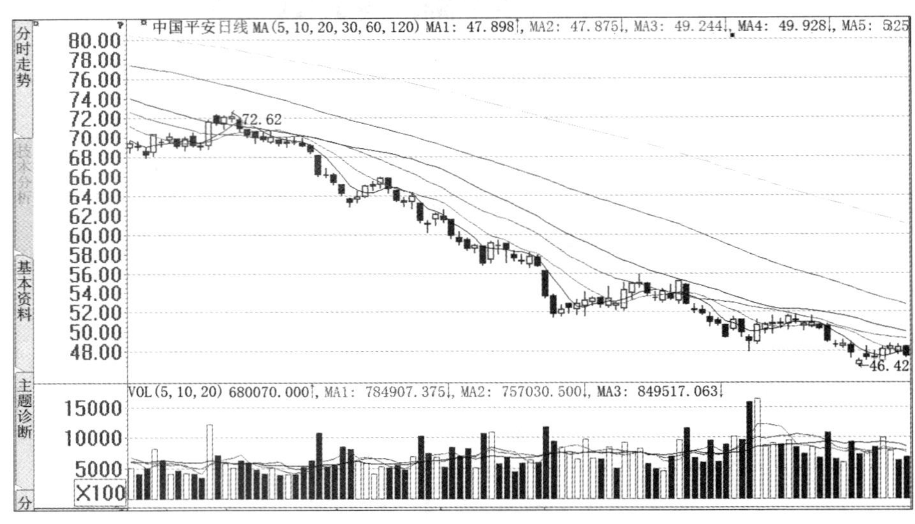

图7-30

7.5 均线的使用技巧

均线分为短期均线、中期均线和长期均线3种，代表不同时间段股票的价格趋势。均线相互交叉，很可能会透露出股价走势变化的信息，因此，投资者应该多留意均线之间的交叉情况。

7.5.1 银山谷

银山谷的标准图形如图7-31所示。

银山谷的主要特征：① 出现在涨势初期；② 3根均线交叉，形成一个尖头向上的不规则三角区域。

银山谷的指示信号：标准的见底信号，后市看涨。激进型投资者可以把此信号作为买点，稳健型投资者可以选择继续观望，等走势明朗之后再进入。

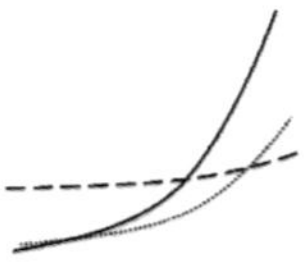

图7-31

注意事项：如果伴有成交量的放大，信号可信度更强。

❶ 在大智慧软件中输入秦港股份的股票代码“601326”或汉语拼音首字母“QGGF”，如图7-32所示，按Enter键，进入秦港股份的日K线图。

601326
SH601326 秦港股份 上证A股(股票)

图7-32

❷ 通过缩放，可以看到秦港股份2021年8月至10月的日K线图，如图7-33所示。在股价跌破均线后，该股开启阴跌模式，阴线多于阳线并且在底部横盘，股价在2.5~2.55元小幅震荡。这表明股价下跌态势得到有效缓解，行情可能发生反转。此时出现了银山谷的走势，与前几日相比，阳线成交量明显放大，阴线成交量缩小，可以确认此为转势信号，后市上涨是大概率事件，激进型投资者可果断进入。

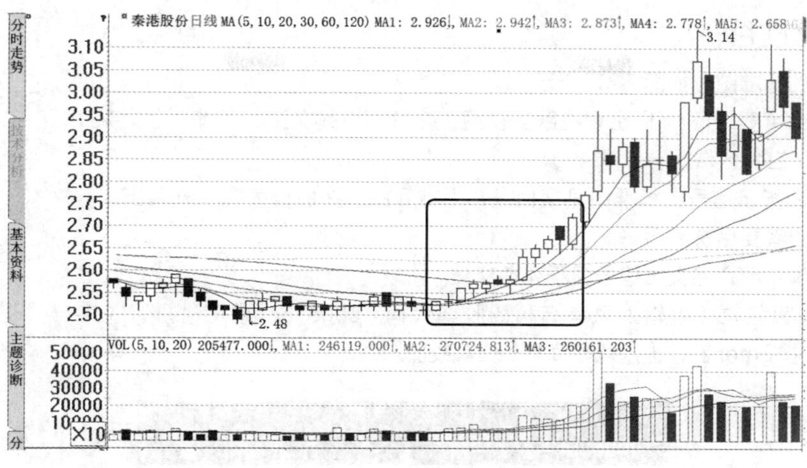

图7-33

7.5.2 金山谷

金山谷的标准图形如图7-34所示。

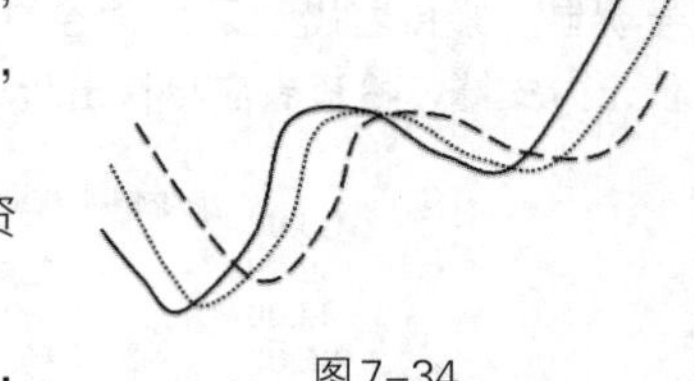

图7-34

金山谷的主要特征：① 出现在银山谷之后；② 3根均线交叉，和银山谷构成方式相似；③ 金山谷可以处在与银山谷相近的位置，也可以高于银山谷。

金山谷的指示信号：标准的买进信号，后市看涨。稳健型投资者可以此为买进点。

注意事项：① 金山谷与银山谷相隔时间越长，所处位置越高，股价日后的上涨潜力越大；② 如果伴有成交量的放大，信号可信度更强。

❶ 在大智慧软件中输入神火股份的股票代码“000933”或汉语拼音首字母“SHGF”，如图7-35所示，按Enter键，进入神火股份的日K线图。

图7-35

❷ 通过缩放，可以看到神火股份2021年6月至8月的日K线图，如图7-36所示。在1根放量大阳线后，银山谷形态出现，表明股价开始上涨。不过主力没有马上大幅拉升股价，而是先拉升部分之后迅速回调，筛掉意志不坚定的投资者。此轮行情之后，马上又出现放量大阳线，走出金山谷形态，可确认此为上涨信号，后市看涨是大概率事件，稳健型投资者可果断进入。

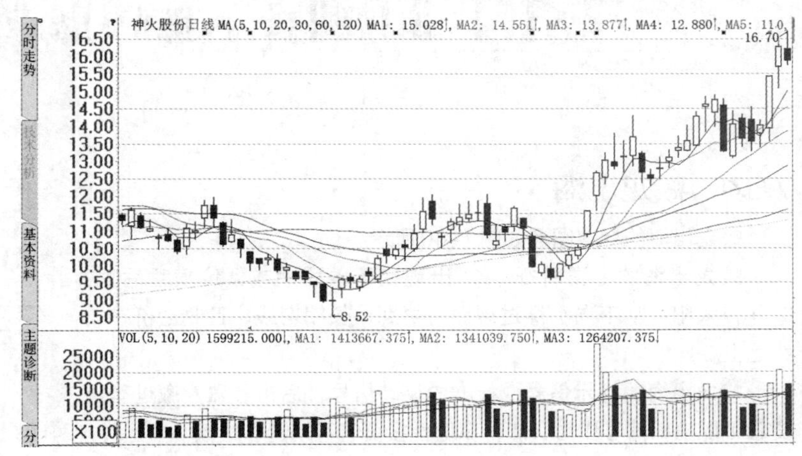

图7-36

7.5.3 死亡谷

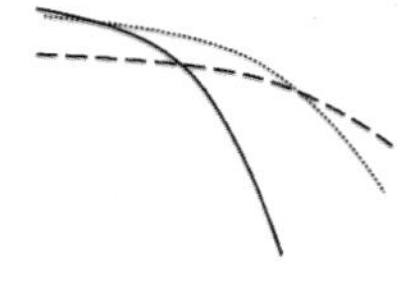

图7-37

死亡谷的标准图形如图7-37所示。

死亡谷的主要特征：① 出现在跌势初期；② 3根均线交叉，形成一个尖头向下的不规则三角区域。

死亡谷的指示信号：标准的见顶信号，后市看跌。在股价大幅上升后出现此信号，投资者要尽快离场。

注意事项：死亡谷卖出信号强于死亡交叉。

❶ 在大智慧软件中输入风华高科的股票代码“000636”或汉语拼音首字母“FHGK”，如图7-38所示，按Enter键，进入风华高科的日K线图。

000636

SZ000636 风华高科 深证主板(股票)

图7-38

❷ 通过缩放，可以看到风华高科2021年6月至9月的日K线图，如图7-39所示。经过前期的上涨，股价从25元左右上涨至39元附近，涨幅超过50%，之后高位出现动能衰竭的情况。先是出现了K线与均线死亡交叉的走势，之后股价反弹并横盘两日，这两日收出螺旋桨线和上吊线，顶部K线信号明显。紧接着出现了死亡谷的走势，结合前几个信号，表明顶部确立，并且已经有主力撤退，股价无力支撑，投资者应尽快出货。

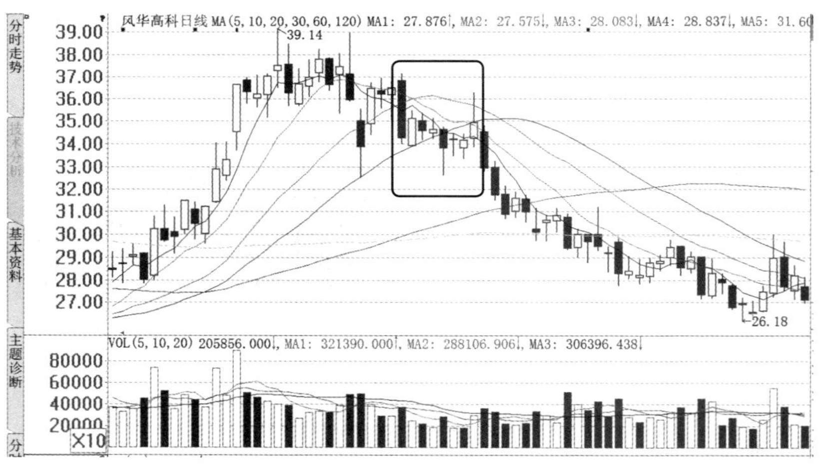

图7-39

7.5.4 蛟龙出海

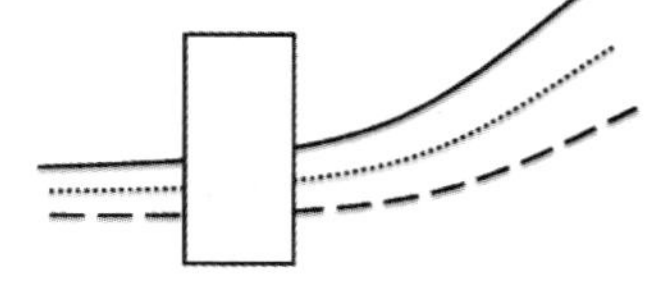

图7-40

蛟龙出海的标准图形如图7-40所示。

蛟龙出海的主要特征：① 出现在下跌后期或低位横盘后期；② 1根大阳线从下向上穿过短期、中期、长期均线，且收盘价在均线之上。

蛟龙出海的指示信号：标准的反转信号，后市看涨。激进型投资者可以把此信号作为买点，稳健型投资者可以选择继续观望，等走势明朗之后再进入。

注意事项：① 阳线实体越长，信号越可靠；② 成交量同步放大，信号可信度较强，成交量没有

放大，信号可信度较弱。

❶ 在大智慧软件中输入捷捷微电的股票代码“300623”或汉语拼音首字母“JJWD”，如图7-41所示，按Enter键，进入捷捷微电的日K线图。

300623
SZ300623 捷捷微电 创业板核准(股票)

图7-41

❷ 通过缩放，可以看到捷捷微电2021年4月至7月的日K线图，如图7-42所示。经过横盘调整，短期均线和长期均线已经黏合，K线已经从60日均线下方慢慢升至其他均线上方，并且即使下探，也在60日均线获得支撑。2021年5月24日，1根中阳线走出了蛟龙出海的走势，从下往上，一举突破4根均线，而且成交量放大。这是非常稳妥的买点，即使是稳健型投资者也可买入做多。之后股价沿着5日均线和10日均线节节攀升，走出一轮上涨行情。

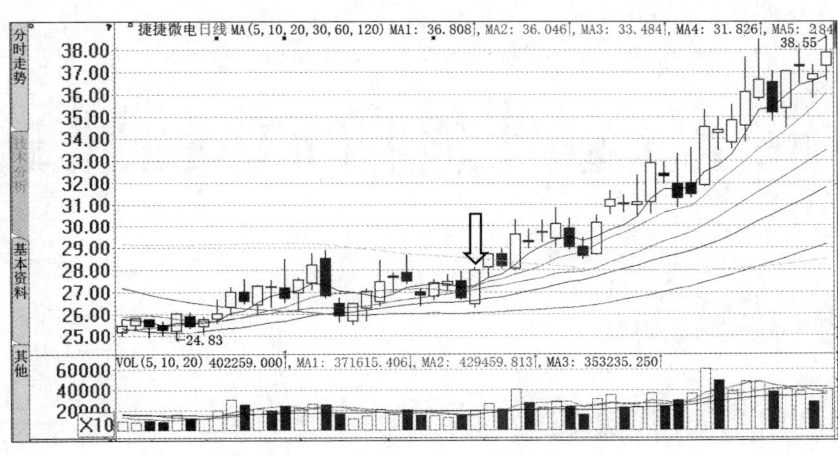

图7-42

7.5.5 断头铡刀

断头铡刀的标准图形如图7-43所示。

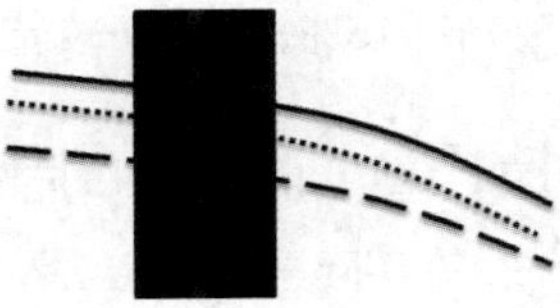

断头铡刀的主要特征：① 出现在上涨后期或高位横盘后期；② 1根大阴线从上向下穿过短期、中期、长期均线，且收盘价在均线之下。

断头铡刀的指示信号：标准的反转信号，后市看跌。投资者遇见此信号，应尽早出货，不要继续做多。

图7-43

注意事项：① 阴线实体越长，信号越可靠；② 成交量同步放大，信号可信度较强，成交量没有放大，信号可信度较弱。

❶ 在大智慧软件中输入泸州老窖的股票代码“000568”或汉语拼音首字母“LZLJ”，如图7-44所示，按Enter键，进入泸州老窖的日K线图。

000568
SZ000568 泸州老窖 深证主板(股票)

图7-44

❷ 通过缩放，可以看到泸州老窖2021年5月至8月的日K线图，如图7-45所示。经过前期上涨，该股股价已处在相对高位，接连两个十字星的出现可以显出顶部特征，并且在横盘之后突然出现了断头铡刀的走势，阴线从上向下穿过4根均线，同时伴随着成交量的放大，此为行情反转信号。后市虽有小幅反弹，但大势已去，股价再次下跌，最终股价暴跌40%。

图7-45

高手秘技

技巧1　利用5日均线买卖法做波段

通常，如果股价距离5日均线太远，即高于5日均线太多或低于5日均线太多，股价都会有向5日均线靠拢的趋势，投资者可以利用这种特性，做波段的短期操作。如果股价高于5日均线太多，可先卖出，等股价回归到5日均线附近时再买入；如果股价低于5日均线太多，可先买入，等股价接近5日均线时卖出。当然，每只股票的偏离程度都会有所不同。一般情况下，如果股价偏离5日均线达到7%~15%，则属于较远，投资者可果断抓住时机短线卖出，等待股价稍微回落再买入。

技巧2　利用10周均线判断股价走势

在实际操作中，当股价有效突破或跌破10周均线时，都是上升或下跌趋势打破的开始。投资者在具体运用时，需要注意以下两点。

（1）所处位置。当股价在相对低位突破10周均线，或在相对高位跌破10周均线时，转势信号有效性较强。

（2）突破幅度。当股价突破和跌破10周均线时，要有3%的变化幅度，最好是光头光脚K线，这样转势信号有效性较强。

第8章　趋势线分析

本章引语

故善战人之势，如转圆石于千仞之山者，势也。

——《孙子兵法》

所以，善于指挥作战的人气势强盛，就如转动圆形巨石从极高的山顶滚下具有的气势一样，这就是所谓的“势”。股市投资跟行军作战类似，投资者也应像带兵打仗一样，善于分析形势，更要把握趋势。

本章要点

★趋势线的常见形态

★趋势线的绘制

趋势线通常是被投资者用来判断中长期个股走势的工具。画出趋势线，投资者能够更清楚地分析当前趋势是上升还是下降，进而为之后的买卖做充分准备。本章主要介绍趋势线的基本概念、基本形态和基本画法等。

8.1 波浪理论与趋势线

8.1.1 波浪理论

投资者都希望能预测未来，波浪理论正是这样一种价格趋势分析工具，它根据周期循环的波动规律来分析和预测价格的未来走势。波浪理论的创始人——美国技术分析专家R.N.艾略特（1871—1948年）在长期研究道琼斯工业平均指数的走势图后，于20世纪30年代创立了波浪理论。投资者仔细观察记录着股价波动信息的K线图，会发现它们有节奏、有规律地起伏涨落、周而复始，如同大海的波浪一样。

一个完整的波动周期，即完成所谓从牛市到熊市的全过程，包括一个上升周期和一个下跌周期，如图8-1所示。上升周期由5浪构成，用1、2、3、4、5表示，其中，1、3、5浪上涨，2、4浪下跌；下跌周期由3浪构成，用a、b、c表示，其中a、c浪下跌，b浪上涨。与主要运动方向（即所在周期指明的大方向）相同的波浪称为推动浪，与主要运动方向相反的波浪称为调整浪。也就是说，在上升周期中，因为主趋势向上，那么1、3、5浪为推动浪，2、4浪为调整浪，是对上涨的调整；在下降周期中，因为主趋势向下，那么a、c浪为推动浪，b浪为调整浪，是对下跌的调整，通常称为反弹。

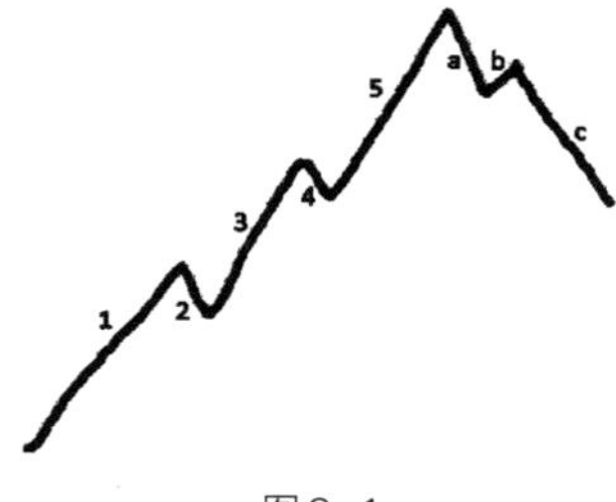

图8-1

波浪理论的主要特征之一就是它的通用性。因为股票的价格运动是在机构投资者和个人投资者广泛参与的自由市场之中，市场交易记录完整，与市场相关的信息全面丰富，特别适用于检验和论证波浪理论，所以它是诸多股票技术分析理论中被运用最多的。但不可否认，它也是非常难以被真正理解和掌握的。

波浪理论有以下几个原则。

（1）4浪的最低点不可以低于2浪的最高点。

（2）3浪是整个波浪中容易获利的浪。因为1浪是趋势的起始浪，所以很难判断，2浪是调整浪，要注意2浪的调整，2浪调整结束就应当买进，获取3浪上涨的利润。3浪往往也是上涨力度最大的浪。

（3）浪型可以延长，5浪难言见顶。一次波动走出5浪时，若反抗力量一直不出现，市场会一直沿着当前趋势继续延伸，直到反抗的力量积蓄到足够才会爆发，开始反向趋势。而5浪何时结束，市场并不能给出准确的信号。我们不仅需要通过波浪理论进行分析，还要通过其他的辅助手段才能判断5浪何时结束。

以风华高科（000636）为例，该股票在2021年6月到9月的走势中，经历了上涨和下跌一个轮回，如图8-2所示。其中，1浪、3浪和5浪为上涨推动浪，2、4浪为调整浪，a、c浪为下跌推动浪，b浪为调整浪。

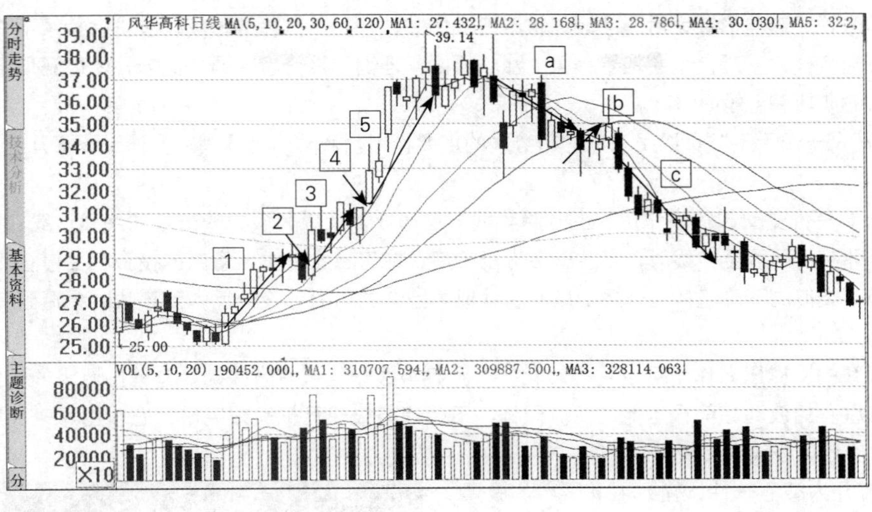

图8-2

投资者可参照波浪理论，对趋势行情进行分解，但上涨趋势并非在5浪就结束，下跌趋势也并非在3浪就截止，黄金期货就曾经出现过上涨11浪的趋势行情。所以投资者要综合利用波浪理论和趋势线等工具，对后市的行情做出预判。

8.1.2 趋势线的意义

大盘和个股的中长期走势可大致分为3种：上升趋势、下跌趋势和震荡趋势。在一个价格运动当中，如果其波峰和波谷都相应高于前一个波峰和波谷，那么就称为上涨趋势；相反，如果其波峰和波谷都低于前一个波峰和波谷，那么就称为下跌趋势；如果后面的波峰与波谷都基本与前面的波峰和波谷持平，那么称为震荡趋势，或者横盘趋势，或者无趋势。投资者可以借助趋势线对大盘或者个股的走势进行分析。

图8-3所示为中国铝业（601600）在2019年12月至2021年9月的走势图。从图中可以看出，股价自2021年以来一直沿上升趋势线，呈单边上升趋势，每次回调至趋势线就获得支撑，并且在9月开启急速拉升，上涨的趋势变得更陡峭。

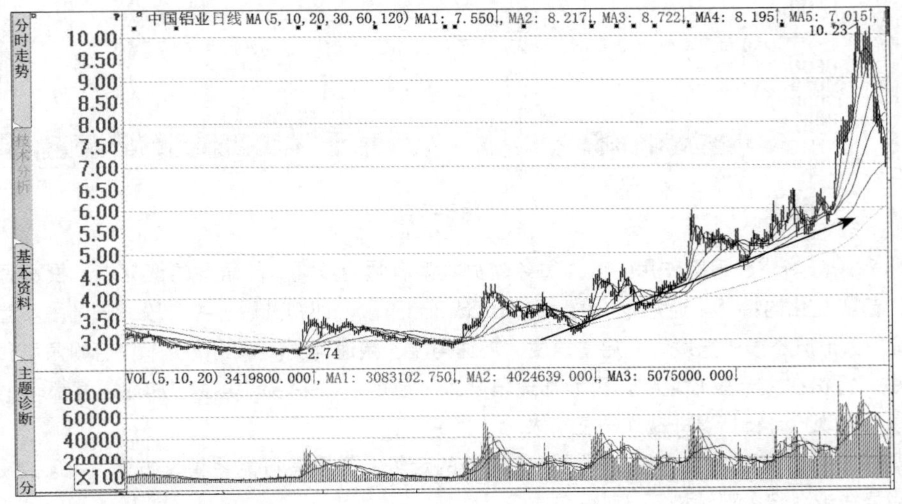

图8-3

通常来说，趋势形成之后不会轻易被改变。例如，一旦下跌趋势形成，股价会持续下跌；相反，一旦上涨趋势确立，股价也会跟着趋势上涨。所以，理性的投资者要顺势而为，才能获取丰厚回报，逆势而为的成功率一般都不高。

“一把尺子闯天下”可以用来形容趋势线的重要作用，通常这种作用主要通过以下几个方面表现出来。

（1）对股价变动起约束作用。上升趋势线一旦形成，就成为多方的一条防线，该线对股价有支撑作用，即股价回调至该线时，多头就会进场抄底，或者持仓有卖出意愿的投资者会停止卖出行为，等待反弹。类似的下降趋势线一旦形成，它就成为空方的阻力，股价反弹到该线时会遭到有效抵抗，重归跌势。

趋势线的支撑压力作用可以互相转化。上升趋势线一旦被有效跌破，它就由原来的支撑变为压力，股价原有的波动趋势很可能改变。同样，下降趋势线一旦被有效突破，它就由原来的压力变为支撑，股价遇该线或许会反弹。

❶ 打开大智慧软件，输入上海医药的股票代码“601607”或汉语拼音首字母“SHYY”，按Enter键确认，如图8-4所示。

601607

SH601607 上海医药 上证A股(股票)

图8-4

❷ 上海医药在2021年1月至8月，股价先是在2月至6月经历了一轮上涨，之后在6月至8月变为下跌趋势，如图8-5所示。股价几乎是怎么涨上来的，就怎么跌回去的。但是无论是上涨还是下跌，都分别受到上涨趋势线的支撑和下跌趋势线的压制。

图8-5

（2）对趋势演化起追踪作用。因为每条趋势线都有倾斜角度，从角度的变化中，投资者可以清楚地看出趋势变化的特征。通常股价的上升可分成3个阶段，即初升段、主升段、末升段。趋势线在这3个阶段会形成不同的角度，即启动角度、加速角度、减速角度。一般情况下，启动角度和减速角度都较小，行情在主升段较猛烈，因而加速角度大。但是，如果启动角度和加速角度都较小，通常在末升段会出现拉升行情，即减速角度较大。

趋势线一旦被突破，说明趋势不再延续之前的走势，甚至有可能朝相反方向发展。越是重要、有效的趋势线被突破，其转势信号越强烈。

8.2 趋势线的常见形态

按照不同的分类标准，趋势线有不同的类别。根据时间长短，趋势线可分为长期趋势线（连接各长期波动点）、中期趋势线（连接各中期波动点）和短期趋势线（连接各短期波动点）。根据位置信息，趋势线可分为上升趋势线、下降趋势线和横盘趋势线。本节主要介绍上升趋势线、下降趋势线、压力线、支撑线等。

8.2.1 上升趋势线

上升趋势线是K线图每一个波浪最低点的切线，体现出整个股价向上运动的趋势，如图8-6所示。上升趋势线一旦形成，表示做多力量已经达成了一致的交易共识，拉升的压力可能会减小，投资者如果在上升趋势线上买入，后期亏损的概率会小很多。

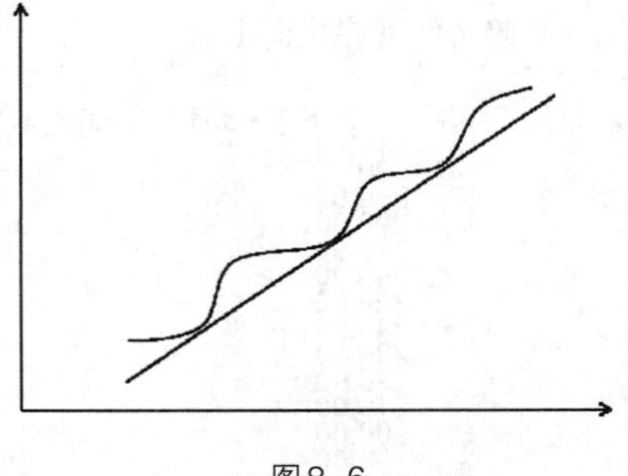

图8-6

趋势线通常都有一定的倾斜角度。倾斜角度越大，表明短时间内股价上升幅度越大，但其支撑作用小，持续上涨时间不长，比较容易被跌破；反之，倾斜角度越小，表明短时间内股价上升幅度越小，但上升趋势线的支撑作用大，持续上涨时间相对较长。如果是大牛趋势，往往是先经历平缓的趋势线，再转为陡峭的趋势线。当股价随着固定的趋势移动，时间越久说明趋势线越可靠。

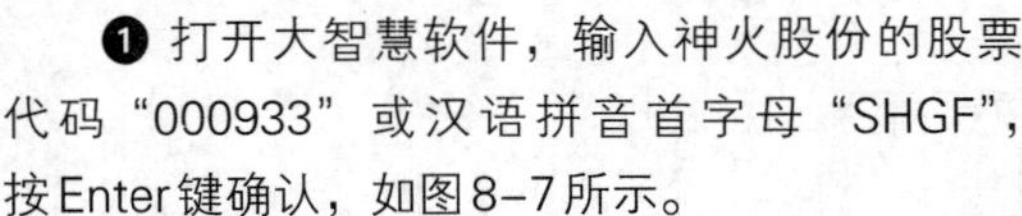

❶ 打开大智慧软件，输入神火股份的股票代码“000933”或汉语拼音首字母“SHGF”，按Enter键确认，如图8-7所示。

图8-7

❷ 图8-8是神火股份2020年11月至2021年9月的走势图。从图中不难看出，这一轮趋势上涨，经历了5大浪，每2浪又可以分解为6小浪。股价每次上涨后都调整到趋势线就停止下跌，开启反弹，多头重新发力，继续上攻。并且在行情的后期，进一步加速上涨，让趋势线变得更陡峭，此时，投资者要用新的上升趋势线进行分析。

图8-8

上升趋势线被有效跌破是指在上升过程中，股价跌破了原有的趋势线，且下跌幅度达到3%以上，持续时间超过3天，此时表明趋势线的支撑作用失效，转化为限制作用。如果此时成交量突然放大，就更加确定原有趋势被打破。投资者应尽早出货，避免损失。

❶ 打开大智慧软件，输入华熙生物的股票代码“688363”或汉语拼音首字母“HXSW”，按Enter键确认，如图8-9所示。

688363

SH688363 华熙生物 科创板(股票)

图8-9

❷ 图8-10所示为华熙生物2021年3月至9月的走势图，3月至7月中旬，股价沿着上升趋势线运行，上升趋势线比较平缓，但是在7月23日，一根中阴线直接跌穿5日、10日和20日均线，7月24日的长阴线，更是直接跌穿了上升趋势线，并且伴随巨大的成交量，趋势被打破，之后走势由涨转跌。并且股价受到下降趋势线的压制，反弹到下降趋势线就停止向上。

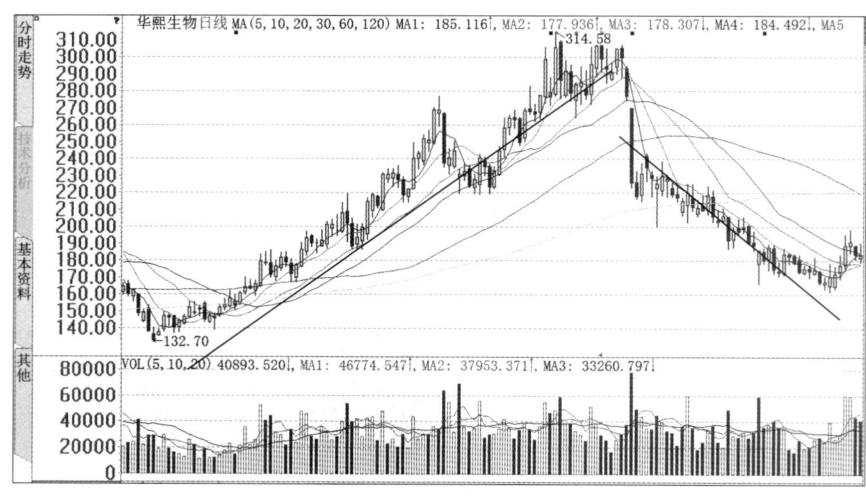

图8-10

8.2.2 下降趋势线

下降趋势线是K线图每一个波浪最高点的切线，体现出整个股价向下运动的趋势，如图8-11所示。下降趋势线一旦形成，表示做空力量已经就绪，多方力量偏弱，投资者应及时清仓离场，避免被深度套牢，如果可以融券，可以选择在波浪顶部做空。

跟上升趋势线类似，下降趋势线同样有倾斜角度。倾斜角度越大，表明短时间内股价下跌幅度越大，但其限制作用小，持续急速下跌时间可能不长；倾斜角度越小，表明短时间内股价下降幅度越小，但其限制作用大，可能持续下跌时间相对较长。另外，下降趋势线被触及的次数越多，可靠性越强。

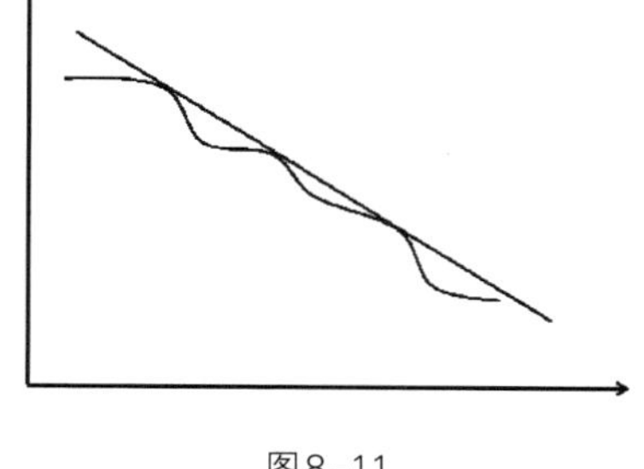

图8-11

提示

支撑和压力是可以相互转化的。股价从上向下跌破一条趋势线后，原有的上升趋势线将可能转变为压力线；而股价从下向上突破一条趋势线后，原有的下降趋势线也将可能转变为支撑线。

普通下降趋势线的倾斜角度既不太大，也不太小，属于中间情况。它体现出股价呈下降态势，投资者此时应尽早出货。快速下降趋势线倾斜角度很大，说明短期内股价快速下降，持续时间很短，投资者要果断买进和卖出。慢速下降趋势线倾斜角度很小，说明短时间内股价下降不多，但持续时间会很长，投资者此时应该进行中长线投资。

下降趋势线被有效突破是指在下降过程中，股价突破了原有的趋势线，且上涨幅度达到3%以上，持续时间超过3天。此时表明趋势线的限制作用失效，转变为支撑作用。如果此时成交量突然放大，就更加确定底部成立。投资者可考虑先小单量买进当作底仓。

❶ 打开大智慧软件，输入中国重汽的股票代码“000951”或汉语拼音首字母“ZGZQ”，按Enter键确认，如图8-12所示。

图8-12

❷ 图8-13所示为中国重汽2021年1月至9月的走势图。在经历前期小幅反弹之后，股价在2月开始进入下行趋势，尤其是在3月股价跌破所有均线，更加确立进入下行通道。上涨不言顶，下跌不言底，一旦股价跌破长期均线，不要想着找支撑位，因为均线和趋势线已经成了压力，向下是没有支撑位的。投资者应及时卖出，下跌初期任何时点卖出都可以。如果一直都没卖出，在股价反弹向上突破下降趋势线之后可以考虑卖出。不建议投资者在一只股票经过长期下跌后，向上突破下降趋势线就买入，因为其往往还要经历震荡才能向上。大熊市之后就开启大牛市的情况不多。

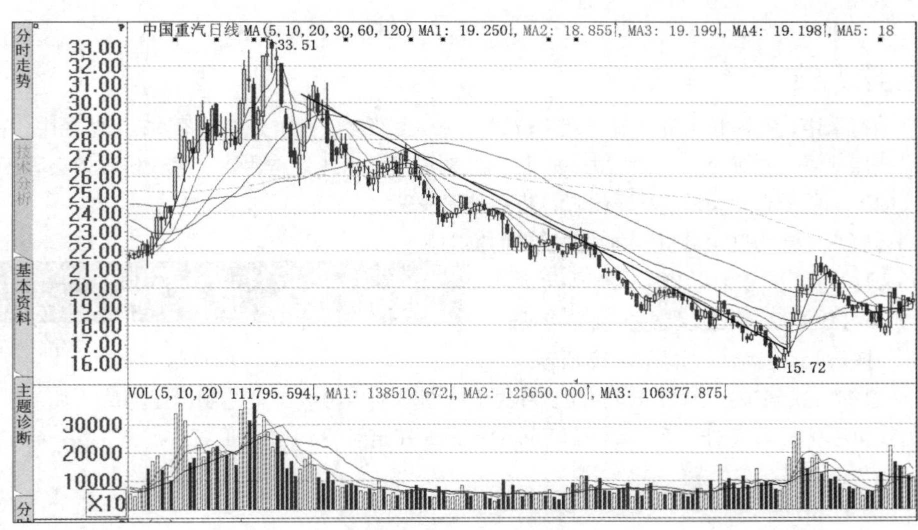

图8-13

股价下跌的速率并不是完全一致的，有的股价先急速下跌再缓慢阴跌，有的先震荡下跌再加速赶底。所以下降趋势线也需要依据行情的变化进行调整。新的下降趋势线同样是对波峰的顶点做切线，但是切线的斜率和原趋势线的斜率不同，所以与原趋势线会有一个交叉点。下面通过案例进行具体分析。

❶ 打开大智慧软件，输入皖通高速的股票代码“600012”或汉语拼音首字母“WTGS”，按Enter键确认，如图8-14所示。

600012
SH600012 皖通高速 上证A股(股票)

图8-14

❷ 图8-15所示为皖通高速2021年1月至8月的走势图。该股票价格在4月至6月中旬先沿着一条相对平缓的下降趋势线下跌，在跌破60日均

线之后反弹失败，多头更是不计成本地卖出，股价开始没有抵抗地加速下跌。这时股价由于跌速加快，所以沿着新的下降趋势线下跌。但是加速下跌有个好处是能缩短见底的时间，投资者不用等待漫长的阴跌之后再找投资机会。很多后期加速下跌的股票会很快地反弹。但是经历漫长阴跌的，需要时间来反复确认底部。所以在下跌初期，只要趋势线跌破长期均线，投资者都应该尽早撤出。

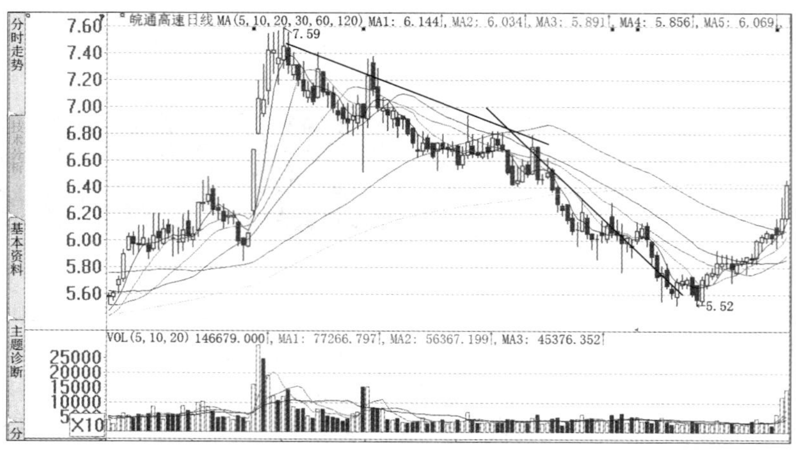

图8-15

8.2.3 压力线

在震荡行情中，当股价上涨达到一定价位时，继续上涨会受到阻力并回落。在K线图中，在每个波峰的最高点处画一条切线，即为压力线。压力线对股价具有压制作用，一旦股价难以突破压力线，则会拐头向下。投资者如果没能尽早出货，将会遭受损失。

下面以野马电池为例，分析压力线对股价的影响。

❶ 打开大智慧软件，输入野马电池的股票代码“605378”或汉语拼音首字母“YMDC”，按Enter键确认，如图8-16所示。

605378
SH605378 野马电池 上证A股(股票)

图8-16

❷ 通过缩放找到该股2021年4月至9月的走势图。利用画线工具绘制出压力线，如图8-17所示。压力线对股价起到压制作用，股价到了该位置，即开始回调。

图8-17

8.2.4 支撑线

在震荡趋势行情中，股价连续下跌到一定价位时，股价继续下跌受阻并且止跌回升。在K线图中，在每个波谷的最低点处画一条切线，即为支撑线，支撑线对股价具有支撑作用。投资者往往结合支撑线和W底分析判断底部的成立。

> 判断重要的支撑和压力位置需要考虑如下因素。
> （1）股价在该区域停留的时间。
> （2）股价在该区域时伴随的成交量大小。
> （3）该区域离现在股价的远近。
> （4）习惯数值（如整数位置、黄金分割位置）具有重要的支撑和压力意义。

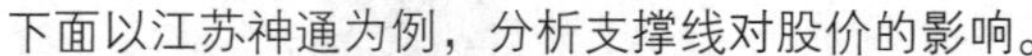

下面以江苏神通为例，分析支撑线对股价的影响。

❶ 打开大智慧软件，输入江苏神通的股票代码“002438”或汉语拼音首字母“JSST”，按Enter键确认，如图8-18所示。

002438
SZ002438　江苏神通　深证主板(股票)

图8-18

❷ 通过缩放，找到江苏神通 2021年1月至9月的走势图。利用画线工具绘制出支撑线，如图8-19所示。该支撑线起着重要支撑作用，股价接近支撑线，就反弹上升。投资者此时可在股价接近支撑线的位置大胆买入，等待股价上涨。

图8-19

8.3 趋势线的绘制

在K线分析中，趋势线很重要，本节将介绍如何在大智慧炒股软件中画出准确的趋势线。

8.3.1 趋势线的绘制方式

上升趋势线是两个波谷底点的连线，连接底点，使尽可能多的底点都处于同一条直线上。下降趋势线是两个波峰顶点的连线，连接顶点，使尽可能多的顶点都处在同一条直线上。横盘趋势线，将顶点和底点分别以直线连接，形成震荡区间。

下面以大智慧软件为例，介绍绘制趋势线的具体操作步骤。

❶ 打开大智慧软件，输入龙星化工的股票代码“002442”或汉语拼音首字母“LXHG”，按Enter键确认，如图8-20所示。

002442
SZ002442 龙星化工 深证主板(股票)

图8-20

❷ 进入龙星化工K线图，选择行情期间为2021年3月至9月。在K线图上方的工具栏中单击“线”按钮，如图8-21所示。

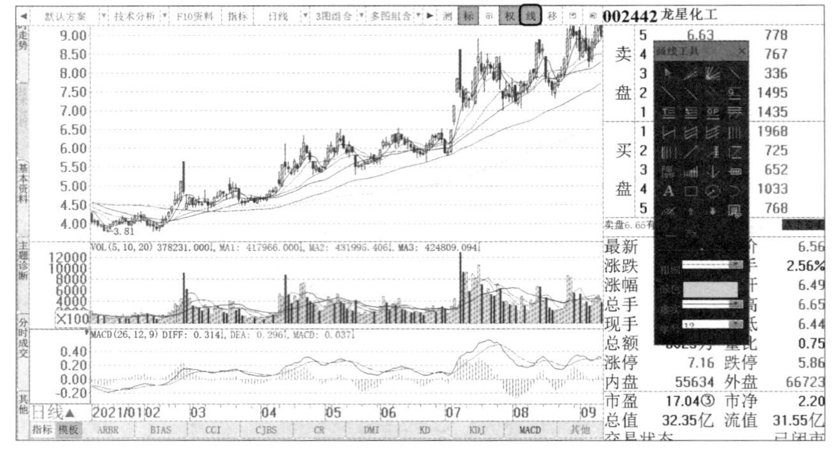

图8-21

❸ 弹出“画线工具”工具栏，投资者可利用里面的工具绘制线段、直线和矩形等，如图8-22所示。

❹ 单击“画线工具”工具栏中的“线段”按钮，确定起点之后拖动鼠标指针至终点，即可成功绘制趋势线，如图8-23所示。

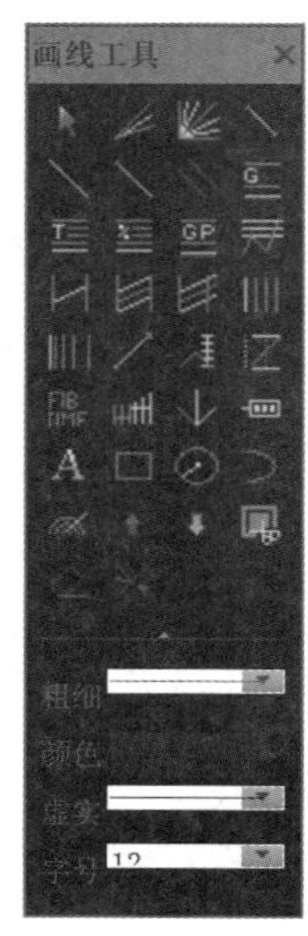

图8-22

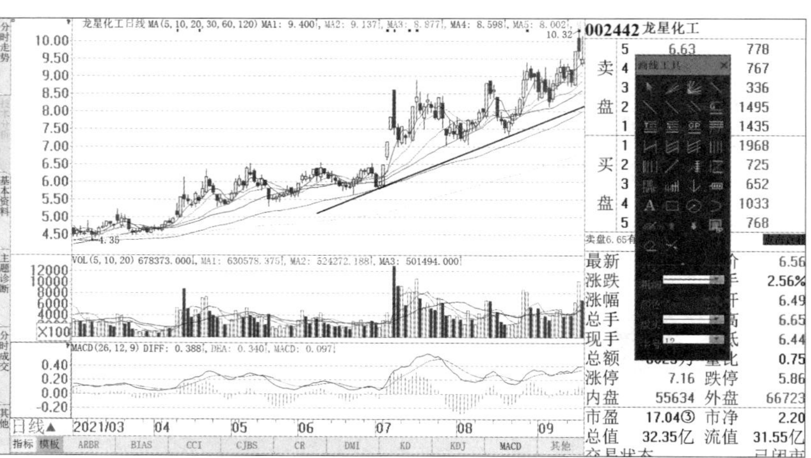

图8-23

❺ 右击趋势线，弹出菜单（见图8-24）。投资者可以选择“编辑画线”命令，修改画线的定位点，还可以设计趋势线的粗细、颜色、虚实和字号等。把颜色设置为红色，选择实线和粗线，如图8-25所示，然后单击“确定”按钮。

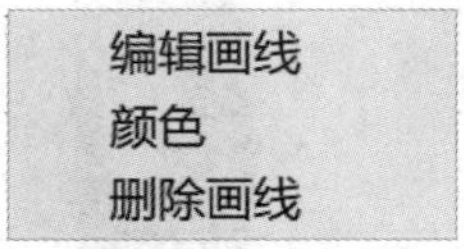

编辑画线
颜色
删除画线

图8-24

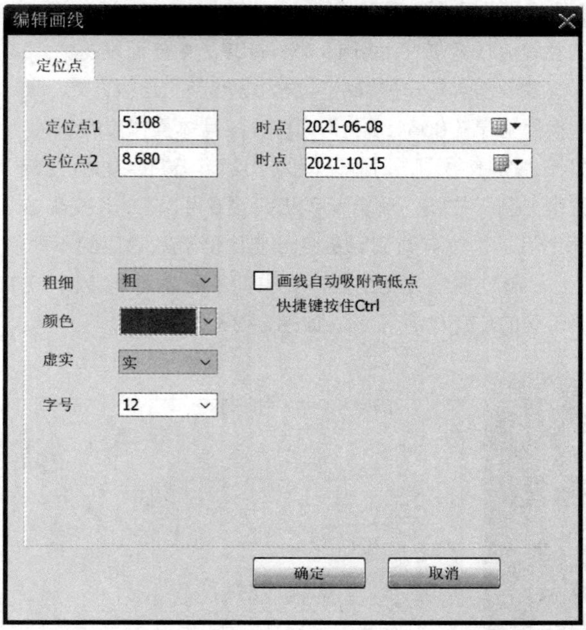

编辑画线

定位点

定位点1 5.108 时点 2021-06-08
定位点2 8.680 时点 2021-10-15

粗细 粗
颜色
虚实 实
字号 12

画线自动吸附高低点
快捷键按住Ctrl

确定 取消

图8-25

❻ 设置完成后，趋势线被成功修改，如图8-26所示。

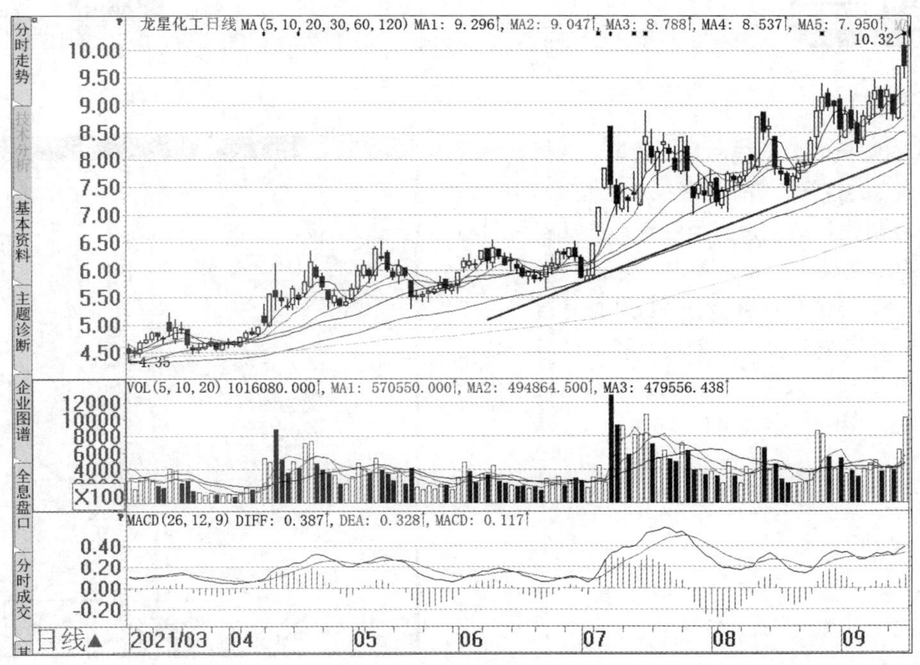

图8-26

8.3.2 黄金分割线的绘制方法

黄金分割是一个古老的数学方法，有着各种神奇的作用，数学上对其至今还没有明确的解释，只是发现它屡屡在实际中发挥意想不到的作用。本小节主要以黄金分割A为例进行介绍。画黄金分割A的第一步是记住若干个特殊的数字：1.191、1.382、1.5、1.618。这些数字中，1.191、1.382最为重要，意味着股价极容易在上涨19.1%和38.2%处面临压力，或是在下跌19.1%和38.2%处面临支撑。可见，黄金分割A是一种以绝对数为基准点的画线方式。

下面以健麾信息（605186）为例，介绍具体操作步骤。

❶ 进入该股的K线图，时间区间为2021年5月至9月。如图8-27所示，单击“画线工具”工具栏中的“黄金分割”按钮，测算5月25日至6月3日的K线实体之间的股价涨幅。选择完这一波段的底部与顶部之后，系统自动测算黄金分割比例涨跌对应的不同价格。例如，底部选择18.9元，顶部选择37.53元，通过黄金分割比例，如果向下回调可能会到30.413元，回调至以18.9元来计算上涨底部与顶部价差的61.8%的位置。如图8-28所示。

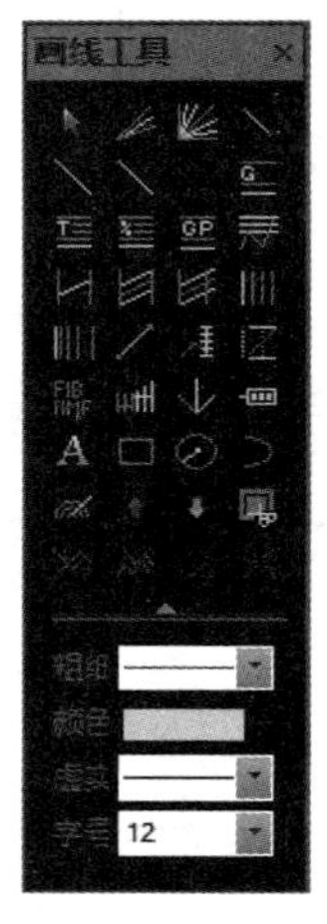

图8-27

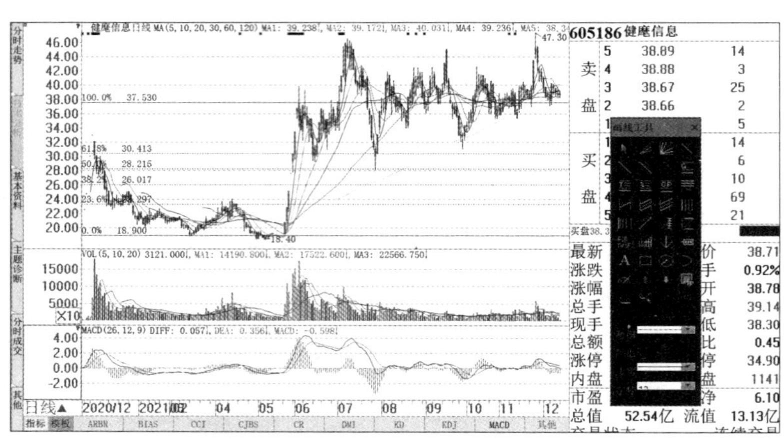

图8-28

❷ 右击黄金分割线，弹出菜单，选择“编辑画线”命令，打开“编辑画线”对话框，从中可以把黄金分割线的颜色设置为红色，选择实线和粗线，如图8-29所示，然后单击“确定”按钮。

❸ 设置完成后，黄金分割线的属性就修改完成。投资者可拖动黄金分割线至不同位置，如图8-30所示。也可以在“编辑画线”对话框中手动输入定位点1和定位点2的价位和时点。

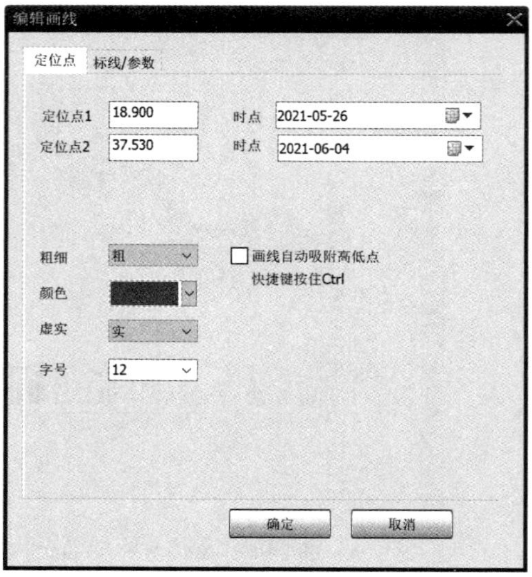

编辑画线

定位点　标线/参数

定位点1　18.900　时点　2021-05-26

定位点2　37.530　时点　2021-06-04

粗细　粗　　画线自动吸附高低点 快捷键按住Ctrl

颜色

虚实　实

字号　12

确定　取消

图8-29

图8-30

8.3.3 头肩形K线趋势线的绘制

简单来说，头肩形由两个相近的肩与一个明显高于肩的头部组成，分为头肩顶和头肩底两种。

1.头肩顶

头肩顶是一种顶部形态，头肩顶走势可以划分为以下几个过程。

（1）左肩。前期持续上涨，成交量很大，在上涨过程中任何时点买入投资者都会获利，于是开始卖出获利，导致股价出现短期的回落，成交量可能会有所减少。

（2）头部。股价经过短暂的回落后，又获得短线支撑，进行反弹的同时成交量也放大。不过，成交量的最高点较之于左肩部分，明显降低。股价上破左肩的高点后再一次回落，成交量在回落期间减少。

（3）右肩。股价下跌到接近上次回调的低点又再获得支撑，进行反弹，但是市场投资的情绪显著减弱，成交量比左肩和头部明显减少，股价反弹的高度也低于前期头部的高点，形成右肩部分。

（4）颈线。左肩和右肩底部的顶点的连线，就是头肩顶的颈线。股价跌破颈线的幅度要超过市价的3%以上才算是头肩顶确立，后市股价下跌的概率很大。出现头肩顶形态时，投资者应当及时卖出。

2.头肩底

与头肩顶相反，头肩底是一种底部形态。头肩底走势可以划分为以下几个部分。

（1）左肩。前期急速下跌，随后止跌反弹，形成第一个波谷。形成左肩部分时，成交量在下跌过程中出现放大迹象；而在左肩最低点回升时，成交量则有减少的倾向。

（2）头部。第一次反弹受阻，股价再次下跌，并跌破了前一低点，之后股价再次止跌反弹形成第二个波谷，形成头部时，成交量会有所增加。

（3）右肩。第三次反弹再次在第一次反弹高点处受阻，股价又开始第三次下跌，但股价到与第一个波谷相近的位置后就不下降了，成交量出现极度萎缩，此后股价再次反弹形成第三个波谷，第三次反弹时，成交量显著增加。

（4）颈线。第一次反弹高点和第二次反弹高点的连线，就是头肩底的颈线。当第三次反弹时，股价会在成交量配合下突破颈线，助推股价位于颈线上方。

3. 头肩形的变体形态

在众多个股的行情走势中，头肩形会有不同的变体形态。

（1）颈线不一定是水平的，实际上可以向上或向下倾斜。

（2）头肩形有时会出现一头多肩或多头多肩的转向形态，此类形态较为复杂，但万变不离其宗。值得注意的是，转向形态越大，后市的升幅越大。

值得注意的是，若是股价突破颈线时成交量并无显著增加，很可能是假突破，这时投资者不要被迷惑，可以等一等再交易。

4. 头肩底的画法

本小节介绍如何画头肩底，下面以神火股份（000933）为例，介绍具体的操作步骤。

❶ 进入该股的K线图，时间区间为2021年5月至9月。单击工具栏中的“线”按钮，弹出“画线工具”工具栏，如图8-31所示，单击“线段”按钮。

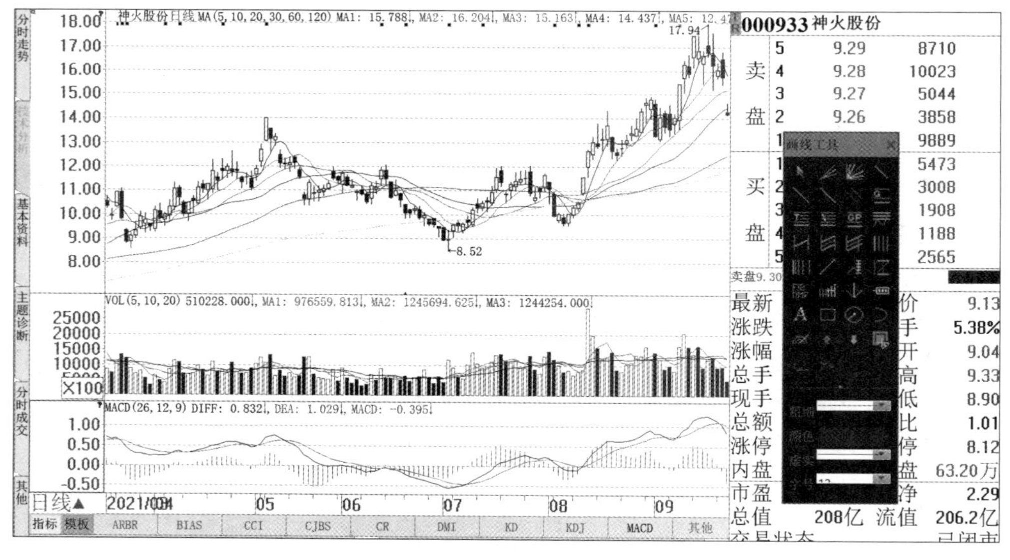

图8-31

❷ 根据头肩底的左肩、头部和右肩，画出头肩底。拖动头肩底，使其贴合实际的K线走势，如图8-32所示。

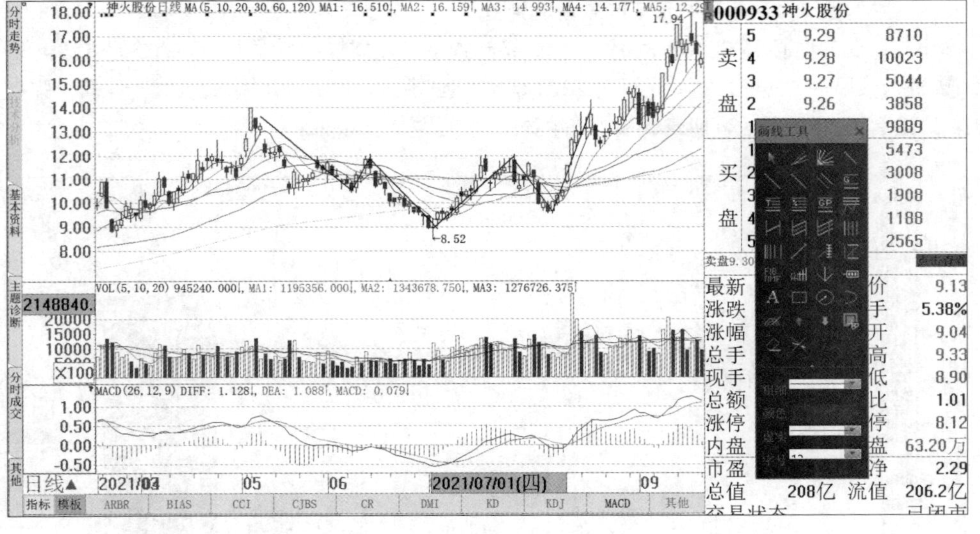

图8-32

❸ 画完头肩底之后，还需要画出颈线。投资者可以单击“画线工具”工具栏中的“直线”按钮，连接两个顶点画出颈线。选择“编辑画线”命令，可以把头肩底设计成红色、直线线型和中等粗细，然后单击“确定”按钮。设置完成后，头肩底就绘制完毕，如图8-33所示。头肩底是确立底部的一种形态，投资者可参照颈线来判断是否买入。如果股价突破颈线，则确定后市上涨。

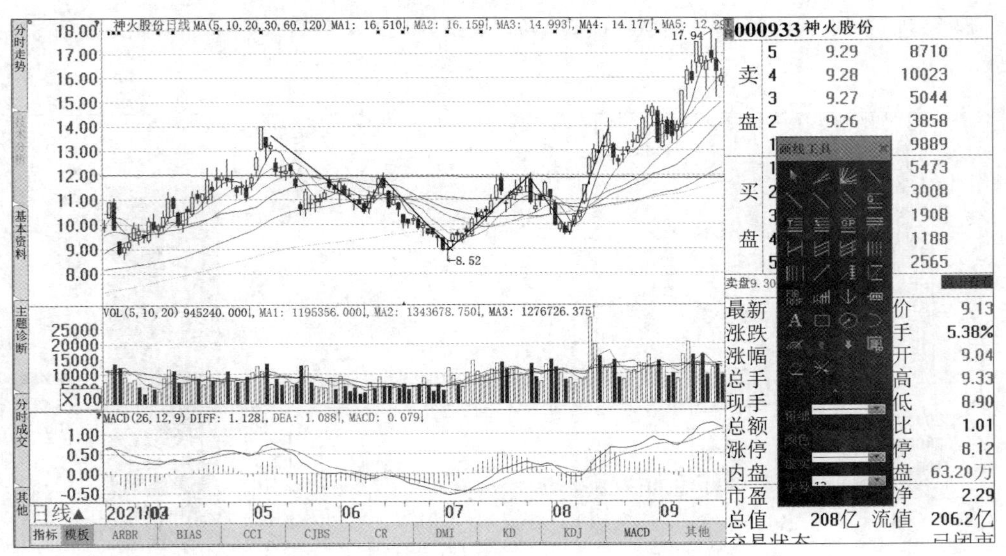

图8-33

8.3.4 M头、W底

M头、W底是K线图中常见的反转形态之一，具有很大的实践意义。M头又称为双顶，由两个较为相近的高点构成，其形状类似于英文字母“M”，因而得名。在连续上升过程中，当股价上涨至某一价格水平时，开始回落；下跌至某一位置时，股价反弹上行；反弹至前高点附近之后第二次下跌，并跌破第一次回落的低点，之后股价大跌几乎成为定局。W底也称为双底，是指股票的价格在

连续二次下跌的低点大致相同时形成的股价走势图形。

本小节以江苏神通（002438）为例，介绍绘制W底的具体操作步骤（M头的绘制方法类似）。

❶ 进入该股的K线图，时间区间为2021年5月至9月。单击工具栏中的“线”按钮，弹出“画线工具”工具栏，如图8-34所示，单击其中的“线段”按钮。

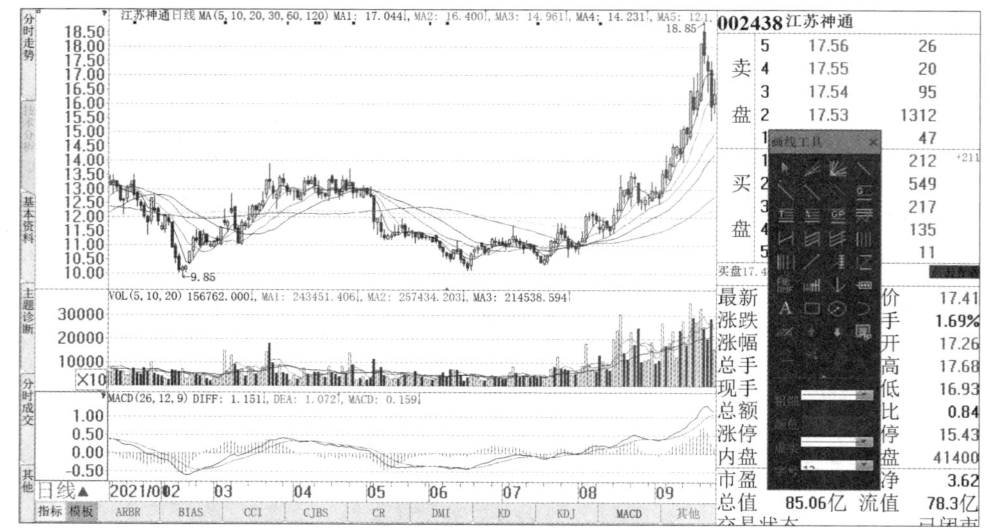

图8-34

❷ 绘制4条线，让其呈“W”状。投资者可以调整W底的4条线上的定点让其相连，如图8-35所示。

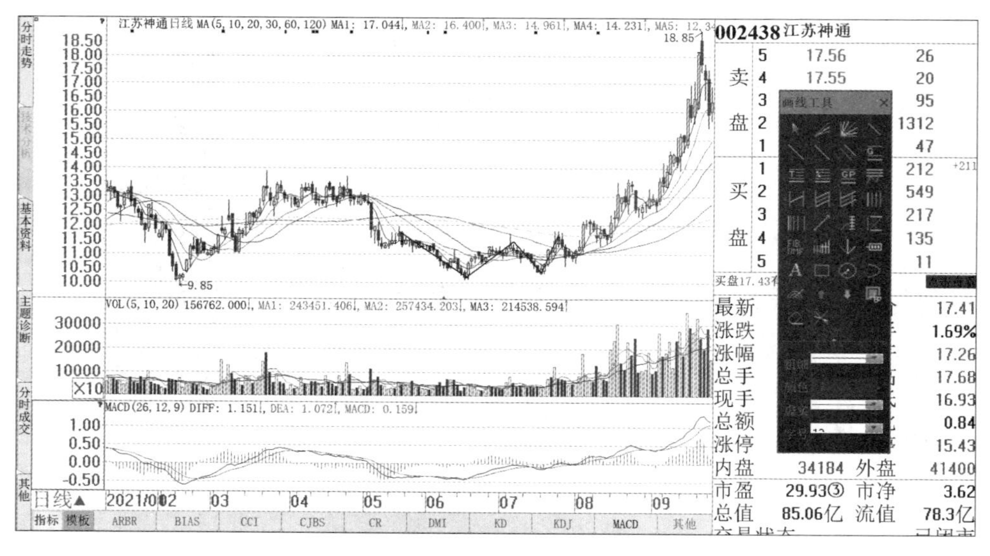

图8-35

❸ 右击W底，弹出菜单，选择其中的“编辑画线”命令，弹出“编辑画线”对话框，可以把W底设计成黑色，选择实线和粗线，如图8-36所示，然后单击“确定”按钮。

编辑画线

定位点

定位点1 11.786 时点 2021-05-20

定位点2 10.137 时点 2021-06-18

粗细 粗

颜色

虚实 实

字号 12

画线自动吸附高低点 快捷键按住Ctrl

确定 取消

图8-36

❹ 设置成功后，W底绘制完成，如图8-37所示。

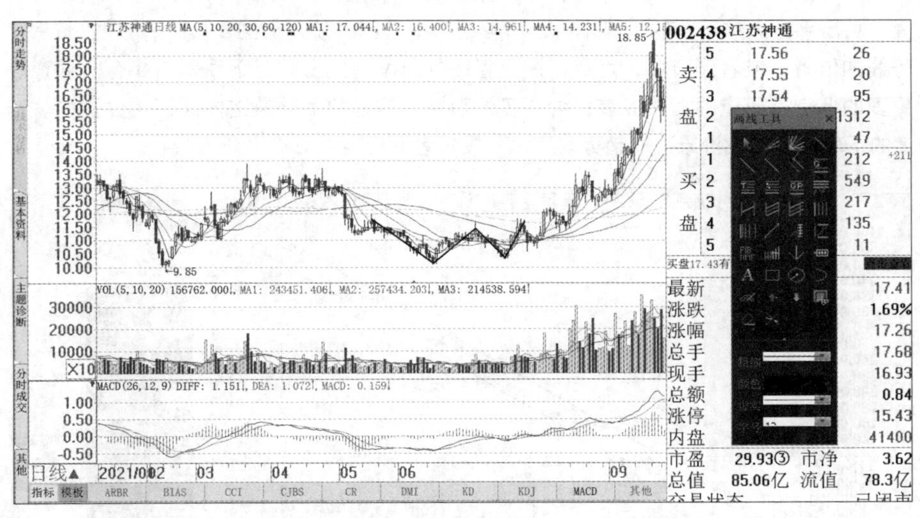

图8-37

8.3.5 通道线

通道线是在趋势线的基础上发展而来的，分为上升通道和下降通道。本小节以上升通道为例进行介绍。一般来讲，当某只股票的价格处于上升趋势中，将其K线图中2个明显低点连成一条线，并向上平行移动，直到与一个高点相切为止画出第二条线，就形成上升通道。进入上升通道，表明多头力量比较强大，下轨成为强的支撑位。上升通道出现股价跌破下轨的情况则意味着上升趋势结束的可能性较大。上升通道出现放量，股价向上突破时，则往往意味着顶部即将来临。这是因为此前在上升通道中已经累积一定获利盘，一旦向上突破，反而缺乏进一步上涨的动力。

下面以北方华创（002371）为例，介绍具体操作步骤。

❶ 进入北方华创的K线图，时间区间为2021年4月至8月。单击工具栏中的“线”按钮，弹出“画线工具”工具栏，单击“趋势线”按钮，如图8-38所示。

图8-38

❷ 单击5月25日的收盘价并按住鼠标左键，沿着该股走势寻找第二个低点（7月9日），再松开鼠标左键，画出平行通道下轨的走势，再画出与下轨平行的上轨，如图8-39所示。投资者可以平行移动趋势线的位置，或者调节两个定点，调整直线的斜率，让上轨与下轨保持平行。通道的下轨应该支撑更多的低点，通道的上轨应该包含更多的顶点，这样的上升通道才是可用性强的。一旦股价跌破通道的下轨，说明股价原来的趋势改变了，投资者就应当适时卖出或者减仓。

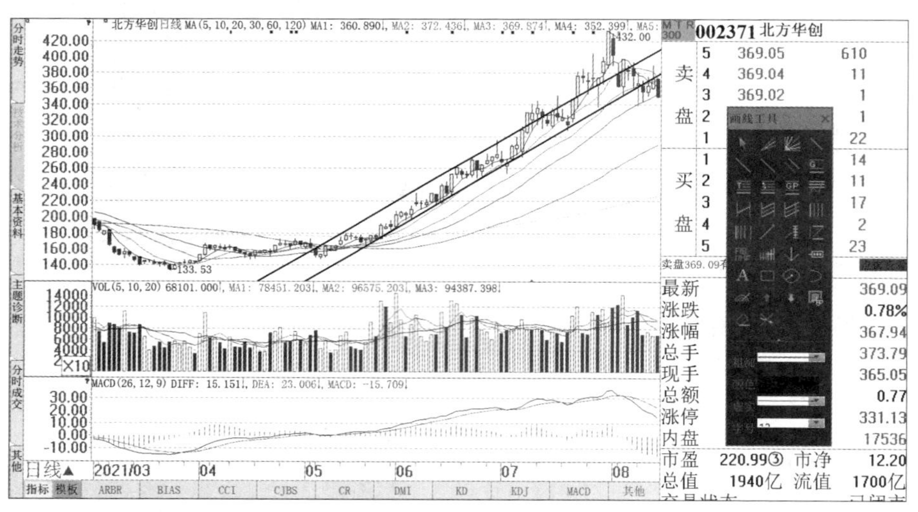

图8-39

❸ 右击通道线，弹出菜单，选择其中的“编辑画线”命令，弹出“画线工具”对话框进行设置，将颜色设置为黑色，虚实设置为“实”，粗细设置为“粗”，如图8-40所示，然后单击“确定”按钮。

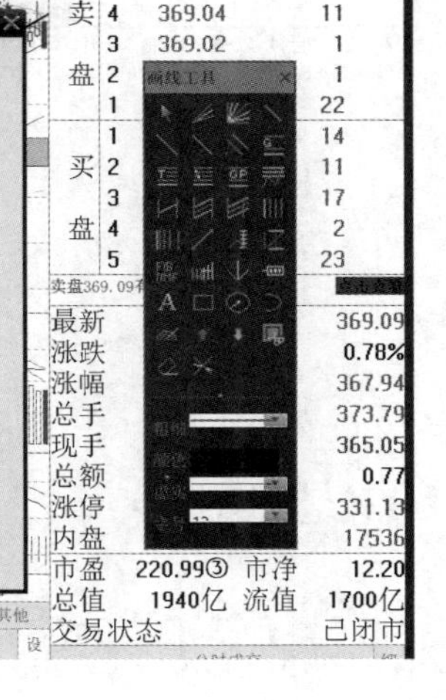

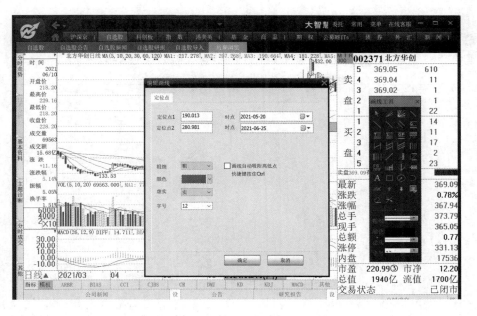

图8-40

❹ 设置成功后，通道线绘制成功，如图8-41所示。

图8-41

8.3.6 波段线

股市的运动规律是波段运动，每个波段运动有相似之处。波段线是在波段运动中产生的，有值得借鉴之处。波段线按照波浪的个数可以分为八浪线、五浪线和三浪线。本小节以八浪线为例进行介绍。八浪线是艾略特波浪理论中经典的五浪走势，按照趋势的不同，其分为两个部分：首先，上涨的波段有5浪，其中3浪上涨，2浪回调；其次，下跌的趋势有3浪，其中2浪下跌，1浪反弹。也就是上涨5浪＋下跌3浪。在上涨过程中，投资者的核心是抓住上涨初期的回踩，在回踩的低点买入，可以收获后面上涨波浪的涨幅。投资者可以借助画线工具中的八浪线，辅助分析未来股票的走势。

下面以拓邦股份（002139）为例介绍具体的操作步骤。

❶ 进入拓邦股份的K线图，时间区间选择2020年1月至9月。单击工具栏中的“线”按钮，弹出“画线工具”工具栏，单击“八浪线”按钮，即可绘制八浪线，如图8-42所示。

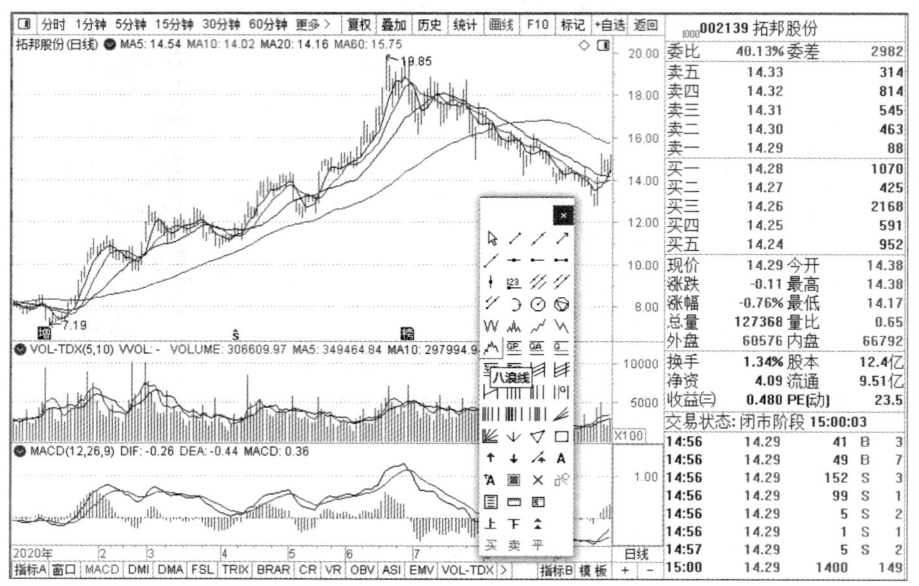

图8-42

❷ 单击1月20日的低点并按住鼠标左键，向右上方拖动鼠标指针，至第一个波段的顶点松开鼠标左键，可形成八浪线的最初形态。这时的八浪线并不完全符合股价的实际走势，投资者需要调节各个顶点的位置，使其贴合股价走势，如图8-43所示。

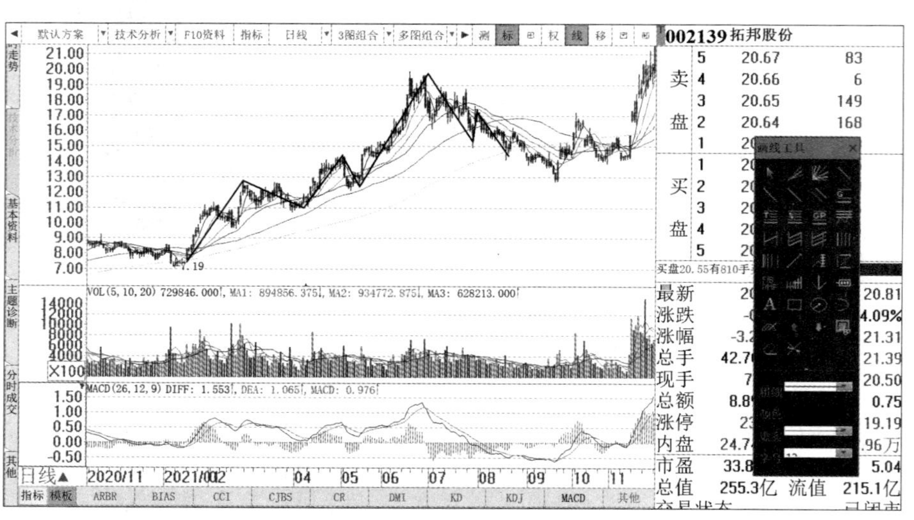

图8-43

❸ 右击八浪线，弹出菜单，从中选择“编辑画线”命令，弹出“编辑画线”对话框进行设置，将颜色设置为黑色（见图8-44），虚实设置为“实”，粗细设置为“细”，然后单击“确定”按钮。

❹ 设置成功后，八浪线绘制成功，如图8-45所示。

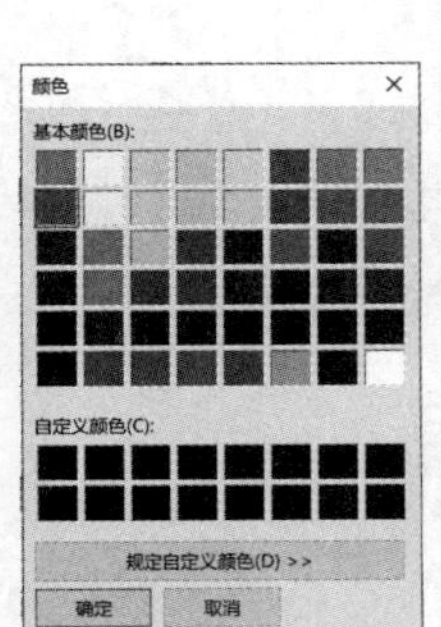

图8-44

图8-45

高手秘技

技巧1　趋势线的有效突破确认方法

在实战中，投资者要把握以下3个原则。

（1）收盘价突破原则。收盘价突破趋势线比交易日内最高价、最低价突破趋势线重要。

（2）3%突破原则。通常情况下，收盘价突破趋势线后，离趋势线越远，突破越有效。该原则要求收盘价突破趋势线的幅度至少达到3%才算有效，否则无效。

（3）三天原则。通常情况下，收盘价突破趋势线后，在趋势线的另一方停留的时间越长，突破越有效。该原则要求收盘价突破中长期趋势线的天数至少达到三天才算有效，否则还有可能回到原来的趋势。

技巧2　根据大盘不同趋势选择股票

大盘呈现出不同的变动趋势，各种股票的活跃程度也不同，以下是几种常见的选股原则。

（1）调整尾声，选超跌股。

（2）牛市确立，选高价股。

（3）休整时期，选题材股。

（4）报表时期，选“双高”（高净值、高分红）股。

（5）熊市期间，选白马股。

第9章　常用的技术指标

本章引语

当那些好的企业突然受困于市场逆转、股价不合理下跌时，这就是大好的投资机会来临了。

——巴菲特

巴菲特能被众多投资者称为“股神”，靠的是对市场敏锐的把握和积极的行动。面对浩瀚的市场，如何才能正确地分析市场走势？技术指标正是对市场某一特征的精确反映。在资本市场中我们并不能精准预测所有走势，但是借助技术指标，我们可以找出大概率事件，在能做决策的时间做出正确的判断，获取属于我们认知以内的收益。

本章要点

★指数平滑异同移动平均线指标

★随机指标

技术指标是对股市中的价和量依据一定的数学关系，得出各种技术图形，用以对市场的走势做出分析和判断的指标。大智慧软件中预设了很多技术指标，大致可分为三类：趋向指标、乖离指标和支撑压力指标。投资者要想在股市中游刃有余，需要全面掌握分析工具，除了常见的均线和趋势线等技术分析工具之外，还需要掌握乖离率指标、布林线指标、指数平滑异同移动平均线指标和随机指标等技术指标。本章将对常见的技术指标进行详细的介绍。

9.1 常用指标

技术指标分析是目前股票分析中比较常见的一种方法，是指一切以数据来论证股价趋向、股票买卖等的方法。技术指标实际上是对股市中价格和成交量的不同反映，有利于投资者对股票信息的把握。投资者根据价格和成交量，按照一定的算法即可计算出技术指标。

常见的技术指标有乖离率指标、布林线指标、指数平滑异同移动平均线指标和随机指标等。在大智慧软件中，选择菜单栏中的“终端”→“公式管理”→“公式管理器”命令即可弹出相应对话框。其中包含很多常用的技术指标，如图9-1所示。投资者可以根据自己的需要修改指标的具体参数。

投资者通过对股票技术指标的分析可以更深入地了解股价的走势，判断某只股票未来的价格趋势，为自己的投资做好充分的准备。

图9-1

9.1.1 乖离率指标

乖离率（BIAS）是指股价与均线之间的偏离程度，以百分比的形式表示股价与均线之间的差距。如果股价在均线之上，乖离率为正值；如果股价在均线之下，乖离率为负值。利好、利空的刺激，会使股价大涨或者大跌，这就会导致乖离率增长或者减少。由于均线可以代表平均持仓成本，股价离均线太远，就会随时有短期反转的可能。乖离率的绝对值越大，股价向均线靠近的可能性就越大。

投资者可以将乖离率绝对值大小作为买卖依据。当股价在均线下方远离均线时，可适当买进；当股价在均线上方远离均线时，可考虑卖出。乖离率的计算公式为：

乖离率=(当日收盘价－N日内移动平均价)/N日内移动平均价×100%

例如，5日乖离率=（当日收盘价－5日内移动平均价）/5日内移动平均价×100%。

公式中的N按照选定的均线日数确定，一般为5或10。当股价在均线之上时，为正乖离率，反之为负乖离率；股价与均线重合，乖离率为零。正乖离率超过一定数值时，显示短期内多头获利较大，获利回吐的可能性也较大，释放卖出信号；负乖离率超过一定数值时，说明空头回补的可能性较大，释放买入信号。

提示

在涨势中，如果乖离率的高点越来越低，显示出市场上投资者追高的意愿越来越弱，卖压越来越重，股价有反转向下的趋势。

下面举例说明如何使用乖离率指标。

❶ 打开大智慧软件，输入中锐股份的股票代码“002374”或汉语拼音首字母“ZRGF”，按Enter键确认，如图9-2所示。

❷ 输入乖离率指标“BIAS”，按Enter键确认，如图9-3所示。也可直接单击指标选项中的“BIAS”。

图9-2

图9-3

❸ 2021年6月至9月，乖离率为正，并且在7月末、8月初的时候出现了双底，说明空头释放势能接近尾声。2021年8月9日，乖离率线达到双底的右侧低点，同时K线也走出双底，这是很好的买入信号，投资者可适时进场，后市看涨的概率较大，如图9-4所示。

图9-4

9.1.2 布林线指标

布林线（BOLL）指标，是支撑压力指标，是根据统计学中的标准差原理设计出来的技术指标。一般而言，股价的运动总是围绕某一价值中枢（如均线、成本线等）在一定的范围内变动，布林线指标正是基于这一“变动范围”，引进了“股价通道”的概念。布林线指标认为，股价通道的宽窄随着股价波动幅度的大小而变化，而且股价通道又具有变异性，它会随着股价的变化而自动调整。

布林线指标由3条曲线组成，分别是上轨、中轨和下轨。其中，中轨是股价的均线，而上轨和下轨分别用当前的均线值加上和减去2倍的标准差得出。

投资者在使用布林线指标时，需要注意以下几点。

（1）股价在中轨上方运行时属于安全状态，短线可持有观望；股价自下而上突破上轨时，短线要格外小心股价下跌。

（2）股价在中轨下方运行时属于危险状态，短线应趁反弹至中轨时离场；股价自上而下突破下

轨时，短线可择机进入，等待上涨。

（3）股价自下而上突破上轨后，回探至中轨时不跌破中轨，显示后市看涨，可持股或加仓。

（4）股价自下而上突破下轨后，于中轨反弹时不回到中轨以上，则后市看跌，应卖出。

（5）通道突然呈急剧变窄收拢形状时，显示股价方向将会发生重大转折，这时应结合其他指数判断行情。

下面举例说明使用布林线指标的方法。

❶ 打开大智慧软件，输入江南水务的股票代码“601199”或汉语拼音首字母“JNSW”，按Enter键确认，如图9-5所示。

❷ 输入布林线指标“BOLL”，按Enter键确认，如图9-6所示。也可直接单击指标选项中的“BOLL”。

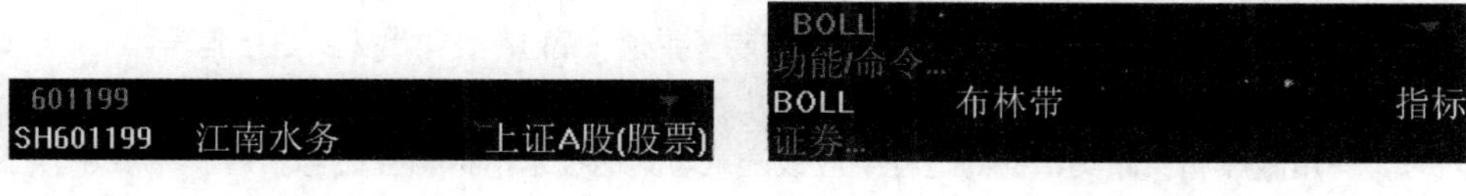

图9-5　　　　图9-6

❸ 图9-7为江南水务在2021年7月至9月的K线图，股价进入8月就开始在上轨运行，即使有个别交易日的K线突破上轨，但都受到了压力，回到上轨下方。K线紧贴上轨运行说明处于上涨阶段。此时下跌的风险较小，布林线呈高位开口态势。但是在9月高位出现多根阴线，且成交量有所放大，所以股价回落至中轨附近并获得支撑，在2021年9月22日开始强力反弹。投资者如果没有提前出货，可以不必着急卖出，根据后续行情发展再做决定。

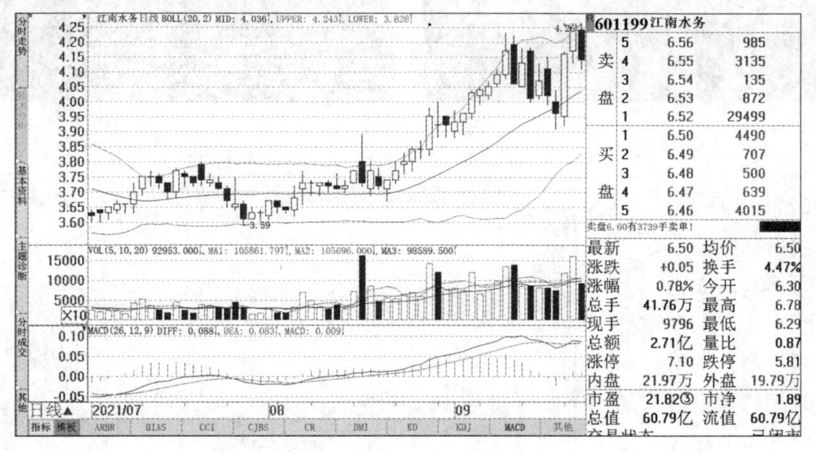

图9-7

9.1.3　威廉超买超卖指标

威廉超买超卖（WR）指标是一个震荡指标，主要用于研究股价的波动，投资者通过分析股价波动变化中的峰与谷决定买卖时机。投资者利用震荡点来辨别市场的超买超卖现象，可以预测循环期内的高点与低点，从而获得有效的买卖信号。威廉超买超卖指标是用来分析市场短期行情走势的技术指标。

威廉超买超卖指标的计算主要是根据周期内的最高价、最低价及周期结束的收盘价三者之间的关系展开的，其计算公式为：

$$WR=(H_n-C)\div(H_n-L_n)\times100$$

式中：

- n是交易者设定的交易期间（常为30日）；
- C是第n日的最新收盘价；
- H_n是过去n日内的最高价（如30日的最高价）；
- L_n是过去n日内的最低价（如30日的最低价）。

投资者在运用威廉超买超卖指标时，需要注意以下几点。

（1）当WR高于80，即处于超卖状态，行情即将见底，应当考虑买进。

（2）当WR低于20，即处于超买状态，行情即将见顶，应当考虑卖出。

（3）在WR进入高位后，一般要回头，如果股价继续上升，就会产生背离，是卖出信号。

（4）在WR进入低位后，一般要反弹，如果股价继续下降，就会产生背离，是买进信号。

（5）WR连续几次撞顶（底），局部形成双重或多重顶（底），是卖出（买进）信号。

（6）WR双线重叠往往是买进或者卖出的时机。

同时，使用威廉超买超卖指标的过程中应该注意与其他技术指标相互配合。

下面举例说明如何使用威廉超买超卖指标。

❶ 打开大智慧软件，输入神火股份的股票代码“000933”或者汉语拼音首字母“SHGF”，按Enter键确认，如图9-8所示。

❷ 输入威廉超买超卖指标“W&R”，按Enter键确认，如图9-9所示。也可直接单击指标选项中的“W&R”。

图9-8

图9-9

❸ 在2021年8月初，威廉超买超卖指标数值接近100，高于80，如图9-10中标记所示，说明股价处于超卖状态；同时经过前期长时间的横盘震荡，表明股价基本上已经见底。威廉超买超卖指标双线重叠是买入信号，后市行情可期，投资者可以果断买入。

图9-10

9.1.4 相对强弱指标

相对强弱指标（RSI）是根据股票市场上供求关系平衡的原理，通过比较一段时期内单个股票价格涨跌的幅度或整个市场指数涨跌的幅度来分析判断市场上多空双方买卖力量的强弱程度，从而判断未来市场走势的一种技术指标。

相对强弱指标是一定时期内市场的涨幅平均值与涨幅加上跌幅的平均值的比值。它是多空双方买卖力量在数量和图形上的体现，投资者可根据其所反映的行情变动情况及轨迹来预测未来股价走势。

相对强弱指标的计算公式为：

RSI=*N*日内上涨总幅度平均值/*N*日内上涨总幅度加上下跌总幅度的平均值×100%

投资者在运用相对强弱指标时需要注意以下几点。

（1）当6日相对强弱指标低于20时，行情进入超卖状态，这是看涨买入信号。

（2）当6日相对强弱指标超过80时，行情进入超买状态，这是看跌卖出信号。

（3）当6日相对强弱指标在低位向上穿越12日相对强弱指标时，形成相对强弱指标低位金叉，这是看涨买入信号。

（4）当6日相对强弱指标在高位向下穿越12日相对强弱指标时，形成相对强弱指标高位死叉，这是看跌卖出信号。

（5）当6日相对强弱指标连续两次下跌到同一位置获得支撑反弹时，形成相对强弱指标的双底形态，这是看涨买入信号。

（6）当6日相对强弱指标连续两次上涨到同一位置遇到阻力回落时，形成相对强弱指标的双顶形态，这是看跌卖出信号。

（7）如果股价连创新低的同时相对强弱指标没有创新低，就形成相对强弱指标底背离，这是看涨买入信号。

（8）如果股价连创新高的同时相对强弱指标没有创新高，就形成相对强弱指标顶背离，这是看跌卖出信号。

提示

如果相对强弱指标处于高位，但在创出近期新高后，反而形成一峰比一峰低的走势，而此时K线图上的股价再次创出新高，形成一峰比一峰高的走势，这就是顶背离。顶背离现象一般是股价在高位即将反转的信号，表明股价短期内即将下跌，是卖出信号。相对强弱指标底背离正好相反。

下面举例说明如何使用相对强弱指标。

❶ 打开大智慧软件，输入龙江交通的股票代码“601188”或者汉语拼音首字母“LJJT”，按Enter键确认，如图9-11所示。

❷ 输入相对强弱指标“RSI”，按Enter键确认，如图9-12所示。也可直接单击指标选项中的“RSI”。

601188
SH601188 龙江交通 上证A股(股票)

图9-11

RSI
功能/命令...
RSI 相对强弱指标(Relative Strenth Ind
证券...

图9-12

❸ 回溯行情到2021年1月至7月，如图9-13所示。2月6日相对强弱指标跌破20，这是超跌信号，说明空头动能即将衰竭，并且之后出现相对强弱指标低位金叉，这是转势看涨信号，投资者可在出现金叉时大胆买入。3月至4月中旬股价基本一直震荡横盘，相对强弱指标也回落至50附近。在4月下旬再次出现相对强弱指标低位金叉，这是第二次买入信号。投资者如果在前面没有买入，这一时间点买入也会获得较多收益。

图9-13

9.1.5 成交量比率指标

成交量比率（VR）指标又名容量比率指标，是利用股票量与价格之间的关系来判断股价走势的技术指标，其理论基础是量价理论和反市场操作理论。由于量先价行、量涨价增、量跌价缩、量价同步、量价背离等成交量的基本原则在市场上恒久不变，因此，上涨与下跌的成交量变化，可作为研判行情的依据。同时，当市场上人气开始聚集，股价刚开始上涨和在上涨途中的时候，投资者应顺势操作；而当市场上人气极度旺盛或极度萧条，股价暴涨、暴跌的时候，投资者应果断离场或进场。因此，反市场操作也是成交量比率指标的一项功能。

一般而言，低价区和高价区出现的买卖盘行为均可以通过成交量表现出来，因此，成交量比率指标又具有超买超卖的研判功能。同时，成交量比率指标是用上涨时期的成交量除以下跌时期的成交量计算的，因此，成交量比率指标又带有一种相对强弱的概念。

总之，成交量比率指标可以通过研判资金的供需及买卖气势的强弱、设定超买超卖的标准，为投资者确定合理、及时的买卖时机提供正确的参考。

投资者在运用成交量比率指标时需要注意以下几点。

（1）成交量比率指标值一般分布在150左右，一旦超过250，市场容易产生一段多头行情。

（2）成交量比率指标>350，或处在相对高位，代表股市资金大多数已投入市场，市场上已无多余资金可供垫高股价，很可能造成股价因缺乏后续资金支持，而反转下跌。

（3）成交量比率指标<40，或处在相对低位，市场极易形成底部，股价会因获得更多资金的撑

垫而反弹。

（4）成交量比率指标运用在寻找底部时比较可靠，确认顶部时，宜多配合其他指标使用。

由于成交量比率指标过于简单，投资者在运用成交量比率指标时，应与其他指标结合使用，做综合判断。

下面举例说明如何使用成交量比率指标。

❶ 打开大智慧软件，输入山东黄金的股票代码“600547”或汉语拼音首字母“SDHJ”，按Enter键确认，如图9-14所示。

❷ 输入成交量比率指标“VR”，按Enter键确认，如图9-15所示。也可直接单击指标选项中的“VR”。

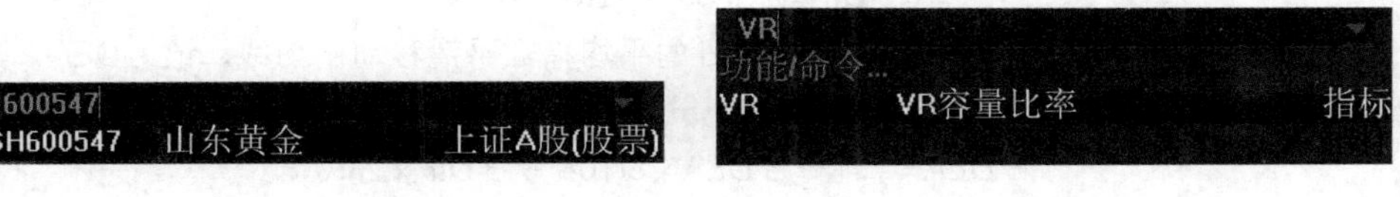

图9-14　　图9-15

❸ 回溯行情到2021年5月至9月，如图9-16所示。在2021年7月中旬，成交量比率指标已处在40以下的超低位，在这一区间震荡徘徊，股价也获得了支撑；之后成交量比率指标日渐走高，并且从9月8日至9月13日，拉出长阳线，并伴随着成交量的同步放大。9月14日成交量大幅萎缩，同时成交量比率指标也开始走低，说明股价短期上涨见顶，后续几日可能很难有持续的资金继续追捧，投资者应当果断卖出。结果在横盘几日之后，出现跳空低开低走阴线。

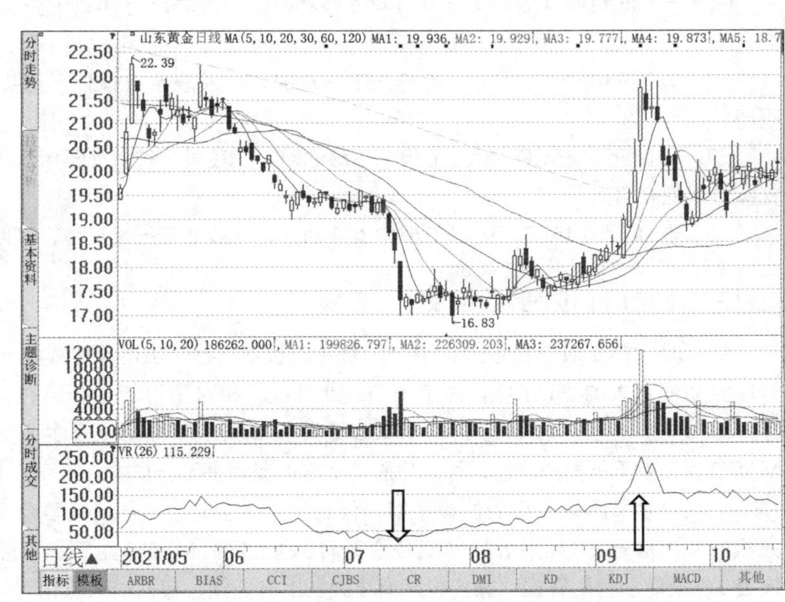

图9-16

9.2 指数平滑异同移动平均线指标

指数平滑异同移动平均（moving average convergence and divergence，MACD）线指标，又称平滑异同移动平均线指标，是一种趋势性指标，多数情况下直接称为MACD或MACD指标。MACD是利用快速移动平均线与慢速移动平均线之间的聚合与分离状况，对买进、卖出时机做出研判的技术指标。目前MACD在市场上非常流行，被广泛使用，也被证明是有效的技术分析手段之一。

9.2.1 MACD的形态

MACD指标是基于均线的构造原理，对收盘价进行平滑处理（求出加权平均值）后的一种趋向指标。它主要由两部分组成，即正负差（DIF）、异同平均数（DEA），其中，DIF是核心，DEA是辅助。此外，MACD还有一个辅助指标——柱状线（BAR）。在大多数技术分析软件中，柱状线低于0轴是绿色，高于0轴是红色，前者表示趋势向下，后者表示趋势向上。柱状线越长，趋势越明显。

首先，DIF的计算步骤是：分别计算出收盘价SHORT日指数平滑移动平均线与LONG日指数平滑移动平均线，记为EMA（SHORT）与EMA（LONG）。求这两条指数平滑移动平均线的差，即DIF=EMA（SHORT）－EMA（LONG）。以现在流行的参数12和26为例（12日EMA记为EMA12，26日EMA记为EMA26），其公式如下：

$$EMA12=前一日EMA12\times 11/13+今日收盘价\times 2/13$$

$$EMA26=前一日EMA26\times 25/27+今日收盘价\times 2/27$$

$$DIF=EMA12-EMA26$$

其次，DEA的计算步骤是：计算DIF的*M*日的平均指数平滑移动平均线，记为DEA，其公式如下：

$$今日DEA=(前一日DEA\times 8/10+今日DIF\times 2/10)$$

最后，MACD=（DIF－DEA）×2，正值用红色柱表示，负值用绿色柱表示。

投资者在运用MACD指标时，需要注意以下几点。

（1）当DIF和MACD均大于0但向上移动时，一般表示行情处于多头行情中，可以买入或多头持仓。

（2）当DIF和MACD均小于0但向下移动时，一般表示行情处于空头行情中，可以卖出或空仓观望。

（3）当DIF和MACD均大于0但向下移动时，一般表示行情处于回踩阶段，可以等待，如果获得支撑可以加仓买入。

（4）当DIF和MACD均小于0但向上移动时，一般表示行情反弹，可以卖出或等待观望。

9.2.2 MACD线黄金交叉

MACD指标是股票技术分析中一个重要的技术指标，由两条曲线和一组红绿色柱组成。两条曲线中波动变化大的是DIF线，通常为白线或红线，相对平稳的是DEA线，通常为黄线。当DIF线上穿DEA线时，这种技术形态叫作MACD线黄金交叉（简称MACD金叉），通常为买入信号。但是MACD金叉处于不同的位置，买入后股价上涨的概率是不一样的。

MACD金叉根据出现的位置不同，代表的市场含义不同。MACD金叉出现在0轴上方或附近是强烈的买入信号，0轴附近的MACD金叉同0轴上方的MACD金叉信号强度不分伯仲。MACD金叉接近0轴说明涨势刚开始，股价将来有更大的上升空间，买入的风险相对较小；0轴上方的MACD金叉说明多头强势，是在上涨趋势中的买点。0轴下方的MACD金叉，表明多方力量暂时占上风，可能出现短期的反弹，尤其是指标收出红色柱但是K线没有涨幅，所以在0轴下方较远位置的MACD金叉不一定是转势信号，此时盲目进场会有一定的风险。如果MACD金叉出现的同时伴随着成交量的逐渐放大，并且K线涨幅较大，代表多方力量强，此时的看涨信号更可靠。

下面举例说明如何使用MACD金叉。

❶ 打开大智慧软件，输入神火股份的股票代码"000933"或汉语拼音首字母"SHGF"，按Enter键确认，如图9-17所示。

000933
SZ000933　神火股份　深证主板(股票)

图9-17

❷ 输入"MACD"，按Enter键确认，如图9-18所示。也可直接单击指标选项中的"MACD"。

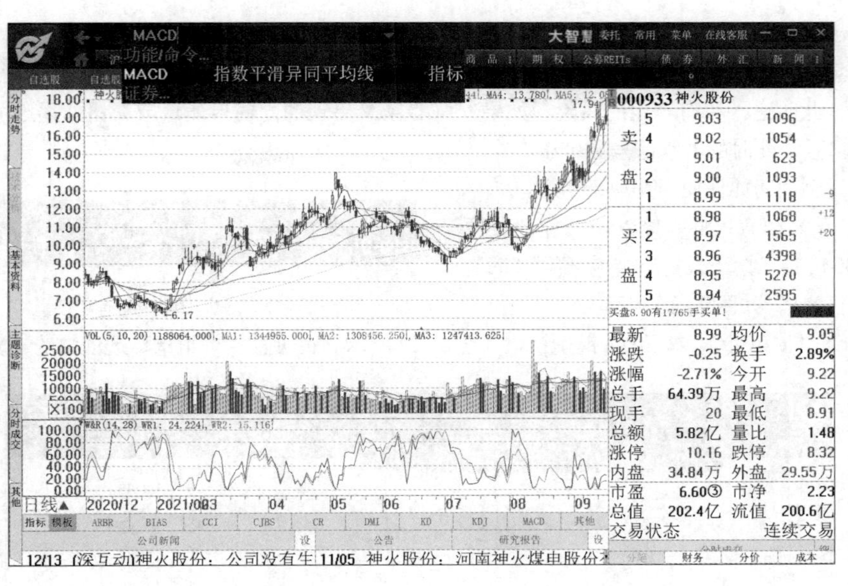

图9-18

❸ 在2021年7月初和8月初均出现了DIF线由下向上穿过DEA线的情况，出现MACD金叉形态，如图9-19标注所示。8月初的金叉位置处于0轴附近，绿色柱出现6根时转变为红色柱，成交量也明显放大，可以确定这是上涨信号，后市看涨，这是个极佳的买点，投资者可果断买入。

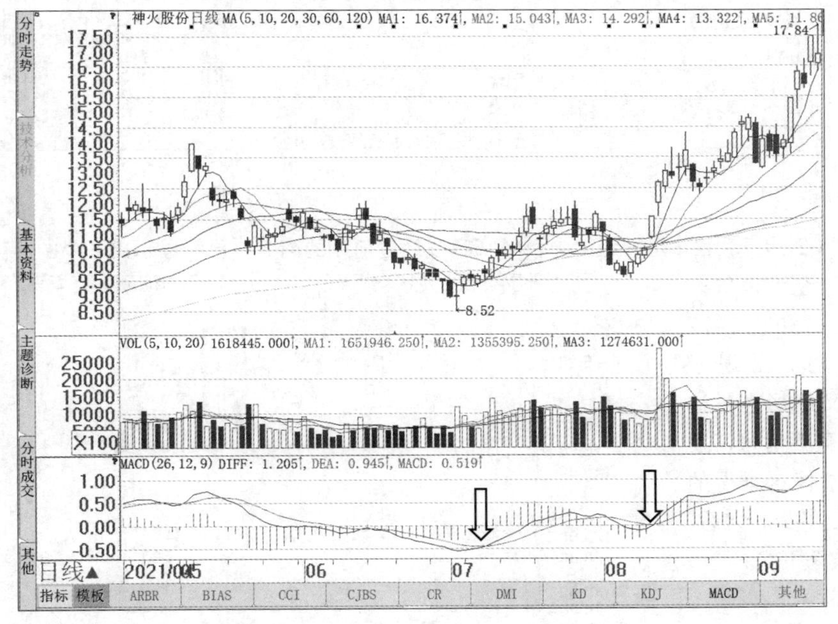

图9-19

9.2.3 MACD线死亡交叉

MACD线死亡交叉，与MACD金叉相反。当DIF线下穿DEA线时，这种技术形态叫作MACD线死亡交叉（简称MACD死叉），通常为卖出信号。

MACD死叉根据出现的位置不同，代表的市场含义不同。MACD死叉出现在0轴上方的高位是

强烈的卖出信号，在高位说明涨势已经见顶，股价很可能转势，将来有很大的下降空间，买入的风险大，应卖出。0轴下方或接近0轴的MACD死叉，表明空方力量暂时占上风，但是下跌行情还没有完全展开，此时进入会有一定的风险。如果MACD死叉出现的同时伴随着成交量的逐渐放大，代表空方力量增强，此时的看跌信号更可靠。

下面举例说明如何使用MACD死叉。

❶ 打开大智慧软件，输入新洁能的股票代码“605111”或汉语拼音首字母“XJN”，按Enter键确认，如图9-20所示。

605111
SH605111　新洁能　上证A股(股票)

图9-20

❷ 输入“MACD”，按Enter键确认，如图9-21所示。也可直接单击指标选项中的“MACD”。

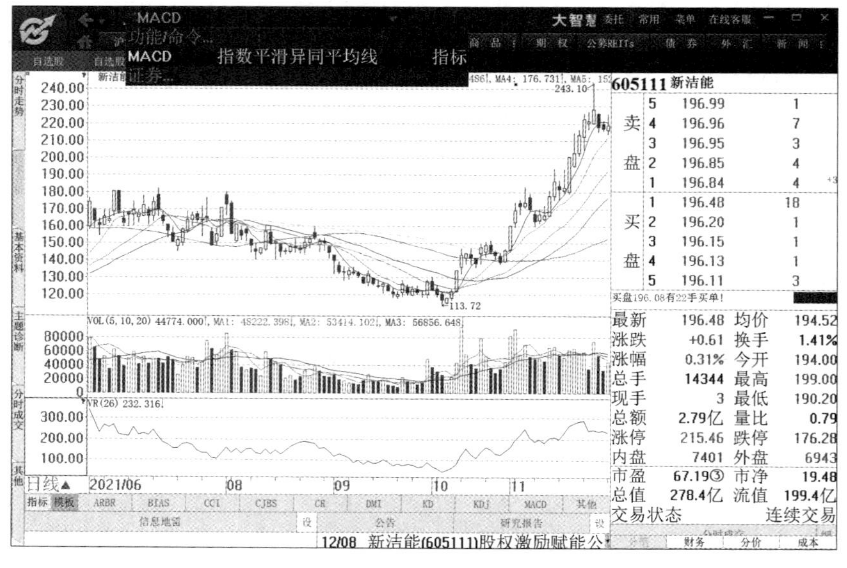

图9-21

❸ 在2021年7月至8月的走势中，MACD线经过前期的高点，已经显示出下降的趋势，红色柱越来越短，逐步消失转为绿色柱，如图9-22所示。此时，出现了MACD死叉的形态，这是强烈的卖出信号，投资者应该抓住这难得的机会，果断出货。之后，股价开始震荡下跌。

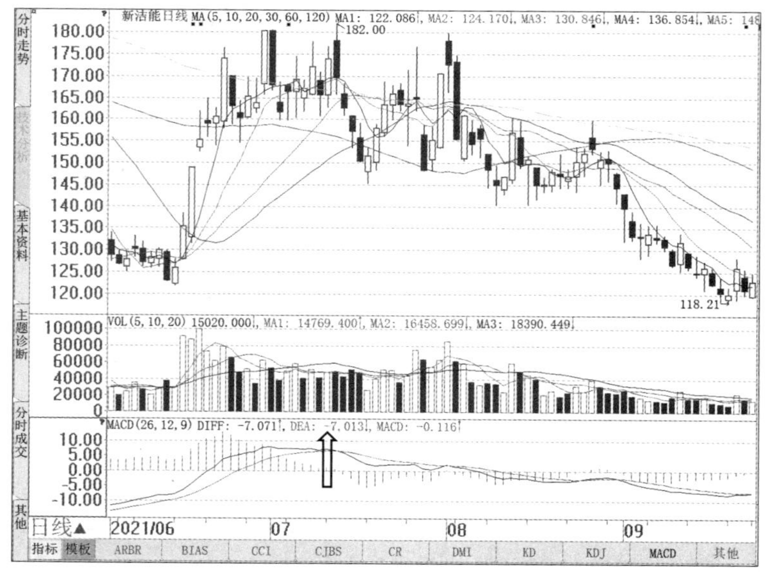

图9-22

9.2.4 MACD线将死未死

MACD线将死未死是指DIF线将要下穿DEA线形成死叉时，突然转向上，红色柱重新拉长，股价重新开始上涨。通常该信号是买入信号。

MACD线将死未死在0轴下方出现与在0轴上方出现有不同的市场意义。在0轴下方出现MACD线将死未死时，股价仍在60日均线下方运行，可先看作反弹；在0轴上方出现MACD线将死未死时，股价已在60日均线上方运行，是强势的特征，可积极买入，尤其在0轴上方附近第一次出现MACD线将死未死时更应积极地买入。

下面举例说明如何使用MACD将死未死。

❶ 打开大智慧软件，输入振华重工的股票代码“600320”或汉语拼音首字母“ZHZG”，按Enter键确认，如图9-23所示。

600320
SH600320 振华重工 上证A股(股票)

图9-23

❷ 输入“MACD”，按Enter键确认，如图9-24所示。也可直接单击指标选项中的“MACD”。

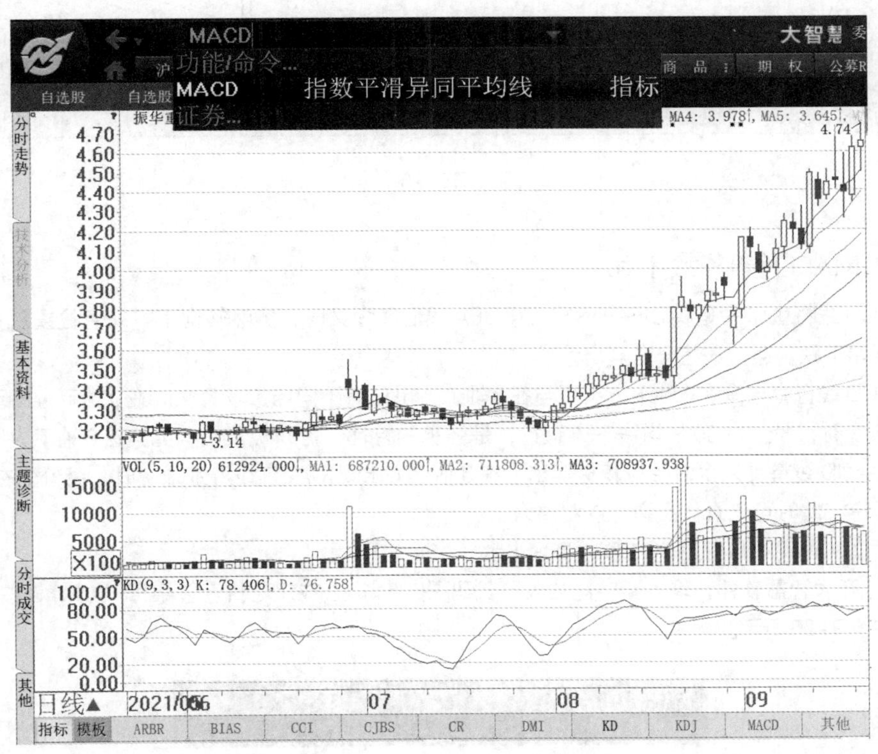

图9-24

❸ 查看该股在2021年6月至9月的走势，如图9-25所示。7月至8月，K线从均线下方突破至均线上方运行，说明已进入多头趋势。在8月初该股股价已经经历了一轮小幅上涨，之后K线回踩，同时DIF线呈下降趋势，在即将与DEA线形成死叉时，该股突然爆发，放量上涨，拉出一根长阳线，逐渐变短的红色柱又慢慢变长，走出了MACD线将死未死的形态，后市看涨。这是投资者的买入机会。

图9-25

9.2.5 MACD线将金未金

MACD线将金未金是指DIF线将要上穿DEA线形成金叉时，突然转向下，绿色柱重新拉长，股价重新开始下跌。通常该信号是卖出信号。

MACD线将金未金在0轴下方出现与在0轴上方出现有不同的市场意义。在0轴下方出现MACD线将金未金时，股价在60日均线下方运行，是强势的特征，可积极卖出，尤其在0轴下方附近第一次出现MACD线将金未金时更应积极卖出；在0轴上方出现MACD线将金未金时，股价仍在60日均线上方运行，此时可先看作反弹，以观望为主。

下面举例说明如何使用MACD线将金未金。

❶ 打开大智慧软件，输入新洁能的股票代码“605111”或汉语拼音首字母“XJN”，按Enter键确认，如图9-26所示。

图9-26

❷ 输入“MACD”，按Enter键确认，如图9-27所示。也可直接单击指标选项中的“MACD”。

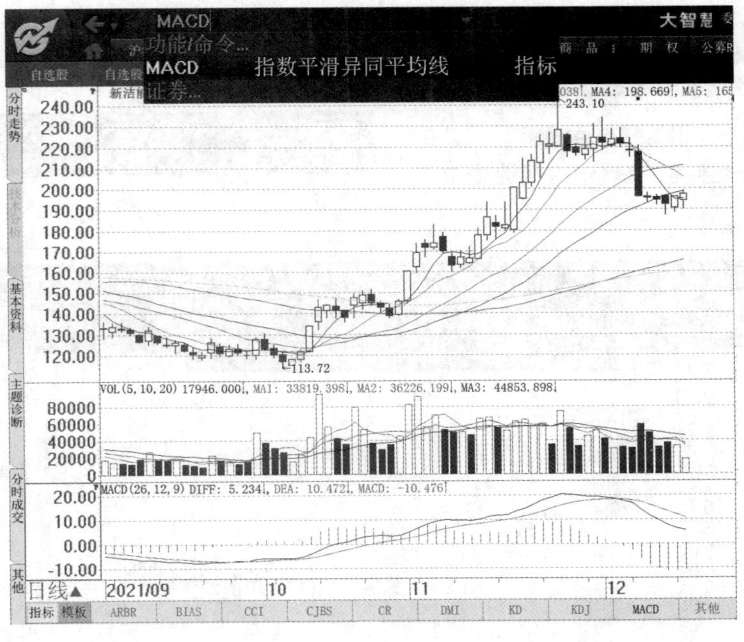

图9-27

❸ 该股在2021年6月至9月的走势，如图9-28所示。8月初，该股股价在经历前期下跌之后开始慢慢震荡回升，DIF线有所回升，即将与DEA线形成金叉时，股价放量下跌，逐渐变短的绿色柱又慢慢变长，走出了MACD线将金未金的形态。投资者在出现MACD线将金未金的形态时就应该果断出货，以避免遭受重大损失。

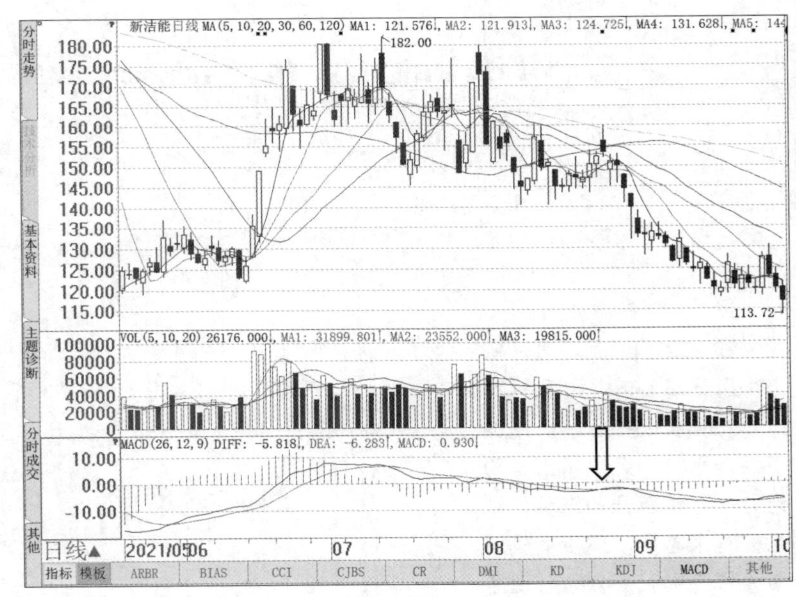

图9-28

9.2.6 MACD线上穿0轴

股价前期大幅下跌后持续上涨，或者股价低位回调后再次上行，而此时MACD线由下而上穿过0轴，即MACD线指标由负变正，说明多方力量逐渐强大并开始占据优势，预示股价在短期内将逐步走高，股市正由空头市场转为多头市场，很可能股价将由跌转涨，后市看涨，进入上升行情。若在上涨期间有成交量放大的配合，预示短线走势将更加强劲，短线投资者可在MACD线穿过0轴的当日就积极买入，在成交量放大时再加码买入。此时短线投资者可积极做多。

下面举例说明如何使用MACD线上穿0轴。

❶ 打开大智慧软件，输入正源股份的股票代码“600321”或汉语拼音首字母“ZYGF”，按Enter键确认，如图9-29所示。

❷ 输入“MACD”，按Enter键确认，如图9-30所示。也可直接单击指标选项中的“MACD”。

图9-29

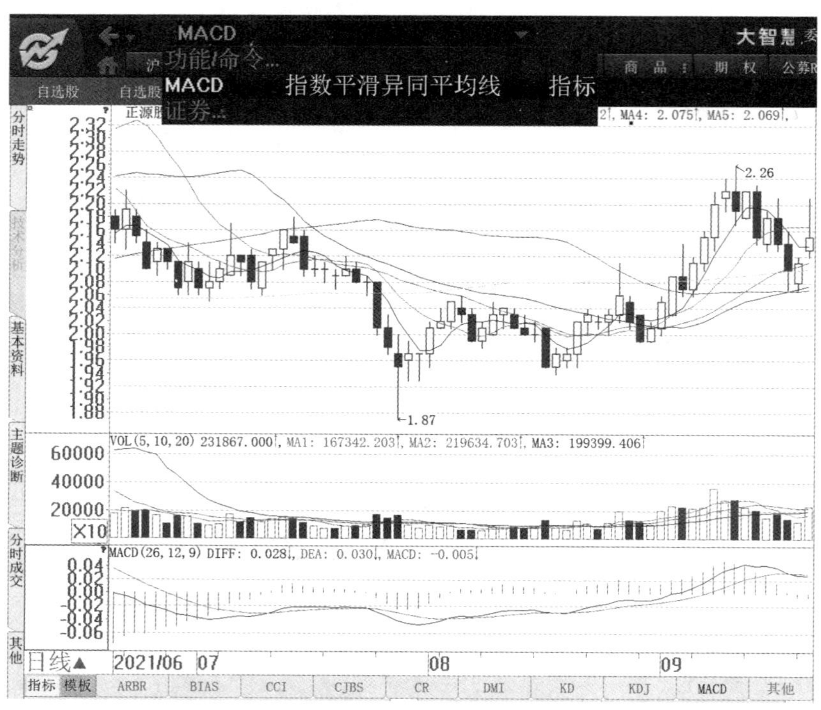

图9-30

❸ 2021年7月至8月的走势属于震荡市，如图9-31所示。MACD线经过前期的下跌走平，已经显示出下降无力、止跌回升的态势，绿色柱越来越短，逐步消失而转为红色柱。在8月出现了MACD线黄金交叉的形态，之后DIF线上穿DEA线并且两线在8月24日一起突破0轴。这是强烈的转势信号，投资者应该抓住这难得的机会，果断买进。在这之后，股价开始一波小幅上涨行情。

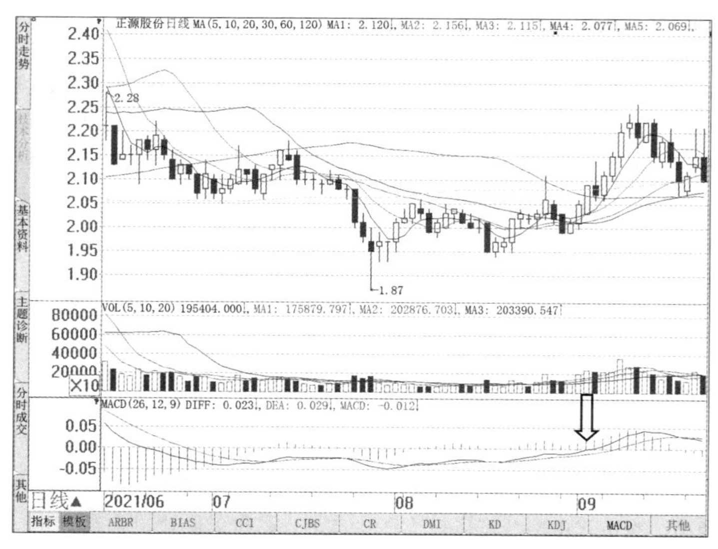

图9-31

9.2.7 MACD线下穿0轴

MACD线由上而下穿过0轴说明股市从多头市场转为空头市场，是卖出信号。股价前期涨幅较大，随时都有下跌的可能。此时MACD线也开始在高位转而向下。当股价冲高回落时，MACD线也随之由上而下穿过0轴，说明股价已经经历了最强势的时段，接下来会逐渐下跌。股价短期内将进入下跌趋势。股价在高位反复震荡始终未突破前期高点，此时若MACD线开始向下穿过0轴，表明多方已经无力拉升股价，这是股价下跌的信号，也是较好的卖出时机。

下面举例说明如何使用MACD线下穿0轴。

❶ 打开大智慧软件，输入大东方的股票代码“600327”或汉语拼音首字母“DDF”，按Enter键确认，如图9-32所示。

600327
SH600327 大东方 上证A股(股票)

图9-32

❷ 输入“MACD”，按Enter键确认，如图9-33所示。也可直接单击指标选项中的“MACD”。

❸ 该股股价在2021年6月至9月的走势中，经过巨幅上涨，在6月中旬达到顶峰，之后开启下跌态势，如图9-34所示。红色柱越来越短，逐步消失转为绿色柱。在经历了第一波下跌之后，DIF线和DEA线距离0轴就比较近了。在短暂休整之后，股价再次开启下跌态势，DIF线与DEA线在7月末一起向下跌破0轴，进入空头趋势。当出现MACD死叉形态时，投资者就应该至少减一半仓位，MACD线下穿0轴更是强烈的转势信号，投资者应该在前期就抓住机会，果断出货。在MACD线跌破0轴之后，股价又进一步下跌。

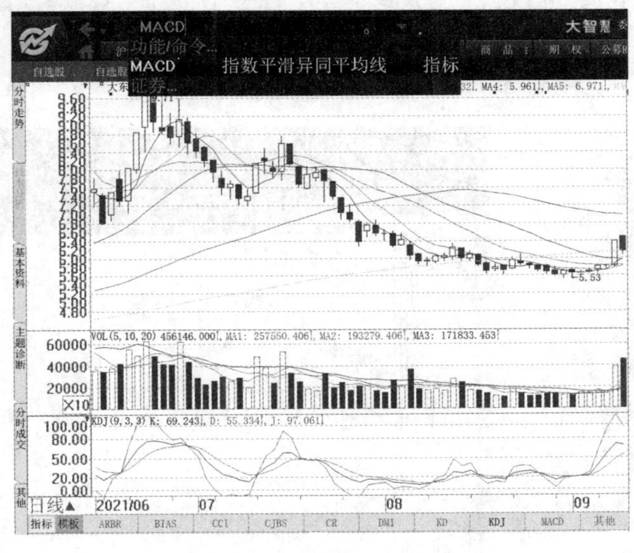

图9-33

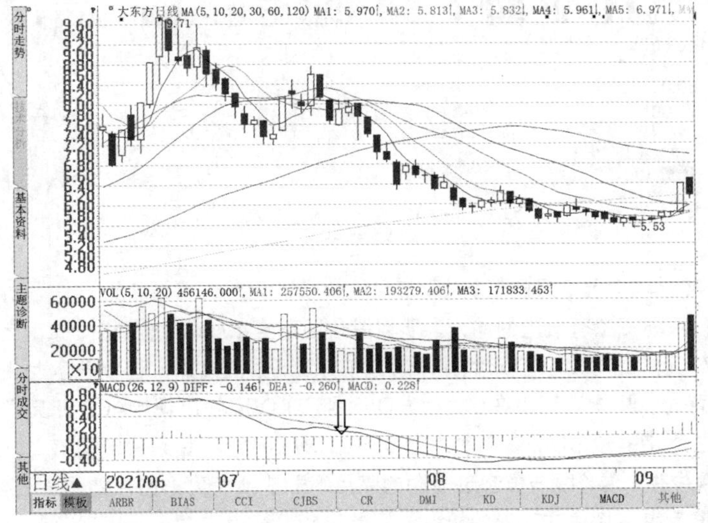

图9-34

9.2.8 MACD线背离

MACD是非常实用的一个技术指标，除了MACD金叉、MACD死叉等可以用于对股票走势进行判断外，投资者还可以结合MACD线背离选到操作性比较强的个股。MACD线背离分为两种，一种是顶背离，另一种是底背离，下面进行具体介绍。

1. 顶背离

当股价在K线图上的走势一峰比一峰高，一直上涨，而MACD指标由红色柱构成的图形的走势一峰比一峰低，即当股价的高点比前一次的高点高，而MACD指标的高点比前一次的高点低，称为顶背离现象。出现顶背离现象一般是股价在高位即将反转的信号，表明股价短期内即将下跌，是卖出股票的信号。下面举例说明如何使用顶背离。

❶ 打开大智慧软件，输入大东方的股票代码“600327”或汉语拼音首字母“DDF”，按Enter键确认，如图9-35所示。

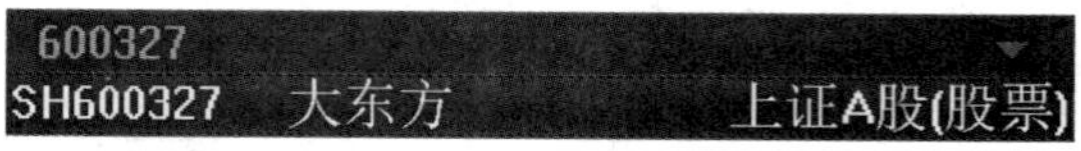

600327
SH600327 大东方 上证A股(股票)

图9-35

❷ 输入“MACD”，按Enter键确认，如图9-36所示。也可直接单击指标选项中的“MACD”。

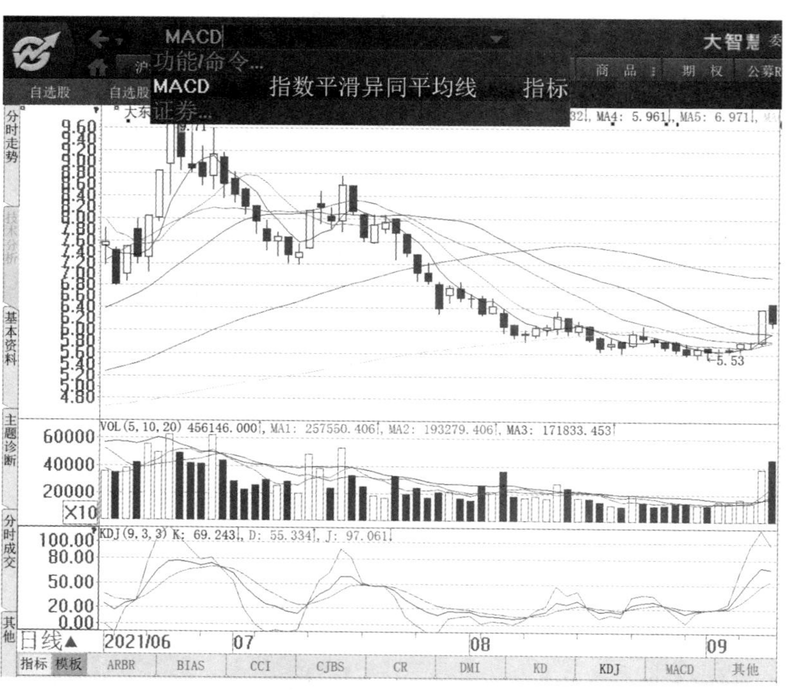

图9-36

❸ 该股在2021年4月至8月的走势中，5月股价快速上涨，涨幅将近一倍，创出短期新高。由于短期涨幅过大，获利资金有出逃的动力，所以股价回落至20日均线获得支撑，之后开启反弹，并再次创出新高9.71元。此时MACD双线并未超过前期DIF线的高点，这就表示上涨动能不足，是典型的MACD线顶背离。具体表现为在0轴上方DIF线下穿DEA线出现MACD死叉，MACD线出现绿色柱，之后绿色柱逐步缩短，DIF线再次上穿DEA线形成MACD金叉后出现第二波上涨的高点。此时，DIF线和DEA线并未像K线一样超过前期的高点，形成顶背离形态，如图9-37所示。这是强烈的卖出信号，投资者应该抓住这难得的机会，果断出货，适时止盈。在出现顶背离之后，股价再次下跌，并且跌破各周期均线步入下跌趋势。

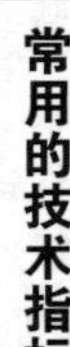

图9-37

2.底背离

底背离一般出现在股价的低位区，往往出现在一轮中长期的下跌行情的末期。当股价在下跌过程中出现一轮又一轮的新低时，MACD线在0轴以下反而呈现出一轮又一轮的上扬态势，即当股价的低点比前一次低点低，而MACD线的低点却比前一次的低点高，称为底背离现象。出现底背离现象一般预示股价在低位，可能反转向上，是短期内止跌或者反弹向上的信号，也是短线投资者在短期买入股票的信号之一。

❶ 打开大智慧软件，输入中信证券的股票代码“600030”或汉语拼音首字母“ZXZQ”，按Enter键确认，如图9-38所示。

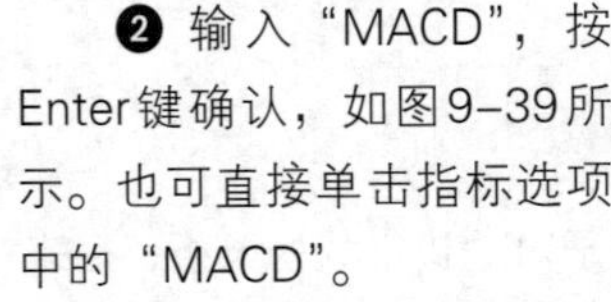

图9-38

❷ 输入“MACD”，按Enter键确认，如图9-39所示。也可直接单击指标选项中的“MACD”。

❸ 在2021年3月至5月的走势中，K线在下降通道，所有的均线都成为压力，如图9-40所示。3月中旬股价触底反弹，出现MACD金叉，横盘反弹了1个月，股价再次下跌，创出新一轮的低点，但是MACD双线并未低于前期的低点，此时表示下跌动力不足。具体表现为DIF线下穿DEA线，形成MACD死叉后出现第一波下跌的低点，然后DIF线上穿

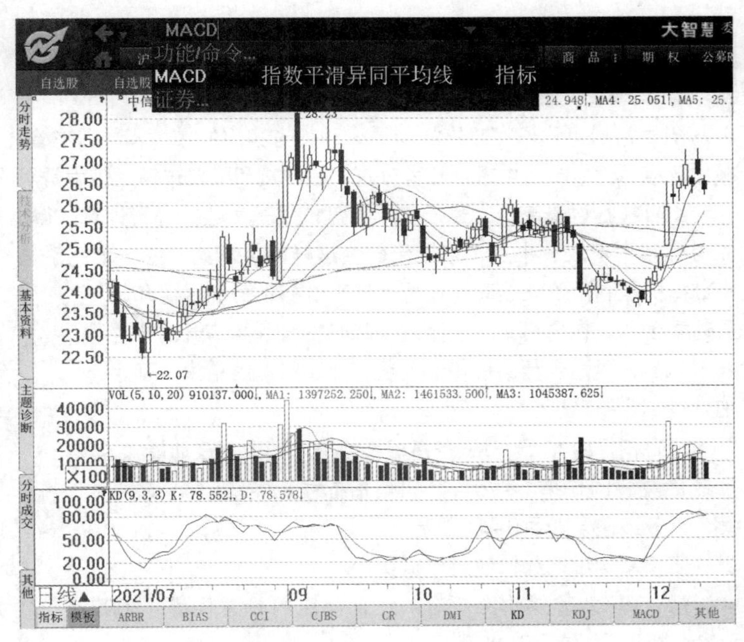

图9-39

DEA线形成MACD金叉，MACD线出现红色柱，之后红色柱逐步缩短，DIF线再次下穿DEA线，形成MACD死叉后出现第二波下跌的低点。此时，DIF线和DEA线并不像K线一样低于前期的低点，形成底背离形态。这是最初的买入信号，投资者可以小仓位买进，但是这时也还是有风险的，有些走势会出现三重底背离，K线一波一波走低。所以底背离形态只能当作空头动能衰竭的表现，并不意味着多头趋势的开启，投资者须谨慎判断。

图9-40

9.3 随机指标

随机指标也称作KDJ指标，是一种相当实用的技术指标，它最先用于对期货市场的分析，后来被广泛应用于股市的中短期趋势分析，是期货和股票市场上较为常用的分析工具。

KDJ指标以最高价、最低价及收盘价为基本数据进行计算，得出K值、D值和J值，分别在指标的坐标系中形成一个点，连接无数个这样的点，就形成一个完整的、能反映价格波动趋势的曲线。KDJ指标是利用价格波动的波幅来反映价格走势的强弱和超买超卖现象，在价格尚未上升或下降时发出买卖信号的一种技术工具，更适合帮助投资者判断反弹和回调的结束，确定加仓或减仓的时机。

KDJ指标由K、D、J三条指标线组成。其中，波动最大、反应最灵敏的是指标线J，其次是指标线K，指标线D最平缓、反应最慢，如图9-41所示。

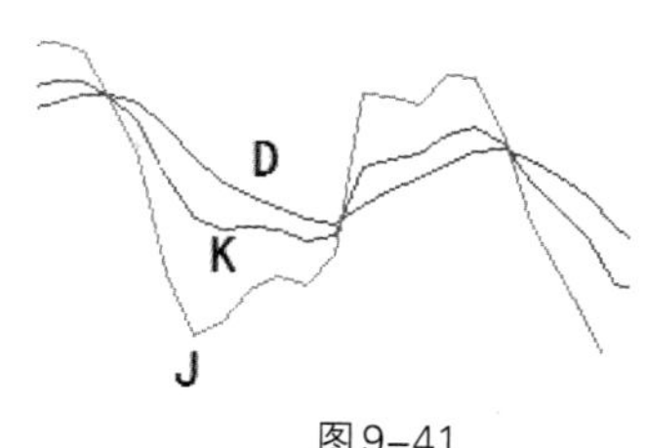

图9-41

下面举例说明如何使用KDJ指标。

❶ 打开大智慧软件，输入红日药业的股票代码“300026”或汉语拼音首字母“HRYY”，按Enter键确认，如图9-42所示。

300026
SZ300026　红日药业　　创业板核准(股票)

图9-42

❷ 输入“KDJ”，按Enter键确认，如图9-43所示。也可直接单击指标选项中的“KDJ”。

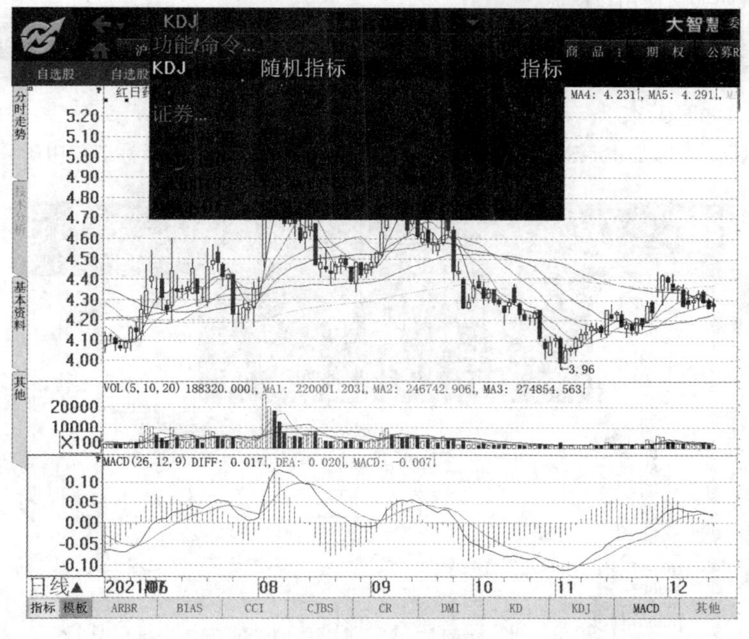

图9-43

9.3.1　KDJ取值

在KDJ指标中，K值与D值永远介于0和100之间。J值可以超过100和低于0。但在股票分析软件中，KDJ指标的研判范围都是0~100。通常就敏感性而言，J值最强，K值次之，D值最弱。而就安全性而言，J值最低，K值中等，D值最高。

根据KDJ指标的取值，可将其划分为几个区域，即超买区、超卖区和震荡区。按一般划分标准，K、D、J三值在20以下为超卖区，是买入信号；K、D、J三值在80以上为超买区，是卖出信号；K、D、J三值在20~80为震荡区，宜观望。各区域如图9-44所示。

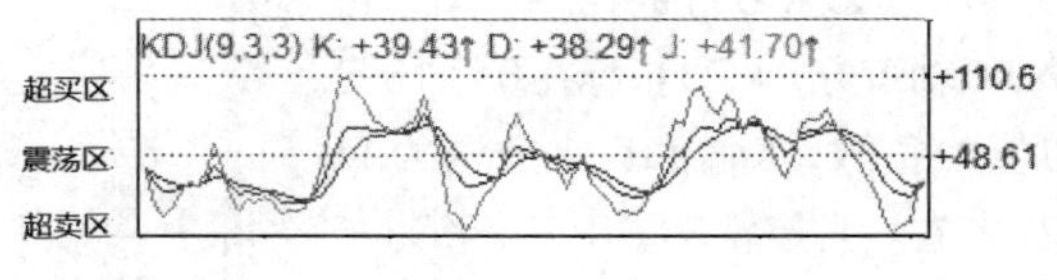

图9-44

一般而言，当K、D、J三值在50附近时，表示多空双方力量均衡；当K、D、J三值都大于50时，表示多方力量占优；当K、D、J三值都小于50时，表示空方力量占优。

9.3.2　KDJ黄金交叉

KDJ黄金交叉（简称KDJ金叉）分为两种形态：一种是金叉出现的位置比较低，在超卖区；另一种是金叉位置较高，处于超买区。当股价经过很长一段时间的低位盘整行情，并且K、D、J三线都处于50轴以下时，一旦J线和K线几乎同时向上突破D线，表明股票行情即将转强，股价跌势已经

结束，将止跌上涨，这时属于弱势反弹。当K、D、J三线都处于50轴附近偏上，此时J线和K线同时向上突破D线形成金叉，表明股市处于一种强势状态，股价将再次上涨，可以加码买进股票或持股待涨。

在股价上涨趋势当中，KDJ指标接近-100的底部，说明市场存在超卖，当前回调已经比较充分，可能很快进入下一轮上涨，这时就是很好的加仓机会。

下面举例说明如何使用该指标。

❶ 打开大智慧软件，输入克劳斯的股票代码“600579”或汉语拼音首字母“KLS”，按Enter键确认，如图9-45所示。

600579
SH600579 克劳斯 上证A股(股票)

图9-45

❷ 输入“KDJ”，按Enter键确认，如图9-46所示。也可直接单击指标选项中的“KDJ”。

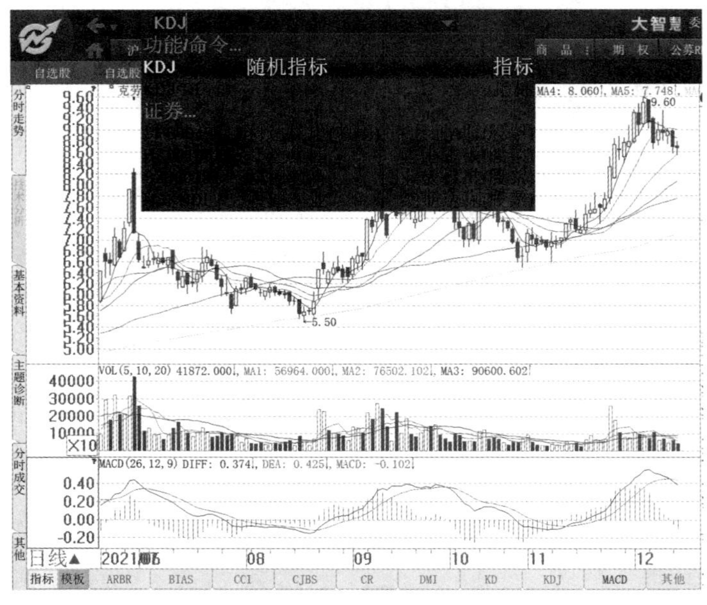

图9-46

❸ 查看克劳斯在2021年5月至9月的走势，如图9-47所示。股价经过5月的上涨和6月的回调，KDJ线进入50轴下方，KDJ指标在6月16日的J值为负数，K值和D值分别为11和22左右。紧接着6月18日，KDJ指标中的J线和K线几乎同时向上突破D线，出现KDJ金叉，表明短期内股票行情将转强，股价跌势短期已经结束，将止跌上涨，可以选择买入。这里还有一个支持买入的信号，就是K线处于均线上方，整体处于多头趋势当中。投资者应该结合其他指标以及K线的趋势，抓住这难得的机会果断买入。

图9-47

9.3.3 KDJ死亡交叉

KDJ死亡交叉（简称KDJ死叉），即在高位J线和K线几乎同时向下跌破D线。与KDJ金叉一样，KDJ死叉也有两种不同的表现形态。第一种是当股价经过很长一段时间的高位盘整行情，并且K、D、J三线都处于50轴以上时，一旦J线和K线几乎同时向下跌破D线，表示股市行情即将从强势转为弱势，股价将有下跌风险。第二种是当股价经过一段时间的下跌之后，缺乏向上反弹动力，并且各条均线对股价形成较强的压力时，KDJ线向上反弹无力，低于50轴再次选择向下，形成死叉，表明股市将再次进入极度弱市，股价还将下跌，可以卖出股票或观望。

股票处于下跌趋势时，KDJ指标接近顶部也就是100，说明当前反弹基本到位，这个点就是卖出点。下面举例说明如何使用该指标。

❶ 打开大智慧软件，输入长电科技的股票代码“600584”或汉语拼音首字母“CDKJ”，按Enter键确认，如图9-48所示。

图9-48

❷ 输入“KDJ”，按Enter键确认，如图9-49所示。也可直接单击指标选项中的“KDJ”。

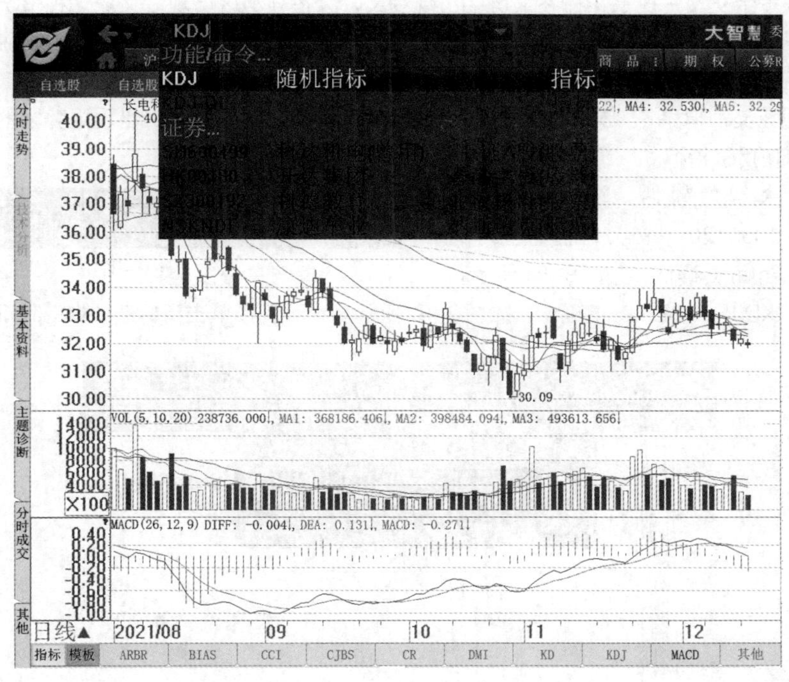

图9-49

❸ 查看长电科技在2021年6月至9月的走势，如图9-50所示。在7月12日，J线和K线几乎同时向下跌破D线，出现KDJ死叉，表明股价涨势已经结束，即将转势，但是强势区间的KDJ死叉，很有可能是因为股价涨多了回踩。在8月10日，KDJ指标在震荡区再次出现KDJ死叉，这就是进入下跌趋势的信号，投资者可以适时选择卖出止盈。当然，如果结合其他趋势指标以及K线图进行判断，会更加准确。

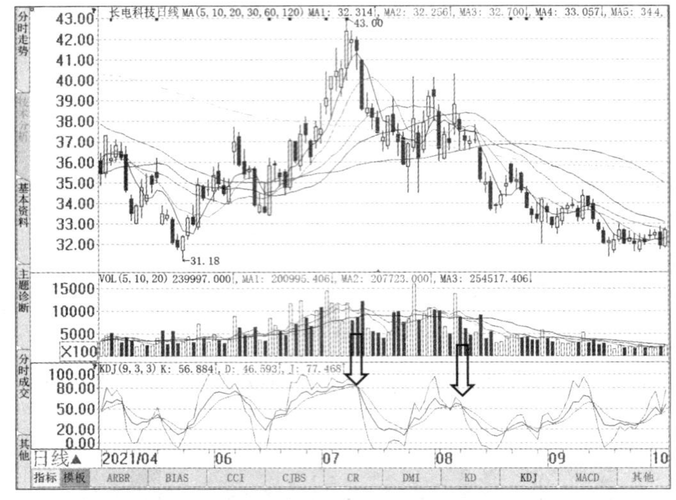

图9-50

9.3.4 KDJ双重黄金交叉

KDJ双重黄金交叉一般是指先在弱势区出现金叉，又在强势区出现金叉。这种情况一般出现在股价前期处于较低的位置时，当在弱势区KDJ出现金叉，表明股价已经扭转趋势，摆脱前期的下降趋势或者震荡趋势，上涨的概率较大。当股价强势拉升之后，横盘后KDJ线就会修整向下形成死叉，这时虽然出现死叉，但是K、D、J三线处于强势区，股价稍微上涨，马上出现强势区的金叉。下面举例说明如何使用该指标。

❶ 打开大智慧软件，输入经纬辉开的股票代码“300120”或汉语拼音首字母“JWHK”，按Enter键确认，如图9-51所示。

300120
SZ300120 经纬辉开 创业板核准(股票)

图9-51

❷ 输入“KDJ”，按Enter键确认，如图9-52所示。也可直接单击指标选项中的“KDJ”。

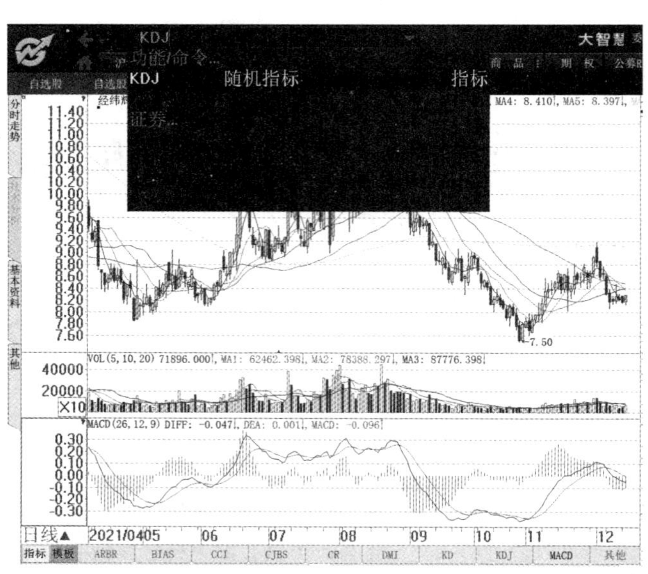

图9-52

❸ 查看经纬辉开在2021年6月至8月的走势，如图9-53所示。这一期间该股向上弱势震荡，之后突破均线的压制开始震荡上行。6月7日，经纬辉开在弱势区出现KDJ金叉，表明股票已经开始抵抗，摆脱前期的下降趋势或者震荡趋势，上涨的概率较大。之后股价强势突破均线压制，K线升至均线上方，进入多头形态。之后股价在6月底回踩均线，KDJ线修整向下形成死叉，这时虽然出现死叉，但是K、D、J三线处于强势区。紧接着，在2021年7月6日股价再次上涨，出现强势区的金叉，这是准确性较高的一个买点，投资者可跟随买入。

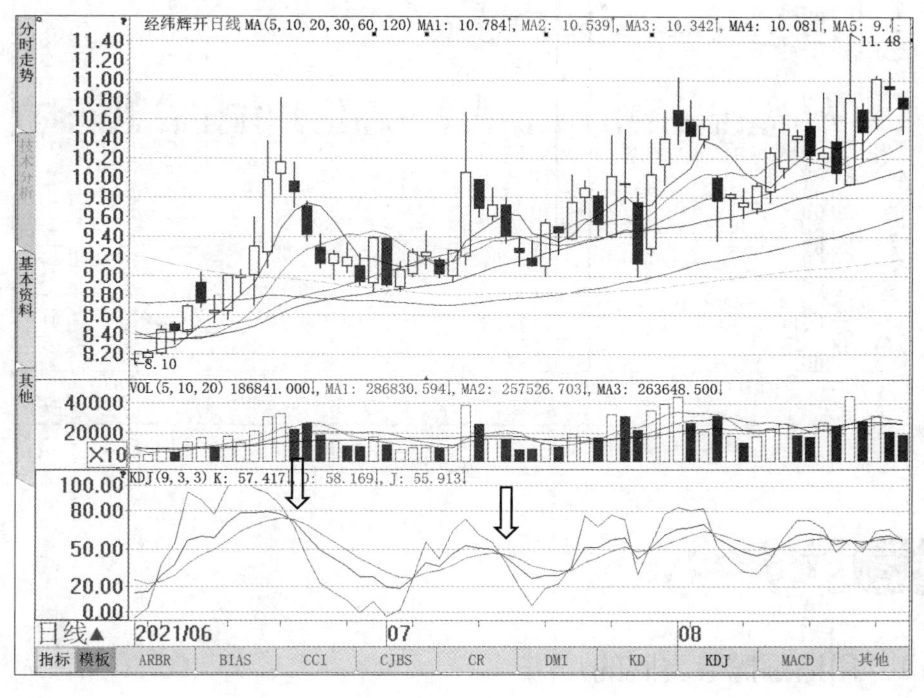

图9-53

9.4 牛市中常见的指标及其特征

前面已经介绍了若干个指标的应用，投资者也许会问：只用一个指标对一只股票的判断是否精准？答案是不精准，只用一个指标对个股判断的准确率并不十分高，要将多种指标结合起来进行判断才会更加准确。那么牛市中常见的指标是什么样的形态？下面对牛市中的常见指标及其特征进行总结。

（1）均线多头排列。

（2）K线在布林线中轨以上运行并且布林线轨道方向向上。

（3）形成KDJ金叉并始终在50轴以上运行。

（4）形成MACD金叉并且DIF线和DEA线几乎始终在0轴以上运行。

（5）成交量不断放大。

以北方华创在2021年3月至8月的行情为例，投资者可以清晰地看到，牛市行情中指标所应当具备的特征就是上述特征，如图9-54所示。投资者可以依据这些特征，对个股进行筛选，以选出牛股。

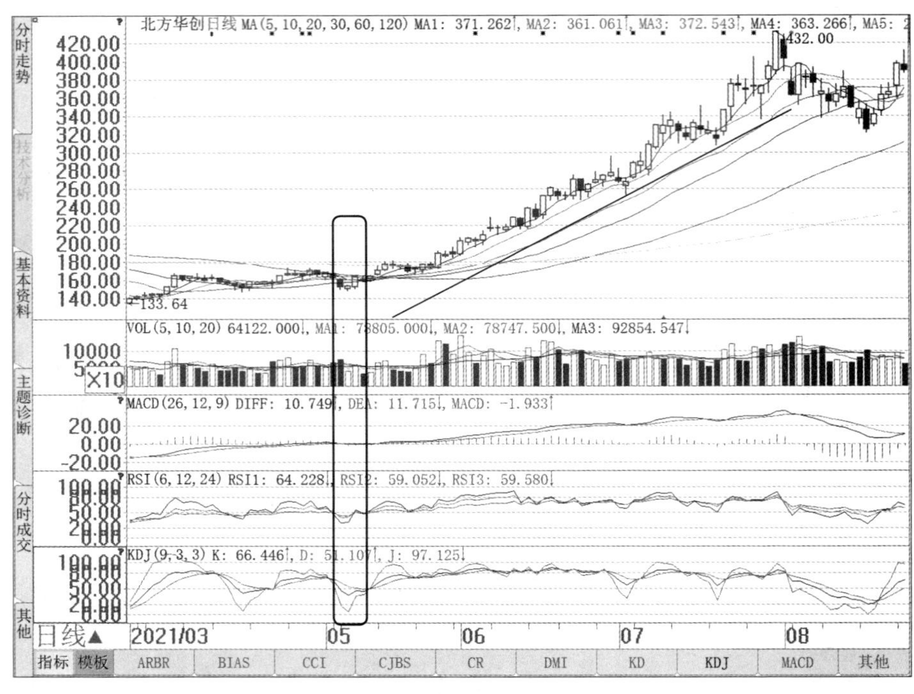

图9–54

高手秘技

技巧1　用指标探寻真底的方法

当MACD指标中DIF线在0轴以下运动时，DIF线由下往上穿过DEA线形成金叉，但并未一路上升突破0轴，而是很快下行又与DEA线形成死叉。在此之后，如果DIF线和DEA线又在0轴以下形成金叉，且此时中长期均线也开始转头向上，就表明底部形态即将形成，行情反转是大概率事件。

技巧2　灵活掌握MACD指标

投资者如果根据MACD指标进行操作，会发现当MACD指标发出买入信号时，股价已上升大半；当MACD指标发出卖出信号时，股价已大幅下跌。总之，MACD指标存在一定的滞后性。

活用MACD指标，就是指根据颜色柱的长短变化进行操作。通常，红色柱升到最高开始慢慢变短，为卖出信号；绿色柱升到最高开始慢慢变短，为超前的买入信号。

第10章　通过成交量透视股票走势

本章引语

一箭易折，十箭难断。

——《魏书》

证券市场中的竞价交易产生了股价，买方与卖方交易的达成产生了成交量。成交量越大，市场的参与度越高。由此可见，股价与成交量之间的关系十分紧密，投资者可以透过成交量分辨股票走势的真实与虚假。成交量是投资者分析和判定市场行情时重要的依据，也是应用其他技术指标时不可或缺的参考。

本章要点

★上涨行情中的成交量形态

★下跌行情中的成交量形态

10.1 成交量对炒股的意义

成交量就是平时所说的“量”。在股市里，价格很重要，成交量更重要。在利用技术指标对股票进行分析的时候，最基本的技术指标就是成交量。投资者可以透过成交量，看清股价所处的阶段和主力运作的意图，因此成交量对投资者来说意义重大。

10.1.1 什么是成交量

在证券市场中，与成交相关的重要指标有两个，一个是成交量，另一个是成交额。成交量是指单位时间内股票交易成交的数量。成交量以股为单位，显示的是一段时间内成交的股数。成交额是一段时间内的实际成交金额，以元为单位，是成交量×股价的结果。在一只股票的高位和低位，如果二者的成交量是相同的，成交额会有非常大的不同，因为不同的股价乘以相同的成交量，最后得到的成交额是不同的。

一般当供不应求时，投资者争相买进，成交量会随之放大；反之，当供过于求时，市场冷清，成交量势必萎缩。

1. 查看分时图

❶ 打开大智慧软件，输入京东方A的股票代码“000725”，按Enter键确认，如图10-1所示。

000725
SZ000725 京东方A 深证主板(股票)

图10-1

❷ 图10-2所示为京东方A（000725）的分时图。图中的每一根成交量柱分别代表每一分钟所产生的成交量，一个交易日有240分钟，因此，应当有240根成交量柱。这些成交量柱排列在一起形成股票的成交量带。成交量大，成交量柱就长；成交量小，成交量柱就短。单击分时图可以显示十字光标，十字光标竖线所指的是该光标位置的这一分钟的股价和成交量，同时在分时图的左侧将显示该分钟的股价和分时成交量数据。

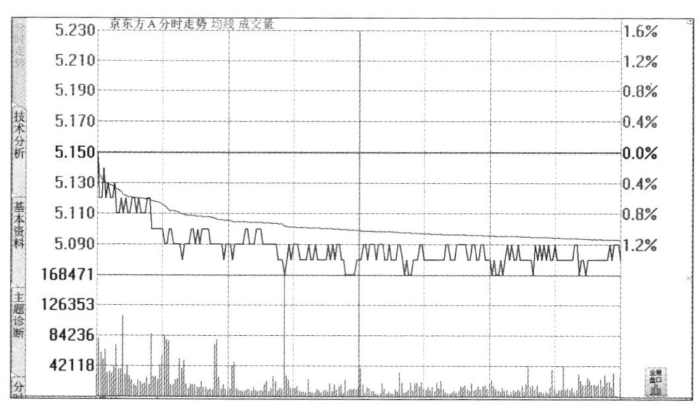

图10-2

2. 查看成交量指标

通过股票分析软件，投资者还可以查看K线图中的成交量指标。

❶ 打开大智慧软件，输入京东方A的股票代码“000725”，按Enter键确认，从分时走势界面切换至技术分析界面。

❷ 图10-3所示为京东方A（000725）的K线图。成交量指标图位于K线图下方。京东方A的日

K线图中的每一根成交量柱分别代表每一个交易日所产生的成交量。如果投资者查看的是其他时间周期的K线图，则下方对应的成交量就是对应分析周期的成交量。与分时图一样，成交量越大，成交量柱就越长；成交量越小，成交量柱就越短。成交量柱为红色，表示在此日股价上涨；成交量柱为绿色，表示在此日股价下跌。值得注意的是，所有的K线图都有成交量均线。成交量均线也是非常重要的技术指标，其基本的运行规律是：成交量5日均线上穿成交量10日均线，说明股价有资金支撑，上涨基础扎实；成交量5日均线下穿成交量10日均线，说明股价上涨无资金支撑，很容易拐头向下或者处于下跌态势，成交量也会减少。

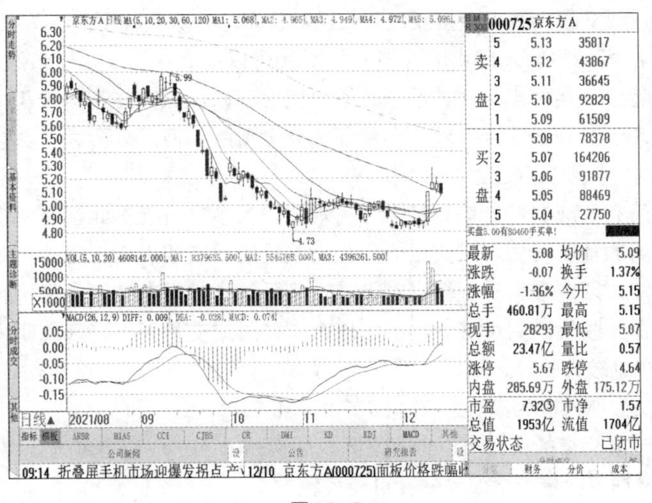

图10-3

3.查看成交明细

投资者如果想了解更详细的成交数据，可以查看成交明细。

❶ 打开大智慧软件，输入京东方A的股票代码“000725”，按Enter键确认。进入个股界面后，按F1键，即可显示成交明细数据。

❷ 图10-4所示为京东方A（000725）在2021年9月23日的成交明细。图中“现手”一栏，红色字体表示以主动性买入价成交，绿色字体表示以主动性卖出价成交。

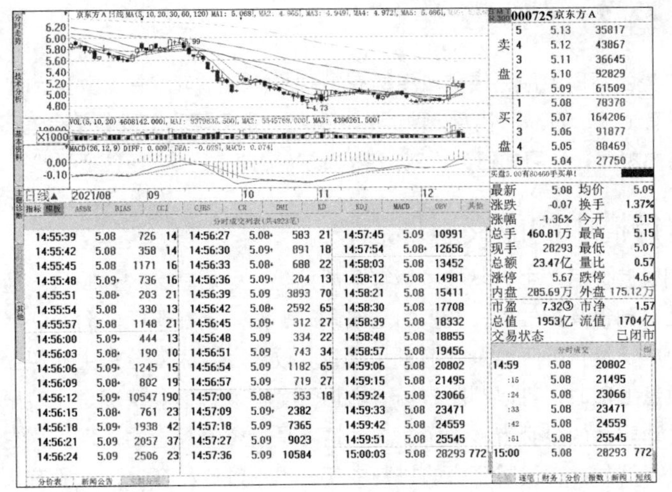

图10-4

10.1.2 成交量的意义

股票的价格与成交量之间成正相关关系，也就是遵从“价升量增、价跌量减”的规律。在股价不断上升的过程中，成交量也在不断增加；在股价下跌过程中，成交量也在逐步减少。

根据这一规律，股票价格上升而成交量不增加，则说明股票得不到买方的认同，价格的上升趋势就会因为得不到支持而发生改变。反之，当股价下跌时，成交量往往会减小，达到一定程度之后将走平，这意味着卖方认为股价不再有下跌空间，多空此时已经有一定的分歧，从而股价下跌的趋势会发生改变。

对于个股来说，成交量的大小直接反映该股票对投资者的吸引程度。当某只股票吸引力很大时，会吸引很多投资者购买，买的人比卖的人多，股价就得以推高；相反，当该股票的吸引力下降时，持有该股票的投资者会争相卖出手中的股票，股价就会下跌。虽然在实际走势中，所有投资者不可能对某只个股的未来走势判断完全一致，全看涨或者全看跌。但是只要大多数投资者的投资观点一致，成交量与股价的走势就会受上述规律的影响。

当然，并不是所有的成交量走势均符合上述规律，很多投资者对此都有错误的认识，成交量与股价之间也会有背离的情况发生。成交量的产生必然是既要有买入者，也要有对应的卖出者，股票处于任何一个价格都必须遵守这一规律。对于某一只股票，如果有某一个股价区间成交量出乎意料地放大，只能说明在此股价区间投资者的分歧较大。如果成交量很小，则说明大多数投资者对该股在此价格区间运行意见较为一致。

总体来说，成交量所代表的真实含义主要有以下几点。

（1）投资者通过成交量的变化可以分析出某只股票的人气。成交量越大，越能吸引投资者参与，参与的投资者人数增加，股票价格波动幅度可能会较大。

（2）投资者通过对成交量的变化分析，还可以发现个股的价格压力位和支撑位。因为如果在某一价位成交量很大，说明有较多的投资者在此价位购买了该股票，那么在此价位就有较大的压力或者较强的支撑。

（3）投资者可以通过对个股不同股价区间的成交量变化进行分析，判断趋势的可持续性。如果是趋势性上涨，随着股价的不断上涨，成交量也会稳步地上升，这说明看好该股票的投资者较多，股价上涨的途中一直有投资者加入。股价上涨的后期，成交量逐渐减少，说明敢于参与的投资者减少了。

10.2 成交量的特征

个股在行情走势的不同阶段，成交量指标有不同的特点，可以分为放量、常量和缩量3种形式。而对于价格来说，有上涨、下跌和横盘3种形式。虽然上涨行情和下跌行情会有多种形态，但是投资者可以从本节总结的规律，学习如何分析成交量，进而帮助自己从交易中获利。

10.2.1 上涨行情中的成交量形态

股价经过长期筑底之后，主力掌控了足够多的筹码，之后就会拉升股价。通常股价在上涨行情中，极少会一下上涨到很高的位置，更多的是波段式上涨。而在不同的阶段，成交量也会有不同的特征。上涨行情中成交量可分为放量、缩量和常量。放量上涨大部分是主动买盘，也就是外盘增加导致的。当看到放量上涨时，可以判断市场有增量资金进场，这种情况是比较乐观的。缩量上涨的时候，可以确认主动卖盘的投资者减少了，这种情况是投资者锁仓的表现。这在一些投资逻辑很好的股票中尤为明显，例如，在贵州茅台的拉升中就曾出现过这种情况，一般有长期投资者的介入才会出现这种情况。

1. 上涨初期阶段成交量特征

经过较长时间的筑底后，股价有恢复自身价值的需求。尤其是在上涨初期，根据个股流通盘大小和主力的操盘风格，股价的上涨和成交量的放量会有所不同。有的股价会缓慢拉升，成交量一般是温和放量；有的股价则是急速拉升，成交量大幅增加，但之后成交量大幅萎缩。

❶ 打开大智慧软件，输入山煤国际的股票代码“600546”或汉语拼音首字母“SMGJ”，按Enter键确认，如图10-5所示。

600546
SH600546 山煤国际 上证A股(股票)

图10-5

❷ 图10-6所示为山煤国际2021年3月至9月的日K线图。经过前期的筑底，在2021年5月5日股价突然涨停，换手率达到2.73%，成交量放出巨量，是前期的2.5倍。经过将近一个月，该股于2021年6月2日再次放量涨停，换手率达到4.8%，并在随后几天成交量继续增加。这两次上涨都是大涨前期主力的建仓行为，目的是告诉投资者行情要准备发动了。主力先试试水看看还有多少持股不牢固、能洗出来的浮筹。如果投资者读懂了成交量信号，就会关注该股，等待低吸的机会买入。

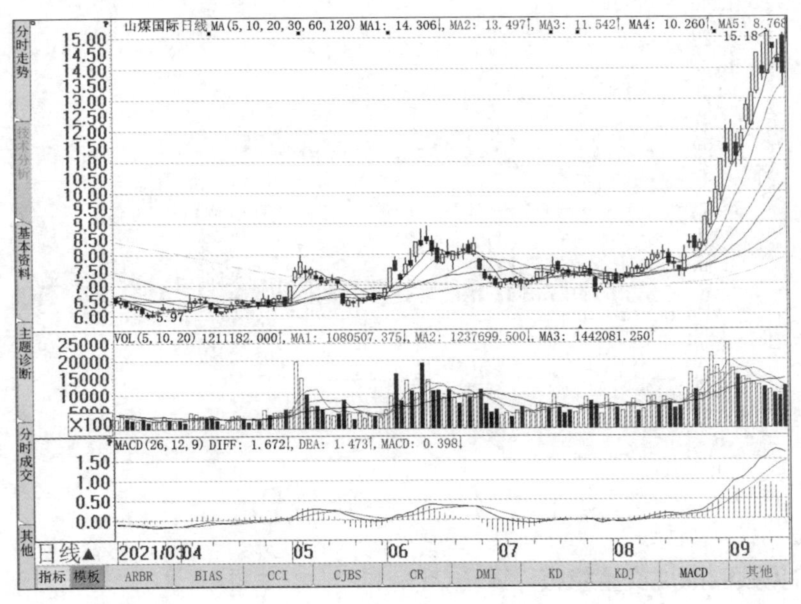

图10-6

> **提示**
> 股价的上涨通常分为几个波段，主力通过波段不断推高股价，并在波段中下跌洗盘，洗走意志不坚定的投资者，为主升浪做准备。这些波段中，每一波股价上涨时都需要成交量的配合，都会有放量的过程，当股价上升一个台阶之后开始回落，这时候成交量也相应地减少。

2. 主升浪行情中成交量特征

主升浪是股价在一轮行情中涨幅最大、上涨维持时间最长的行情，也是一轮行情中最重要的获利阶段之一，在波浪理论中被称为第三浪。主升浪行情一般出现在大盘强势突破调整之后。

主升浪的股价呈单边上涨态势，均线形成多头排列。从成交量来分析，经过股价筑底时吸筹、

上涨初期的洗盘，通常在主升浪阶段，主力手中的筹码已经足够多，实力强的主力甚至能达到完全控盘的效果。这时个人投资者手中的筹码已不多，主力拉升股价的压力较小。主力通过对敲等操作手段拉升股价。在主升浪阶段，成交量通常会保持在一个较高的水平，并呈现平稳的态势。

❶ 打开大智慧软件，输入山煤国际的股票代码“600546”或汉语拼音首字母“SMGJ”，按Enter键确认。

❷ 图10-7所示为山煤国际2021年4月至11月的日K线图。从图中可以看到，经过前期两个小波段的上涨之后，该股进入价跌量缩的阶段性调整，之后该股从2021年8月23日开始突然放量开启主升浪行情。在主升浪前期阶段，成交量与股价走势保持一致：股价上涨，成交量放大；股价下跌，成交量随之缩减。从图中可以看出，在主升浪前期，成交量都维持在一个较高的水平，但随着股价进一步上涨，成交量出现递减形态，说明后期虽然价增，但是量没能支撑，股价离顶部不远了。

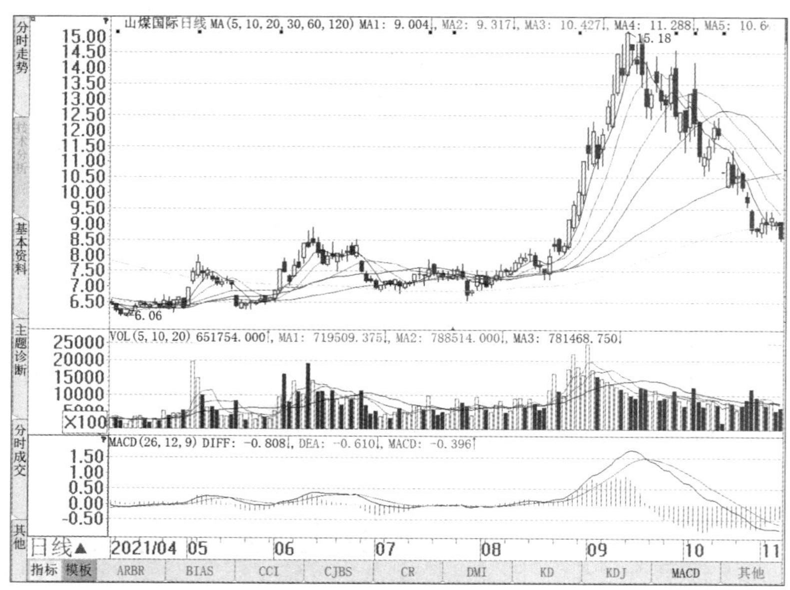

图10-7

3. 股价见顶时期成交量特征

股价在见顶阶段成交量的表现分为两种情况：一种是放量见顶，另一种是缩量见顶。

（1）放量见顶。当个股或者大盘放出不同寻常的巨大成交量时，就出现了股价即将见顶的重要特征。其中，如果中小板和创业板的股票换手率达到30%以上，大盘股的换手率达到15%以上，并且前期股价已有巨大涨幅的，则在放出巨量的当天，就要当机立断迅速卖出手中的股票。

虽然有些股票的成交量没有达到上述标准，但成交量若是最近行情中最大的，也要将其视为“巨量”。例如，某只个股在一轮行情中，换手率从未超过5%，如果股价上涨到一定的高度，并且换手率连续多次超过5%时，投资者也要加以警惕，因为从技术面分析，量和价之间有必然的联系。“天量”之后见“天价”的规律已经多次被市场验证。

❶ 打开大智慧软件，输入金发拉比的股票代码“002762”或汉语拼音首字母“JFLB”，按Enter键确认，如图10-8所示。

002762
SZ002762 金发拉比 深证主板(股票)

图10-8

❷ 图10-9所示为金发拉比的日K线图。从图中可以看到该股股价从2021年4月2日开始8个交易日无量涨停，股价从6.03元一路涨至最高

22.18元。投资者一定有疑问：为什么价涨量却极小？这是因为无量涨停卖单极少，大量的投资者想要买进却难以在涨停价买进，没有成交，造成成交量十分小。因此，在4月13日和4月14日涨停打开的时候，成交量才恢复正常。值得注意的是，该股票在这两日放出巨量，之后再次无量封板。这说明多头的热情非常高涨，后市可能还会上涨。但是随着行情的发展，6月1日再次无量涨停，第二日再次放出巨量，这说明主力在出货，此时投资者就应当警惕，如果无法根据当天走势判断是否出货，可以结合后面三天的走势判断。后面股价下跌，但是成交量呈现减少的趋势，这说明已经没有那么多投资者追逐该股了。果不其然，股价随后一路下跌。在下跌的过程中，主力一直在减仓，所以成交量并没有极度萎缩。

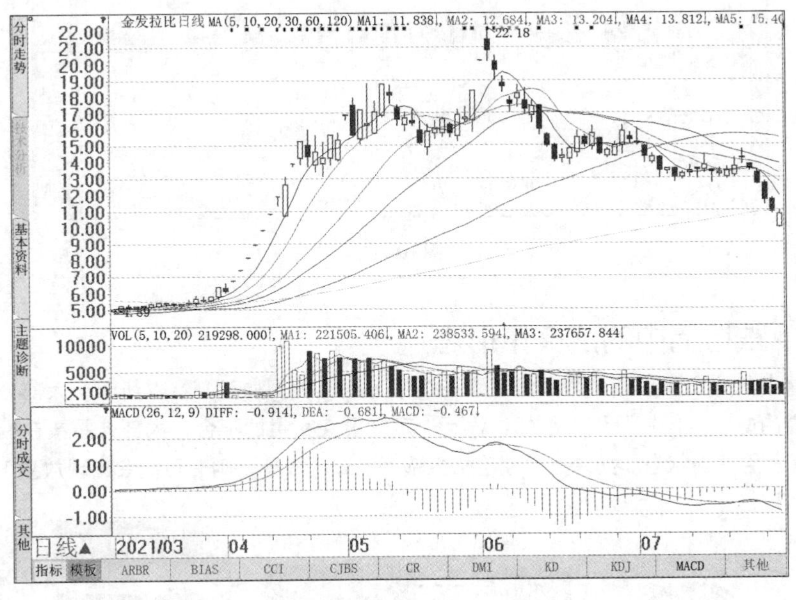

图10-9

（2）缩量见顶。缩量见顶是指当股价处于顶部时，成交量与主升浪时期相比，出现常量或者缩量，形成了成交量与价格背离的现象。由于前期主升浪已经有巨大涨幅，很多投资者已经处于狂热的非理性状态，认为只要买进该股票，就会有盈利，但是这种狂热的投资者数量会随着股价的飙升而越来越少。而此时持股的投资者看到前期股价快速上涨，期望值还很高，认为行情还会延续，不会低价出售手中的股票。因此在这个阶段，成交量反而会减少。

❶ 打开大智慧软件，输入伟星新材的股票代码“002372”或汉语拼音首字母“WXXC”，按Enter键确认，如图10-10所示。

图10-10

❷ 图10-11所示为伟星新材2020年12月至2021年9月的日K线图。该股从2021年3月就开启了上涨趋势，该轮上涨延续至2021年4月股价见顶。前期的几波上涨都放出成交量助推股价上涨，但是特殊的是在3月中旬和4月中旬这一阶段的上涨是缩量上涨。股价持续走高，但成交量却不跟随增加，呈现量价背离的现象，顶部特征凸显。这时投资者就要注意了，后面再大的涨幅可能都是假象，建议卖出。

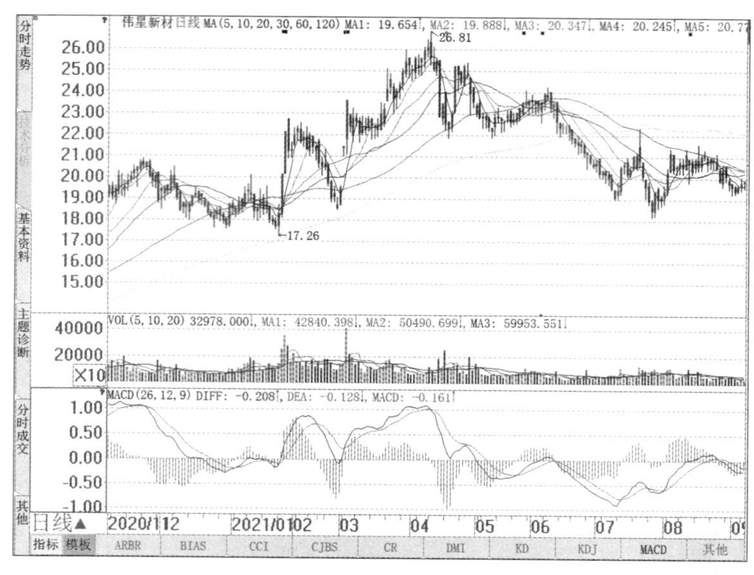

图10-11

10.2.2 下跌行情中的成交量形态

下跌行情中的成交量形态分为放量下跌和缩量下跌两种，如图10-12所示。大部分时候股价上涨需要成交量的配合，但是股价下跌的过程不一定需要成交量的配合，大部分股票在股价下跌的过程中，成交量呈平稳的状态。如果是前期价格大幅上涨过的股票，则有可能会出现放量下跌的形态。

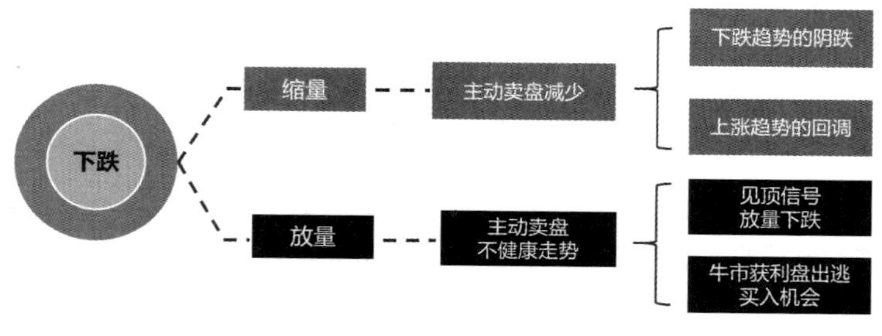

图10-12

1. 放量下跌

放量下跌主要是主动卖盘的增加导致的，一般来说不是好事，是大资金出货的表现。但是也有特殊情形，在牛市中出现单根K线的放量下跌，并不应该看空，这一般是获利盘出逃的表现，在多头仍然强势的情况下，这是一个极好的买入机会。投资者可参考2015年上证指数的牛市走势。一般情况下的放量下跌是非常不健康的，如下面的例子。

❶ 打开大智慧软件，输入双箭股份的股票代码“002381”或汉语拼音首字母“SJGF”，按Enter键确认，如图10-13所示。

002381
SZ002381 双箭股份 深证主板(股票)

图10-13

❷ 图10-14所示为双箭股份2021年2月至7月的日K线图。从图中可以看到，4月一整月股价都在高位缩量震荡。在2021年4月29日，该公司公布一季度季报，业绩不达预期导致该股放出巨量下跌，说明前面主力可能没有出掉手中太多筹码。

在下跌初期，成交量明显高于前期顶部震荡时的成交量，表明主力出逃，后面股价还会继续下跌。

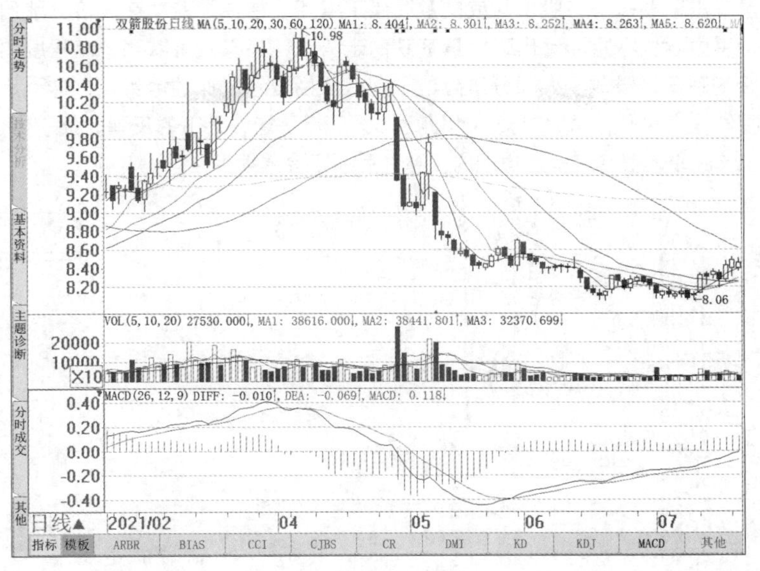

图10-14

提示

某只股票除权之后，股本扩大会导致成交量放大，但是成交额不会有太大的改变，此时成交量放大的意义就要打折扣。

2. 缩量下跌

在缩量下跌中我们可以确认的是主动买盘减少，也就是外盘减少，在以下两种情况下会出现缩量下跌。①在下跌趋势的阴跌走势中，在没有新的消息刺激走势逆转时，股价一般会以缩量下跌的形式缓慢下跌。出现缩量下跌的主要原因是，持有股票的投资者仍想要高价卖出手中的股票，但是没有人愿意在股价下跌的时候接盘，因此成交量会减少。②在上涨趋势后的回调中，虽然主动买盘减少是必然的，但投资者拿到筹码后也不愿意卖出筹码。此时可以看到的是主动卖盘大幅减少，出现这种状况，可以理解为是健康的。

在熊市中，由于下跌具有惯性，所以即使没有很大的成交量，股价也可以下跌，极小的单量就可以把价位拉低。当然，并不是股价下跌就没有投资者买入。股价下跌至一定程度，其风险就得到了一定的释放，有些投资者就会认为价格跌到合适的位置，可以进场了。但是由于此类投资者较少，所以成交量也较小。在相对低位的缩量下跌中，如果股票没有基本面的巨大变化，投资者可以采用网格交易法进行操作，就是把资金分成*n*份，先建立初始仓位，再设定一个百分比，如5%，股价跌5%就买入1份，涨5%就卖出1份，如此反复买卖。

❶ 打开大智慧软件，输入航天彩虹的股票代码“002389”或汉语拼音首字母“HTCH”，按Enter键确认，如图10-15所示。

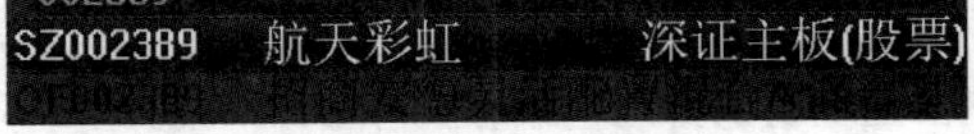

002389
SZ002389 航天彩虹 深证主板(股票)

图10-15

❷ 图10–16所示为航天彩虹从2020年12月至2021年6月的日K线图。在2021年1月股价见顶之后，成交量就呈下跌态势，股价与成交量同步下滑。这往往是前期在股价上涨的过程中，主力边拉升边出货，手中仓位不重才会出现缩量下跌的走势。但是当股价跌到一定程度的时候，大部分投资者认为该股下跌已经释放了大部分风险，于是有些投资者试探性地买入，这也是为什么会在跌一个波段之后股价探底回升，同时成交量也随之放大。但是均线之下的反弹，都不建议投资者参与，尤其是刚下跌一个波段，很有可能是短期的反弹，后面还会继续下跌。

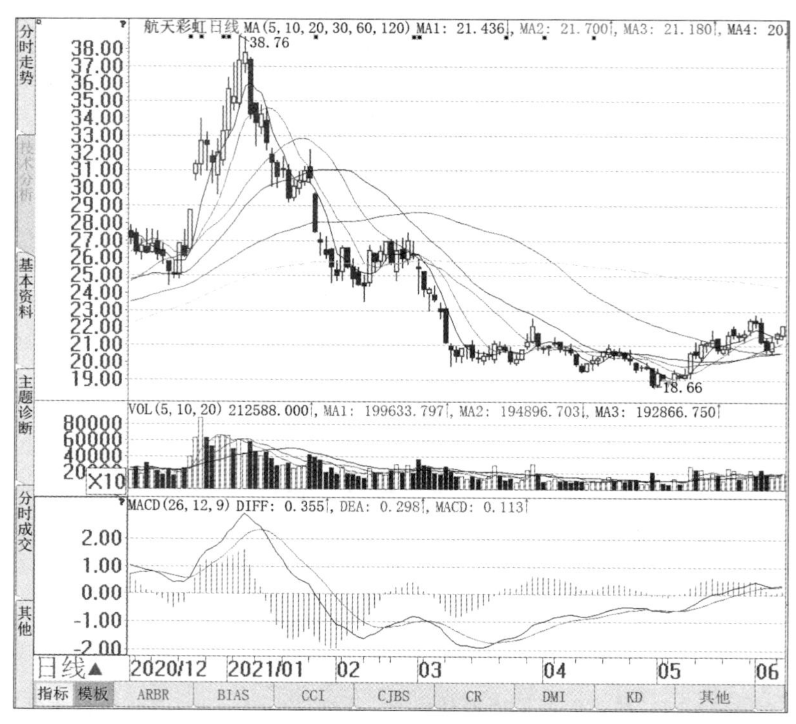

图10–16

10.3 成交量与股价

成交量与股价相辅相成、互相影响。成交量的变化过程就是股票投资逻辑的变化叠加投资情绪变化的过程。当某只股票投资逻辑发生变化之后，若股价上涨，其成交量也会随之增大，再叠加情绪会吸引更多投资者跟风加入，进而助推股价进一步攀升。当股价上涨到一定高度的时候，投资者理智受情绪的干扰减少，成交量也逐渐萎缩。股价与成交量经过一定时间的走平之后，股价后期上涨的概率较小，这时前期获利盘将纷纷套现，从而导致成交量放大，股价大跌，市场人气大减。股价经过一段时间下跌之后，人心惶惶，投资者纷纷抛盘，成交量的放大在此时成为人气进一步衰减的信号。当股价持续下跌，跌至一定程度之后，投资者卖出的冲动将减小，这时成交量萎缩，股价将见底。

成交量与股价之间的关系一般分为以下两种情况。

1. 量价同向

量价同向是指股价与成交量变化的方向一致。股价上升，成交量也同步上升，这是投资者看好后市的表现。对于上涨无量并且小阴线和小阳线逐步抬高股价的走势，往往股价会持续上涨很久，走出一波趋势行情。反之，股价下跌，成交量随之下降，说明投资者不愿贱卖手中的筹码，选择持股惜售。但是这种阴跌容易导致亏损，因为很难判断底部位置。

2. 量价背离

量价背离是指股价与成交量变化不同向的走势。股价上升而成交量不增或减少，说明股价的涨势得不到投资者的认可，没有更多投资者加入其中，这种涨势就难以维持。反之，股价下跌，但是成交量不减或增加，说明更多投资者看好后市，纷纷增加手中的筹码，这是后市上涨的前兆。

再讲一下放量和缩量，其实二者的形成是有一定原因的。放量出现的原因有两种：第一，市场出现了分歧，看多与看空的双方有非常多的争议，在这种情况下会出现放量；第二，主力可能会对个股进行对倒，这种情况下，投资者看到的个股的放量其实是不真实的。投资者要学会区分这些股票的放量，避免参与这些股票的交易。而出现缩量一般是因为投资者达成了共识，主力不会刻意制造缩量，所以一般认为缩量是真实的。

10.4 成交量的常用指标

10.4.1 换手率

换手率是一个比率的概念，是指在一个交易日内市场中股票转手买卖的频率，就是成交量除以总股本的值，是反映股票流通性强弱的指标之一。但是在A股市场的实践中，换手率通常是成交量和流通股本的比值。因为有些股票可能存在很多不是自由流通的筹码，使得它的总股本很大，流通股本很小，流通盘小，换手活跃，如果按照成交量除以总股本计算换手率，可能算出来的换手率虚低，不能反映实际情况。

换手率的计算公式为：

换手率＝某一时期内的成交量/发行总股数×100%

例如，某只股票在一个月内成交了100万股，而该股票的总股本为1亿股，则该股票在这个月的换手率为1%。

通常情况下，多数个股每日的换手率维持在1% ~ 2.5%（新股与次新股除外）。由于70%股票的换手率在3%以下，因此3%就成为一个分界线。当一只股票的换手率在3% ~ 7%时，该股就进入了相对活跃状态；换手率达到8% ~ 10%时，则为强势股，股价处于高度活跃状态；换手率在11% ~ 15%，则主力操作密集；换手率超过15%，并且持续多日，此股也许会成为黑马股。

10.4.2 量比

量比是指平均每分钟的成交量与过去5个交易日平均每分钟成交量之比，是衡量相对成交量的重要指标之一。其计算公式为：

量比＝现成交总手数/现累计开市时间（分）/过去5日平均每分钟成交量

上述公式经过变换后如下：

量比＝现成交总手数/[过去5日平均每分钟成交量×现累计开市时间（分）]

在即时盘口分析中，投资者使用较多的是K线图、成交量以及换手率等指标。量比及相关指标也是比较好的工具。当股票出现在量比排行榜上时，一般都已有相当大的涨幅，多数投资者已错过最早起涨点。因此，从盘口的动态分析角度讲，单单考虑量比大小具有一定缺陷。量比的使用方法如表10–1所示。

表10-1 量比的使用方法

量比倍数	放量水平	操作意义
0.8~1.5倍	正常水平	股价可涨可跌，不具有操作参考价值
1.6~2.5倍	温和放量	若股价处于缓慢上涨态势，则升势会延续，可继续持股；若股价下跌，则可认定跌势会延续，应考虑退出
2.6~5倍	明显放量	若股价向上突破阻力或向下跌破支撑，则属于有效突破。向上突破可以买进，向下跌破可以卖出
5.1~10倍	剧烈放量	若个股长期处于低位，突然出现剧烈放量向上突破，则后市将会有大涨幅。但是，如果前期已有巨大涨幅，则建议投资者采用防御策略
10.1~20倍	异常放量	若个股在高位出现异常放量，则可以考虑反向操作
20倍以上	极端放量	建议投资者，高位卖出，低位买进

提示

有些个股价格经过大幅拉升之后，出现量比急剧放大的情况，这也是重要的顶部特征。这种放量的换手率不大，但是量比大得惊人，有时能达到数十倍之多。正是因为换手率不大，所以才容易使投资者产生麻痹心理，从而错失逃顶的机会。

打开股票分析软件，进入K线图，即可看到位于界面右侧信息栏中的量比信息，如图10-17所示。

000776 广发证券

		价格	数量
卖盘	5	24.99	1344
	4	24.98	850
	3	24.97	513
	2	24.96	1229
	1	24.95	630
买盘	1	24.94	256
	2	24.93	437
	3	24.92	451
	4	24.91	1949
	5	24.90	2984

卖盘25.00有1999手卖单！

最新	24.94	均价	24.85
涨跌	+0.04	换手	1.25%
涨幅	0.16%	今开	24.56
总手	73.96万	最高	25.22
现手	9017	最低	24.40
总额	18.38亿	量比	0.59
涨停	27.39	跌停	22.41
内盘	37.09万	外盘	36.87万

图10-17

10.4.3 内盘和外盘

内盘和外盘是两个相反的概念。内盘是指以买入价格成交的数量，即卖方主动以不大于当前买一、买二、买三等价格下单卖出股票时成交的数量，用绿色显示。内盘的数量显示了空方急于卖出的数量。外盘是指买方主动以高于或等于当前卖一、卖二、卖三等价格下单买入股票时成交的数量，用红色显示。外盘的数量显示了多方急于买入的数量。内盘和外盘如图10-18所示。

主动卖出 内盘　　主动买入 外盘

图10-18

内盘和外盘这两个数据大体可以用来判断买卖主动性的强弱。若外盘数量大于内盘，则表明买方主动性较强；若内盘数量大于外盘，则说明卖方主动性较强。

例如，A下单6元买100股，B下单6.01元卖300股，当然不会成交。6元是买入价，6.01元就是卖出价。

这时，C下单6.01元买200股，于是B的股票中就有200股卖给C了（还有100股没有卖出去）。这时候，成交价是6.01元，现手就是2手即200股，显示2，显示的颜色是红色。

还是上面的情况，如果D下单6元卖200股，于是A和D就成交了，这时候成交价是6元，由于A只买100股，所以成交了100股，现手是1，颜色是绿色。

外盘就是主动按照卖方的价格（卖一、卖二、卖三、卖四、卖五）成交的数量，在信息栏中显示为红色。内盘是主动迎合买方的价格（买一、买二、买三、买四、买五）而成交的数量，在信息栏中显示为绿色。投资者打开股票分析软件，进入K线图，即可看到位于界面右侧信息栏中的内盘与外盘信息，如图10-19所示。

000776广发证券			
卖盘	5	24.99	1344
	4	24.98	850
	3	24.97	513
	2	24.96	1229
	1	24.95	630
买盘	1	24.94	256
	2	24.93	437
	3	24.92	451
	4	24.91	1949
	5	24.90	2984

卖盘25.00有1999手卖单！

最新	24.94	均价	24.85
涨跌	+0.04	换手	1.25%
涨幅	0.16%	今开	24.56
总手	73.96万	最高	25.22
现手	9017	最低	24.40
总额	18.38亿	量比	0.59
涨停	27.39	跌停	22.41
内盘	37.09万	外盘	36.87万

图10-19

10.4.4　现手和总手

现手是指个股的即时成交量，即最近一笔成交量，或者已经成交的最新一笔买卖的手数。在盘面的右下方为即时的每笔成交明细，红色字体和向上箭头表示以卖出价成交的每笔手数，绿色字体和向下箭头表示以买入价成交的每笔手数。

总手即当日开始成交到当时的总成交手数，总手等于外盘加内盘的数量之和。通过收盘时的总手数值可判断当日成交的总股数。如收盘时出现"总手23.88万"，说明当日该股一共成交了23.88万手，即2 388万股。

打开股票分析软件，进入个股分时图或者K线图，即可看到位于界面右侧信息栏中总手的信息。成交明细栏中的最新成交信息就是现手信息。现手和总手信息如图10-20所示。

000776广发证券			
卖盘	5	24.99	1344
	4	24.98	850
	3	24.97	513
	2	24.96	1229
	1	24.95	630
买盘	1	24.94	256
	2	24.93	437
	3	24.92	451
	4	24.91	1949
	5	24.90	2984

卖盘25.00有1999手卖单！

最新	24.94	均价	24.85
涨跌	+0.04	换手	1.25%
涨幅	0.16%	今开	24.56
总手	73.96万	最高	25.22
现手	9017	最低	24.40
总额	18.38亿	量比	0.59
涨停	27.39	跌停	22.41
内盘	37.09万	外盘	36.87万

图10-20

10.5 成交量时段分析

成交量在每一个交易日的不同时段所表达的含义有所不同，投资者可以通过对开盘、盘中、盘尾和盘后的成交量进行分析，清晰地了解主力对股票后期走势的真实意图。

10.5.1　开盘分析

在每一天的交易当中，投资者首先应该关注的是开盘前和开盘时的成交量变化，以及集合竞价所产生的开盘价。结合股票前期的走势，开盘时成交量的变化会有不同的含义。

1. 股价处于相对较低价位

当个股价格处于相对较低价位时，如果开盘时段放出异量，并且股价上涨，则表示该股上涨突破的动能较足，当日上涨的概率较大，甚至有可能当日涨停。

❶ 打开大智慧软件，输入神火股份的股票代码“000933”或汉语拼音首字母“SHGF”，按Enter键确认，如图10-21所示。

图10-21

❷ 图10-22和图10-23所示分别为神火股份2021年5月至8月的日K线图和2021年8月11日的分时图。该股在2021年8月11日开盘半小时之内就放出异量，紧接着持续放量，在上午就封涨停。结合神火股份日K线图的走势，其在价格低位就表现得如此强劲，说明主力资金充足，并已经开始准备推高股价，由此可以判断该股在未来会有持续的上涨行情。

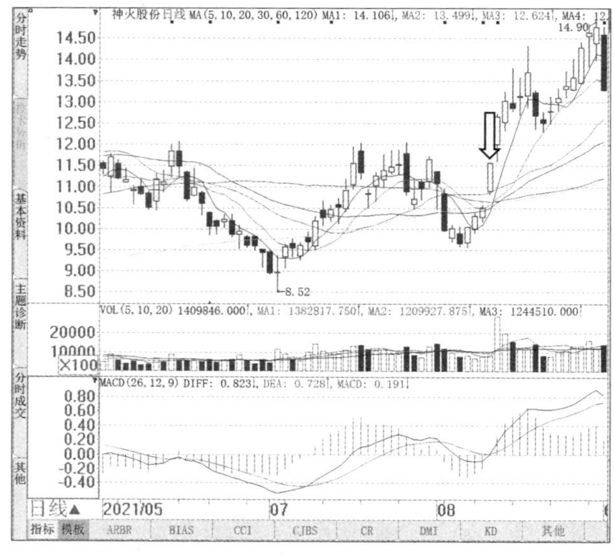

图10-22

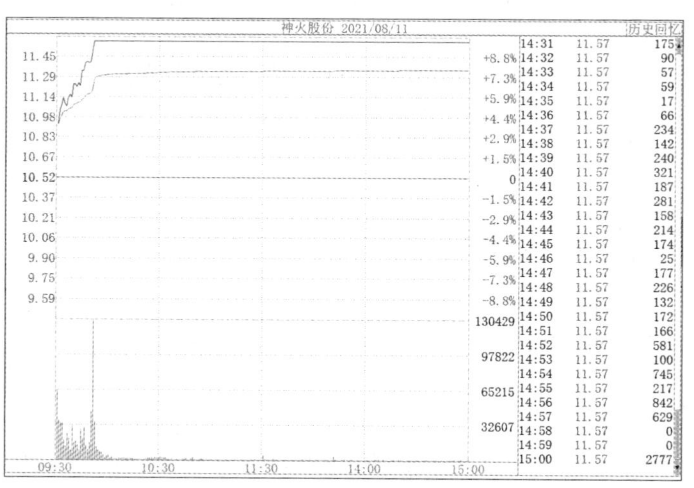

图10-23

2. 股价处于相对较高价位

当个股价格处于相对较高价位时，如果开盘时段放量大，并且股价下跌，则多数主力认为该股上涨阻力较大，日后走势有"牛转熊"的可能，因此会引发主力的撤退。

❶ 打开大智慧软件，输入珠江啤酒的股票代码"002461"或汉语拼音首字母"ZJPJ"，按Enter键确认，如图10-24所示。

002461
SZ002461 珠江啤酒 深证主板(股票)

图10-24

❷ 图10-25和图10-26所示分别为珠江啤酒2021年4月至8月的日K线图和2021年6月8日的分时图。该股从2021年3月开启上涨行情，一直延续至6月7日。结合日K线图和分时图可以看出，该股在6月7日放量涨停，营造一种还要继续上涨的气氛，但是在6月8日开盘平开之后就开始放量下跌，一开始还有小幅反弹，但是之后在10点多又进一步放量，助推股价下跌。对成交量敏感的投资者，在看到开盘假突破的形态之后，就会警惕起来。并且该股股价从3月最低点9.06元一路上涨至13.05元，涨幅接近44%。对于消费类股票，投资逻辑并不会像科技股那样发生惊天逆转，所以如果有这样的涨幅，投资者就应当注意。股价在如此高点，只要开始放量下跌，就要及时卖出。

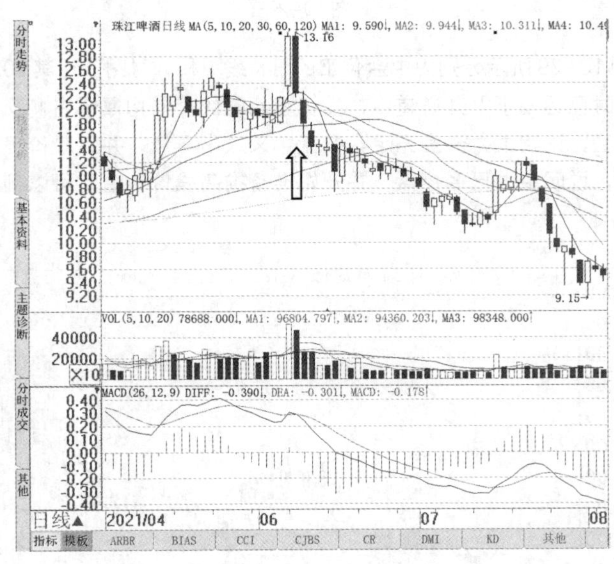

图10-25

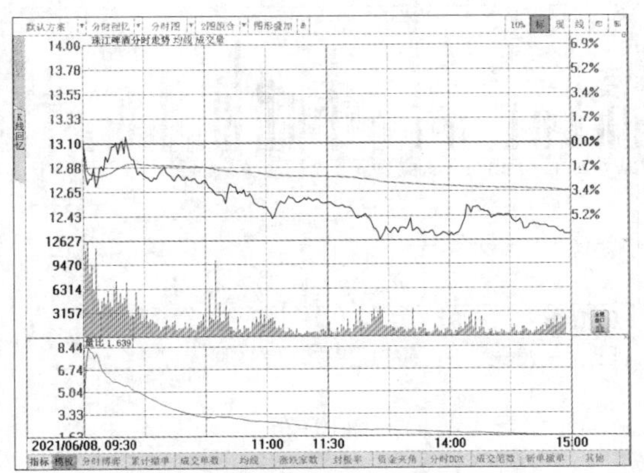

图10-26

10.5.2 盘中分析

在10:00以后，股市进入多空双方搏杀阶段。除去开盘与收盘各半个小时，其余时间全为盘中交易时间。股价在盘中走势，无论是探底拉升、窄幅震荡或冲高回落，全部体现控盘主力的操作意图。盘中运行状态一般有以下几种常见情况。

1.处于上涨趋势

个股如果开盘价与前一日收盘价持平，且开盘之后股价上涨，在上午的走势中冲高回调并且不跌破开盘价，则股价重新选择向上的概率较大，这意味着主力做多坚决。投资者可以待第二波高点突破第一波高点时选择加仓买进。

❶ 打开大智慧软件，输入中盐化工的股票代码“600328”或汉语拼音首字母“ZYHG”，按Enter键确认，如图10-27所示。

600328
SH600328 中盐化工 上证A股(股票)

图10-27

❷ 图10-28和图10-29所示分别为中盐化工的日K线图和分时图。从其2021年8月24日的K线图可以看出，该股此时已经处于上升通道中，投资者此时的交易均属于右侧交易。再从其分时图可以看出，该股开盘有量，说明主力资金充足，在盘中又放出异量，并且股价虽冲高回调，但是并没有跌破当日的开盘价，说明主力已经控盘，并开始准备推高股价，由此可以判断该股在未来会有持续的上涨行情。

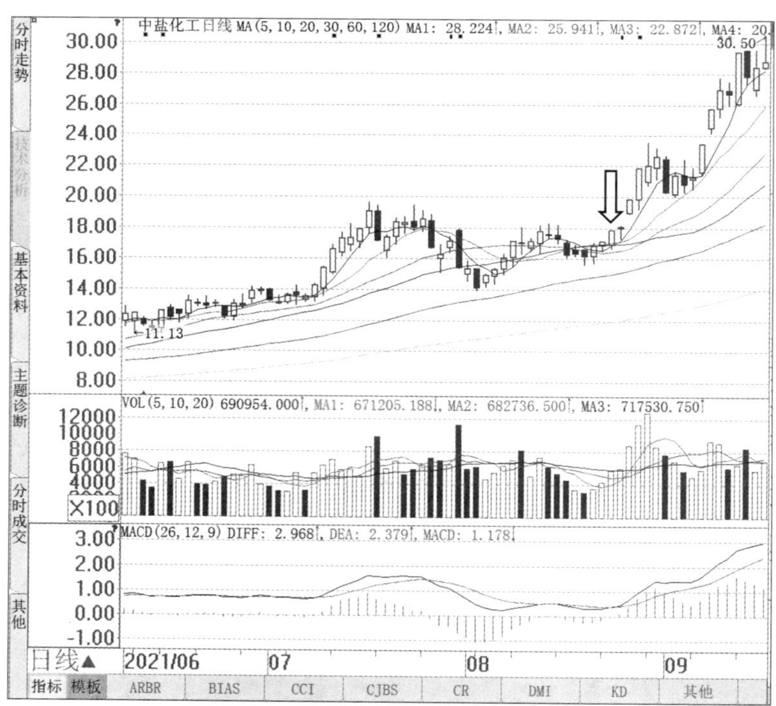

图10-28

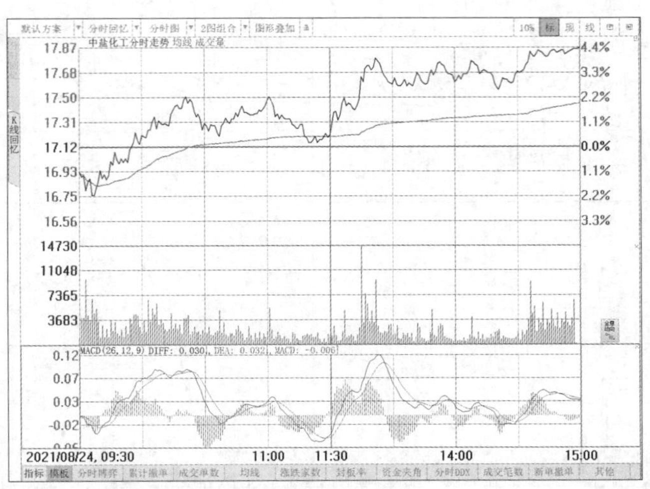

图10-29

2. 处于箱体走势

个股处于箱体走势时，一般开盘走势有4种：高开低走、平开平走、低开平走、低开高走。由于箱体震荡走势没有明朗的方向，而是处于箱体之中，因此，股价稍微一涨就触及箱顶。如果个股盘中放大量上涨，就是逢高减仓的好机会，此时不要买入。在箱体阶段，不建议长线投资者进行买卖操作，短线投资者可以选择适当时机低买高卖。

❶ 打开大智慧软件，输入广联达的股票代码“002410”或汉语拼音首字母“GLD”，按Enter键确认，如图10-30所示。

002410		
SZ002410	广联达	深证主板(股票)

图10-30

❷ 图10-31和图10-32所示分别为广联达的日K线图和2021年7月14日的分时图。从日K线图判断，当时均线走平交织在一起，股价基本围绕长期均线上下波动。在2021年7月6日至7月14日，K线连续6个交易日上升。在7月14日的分时图中，股价更是高开高走，并且盘中放量。抛开日K线图，分时图走势是看涨的形态。但是如果结合K线图，又面临前期高点的压力。如果投资者注意到这是一段箱体行情，七连阳极大概率要回踩。即使买入也不应追涨买入，而应等待回踩得到支撑再买入。

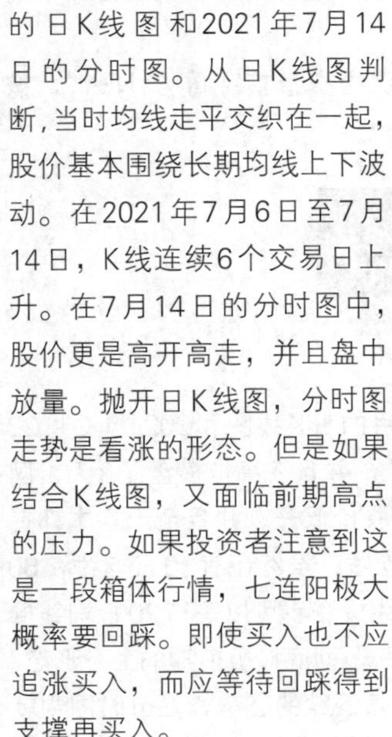

图10-31

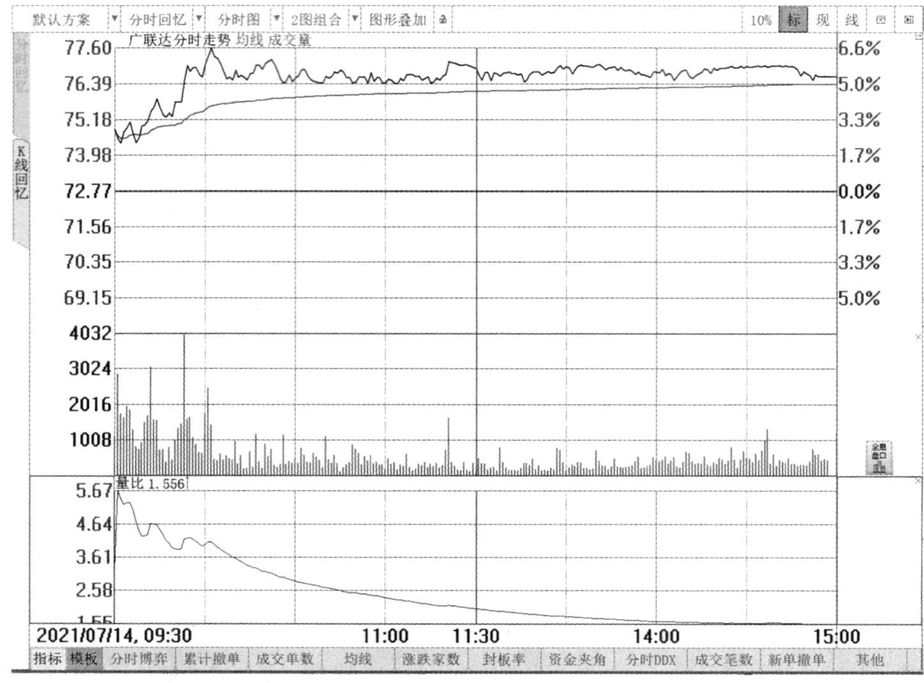

图10-32

3. 处于下跌趋势

如果个股平开低走或者低开低走，跌破前一波低点，多是由于主力看淡后市行情。尤其在弱势市场或有实质性利空出台时，出现低开低走，盘中反弹无法超过开盘的情况，主力多数会离场观望。当大盘趋弱时，个股高开低走翻绿，如果反弹无法翻红，投资者宜获利了结，以免在弱势市场中高位被套。

❶ 打开大智慧软件，输入云南白药的股票代码“000538”或汉语拼音首字母“YNBY”，按Enter键确认，如图10-33所示。

图10-33

❷ 图10-34和图10-35所示分别为云南白药在2021年1月至4月的日K线图和2021年2月22日的分时图。结合其日K线图可以判断2月中旬股价已经处于相对高位，并且在高位横盘了3天，同时在顶部出现螺旋桨线，这都是确认顶部的技术形态。在2月22日，股价低开，并且全天基本都在放量下跌。最后收出一根低开低走的大阴线。股价跌破了5日、10日均线，虽然还有30日均线和60日均线作为支撑，但是下行风险依然较大。短线投资者应该出货。中线投资者可以等待20日均线的支撑。如果20日均线也被跌破，应当果断卖出。结果后面股价继续下跌，彻底打破前期的上升形态。其实从2月22日的分时图就可以看出，成交量微低开，并且全天呈震荡下跌的态势，在分时图中就是慢阴跌走势，是走熊特征，这预示着后市很大概率将继续走弱。在当时，还处于杀白马股估值的大环境，许多组合都进入了熊市周期，云南白药作为医药股的白马股，也难逃市场下跌态势。

图 10-34

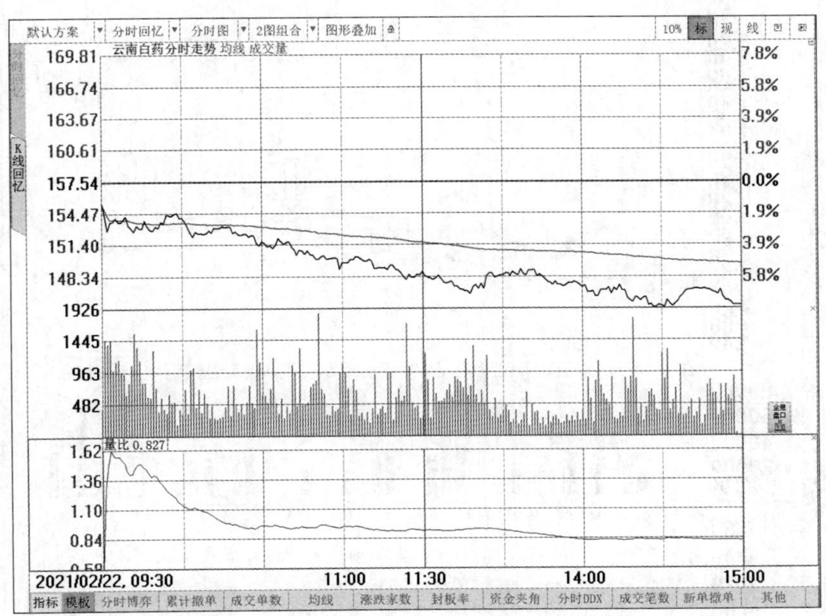

图 10-35

10.5.3 盘尾分析

盘尾分析是指以每天 14:30—15:00 的走势来判断后市走势。收盘前成交量与股价的变化走势有

以下两种形态。

1. 尾市放量，股价急升或止跌

如果个股在尾市放量，股价急升或者止跌，说明主力已经开始发力，助推股价上涨。盘尾期间的成交量能够反映未来行情的走势。投资者可以依据尾市成交量与股价的变化关系，短线趁机进入，第二天选高点卖出，做一次短平快的短线差价交易。

❶ 打开大智慧软件，输入中国铝业的股票代码“601600”或汉语拼音首字母“ZGLY”，按Enter键确认，如图10–36所示。

601600

SH601600　中国铝业　上证A股(股票)

图10–36

❷ 图10–37和图10–38所示分别为中国铝业2021年7月至9月的日K线图和2021年8月10日的分时图。结合其日K线图可以判断8月K线已经进入多头趋势处于上涨回踩的位置，并且当时的价格并不高。在这里不得不提的是2021年的大环境是石油价格上涨，带动大宗商品全部涨价，周期股进入顺周期阶段。所以，中国铝业在2021年8月10日当天虽然早上开盘至下午都是低开低走，但是整体来看，盘中并没有放出很大的量，而且股价跌幅也不大。但是在盘尾半小时，突然连续放量，瞬间将股价从5.62元拉升至最高5.79元，并且成交量连续几根的放大，说明此时该股票的成交已经开始活跃起来，已经有主力毫不掩盖地进场了，所以后市上涨的概率较大。

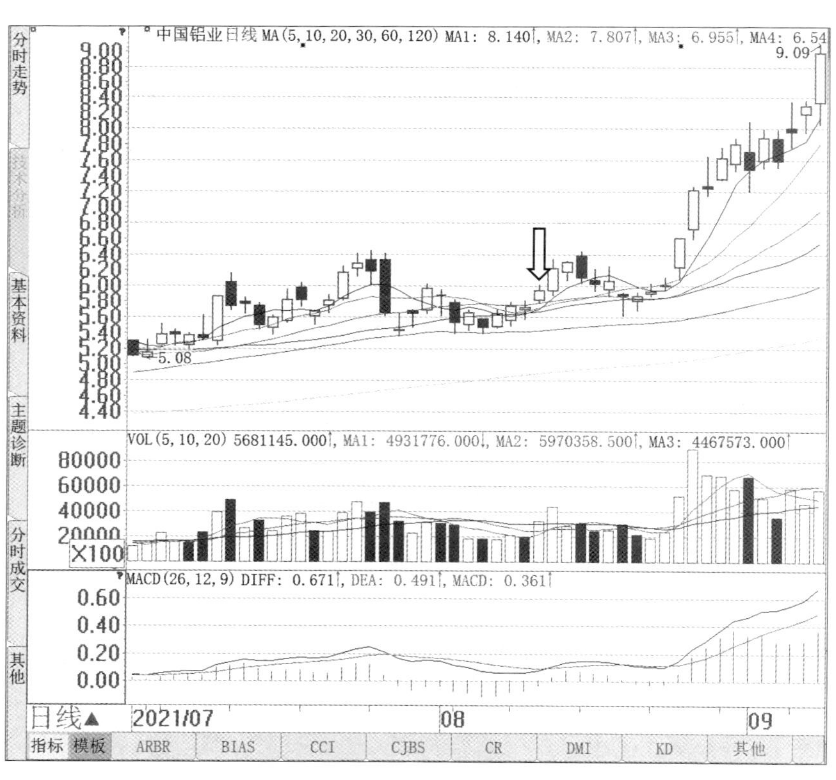

图10–37

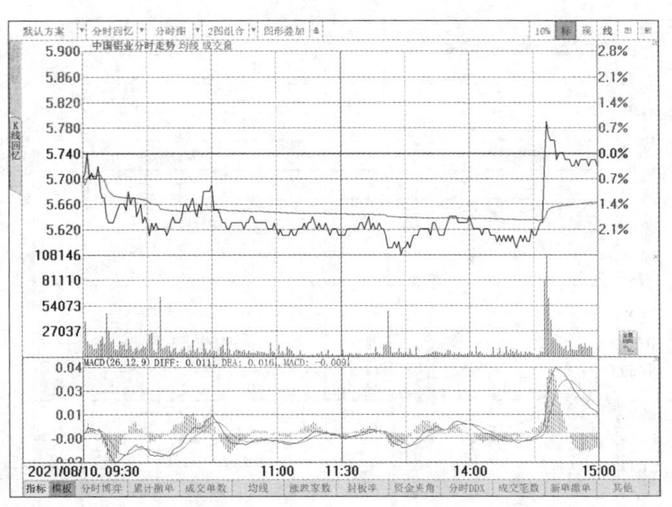

图10-38

2. 尾市放量，股价下跌

如果股市开盘之后，个股股价处于平开平走的走势，但到了14:30后，成交量开始连续不断放大，并且股价开始下跌，表明股价已经有下跌趋势，多头主力多数对后市看跌，所以不停地卖出手中的筹码，从而出现放量下跌的现象。

❶ 打开大智慧软件，输入鱼跃医疗的股票代码“002223”或汉语拼音首字母“YYYL”，按Enter键确认，如图10-39所示。

002223
SZ002223 鱼跃医疗 深证主板(股票)

图10-39

❷ 打开大智慧软件，图10-40和图10-41所示分别为鱼跃医疗在2021年5月至8月的日K线图和2021年7月16日的分时图。从其分时图中可以看出，股价自开盘之后就进入下跌走势，反弹始终没有超过分时图均线。并且在尾市持续放量下跌，将跌幅直接从-3%左右放大至-6.91%。短短半个多小时股价又下跌了将近4%。从K线图来分析，7月16日的大阴线直接下穿了5日、10日和20日均线，说明此时该股已经打破了原有的单边上升趋势，因此后市看跌的概率较大。如果投资者担心该趋势是上升中的回踩，那么结合后面几日的K线图可以进一步判断，但是这样的大阴线一下贯穿3条均线，很可能是转势信号。K线处于20日均线之下时，投资者最好超过3日不持股。

图10-40

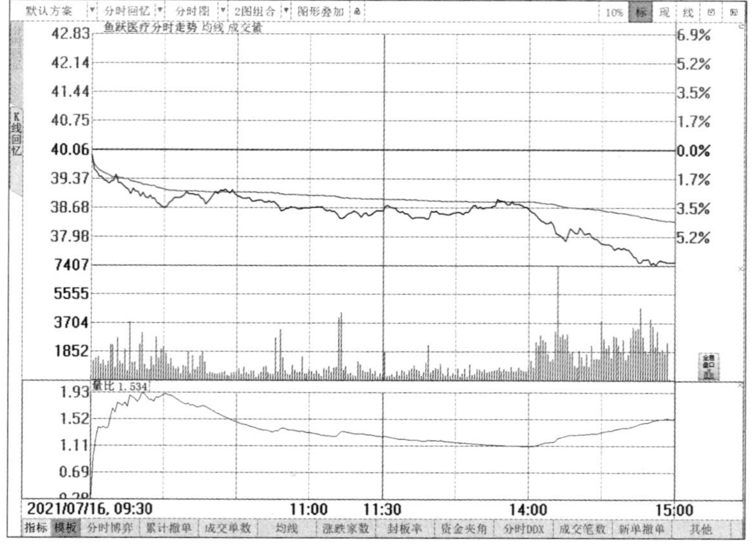

图10-41

10.5.4 盘后分析

每日收盘之后，即可看到当日完整的日K线图，投资者可以结合当日的分时图、日K线图以及成交量等指标，对股票的后市进行预判。做盘后分析有许多优点，如可以不受行情瞬息万变的影响，而从容对个股及大势做出判断。

盘后分析的主要内容如下。

（1）查看每日涨幅、跌幅前50名。

（2）查看每日换手率前50名。

（3）查看周涨幅、周跌幅前50名。

（4）对自己持有的个股进行分析判断。

（5）针对异常走势个股进行分类。

投资者通过对上述内容的分析与研判，可以大致了解当下的热点板块，适时地切换股票，改变投资组合和投资策略，以便获取利润。

10.6 逐笔成交量分析

在分析成交明细时，投资者需要特别注意大单成交。由于个人投资者并没有强大的资金实力，通常大单成交均为主力所为。因此，对逐笔成交量的分析，应当重点放在对大单的分析上。

对大单的定义并没有很明确的标准，有的股票分析软件认为500手以上就是大单，而有的软件可以对大单数量的标准进行设置，还有的软件按照成交额来设置大单。

例如，农业银行（601288）的股价为3.89元，买入500手需要19.45万元，中小投资者可以用不到20万元的资金买入；而贵州茅台（600519）的股价为255.47元，投资者如果买入500手，则需要1 277.35万元，不是普通中小投资者可以支付得起的。

因此，对于大单的定义，从成交量方面来进行判断要准确得多。通常可将单笔成交量大于 1 000手的认定为大单。那么投资者可以通过以下几个方面逐笔对大单成交量进行分析。

连续性的大单成交多是主力所为，这通常表现为股价的稳步上升。

如果某只股票在一段时间里大单成交非常密集，如在1分钟之内成交好几笔大单，则多是主力所为，说明主力急于拉高股价出货，或者低价建仓。如果一天之内只有几笔大单成交，则说明该股当日可能没有主力操作。

❶ 打开大智慧软件，输入味知香的股票代码“605089”或汉语拼音首字母“WZX”，按Enter键确认，如图10-42所示。

605089
SH605089 味知香 上证A股(股票)

图10-42

❷ 图10-43和图10-44所示分别为味知香在2021年9月27日的分时图和成交情况。从图中可以看到该股在11:09有一笔2 765手的超大单买进，仅这一单就成交了2 174.67万元。这可能是机构或游资所为，说明主力已经开始准备推升股价。

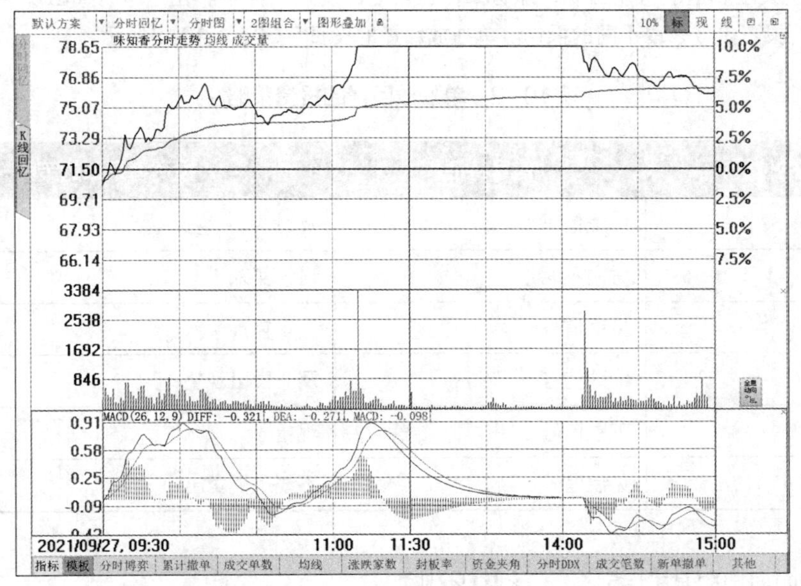

图10-43

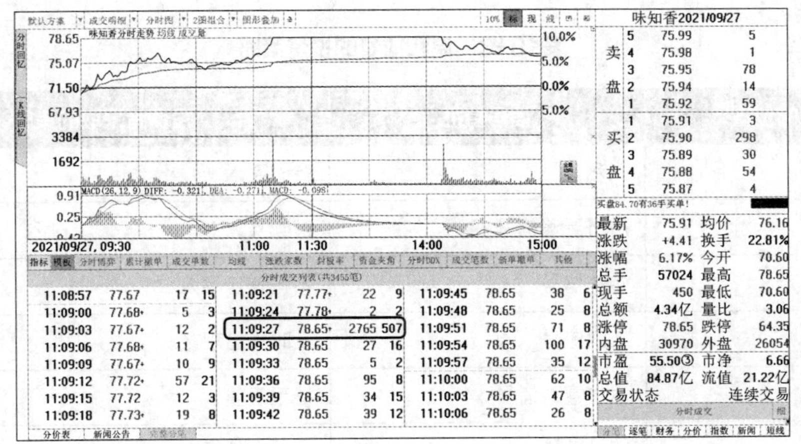

图10-44

当某只股票价格处于底部，并且前期筑底时间比较充分，底部形态良好，一旦发现它的成交笔数在不断扩大，并且股价小幅上涨，此时就是投资者买进的好时机。当卖一的卖单数额很大，但是

短时间内很快被几笔较大的买单所吞吃，或者卖方撤销了卖出委托，这时投资者应当适时跟进。

如果股价前期经历了较长时间的大幅度上涨，在买一的位置有大单买进，但是有几笔较大的卖单连续抛出，这有可能是主力急于出货。这时投资者应紧跟主力卖出手中的股票，空仓观望。

高手秘技

技巧1　单独放巨量的含义与投资策略

投资者对那种在短期内成交量突然放大，甚至成倍增长，在日K线图中呈现一根长长的成交量柱的形态要引起关注。这既可能出现在涨势中，也可能出现在跌势中。在不同时期出现快速放量的成交量图形时，投资者应采取不同的操作。单独放巨量的投资策略如表10-2所示。

表10-2　单独放巨量的投资策略

出现的位置	信号特征	投资者采取的策略
涨势初期	助涨信号	及时买入
涨势途中	方向不明	谨慎买入
涨势后期	见顶信号	不可盲目买入
跌势初期	助跌信号	及时卖出观望
跌势途中	下跌信号	观望
跌势后期	见底信号	不要恐慌卖出

技巧2　温和放量的含义与投资策略

温和放量是指成交量在一个较长的期间逐渐放大，既可能出现在涨势中，也可能出现在跌势中。温和放量的投资策略如表10-3所示。

表10-3　温和放量的投资策略

出现的位置	信号特征	投资者采取的策略
涨势初期	上涨信号	及时买入
涨势途中	后市看涨信号	继续买入
涨势后期	转势信号	不可盲目买入
跌势初期	下跌信号	及时卖出观望
跌势途中	后市看跌信号	持币观望
跌势后期	转势信号	不要盲目卖出

第3篇

实战篇

炒股

第11章　涨停板技法

本章引语

射人先射马，擒贼先擒王。

——杜甫《前出塞九首·其六》

除了抓住黑马股，超短线投资者可能更喜欢追涨停板。而涨停板股票几乎天天都有。怎么在涨停板之前买进？又怎么能顺利地看懂涨停板之前的一些动向？

涨停板是爆发力强的短线形态，本章重点分析了涨停板分时图的一些常见特征，包括涨停板的封板特征和买进手法。

本章要点

★ 涨停板的封板特征

★ 涨停板的买进手法

11.1 辨识涨停板股票特征

在日常交易中，有的投资者喜欢短线操作，有的投资者习惯中长线操作，还有的投资者喜欢超短线的打板操作。很多短线投资者都期望自己手中的股票天天都有涨停板。这种涨停板该如何捕捉呢？

11.1.1 强势分时图的典型特征

分时图表示了股票价格的实时走势，分时图均价线则体现了个股当日市场平均持仓成本的变化。换个角度来看，分时图是多空力量实时交锋结果的展现，而均价线则是多空力量的分水岭。若股价可以稳健地运行于均价线上方，均价线对个股的运行构成了有力的支撑，则说明后续不断入场的买盘可以稳稳地“托”住股价，是多方推升力量强于空方打压力量的体现。

均价线对股价形成支撑，这只是一个笼统的说法。就实际表现来看，股价最好能与均价线保持一定距离，而不是黏合于均价线。股价回落接近或触碰均价线后，应能较快地再度向上，远离均价线，这才是多方力量强劲的表现，如图11–1所示。

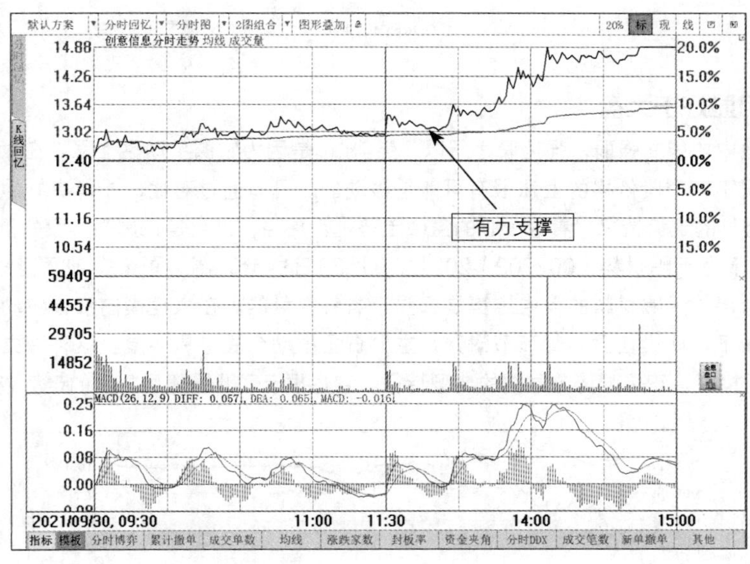

图11–1

1. 量价配合，流畅上扬

个人投资者群体庞大，买卖难以形成合力。因此，强势运行的个股背后往往都有主力运作，或引导或占据控盘地位，在盘口中的买卖方式主要体现在拉升行为中，就是“连续大笔买入、快速拉升”，对应的盘口走势就是流畅上扬，伴以量能的快速放大。

流畅、挺拔的上扬形态是连续大买单扫盘所形成的，其分时图形态也是分析个股是否强势、主力是否有较强拉升意愿的着手点。

图11–2所示为华能水电（600025）2021年9月30日的分时图。当日此股在早盘时段出现了一波上涨，很明显是主力资金通过连续大买盘扫盘、拉升所致，这是典型的强势分时图的盘口特征。股价在10点30分之后有所回落，但很快就稳稳地位于均价线上方，始终与均价线保持一定距离，这是强势分时图的一大特征。这说明投资者对后市看好，都选择持有不卖，相对而言也是买盘充足的

表现，之后在13点28分开始出现超大买单，短短2分钟就将股价拉至涨停。

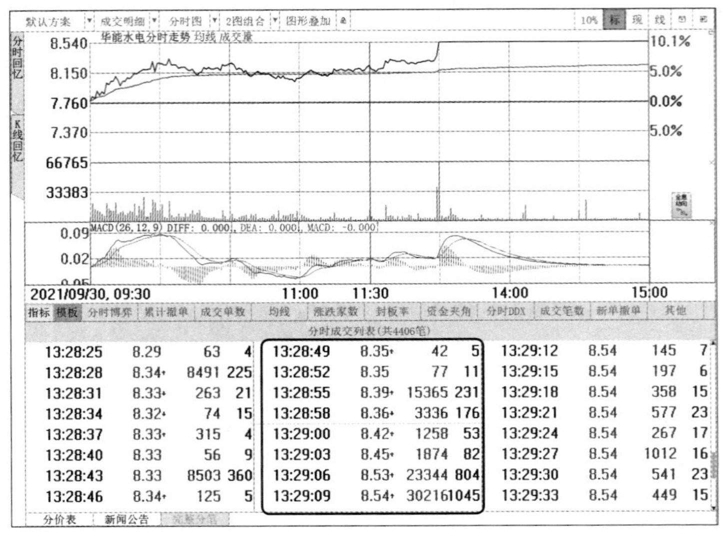

图11-2

2. 涨势明显好于大盘

只有在对比中才能知强弱，强势股之所以“强势”，是因为它的主动性上涨。在大盘大涨、个股价格普涨的情况下，个股价格的上涨很有可能是被动的。只有通过对比，才能更好地辨识强弱。所以，结合大盘当日的走势情况，看看个股的盘中走势是否更强，这也是把握强势股的重要依据。

图11-3所示为天赐材料（002709）2021年9月30日的分时图。图中叠加了当日的上证指数，通过对比可以看出，天赐材料的盘中走势是远强于当日大盘的。在大盘横向窄幅波动、看不到任何大涨迹象的背景下，此股在盘中却节节攀升，主力资金推动个股迹象明显。这种独立于大盘、强于大盘的盘中运行格局，正是强势分时图的典型特征。它也预示了此股随后几日的走势或将强于大盘。

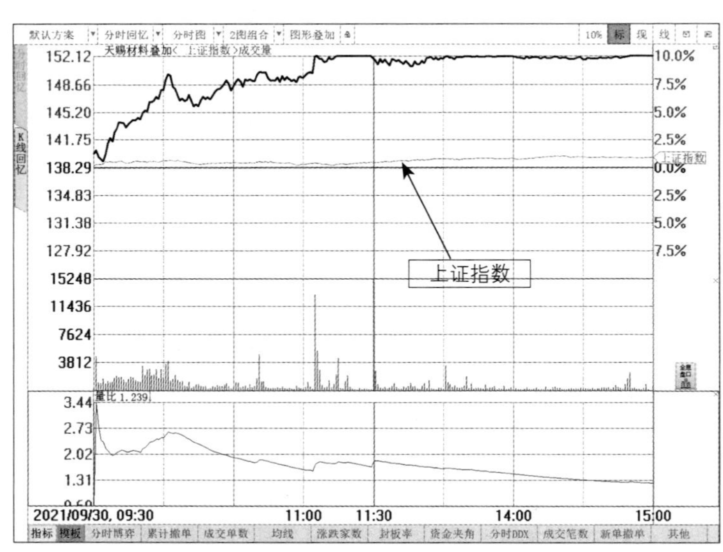

图11-3

3. 午盘后的发力值得关注

由于多空力量的快速转变，早盘运行不够强势的个股，也完全有能力实现盘中逆转，这时，投资者需要将注意力放在午盘之后。如果一只个股在午盘之后出现明显的强势运行特征，如股价流畅地飙升、完美的量价配合、股价稳稳地位于均价线上方等，则这类分时图也可以定义为强势分时图，短线看涨。

图11-4所示为节能风电（601016）2021年9月30日的分时图。此股在早盘阶段表现平平，甚至还出现了小幅度下跌，看不到任何强势特征；但午盘之后主力拉升个股迹象明显，这从其飙升幅度、量价配合中可以看出。至收盘，股价仍稳稳地位于飙升后的高点。这正是个股在盘中逆转为强势运行的一个典型特征，其短线上攻潜力还是较大的，也应纳入关注范围。投资者可以输入“80”查看快速涨跌幅的个股，从中挖掘有涨停潜力的股票。

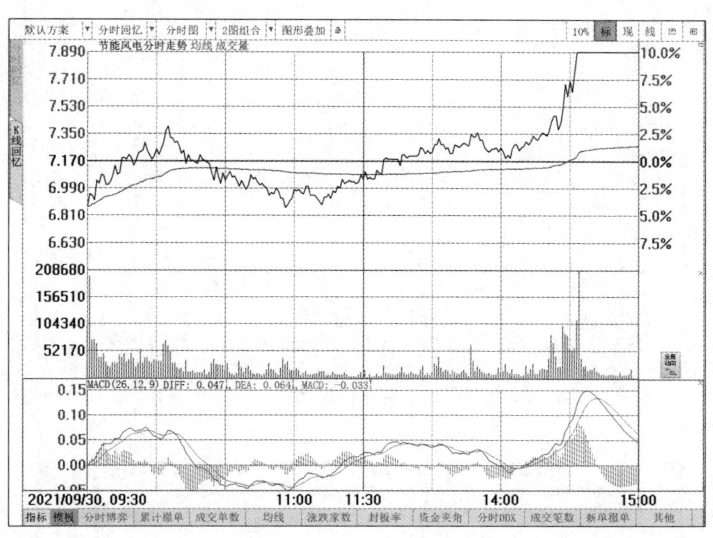

图11-4

11.1.2 涨停盘口的强弱特征

在11.1.1小节讲到了普通分时图的强势特征，涨停分时图是强势分时图的一种特殊形态。涨停分时图有强弱之分：所谓的“强”是指，这类涨停分时图预示短线上涨；“弱”则代表随后下跌概率较大，涨停当日就是强弱的分水岭。本小节中，我们继续沿着“强与弱”这个线索，从技术的角度来看强势涨停板与弱势涨停板的共有特征。

1. 强势板特征：小、早、稳

对于强势型的涨停分时图，可以将其特点概括为振幅小、封板早、封板稳三点。

（1）振幅小是指个股的盘中振幅相对较小，一般来说，不超过10%，如果是创业板股票和科创板股票则不超过20%。即个股适当高开，且盘中回探幅度较小。

（2）封板早是指个股的封板时间宜早不宜晚，能够在早盘10:30之前封板最好，最晚不超过14:00。

（3）封板稳是指个股上冲封板后就牢牢地封死了涨停板，或者略微调整即牢牢封板，此后的盘中交易时段不再开板，在涨停价堆积了大量委托买单，抛单较少，场外投资者再挂单买入是无法成交的。

在这3个特点中，封板稳最为关键。只要个股始终无法封牢涨停板，即使封板时间早、盘中振幅小，这样的涨停分时图也不是强势型的。

图11-5和图11-6所示分别为金现代（300830）2021年9月30日的分时图和2021年7月至10月的K线图。金现代9月30日的涨停分时图就是典型的强势型。个股早盘大幅高开，随后一路上扬，流畅飙升直接封牢涨停板至收盘。这样的涨停板出现后，个股的短线上攻势头是较为凌厉的，若能当即切入，或者是已买入此股，则短线应继续持有，看后续量能和均线的走势。

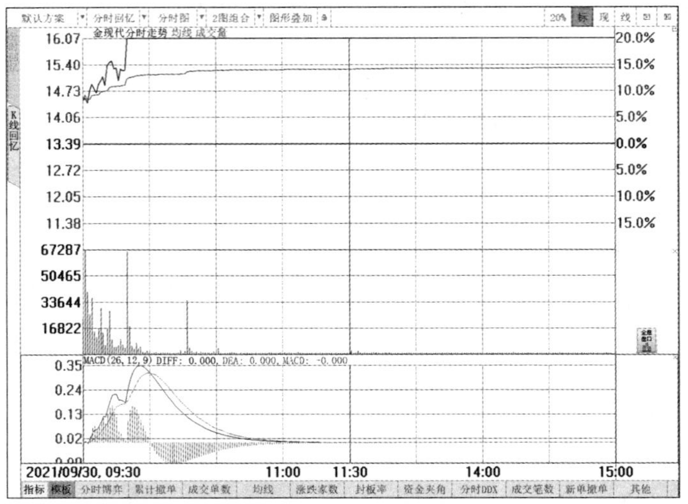

图11-5

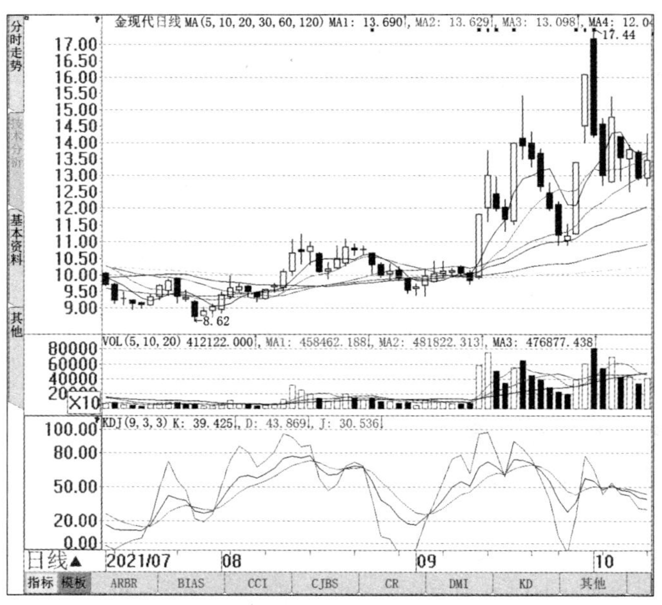

图11-6

2. 弱势板特征：大、晚、开

对于弱势型的涨停分时图，可以将其特点概括为振幅大、封板晚、封不死三点。

（1）振幅大是指个股的盘中振幅相对较大，一般来说，会超过10%，即个股在盘中出现跳水，随后“收复失地”并封板，或者早盘低开幅度较大，随后逐步走高并封板。

（2）封板晚是指个股的封板时间较晚，多在午盘14:00之后，甚至是尾盘半小时内。这时的涨停板有主力刻意运作收盘价的嫌疑，次日走势多不理想。

（3）封不死是指个股上冲封板后并没有牢牢封住，而是在随后较长的时间内出现开板，或者封板与开板在很长时间内不断切换。开板的时间越长，反复开合的次数越多，则越弱势，随后的短线下跌力度也越大。

在这3个特点中，封不死最为关键，冲击涨停板之后再度开板多源于两种情况：一是主力资金借市场追涨人气出货；二是市场抛压过重，抛压可能来自个人投资者，也可能来自隐藏于此股中的大资金，主力资金没有实力却封板。无论是哪种情况，个股随后的短线走势都不乐观。

图11–7所示为天赐材料（002709）在2021年9月30日的分时图。个股在接近中午时开始冲击涨停板，冲板时间较晚，在涨停分时图中，这是一种相对弱势的表现；而且，在上冲涨停板后，股价虽然没有明显回落，但始终无法牢牢封板，反复打开的涨停板说明市场抛压较重，结合个股的日K线走势来看，当前正是市场抛压沉重的短期高点。这样的涨停分时图就是典型的弱势型，预示着股价随后易跌难涨，是卖股离场的信号。

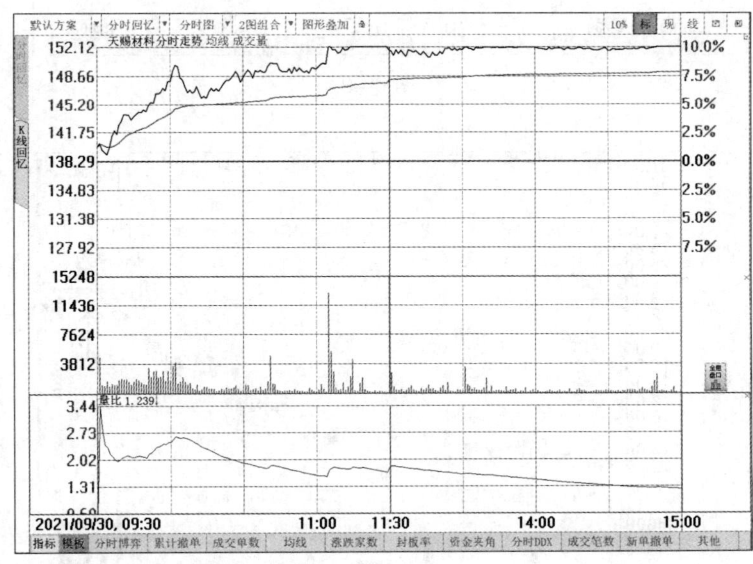

图11–7

3. 强势板、弱势板的当日瞬间转变

股票市场永远是瞬息万变的，涨停分时图的强弱势也不是一成不变的，强与弱的转换常常是极为迅捷的。对于单独一个交易日来说，强势涨停分时图转变为弱势涨停分时图值得关注，若参与了这样的个股交易，那么在当日或次日就应做好卖股的准备，不可大意。

强势涨停分时图转变为弱势涨停分时图，主要表现形式为：盘中因抛单巨量涌出，击穿了涨停板。这种情况下，无论开板的时间长短，随后能否回封涨停板，都已形成了强弱的转变。这时的涨停分时图将不再是短线看涨个股的理由。

图11–8所示为江苏新能（603693）2021年9月30日的分时图。当日早盘阶段，此股低开高走回到昨日收盘价，之后股价连续下挫接近跌停。午后股价持续发力，从下跌多于5%一路上涨至盘尾时段最高大涨8.9%，接近涨停。这是一个强势逆转形态，从分时图中可以清晰地看到股价走势由

弱变强，并且在尾盘阶段持续放量。结合该股的K线图（见图11–9）可以看出该股处于上升趋势的回踩阶段。出现的这根接近地天板的大阳线预示着短线调整到位，投资者可考虑加仓，等待下一波上涨。

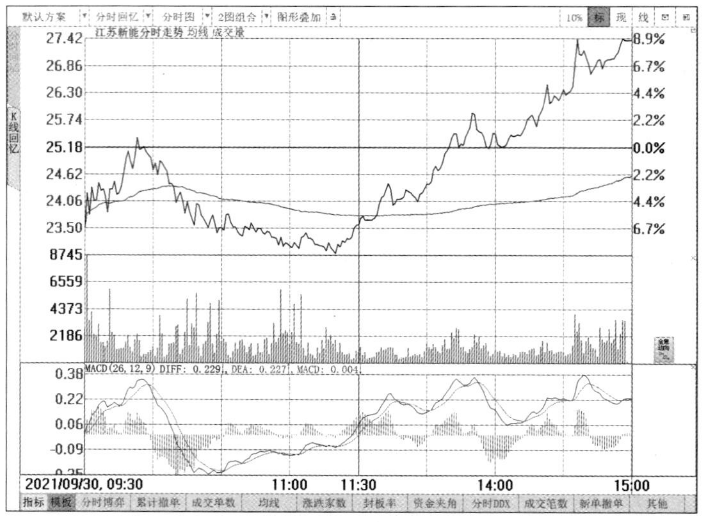

图11–8

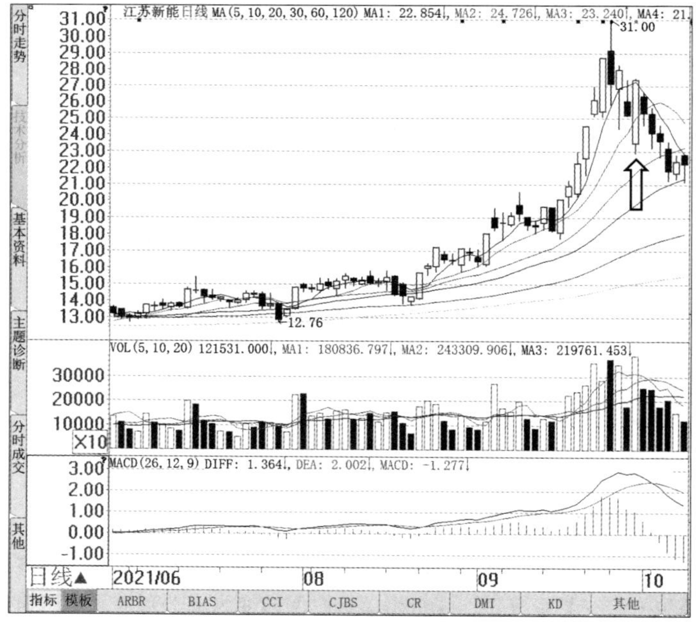

图11–9

4. 强势板、弱势板的隔日转变

当日强势型涨停分时图在次日也可能发生逆转，对于这种情形，由于股价的短期上涨幅度较大（昨日已涨停），当逆转出现时，投资者应在第一时间卖出离场。

图11–10和图11–11所示分别为白银有色（601212）2021年9月13日和9月14日的分时图。该股股价前两个月已经上涨了30%，在2021年9月13日午后强势涨停，牢牢封板至收盘。从日K

线图来看，股价正处于加速上升通道中，并不能判断顶部位置、后市趋势。但是次日，该股价格微微高开，开盘就放量下跌，快速跌破前一日的收盘价，是明显的获利盘出逃的表现。这种昨日强势、今日弱势的逆转，表明个股短线上涨已结束，随后出现进一步下跌的概率很大，宜卖股规避风险。

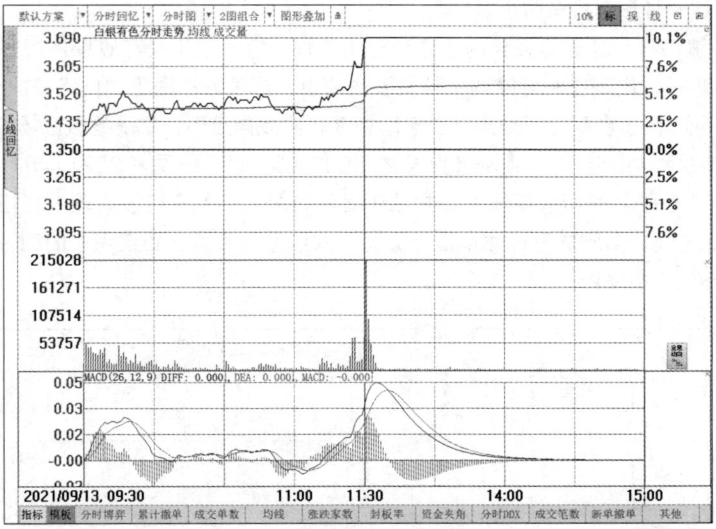

图 11–10

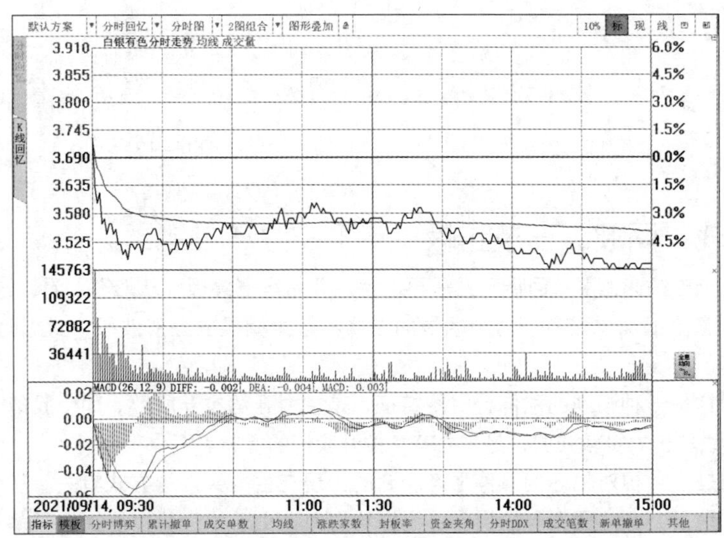

图 11–11

11.2 涨停板封板特征

涨停分时图是实战中的核心内容之一，相同的涨停板K线图往往能反映出截然不同的后期走势，这其中的奥秘就在于当日的涨停方式。个股可以早盘封板，可以尾盘封板，可以牢固封板，也可以反复封板。哪种情况下才能获利呢？本节将对涨停板封板特征进行简要解析。

11.2.1 一字封板

强势股开盘价高于上一日的收盘价，开盘后，连续性的大单扫盘使得个股快速冲击涨停板，随后牢牢封板至收盘。在冲击涨停板时，个股可能一次就牢牢封板，也可能在出现一两次开口后才牢牢封板至收盘，这两种形态只有微小区别。

高开直接冲涨停板，是最为强势的涨停分时图表现。它一般出现在股票停牌多日后的复牌或者新股上市时，但也经常出现在利好时的一种做多热情中，是多方占据压倒性优势的结果。一般来说，这种类型的涨停分时图多出现在短线黑马股启动初期，实战操盘中，它是抢板进场的最佳品种之一。

图11-12和图11-13所示分别为京投发展（600683）的K线图和2021年8月31日的分时图。该股股价在8月31日午后开始放量涨停，并且在之后的两个交易日均没有较大涨幅，这就是极佳的买入时机。9月2日晚，高质量建设北京证券交易所的消息公布。受到该消息的刺激，京投发展股价直接从9月3日开始一字涨停。

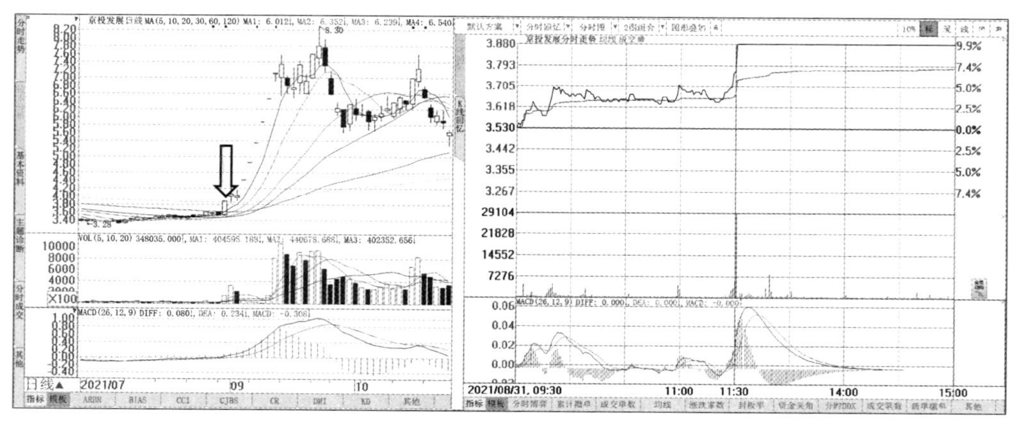

图11-12　　图11-13

11.2.2 实战：两波、三波封板

开盘后，股价先快速上涨、回调，然后再度上冲并封牢涨停板，从形态上看，这个封板过程中，有两三次上冲，整个上涨过程有一两个明显的波峰和较为明显的上涨波段，封板时间为早盘阶段。这就是两波封板。

两波封板同样是一种强劲的涨停分时图特征，是主力强势拉升所致。如个股能一直牢牢封板直至收盘，则其短线冲击力是较强的，是主力有意拉升股价的标志。

三波封板则是一种相对稳健的涨停形态。它的出现与主力买入的方式有关。从个股后期走势来看，三波封板多是主力有“预谋”的操作，这样的主力在之前的走势中往往已吸筹较多，而三波封板当日就是其正式拉升股价的信号。

下面介绍两波封板的案例。

❶ 登录大智慧软件，输入川金诺的股票代码“300505”或汉语拼音首字母“CJN”，如图11-14所示。

300505
SZ300505　川金诺　创业板核准(股票)

图11-14

❷ 按Enter键，进入川金诺的技术分析界面。选择该股2021年7月至9月的K线图，如图11-15所示。

图11-15

❸ 双击川金诺2021年8月27日的K线，弹出该日分时图，如图11-16所示。

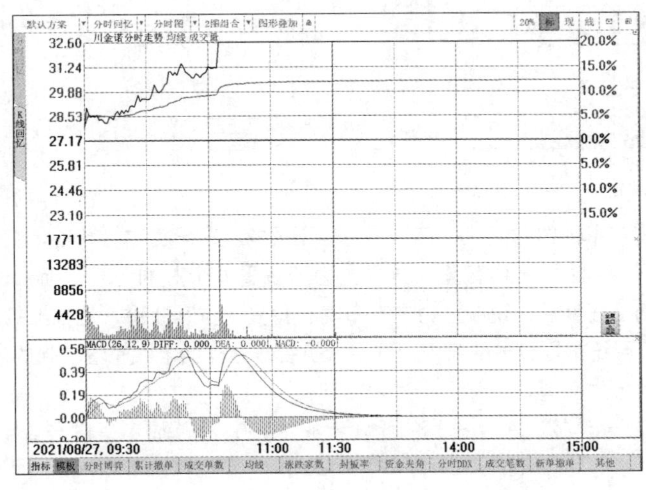

图11-16

当日的涨停分时图是两波封板，只是两波上扬的中间回调整理有一个停顿，之后放出巨量，一分钟内成交5 702万元。此股封板非常牢固，直至收盘都没有开板，体现出这只股票主力做多的情绪高涨。此股是创业板股票，所以当天涨幅限制是20%。从后市可以看出，该股股价在该日后仍旧大幅上涨，以当日收盘价32.6元计算，该股短期高点为54.63元（见图11-17），12个交易日涨幅达45.09%。

川金诺 时段统计(除权后)

2021年 8月30日 -- 2021年 9月14日 共12组数据

开盘:	35.36	涨跌幅:	+45.09%
最高:	54.63	振幅:	60.21%
最低:	35.00	涨跌:	14.70
收盘:	47.30	均价:	44.73
成交量:	3,603,324手	加权均价:	44.86
成交额:	1,587,258.25万	换手率:	333.06%

阶段排序 关闭

图11-17

11.2.3 实战：天量封板

封板是量能配合的结果，只有极大的量能才能快速完成封板。除了封、开板之间的较量外，用天量封板也显示出主力的强势特征。这种情况是市场筹码锁定较好时的一种自然反应。在封板时的最后1分钟放出了天量，这1分钟的量能因突然出现的巨单扫盘而形成，并且随后牢牢封板至收盘。在这笔巨单扫盘前后，交投相对平淡，并没有因为封板而引发大量卖单涌出，该量能呈现出一枝独秀的特征。

图11–18和图11–19所示分别为中国铝业（601600）2021年6月至9月的K线图和8月25日分时图。可以看出该股前期处于上涨回踩阶段，在8月25日盘中放天量，1分钟内成交3.16亿元，直接助推股价冲击涨停。该股当日放量涨停就牢牢封板，是非常强势的一种分时图。从K线图不难看出前几日的成交量就已经有所放大，多头形态很明显，盘中拉升的时候也有极佳的买入机会。

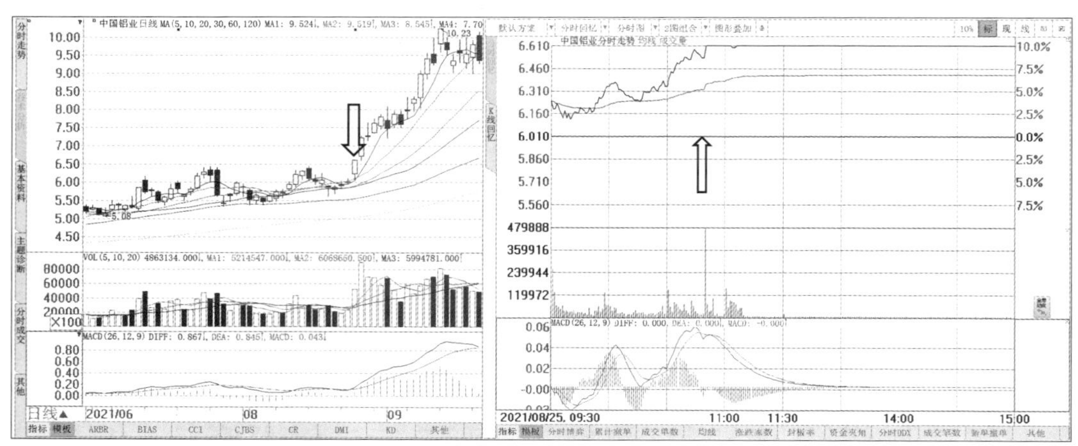

图11–18　　　　　　　　　　　　　　　　图11–19

注意：量能出现在不同的时间段，其作用也是不同的。在早盘冲板阶段，突然出现了巨单扫盘，并牢牢封板，形成了早盘的1分钟天量，这是主力资金看好个股的信号。而且，冲板时的1分钟天量常出现在几波流畅上扬之后，说明主力在有节奏、稳妥地拉升股价，流畅上扬、封板时巨单扫盘，都表明了主力资金不愿给市场过多的盘中逢低买入机会，这样的个股有着较强的短线上涨动力。

下面介绍天量封板的案例。

❶ 登录大智慧软件，输入东岳硅材的股票代码“300821”或汉语拼音首字母“DYGC”，如图11–20所示。

图11–20

❷ 按Enter键，进入东岳硅材的技术分析界面，选择2021年6月至8月的K线图，如图11–21所示。

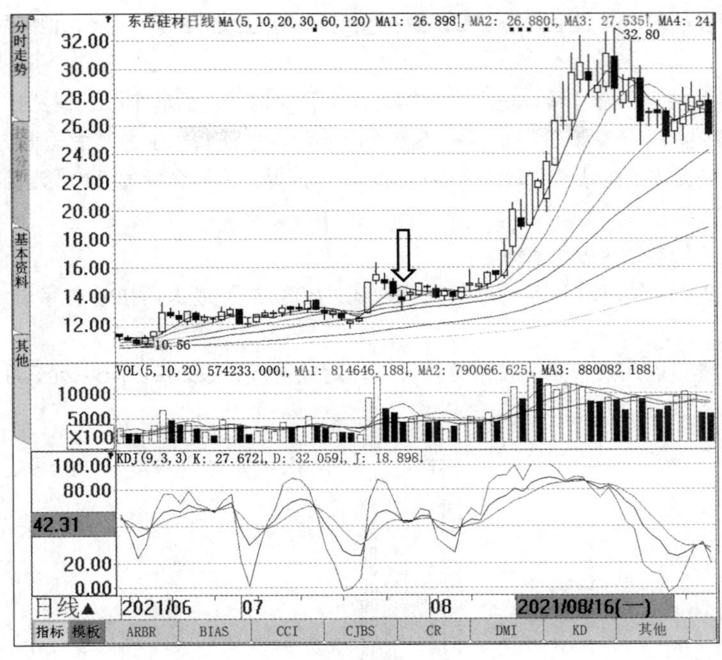
图11-21

❸ 图11-22所示为东岳硅材2021年7月22日的分时图。该股在9点36分就成交1.34亿元，放巨量封板。之后有获利盘出逃，但是上涨的动能巨大，在9点58分成交1.12亿元，将股价牢牢封在涨停板位置。

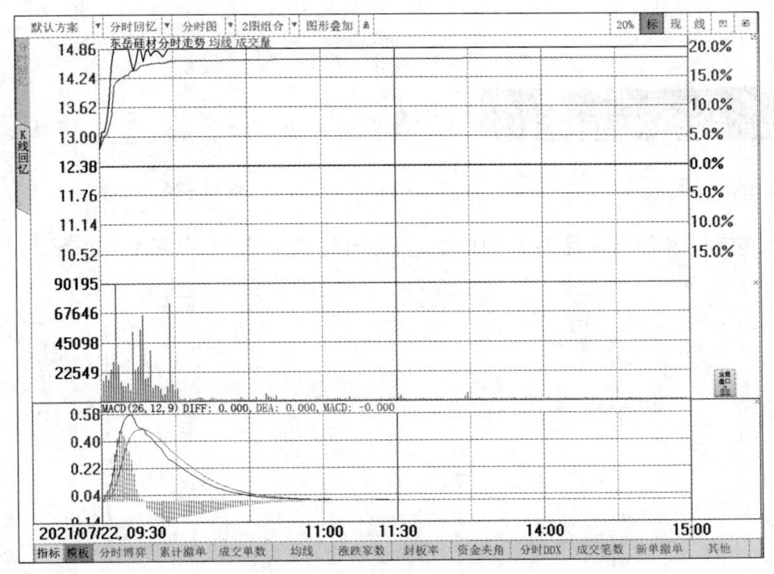
图11-22

在操作中，仔细观察的投资者可追涨买入，分享主力拉升成果。

11.2.4　实战：多次午后启动封板

多次午后启动的涨停形态一般至少由两个交易日组成，主要是指股价连续两个或多个交易日在

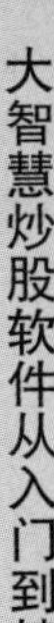

午盘之后出现明显的拉升，且上封涨停板。这些交易日的早盘走势相对平淡，但午后启动迹象明显，且封板较为坚决。

连续午后启动并上封涨停板，是主力持续运作个股的信号，而非个股的偶然性异动。而且，主力的控盘能力较强，两个交易日都选择在午盘之后启动，也证明了主力资金短期内有意拉升股价。虽然两个涨停板使得股价短线涨幅较大，但行情才刚刚开始，只要个股的日K线走势相对优异，投资者是可以追涨买入的。

下面是多次午后启动封板的案例。

❶ 登录大智慧软件，输入上能电气股票代码“300827”或汉语拼音首字母“SNDQ”，如图11-23所示。

❷ 按Enter键，进入大智慧的技术分析界面，缩放显示该股2021年6月至9月的K线图，如图11-24所示。

300827

SZ300827　上能电气　创业板核准(股票)

图11-23

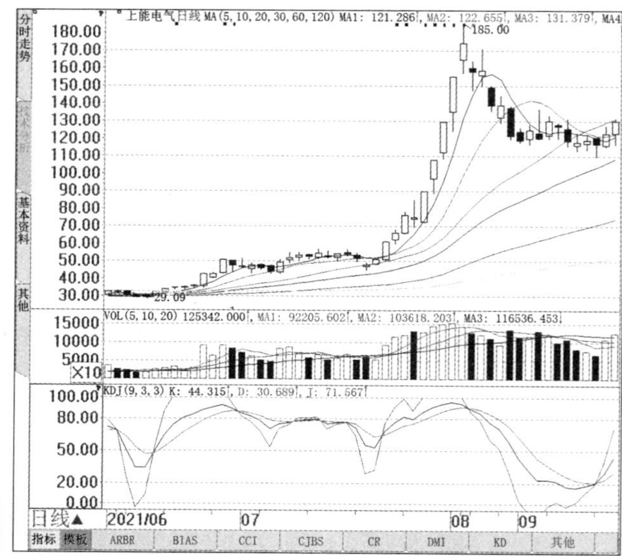

图11-24

❸ 双击上能电气2021年7月22日的K线，显示当日的分时图，如图11-25所示。

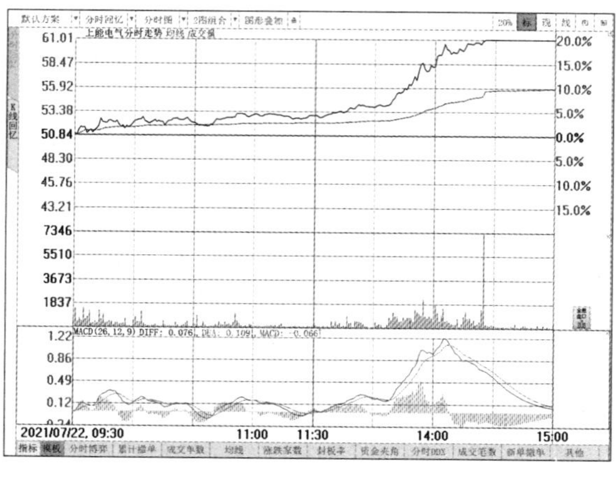

图11-25

❹ 图11–26所示为上能电气2021年7月28日的分时图。从图中可以看出这一日的午后封板形态，预示主力运作个股的迹象十分明显。从成交量可以看出，该股成交量逐步放大，成交非常活跃。

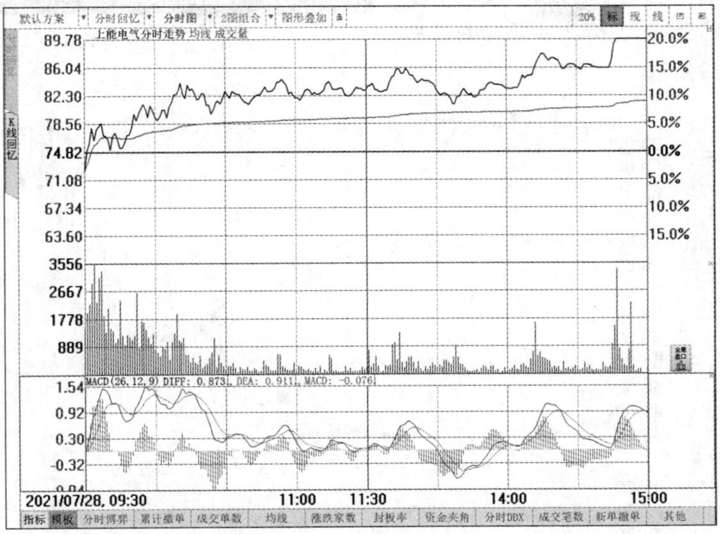

图11–26

❺ 虽然两个涨停板使该股票价格短期涨幅较大，但从日K线图来看，这是中长期走势的低点，反转上行的空间巨大，这时投资者可以追涨买入，该股最大涨幅超过110%，如图11–27所示。

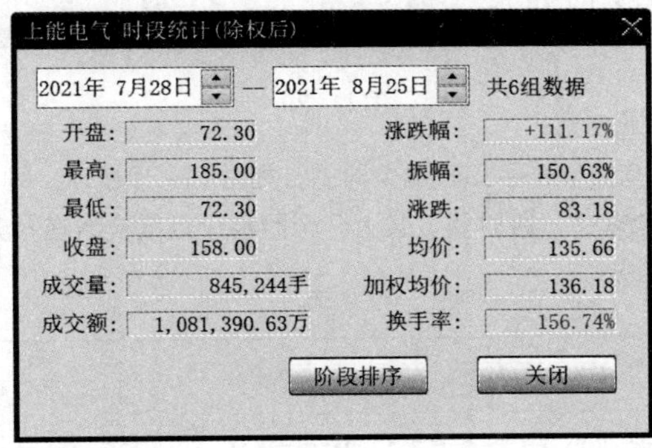
上能电气 时段统计(除权后)

2021年 7月28日 — 2021年 8月25日 共6组数据

开盘:	72.30	涨跌幅:	+111.17%
最高:	185.00	振幅:	150.63%
最低:	72.30	涨跌:	83.18
收盘:	158.00	均价:	135.66
成交量:	845,244手	加权均价:	136.18
成交额:	1,081,390.63万	换手率:	156.74%

阶段排序 关闭

图11–27

11.2.5 实战：稳步向上封板

稳步向上封板是指盘中的分时图走势呈节节攀升的阶梯形，即一小波上扬，随后横向整理，回落幅度很小，然后再向上运行，像阶梯一样，一个阶梯一个阶梯地上行，最终顺势上封涨停板。

盘口中出现这种阶梯式的上涨，说明盘中的每一次上涨后，获利抛压都无法使个股下跌回调，这是多方占据明显主导地位的体现，也与主力资金在每次拉升后，通过挂出买单来护盘的行为相关。如果个股前期K线走势较为稳健、量价配合关系理想，则这种形态多是主力拉升股价的信号，也是个股进入上涨行情的标志。

下面是稳步向上封板的案例。

❶ 登录大智慧软件，输入恒帅股份的股票代码“300969”或汉语拼音首字母“HSGF”，如图11-28所示。

300969
SZ300969 恒帅股份 创业板注册(股票)

图11-28

❷ 按Enter键，进入恒帅股份的技术分析界面，缩放显示该股2021年7月至10月的K线图，如图11-29所示。

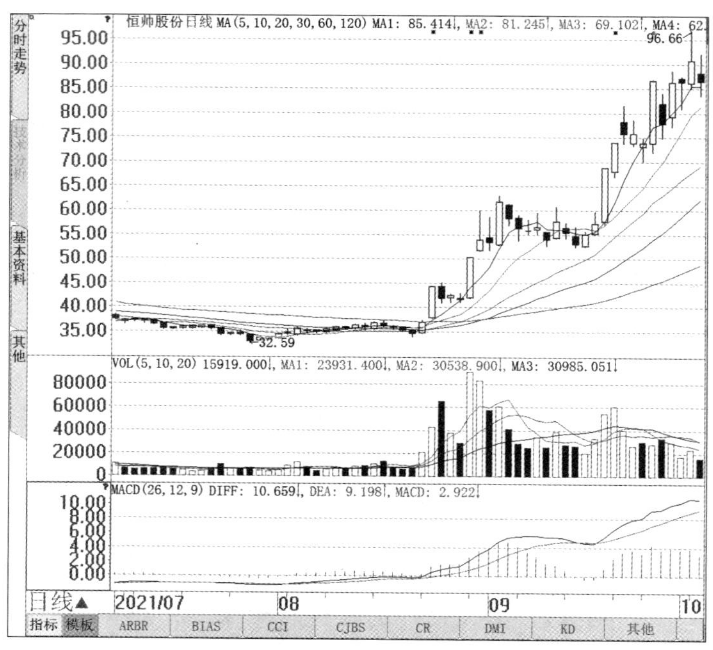

图11-29

❸ 双击K线显示该股2021年8月30日的分时图，如图11-30所示。细心的投资者会发现该股价格上到一个阶梯，然后横盘震荡一段时间，又上一个阶梯，且成交量在拉升阶段随着股价上升有所放大，在尾盘放大量封涨停板。

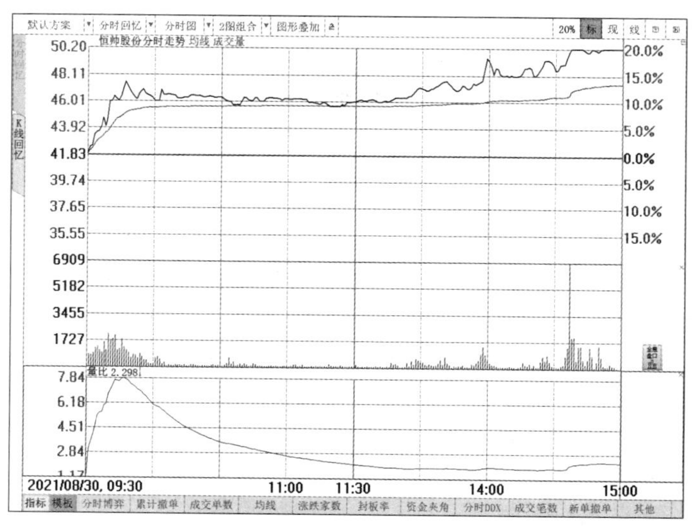

图11-30

❹ 该股的日K线走势良好，股价处于低位整理后的突破点，阶梯式封板是一个中短线看涨信号。操作中，投资者可以追涨买入，该股43个自然日内涨幅超过116%，如图11-31所示。

恒帅股份 时段统计(除权后)

2021年 8月30日 — 2021年10月11日 共24组数据

开盘:	41.92	涨跌幅:	+116.64%
最高:	96.66	振幅:	130.86%
最低:	41.92	涨跌:	48.79
收盘:	90.62	均价:	65.55
成交量:	936,221手	加权均价:	63.46
成交额:	588,155.31万	换手率:	468.11%

阶段排序 关闭

图11-31

提示

稳步向上封板分时形态还可以当作中长线的入场信号。投资者持有符合这种形态的股票时应有一定的耐心，这样才可赚取丰厚的利润。

11.3 涨停板买进手法

买入涨停股的方法主要是在封板前买入，这是较为激进的一种买入方式。能够在早盘阶段牢牢封板的个股，其次日的表现也大多会延续强劲的上涨势头，对于短线操作来说，如果能够结合个股的走势情况、题材特性、分时形态等因素预判个股的封板，就可以在封板前瞬间抢板买入，以在次日的盘中冲高获利。但是，抢涨停板并不简单，它需要投资者有较丰富的操盘经验、良好的盘感。

抢涨停板的操作流程可以细化为如下4个步骤。

（1）观察大盘趋势和盘中实时异动个股。

（2）观察个股走势和题材。

（3）关注当日涨停板排名和涨停个股的分时图。

（4）提前埋单，做好准备。

投资者在学习这些知识后，可以用少量资金进行试验性操作，积累经验之后，再实施真正的抢板操作。

11.3.1 实战：提前埋单，在封板前快速切入

埋单，在抢涨停板交易中，可以理解为提前做好买入准备，但并不是真正地挂出委托买单，当确定买入时，只需单击“确认”按钮，就可以成功发出委托指令。

抢涨停板的核心为“抢”，这意味着仅停留于盘中高点的个股并不是要“抢”的品种，而是当个股真正冲击涨停板、要封板时，再出手切入。因而，抢涨停板一定要出手够快、判断够准。出手快，保证能及时买入（一旦大买单封死涨停板，又不再打开时，就失去了买入的机会）；判断准确，意味着个股随后能够封牢涨停板，若涨停板封不牢，一旦抢入，风险大于机会。下面介绍抢涨停板时的具体操作流程。

❶ 通过涨幅排行榜实时观察接近于涨停价位的个股，如图11-32所示。这些个股随时有上封涨

停板的可能。观察的方法很简单，通过来回切换，看这些涨幅靠前的个股是否有冲板倾向。

涨跌幅排名				分钟涨速排名					名称	最新	净额
301138	N华研	81.18	210.20%	688683	莱尔科技	24.50	3.38%	301177	N迪阿	165.01	18.63亿
603216	N梦天	24.28	44.01%	300061	旗天科技	12.80	2.65%	688235	N百济-U	160.98	10.54亿
301177	N迪阿	165.01	41.18%	600647	同达创业	13.95	1.97%	600010	包钢股份	3.04	9.33亿
300235	方直科技	15.46	20.03%	688113	联测科技	61.20	1.64%	600188	兖矿能源	24.42	
301167	建研设计	46.00	20.01%	603800	道森股份	20.74	1.57%	600089	特变电工	23.92	
301111	粤万年青	55.68	20.00%	688105	诺唯赞	103.87	1.53%	601669	中国电建	7.97	

量比排名				分钟跌速排名					板块指数	最新	涨幅
003020	立方制药	47.72	13.24	000411	英特集团	15.60	-7.64%	994158	特高压	6515.62	2.81%
688038	中科通达	20.10	11.49	603213	镇洋发展	27.50	-6.46%	991003	电热供应	4122.52	2.41%
300865	大宏立	32.47	10.10	600935	华塑股份	9.19	-2.65%	994492	电力物联网	3989.71	2.09%
300277	海联讯	10.51	9.55	605289	罗曼股份	36.43	-2.20%	994674	抽水蓄能	4372.06	2.01%
002628	成都路桥	3.61	9.48	000679	大连友谊	4.57	-1.72%	993759	水利建设	2446.15	1.96%
003036	泰坦股份	13.77	9.47	002725	跃岭股份	13.50	-1.53%	994677	绿色电力	3643.18	1.92%

振幅排名				总额排名				板块资金净额排名			
301138	N华研	81.18	328.62%	600111	北方稀土	49.12	72.83亿	994158	特高压	6515.62	28.21亿
603216	N梦天	24.28	24.02%	002466	天齐锂业	110.99	71.95亿	993742	风能	4406.67	25.25亿
301058	中粮工科	16.09	21.92%	600089	特变电工	23.92	65.74亿	991003	电热供应	4122.52	24.16亿
300360	炬华科技	14.78	21.85%	000858	五粮液	243.80	64.61亿	994492	电力物联网	3989.71	16.82亿
301213	观想科技	65.94	21.49%	600519	贵州茅台	2135.00	64.45亿	991023	零售业	3684.44	14.83亿
300831	派瑞股份	24.29	20.86%	603259	药明康德	124.02	64.18亿	993736	核电	3228.04	12.77亿

图 11–32

❷ 当发现某只个股有上冲涨停板的迹象时，要提前做好买入准备。例如，恒帅股份这只股票在 2021 年 10 月 18 日盘中出现了大买单扫盘，且股价离涨停板很近，如图 11–33 所示。此时投资者应打开下单软件，填写代码、价位、数量等信息，做好一切准备，等待最后确认买入指令。

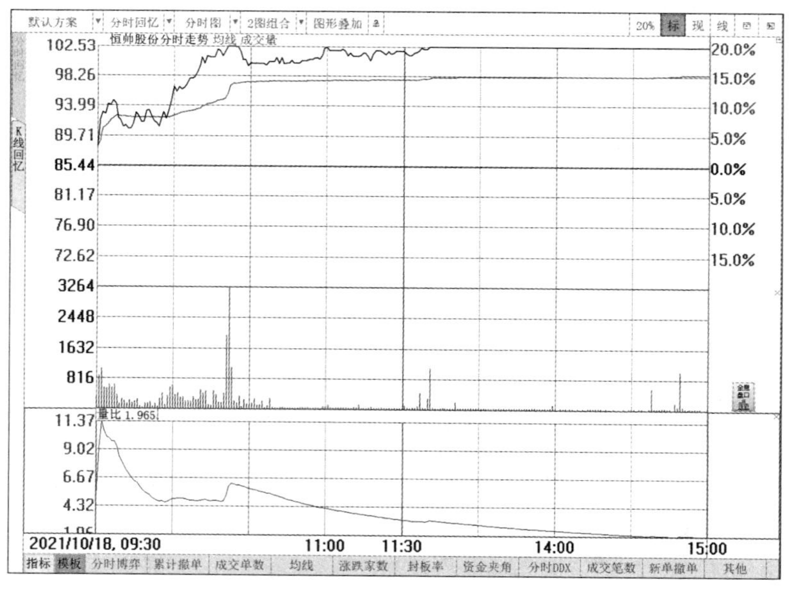

图 11–33

提示

在抢涨停板时，很可能因为买盘数量过多等意外情况无法买进，所以抢涨停板成功率不是很高。

仅仅从盘面交易来看，是否要抢涨停板买入，一个很关键的要素是看是否有数量级较大的大买单扫盘。如有大买单扫盘，可以抢板买入；若没有大买单扫盘，则不宜抢板买入。

11.3.2　实战：结合抢板位置，后市才能获利更多

股票投资一般分为两种，即中长线和短线。中长线看该股的趋势，是位于中长期的高点还是低点；短线则要看清楚股价是飙升后的高点还是回调后的低点。

而一笔交易是否值得去做，和购买东西一样，就是看购买的物品是否物有所值，在股市操作中，就是获取的收益是否比承担的风险高，如果收益高于风险，即可操作。进行抢涨停板的操作意味着将自己放入一个危险境地，因为判断很可能失误，而且短线买涨停板，一般都是博取第二天、第三天的继续封板，即使不能封板，也要有大涨的可能性。如果抢入后股票无法封牢涨停板，投资者将会承担较大的短线风险。

下面是在股票冲击涨停前回落时买入的案例。

❶ 登录大智慧软件，输入华能水电的股票代码“600025”或汉语拼音首字母“HNSD”，如图11-34所示。

600025
SH600025　华能水电　上证A股(股票)

图11-34

❷ 按Enter键，进入华能水电的技术分析界面，缩放显示2021年8月至9月的K线图，如图11-35所示。从该股趋势来看，在这之前5个月的走势中，该股封涨停板时股价处于低价区间，即将结束低位整理，开始上行，可以买入。

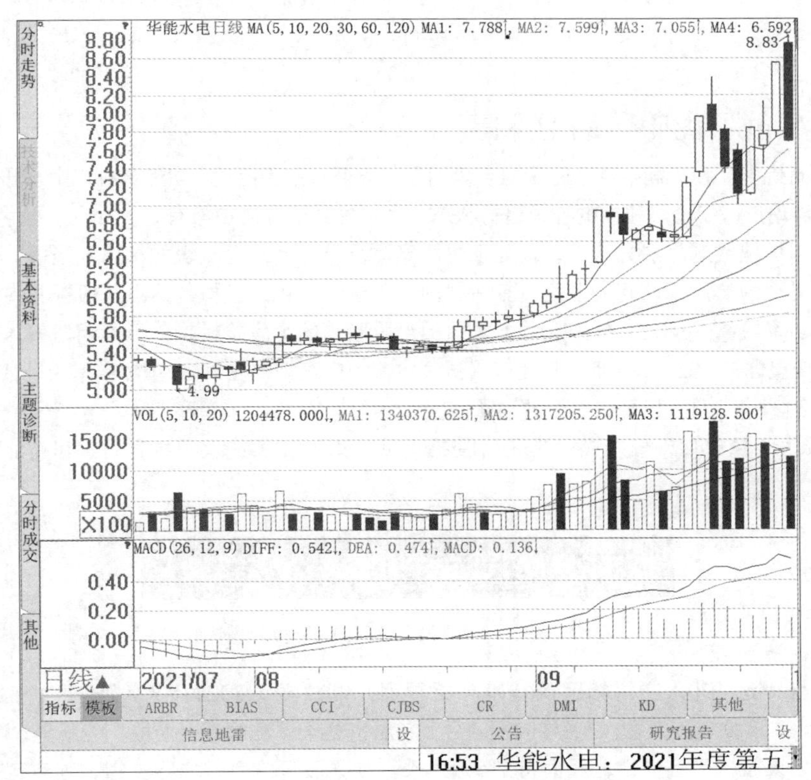

图11-35

❸ 双击K线显示该股2021年9月8日的分时图，如图11-36所示。细心的投资者会发现，该股高开高走，上午时段成交量比较平稳，逐步将股价上推，这样的操盘手法往往是机构行为。午后成

交量急剧放大，冲击涨停之后又打开，有短暂的回落，但持续有大单再次将股价封至涨停。在涨停打开的阶段，投资者就可以选择买入。

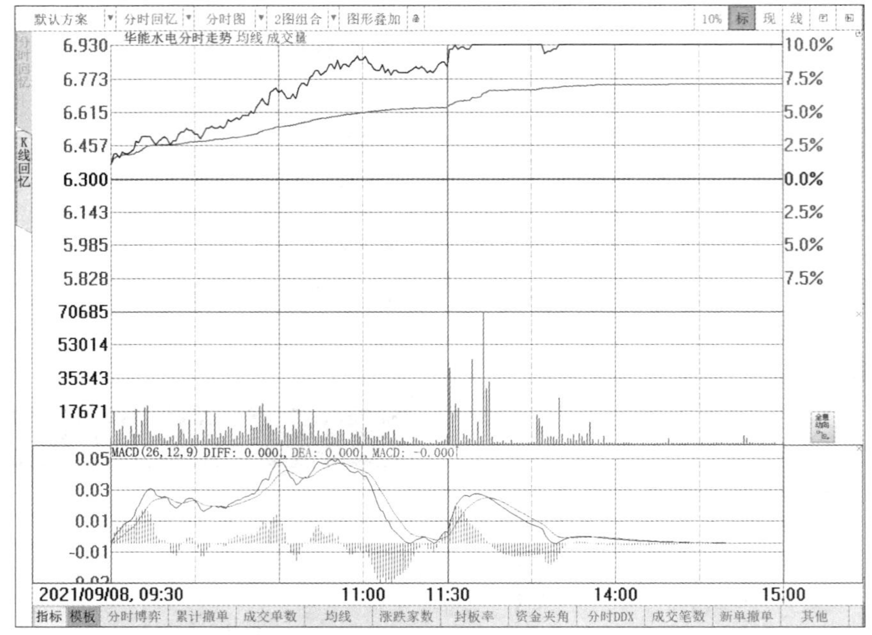

图11-36

11.3.3 实战：盘中异动抢涨停

盘中异动是指个股在盘中某个时段的走势明显与大部分股票不同，如5分钟内上涨极快、突然跳水等。这些异动打破了个股原有的连续运行状态，多与主力资金的参与有关。

热点多以板块或题材的方式启动，如证券股集体高升、新能源板块的集体走强等。以板块或题材集合方式呈现的热点，说明有多路资金在共同炒作这一热点，这样的热点一般都具有连续性，抢板操作中成功率更高。反之，单独启动、无同类个股联动的个股抢板操作风险相对较大。例如，新能源汽车板块整体在2021年上半年都比较受资金追捧，广汽集团在2021年上半年的行情就处于多头趋势，其在2021年8月就出现过盘中异动涨停。

❶ 登录大智慧软件，输入广汽集团的股票代码“601238”或汉语拼音首字母“GQJT”，如图11-37所示。

图11-37

❷ 按Enter键，进入广汽集团的技术分析界面，缩放显示2021年7月至9月的K线图，如图11-38所示。从该股趋势来看，7月中旬至8月上旬股价处于上涨的调整波段，也就是b浪调整阶段。在这一阶段如果股价受到支撑，后面将是c浪上涨。如果股价没有被均线支撑，则有可能会转头向下，同时MACD线下穿0轴。2021年8月12日，该股股价开盘之后就一路上扬，盘中新能源汽车板块异动，分时图如图11-39所示。而广汽集团与华为技术有限公司曾签署深化战略合作协议，并且广汽埃安于2020年11月20日实现品牌独立，定位为高端智能纯电动车。所以广汽集团股价当日也受到消息刺激，持续放量上涨。这种板块的集体行为利于抢板。同一板块，有先启动的，有后启动

的。投资者可以根据自己的交易习惯，选择是追龙头还是埋伏滞涨股。

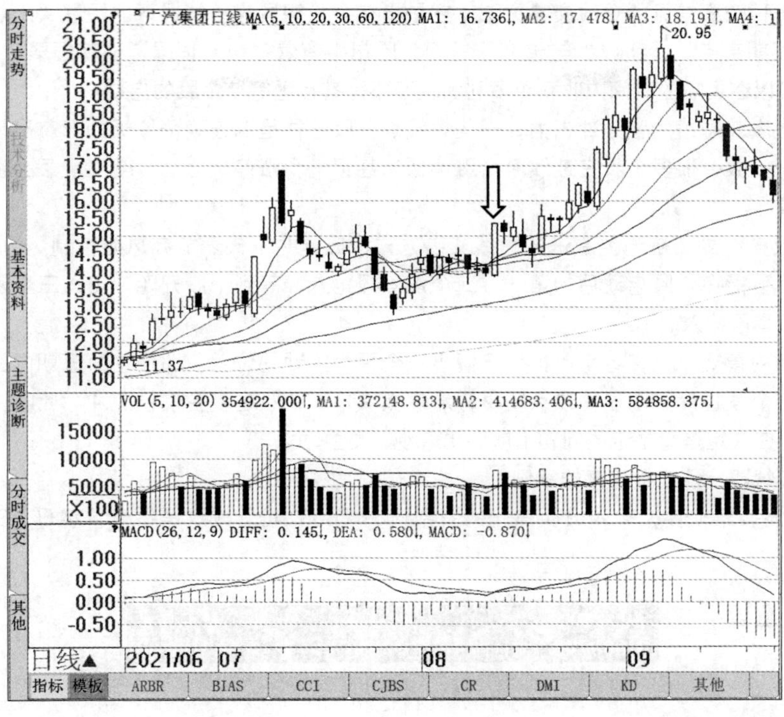

图11-38

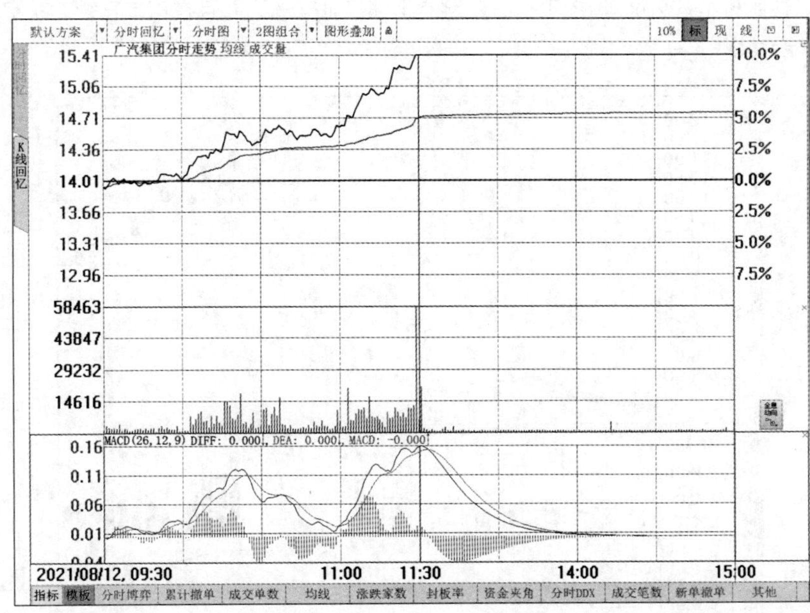

图11-39

集体启动型的热点题材股是抢板的优选品种。在这类品种中，最好抢封板时间早、短线涨幅较小的个股，它们当日成功封牢涨停板的概率较大，也有成为短线黑马股的潜力，可以带来最佳收益。

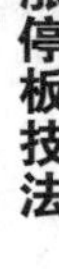

11.3.4 实战：追高买入

追高是一种较为常见的短线交易方法，它是指在个股明显启动情况下的短线买入。追高时，买的价位就是短期高点。之所以参与追高，是因为股市中有着“强者恒强，弱者恒弱”的分化规律。参与追高，可以在更短的时间内收获更多利润，而不是盲目地等待个股的启动。

涨停板代表着短线的强劲冲击力，一些短线黑马股往往是以连续涨停板的形态出现的。但这样的个股毕竟是少数，很多个股在连续两个涨停板，甚至一个涨停板之后，就出现了上涨乏力，甚至掉头向下的情况。

抢涨停板操作虽然是一种激进的短线交易方式，但这并不代表放弃风险控制。为了控制风险，抢涨停板应尽可能在个股启动后的第一、二个涨停板抢入，等到个股开始冲击第三个涨停板时，就短线来说，不宜再抢入。

通过这样的模式，投资者可以把自己置于一个更为主动的位置。即使主力短期内的拉升意愿不是十分强烈，个股也没有明显的热点题材，涨停板次日，个股也多会惯性上冲。此时，短线处于小幅获利状态，在决定是留是走的问题上就会更客观、更主动。

下面是连续跳空涨停板追高的案例。

❶ 登录大智慧软件，输入山西焦化的股票代码“600740”或汉语拼音首字母“SXJH”，如图11-40所示。

600740

SH600740 山西焦化 上证A股(股票)

图11-40

❷ 按Enter键，进入山西焦化的技术分析界面，缩放显示2021年8月至10月的日K线图，如图11-41所示。该股价格从2021年8月23日就跳空上涨了4.64%，并且在第二日继续跳空高开，这就是明显的多头趋势。

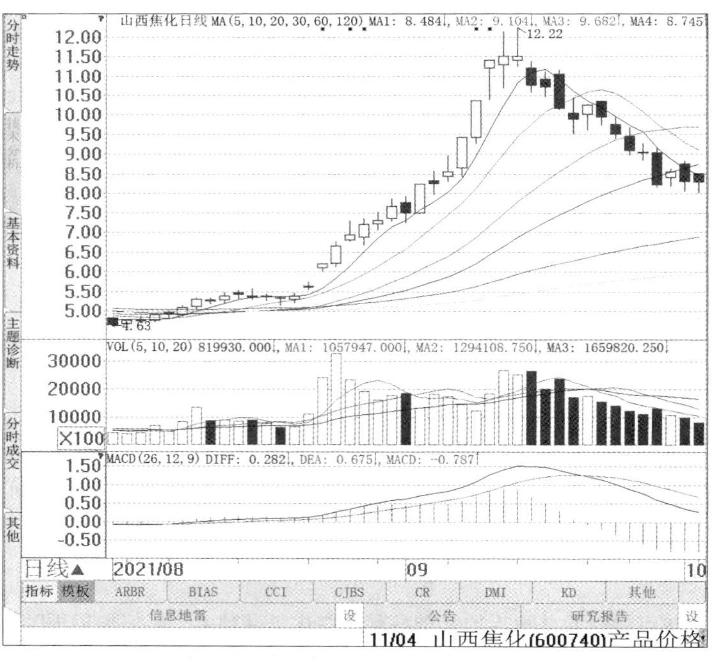

图11-41

❸ 双击K线显示该股2021年8月24日的分时图，如图11-42所示。在早盘阶段，此股直接高开近8%，股价快速拉升至涨停，但是上午收盘前后均有下探动作，截至下午收盘时封涨停。由于这是第二个跳空，并且冲击了涨停板，看到此处的股价，很多投资者不敢追入。但结合当时焦煤、焦炭、动力煤的期货走势，可以对该股后面的走势进行预判。山西焦化8月24日前的股价还没有走出期货的大牛行情，上升空间还值得期待。

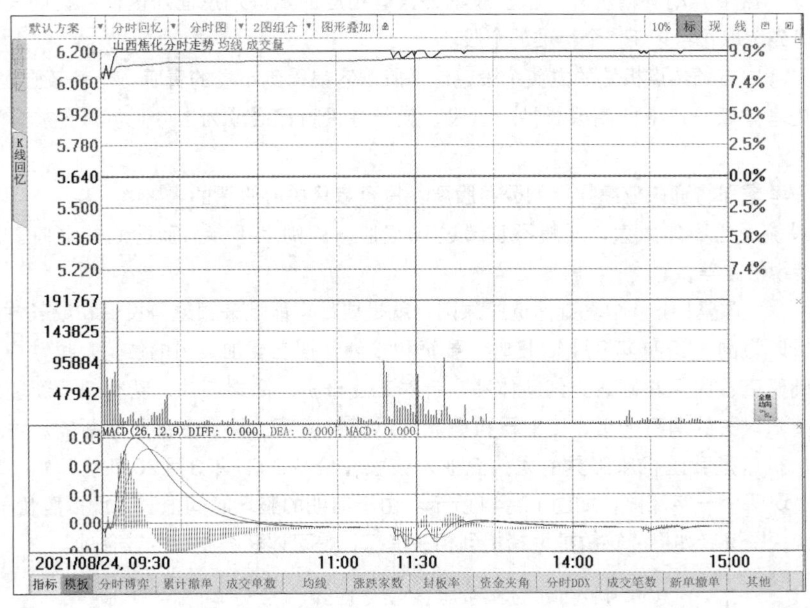

图11-42

❹ 选中8月25日至9月14日的K线，统计分析这一时段的数据。可以看到，到最高点仍有73.55%的涨幅，即使投资者抢板买入，也会收获不小，如图11-43所示。

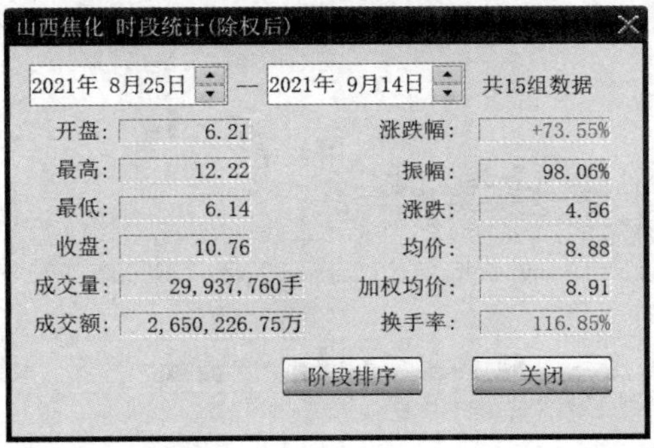

山西焦化 时段统计(除权后)

2021年 8月25日 — 2021年 9月14日 共15组数据

开盘:	6.21	涨跌幅:	+73.55%
最高:	12.22	振幅:	98.06%
最低:	6.14	涨跌:	4.56
收盘:	10.76	均价:	8.88
成交量:	29,937,760手	加权均价:	8.91
成交额:	2,650,226.75万	换手率:	116.85%

阶段排序 关闭

图11-43

提示

同样还是这只股票，如果投资者在第四个涨停板追入呢？可以看到，第四个涨停板以后，该股股价继续上升的空间较小，短期内甚至还有回落，风险较大，不建议再追入。

高手秘技

技巧1　结合消息面捕捉涨停板

涨停板除了盘中异动等情况外，很多股票还具有相应的涨停消息面。因此，在同样可能涨停的个股中，应优先选取符合以下4个标准的个股。

（1）优先考虑市场热点板块的龙头个股，这类股很容易得到市场的青睐，走势较强也较安全。

（2）优先考虑新兴产业的高成长性小盘股，成长性投资已经成为当今世界成熟资本市场投资的共识。

（3）优先考虑即将迎来业绩拐点的公司股票，投资者只关心股票的未来。

（4）个股流通盘不能太大，一般不宜超过10亿股，原则上不参与蓝筹股的涨停，因为盘子太大，行情的持续性就差。

在实战中，大体坚持这4个基础面选股原则，就是要尽可能地兼顾趋势投资和成长性投资。

以秦川机床为例。2021年8月19日晚，要把科技创新摆在更加突出的位置，推动中央企业主动融入国家基础研究、应用基础研究创新体系，针对工业母机、高端芯片、新材料、新能源汽车等加强关键核心技术攻关的消息一出，工业母机概念股迅速被追捧，投资者甚至拿新能源汽车和芯片与之相比。秦川机床是我国机床工具的龙头企业，该股股价从2021年8月20日就开始跳空上涨，之后更是接连出现两个一字涨停，如图11-44所示。由于前期的整理时间很长，所以股价一旦涨起来，更加势不可当。投资者如果能够敏捷地捕捉到相关消息，是可以获得不错的收益的。

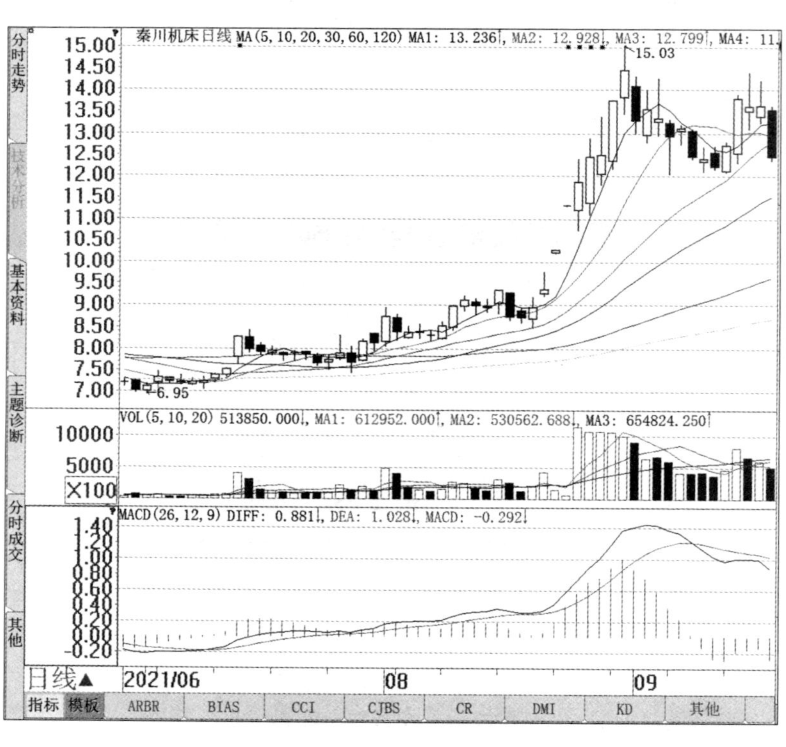

图11-44

从图11-45中可以看到，秦川机床2021年第二季度净资产收益率为9.16，较2020年的净资产收益率高很多。说明企业的发展势头良好，先是在2020年扭亏，在2021年经营情况更好。而且秦川

机床是我国精密数控机床与复杂工具研发制造基地，是我国机床工具的业内标杆企业，基础面相当优秀，买进该股基本无后顾之忧，如果该股盘口没有问题，则可以追高买入。

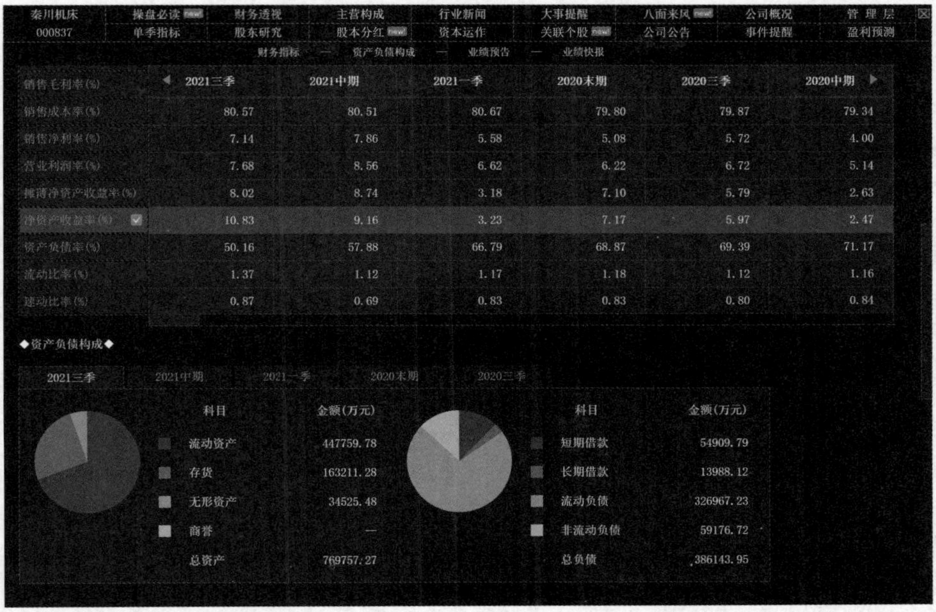

秦川机床	操盘必读	财务透视	主营构成	行业新闻	大事提醒	八面来风	公司概况	管 理 层
000837	单季指标	股东研究	股本分红	资本运作	关联个股	公司公告	事件提醒	盈利预测

财务指标 — 资产负债构成 — 业绩预告 — 业绩快报

销售毛利率(%)	2021三季	2021中期	2021一季	2020末期	2020三季	2020中期
销售成本率(%)	80.57	80.51	80.67	79.80	79.87	79.34
销售净利率(%)	7.14	7.86	5.58	5.08	5.72	4.00
营业利润率(%)	7.68	8.56	6.62	6.22	6.72	5.14
摊薄净资产收益率(%)	8.02	8.74	3.18	7.10	5.79	2.63
净资产收益率(%)	10.83	9.16	3.23	7.17	5.97	2.47
资产负债率(%)	50.16	57.88	66.79	68.87	69.39	71.17
流动比率(%)	1.37	1.12	1.17	1.18	1.12	1.16
速动比率(%)	0.87	0.69	0.83	0.83	0.80	0.84

◆资产负债构成◆

2021三季　2021中期　2021一季　2020末期　2020三季

科目	金额(万元)	科目	金额(万元)
流动资产	447759.78	短期借款	54909.79
存货	163211.28	长期借款	13988.12
无形资产	34525.48	流动负债	326967.23
商誉	—	非流动负债	59176.72
总资产	769757.27	总负债	386143.95

图11-45

技巧2　抢涨停板如何卖出收益最大

买入涨停板固然开心，但如果不能很好地将其卖出，收益就会来来回回地“坐电梯”。抓卖点就是指我们能够对个股随后的短线走势有一个相对准确的判断，进而卖出股票。

抢入涨停板之后，投资者通常担心第二个交易日上涨热情能不能延续，所以一定要重视收盘后的复盘，因为它能让我们了解当日封板后的大盘表现、个股走势等，从而为第二个交易日的操作做一个简单的规划。通常情况下，如果当日封涨停后，出现开板、多次封板，甚至尾盘无法停留于涨停价上的情况，意味着涨停板买入有些失误，第二个交易日一定要做好出场的准备。

提示

即使当日封板的股票，也不意味着次日一定有好的表现。一般来说，买入强势板的次日，若个股没有在早盘阶段启动且脱离成本价，卖出是一种较为理想的选择。

第12章　选股技法

本章引语

观察与经验和谐地应用到生活上就是智慧。

——冈察洛夫

在股票投资中，想要获取盈利，首先要选对股票。牛股就像沙子里面的金子，只有利用科学、合理的选股技术，层层筛选股票，才能大浪淘沙，始见真金。

本章要点

★ 常见的选股方法

★ 基本面选股

★ 技术面选股

12.1 常见的选股方法

怎么保证投资的股票能获利呢？为什么买这只股票而不买那只股票呢？网上看到很多专家推荐的股票到底值不值得买呢？为什么别人选择的股票能获利而自己买的股票却亏损呢？其实，股票的选择正误基本决定了交易的成败，而买卖点的选择则决定了利润或损失的大小。所以，想要在股票市场获利，先要选对股票。对于资金量比较大的投资者来说，可以将仓位分为长线仓位和短线仓位两个部分。本节将介绍两种选股策略。

12.1.1 稳健型选股策略

所谓稳健型选股策略，即在较长的时间对选出的个股进行投资，并且这些个股的长期投资逻辑是比较成熟的，长线投资的股票是让资产稳健增值的股票。就像在银行买理财产品一样，理财经理在为投资者推荐理财产品时也会根据投资者风险承受度的不同，推荐不同等级的理财产品。采取稳健型选股策略，一般可以从上市公司的财务状况、上市公司所处的行业前景、上市公司未来发展的预判等维度筛选股票。

1. 上市公司的财务状况

通过研究上市公司的基本财务状况，可以知道公司当前的营收、利润、资产、负债等重要的财务信息。在选择稳健型仓位的股票时，需要找出财务状况良好的公司，只有财务状况良好，才能增强投资者中长期持股的信心。针对财务状况，首先可以通过设置一些基本的指标标准，如现金流较好、负债率中等、营收增长每年在30%以上、利润增长每年在30%以上等，对公司进行最初的筛选，先从A股的股票中筛选出一部分财务状况较好的上市公司。

2. 上市公司所处的行业前景

对于普通行业而言，投资者应尽量选择行业天花板高的、前景比较好的行业来投资。如果上市公司行业空间不大，需要与行业内的公司互相竞争才能存活，投资者应该避免投资。除非这个公司已经从这个行业的竞争当中脱颖而出，成为行业中的龙头。

而对于周期行业，其投资逻辑不会因为一项新技术的发明或者某种变革而大改，周期股会有顺周期和逆周期规律。那么投资者就要尽量在周期的底部买入。有的投资者会问：如何判断周期行业是否见底？其实，投资者只需抓住一个要点即可，就是整个行业中大部分公司，甚至连龙头公司都严重亏损，市场已经把所有悲观情绪都反映在股价上，这个时候，投资者就可以选择战略方向正确的公司的股票买入。只要这个周期行业不消亡，那么等周期反转时，投资者就能收获可观的利润，在我国市场中，主要的周期行业有钢铁、有色金属、化工等基础大宗原材料行业，水泥等建筑材料行业，工程机械、机床、重型卡车、装备制造等资本集约型行业，还有与民生息息相关的猪肉行业。例如，2021年是煤炭、有色金属、化工行业的顺周期，猪肉行业的逆周期，投资者在投资时也要多多关注当下的经济形势。

3. 上市公司未来发展的预判

投资者如何对企业当前的状况及未来1年、3年甚至5年的发展进行预判？判断的依据又有哪些呢？其实投资者需要考虑的主要是两个方面：一是上市公司自身的治理结构，二是上市公司在行业中所处的地位。公司治理结构主要考虑的是董事会和经理人之间的关系。治理结构比较好有利于公司战略的实施，让公司能够迅速地往好的方向发展。感兴趣的投资者可以在网上搜一下格力电器的治理结构。而公司在行业中的地位主要看公司是不是行业中的龙头企业。如果公司是这个行业中的龙头企业，那么进一步挖掘该公司有没有核心技术或者资金实力等优势，能够保证其不会被其他公司轻易取代。如果公司在行业中是属于中间偏后的，就应该研究这个公司是否具备某些潜力，能够让其以后发展成龙头企业。分析完公司的现状之后，还需要思考公司在1年以后、3年以后可能会发生的变化。例如，其经营模式是否能够持续？它的现金流是否会变得越来越好？公司是否在扩张期？营收、利润能不能持续增长？公司发展的瓶颈期会出现在哪个阶段？只有把这些问题搞清楚，才能对公司未来的前景有更清晰的预判。

12.1.2 激进型选股策略

所谓的激进型选股策略，是通过选择短周期、具有进攻性的股票，通过中短线的操作策略进行交易，博取利润的选股策略。如果把手中股票理解成一个足球队，那么激进型股票就是这个足球队里的前锋。尤其是在市场效益比较好的时候，持有激进型股票能够非常有效地提升整体仓位的收益率。尤其是在大牛市的时候，大部分收益都是由激进型股票赚取的。因为稳健型股票往往盘子较大，波动没有那么剧烈，所以在大牛市的时候很难跑赢题材股、赛道股。所以在大牛市的时候，建议投资者调整整体仓位的配比，增加激进型股票比例，扩大整体收益，跑赢市场。

1. 主流的激进型选股策略

（1）跟随市场当前热点与主线。因为在结构性行情中股价上涨往往会有一个主线板块领涨，所以如果投资者跟对了热点板块，投资收益是会远远跑赢指数的。在选出热点板块之后有两种策略进行跟踪：第一种是跟随板块的龙头，如果拉出大阳线，也可以先小单量买入底仓，并且设置好止损线，不到止损线，坚决不卖；第二种是寻找热点板块中没有被挖掘的、滞涨的股票，跟进买入。投资者只要选对股票，一般都能享受到补涨行情带来的利润。

（2）研究市场未来有可能会炒作的热点，提前买入进场，等待被炒作获取利润。选择这种策略需要投资者对事件的重要性有清晰的判断，对国家战略的方向一定要敏感。

2. CAN SLIM 七步选股法

对于选股的方法，并不需要投资者拍脑门自创，能够把历史上的一流投资者的方法论用好足矣。投资者可能首先想到的就是巴菲特、彼得·林奇、索罗斯等人，但还有一个投资者名叫欧奈尔，他自创的CAN SLIM 七步选股法是非常好的选股方法，覆盖了选股、选基金、交易时点的选择等各个方面，教投资者如何在茫茫股海中捕捉黑马股。

CAN SLIM 七步选股法总共分为7个步骤，这里面的每一个字母代表着一个步骤。

（1）C即current quarterly earnings per share，意思是最近一个季度报表的盈利。当季每股收益（earning per share，EPS）增长率应在20% 或更高，无论是股市新手还是老手，都不要投资最近一个季度每股收益较去年同期增长率未达到20% 的股票，这是最基本的原则。如果近几个季度的每股收益较去年同期都有明显的增长，那么更有可能确保投资的成功。

（2）A即annual earning increases，意思是每年度每股盈利的增长幅度。欧奈尔要求所选股票每年盈利增长在25% 以上。据统计，飙升股票在启动时的每股收益年度复合增长率平均为24%，中间值则为21%。

（3）N即new products，new management，new highs，意思是创新，可以是新的产品、新的管理方法或者新气象，包括产业趋势、经营策略等。这些都可能成为股价大涨的前兆。

（4）S即supply and demand，代表在外流通的股数。流通股的股数越少，说明其供给越少，越容易被市场炒作。

（5）L即leader or laggard，意思是该股票是否具有龙头股的地位。选股的时候应该选择行业龙头或者市场龙头。虽然它们涨幅已经很大，但强者恒强是股市中难以被打破的定律。

（6）I即institutional sponsorship，意思是机构投资者的认同度。机构投资者对股价未来的走势起主导作用，追踪机构投资者，买进机构投资者认同度高的股票，但同时应该警惕机构投资者的过量持股。

（7）M即market direction，意思是市场走向。投资股票需要判断大盘走势，要顺势而为。因为欧奈尔发现，个股很难与整个大盘走势为敌，因此，判断股市正处于牛市还是熊市是非常重要的。需要根据大盘的走势来决定买卖点。欧奈尔认为，不买处于下跌趋势的股票，回撤到7%就止损，不要再向下补仓来平摊成本。这就需要投资者对大盘的技术分析和宏观基本面有一定的判断能力，结合本书第2篇的内容，投资者就可以对大盘所处的位置进行技术面的判断。

12.2 基本面选股

除了使用欧奈尔的CAN SLIM 七步选股法对股票进行筛选，还可以从基本面维度、技术面维度来分析选股。投资者懂得基本面分析，是在茫茫股海中选出好股票的基础。因为无论是短期炒作还是长期跟随公司成长，股票价格的支撑都必须依靠公司的业绩。好股票或有前景的股票价格就能上涨，绩差股或者没有前景的股票价格就会持续下跌，股票价格是由股票对应的公司价值所决定的。因此，一个能够不断获利的公司，未来就能够不断地发展壮大（即有成长性），股票价格也能不断地上涨，这就是基本面选股。因此，基本面选股就是根据公司的经营情况以及发展情况综合考虑进行的选股工作。

那么怎么通过基本面选股呢？首先，要投资的公司应有下述特质。

（1）公司处于一个具有很大成长空间的行业中，如2021年的光伏产业。

（2）公司在所处行业中具有自己的核心竞争优势。

（3）公司的管理团队优秀，具有前瞻眼光和战略规划能力，也有很强的执行力。

（4）公司的财务状况稳健。

（5）公司的估值具有吸引力。

通过这样的特质，可以筛选出很多股票，但是不是每只股票都要买一点儿呢？答案当然是否定的。投资者还需要进行以下判断。

（1）对于行业的判断，要看动态估值。即使现在估值比较低，但如果未来走上坡路，则其未来估值就会变高；而如果相反，则今后的估值就会变低。所以，要辩证地看待估值。

（2）关注该公司对自身的一些判断。主要看该公司对自身的分析，包括最大风险来自哪里，行业是否有壁垒，在这个行业处于前列还是后面，主要竞争力是什么，是渠道建设得好、营销做得好，还是有专利技术等。

（3）选择自己熟悉、有把握的股票。投资者应该尽量选择自己熟悉的股票。彼得·林奇曾说："从身边使用的产品来发现大牛股。"个人投资者即使没有精力和能力去拜访公司，也要先从公司的公开信息中了解情况，透视它的行业前景，再进行深入分析，找出有倾向的行业或个股。比较稳妥的是选消费板块，然后以长期视野考察优势公司，并在低风险区域买入。

综上所述，基本面应该是投资者决定是否买卖股票的重要依据之一。

12.2.1 利用F10键进行基本面筛选

基本面选股，就是利用现有个股资料中的公开信息，如财务数据、股东人数变化等来选择股票。在看中某一只股票时，在大智慧软件中按F10键进入该股票的基本资料界面，可以看到该公司的相关信息，包括操盘必读、财务透视、主营构成等信息。图12-1所示为广汇能源（600256）的基本资料。

建议投资者在其基本资料页面中先看公司的主营业务，判断其属于哪个行业，是周期行业、TMT（指电信、媒体和科技）行业、专精特新（指中小企业具备专业化、精细化、特色化、新颖化的

特征）行业、新能源行业还是消费、医药、白酒等行业。再看公司的亮点有哪些，是不是行业领军龙头股。像贵州茅台，单看其行业排名就知道处于行业领军地位。还要查看流通股数，判断是大盘股还是小盘股。之后查看该股的动态市盈率，综合分析得出成长性的结果，再参考其所在行业板块的平均市盈率状况，参考现有股价，迅速判断该股估值是否合理。根据估值水平，再决定是否（短线或者中长线）参与。

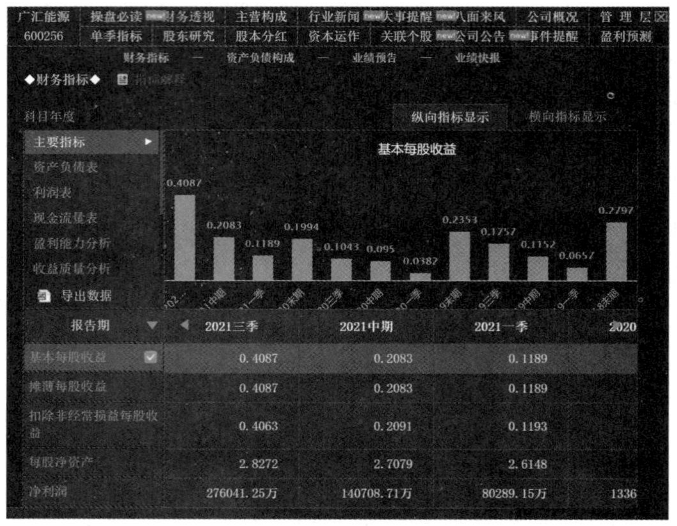

图12-1

打开大智慧行情软件，进入某只股票的基本资料界面。

（1）看“公司详情”。了解该股所处的地域及注册地址、行业（确定平均估值水平）、主要业务及主要产品（确定细分行业、是否有题材及发展前景）；再看股票的上市时间（确定配售股、大小非的解禁时间）、发行价（其高低与净资产的多少有关，还要看破发与否）；而发行市盈率意义不大，因为一般都是上市前一年的情况。广汇能源的公司详情如图12-2所示。

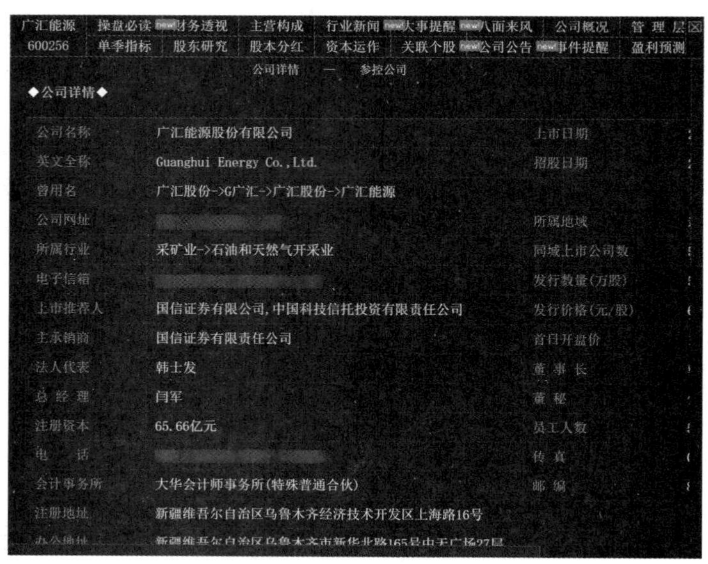

图12-2

（2）看“财务透视”。请查看12.2.2小节的内容。

另外，还需要看主营构成、股本分红、事件提醒等信息。做完上述功课后，投资者就可以初步确定该股的基本面情况，然后再参考该股所在板块的市盈率水平及最新收盘价，判断该股目前价格是否处于合理水平以及未来的盈利空间有多大。

12.2.2 利用财务数据选股

利用财务数据选股，就是根据不同的财务指标对股票进行层层筛选。财务指标包括净资产收益率（return on equity，ROE）、近三年的净利润增长率（确定该股的成长性）、销售毛利率及主营业务利润率（确定公司在行业内所处的状况，确定公司的质量）、每股现金流量（确定公司现有的经营状况）、环比分析（看公司业绩是否有季节性）等。当投资者想投资某家上市公司的股票时，可以首先通过查看其历年的净资产收益率来查看这家公司的盈利能力。净资产收益率代表了公司给股东创造收益的能力，对投资者来说是一项非常重要的指标。

什么是净资产收益率？例如，投资者购买了一家上市公司的股票，按照公司一年的净利润来计算，净利润除以投资者投入的资金所得的百分比，就是净资产收益率。净资产收益率越高，说明该公司给股东的回报比例越高。净资产收益率为20%的公司比净资产收益率为12%的公司盈利能力强，其生命力就更强，更有竞争力。净资产收益率常年稳定地保持在20%以上的，就是好公司，投资者应当买入这种公司的股票。

某调查机构对美国过去几十年的统计数据进行分析，结果表明：89%的公司平均净资产收益率在10%~12%，即公司为股东投入的每100元，一年赚10~12元。这也是成熟市场上的公司的平均净资产收益率。净资产收益率超过15%的公司即可认为收益率较高，低于10%则该公司的持续性发展可能会出问题。

下面是利用净资产收益率选股的案例。

❶ 登录大智慧软件，输入神火股份的股票代码“000933”或汉语拼音首字母“SHGF”，如图12-3所示。

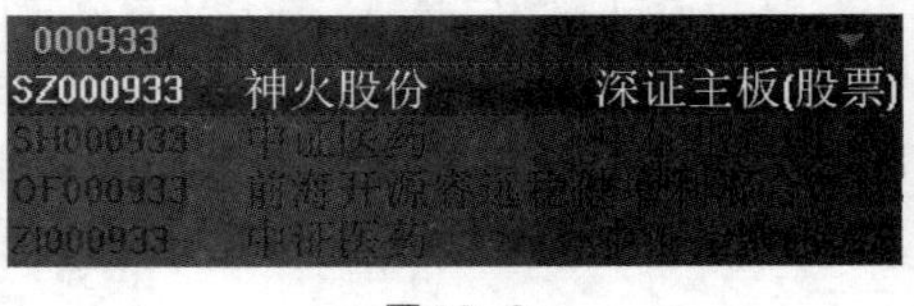

图12-3

❷ 按Enter键，进入神火股份的技术分析界面。按F10键进入个股基本资料界面，如图12-4所示。

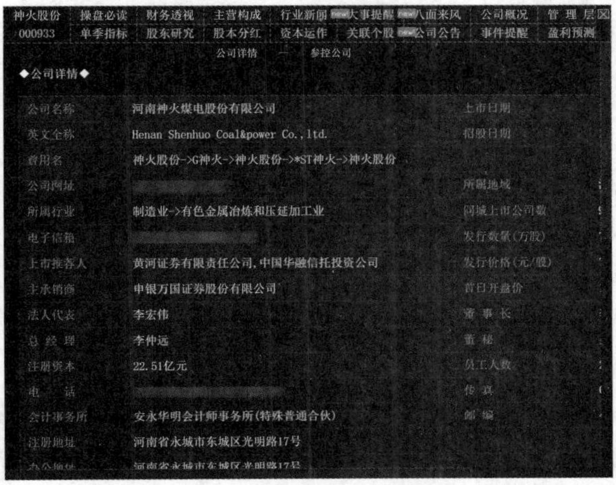

图12-4

❸ 选择“财务透视”选项，在打开的界面中选择“净资产收益率”选项，即可看到按年度计算

的净资产收益率，如图12-5所示。

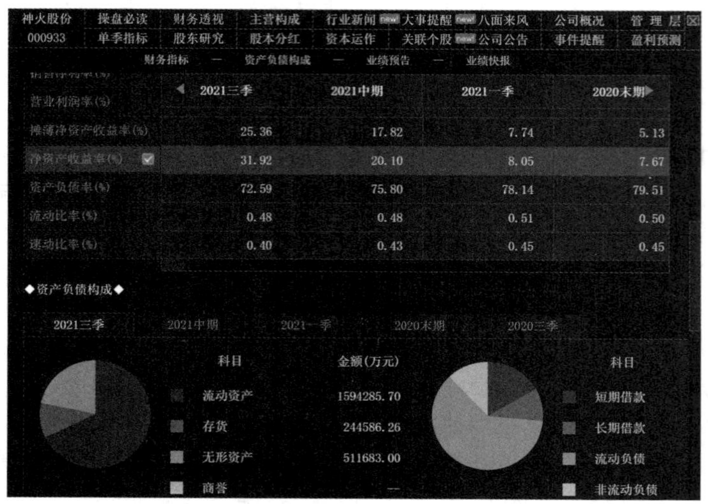

图12-5

投资者可以根据需求查看多只股票的财务数据，然后进行比较，筛选出财务状况健康的股票。

12.3 技术面选股

基本面可以决定趋势，而技术面则可以帮助投资者判断当前是不是买卖的好时机，以选择合理的买卖点。经过基本面筛选的股票可以确定是健康的、发展势头良好的股票，但是并不是任何时点买入这些股票都可以赚钱。这就需要结合技术面，选择准确率高的买卖点，以获取最大收益，如利用MACD金叉选股、利用布林线下轨选股、利用多技术指标共振选股等。

12.3.1 利用MACD金叉选股

进行技术面选股时，除了常用的均线、量价线外，MACD线也是常用的一种技术指标。对于MACD线的红绿色柱，第9章已进行了详细的介绍，在这里结合实战案例来介绍如何利用MACD金叉选股。

1. 选股条件

（1）MACD双线在0轴下方，股价处于下跌趋势尾声阶段：① DIF线和DEA线靠近0轴，出现金叉，股票成交量放大；② 出现底背离形态，第一次出现金叉的位置比第二次出现金叉的位置低，买点就是第二次出现MACD金叉的位置。

（2）MACD双线在0轴上方，股价处于上涨趋势回踩阶段：① DIF线和DEA线先出现死叉，双线向下运行并靠近0轴，再次出现金叉；② 股票成交量放大。

2. 选股原理

股价处于下跌趋势尾声阶段，虽然股价一波比一波低，但是MACD指标的DIF线和DEA线可能会出现底背离甚至三重底背离，这代表下跌的动能衰竭。投资者如果在MACD指标位于0轴下方时买入，获利的概率没有那么大，但是可以考虑做底仓。

股价处于上涨趋势回踩阶段，这时股价已经涨了一波，MACD指标的DIF线和DEA线在0轴上方形成死叉，趋近0轴，但是股价获得支撑，再次出现金叉，代表行情很可能要再次启动。这个买点获利的概率将更大。

下面是利用MACD底背离进行选股的案例。

❶ 登录大智慧软件，输入捷捷微电的股票代码“300623”或汉语拼音首字母“JJWD”，如图12-6所示。

图12-6

❷ 按Enter键，进入捷捷微电技术分析界面，查看其2020年10月至2021年8月的K线图，如图12-7所示。该股在2021年2月26日第一次出现金叉，然后股价继续震荡下行创新低，值得注意的是，K线创新低，但是MACD指标并没有同步见新低，而是略微高于2月26日的低点，走出底背离的形态。同时底部区域缩量明显，说明此时已经没有太多的投资者愿意卖出手中的仓位。之后股价在底部盘整，MACD指标缓慢上穿0轴，进入多头区域。如果投资者没能在底背离的位置买入，可以在MACD双线上穿0轴时（2021年4月21日）买入，投资者可以看到随后该股价格出现大涨。选中MACD指标上穿0轴到这一阶段的高点，再选择“区间统计”，可测算出这一波涨跌的幅度为42.93%，如图12-8所示。

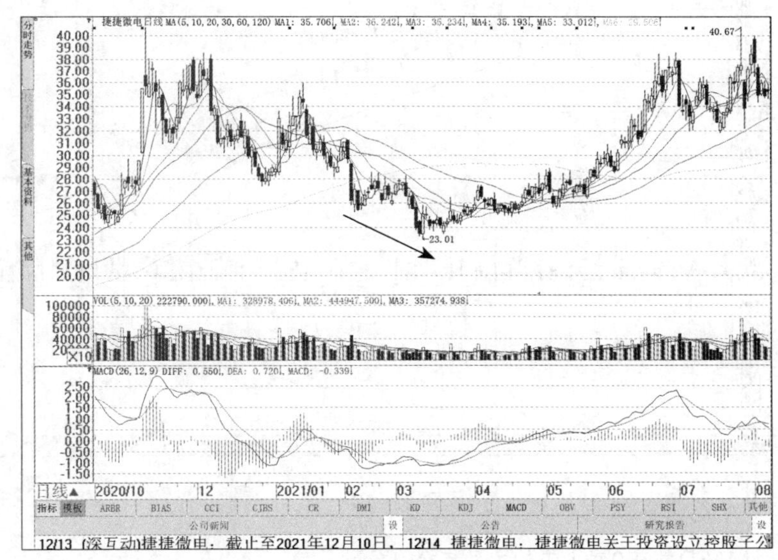

图12-7

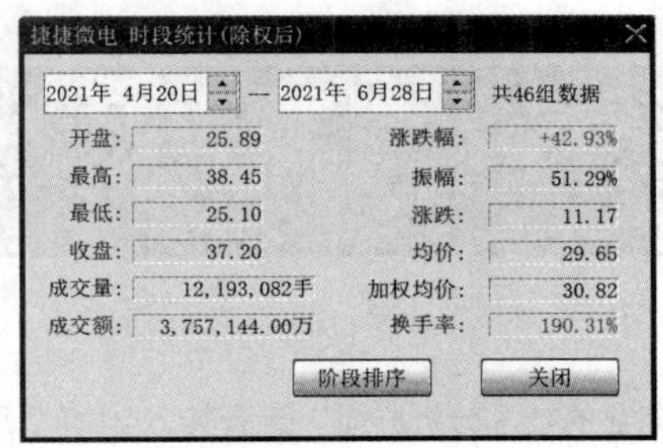

捷捷微电 时段统计(除权后)

2021年 4月20日 — 2021年 6月28日 共46组数据

开盘:	25.89	涨跌幅:	+42.93%
最高:	38.45	振幅:	51.29%
最低:	25.10	涨跌:	11.17
收盘:	37.20	均价:	29.65
成交量:	12,193,082手	加权均价:	30.82
成交额:	3,757,144.00万	换手率:	190.31%

阶段排序 关闭

图12-8

上述案例中，虽然出现底背离之后股价出现反转，但是下跌过程中出现底背离并不能代表行情一定反转，尤其是在熊市，可能会出现多次底背离，但是股价依然下跌，如以下案例。

❶ 登录大智慧软件，输入格力电器的股票代码“000651”或汉语拼音首字母“GLDQ”，如图12-9所示。

000651
SZ000651　格力电器　深证主板(股票)

图12-9

❷ 按Enter键，进入格力电器技术分析界面，查看其2021年5月至11月的K线图，如图12-10所示。该股在2021年7月14日第一次出现底背离的金叉，然后K线震荡下行，MACD线震荡向上，第二次出现金叉（2021年8月2日）。但是在这一阶段，均线呈空头发散的状态，K线距离长期均线非常远，表示股价反转向上有难度，之后再次出现放量下跌。

图12-10

下面是利用MACD线在0轴上方的金叉选股的案例。

❶ 登录大智慧软件，输入丰原药业的股票代码“000153”或汉语拼音首字母“FYYY”，如图12-11所示。

图12-11

❷ 按Enter键，进入丰原药业的技术分析界面，查看其2021年2月至9月的K线图，如图12-12所示。在4月初，该股MACD线上穿0轴，并且在0轴上方运行。4月初该股放量，之后股价横盘震荡。在5月出现死叉，并在5月25日出现MACD线在0轴上方的第一次金叉，这是选股的一个判断

依据。投资者可以在MACD金叉出现在0轴上方的时点买入，此时股价上行压力小。投资者可以看到随后该股出现大涨。

需要注意的是，虽然MACD线的底部在降低，但K线图的形态在底部必须抬高，即呈现均线向上走的形态才满足金叉选股的条件。

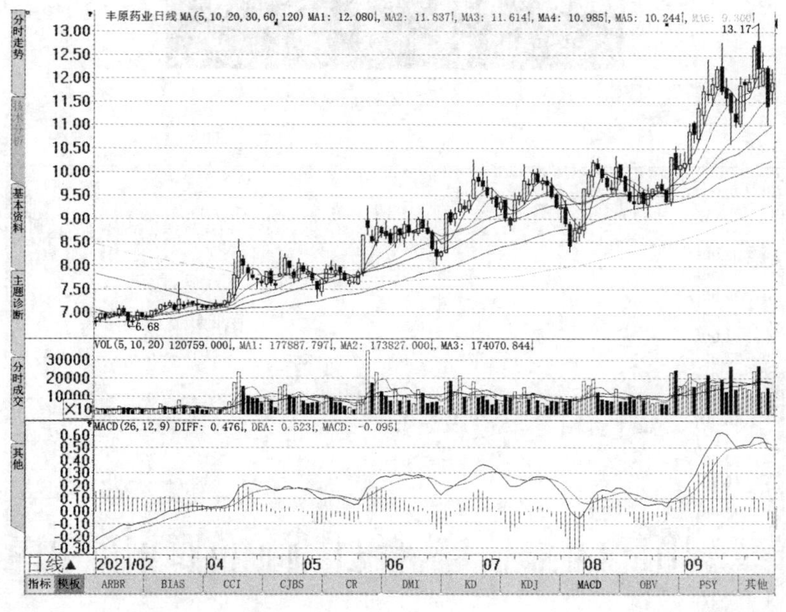

图12-12

12.3.2 利用布林线下轨选股

布林线指标是由约翰·布林根据统计学中的标准差原理设计出来的一种非常简单实用的技术分析指标。本书在第9章中介绍过布林线的基础知识，本小节将介绍其具体的用法。

该指标在图形上有3条线，其中上下两条线可以分别看成股价的压力线和支撑线，而在两条线之间还有一条股价平均线，如图12-13所示。布林线指标的参数最好设为20。一般来说，股价会运行在压力线和支撑线所形成的通道中。投资者可以首先选中布林线，然后右击，修改指标参数为“20”。

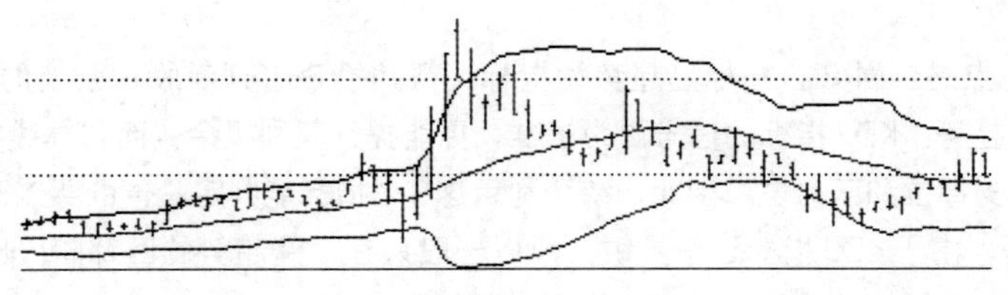

图12-13

利用布林线指标选股主要是观察布林线指标开口的大小，对开口逐渐变小的股票，投资者要多加留意。因为布林线指标开口逐渐变小代表股价的涨跌幅度逐渐变小，多空双方力量趋于一致，股价将会选择方向突破，而且一旦开口变大，将很有可能形成中期趋势延续下去。

首先，选择股价站上布林线中轨、股价在布林线中轨上方运行的股票。

其次，观察K线在布林线通道上方运行的轨迹，遇到中轨获得支撑，并且轨道收窄的位置，就是

较好的买入机会。因为当上下轨之间的差距极小（即开口很小）时，预示后市可能会孕育新的行情。川能动力的选择界面及2021年5月到9月的K线图分别如图12-14和图12-15所示。这是典型的利用布林线选股的例子，读者可自行仔细体会。

图12-14

图12-15

12.3.3 利用多技术指标共振选股

除了根据以上单个技术指标进行选股，大部分投资者选股时要考虑多个指标之间的互相验证，因为单个技术指标有其局限性。例如，用MACD指标、布林线指标和KDJ指标来综合判断，从而提高操作的准确率。

三者结合的优点是：MACD指标是趋势性指标，帮助投资者判断股价所处的趋势是上涨趋势、下跌趋势还是震荡趋势；KDJ指标的信号更为精准，更能提升获利机会；而布林线指标反映的是上涨趋势和下跌趋势的支撑位和压力位。因此，综合利用这3个指标能判定股票的买入时机。

需要注意的是，由于KDJ指标过于灵敏，所以一般只在上涨趋势的回踩阶段出现超卖的信号才被确定为有效的买入信号。其他时间的KDJ指标也可能不准确。

综合运用MACD指标、KDJ指标和布林线指标的原则为：以MACD指标和布林线指标为主，对趋势进行判断，筛选出符合标准的股票；以KDJ指标为辅，对价格进行短期走势的判断。KDJ指标发出的买卖信号需要用MACD指标和布林线指标来验证，如果三者均发出同一信号，则买卖准确率较高。

下面是利用多技术指标共振选股的案例。

❶ 登录大智慧软件，输入宝泰隆的股票代码“601011”或汉语拼音首字母“BTL”，如图12-16

所示。

601011
SH601011 宝泰隆 上证A股(股票)

图12-16

❷ 按Enter键，进入宝泰隆的技术分析界面，查看其2021年3月至9月的K线图，如图12-17所示。在2021年7月12日，股价已经突破均线的压制并进行了回踩，处于均线黏合的位置，成交量上涨有量，下跌缩量，K线上升至布林线中轨并站稳，KDJ指标出现金叉，MACD线在0轴上方回踩至0轴。4个指标同时发出了买入信号，投资者在这个位置买入，后市看涨的概率较大。

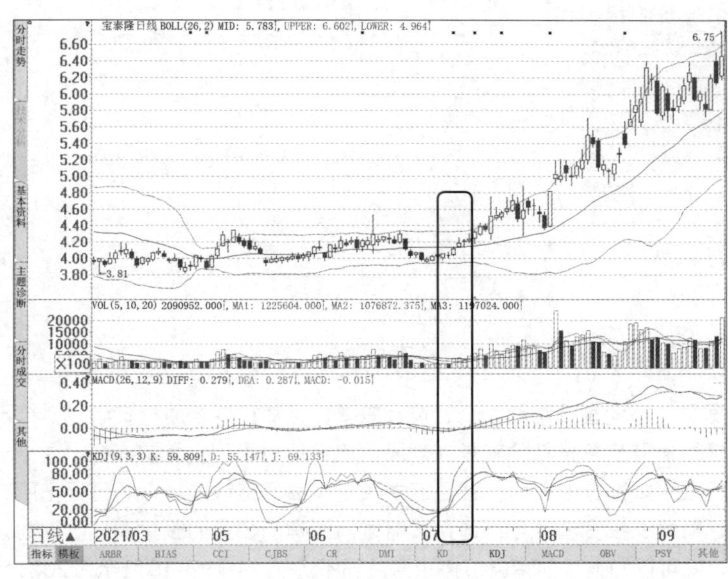

图12-17

12.4 消息面选股

技术面选股是在基本面选股的基础上更好地把握买卖的时点，而消息面选股则是通过各种公开或非公开的消息对市场短期的情绪方向进行预判。消息面主要包括市场消息、行业消息及相应的政策支持等。

基本面选股和技术面选股是基本要求，而消息面则在一定程度决定该股价格能否有一波上涨行情。消息面选股主要是指通过当前政策情况、市场情况、国外情况、行业状况等几方面，对股票所处的位置进行分析。

好股票大多能赚钱，而处在消息面上偏暖的好股票，则能走出气势恢宏的大牛行情，帮助投资者获取趋势性的收益；或者利用“踩刹车”政策、官媒的消息等规避政策风险、外围市场风险等各类风险导致的下跌行情，避免大的损失。

12.4.1 宏观经济数据

宏观经济直接决定了市场处于宽松还是紧缩的环境。一般宏观经济对股票市场的影响有六方面：①国内生产总值与经济增长率；②当前处于经济周期的哪一阶段；③CPI和PPI；④利率；⑤通货膨涨率；⑥汇率水平。这六方面的数据对判断市场未来的走向都是很有帮助的。所以投资者要持续关注宏观经济数据的发布。全国的年度GDP数据由国家统计局发布，部分地方的GDP数据可以通过当地政府网站查询；CPI和PPI数据，由国家统计局每月发布；利率、汇率信息，均可以在中国人民银行网站查询。图12–18为中国人民银行网站界面，在这里可以查看当前人民币汇率中间价、外汇市场行情等。

信息公开 服务互动
首页 2021年10月3日 星期日 我的位置：首页 > 市场动态
人民币汇率中间价
外汇市场行情
人民币市场行情
银行间国债指数
债券发行与上市
金银币零售指导价
市场动态
人民币汇率中间价
外汇市场行情
人民币市场行情
银行间国债指数
债券发行与上市

图12–18

宏观经济数据虽并不能直接帮助投资者选择股票，但却可以帮助投资者过滤掉不符合当前市场行情的板块等。这里值得反复推敲的就是周期股的底部何时出现。之前在12.1.1小节提到，在周期股的底部，整个行业中大部分的公司，甚至连龙头公司都严重亏损，市场已经把所有的悲观情绪都反映在股价上。这时候，投资者就可以选择战略方向正确的公司的股票买入。例如，看到中央和地方开启收储工作，就可以知道目前猪肉价格距离底部不远了。图12–19所示为2021年猪肉龙头股牧原股份的K线图，可以看到股价在8月筑底，9月有反弹迹象。

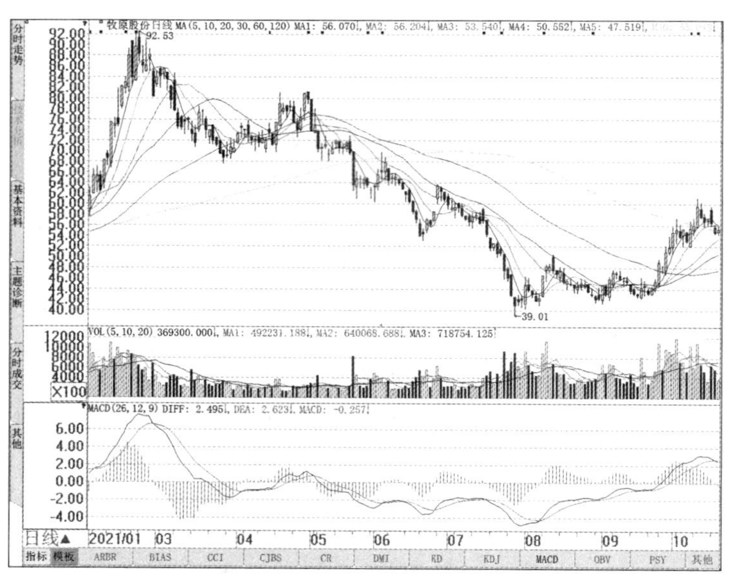

图12–19

12.4.2 政策扶持力度

政策扶持也会对股票市场产生影响。由于以国家政策为导向，在扶持范围内的上市公司往往会获得优惠。无论是税收方面、财政方面还是货币方面的优惠政策，均能直接或间接提高上市公司的净利润率。

因此，投资者在通过消息面选股的时候，应当多关注最新的政策，发现可投资的板块和行业。在查看最新政策时，应当认真分析最新政策的扶持细则，进一步判断该板块的受惠力度以及行情的延续周期，然后对个股进行筛选，为进一步投资做准备。

例如，2019年10月22日注册成立的“国家大基金二期”，其全称是国家集成电路产业投资基金二期股份有限公司，主要投资芯片产业，有近2 000亿元的注册资本，超出之前的市场预期，注册资本是“国家大基金一期”的两倍。行业受益公司主要有北方华创、长电科技、通富微电、士兰微等。图12-20所示为北方华创2019年9月至2021年8月的K线图，从中可以看到股价从60元附近一路上涨至最高432元。

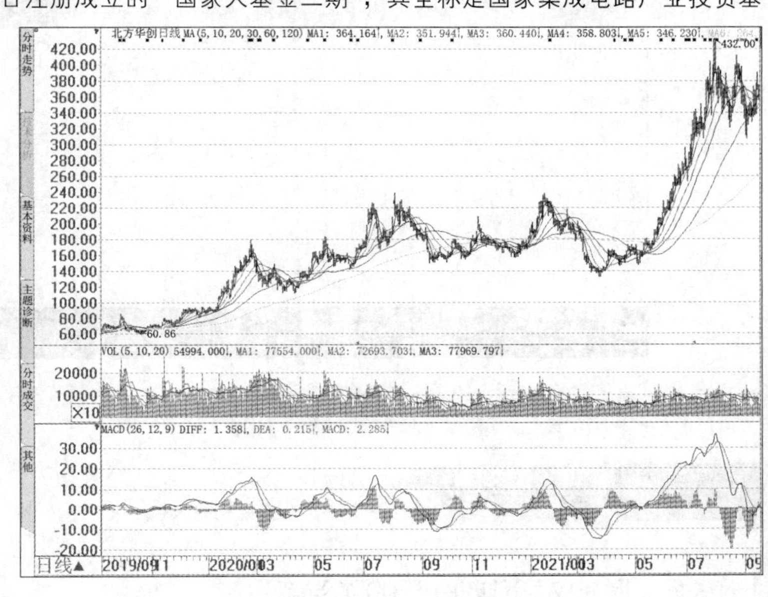

图12-20

12.5 通过软件选股

除了基本面、技术面和消息面，还可以通过在大智慧软件中设定条件进行选股。如设定早晨之星这个条件，再执行选股，即可显示根据设定条件得出的结果。具体步骤为：在大智慧软件操作界面上方导航栏选择“常用”→“公式管理”→“公司管理”→“条件选股”命令，打开“公式管理器”对话框，选择“条件选股”→“6.形态特征选股”命令即可选择形态特征过滤条件，如图12-21所示。

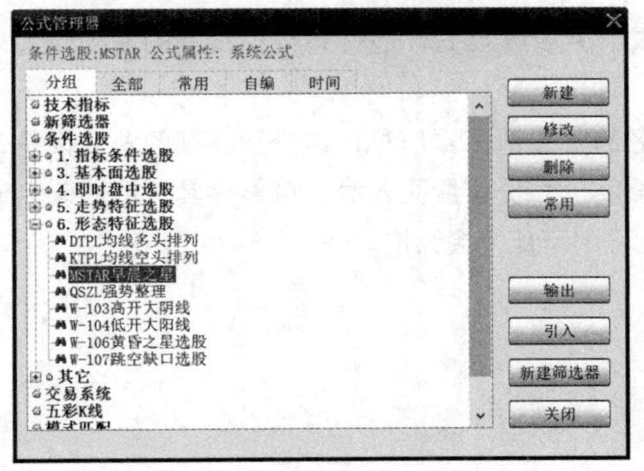

图12-21

投资者还可以使用大智慧软件的“大数据掘金”功能，通过人工智能机器人进行全市场检索，筛选出理想的股票，如图12-22所示。

图12-22

高手秘技

技巧1　增加对举牌股票的关注度

股票价格的大跌和某些机会会导致市场中的大量投资者对A股股票争相举牌，中小投资者可以追踪这些资本的动向，发现相应的投资机会。

所谓举牌，就是根据证券法的规定，投资者在各种市场购买持有的股份超过该股票总股本的5%时，必须马上通知证券交易所和证券监督管理机构，在证券监督管理机构指定的报刊上进行公告。上海证券交易所网站和深圳证券交易所网站对举牌信息进行披露，投资者可登录这两个网站进行查询。

技巧2　跟随营业部买股票

除了各种市场消息，每天A股收盘后，还会有相应股票的龙虎榜消息，包括股票的成交额、为什么能上榜等。

这其中就包括很多著名的营业部买卖信息，这些营业部的背后都是著名的私募基金或大资金量的游资。当这些著名营业部发生大资金量买入时，可能是其背后的著名游资或私募基金所为，即其看好这些股票，股价后续大涨的可能性会大增。

第13章　逃顶技法

本章引语

知进而不知退，知存而不知亡，知得而不知丧，其唯圣人乎？

——《周易·乾·文言》

投资股票不仅要学会伺机进攻，更要学会识顶逃顶，这样才能避免大的亏损，从而把浮盈变成实际的盈利。

本章要点

★ 通过消息面逃顶

★ 通过技术面分析逃顶

13.1 通过消息面逃顶

消息面有常见的几种类型，包括政策与战略的调整、行业新闻、企业财报发布等，这些都有可能给股价带来转折。这里以国家政策和地方政府调控为例进行说明。

13.1.1 国家政策

2021年是煤炭和有色金属的顺周期年份，煤炭价位持续走高，有色金属大宗商品期货也持续走强。尤其是7月、8月，更是用电旺盛的时期。受到政策的影响，部分煤矿限产，直接缩减了供给，而用电的需求并没有减少，直接助推了煤价的上涨。

2021年9月16日，国家发改委召开新闻发布会时，明确国家发改委已经向各地方和有关企业发出通知：一方面，要求推动煤炭中长期合同对发电供热企业直保并全覆盖，确保发电供热用煤需要，守住民生用煤底线；另一方面，发电供热企业和煤炭企业在2021年已签订中长期合同的基础上，再签订一批中长期合同，将发电供热企业中长期合同占年度用煤量的比重提高到100%。该消息给当时煤炭的周期股行情浇了一盆冷水。

消息一出，晋控煤业（601001）股价在2021年9月17日直接跌停，如图13-1所示。但是当日并非跌停价开盘，投资者还有退出的机会。投资者在不确定某些消息对股票影响程度有多大时，应首先退出或轻仓，宁可错过，不可做错。

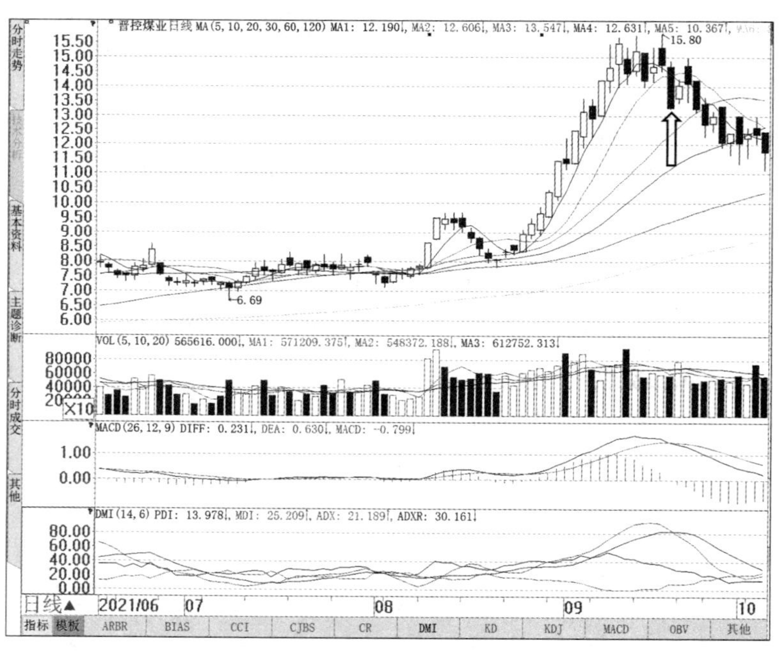

图13-1

13.1.2 地方政府调控

2021年磷化工行业也处于顺周期，*ST澄星的主营业务就是黄磷、磷酸、磷酸盐等精细磷化工系列产品的生产与销售，所以它在2021年上半年股价非常坚挺，一路上扬。虽然是*ST股票，但是该股从2021年3月开始半年涨幅高达275%。2021年9月，受《完善能源消费强度和总量双控制度方案》(以下简称《方案》)的影响，江苏省要求9月黄磷、工业硅产业削减90%，水泥产量压缩80%。9月底，*ST澄星发布公告，多家子公司停产，消息一出，股价直接一字跌停。之前《方案》刚出，市场还认为限产是利好，结果发现是利空，所以投资者对于政策导向要敏感，对于政策可能会影响到的上市公司还是要仔细分辨。如果投资者在政策出台时，就谨慎地减仓，也不会受损那么严重。如果投资者没有减仓，还是建议开板了就直接卖出。尤其是*ST股票，没有营收再进一步亏损，第二年就退市了，风险太大。*ST澄星2021年7月至10月K线图如图13-2所示。

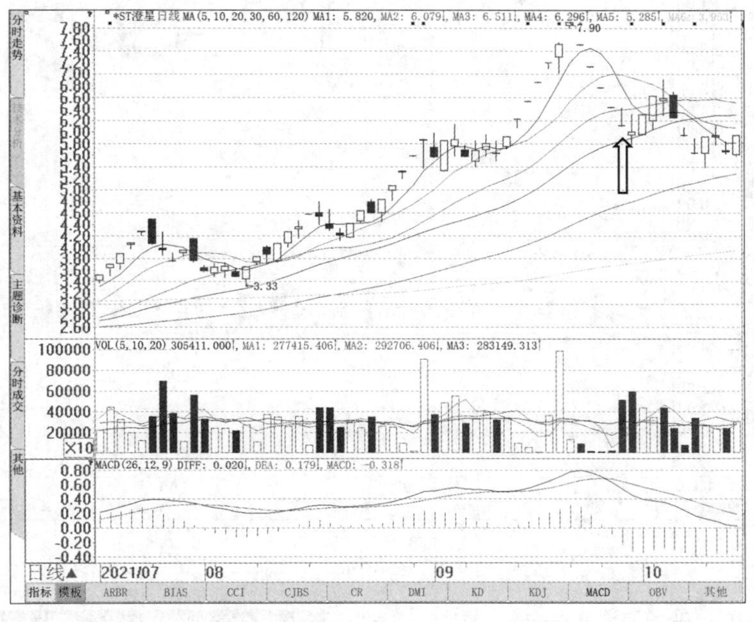

图13-2

在股市中，无论是短线投资者，还是中长线投资者，买进股票的最终目的是获取利润，能够很好地择时卖出，才能赚取真正的利润。

13.2 通过技术面分析逃顶

因为信息的不对称，通过消息面逃顶，往往并不能真正实现快速出逃。实际上，投资者也可以根据技术面分析进行识顶逃顶。

13.2.1 实战：单根K线识顶和逃顶

在本书的前面章节已具体讲解过各种见顶的单根K线形态和K线组合形态，若投资者对这些K线形态如果不能全部熟记于心，也要记住两个最重要的K线见顶形态：一个是长十字星，另一个是顶部放量巨阴。鉴于逃顶在股市中的重要性，下面通过具体实例讲解比较常用的逃顶K线图。

长十字星是相当重要的见顶信号，其形态特殊，将T字线、倒T字线、射击之星、锤子线、螺旋桨线等K线的特性都包括在内。

下面是利用长十字星逃顶的案例。

❶ 打开大智慧软件，输入百川股份的股票代码“002455”或汉语拼音首字母“BCGF”，如图13-3所示。

002455
SZ002455 百川股份 深证主板(股票)

图13-3

❷ 按Enter键，进入百川股份的K线图界面。缩放显示2021年6月至9月的日K线图。从图13-4可以看出，该股股价经过三波上涨之后，在8月12日出现高位长十字星，预示该股见顶。投资者看到该形态就应尽快出逃。

图13-4

❸ 高位出现长十字星，预示两种情况：一是主力在震荡洗盘，二是主力在震荡出货。仔细分析百川股份股价，从2021年7月1日到8月12日，股价从7.21元涨到27.17元，涨幅达233.67%，升势巨大，如图13-5所示。即使还能上涨一波，个人投资者也应清仓离场。即使后期没有大盘的大幅下挫，该股短期前景也不妙。

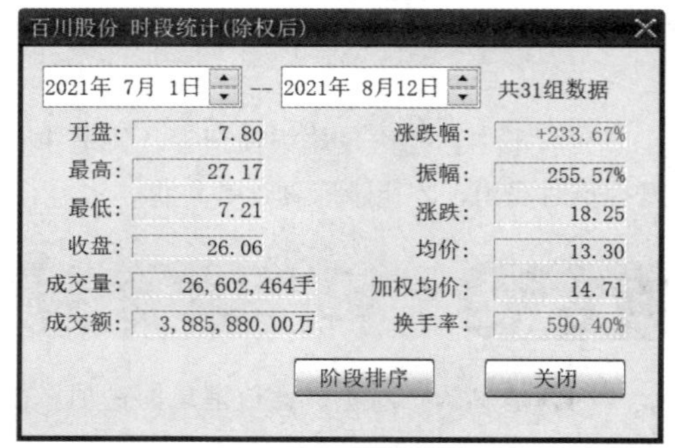
百川股份 时段统计(除权后)

2021年 7月 1日 -- 2021年 8月12日 共31组数据

开盘:	7.80	涨跌幅:	+233.67%
最高:	27.17	振幅:	255.57%
最低:	7.21	涨跌:	18.25
收盘:	26.06	均价:	13.30
成交量:	26,602,464手	加权均价:	14.71
成交额:	3,885,880.00万	换手率:	590.40%

阶段排序 关闭

图13-5

注意：只要在高位出现长十字星，投资者都要注意，最好等形势明朗后再做决定，也可以减仓，但绝不能再短线抄底。

如果在牛市初期出现长十字星，且在一个振幅较小的范围内反复出现，很可能是主力在震荡洗盘，可能会出现回调，但是中长期是上涨的，可根据均线进行操作。

射击之星和倒T字线属于上档抛压沉重见顶信号，其共同特征是具有较长的上影线，实体较短。

下面是利用单根K线逃顶的案例。

❶ 登录大智慧软件，输入风华高科的股票代码“000636”或汉语拼音首字母“FHGK”，如图13-6所示。

000636
SZ000636 风华高科 深证主板(股票)

图13-6

❷ 按Enter键，进入风华高科K线图，缩放显示2021年6月至10月的日K线图。从图13-7可以看出，经过前期的大幅上涨后，该股在7月27日出现射击之星，预示上档抛压沉重，是见顶信号。

该股在8月12日再次出现了射击之星形态，即使第一次出现该形态判断不准确，在这一次也应该尽快抛出，否则浮盈会大幅缩水。

图13-7

13.2.2 实战：巨量大阴时逃顶

巨量一方面是指成交量巨大，另一方面是指量比巨大（一般指动态中量比大于13，此处是指成交量巨大）。在一只股票价格上涨的过程中，日K线呈现高开阴线，并且伴随成交量突然放大或开盘量比非常大，这种形态被称为“巨量大阴”形态。如出现巨量大阴形态，应当果断卖出，当天收高开阴线的可能性极大，有些个股甚至当天振幅超过10%。如果投资者在最高价买入，甚至有可能当天损失15%以上。

下面是巨量大阴时逃顶的案例。

❶ 登录大智慧软件，输入珠江啤酒的股票代码“002461”或汉语拼音首字母“ZJPJ”，如图13-8所示。

图13-8

❷ 按Enter键，进入珠江啤酒的K线图，缩放显示2021年4月至8月的日K线图。从图13-9可以看出，珠江啤酒股价在4月至5月一直处于震荡上涨的阶段，成交量在26万手（成交额为2.7亿元）上下波动。但是在6月7日和6月8日这两天，先是成交了6.57亿元，上涨了7.62%，第二日下跌6.54%，成交额为5.85亿元。这两天的成交量是以前单日成交量的2倍多，而且K线是一根大阴线，这就预示在高位有获利盘跑掉了。

日线▲
2021/04
05
06
07
08
13.05
9.13
指标
模板
ARBR
BIAS
CCI
CJBS
CR
DMI
KD
KDJ
MACD
OBV
其他

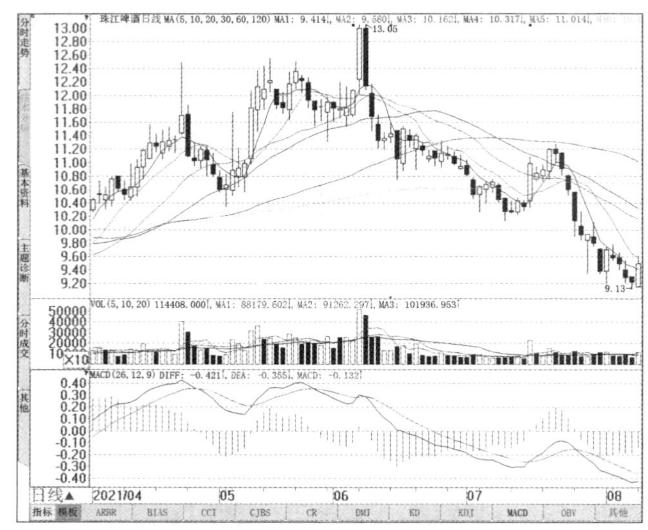

图13-9

❸ 投资者发现这种情况出现时，应赶快清仓离场，否则很有可能会遭受巨大损失。珠江啤酒股价在2021年6月8日至2021年9月3日从最高点13.05元，到后期低点9元，跌幅在31%左右，如图13-10所示。

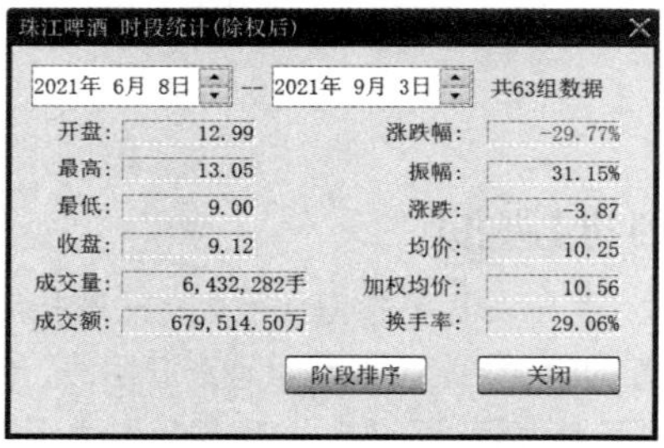

珠江啤酒 时段统计(除权后)
2021年 6月 8日 -- 2021年 9月 3日 共63组数据
开盘: 12.99
最高: 13.05
最低: 9.00
收盘: 9.12
成交量: 6,432,282手
成交额: 679,514.50万
涨跌幅: -29.77%
振幅: 31.15%
涨跌: -3.87
均价: 10.25
加权均价: 10.56
换手率: 29.06%
阶段排序
关闭

图13-10

13.2.3 实战：K线组合识顶和逃顶

见顶K线组合在技术篇有较为详细的介绍，如果投资者很难记住所有的顶部形态，只需要记住巨阴包阳和乌云压顶K线组合即可，这两种形态是最典型的见顶形态。二者有共同的特征，就是第二根K线为大阴线。只不过巨阴包阳K线组合第二根大阴线将前面的第一根K线从头到脚全部包括在实体里面。巨阴包阳K线组合出现后往往出现两种形态：一种是股价快速回落，另一种是股价盘整一段时间再向下跌破。而乌云压顶形态中第二根K线要长于第一根K线，并且阴线深入前一日阳线的实体内部超过二分之一的位置。

下面是利用K线组合逃顶的案例。

❶ 登录大智慧软件，输入易天股份的股票代码“300812”或汉语拼音首字母“YTGF”，如图13-11所示。

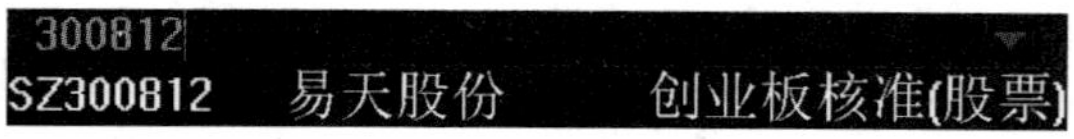

300812
SZ300812 易天股份 创业板核准(股票)

图13-11

❷ 按Enter键，进入易天股份的K线图，缩放显示2021年6月至10月的日K线图，如图13-12所示。在经过6月至7月的上涨之后，8月5日出现巨阴包阳K线组合，股价见顶后就开始大幅下跌。投资者如果遇到巨阴包阳K线组合，建议先减仓，如果后面股价继续跌破均线，则建议清仓。

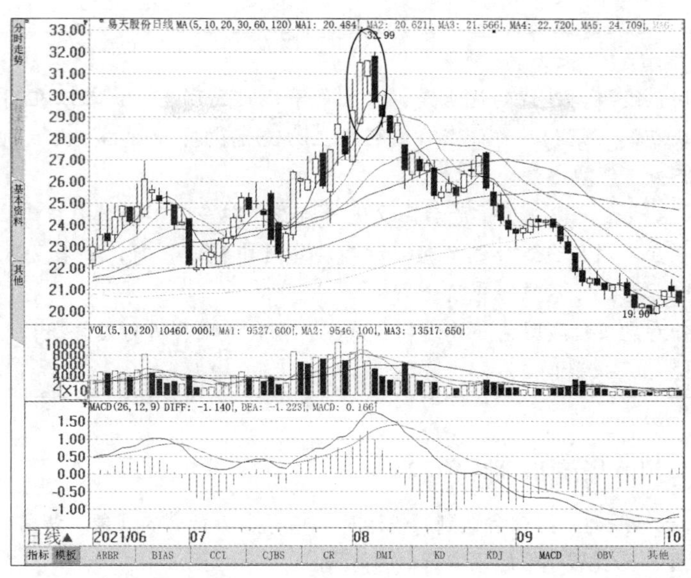

图13-12

有些股票出现巨阴包阳K线组合后，股价并没有马上下跌，有的出现较长时间的盘整，有的可能还创出新高。但投资者一定要明白，主力不可能在高位利用巨阴包阳K线组合洗盘，所以还是快逃为上。

乌云压顶也是比较常见的见顶K线组合，在高位一旦出现该K线组合，可以先卖出一部分仓位。

❶ 登录大智慧软件，输入捷捷微电的股票代码“300623”或汉语拼音首字母“JJWD”，如图13-13所示。

300623
SZ300623　捷捷微电　创业板核准(股票)

图13-13

❷ 按Enter键，进入捷捷微电的K线图，查看2021年6月至9月的走势。从图13-14中不难看出，在前期经历一波上涨之后，股价在高位横盘震荡，8月2日出现了乌云压顶K线组合，而且在7月27日出现了射击之星形态。多种K线形态都在提醒投资者股价已见顶，投资者应果断清仓出局。

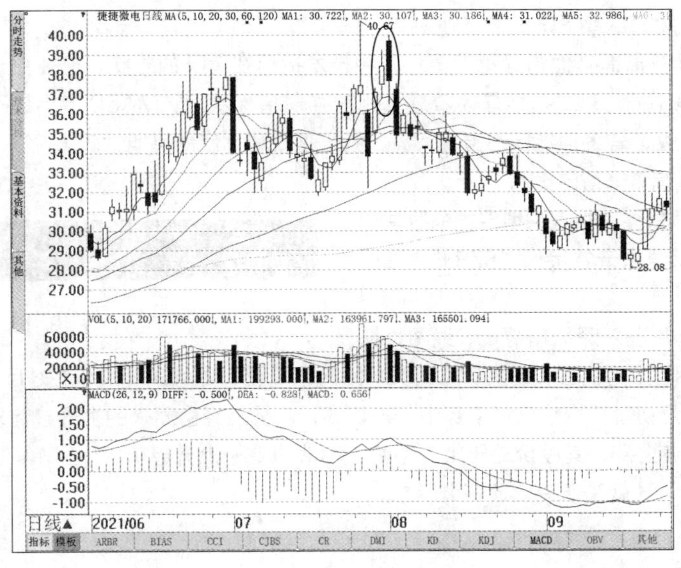

图13-14

提示

利用K线组合逃顶的优点是，只要能看准K线形态，就可以在高位卖出一个好价格；缺点是有误判的可能性，常常被主力洗盘出局，即把阶段性顶部看成中长期顶部。有如下解决办法。

（1）K线图出现见顶信号后，要进行验证，即多观察几日或先卖出一部分筹码。

（2）在利用K线组合逃顶时，利用均线进行辅助判断，如果是多头排列或没有跌破关键支撑位，不要轻易清仓离场。

（3）看完日K线图，还要看周K线图、月K线图，进行综合验证。

13.2.4 实战：顶背离时逃顶

在使用技术指标炒股时，经常会遇到股价走势与指标走势背离的现象。背离，简单地说就是走势不一致。背离就是一个比较明显的采取行动的信号。

能够形成明显背离特征的技术指标有MACD指标、威廉超买超卖指标、相对强弱指标、KDJ指标等。

指标的背离有顶背离和底背离两种。当K线图上的股价走势一峰比一峰高，一直在上涨，而MACD线的红色柱的走势却一峰比一峰低，即当股价的高点比前一次的高点高，而MACD线的高点比前一次高点低，就叫顶背离现象。出现顶背离现象一般是股价在高位即将反转的信号，表明股价短期内即将下跌，是卖出股票的信号。反之，底背离一般出现在股价的低位，当股价的低点比前一次的低点低，而MACD线的低点却比前一次的低点高，也就是说，当指标反映股价不会再持续下跌，暗示股价会反转上涨，就是底背离，也是可以开始建仓的信号。

注意：一定要注意识别假背离，通常假背离具有以下特征。

（1）某一周期背离，其他时间不背离。例如，短线图背离，但中长线图不背离。

（2）没有进入指标高位区域就出现背离。用背离确定顶部和底部，技术指标在高于80或低于13背离比较有效，最好是经过一段时间的钝化。技术指标在13~80往往是强市调整的特点，而不是背离，后市很可能继续上涨或下跌。

（3）单一指标背离而其他指标不背离。各种技术指标在背离的时候，往往由于其指标设计上的不同，背离时间也不同。KDJ指标最为敏感，相对强弱指标次之，MACD指标最不敏感。单一指标背离的指导意义不大，若各种指标都出现背离，股价见顶和见底的可能性较大。

下面是利用顶背离逃顶的案例。

❶ 登录大智慧软件，输入深圳瑞捷的股票代码“300977”或汉语拼音首字母“SZRJ”，如图13-15所示。

300977
SZ300977 深圳瑞捷 创业板注册(股票)

图13-15

❷ 按Enter键，进入深圳瑞捷的K线图，缩放显示2021年5月至9月的日K线图。从图13-16可以看出，深圳瑞捷股价在6月中旬至8月初开启两波上涨。但在8月初短期均线已经下穿中长期均线，趋势已经由原来的上升趋势转为下跌趋势。在7月下旬的这一小波上涨，其股价处于上升趋势（均线也处于上升趋势），但MACD线在这个阶段却没有超过前期高点，这就是所说的顶背离形态。

图13-16

❸ 投资者发现这种顶背离形态时，最好赶快清仓离场，否则就会遭受巨大的损失。该股从出现MACD死叉后的最高点81.97元，到最低点50.65元，跌幅在36.90%左右，如图13-17所示。

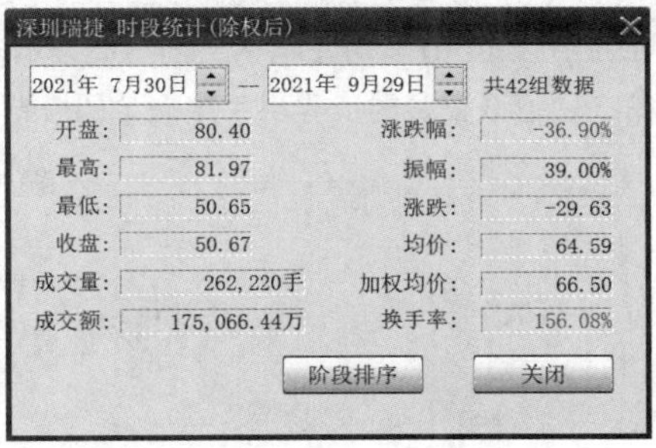

深圳瑞捷 时段统计(除权后)

2021年 7月30日 -- 2021年 9月29日 共42组数据

开盘:	80.40	涨跌幅:	-36.90%
最高:	81.97	振幅:	39.00%
最低:	50.65	涨跌:	-29.63
收盘:	50.67	均价:	64.59
成交量:	262,220手	加权均价:	66.50
成交额:	175,066.44万	换手率:	156.08%

阶段排序 关闭

图13-17

13.2.5 实战：均线识顶和逃顶

除了K线外，均线的应用也特别广泛，特别是前面讲解过的利用均线进行短线操作，投资者一定要将各种均线组合熟记于心，且能随机应变。

周均线和月均线是实战中很有参考价值的两条均线，利用它们可以找到中长期的买点和卖点。例如，短期均线一般是5日均线、10日均线，中长期均线则为5周均线、10周均线和5月均线、10月均线。

当三条均线呈向下发散形态，即短、中、长期三条均线黏合或交叉向下发散，是明显的逃顶信号。逃顶要及时，否则可能由盈利变成亏损。

下面是利用均线识顶和逃顶的案例。

❶ 打开大智慧软件，输入恒瑞医药的股票代码“600276”或汉语拼音首字母“HRYY”，如图13-18所示。

600276
SH600276 恒瑞医药 上证A股(股票)

图13-18

❷ 按Enter键，进入恒瑞医药的K线图。在K线图中右击，在弹出的菜单中切换分析周期为“周线”，如图13-19所示。

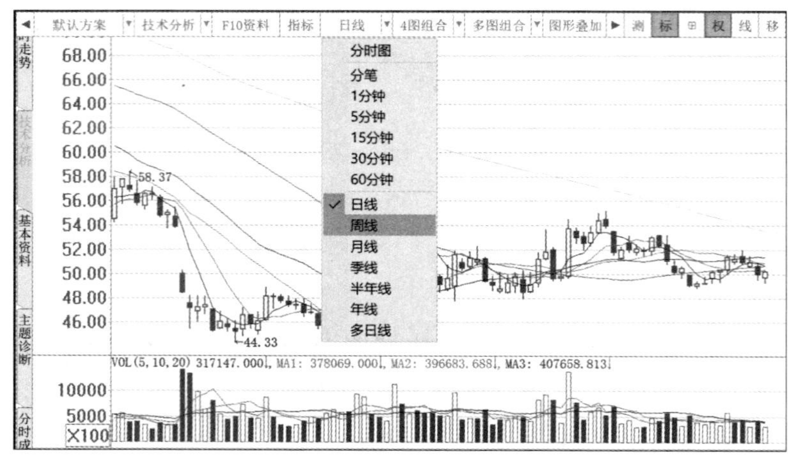

图13-19

❸ 缩放显示恒瑞医药2019年5月到2021年3月的周K线，如图13-20所示。可以看出2019年8月至2021年1月，该股价格一直处于上升趋势。周均线强有力地支撑K线上行。值得注意的是，在2020年12月底，该股出现两根大阳线。这在上涨趋势中往往是鱼尾行情的表现。果不其然，在2021年2月19日这一周，5周均线下穿10周均线，形成均线死叉。紧接着在2021年3月12日这一周，5周均线下穿20周均线，形成死叉且10周均线也拐头向下有发散迹象。在第一次形成死叉的时候就应该至少减少一半仓位，第二次形成死叉时应卖出手中剩余的股票。

图13-20

❹ 在2021年2月形成均线死叉之后，股价持续下跌（见图13-21），如果不抛出，将遭受连续大半年的下跌损失。从最高97.23元跌至最低44.33元，股价跌幅为50%多。所以白马股也会有很大的跌幅，投资者在投资这件事情上一定要严格执行自己的交易模型，破线就止损止盈。如果股价前

期已经涨了很长一段时间，急涨后短期内继续上涨的可能性较小。投资者看到该形态时，应立即卖出该股票，否则会遭受巨大损失。

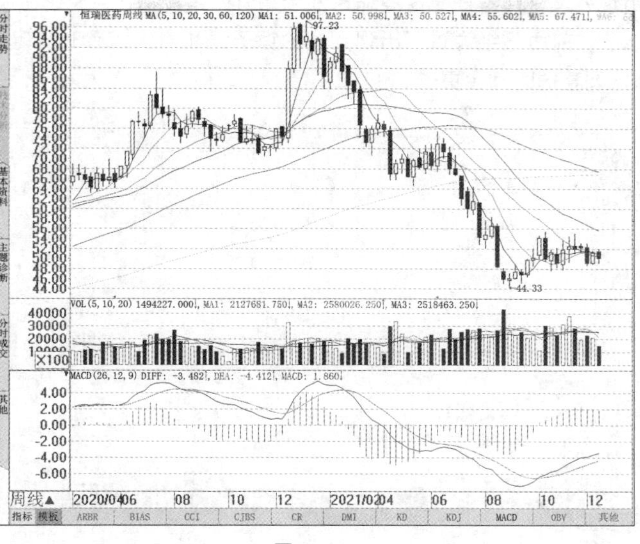

图13-21

13.2.6　实战：量梯跟进时逃顶

成交量可以帮助投资者判断一只股票是否即将成为热门股票。有经验的投资者都知道“量为价先”，即成交量一般先于股价出现明显特征。当成交量均线出现死叉的时候，如果同时伴随成交量像下台阶一样的量柱形态，可以判断出现了量梯跟进，此时投资者应当及时卖出逃顶。

下面是利用量梯跟进识顶和逃顶的案例。

❶ 打开大智慧软件，输入天下秀的股票代码“600556”或汉语拼音首字母“TXX”，如图13-22所示。

600556
SH600556　天下秀　上证A股(股票)

图13-22

❷ 按Enter键，进入天下秀的K线图。在K线图中“右击”，在弹出的菜单中切换分析周期为“月线”，如图13-23所示。

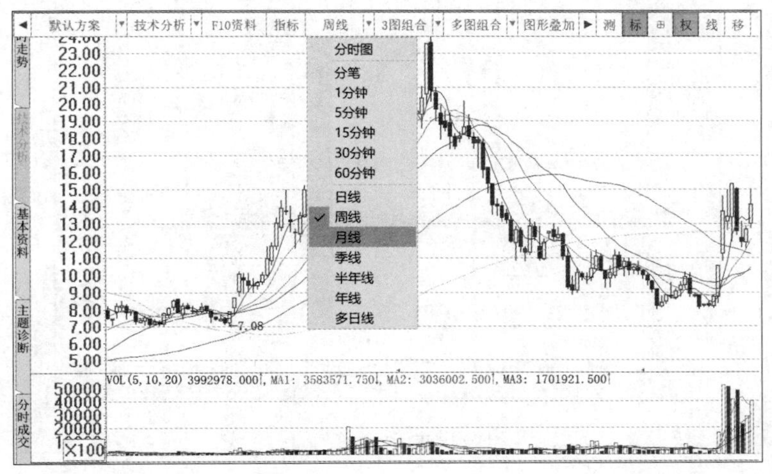

图13-23

❸ 缩放显示天下秀2018年至2021年的月K线，如图13-24所示。可以看出，在2019年12月该股放量上涨，成交量均线出现了一次金叉，这时K线上面的均线刚准备向上发散。但是在2020年10月，成交量均线出现死叉，即短期量能萎缩，预示高位无人接盘，且K线在顶部出现了射击之星，这时投资者就要小心了。前面已经说过，出现高位的锤子线和射击之星时一定要注意减仓。如果是月K线出现这种形态，调整的时间会更长。

图13-24

❹ 切换回日K线图，发现该股从2020年8月底成交量就大幅缩减，并且出现成交量均线的死叉，如图13-25所示。成交量均线死叉也是卖出信号，说明该股的交易变得不活跃，没有资金追捧，股价很难在短期内恢复上涨。

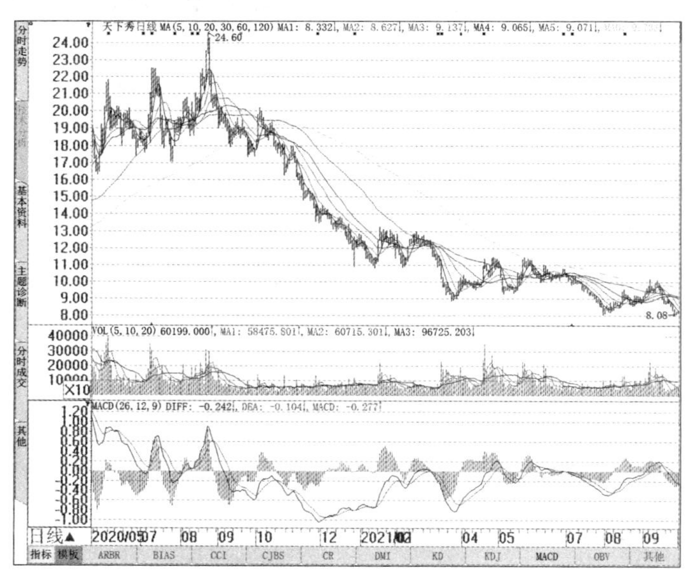

图13-25

注意：除了判断个股走势，投资者还可以根据这种形态来判断大盘走势。

高手秘技

技巧1　双峰触天逃顶

所谓双峰触天，是指在股价上升的过程中，出现了两个高度大致相等的顶部，如图13–26所示。在这种行情中，如果股价在第一轮没有足量跌幅，一般会出现新一轮的下跌。此时建议投资者谨慎，卖出手中的股票。

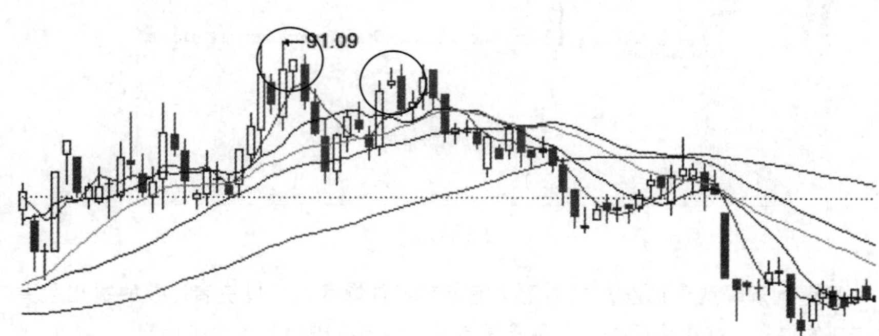

图13–26

出现双峰触天的形态后，股票投资者需遵循以下操作原则。

（1）出现双峰触天形态不一定代表后期股价一定会出现下跌，但是一般不会出现新一轮的上涨，所以此时抛售股票为明智之举。

（2）双峰触天形态出现后，有可能会再出现两次。

（3）即使出现轻微的上涨震荡，卖出信号也与顶部一样强烈。

下面以双峰触天形态为例，讲述此种形态下的逃顶技巧。

❶ 登录大智慧软件，输入三只松鼠的股票代码“300783”或汉语拼音首字母“SZSS”，如图13–27所示。

300783
SZ300783　三只松鼠　创业板核准(股票)

图13–27

❷ 按Enter键，进入三只松鼠K线图。该股2021年3月至8月的K线图（见图13–28）中，显示在5月18日前后出现了双峰触天的形态。指标在顶部钝化，K线前后两次上冲均到90元附近就停止上涨，同时MACD指标出现顶背离，这是明显的见顶信号，后面股价与MACD指标同步下跌，从上涨趋势转为下跌趋势。建议投资者清仓手中的股票，不再参与该股交易。

图13-28

注意：一旦遇到双峰触天形态，虽然无法确定其下跌幅度，但投资者应及时抛出股票，回避后面可能下跌造成的损失。如果后面横盘震荡修复完成，等待突破再买入也来得及。

技巧2　三峰顶天逃顶

三峰顶天形态是指股价上升到高位后，相继出现高点大体处在同一水平线上的3个顶部，这是股价大顶到来的重要表现，第三个高点出现是强烈的逃跑信号，如图13-29所示。

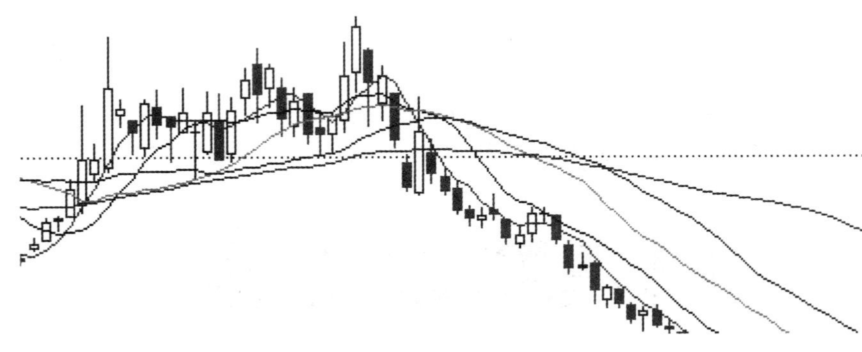
图13-29

出现三峰顶天形态后，无论是谨慎还是激进的股票投资者都需要注意以下几点。

（1）3个顶部出现时间间隔有长有短，长则数周甚至数月，短则只有三五日，不论相隔时间长短，均是强烈的卖出信号，卖出点在第三个顶部出现时。如果日线无法明确显示，可以利用周K线和月K线。

（2）通常以股价前期升幅的大小来区分三峰顶天形态所处的位置。在一般情况下，前期升幅较大，处在高位的可能性也就较大。前期升幅超过30%为处在高位；经过一段时间下跌后形成的三峰顶天形态处在下降途中。

以下是三峰顶天时逃顶的案例。

❶ 登录大智慧软件，输入锦鸡股份的股票代码“300798”或汉语拼音首字母“JJGF”，如图13–30所示。

图13–30

❷ 按Enter键，进入锦鸡股份K线图，查看该股2020年8月至2021年1月的日K线图。从图13–31可以看出，第一个顶部出现了长长的上影线，表明投资者做多动能不足，空头已经尝试反击。投资者对这一高点已有戒备，谨慎做多，股价不会继续上涨，只好向下寻求出路。第二个顶部出现时，因为有前一个顶部做比较，部分还没有卖出的投资者会在第二个顶部的高点附近卖出，迫使股价下跌。第三个顶部出现时，多数投资者会以前两个顶部的高点为警戒点，清仓离场，股价就会一蹶不振地下跌。这就是第三个顶部出现后股价会大跌的重要原因。

图13–31

❸ 在实战中，分辨三峰顶天形态的主要依据是股价前期涨幅的大小，如果在股价持续拉升后的高位或下降通道中出现该形态均为见顶信号。三峰的出现与间隔时间没有必然联系（长则数月，短则几天），同为阶段性顶部的重要信号，每一个顶部出现都是较好的卖出时机。

第14章 跟随主力技法

本章引语

项王使卒三万人从，楚与诸侯之慕从者数万人，从杜南入蚀中。去辄烧绝栈道，以备诸侯盗兵袭之，亦示项羽无东意……八月，汉王用韩信之计，从故道还，袭雍王章邯。邯迎击汉陈仓，雍兵败……

——《史记·高祖本纪》

时至今日，股市中的主力已经没有以前那么明显，但仍旧存在。其资金实力强、对信息的反应快、操盘技术高超，有些私募基金甚至全部采用量化交易，常常在资本市场收益颇丰。所以，投资者需要了解主力的炒股手法和操作过程，才能知己知彼，百战不殆。

本章要点

★ 试盘

★ 如何发现主力拉升

一个完整的投资过程包括建仓、加仓、减仓、空仓整个闭环。在实际操作中，机构投资者建仓的价格可能在一个区间，买入股票时不那么介意价位，在卖出时也可能是为保证卖出，而不看具体价位。当然机构投资者的根本目的也是获利，如果个人投资者能够判断机构投资者的操作行为，就可以获利更多。

14.1 识别主力盘口语言

快速识别主力的盘口语言无疑是一项获利的法宝，那么什么是主力盘口语言呢？

1.识别买一卖一大封单

大量的委买盘挂单俗称下托板，大量的委卖盘挂单称为上压板，但无论上压还是下托，其最终目的都是为了主导股价的涨跌，从而获利。买盘和卖盘如图14-1所示。

000983 山西焦煤			
卖盘	5	9.13	7758
	4	9.12	11097
	3	9.11	13481
	2	9.10	11244
	1	9.09	12844
买盘	1	9.08	1141
	2	9.07	585
	3	9.06	889
	4	9.05	4067
	5	9.04	2919

688622 禾信仪器			
卖盘	5	64.79	1.00
	4	64.78	5.00
	3	64.70	2.14
	2	64.63	1.91
	1	64.62	5.00
买盘	1	64.61	107.41
	2	64.60	31.55
	3	64.50	2.00
	4	64.02	17.00
	5	64.01	25.32

图14-1

2.隐性买卖盘，暗藏主力动机

在股票实时交易过程中，明明在买卖五档中并没有出现的价位却在成交一栏出现了，这就是通常所说的隐性买卖盘。这其中经常有主力的踪迹，单次量为整数的连续隐性买单出现，而委买委卖单盘口中并无明显变化，背后一般多为主力拉升初期的试盘动作或派发初期激活跟风盘的启动盘口。

需要注意的是，这种买盘需要投资者实时观察盘面，否则很不容易察觉。

一般来说，上有压板，而出现大量隐性主动性买盘（特别是大手笔），股价不跌，则是大幅上涨的先兆。下有托板，而出现大量隐性主动性卖盘，则往往是主力出货的迹象。

3.托盘透露何意图

当股价处于刚启动不久的中低价区时，主动性买盘较多，盘中出现了下托板，往往预示着主力做多的意图，可考虑进入跟随追势；若出现下托板而股价却不跌反涨，则主力压盘吸货的可能性偏大，往往是大幅涨升的先兆。

当股价升幅已大，且处于高价区时，盘中出现了下托板，但走势是价滞量增，此时要留神主力诱多出货；若此时上压板较多，且上涨无量，则往往预示顶部即将出现，股价将要下跌。

4.连续出现的单向大买卖单是主力活动的先兆

连续的单向大买单，显然非中小投资者所为，而大户也大多不会如此轻易地滥用资金买卖股票。大买单数量以整数居多，也可能是零数，但不管怎样，都说明有大资金在活动。

大单相对挂单较小且成交量并未因此有大幅改变，一般多为主力对敲所致。成交稀少的较为明显，此时应是处于吸货末期，是进行最后打压吸货之时。大单相对挂单较大且成交量有大幅改变，是主力积极活动的征兆。如果涨跌相对温和，一般多为主力逐步增减仓所致。

图14-2所示为中水渔业（000798）2020年12月7日的分时图。该股从跌停开盘，之后股价迅速拉升，到上午10:03，股价被拉涨停。虽然当天很多个股都走势强劲，但是该股前几个交易日均强势上涨，当日跌停开盘，吸到了不少前一交易日追高的筹码。从放出的巨大成交量不难看出主力吸货的迹象。

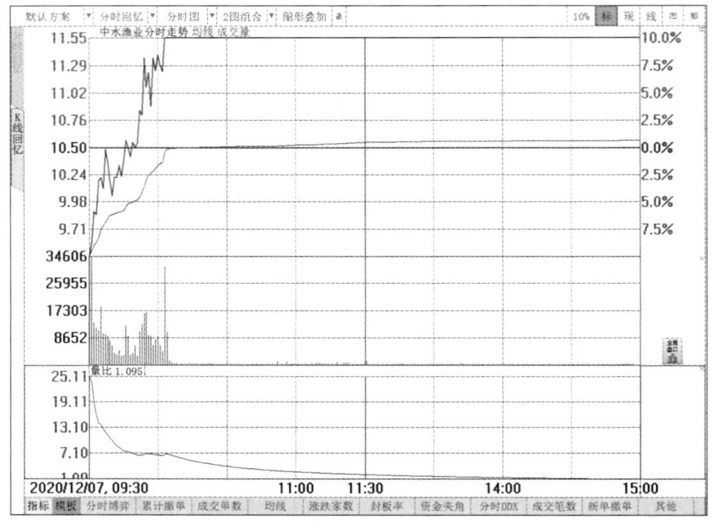

图14-2

5. 主力扫盘

主力扫盘通常出现在牛股涨势初期，在牛股刚刚启动过程中，将卖盘挂单数量连续吃进，即称扫盘。这预示主力正准备进场建仓。当投资者发现这种股票时，及时跟进就能赚取不错的利润。

6. 尾盘快速拉升或下挫

有时在当日收盘前几分钟甚至半分钟内突然出现一笔大买单把股价拉至高位，这很有可能是由于主力资金实力有限，为节约资金而能使股价收盘收在较高位或突破具有强阻力的关键价位的行为，也有可能是当日不发力，在盘尾发力不容易引人注意的操盘行为。

图14-3所示为日发精机（002520）2021年10月8日的分时图。该股开盘就一路下跌，之后股价一直在9.1元附近震荡，结果在尾盘集合竞价的最后3分钟，成交量放大，将前面挂的卖出委托单全部吃掉，一举将股价拉升至9.33元收盘，5分钟内涨幅达到2.64%。这样的尾盘突袭吃货预示第二个交易日股价很可能继续上涨。

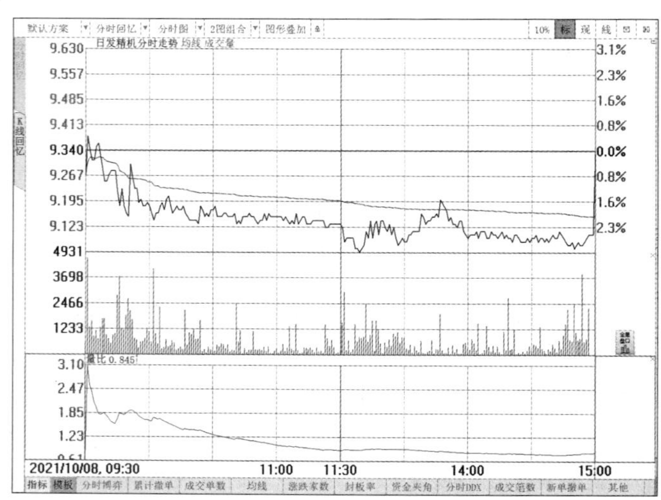

图14-3

股票不仅有收盘时急速拉升的，还有收盘时急速下挫的。比如，在全日收盘前几分钟甚至前半分钟突然出现一笔大卖单以很低价位抛

出，把股价砸至很低，使得当日的日K线形成光脚大阴线形态，引起投资者恐惧而达到洗盘的目的。例如，天奈科技（688116）在2021年10月8日的尾盘急挫，5分钟内跌幅达3.11%，当日跌幅达8.14%，如图14-4所示。

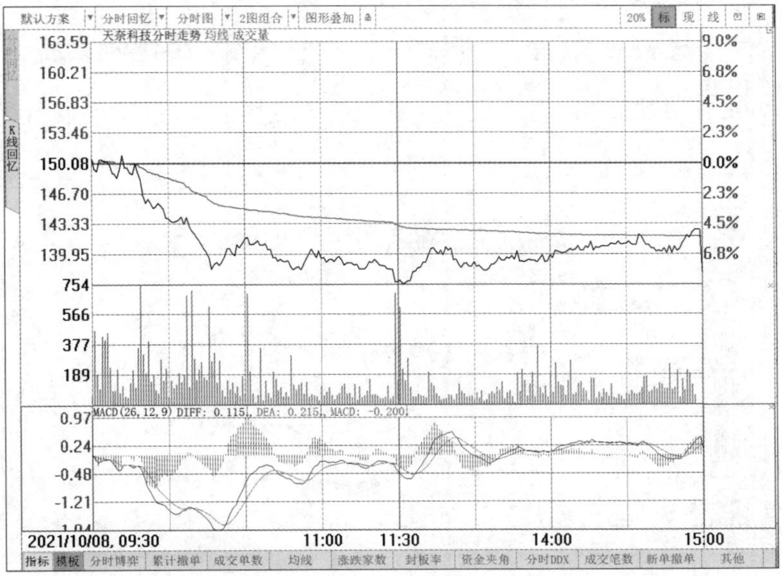

图14-4

其他还有在开盘、盘中时段瞬间大幅拉高或打压、在买盘处放大买单吸引人跟风等情况，都需要个人投资者注意，既要紧跟主力赚钱的脚步，又要防止被骗。投资者一旦识别主力的盘口语言，就能顺利地跟随主力，发现主力的一些操作方法，如常见的打压股价方法。

14.2 试盘

发现合适的股票后，主力通常会在适当的时候对其进行试盘，试盘内容包括该股票是否已经有主力入驻，股价有多大可能向下打压等，从而降低成本，为后期拉升股价做充分的准备。

14.2.1 常见的试盘方法

一般来说，试盘主要通过打压股价来进行，目的主要是降低建仓成本，能够在底部获取更多筹码，给自己预留更大的利润空间。

1. 买少量股票用于打压股价

分析完股票的市场行情，主力就会先买进少量的筹码，然后抛售该部分筹码，从而向下压低股价，也给一部分技术分析的投资者一种要开启下跌趋势的假象，让这部分投资者主动离场，从而在更低价位买进筹码。在这个阶段，投资者会发现股价有一定的波动，包括成交量放大、股价可能会在区间震荡或者小幅反弹。

2. 打压股价降低成本

当第一步完成，主力就开始打压股价与顺势洗盘。常见的打压方法，如在市场向好、个股没有其他利空消息的情况下，大幅压低股价，让不明真相的投资者产生恐惧，主动交出筹码。而顺势洗盘，则是主力借大盘或个股利空消息让股票价格顺势回调，顺利取得个人投资者手中的筹码。

判断是否为主力刻意打压股价的行为有以种几种方法。

（1）通过移动成本分布判断。其主要是通过对移动筹码的平均成本分布和三角形分布进行分析。如果发现个股的获利盘长时间处于较低水平，甚至短时间内获利盘接近0时，而股价仍然遭到空方的肆意打压，则可以断定这属于主力资金的刻意打压行为，如图14–5所示。

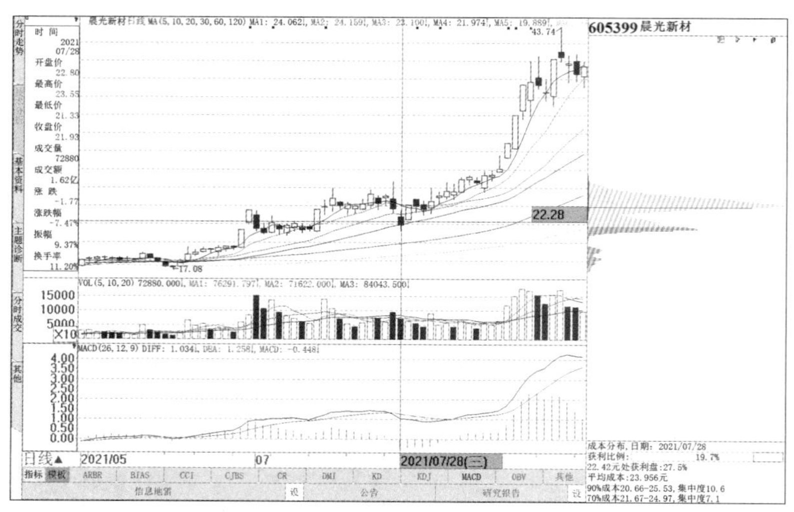

图14–5

（2）通过均线系统与乖离率判断。股价偏离均线系统过远，乖离率的负值过大时，往往会向0值回归，如果这时有资金仍不顾一切地继续打压，则可以视为刻意打压行为。

（3）通过成交量判断。当股价下跌到一定阶段时，投资者由于亏损幅度过大，会持股惜售，成交量会逐渐缩小，直至出现地量水平。这时候如果有巨量砸盘，或者有大手笔的委卖盘压在上方，但股价却没有受较大影响，则说明这是主力资金在打压。

（4）通过走势独立性判断。如果大盘处于较为平稳阶段或者跌幅有限的正常调整阶段，股价却异乎寻常地破位大幅下跌，又没有任何引发下跌的实质性原因，则说明主力资金正在有所图谋地刻意打压。

刻意打压股价的情形有以下特点。

（1）突发性。主力一般在个股走势良好、技术形态向多时突然袭击，在上升趋势中突然砸出一根长阴线。

（2）背离性。背离性指与大盘走势背道而驰，大盘强势上攻时，股价却一直下跌。

（3）恐慌性。主力打压股价时往往力度很大，一般是长阴线伴随着巨大的成交量，刻意制造恐慌。

14.2.2 通过K线图识别打压股价行为

主力在打压股价的过程中，一般会有试盘的现象。下面以日发精机为例，分析打压股价的K线图。

❶ 登录大智慧炒股软件，输入日发精机的股票代码“002520”，或者汉语拼音首字母“RFJJ”，如图14–6所示。

002520
SZ002520 日发精机 深证主板(股票)

图14–6

❷ 按Enter键确认，回溯日发精机2021年3月至8月的日K线图，如图14-7所示。在2021年4月30日出现一次主力打压股价操作，在股价上升途中突然拉出一根高位长阴线，造成猛然下降的短期趋势。但是细心的投资者不难发现，其实这是一根假阴线。那么这种情况下打压洗盘的可能性就更大。这种短期打压会给投资者一定的压力，但是如果投资者识破主力的行为，并且结合后续一个交易日的走势，就能判断出是打压洗盘还是真的趋势走低。第二个交易日收出一根大阳线，将股价维持在原来的高位区间，这就确立了后面的上涨趋势。

图14-7

14.3 主力吸货技法

股价打压成功后，主力的下一步动作就是大幅度地承接个人投资者手中的筹码，为后期拉升股价做进一步的准备。

1. 打压后吸筹

一旦市场经过长期下跌，便开始较多地出现多头的操作。同时在股价长期的下跌中，个股投资价值凸显，市场背景也在慢慢发生变化，一些主力敏锐地判断出市场即将出现反转，在一些个股板块中开始建仓。在市场下跌的末期，主力往往有效地利用场内的恐慌气氛，采取打压的手法造成股价加速下跌，从而以更低的价格吸纳本已很廉价的筹码。

个人投资者不要把打压股价进行筹码的交换简单地理解为压低股价吸纳筹码，其实打压股价只是吸筹的一个过程或手段而已。通常情况下，主力不会单一地靠打压、吸纳恐慌就完成吸筹，而是综合使用多种手段，既将已有的投资者筹码吸引过来，也让跟风的抄底资金放弃该股票。

例如，龙星化工（002422）在2021年2月10日至2月24日主力吸收部分筹码，从2月25日开始出现一轮股价打压，在股价跌到4.54元左右时主力开始大量吸货，以准备拉升下一阶段的股价，如图14-8所示。

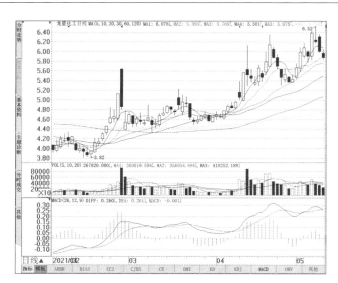

图 14–8

2. 在市场见底时快速推高后吸货

在近几年的我国境内资本市场中，除了各大基金和券商自营盘外，还出现了很多阳光私募，以及一些以前在各种基金公司有较好业绩的投资经理离职自创的私募基金，活跃在A股、新三板等各种市场中。

因为有经验和业界的各种资源，阳光私募吸引了大量的社会资金，加上个人投资能力，使得其投资手段非常灵活，常常活跃在各大券商的营业部中。

私募资金经理人大多是长期经历市场磨炼的投资高手，注重对盘面的理解和个人投资者心态的把握，非常善于捕捉市场中稍纵即逝的机会，在极短的时间内就能完成建仓、拉抬、出货的操作，手法非常厉害。

例如，中国铝业（601600）在2021年5月经过一段快速推高操作后吸货，为了迷惑投资者，后期出现打压股价的过程，之后股价又在原来的5.4元上下震荡，然后股价在8月底启动一波翻倍行情，如图14–9所示。

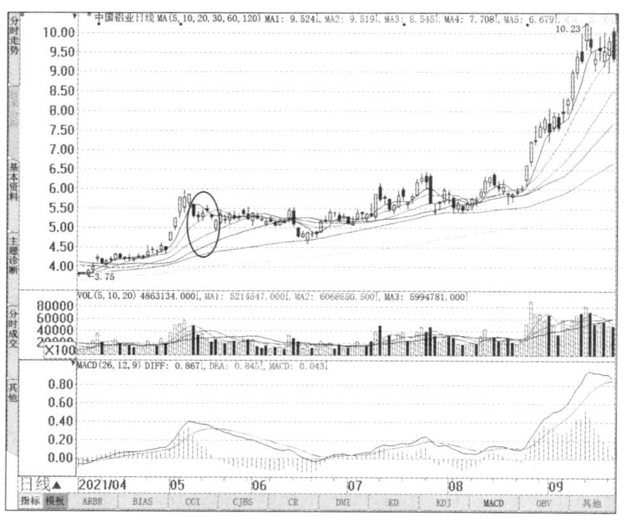

图 14–9

14.4 如何发现主力拉升

14.3节说明了主力的吸货方法，如果平时投资者没有关注那么多股票或者在主力已经完成吸货后才注意到某只股票，那么怎么才能紧跟主力呢？毕竟，主力吸货的主要目的是拉升股价，而这才是最具有跟随意义的时候。

14.4.1 选择拉升时机

建仓完成后，只有拉升股价，才能获利，那么怎么才能快速把股价拉高，脱离成本区呢？这一点，连刚入市的投资者都知道。若选择的拉升时机不当，轻则增加了成本，减少了利润，重则导致亏损。那么，主力一般什么时候拉升股价呢？

根据经验，主力喜欢选择以下几种时机拉升股价。

1. 市场走好、人气飙升时

在牛市初期，很多股票和个人都还来不及反应，此时人气一般。等进入牛市前中期，身边人的赚钱效应出现，加上谈论股票的人增多，逐渐形成了入市就会获利的印象，人气逐步提升，很多人就转移资金入市。由于股票有强者恒强的走势，形成了投资者不断追涨的情况，此时股价越拉升，越能吸引更多场外资金追捧，主力只需要极少的资金就能将目标股票的价格拉高。如2020年是新能源、光伏行业的结构性牛市，很多光伏行业的股票在很短的时间内，涨幅超200%，性价比非常高，更为以后出货留出了充足的空间。其中表现尤为突出的有阳光电源、隆基股份等股票。阳光电源当时的K线图如图14-10所示。

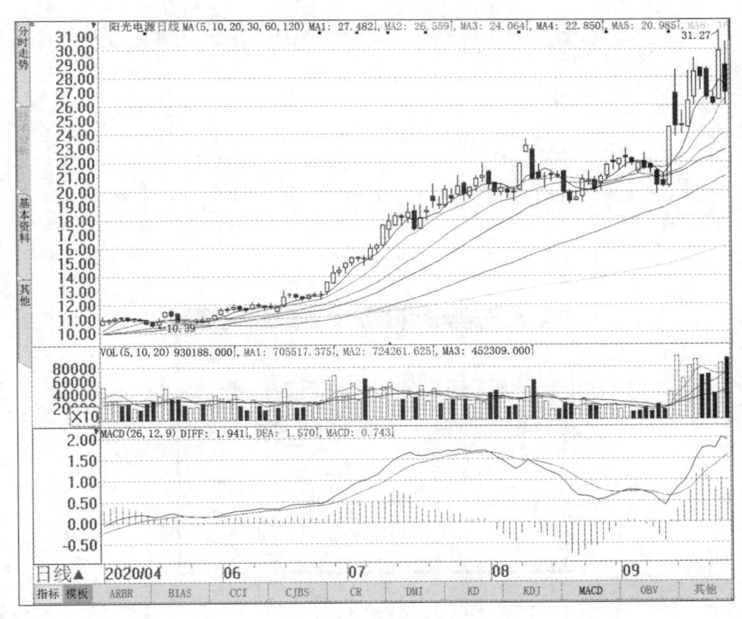

图14-10

2. 市场不好、行情很弱时

经过前期的熊市，很多人在这个阶段不愿意谈论股票，使得交易量很小。很多投资者甚至在高位被套牢，更多投资者可能选择持币观望。而此时主力敢于拉升的股票，基本上都是有很高的业绩和很强的投资逻辑的股票。

❶ 登录大智慧软件，输入中国中免的股票代码“601888”或汉语拼音首字母“ZGZM”，如图14-11所示。

图14-11

❷ 按Enter键，进入中国中免的技术分析界面，缩放显示2017年8月至2018年7月的K线图。叠加同期的上证指数走势，从图14-12中不难看出上证指数在这一时期持续下跌，是熊市特征。而中国中免的走势与大盘恰恰相反，走出一波牛市。从2017年9月1日至2018年7月30日，该股涨幅高达138%，如图14-13所示。

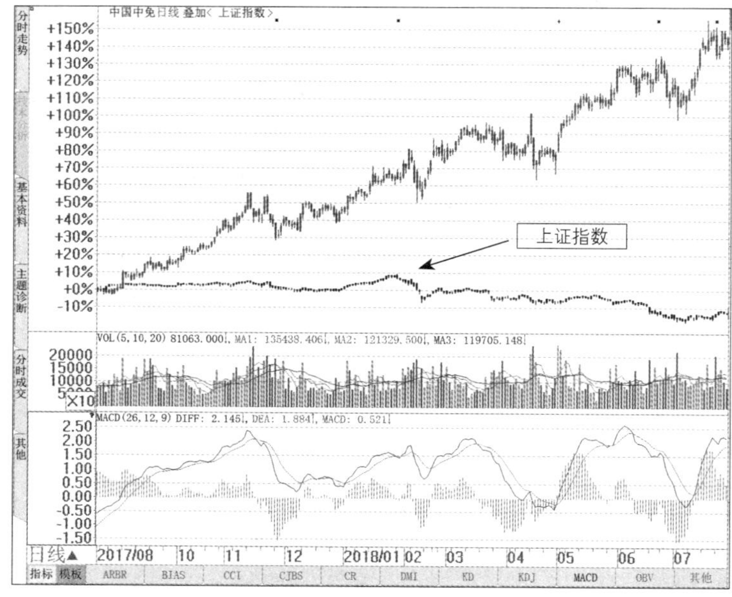

图14-12

中国中免 时段统计

2017年 9月 1日 -- 2018年 7月30日 共221组数据

开盘:	29.85	涨跌幅:	+138.17%
最高:	76.03	振幅:	154.19%
最低:	29.82	涨跌:	41.41
收盘:	71.38	均价:	50.98
成交量:	24,758,446手	加权均价:	51.08
成交额:	12,643,352.00万	换手率:	126.81%

阶段排序 关闭

图14-13

3. 图形及技术指标修整好时

由于现在懂技术分析的人越来越多，不少人以技术分析来决定自己的买卖操作。于是一些主力利用这种心理把图形修得很好，趁技术派看好之时拉升股价，以减少拉升的阻力。但有一点大家得注意，光靠修整图形去拉升股价的往往是弱势主力，而敢于制造恶劣图形，不看指标而肆意拉抬股价的才是真正的强势主力。

14.4.2 借利好盘中拉升

在重大利好出台时，很多股票都会出现盘中拉高走势，从而跟随利好，与主力联手拉升股价。

对于个股来说，利好主要分为以下两类。

（1）国家政治经济形势、政策、方针等对个股所属的行业有指导性的意见。

（2）个股本身的业绩改善、提升或者各种资产重组概念、高转送题材等。

不管是哪一类利好，都为主力创造了拉升股价的条件。特别是一些资金实力不太强的主力正好顺水推舟，借助大市利好拉高股价。

下面是利用利好拉升股价的案例。

❶ 登录大智慧软件，输入中信证券的股票代码“600030”或汉语拼音首字母“ZXZQ”，如图14-14所示。

图14-14

❷ 按Enter键，进入中信证券的技术分析界面，缩放显示2021年7月至10月的日K线图，如图14-15所示。券商板块股价经历半年的下跌之后，在8月见底并开始反弹，K线缓慢地站上均线，中信证券和中信建投作为券商板块的龙头股，率先反弹。当时大盘走势并不好，券商板块支撑大盘指数不再下滑。之后在9月2日晚国家宣布设立北京证券交易所的消息，此消息是对各大券商的利好，尤其是券商龙头。9月3日，所有的券商股都高开6个点左右，之后股价就高开低走，对于前期进场的资金而言，出这种级别的利好就是盈利兑现的时点。之后一个月股价就没有起色，一路下跌。

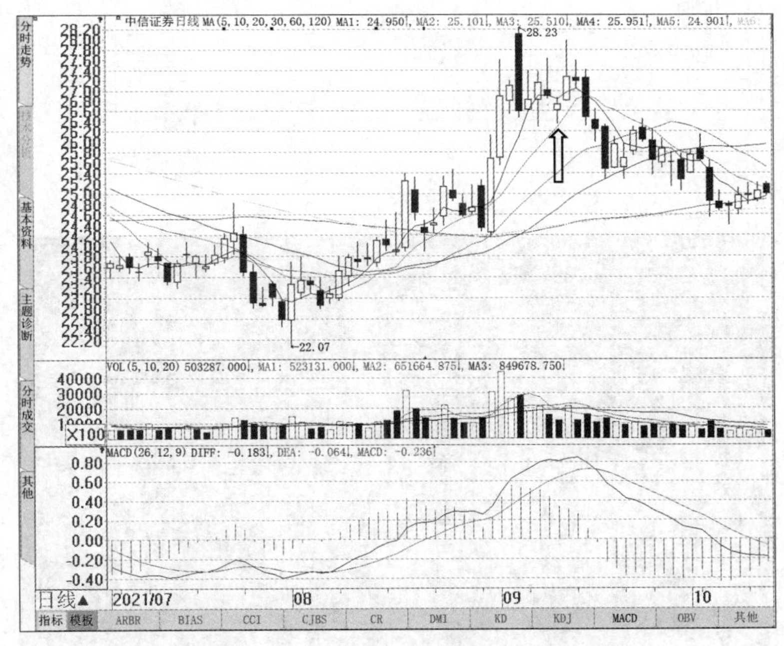

图14-15

14.4.3 放量对倒拉升

除了前面的拉升方式外，还有放量对倒拉升方式。利用该方式的主要目的是制造交易活跃、人

气旺的假象，吸引个人投资者跟风买入，以防出现即使股价拉升了，也没人来接盘，导致无法出货的情况。

下面以山煤国际（600546）为例来分析。打开该股2021年7月至9月的日K线图（见图14–16）。从8月20日至9月13日，山煤国际的股价从7.47元附近拉高至最高15.18元。其中8月26日至9月7日，该股的换手率一直维持在7%之上。这种连续长阳的形态，不是一般的个人投资者的行为，大部分是主力操作的结果，成交量放这么大，极大可能是放量对倒拉升。参考基本资料界面中关于山煤国际的股东信息（见图14–17），其本公司持股约60%。一般本公司的持股不变对股价的影响较小。剩余约40%的流通股，每天如此高的换手率，多半是有对倒的成分。

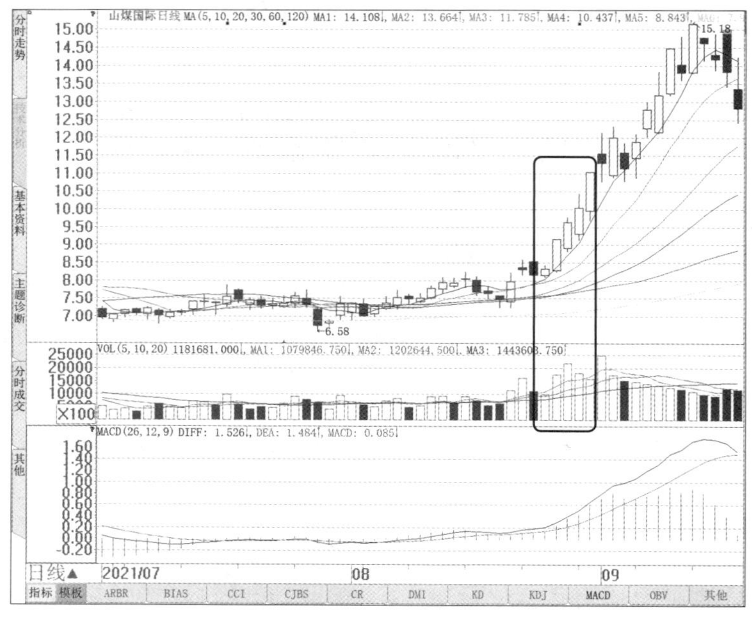

图14–16

山煤国际 操盘必读 财务透视 主营构成 行业新闻 大事提醒 八面来风 公司概况 管理层
600546 单季指标 股东研究 股本分红 资本运作 关联个股 公司公告 事件提醒 盈利预测

十大股东 — 十大流通股东 — 股东人数 — 控股股东和实际控制人 — 股东增减持

◆十大股东◆

2021-09-30 2021-06-30 2021-03-31 2020-12-31 2020-09-30

前十大股东累计持有：132338.06万股，累计占总股比：66.76%，较上期变化：[illegible]

股东名称	持有数量(万股)	持股变化(万股)	占总股本比例(%)
1. 山西煤炭进出口集团有限公司 股权质押	118900.62	[illegible]	59.98
2. 陆仁宝	2146.84	[illegible]	1.08
3. 中国银行股份有限公司—国泰江源优势精选灵活配置混合型证券投资基金	1722.39	[illegible]	0.87
4. 中国银行股份有限公司—易方达供给改革灵活配置混合型证券投资基金	1553.69	[illegible]	0.78
5. 徐亚运	1529.27	[illegible]	0.77
6. 招商银行股份有限公司—汇添富绝对收益策略定期开放混合型发起式证券投资基金	1500.06	[illegible]	0.76
7. 陈火林	1466.45	[illegible]	0.74
8. 谈风仙	1342.81	[illegible]	0.68
9. 黄燕	1109.35	[illegible]	0.56
10. 中国工商银行股份有限公司—广发多因子灵活配置混合型证券投资基金	1066.57	[illegible]	0.54

图14–17

14.4.4 震荡放量式拉升

一般震荡式拉升，都会出现个股交易放量，即通常所说的震荡放量式拉升。这种方式一般是主力开始突然拉升或打压，造成股价震荡，其成交量也大幅增加，然后快速打压洗盘，形成V形反转，如图14–18所示。

此种拉升方式具有以下形态意义。

（1）在股价走势的相对低位，主力介入突然放量拉升股价。

（2）在拉升的大阳线后，突然出现反叛线，使追涨资金套于高位。

（3）在剧烈震荡中，股价再次接近第一次震荡高点，然后又快速下跌甚至创出新低，使场内持股者持股信心大受打击，在多种市场心理下筹码极度松动。

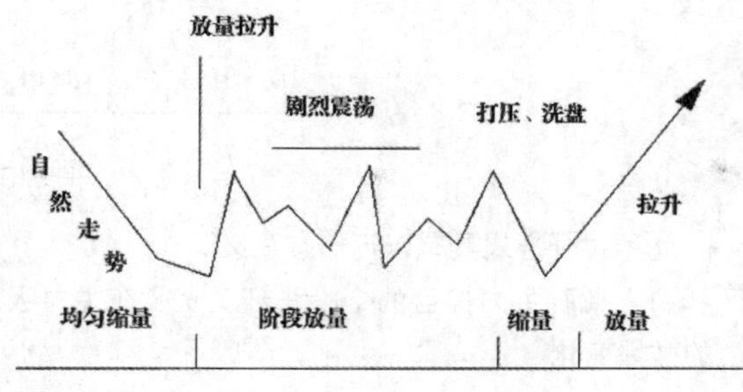

图14–18

（4）当股价第三次接近前期高点时，所有的场内前期被套筹码几乎一致选择了出局，从而达到主力强收集的目的。

（5）随后主力进行拉升前的最后打压、洗盘，为拉升创造条件。

（6）几乎在所有的控盘股中，都表现出了拉升初期筹码高度集中与稳定的共性。

例如，招商蛇口（001979）在2021年9月出现了放量拉升，如图14–19所示。

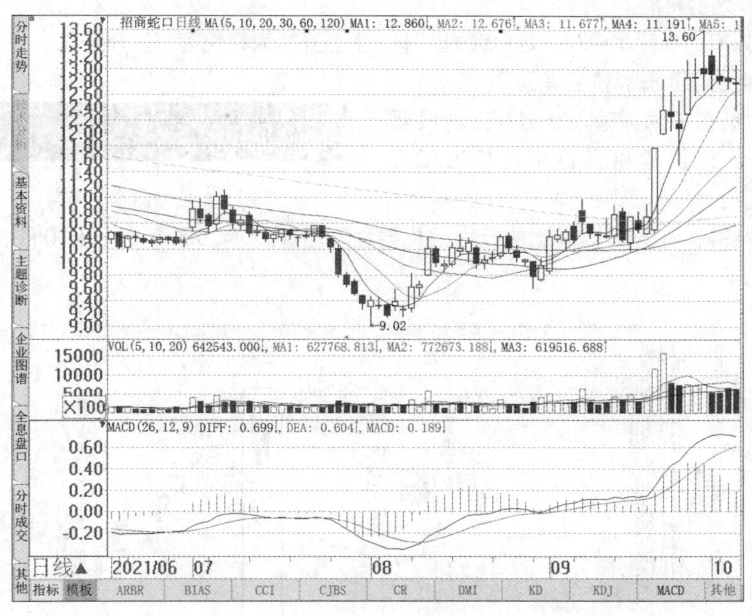

图14–19

14.4.5 缩量后拉升

除了放量拉升外，还有一个方法与其相反，叫缩量拉升。其表现形式为股价一段时间内大幅上涨，但每天的成交量却相比前期出现大幅萎缩的现象。这种现象一般出现于主力控股的股票，是一种极少见到的操作，也是大多数投资者无法预测的一种股票走势。缩量后拉升常见形态如图14–20所示。

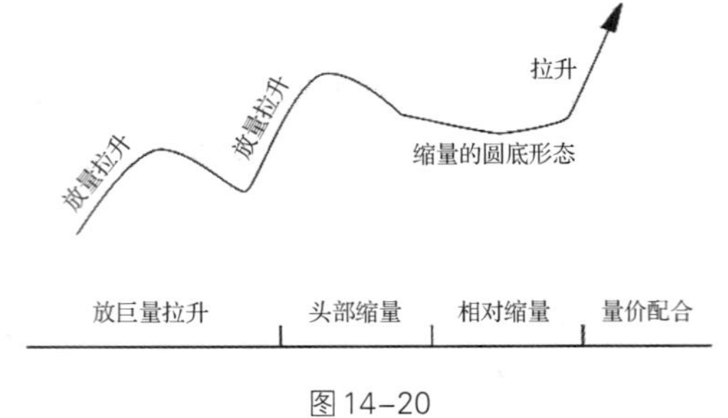

图 14–20

此种拉升方式具有以下形态意义。

（1）此种主力控盘的个股深刻反映了在主力吸筹中，筹码由个人投资者向主力手中集中的量能上的微妙变化。

与放量拉升有明显不同，这一种拉升方式主要是主力在控盘时间与市场中间意外风险控制上表现得更为完美，缩量打压前期的跟风盘，有效地降低了持仓成本，减少了市场意外风险。该方式经常用于前期主力建仓后的增持或在低位的再次收集。

（2）这是主力缓慢推升股价的一种建仓方式。随着建仓的结束。主力刻意打压股价，让股价在相对低位长时间横盘，进行筹码的沉淀，多数短线持有者和一些中线持有者开始变得浮躁，慢慢被消磨出局。

（3）很多主力在筑底的过程中，还利用市场气氛等因素对个人投资者进行进一步的打击，迫使他们在股价拉升之前出局。

（4）随着筹码的高度集中与市场机会的到来，主力开始大幅快速地拉升股价。

下面是利用缩量拉升股价的案例。

❶ 登录大智慧软件，输入长城军工的股票代码“601606”或汉语拼音首字母“CCJG”，如图 14–21 所示。

601606
SH601606 长城军工 上证A股(股票)

图 14–21

❷ 按Enter键，进入长城军工的技术分析界面。缩放显示2021年6月至10月的日K线图，如图 14–22 所示。

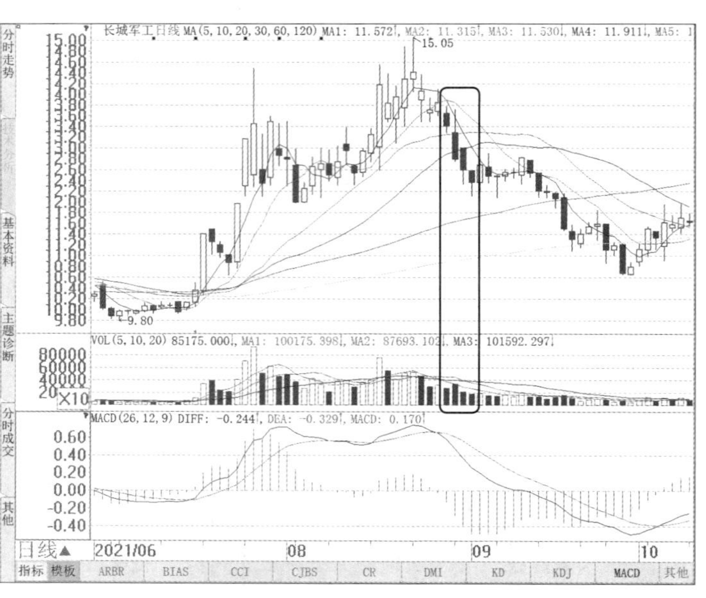

图 14–22

该股在2021年7月19日至8月4日的第一波拉升中，成交量有所放大，换手率维持在15%左右，股价从10.35元涨到12.25元。经过一周半的短期横盘整理，开启了第二波上涨。但在第二波上涨过程中，量能始终未能放大，大部分时间换手率也有所减小，通常在7%左右。上涨缩量说明该股可能已经有获利盘出逃了，投资者须警惕，一旦跌破均线就要清仓。

14.4.6 缓慢推升股价

缓慢推升股价的方法是：放量缓慢推高，高位横盘，直接拉升。放巨量后缓慢推升股价，同时放出巨量，然后在高位出现横盘现象，在很多人都认为股价会下跌时，主力却突然拉升股价。其常见形态如图14-23所示。

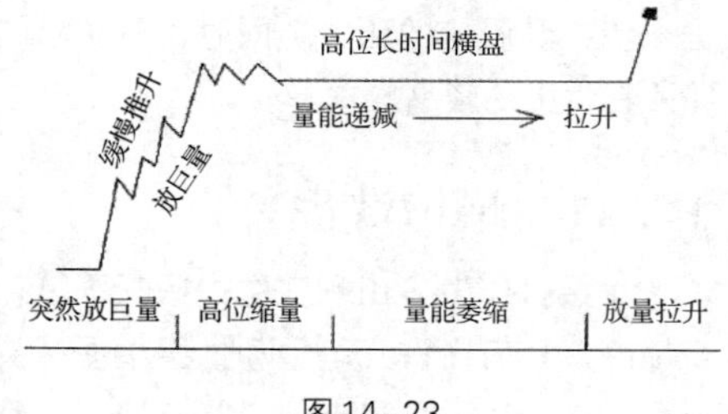

图14-23

（1）股价从相对低位放巨量，缓慢推升，并在波段的高位相对量能萎缩。经过调整，股价再次放量上攻，在持股者心态极其不稳的情况下，又有部分筹码抛出。

（2）股价在相对高位，长期横盘，用时间消磨个人投资者持股的信心。

（3）在横盘中量能呈现递减状态，主力利用长时间的横盘消磨场内短线个人投资者的信心，同时还保持着上行通道不被破坏，维持着中线持股者的心态。希望在未来的市场中能借助市场人气推高股价。在K线形态中，主力经常制造诱多诱空形态，加剧持股者的心理压力。

（4）此类股票采取在相对高位横盘，有两种原因：一是该股基本面业绩较好，如采取打压股价进行洗盘，反而会导致更多短线资金逢低买入；二是主力后续资金不足，缺少实力，采取更为彻底的形态洗盘，将有更多中线筹码抛出，主力无力承接，所以其维持横盘之势等待上涨。

例如，北方华创（002371）2021年5月开始了从162元左右启动，持续放量缓慢推升股价的过程，经历了3个月的上涨，股价已经上涨至最高432元，如图14-24所示。之后该股在2021年7月底开始横盘整理。

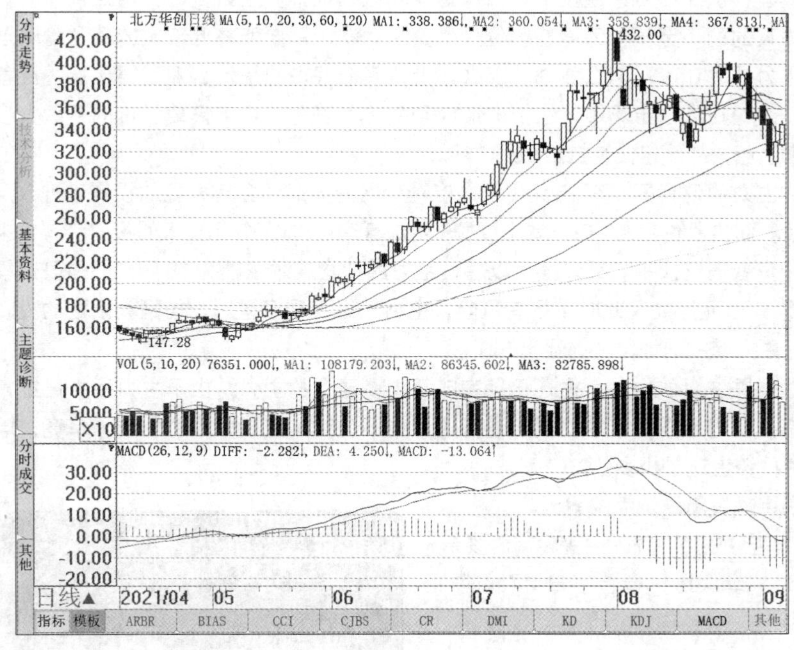

图14-24

14.5 不可不知的常见洗盘法

主力为达到炒作目的，必须于途中低价买进，让意志不坚定的个人投资者卖出股票，以减轻股价上涨的抛压。同时让投资者的平均价位升高，以降低投资者卖出的概率。洗盘动作可以出现在任何一个区域内，基本目的无非是清理市场多余的浮动筹码，抬高市场整体持仓成本。

更进一步，洗盘的主要目的还在于垫高其他投资者的平均持股成本，赶走跟风投资者，以减小进一步拉升股价的压力。同时，在实际的高抛低吸中，主力也可兼收短线的差价，以弥补其在拉升阶段将付出的较高成本。

14.5.1 横位洗盘

直接打压较多出现在主力吸货区域，目的是吓退同一成本的浮动筹码。在盘中表现为开盘价出奇地高，只有少许几笔主动性买单便掉头直下，一直降到前一日收盘价之下，个人投资者纷纷逢高出局。在这里，投资者不要简单地认为股价脱离均价过远就去抄底，因为开盘形态基本决定了当日的走势，主力有心开盘做打压动作，这个动作不会在很短时间内就完成。因此，较为稳妥的吸货点应在股价经过几波跳水下探，远离均价3% ~5%处。在此位置上，市场当日短线浮筹已不愿再出货，主力也发现再打低会造成一定程度上的筹码流失。因此，这个位置应该是在洗盘动作中较为稳妥的吸货点，就算当日股价不反弹向上，也是当日一个相对低价区，可以从容地静观其变，享受在洗盘震荡中的短差利润。尾盘跳水这个动作是主力在洗盘时制造当日阴线的一个省钱工具。盘口表现是指在临近收盘几分钟，突然出现几笔巨大的抛单将股价打低，从5分钟跌幅排行榜中可以发现这些股票。但是这个抄底机会不好把握，不建议投资者在实战中参与。

14.5.2 短线暴跌洗盘

短线暴跌洗盘是主力为了将低位买入的投资者给吓走采取的方法，让他们在相对的高位卖给场外进入的投资者，从而使得普通投资者的持仓成本大幅提升。主力在进行洗盘操作时，是以将投资者逼迫出局为目的的，至于如何操控股价只是方法问题，只要能将低成本的获利盘清理出局，投资者怕什么，主力便会让股价怎么波动。那么，投资者最害怕的是什么呢？很显然，最害怕的便是股价大幅下跌。无论在什么市场中，在指数形成了牛市上涨过程中，只要股价的下跌力度很大，都会给投资者带来恐慌，从而迫使其抛盘出局。

常见的如主力的建仓区间在15元，那么在这个区间内必然会有大量的投资者进入与主力的持仓成本保持一致。而当股价上涨到20元时主力开始洗盘，这时以15元买入的投资者就会抛出手中的股票与场外的投资者进行换手。经过换手以后，主力的持仓成本依然为15元，但是普通投资者的持仓成本却提升到了20元。如果此时市场有风险，主力已经实现了盈利，但是新入场的投资者却没有任何盈利，从而主力的主动地位就凸显出来了。

使用短线暴跌洗盘的主力，往往已经完成了大量建仓的主力。由于主力手中已经掌握了大量的股票，就算有投资者敢于在暴跌的低点进行建仓也不会对其造成太大的影响，毕竟，敢在股价暴跌时买入股票的投资者还是极少的。

下面是利用短线暴跌洗盘的案例。

❶ 登录大智慧软件，输入中金岭南的股票代码“000060”或汉语拼音首字母“ZJLN”，如图14-25所示。

000060		
SZ000060	中金岭南	深证主板(股票)

图14-25

❷ 按Enter键，进入中金岭南的技术分析界面。缩放显示2021年4月至9月的K线图，如图14-26所示。

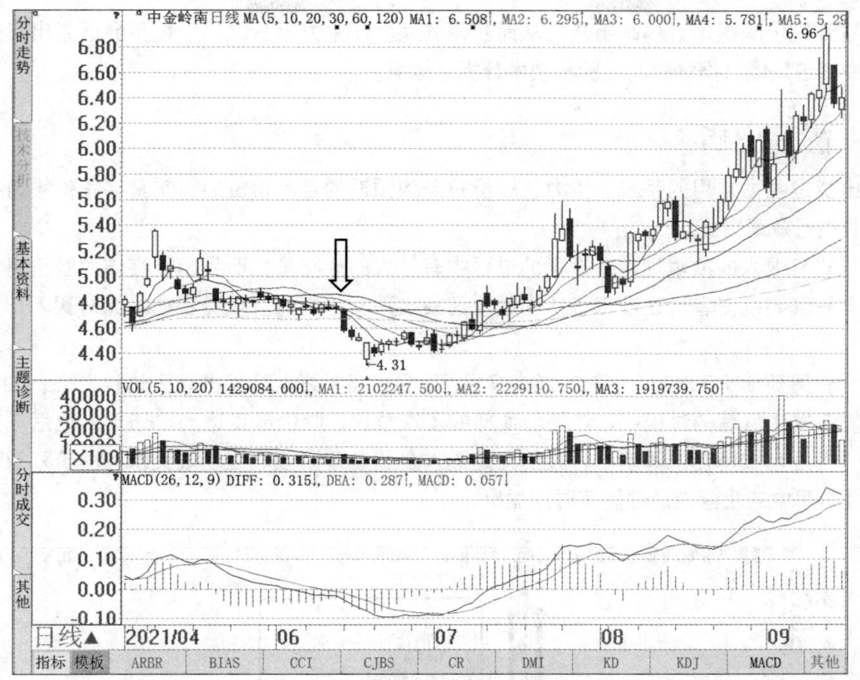

图14-26

从图14-26中可以看出，该股于2021年6月15日收出一根阴线，收盘时跌幅为3.78%。虽然跌幅并不算很大，但是其所处的位置十分关键，这根中阴线跌破了所有均线，让技术派投资者直接判断后期转入空头趋势。但是在之后的一周并没有出现放量下跌，而是盘整了将近两周，并且K线缓慢走高，逐步突破所有均线的压制，说明前期是主力在进行短线的洗盘。

14.5.3 盘中震仓

盘中宽幅震荡较多地出现在股价上升中途，容易被投资者误认为是主力出货。识别这个动作的要领是观察主力是否在中午收市前有急速冲高的动作。一般在临近中午收市前急于拉升股价都是要为下午的震荡打开空间，此时盘中一般只用几笔不大的买单拉高股价，且冲高的斜率让人难以接受，均线只略微向上。这时持仓者最好先逢高减仓，因为股价马上就会大幅向均价附近回归，甚至出现打压跳水的动作。在这种情况下，均价可能任股价上下波动而盘整不动。此时均价的位置是一个很好的进出参考点。

洗盘阶段的K线图有如下几个特征。

（1）大幅震荡，阴线与阳线夹杂排列，趋势不定。

（2）成交量较无规则，但有递减趋势。

（3）常常出现带上下影线的十字星。

（4）股价一般维持在主力持股成本的区域之上。若投资者无法判断，可关注10日均线，非短线投资者则可关注30日均线。

（5）按K线组合的理论分析，洗盘过程即整理过程，所以图形上也都大体显示为三角形整理、旗形整理和矩形整理等形态。

14.6 主力的常见出货法

主力拉升股价的根本目的是出货，从而获得利润。在主力出货时，一般不会透露出货的相关信息，所以投资者只能根据炒股的经验和技术分析来推测。

14.6.1 震荡出货

震荡出货是主力常用的手法。主力将股价拉升到预期的目标价位后，常常将股价维持在较高的位置，然后进行震荡出货。

这种方式有很大的欺骗性，在横盘的过程中有较大的成交量，而且出现突破后股价将再次上涨的信号，容易误导投资者，让投资者认为股价还会出现新的高峰。投资者如果此时买入，将会在高价处套牢。

例如，誉衡药业（002437）在2020年7月至9月的日K线走势就出现了这种形态，如图14-27所示。股价在发生震荡的过程中，伴随着顶部的多次放量，股价最高达到4.55元。之后成交量虽然有所减少，但是也维持在中等水平，股价开始进入盘整震荡阶段。之后成交量和股价双双下探，说明主力已经将手中的股票在顶部震荡时期抛出。

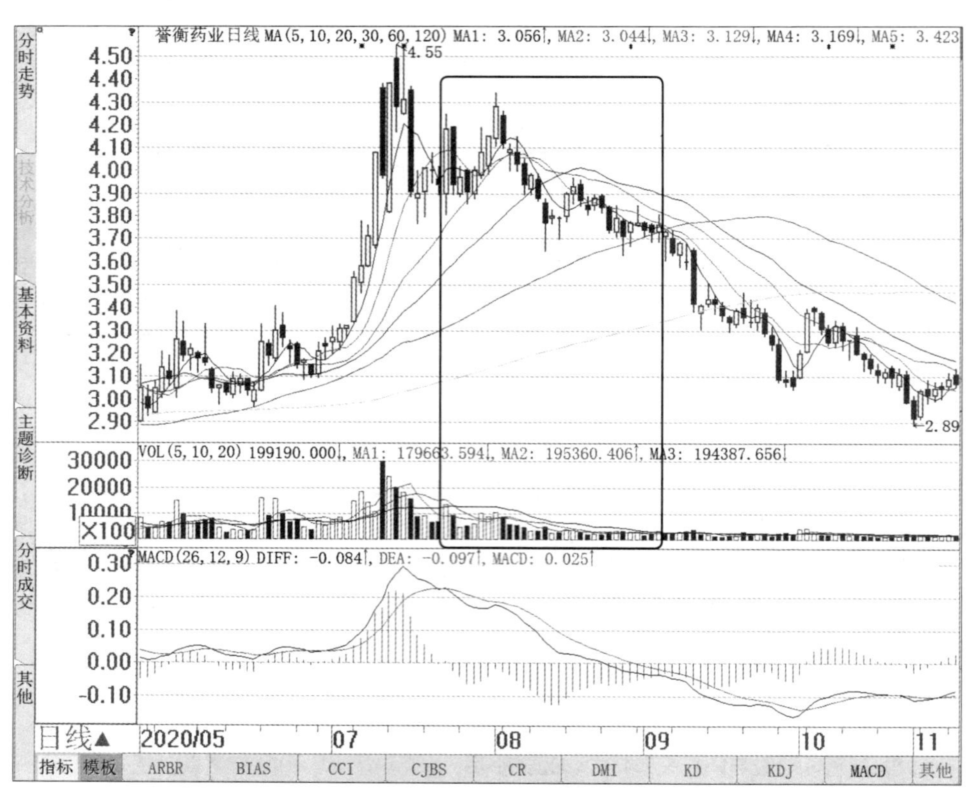

图14-27

继续查看该股后面的行情，不难看出，在2020年7月和8月出货完毕之后，股价就处于下跌趋势，如图14-28所示。一旦形成趋势，短期就很难改变，这一点尤其适用于A股市场。该股价格在2021年11月还创了新低，低至2.26元，与出货时期最高价4.55元相比，跌幅为50%左右。所以投资者遇到跌破长期均线的时候一定要及时止损止盈。

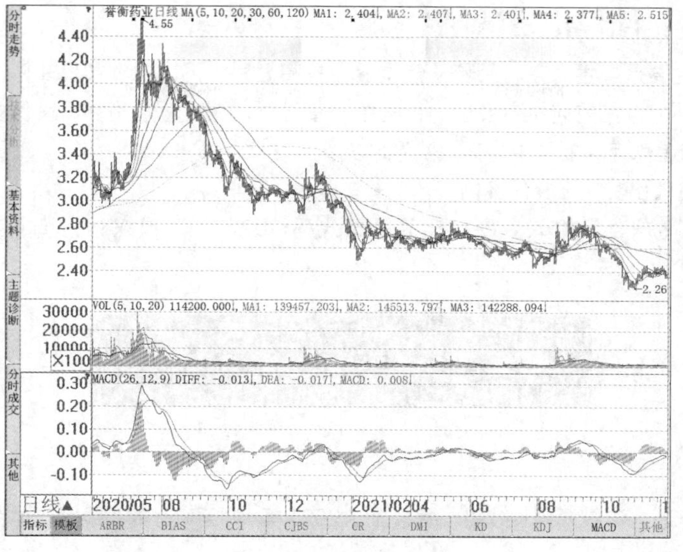

图14-28

14.6.2 拉高出货

拉高出货是使用频率最高的出货方式之一，采用这种方式时股价已经超出了预期的价位，主力有足够的时间出货。主力先在低位吃进一些筹码并进行对倒放量，跟风投资者看到盘口显示出主动性买盘，认为主力在买进拉升，风险较小，所以还会加仓购入股票。随后主力边拉高边出货，将筹码转给跟风投资者。

当然主力会控制好买进和卖出的量，比如买进20万股，卖出40万股，这样就可以利用少进多出的手法将股票转给跟风投资者。

山西焦化（600740）的K线图如图14-29所示。2021年上半年煤炭、有色金属行业处于涨价顺周期，期货的动力煤、焦煤、焦炭价格均创新高，相对应的股票价格也应声上涨。山西焦化从2021年8月开启上涨行情，并且在9月股价与前期低点相比已经涨了近两倍，股价在11元附近开始放量。之后主力开始一边拉升股价一边出货，此时出现阴线和较大的成交量，说明主力在前期就已经在大量出货，再之后股价就开始一路下跌。

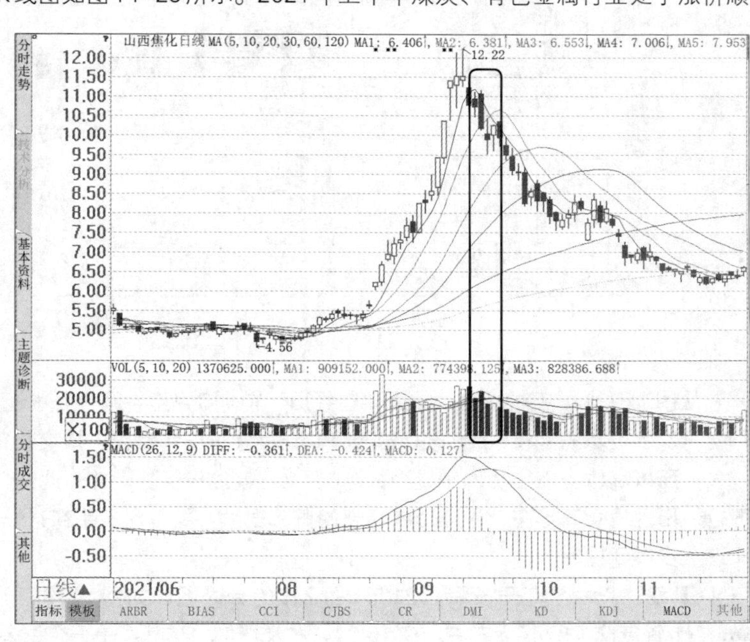

图14-29

14.6.3 实战：涨停出货法

涨停出货法主要是指主力在将股价从低位缓慢拉高之后，再次诱多放量涨停，吸引跟风投资者接手的出货手法。主力在前期拉高股价的过程中一直出货，在短暂修整之后股价再次涨停，同时指标出现背离。投资者即可判断是主力通过涨停出货。

下面是利用涨停出货法出货的案例。

❶ 登录大智慧软件，输入金发拉比的股票代码“002762”或汉语拼音首字母“JFLB”，如图14-30所示。

图14-30

❷ 按Enter键进入该股票的K线图，缩放显示2021年4月至6月的K线图，如图14-31所示。

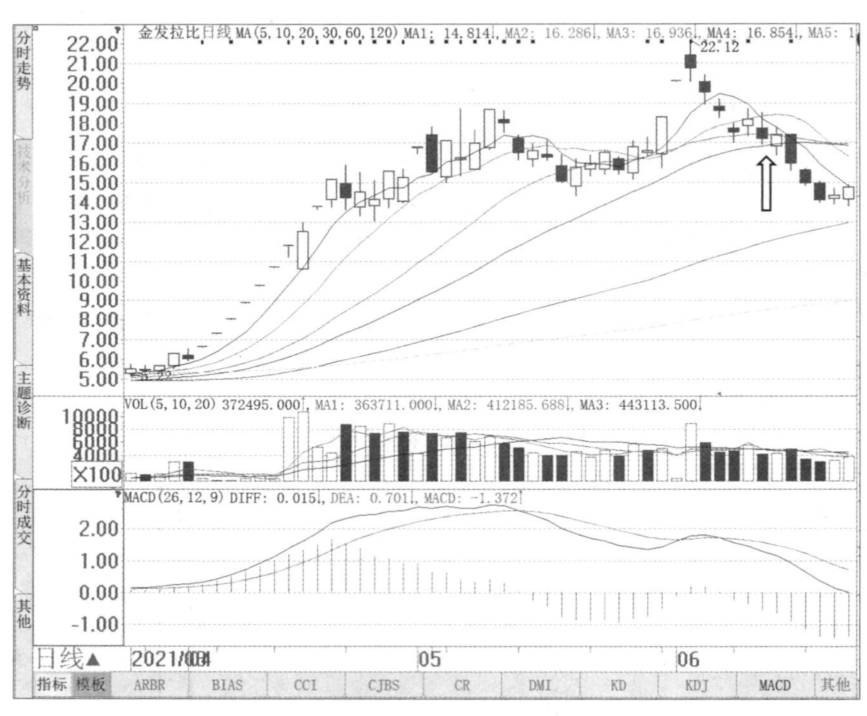

图14-31

从图14-31中不难看出，该股票在经历了前期3月至4月的上涨趋势之后，进行小幅盘整，在6月初再次上行，先是在5月31日收至涨停，6月1日一字涨停，成交量很小。但是由于该股前期涨幅过大，所以高位上涨出货的嫌疑很大。6月2日就放出巨量，并从此进入下行趋势，MACD指标缓慢下行，出现顶背离形态，这里形成顶部的概率很大。主力在6月2日这一天吸引不少跟风投资者，利润进一步得到兑现。

❸ 双击K线图打开该股2021年6月2日的分时图，如图14-32所示。可以看出在9:31放出巨量，1分钟成交1.57亿元左右。在10:04，触及涨停。这其实是一个诱多行为，之后股价就开始回落。其实主力在之前就已经出货了。

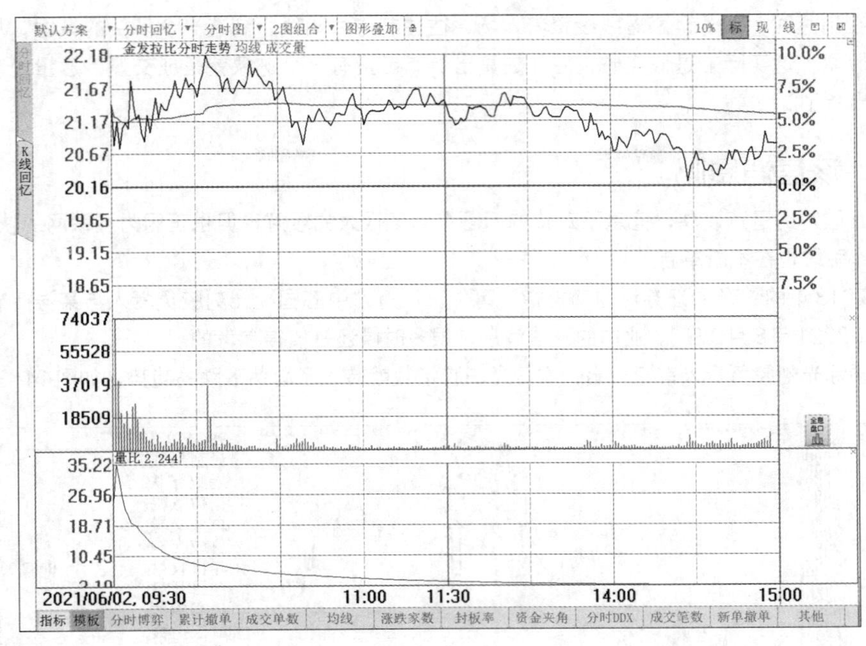

图 14-32

投资者看到上述盘面走势一定要当心，小心成为主力的“接盘者”。

高手秘技

技巧 1　洗盘和出货的区别

前面介绍了主力的各种买卖方式，下面简要说明主力洗盘和出货的区别。

1. 成交量不同

洗盘时成交量萎缩，而出货时成交量会被放大。

2. 目的不同

主力洗盘的目的是尽量把信心不坚定的跟风投资者甩掉；而出货的目的是吸引跟风投资者，通过各种手段迷惑投资者买进股票，以便自己在价位较高时出货，从而获得较大的投资回报。

在实际的操作过程中，投资者经常把洗盘和出货混淆，把洗盘当成出货，结果刚刚卖出股票，股价就一路上升；一旦高价回收后，主力又开始出货，股价急剧下跌，致使投资者亏损。

3. 盘口的区别

主力洗盘时卖盘挂有大卖单，造成卖盘多的假象。在关键价位，虽然卖单很大，笔数也很多，但是股价却不再下降，此时多为洗盘现象。

主力在出货时，不会挂大卖单，买单却比较大，造成买盘很多的假象，但是股价下降而无法上升。

4. K线形态的区别

主力在洗盘时，会制造各种不利的信号，制造空头的气氛，导致投资者及早离场。洗盘仅仅是为了甩掉一些意志不坚定的跟风投资者，留下意志坚定的投资者。

主力在出货时，为了诱惑短线投资者入场，往往制作大阳线，制造一个多头的氛围，从而让投资者买进股票。这实际上是假突破，后面是真出货。出货有一个迹象就是成交量，放量说明主力很可能已经出货了。

技巧2　该信消息吗

随着互联网的迅速发展，信息不对称的问题得到了很大的缓解，但也正因为互联网的快速发展，主力的操作手段也在不断革新。

前有2013年的“光大证券对冲乌龙指”事件，后有“中芯国际光刻胶负责人与某券商研究员互怼”事件（2021年8月3日）。业内的一些消息，很多时候还是值得参考的。

中芯国际光刻胶负责人言论一出，次日光刻胶指数就转入了震荡下跌的趋势，如图14-33所示。

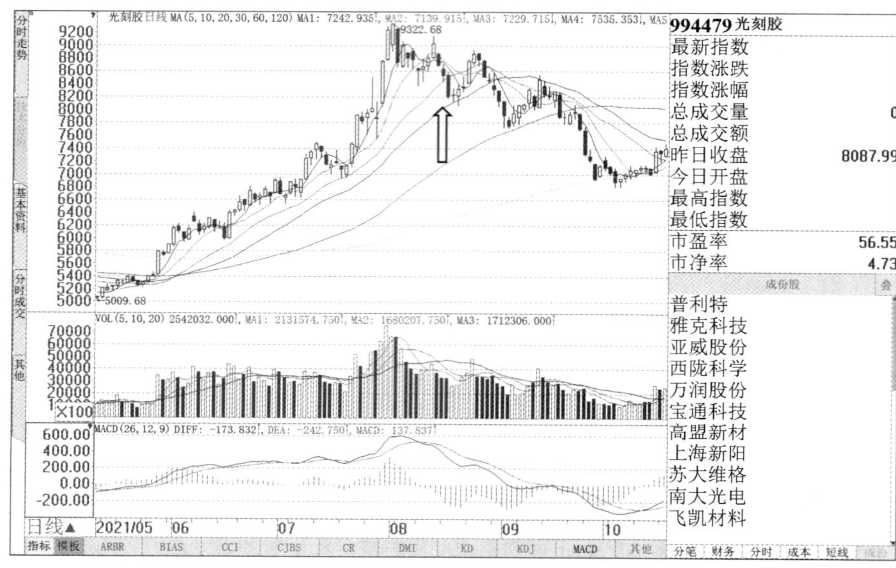

图14-33

对于该类消息，该信还是不该信，每个人的做法不同。但对于个人投资者来说，有消息时一定要根据该股的当时走势、业绩等综合分析，不能听从所谓业内人士的推荐或看空的言论就盲目买卖。

第4篇 软件篇

炒股

第15章 大智慧软件的基础知识

本章引语

不要懵懵懂懂地随意买股票，要在投资前扎实地做一些功课，才能成功。

——威廉·欧奈尔

投资前要扎实地做一些功课，这些功课不仅包括炒股的专业知识，也包括炒股软件的使用方法。本章介绍如何快速上手大智慧软件。

本章要点

★大智慧软件的下载与安装

★大智慧软件的基本操作

★大智慧软件的常用功能

15.1 认识大智慧软件

大智慧软件是以软件终端为载体，以互联网为平台，向投资者提供及时、专业的金融数据和数据分析的证券软件。大智慧软件产品分为大智慧365、策略投资终端、大智慧策略交易平台、大智慧专业版、港股通专业版、大智慧VIP等。

大智慧软件具有以下特征。

（1）使用简单。大智慧软件采用传统界面，操作符合用户习惯，投资者不用学习就能上手，而且不需要特别维护。

（2）功能强大。大智慧软件在涵盖主流分析功能和选股功能的基础上不断创新，具有星空图、散户线、龙虎看盘等高级分析功能。

（3）资讯精专。大智慧软件的信息地雷、大势研判、行业分析、名家荐股、个股研究在证券市场上具有广泛的影响力。

（4）互动交流。大智慧软件的慧信平台有助于投资者交流互动，前来做客的嘉宾来自基金公司、上市公司、券商研究机构等，为投资者提供技术指导和学习交流的场所。

15.2 大智慧软件的下载与安装

要使用大智慧软件，就需要了解它的操作界面。要了解大智慧软件的操作界面，首先需要下载、安装大智慧软件。

15.2.1 下载大智慧软件

大智慧软件的下载方法有多种，其中最常用的有两种，在大智慧官方网站下载，或者在一些软件下载平台搜索大智慧软件后再下载。

最简单的下载方法就是在大智慧官方网站下载，具体步骤如下。

❶ 在大智慧官方网站的导航栏中，单击“下载”按钮，进入大智慧软件下载页面，如图15-1所示。

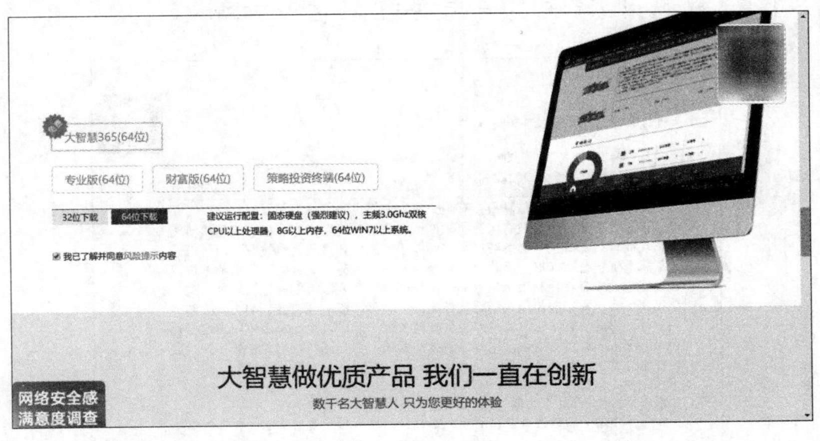

图15-1

❷ 选择“大智慧365（64位）”选项，弹出下载对话框，如图15-2所示。

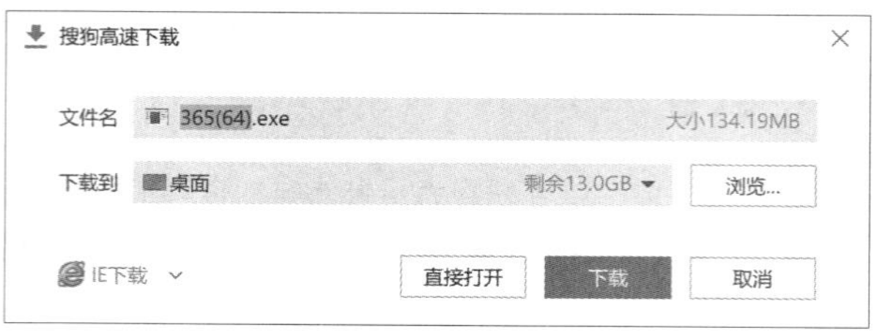

图 15-2

❸ 单击“下载”按钮即可下载，也可以单击“浏览”按钮更改下载路径。

15.2.2 安装大智慧软件

❶ 双击大智慧软件安装程序，弹出“安装 – 大智慧365（64）”对话框，在初始界面中单击“下一步”按钮，如图 15-3 所示。

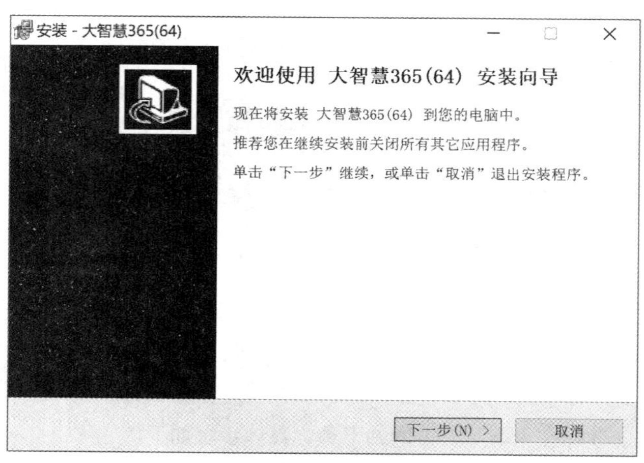

图 15-3

❷ 进入“信息”界面，继续单击“下一步”按钮，如图 15-4 所示。

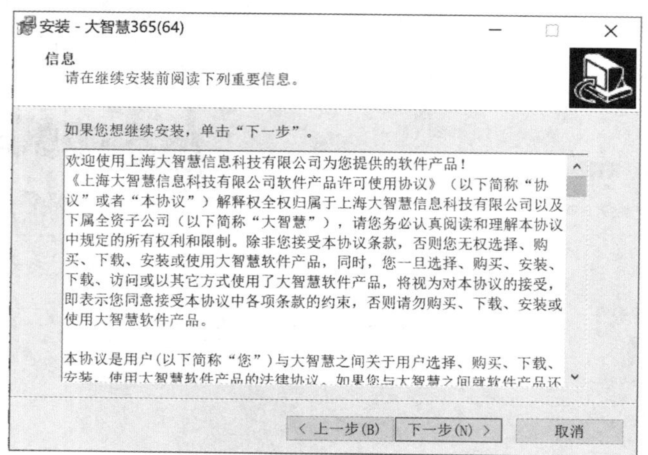

图 15-4

❸ 进入“选择目标位置”界面中，单击“浏览”按钮，选择放置程序的位置，如图15-5和图15-6所示。

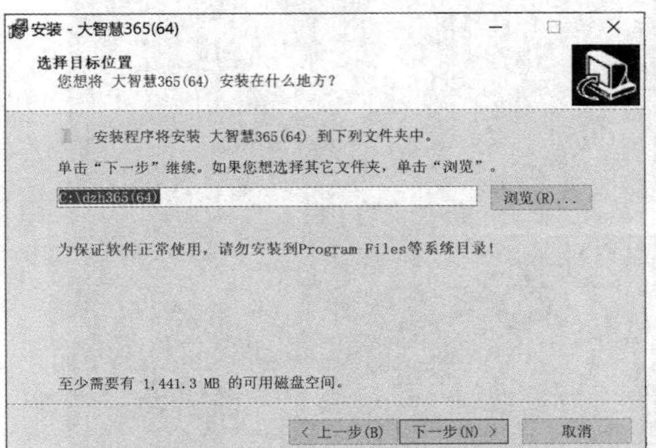

图15-5

图15-6

❹ 单击“下一步”按钮，进入“准备安装”界面，如图15-7所示。

❺ 单击“安装”按钮即可开始安装。

❻ 安装完成后界面中显示安装完成，单击“完成”按钮即可，如图15-8所示。

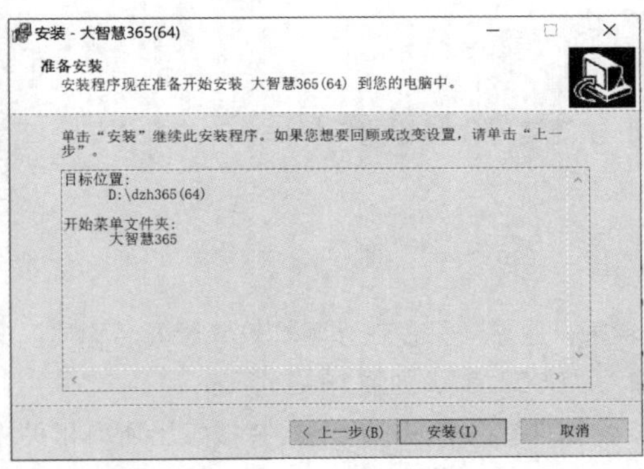

图15-7

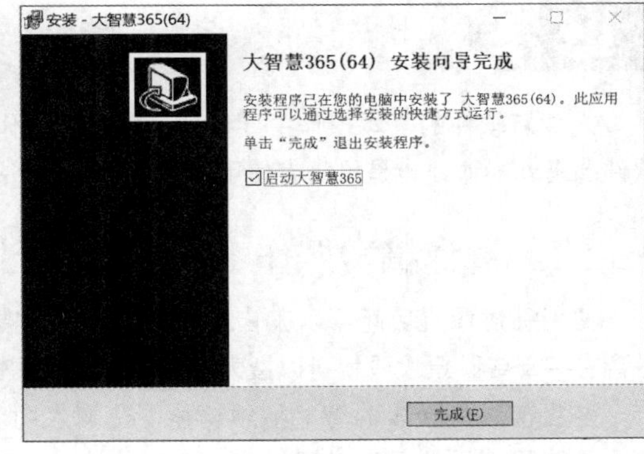

图15-8

❼ 如果已有账号，直接输入账号、密码即可登录，如图15-9所示。如果没有账号，可以免费申请，系统会为用户自动生成一个新账号与新密码。

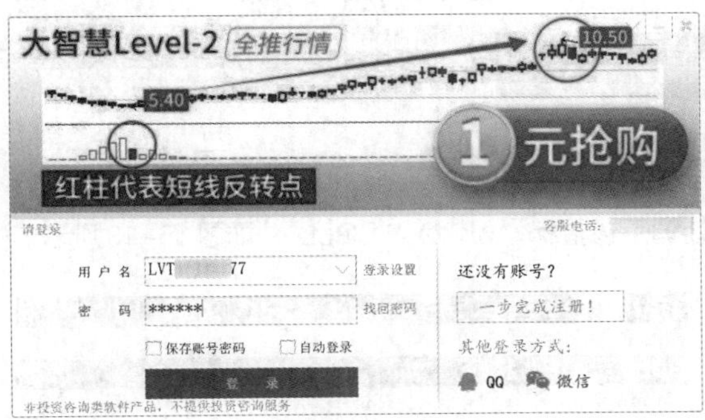

图15-9

❽ 登录后弹出大智慧软件的初始界面，如图15-10所示。

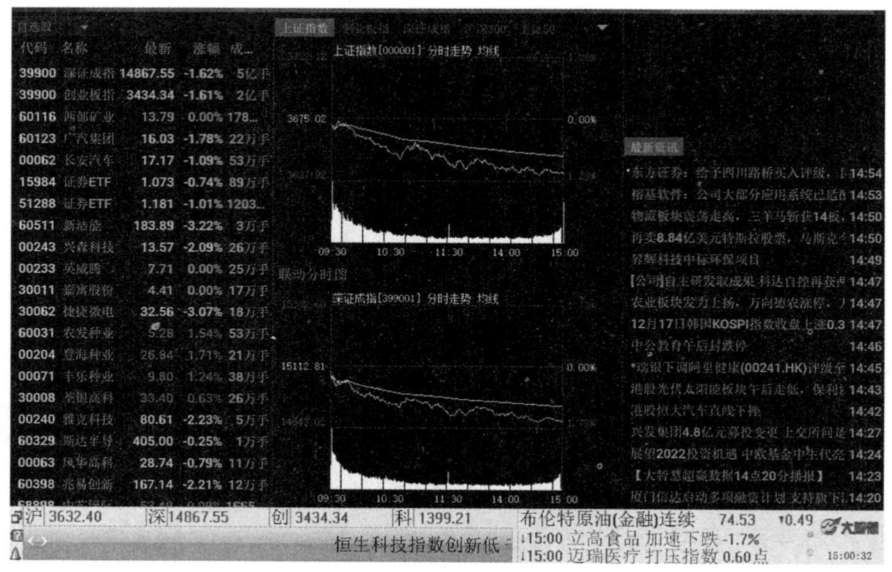

图15-10

15.3 大智慧软件的基本操作

大智慧软件的基本操作主要包括键盘精灵操作、快捷键操作和功能树操作。这些操作是大智慧软件的基本操作，也是投资者使用最多的操作。

15.3.1 键盘精灵操作

使用键盘精灵功能可以在软件中快速查看和搜索某只股票。只需在搜索框输入股票名称或汉语拼音首字母或股票代码就可以搜索相应的股票，如输入“600723”，如图15-11所示。

键盘精灵有强大的智能搜索功能，在输入内容不全的情况下，键盘精灵将搜索出所有相关内容，并按照使用的频率进行排序。例如，输入“723”即可快速找到“600723”“000723”等，如图15-12所示。

600723
SH600723 首商股份

图15-11

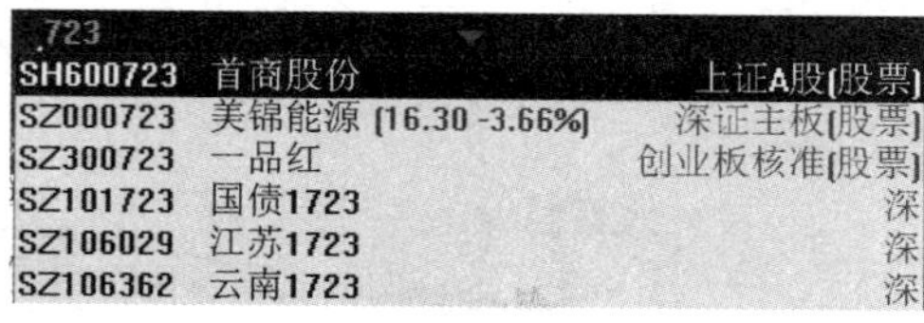

图15-12

输入指标名称可快速调用该指标，如输入“BOLL”，如图15-13所示。

图15-13

双击选中的股票（或选中后按Enter键），即可打开与之相关的页面进行查看。例如，选中"600016"，然后按Enter键，即可查看民生银行股票的相关走势和信息，如图15-14所示。

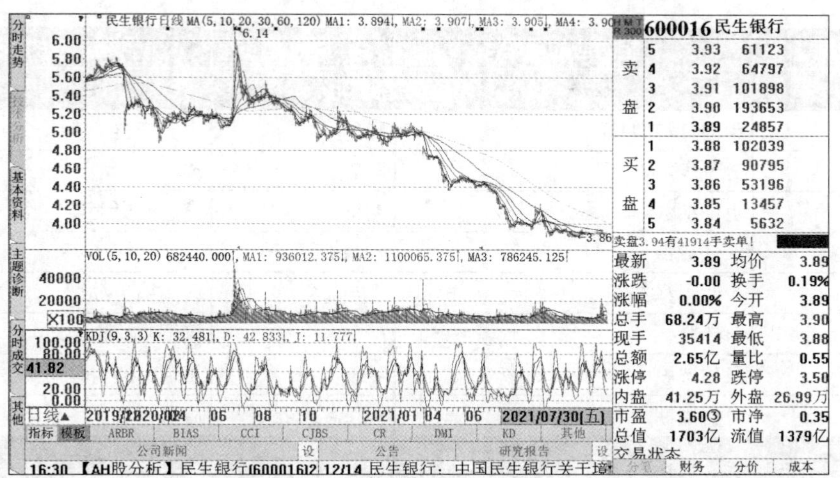

图15-14

提示

除了通过输入股票名称和股票代码查找，还可以通过输入汉语拼音首字母来查看相关板块股票或技术指标的信息。另外还有一些查看信息的快捷方式，例如，输入"61"后按Enter键可查看上证A股涨跌幅排名，如图15-15所示。

序号	代码	名称	最新	涨幅	涨跌	换手率	量比	涨速	总额	总手
1	688075	安旭生物RK	129.86	12.92%	+14.86	10.35%	1.15	-0.11%	1.80亿	14558
2	688060	云涌科技RK	86.92	11.72%	+9.12	10.28%	3.31	0.01%	2.28亿	26510
3	600170	上海建工MTR	3.69	10.15%	+0.34	3.00%	3.04		9.71亿	267.27万
4	600220	江苏阳光R	2.62	10.08%	+0.24	2.14%	3.74		1.00亿	38.21万
5	600863	内蒙华电MR	4.37	10.08%	+0.40	2.64%	0.87		7.39亿	172.30万
6	600698	湖南天雁B	6.79	10.05%	+0.62	24.39%	1.06		11.35亿	179.87万
7	601798	蓝科高新	11.39	10.05%	+1.04	13.51%	2.46		5.35亿	47.91万
8	603586	金麒麟	15.24	10.04%	+1.39	2.47%	3.36		7404万	50004
9	600192	长城电工	6.36	10.03%	+0.58	7.13%	0.95		2.00亿	31.51万
10	600405	动力源	8.23	10.03%	+0.75	21.80%	1.69		9.73亿	120.59万
11	605318	法狮龙	16.46	10.03%	+1.50	18.76%	4.50		9680万	60596
12	603819	神力股份	15.04	10.02%	+1.37	4.14%	1.72		1.31亿	90074
13	600560	金自天正	10.65	10.02%	+0.97	5.37%	2.95		1.25亿	12.00万
14	600523	贵航股份R	23.72	10.02%	+2.16	6.38%	1.07		5.86亿	25.79万
15	600371	万向德农	13.95	10.02%	+1.27	10.94%	1.02		4.25亿	32.00万
16	603825	华扬联众	21.97	10.02%	+2.00	6.62%	1.29		3.17亿	14.99万
17	603967	中创物流	14.50	10.02%	+1.32	17.30%	3.35		2.27亿	16.14万
18	603217	元利科技	45.71	10.01%	+4.16	10.39%	3.11		2.14亿	47486
19	600771	广誉远R	37.58	10.01%	+3.42	8.45%	1.44		15.06亿	41.56万
20	603711	香飘飘T	17.92	10.01%	+1.63	1.05%	2.57		7276万	42662
21	605598	上海港湾	17.81	10.01%	+1.62	35.86%	3.07		2.70亿	15.49万

图15-15

15.3.2 快捷键操作

在大智慧软件中，除了使用鼠标操作，还可以使用快捷键来操作。常用的快捷键及相对应的操

作如表15–1所示。

表15–1 常用的快捷键及相对应的操作

快捷键	相对应的操作	快捷键	相对应的操作
常用快捷键			
F1	帮助/成交明细	F10	个股资料
F2	分价表	F12	委托
F3	上证指数	空格	查看历史上某日的分时图
F4	深证成指	←与→	十字光标
F5	分时图/K线图	↑与↓	区间缩小/放大
F6	自选股	/	副图中的指标切换
F7	条件选股	+	小窗口的内容切换
F8	分析周期	Pause Break	隐藏窗口
Alt 组合键			
Alt+ ?	调出菜单快捷键	Alt + X	自选股设置
Alt + 1	只显示主图	Alt + F2	板块对比分析
Alt + 2	显示主图和1个副图	Alt + F4	关闭当前窗口
Alt + 3	显示主图和2个副图	Alt + F5	全屏显示
Alt + 4	显示主图和3个副图	Alt + F7	条件选股
Alt + 5	显示主图和4个副图	Alt + F10	备忘录
Alt + 6	显示主图和5个副图	Alt +←	历史回忆日期前移
Alt + M	最高价/最低价标记	Alt +→	历史回忆日期后移
Alt + H	帮助	Alt + D	除权标记
Alt + I	信息地雷	Alt + Z	当前股票加入自选股板块
Alt + Q	退出		
Ctrl 组合键			
Ctrl + F4	报价牌	Ctrl + M	多图组合
Ctrl + F5	系统指示	Ctrl + N	普通坐标（仅限K线窗口中）
Ctrl + F6	指标排序	Ctrl + B	板块对比
Ctrl + F7	系统测试平台	Ctrl + X	画线工具
Ctrl + F8	数据管理中心	Ctrl + Z	投资管理
Ctrl + F9	优选交易系统（仅限K线窗口中）	Ctrl + L	对数坐标（仅限K线窗口中）
Ctrl + F10	备忘录	Ctrl + K	时空隧道
Ctrl + PageDown	自动换页	Ctrl + J	计算器
Ctrl + Tab	切换当前窗口	Ctrl + F	公式管理
Ctrl + Q	移动成本	Ctrl + D	数据管理
Ctrl + W	报价牌	Ctrl + S	相关性分析

续表

快捷键	相对应的操作	快捷键	相对应的操作
Ctrl 组合键			
Ctrl + R	前/后复权	Ctrl + A	预警
Ctrl + T	双向除权	Ctrl + P	百分比坐标（仅限K线窗口中）
Ctrl + Y	10% 分时坐标	Ctrl + O	选项（仅限报价牌窗口中）
Ctrl + I	全屏显示		
数字键			
0	分笔成交图	61	上证A股涨幅排名
1	成交明细	62	上证B股涨幅排名
2	分价表	63	深证A股涨幅排名
3	上证领先	64	深证B股涨幅排名
4	深证领先	65	上证债券涨幅排名
5	分时图日K线图	66	深证债券涨幅排名
6	自选股	67	创业板涨幅排名
7	条件选股	69	中小企业板涨幅排名
8	分析周期切换	71	香港主板综合排名
9	画线工具	72	香港创业板综合排名
10	个股资料	80	全部A股综合排名
60	全部A股涨幅排名	81	上证A股综合排名
30	板块指数	82	上证B股综合排名
31	板块指数涨幅排名	83	深证A股综合排名
33	主题投资库	84	深证B股综合排名
41	开放式基金	85	上证债券综合排名
42	LOF	86	深证债券综合排名
43	ETF	87	创业板综合排名
51~57	常用板块切换	89	中小企业板综合排名
59	实时观察	777	路演中心
在图形分析窗口使用数字键			
0	分笔成交图	7	周K线图
1	1分钟K线图	8	月K线图
2	5分钟K线图	9	多日K线图
3	15分钟K线图	10	个股资料
4	30分钟K线图	11	季度K线图
5	60分钟K线图	12	半年K线图
6	日K线图	13	年K线图
250	250日K线图		

续表

快捷键	相对应的操作	快捷键	相对应的操作
在动态显示牌窗口使用数字键			
1	上证A股	6	深证债券
2	上证B股	7	上证基金
3	深证A股	8	深证基金
4	深证B股	9	中小企业
5	上证债券	10	个股资料

15.3.3 功能树操作

功能树位于大智慧软件界面的最左边，将鼠标指针移到界面最左边的空白区域或单击界面最左边的空白区域即可打开功能树。功能树主要包含“指标”“工具”两个模块，如图15-16所示。“指标”模块以蓝色字体显示，“工具”模块主要以灰色字体显示。

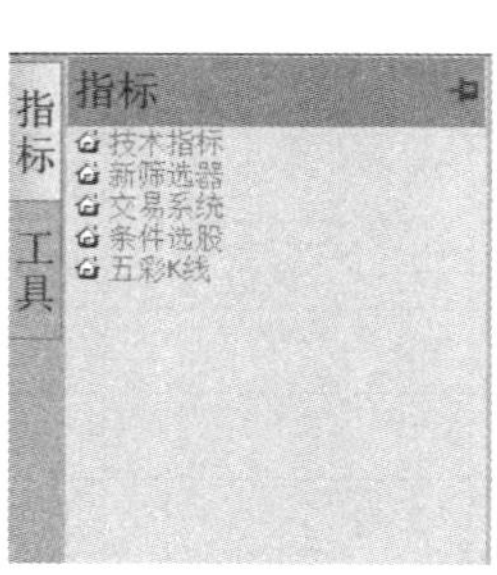

图15-16

单击模块右上角的按钮可以固定功能树，图15-17所示为固定功能树后的界面。

序号	代码	名称	最新	涨幅	涨跌	换手率
1	600000	浦发银行MTR	8.56	-0.47%	-0.04	0.09%
2	600001	邯郸钢铁				
3	600002	齐鲁石化				
4	600003	ST东北高				
5	600004	白云机场MR	11.03	-0.63%	-0.07	0.46%
6	600005	武钢股份				
7	600006	东风汽车R	6.99	-0.99%	-0.07	0.94%
8	600007	中国国贸TR	14.70	-1.41%	-0.21	0.30%
9	600008	首创环保TR	3.42	0.29%	+0.01	1.80%
10	600009	上海机场MTR	43.60	-1.58%	-0.70	1.30%
11	600010	包钢股份MTR	3.08	-1.28%	-0.04	4.00%
12	600011	华能国际HMT	8.97	-4.27%	-0.40	1.60%
13	600012	皖通高速HTR	7.03	0.43%	+0.03	0.34%
14	600015	华夏银行MTR	5.58	-0.53%	-0.03	0.14%
15	600016	民生银行HMT	3.89	0.00%	-0.00	0.19%
16	600017	日照港R	2.81	-0.71%	-0.02	0.86%
17	600018	上港集团MTR	5.51	0.36%	+0.02	0.17%
18	600019	宝钢股份MTR	7.49	0.27%	+0.02	0.71%

图15-17

15.4 大智慧软件的常用功能

大智慧软件常用的功能有成交明细速查、价量的分布（分价表）、技术分析、多图组合、盘口矩阵等。

15.4.1 成交明细速查

成交明细速查功能主要用于查看股票当天的交易情况。在分时走势界面（在二级菜单中双击某只股票或某指数即可进入分时走势界面，或通过键盘精灵输入某只股票或某指数的代码，然后按Enter键进入）按F1键即可打开分时成交界面，显示上证指数的成交明细，如图15-18所示。

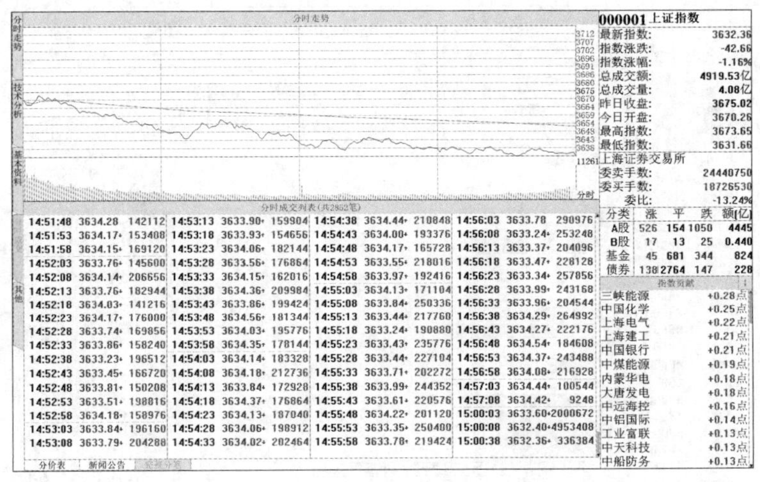

图15-18

除了能查看某指数的成交明细外，还可以通过键盘精灵来查看某只股票的成交明细。如通过键盘精灵输入“002189”，显示中光学的成交明细，如图15-19所示。

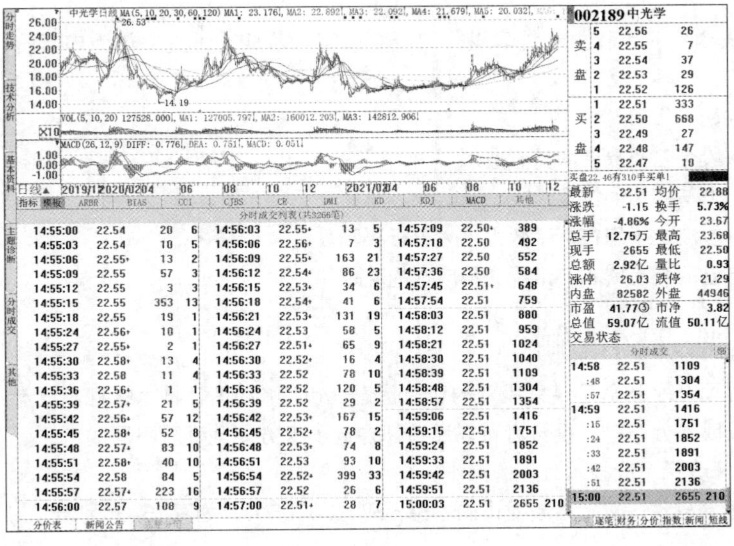

图15-19

成交明细是按当天的时间有序排列的，并且从中可以看到在某个时间的买入价格、卖出价格及成交数等。

15.4.2 价量的分布

价量的分布（分价表）显示的是在各成交价位上分别成交的总手数、各价位成交的笔数、平均每笔手数和各价位上的成交量占总成交量的比例。在分时走势界面选择“分价表”选项或按F2键即可查看分价表，如图15-20所示。

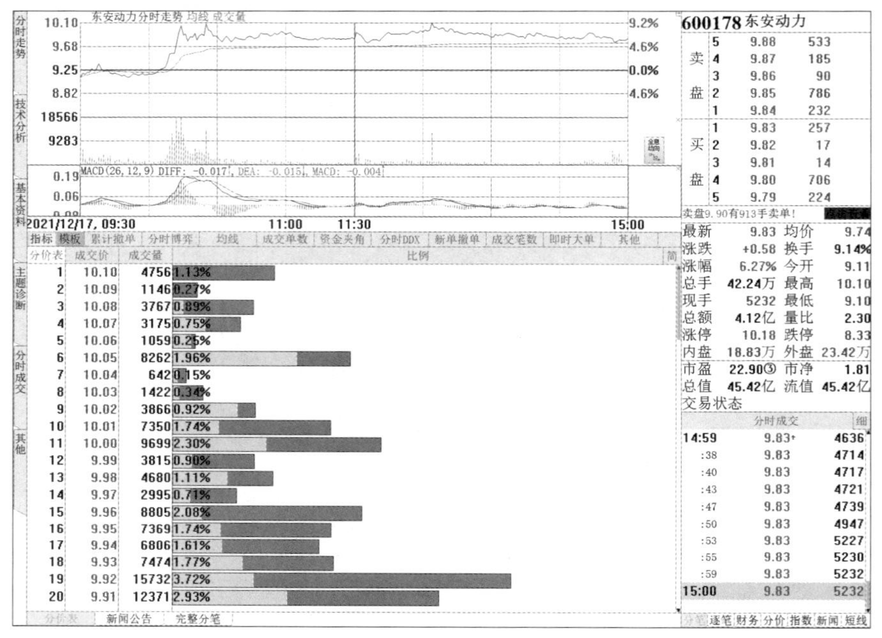

图15-20

红色柱代表外盘，也称主动性买盘，即股票以卖出价成交，成交价为申卖价，说明买盘比较积极。

绿色柱代表内盘，也称主动性卖盘，即股票以买入价成交，成交价为申买价，说明抛盘比较踊跃。

分价表具有如下作用。

（1）判断该股今日交易者的持仓成本。

（2）判断阻力与支撑的位置。

（3）以该价位成交平均每笔手数大小来分析买卖量能。

（4）比较自己的交易成本与市场交易成本的差距。

15.4.3 实战：技术分析

技术分析界面几乎涵盖了某只股票的所有信息，包括K线图、技术指标图、盘口信息、分笔信息、财务数据及成本分布等。投资者可以通过切换选项卡方便地查看不同的信息。下面以古越龙山（600059）为例来介绍个股技术分析的操作。

❶ 打开大智慧软件，输入古越龙山的股票代码“600059”，如图15-21所示。

600059
SH600059 古越龙山 11.93 -2.29% 上证A股[股票]

图15-21

❷ 按Enter键打开古越龙山的分时走势界面，如图15-22所示。

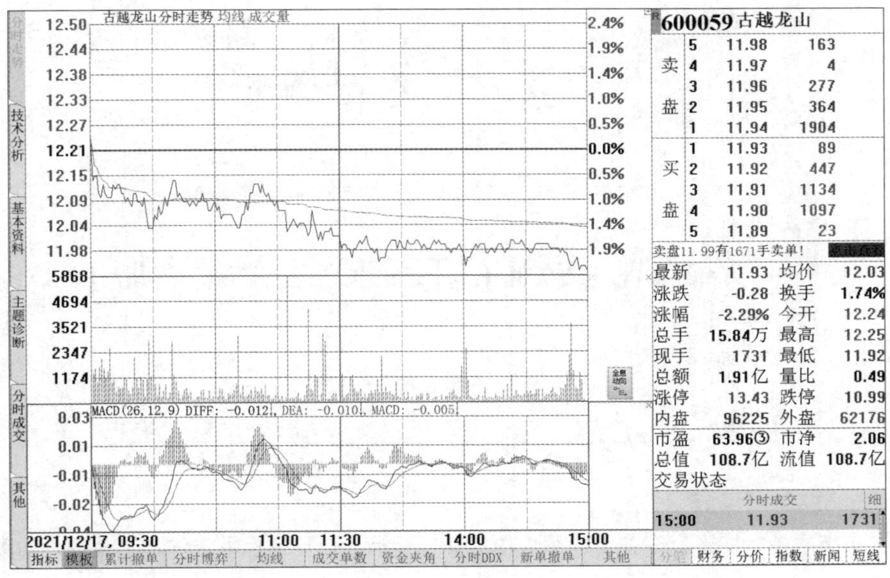

图15-22

❸ 选择左侧的“技术分析”选项卡，进入技术分析页面，可以看到多个技术指标及相关新闻，如图15-23所示。

图15-23

❹ 单击技术指标名称，可以切换至相应的技术指标。如单击“BIAS”，如图15-24所示。

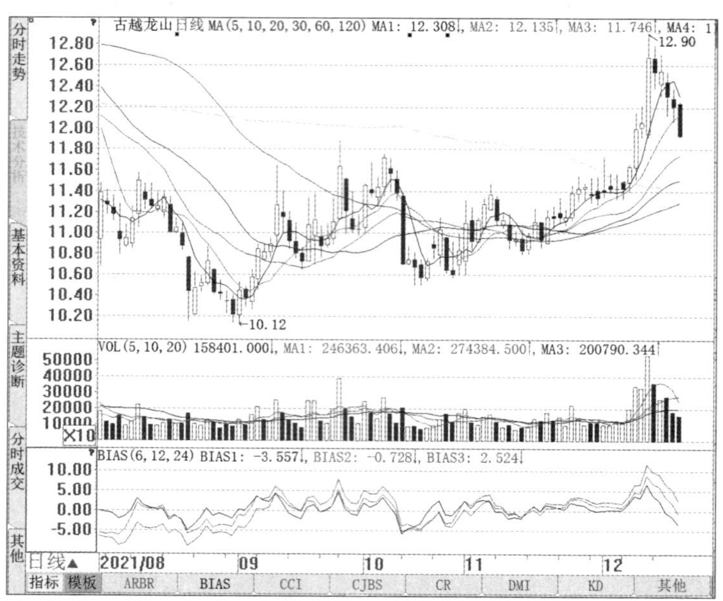

图15-24

❺ 右击技术指标图形，在弹出的菜单中选择“指标”→“指标用法注释”命令，如图15-25所示。

❻ 选择“指标用法注释”命令后，即可显示该指标的相关用法。BIAS指标用法如图15-26所示。

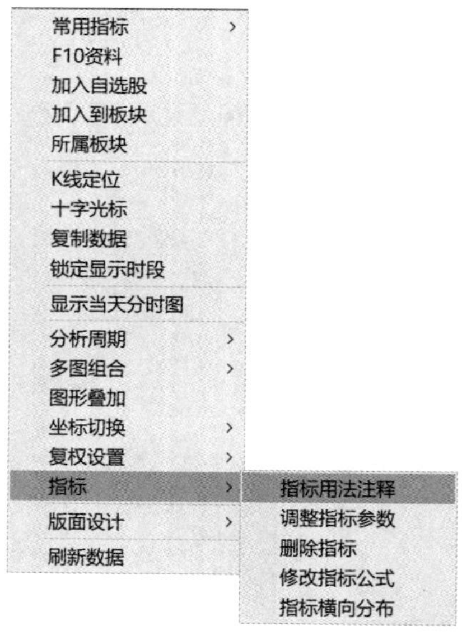

图15-25

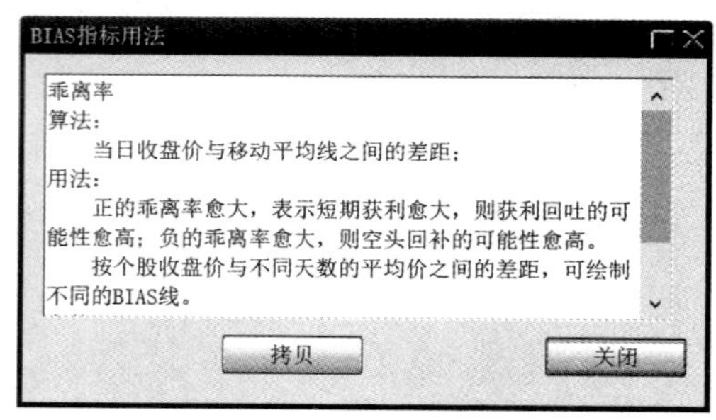

BIAS指标用法

乖离率
算法：
当日收盘价与移动平均线之间的差距；
用法：
正的乖离率愈大，表示短期获利愈大，则获利回吐的可能性愈高；负的乖离率愈大，则空头回补的可能性愈高。
按个股收盘价与不同天数的平均价之间的差距，可绘制不同的BIAS线。

拷贝 关闭

图15-26

❼ 技术分析界面右下角显示“分笔”“财务”“分价”“成本”选项卡，选择任一选项卡即可显示相应的内容。例如，选择“财务”选项卡，显示财务相关内容，如图15-27所示。

❽ 选择“成本”选项卡，可以查看移动成本分布，如图15-28所示。

财务数据	
报告期:	20210930三季报
总股本:	9.12亿
流通A股:	9.12亿
每股收益:	0.150
每股净资产:	5.802
净资产收益率:	2.640%
每股经营现金:	-0.196
每股公积金:	2.993
每股未分配:	1.510
股东权益比:	90.596
净利润:	1.28亿
净利润同比:	48.532
销售净利率:	11.54%
扣非净利润:	1.227亿
扣非净利润同比:	84.84%
营业总收入:	10.98亿
营业总成本:	9.296亿
主营收入同比:	27.750
销售毛利率:	37.344
总资产:	58.37亿
分笔 财务 分价 成本	

图15-27

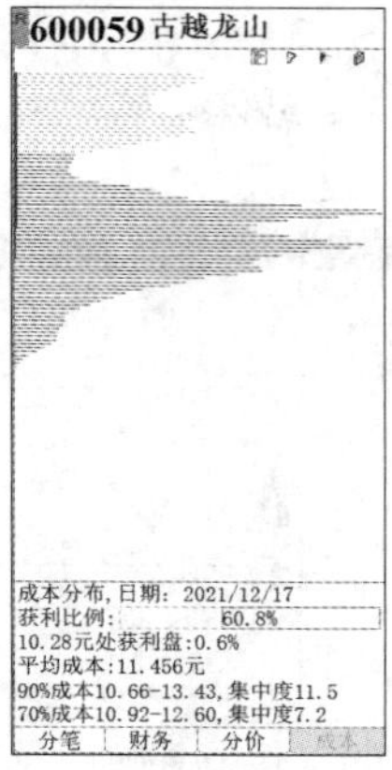

图15-28

15.4.4 实战：多图组合

多图组合是将屏幕划分为多个显示不同内容的小窗口，便于同时观察多只股票或一只股票的不同分析周期的功能。多图组合包括多股票组合、多周期组合、多日分时组合等。

在多股票组合界面中，显示股票数量可以是4只、9只、16只。

1. 多股票组合

❶ 打开大智慧软件，在搜索框输入股票代码或汉语拼音首字母。例如，输入上港集团（600018）的汉语拼音首字母“SGJT”，如图15-29所示。

图15-29

❷ 打开上港集团的分时图，如图15-30所示。

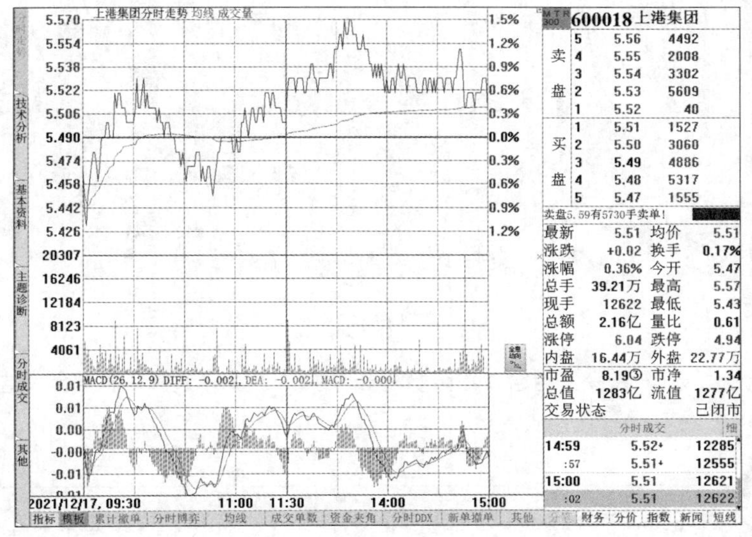

图15-30

❸ 选择“菜单”→“工具”→“画面工具”→“多图组合”→“多股票组合”命令，如图15-31所示。

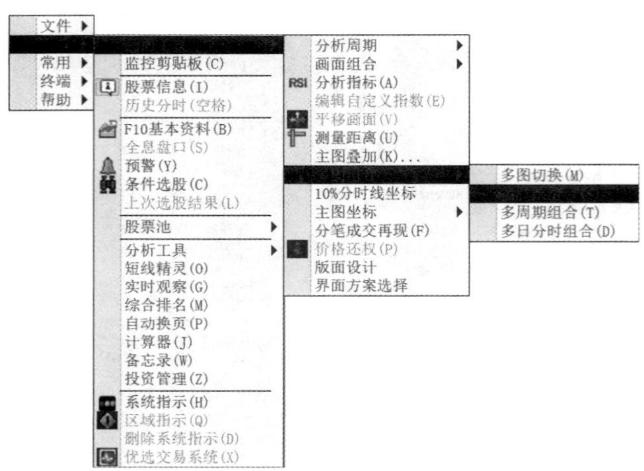

图15-31

❹ 进入多股票组合界面，如图15-32所示。

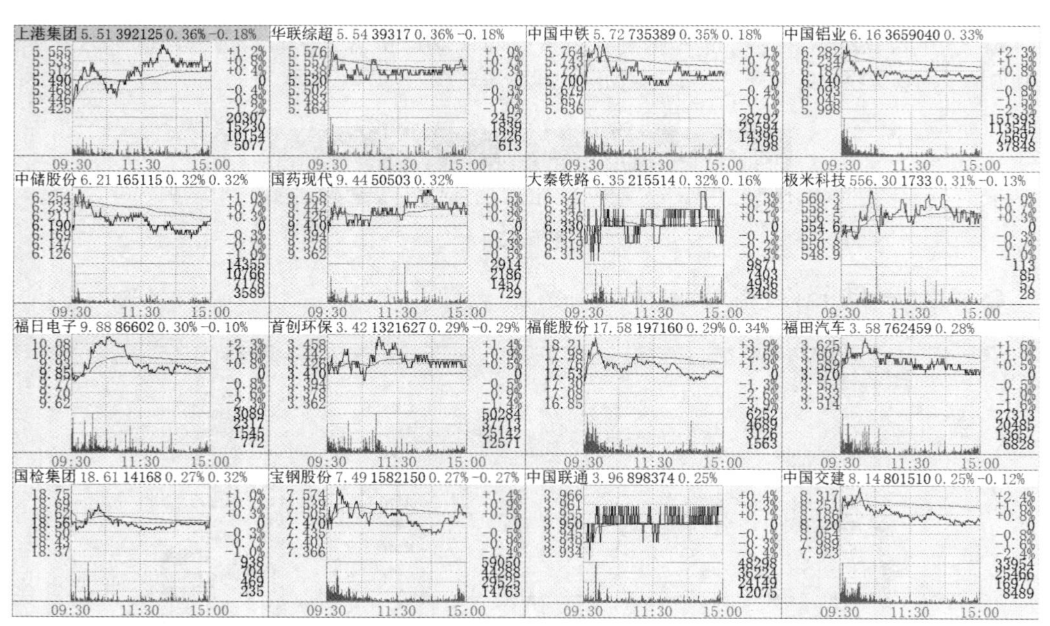

图15-32

❺ 系统默认显示16只股票组合，组合数可以切换。例如，选择9图组合，结果如图15-33所示。

提示

按PageUp键和PageDown键翻页；双击任一小窗口，可将其放大至满屏。按F8键可以在多只股票间进行周期切换。

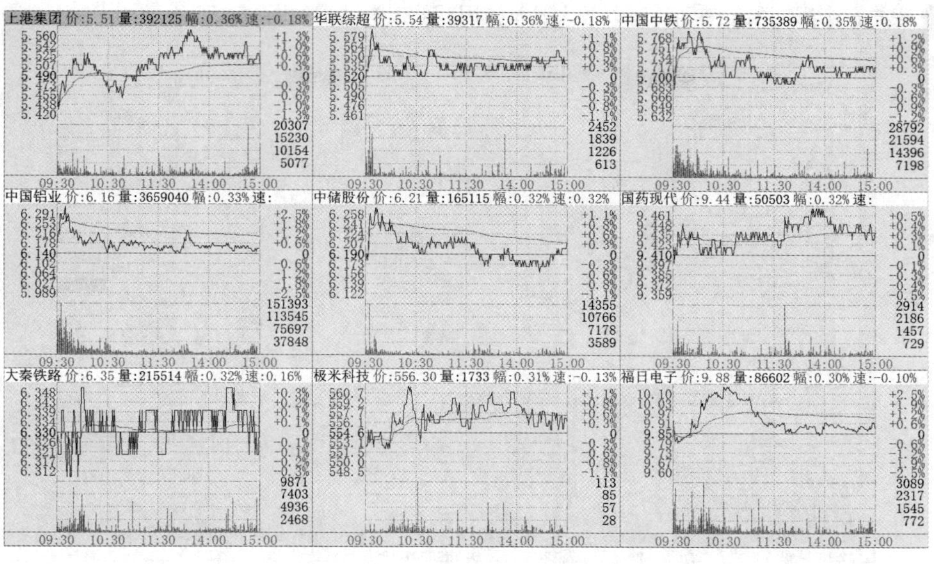

图15-33

2. 多周期组合

多周期组合是将屏幕划分为多个小窗口，各个小窗口分别显示同一股票不同分析周期走势图的功能。

默认的周期顺序为分时线、分笔成交线、1分钟线、5分钟线、10分钟线、15分钟线、30分钟线、60分钟线、日线、周线、月线、65日线、季线、半年线和年线等。

❶ 单击“多股票”选项右侧的下拉按钮，在弹出的菜单中选择“多周期”选项，如图15-34所示。

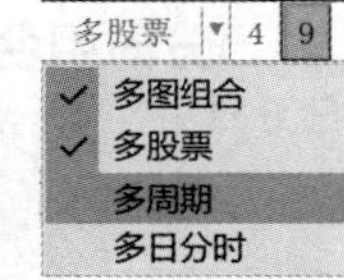

图15-34

❷ 切换为多周期后，显示同一只股票的多个周期走势图，如图15-35所示。

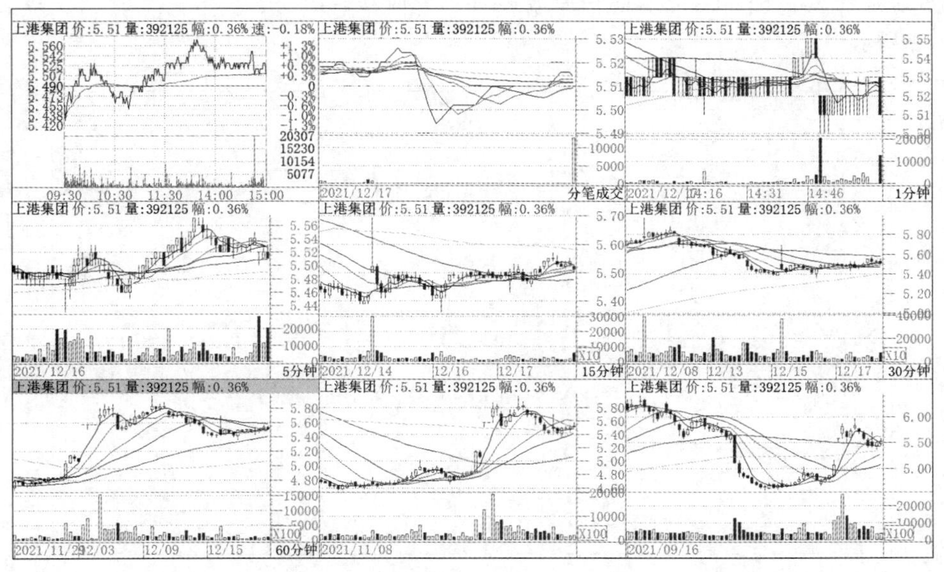

图15-35

❸ 双击某个周期的走势图，可以放大显示该周期的走势图，如图15–36所示。

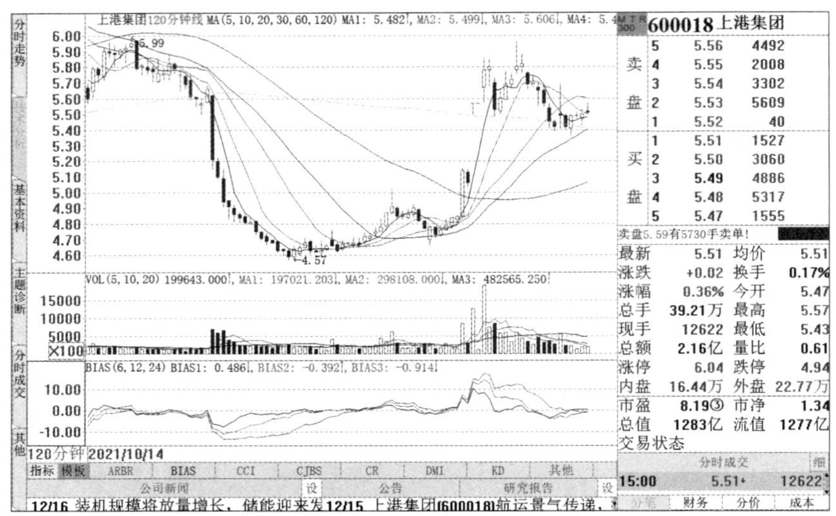

图15–36

提示

选中其中任意一个小窗口后，按F8键可进行该小窗口在预设周期间的切换。

3. 多日分时组合

多日分时组合是同屏显示同一股票多日的分时线的功能。历史走势以高亮蓝色背景显示，当天走势以正常颜色显示。

❶ 单击“多图组合”右侧的下拉按钮，在弹出的菜单中选择“多日分时”选项，如图15–37所示。

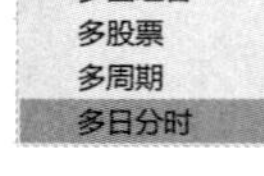

图15–37

❷ 切换为多日分时后显示同一股票多日的分时线，如图15–38所示。

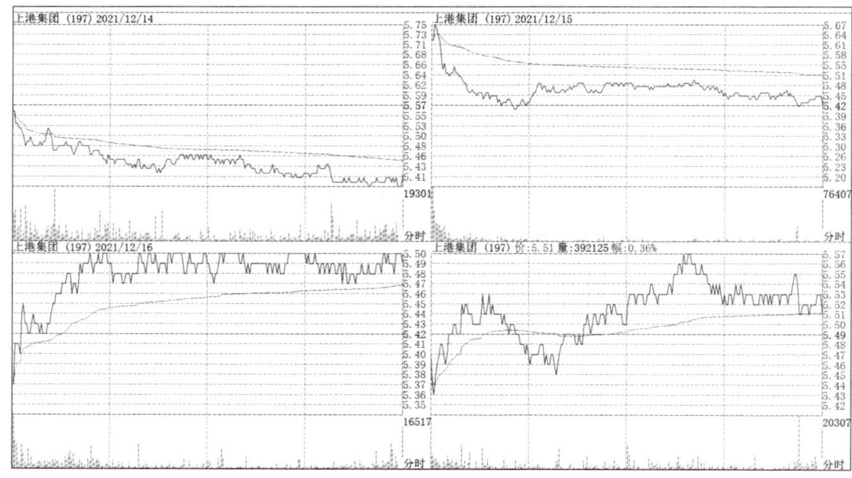

图15–38

15.4.5　盘口矩阵

盘口矩阵用于显示各个价位上的委托量、累计成交量及逐笔成交情况。累计成交量分为内盘成交和外盘成交，分别用绿色区域和红色区域表示。

❶ 打开大智慧软件，在搜索框输入“600009”，并按Enter键，进入上海机场的分时走势界面，如图15-39所示。

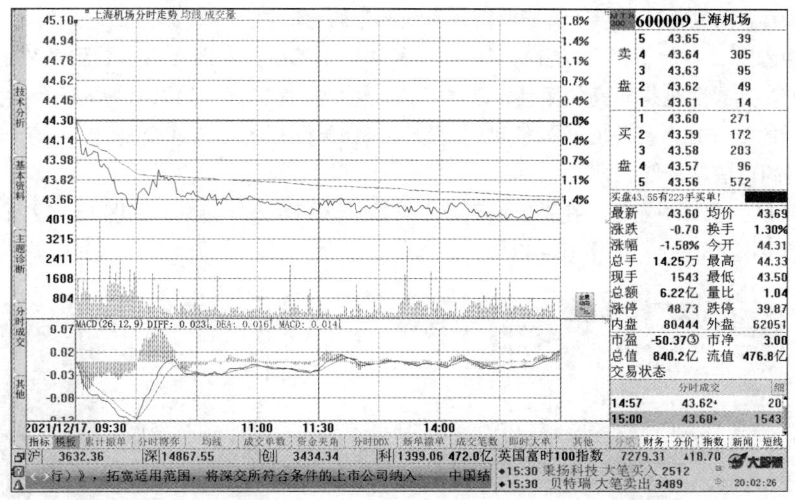

图15-39

❷ 在盘口的任意位置右击，在弹出的菜单中选择“盘口矩阵”选项，如图15-40所示。

❸ 显示的盘口矩阵信息如图15-41所示。

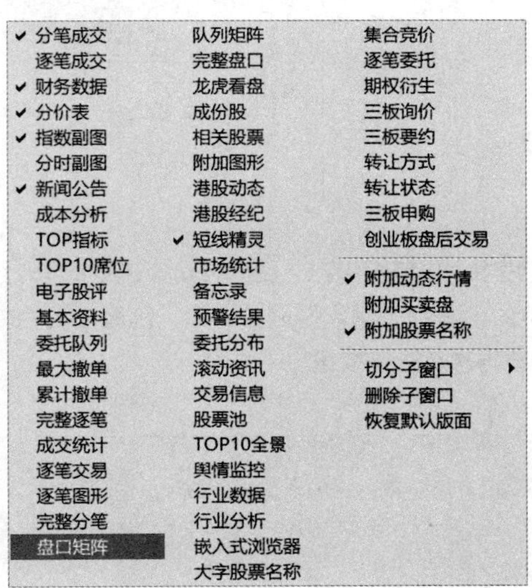

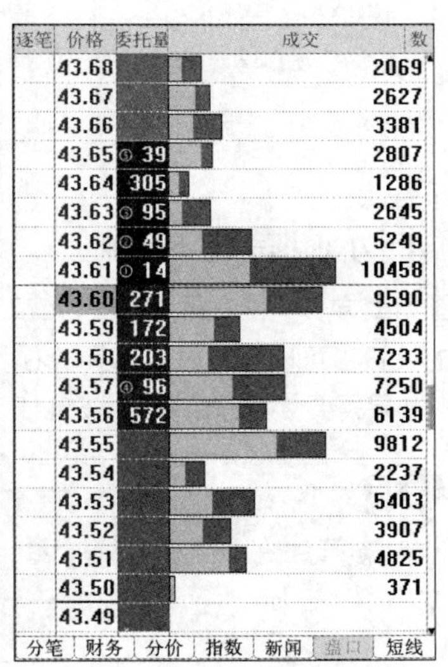

图15-40　　　　图15-41

提示

大智慧软件的很多功能都需要付费才能使用，如十档买卖就需要付费才能看到。

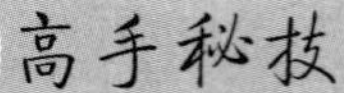

技巧1　队列矩阵

在很多情况下，当一笔大的交易突破一个买卖档位时，为了提高逐单分析的精度，可以在队列矩阵窗口中查看。队列矩阵保存了交易所行情系统发布的全部委托明细数据。

在队列矩阵窗口中，不仅可以看到当前买一和卖一上的队列，而且可以看到系统记忆的其他档位的买卖队列。如果队列是明亮的颜色，则表示该队列的可信度高；如果队列的颜色突然由亮变暗，表示当前有新的委托加入，此时队列的可信度较高；如果队列的颜色继续变暗，表示当前有撤单现象，此时队列的可信度降低。

❶ 在买卖队列窗口中右击，在弹出的菜单中选择“队列矩阵”命令，如图15-42所示。

❷ 显示队列矩阵信息，如图15-43所示。

图15-42

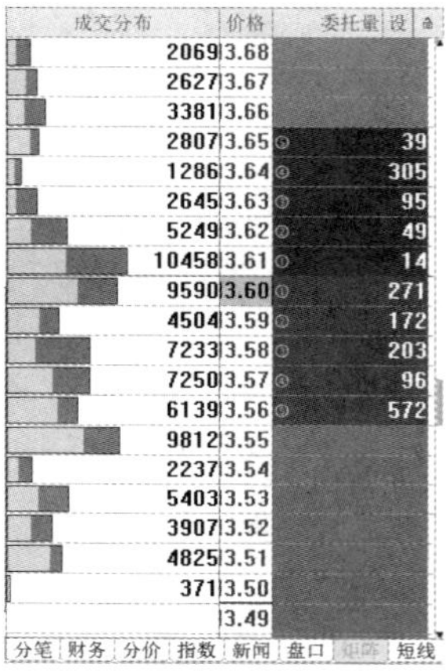

图15-43

技巧2　显示和隐藏工具栏

分时图的上方有一排隐藏工具栏，该工具栏中主要包含指标、股票和功能3项内容。经常使用隐藏工具栏的投资者可以单击隐藏工具栏右上角的按钮，锁定隐藏工具栏，隐藏工具栏就不会再自动隐藏了。如果需要恢复自动隐藏状态，只需要再次单击该按钮。

提示

如果没有锁定隐藏工具栏，在鼠标指针移出隐藏工具栏后，隐藏工具栏将自动隐藏。

第16章　使用大智慧软件分析看盘

本章引语

不进行研究的投资，就像打牌从不看牌一样，必然失败。

——彼得·林奇

炒股就像打牌，如果你从来不看盘或不进行分析，那结局无疑是亏损。本章介绍使用大智慧软件分析看盘的方法。

本章要点

★盘口的含义

★大智慧软件主界面看盘

★大智慧软件常用的画面工具

16.1 盘口的含义

盘口是指在股市交易过程中，看盘观察交易动向的俗称。投资者看盘时，大部分时间都在查看所关注股票的盘口数据。在大智慧软件中，在个股的分时图和K线图的右侧显示盘口数据，如图16-1所示。

1.涨停板的盘口形态

涨停板是一种极端的价格走势，也是一种特殊的盘口形态，它的出现源于涨跌停交易制度。上海、深圳两个证券交易所规定，上市交易的股票以上一个交易日收盘价为基点，在一个交易日内的价格涨跌幅度不得超过10%。

在盘口分时图中，股价上冲至涨停价位后，若买盘力度依旧大于卖盘力度，且股价不回落，就会出现一字形态的走势，这种形态犹如股价停留在上面的板上，所以称为涨停板。同理，当股价跌至跌停价并无力回升时，也会出现一字形态的走势，称为跌停板。

图16-2所示为通合科技（300491）2021年12月17日的涨停板分时图。该股票早盘阶段受连续大买单向上扫盘推动，向上封住涨停板，在上封涨停板之后，大买单并没有撤掉，而是稳稳地挂在买一位置，这使得该股票再也没有开板，而是一直牢牢封住涨停板直至收盘。

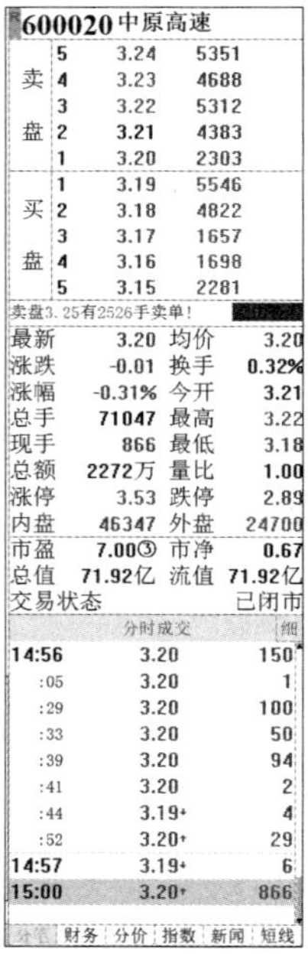

图16-1

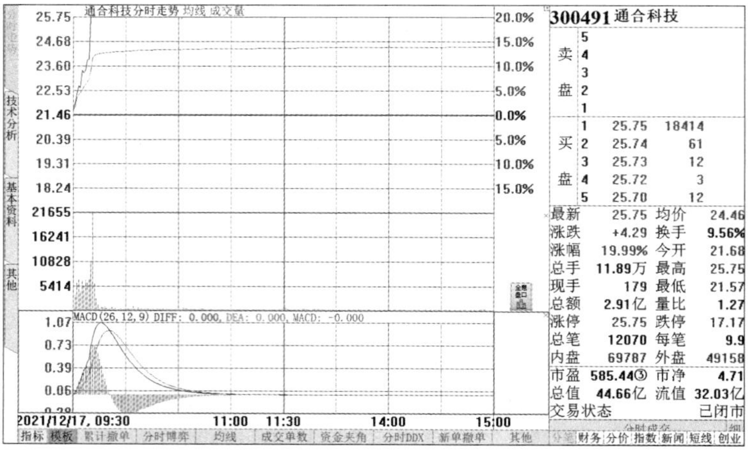

图16-2

2.涨停盘口的弱势板特征

弱势型涨停分时图的特征可以概括为大、晚、开3点。

大是指个股的盘中振幅相对较大，一般来说，会超过10%，即个股在大盘中出现跳水，随后走高并封板，或早盘低开幅度较大，随后逐渐走高并封板。

晚是指个股的封板时间较晚，多在午盘14:00之后。

开是指个股上冲封板后并未牢牢封住，而是在随后较长时间内出现开板，或者封板与开板在很

长时间内不断切换。开板的时间越长，反复开合的次数越多，涨停板就越弱势。

图16–3所示为湖南天雁（600698）2021年12月17日的分时图。该股票股价振幅较大，从开盘到封盘，振幅超过13%，冲板时间较晚，临近14:03才冲顶，而且短暂冲顶后略有回落，直至15:00停止交易才勉强封住封板。这就是典型的弱势型涨停分时图。

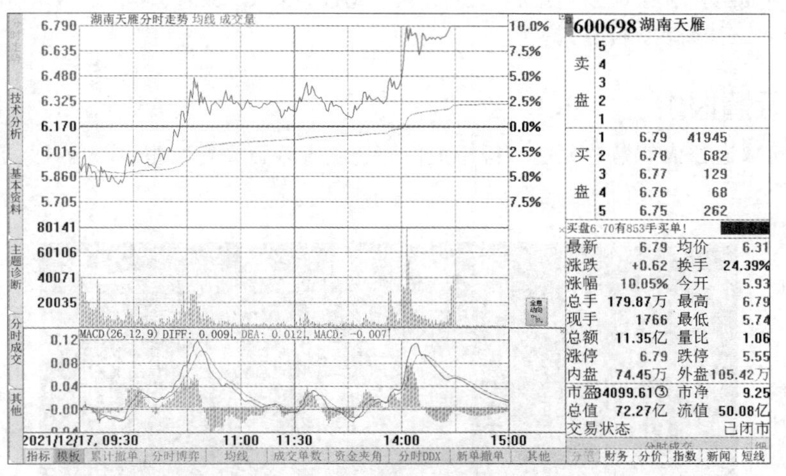

图16–3

3. 涨停盘口的强势板特征

强势型涨停分时图的特征可以概括为小、早、稳3点。

小是指个股的盘中振幅相对较小，一般来说，不超过10%，即个股适当高开，且盘中回探幅度较小。

早是指个股的封板时间宜早不宜晚，能够在早盘10:30之前封板最好，最晚不超过14:00。

稳是指个股上冲封板后牢牢地封死了涨停板，或者略做休整即牢牢封板，此后的盘中交易时段不再开板，在涨停价堆积了大量委托买单，场外投资者再挂单买入是无法成交的。“稳”是强势板最关键的特征，只要个股始终无法封牢涨停板，即使封板时间早、盘中振幅小，这样的涨停分时图也不是强势型的。图16–4所示的延华智能（002178）2021年12月17日的分时图就是典型的强势型涨停分时图。

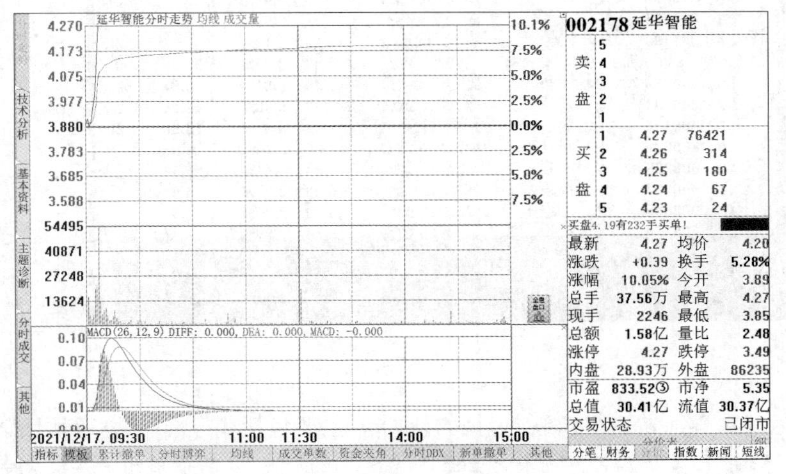

图16–4

16.2 大智慧软件主界面看盘

在大智慧软件的主界面中，投资者不仅可以看到上海证券交易所和深圳证券交易所的市场报价、交易明细、分时走势、K线走势等情况，还可以查询指数、美股、英股、基金、大宗商品、期权，以及公募REITs的行情列表、报价等信息。

16.2.1 行情报价

投资者可以通过大智慧软件的“行情报价”选项卡来查看行情报价。登录大智慧软件，如图16-5所示。

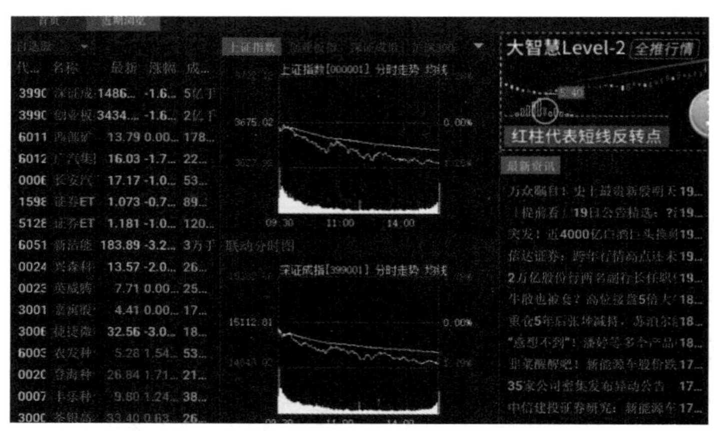

图16-5

在菜单栏下方板块选项卡中选择“沪深京”选项卡，切换到沪深京板块，主界面显示行情报价。首行是股票的代码、名称、涨幅等栏目。单击某一栏目，股票行情报价的数据信息就会按照该栏目的升、降序重新排列。图16-6所示为按照涨幅降序排列的沪深京A股的行情报价。

序号	代码	名称	最新	涨幅	涨跌	换手率	量比	涨速
1	688167	N炬光K	202.15	56.89%	+123.46	35.15%		-0.3
2	603230	N新华	16.06	44.04%	停牌	0.06%		20.0
3	001296	N长江	34.99	36.89%	临停	0.09%		14.0
4	301190	N善水Z	38.01	36.48%	+10.16	23.14%		-2.4
5	[illegible]	[illegible]	5.26	17.94%	+0.80	7.33%	33.35	2.9
6	300813	泰林生物	98.50	14.91%	+12.78	5.91%	6.81	3.1
7	300181	佐力药业	9.99	13.52%	+1.19	5.98%	12.05	5.2
8	300134	大富科技TR	13.72	10.91%	+1.35	4.45%	10.90	1.5
9	688039	当虹科技RK	77.55	10.96%	+7.66	2.75%	9.05	-1.1
10	600255	鑫科材料	2.60	10.17%	+0.24	5.41%	25.53	
11	000607	华媒控股R	5.01	10.11%	+0.46	3.21%	4.91	
12	000665	湖北广电R	7.65	10.07%	+0.70	7.29%	4.57	
13	600128	弘业股份	7.98	10.07%	+0.73	2.69%	7.87	

图16-6

沪深京板块主界面左侧显示纵向列表选项卡，主要包括“行情”“主题地域”“财务”“统计”“指标”“资金”“监控”等选项卡。选择“财务”选项卡，主界面显示沪深京A股的财务行情，

如图16-7所示。首行是与财务相关的各栏目，投资者可以单击不同的栏目进行升序和降序的排序。

序号★	代码	名称	发布日期	报告期	上市日期	每股收益	每股净资产	净资产收
1	600000	浦发银行MTF	20211030	10930三季报	19991110	1.340	18.732	7.2
2	600001	邯郸钢铁	20091031	90930三季报	19980122	0.071	4.410	1.6
3	600002	齐鲁石化	20060418	0051231年报	19980408	0.940	3.920	26.8
4	600003	ST东北高	20100206	0091231年报	19990810	0.195	3.110	6.4
5	600004	白云机场MR	20211030	10930三季报	20030428	-0.210	7.707	-2.6
6	600005	武钢股份	20170707	0161231年报	19990803	0.0109	2.825	
7	600006	东风汽车R	20211030	10930三季报	19990727	0.257	4.082	6.3
8	600007	中国国贸TR	20211030	10930三季报	19990312	0.770	8.325	9.4
9	600008	首创环保TR	20211030	10930三季报	20000427	0.261	2.367	7.2
10	600009	上海机场MTF	20211023	10930三季报	19980218	-0.650	14.512	-3.8
11	600010	包钢股份MTF	20211030	10930三季报	20010309	0.0824	1.244	6.7
12	600011	华能国际HM	20211027	10930三季报	20011206	-0.05	4.385	-1.1
13	600012	皖通高速HTF	20211029	10930三季报	20030107	0.656	7.226	9.3
14	600015	华夏银行MTF	20211030	10930三季报	20030912	0.870	15.010	5.9
15	600016	民生银行HM	20211030	10930三季报	20001219	0.750	11.110	6.9
16	600017	日照港R	20211028	10930三季报	20061017	0.180	4.203	4.4
17	600018	上港集团MTF	20211030	10930三季报	20061026	0.507	4.120	12.8
18	600019	宝钢股份MTF	20211030	10930三季报	20001212	0.970	8.516	11.2
19	600020	中原高速R	20211030	10930三季报	20030808	0.309	4.764	6.8
20	600021	上海电力MTF	20211029	10930三季报	20031029	0.111	6.322	1.7
21	600022	山东钢铁R	20211029	10930三季报	20040629	0.261	2.154	19.5
22	600023	浙能电力R	20211029	10930三季报	20131219	0.170	4.933	3.3

财务·科创板 ▼深证指数▼ 北证A股▼ 金期指▼ 创业板 沪深京A股 沪深A股 沪深B股 自选股 ▼自定指数▼ 房地产 ▼条件选股▼

图16-7

选择“自选股”选项卡，可看到设置的自选股。在行情界面可对自选股排序，还可以单击并拖动自选股调换位置，右击自选股还可以将其删除。自选股板块可能是投资者使用最多的板块，投资者可以根据股票的不同类别设置不同的自选股板块，系统默认设置到自选股8。大智慧软件还为投资者记录最近浏览的股票列表，方便投资者加入自选股。单击行情界面下方“自选股”选项卡右侧的▼图标，弹出菜单，选择“近期浏览”选项，如图16-8所示。

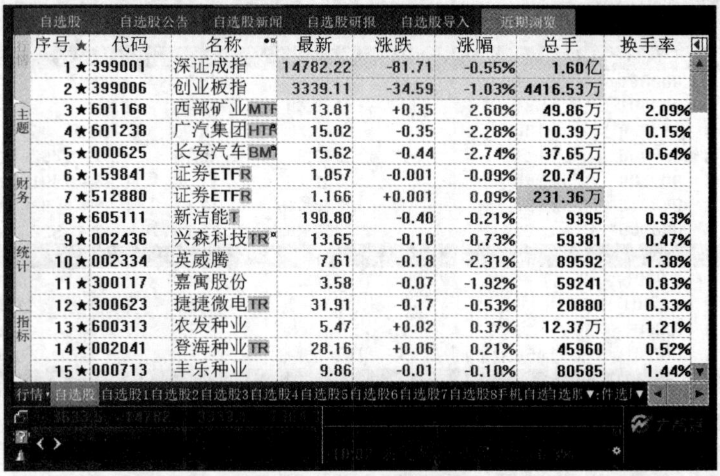

自选股 自选股公告 自选股新闻 自选股研报 自选股导入 近期浏览

序号★	代码	名称	最新	涨跌	涨幅	总手	换手率
1★	399001	深证成指	14782.22	-81.71	-0.55%	1.60亿	
2★	399006	创业板指	3339.11	-34.59	-1.03%	4416.53万	
3★	601168	西部矿业MTF	13.81	+0.35	2.60%	49.86万	2.09%
4★	601238	广汽集团HTF	15.02	-0.35	-2.28%	10.39万	0.15%
5★	000625	长安汽车BM	15.62	-0.44	-2.74%	37.65万	0.64%
6★	159841	证券ETFR	1.057	-0.001	-0.09%	20.74万	
7★	512880	证券ETFR	1.166	+0.001	0.09%	231.36万	
8★	605111	新洁能T	190.80	-0.40	-0.21%	9395	0.93%
9★	002436	兴森科技TR	13.65	-0.10	-0.73%	59381	0.47%
10★	002334	英威腾	7.61	-0.18	-2.31%	89592	1.38%
11★	300117	嘉寓股份	3.58	-0.07	-1.92%	59241	0.83%
12★	300623	捷捷微电TR	31.91	-0.17	-0.53%	20880	0.33%
13★	600313	农发种业	5.47	+0.02	0.37%	12.37万	1.21%
14★	002041	登海种业TR	28.16	+0.06	0.21%	45960	0.52%
15★	000713	丰乐种业	9.86	-0.01	-0.10%	80585	1.44%

行情 自选股 自选股1 自选股2 自选股3 自选股4 自选股5 自选股6 自选股7 自选股8 手机自选 自选股▼ 件选股▼

图16-8

科创板板块有“行情”“新闻”“科创IPO”“受益股”“学堂”5个选项卡。选择“行情”选项卡可查看科创板所有股票。在行情界面，如果某股票被投资者加入自选股，该股票的序号列便显示星标，如图16-9所示。不仅仅是在科创板板块，任何一个非自选股行情列表中，如果有股票被加入自选股都会显示星标。

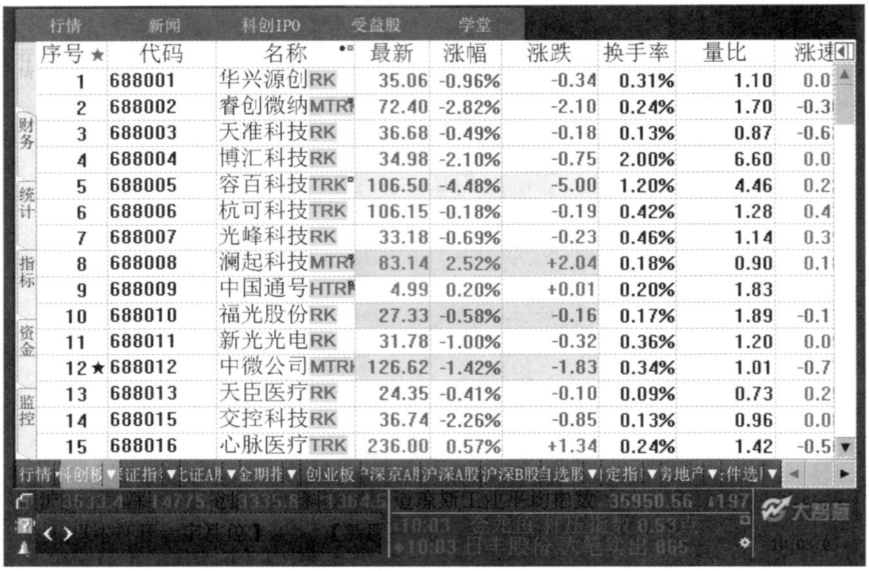

序号 ★	代码	名称	最新	涨幅	涨跌	换手率	量比	涨速
1	688001	华兴源创RK	35.06	-0.96%	-0.34	0.31%	1.10	0.0
2	688002	睿创微纳MTR	72.40	-2.82%	-2.10	0.24%	1.70	-0.3
3	688003	天准科技RK	36.68	-0.49%	-0.18	0.13%	0.87	-0.6
4	688004	博汇科技RK	34.98	-2.10%	-0.75	2.00%	6.60	0.0
5	688005	容百科技TRK	106.50	-4.48%	-5.00	1.20%	4.46	0.2
6	688006	杭可科技TRK	106.15	-0.18%	-0.19	0.42%	1.28	0.4
7	688007	光峰科技RK	33.18	-0.69%	-0.23	0.46%	1.14	0.3
8	688008	澜起科技MTR	83.14	2.52%	+2.04	0.18%	0.90	0.1
9	688009	中国通号HTR	4.99	0.20%	+0.01	0.20%	1.83	
10	688010	福光股份RK	27.33	-0.58%	-0.16	0.17%	1.89	-0.1
11	688011	新光光电RK	31.78	-1.00%	-0.32	0.36%	1.20	0.0
12★	688012	中微公司MTR	126.62	-1.42%	-1.83	0.34%	1.01	-0.7
13	688013	天臣医疗RK	24.35	-0.41%	-0.10	0.09%	0.73	0.2
14	688015	交控科技RK	36.74	-2.26%	-0.85	0.13%	0.96	0.0
15	688016	心脉医疗TRK	236.00	0.57%	+1.34	0.24%	1.42	-0.5

图16-9

“指数”板块包括常用指数、全球指数、中金所、富时A50期指、MSCI中国A50、恒生指数、上证系列、深证系列、中证系列、巨潮指数和自定义指数。常用指数包括沪深指数、A股期指、亚太股指、美国股指、欧洲市场和其他市场的指数，如图16-10所示。

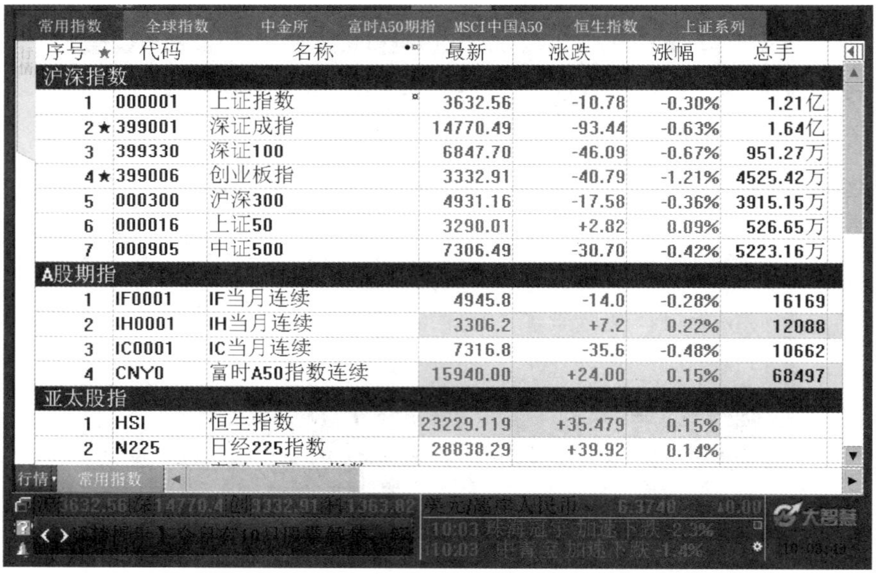

序号 ★	代码	名称	最新	涨跌	涨幅	总手
沪深指数						
1	000001	上证指数	3632.56	-10.78	-0.30%	1.21亿
2★	399001	深证成指	14770.49	-93.44	-0.63%	1.64亿
3	399330	深证100	6847.70	-46.09	-0.67%	951.27万
4★	399006	创业板指	3332.91	-40.79	-1.21%	4525.42万
5	000300	沪深300	4931.16	-17.58	-0.36%	3915.15万
6	000016	上证50	3290.01	+2.82	0.09%	526.65万
7	000905	中证500	7306.49	-30.70	-0.42%	5223.16万
A股期指						
1	IF0001	IF当月连续	4945.8	-14.0	-0.28%	16169
2	IH0001	IH当月连续	3306.2	+7.2	0.22%	12088
3	IC0001	IC当月连续	7316.8	-35.6	-0.48%	10662
4	CNY0	富时A50指数连续	15940.00	+24.00	0.15%	68497
亚太股指						
1	HSI	恒生指数	23229.119	+35.479	0.15%	
2	N225	日经225指数	28838.29	+39.92	0.14%	

图16-10

此外，投资者还可以通过相应板块选择港股通、沪深通、港股通额度、港股通新闻、港股行情、AH股比价分析、中概股、知名美股、全部美股、全球指数、沪伦通GDR等选项卡。图16-11所示为恒生指数信息。有些股票既在A股市场上市又在港股市场上市，这些股票就是AH股。这些股票的A股和H股的估值并不完全相同，这和两个证券市场交易机制不同有关。港股市场可以双向开仓，也就是既可以做多又可以做空，而A股市场只能做多，也就是先买后卖，所以A股的估值会相对高

一点。

港股通 沪深通 港股通额度 港股通新闻 港股行情 AH股比价分析 中概股 知名美股

序号	代码	名称	最新	涨跌	涨幅	总额	昨
恒生旗舰指数							
1	HSI	恒生指数	23268.85	+75.21	0.32%	44.90亿	23
2	HSF	恒生金融分类指数	33752.78	+106.28	0.32%	6.33亿	33
3	HSU	恒生公用事业分类指数	50304.26	+17.57	0.03%	7364万	50
4	HSP	恒生地产分类指数	29361.06	+58.68	0.20%	1.91亿	29
5	HSC	恒生工商业分类指数	13905.70	+51.26	0.37%	35.93亿	13
恒生基准指数							
1	HSCI	恒生综合指数	3616.37	+10.61	0.29%	73.73亿	3
2	HSCIEN	恒生综合能源业指数	6563.53	+39.68	0.61%	1.09亿	6
3	HSCIMT	恒生综合原材料业指数	7013.27	+3.50	0.05%	1.48亿	7
4	HSCIIN	恒生综合工业制品指数	1889.52	+8.22	0.44%	3.19亿	1
5	HSCICG	恒生综合消费品制造业					5
6	HSCISV	恒生综合服务业指数					3
7	HSCITC	恒生综合电讯业指数	1034.87	+6.66	0.65%	9256万	1
8	HSCIUT	恒生综合公用事业指数	7924.61	+33.74	0.43%	6.72亿	7
9	HSCIFN	恒生综合金融业指数	3362.85	+9.24	0.28%	7.82亿	3

行情 恒生指数 港股通 深市港股通 沪市港股通 香港指数基

图16-11

沪港通、深港通业务开通之后，内地投资者可以通过港股通买卖部分港股，香港投资者也可以通过沪股通和深股通买入A股。香港投资者投资A股的资金被称为北上资金，每日的沪股通额度、深股通额度可以表明当日北上资金净流入情况，这反映的是相关资本对A股市场的态度。此外，投资者可以选择“沪深通额度”选项卡，查看沪股通和深股通的当日数据和历史数据，如图16-12所示。

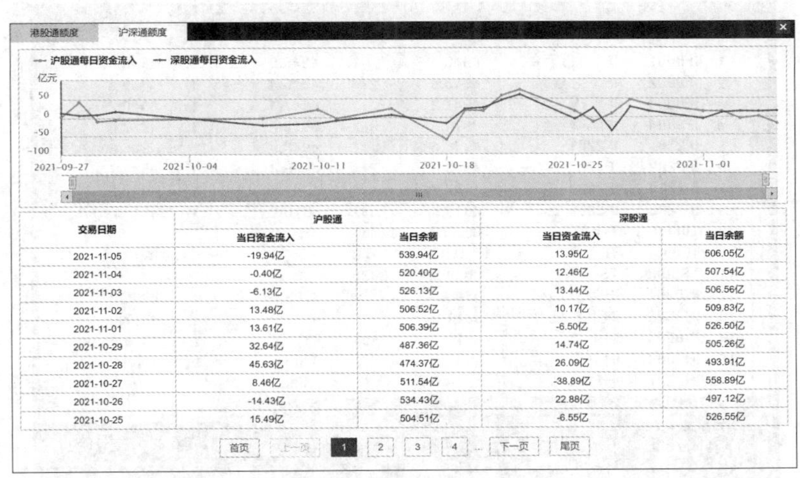

交易日期	沪股通		深股通	
	当日资金流入	当日余额	当日资金流入	当日余额
2021-11-05	-19.94亿	539.94亿	13.95亿	506.05亿
2021-11-04	-0.40亿	520.40亿	12.46亿	507.54亿
2021-11-03	-6.13亿	526.13亿	13.44亿	506.56亿
2021-11-02	13.48亿	506.52亿	10.17亿	509.83亿
2021-11-01	13.61亿	506.39亿	-6.50亿	526.50亿
2021-10-29	32.64亿	487.36亿	14.74亿	505.26亿
2021-10-28	45.63亿	474.37亿	26.09亿	493.91亿
2021-10-27	8.46亿	511.54亿	-38.89亿	558.89亿
2021-10-26	-14.43亿	534.43亿	22.88亿	497.12亿
2021-10-25	15.49亿	504.51亿	-6.55亿	526.55亿

首页 上一页 1 2 3 4 … 下一页 尾页

图16-12

选择“其他”选项卡，可以查看我国香港市场、美国市场和伦敦市场的所有板块、指数、个股等行情报价信息。

有些投资者没有太多的时间研究股票，但是也不希望把钱存入银行。他们会选择买一些基金，让专业的机构代他们投资理财。大智慧软件的基金板块包括“ETF基金”“封闭基金”“LOF 基金”“T+0基金”“沪深REITs”“基金净值”“基金排行”选项卡。投资者在投资基金时要了解清楚基金的投资标的是什么，如果是长线投资，可以投资跟踪指数的ETF，如图16-13所示。

序号★	代码	名称	最新	涨跌	涨幅	总手	现手	昨收
上海证券交易所 - ETF基金								
1	510010	180治理ETI		-0.000	0.00%			1.511
2	510020	超大盘ETF	3.451	-0.023	-0.66%	5	5	3.474
3	510030	价值ETF	0.833	-0.004	-0.48%	692	692	0.837
4	510050	上证50ETF	3.275	-0.000	0.00%	188.02万	742	3.275
5	510060	央企ETF	2.096	-0.000	0.00%	482	482	2.096
6	510090	ESGETF基金		-0.000	0.00%			2.491
7	510100	上证50ETF	1.330	-0.000	0.00%	13.87万	138714	1.330
8	510110	周期ETF	3.951	-0.019	-0.48%	238	238	3.970
9	510120	非周期ETF		-0.000	0.00%			4.345
10	510130	中盘ETF		-0.000	0.00%			6.107
11	510150	消费ETFR	0.773	+0.003	0.39%	12.55万	125492	0.770
12	510160	产业升级ET	0.771	-0.000	0.00%	23	23	0.771
13	510170	大宗商品ET	3.553	-0.039	-1.09%	996	996	3.592
14	510180	上证180ETI	4.138	-0.002	-0.05%	82796	82796	4.140
15	510190	上证龙头ET		-0.000	0.00%			4.164

图16-13

商品板块包括“中金所”“上海期货”“能源中心”“郑州商品”“大连商品”“上海黄金”“主力合约”7个选项卡，覆盖我国所有合规期货交易品种，包括商品期货和金融期货，如图16-14所示。其中，每一个期货品种都按照月份的不同，有对应月份的合约，当月的合约到期将转至下月的合约。主力合约就是指期货持仓量最大的月份的合约。

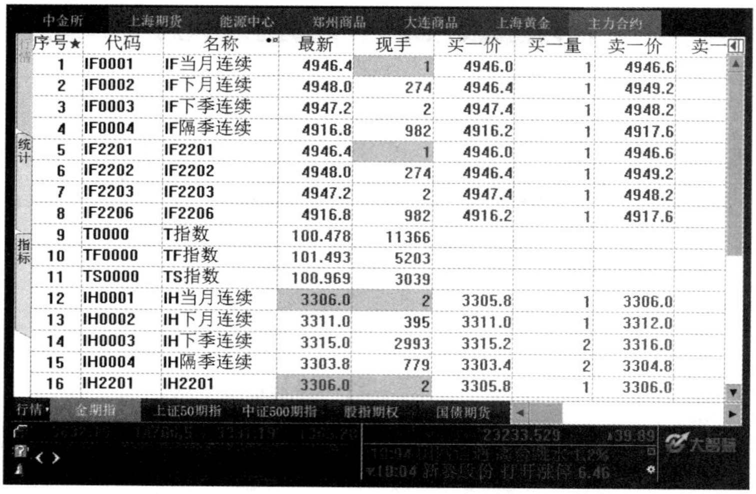

序号★	代码	名称	最新	现手	买一价	买一量	卖一价	卖一
1	IF0001	IF当月连续	4946.4	1	4946.0	1	4946.6	
2	IF0002	IF下月连续	4948.0	274	4946.4	1	4949.2	
3	IF0003	IF下季连续	4947.2	2	4947.4	1	4948.2	
4	IF0004	IF隔季连续	4916.8	982	4916.2	1	4917.6	
5	IF2201	IF2201	4946.4	1	4946.0	1	4946.6	
6	IF2202	IF2202	4948.0	274	4946.4	1	4949.2	
7	IF2203	IF2203	4947.2	2	4947.4	1	4948.2	
8	IF2206	IF2206	4916.8	982	4916.2	1	4917.6	
9	T0000	T指数	100.478	11366				
10	TF0000	TF指数	101.493	5203				
11	TS0000	TS指数	100.969	3039				
12	IH0001	IH当月连续	3306.0	2	3305.8	1	3306.0	
13	IH0002	IH下月连续	3311.0	395	3311.0	1	3312.0	
14	IH0003	IH下季连续	3315.0	2993	3315.2	2	3316.0	
15	IH0004	IH隔季连续	3303.8	779	3303.4	2	3304.8	
16	IH2201	IH2201	3306.0	2	3305.8	1	3306.0	

图16-14

一般投资者难以承受期货高杠杆带来的风险，建议没有投资经验或者经验不足的投资者不要轻易涉足期货领域。商品期货和金融期货的走势可能与A股的部分板块联动。例如，大宗商品的有色金属、煤炭、农产品等品种，可能会影响A股的有色金属、煤炭等的走势。

16.2.2 大盘技术分析

大智慧软件的技术分析可以分为大盘技术分析和个股技术分析。同样，K线图也分为大盘K线图和个股K线图。投资者可以通过以下几种方法进入大盘K线图。

投资者可以在上证指数的分时走势界面，双击进入大盘K线图；也可以在分时走势界面，选择左侧的“技术分析”选项卡或者按F5键进入大盘K线图。

按Enter键，可以在分时走势、K线图和行情3个界面之间切换。

1. 大盘K线图

大盘一般指上证指数和深证成指。在大智慧软件主界面双击“上证指数”即可进入上证指数的分时图，如图16-15所示。

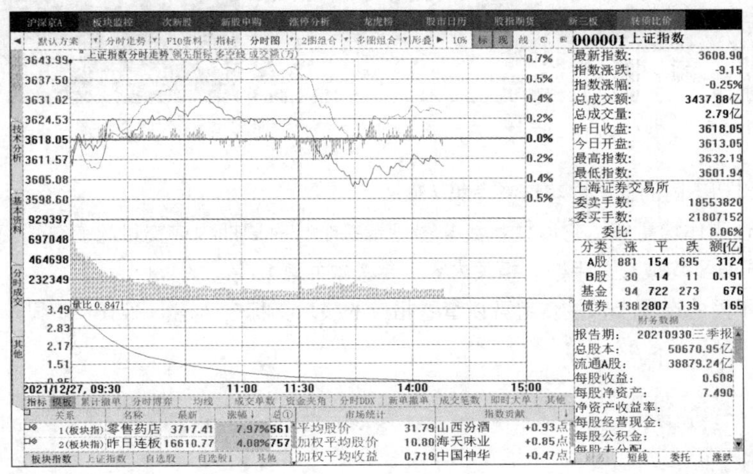

图16-15

选择左侧的“技术分析”选项卡即可进入上证指数的K线图，如图16-16所示。

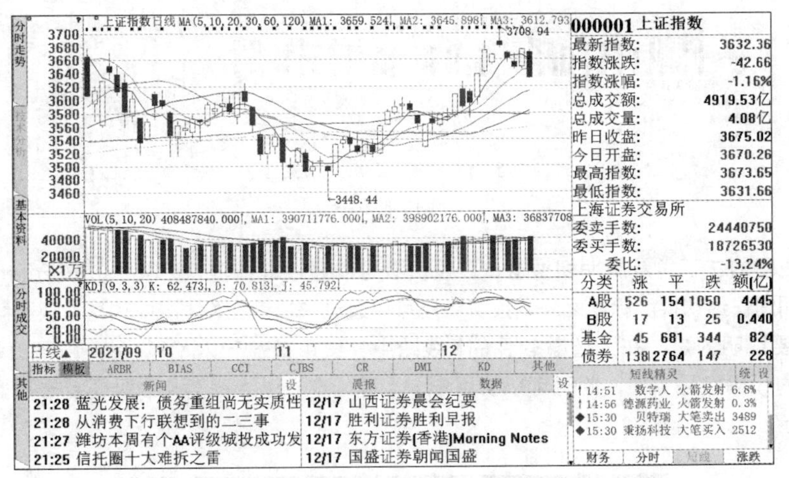

图16-16

大盘K线图主要由信息地雷、均线、VOL指标、技术指标、周期切换等模块组成。

信息地雷位于K线图的上方，主要用来显示K线所对应时期的重要信息，将鼠标指针移到信息地雷的图标上就可以查看相应信息，如图16-17所示。

单击弹出的信息提示即可查看信息的内容，如图16-18所示。单击信息弹窗右上角的关闭按钮，可以关闭该信息弹窗。

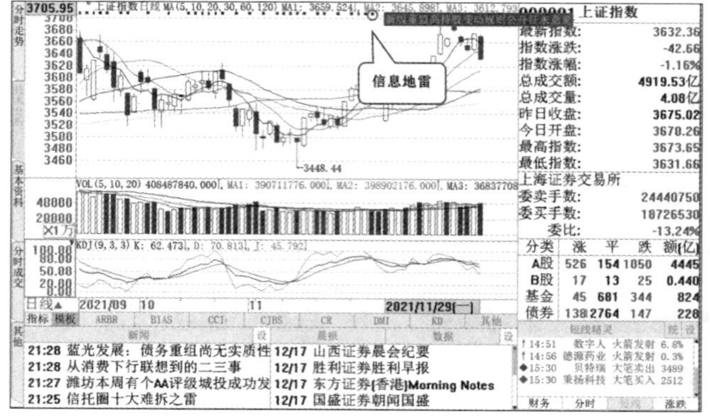

图 16-17

新版董监高持股变动规则公开征求意见

证监会日前就整合工作涉及的27件规范性文件向社会公开征求意见。业内人士注意到，此次证监会修改公布的《上市公司独立董事规则（征求意见稿）》（简称《独立董事规则》），吸纳了《关于加强社会公众股股东权益保护的若干规定》中关于完善独立董事制度、发挥独立董事作用等内容。

此外，《上市公司董事、监事和高级管理人员所持本公司股份及其变动管理规则（征求意见稿）》（简称《董监高持股变动规则》）按照新证券法，将定期报告修改为年度报告、半年度报告，

图 16-18

均线的定义、不同的形态内容请参考第7章。

VOL指标也叫作均量线，它以柱状线条图显示每个分时周期内成交量的变化情况，主要用于反映一定时期内市场平均成交总手数。相关内容可参考本书第10章。

通过选择不同的选项卡，投资者可以查看相应的技术指标走势图。图16-19显示了MACD指标的走势图。

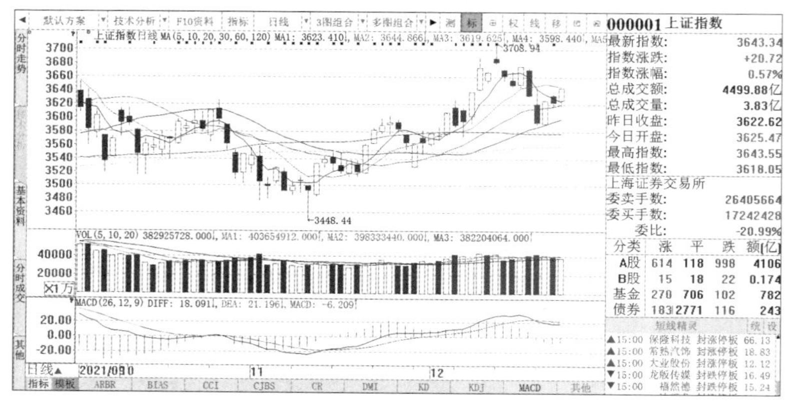

图 16-19

大盘K线图的左下角是周期切换窗口，投资者可以通过键盘输入“08”并按Enter键或按F8键在预设的周期间快速切换。除此之外，投资者还可以通过快捷键在K线图中快速切换不同的周期。

这里需要说明的是，在大智慧软件的K线图中，使用键盘输入“1”后，由于上证A股和1分钟线所对应的代码均是“1”，此时可以使用↑、↓键，选择进入大盘K线图或股市行情报价图，如图16-20所示。

代码	名称	类型
1	1分钟线	易捷键
1	上证A股	易捷键
10	个股资料	易捷键
1000NY	1000能源	板块
1000CL	1000材料	板块
1000GY	1000工业	板块
SH600001	邯郸钢铁	上证A股[股票]
SZ000001	平安银行	深证主板[股票]
SZ300001	特锐德	创业板核准[股票]
SH600010	包钢股份	上证A股[股票]

图 16-20

均线的日期参数可任意调整和设定。例如，进行如下操作将均线的日期参数设定为250日。

❶ 在K线图中右击，在弹出的菜单中选择“指标”→“调整指标参数”命令，如图16-21所示。

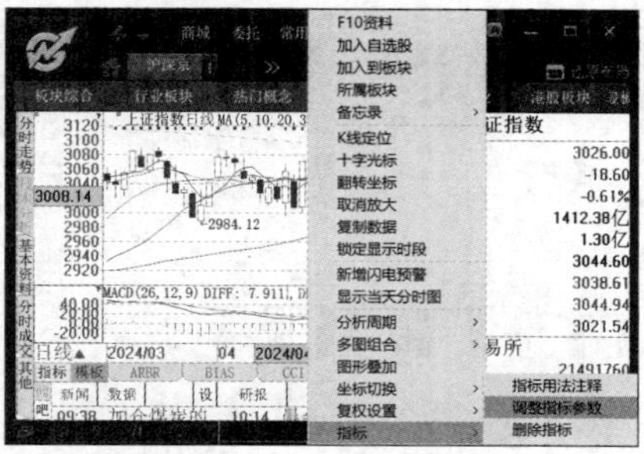

图16-21

❷ 弹出“指标参数调整”对话框，可以看到默认的MA指标为5、10、20、30、60、120日均线，如图16-22所示。

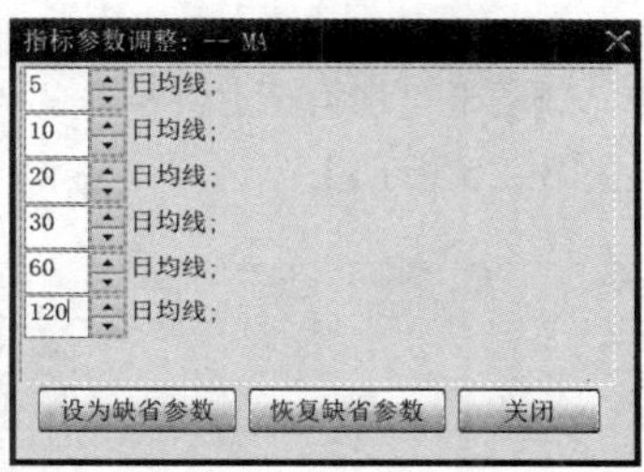

图16-22

❸ 将120日均线改为250日均线，也就是将半年线改为年线，所有的MA指标就变为5、10、20、30、60、250日均线，如图16-23所示。

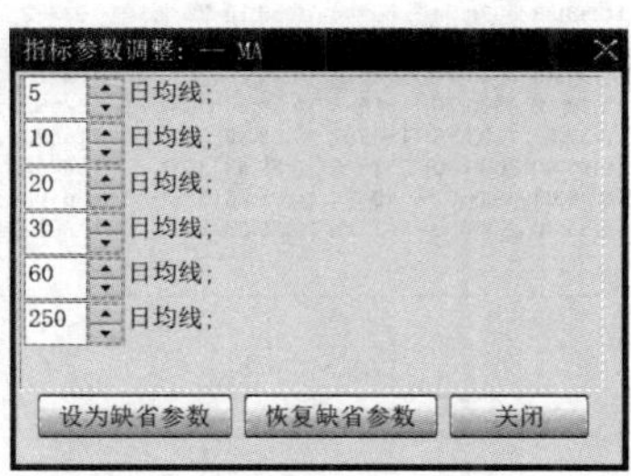

图16-23

❹ 设置完成后单击“设为缺省参数”按钮，再单击“关闭”按钮，保存参数设置。

提示

图16-22中的均线数字为最初值，也就是系统最初的默认参数。投资者在重新设定参数后，如果需要将这组参数设定为默认参数，单击“设为缺省参数”按钮即可。而此时再单击“恢复缺省参数”按钮，恢复的将不再是系统最初的默认参数，而是刚刚设定的默认参数。

与大盘分时图不一样的是，投资者可以使用←键和→键查看不同日期的大盘K线图。除此之外，投资者还可以通过↑键和↓键对所选择的股票大盘K线图进行放大或缩小操作。图16-24为使用↑键放大的K线图。

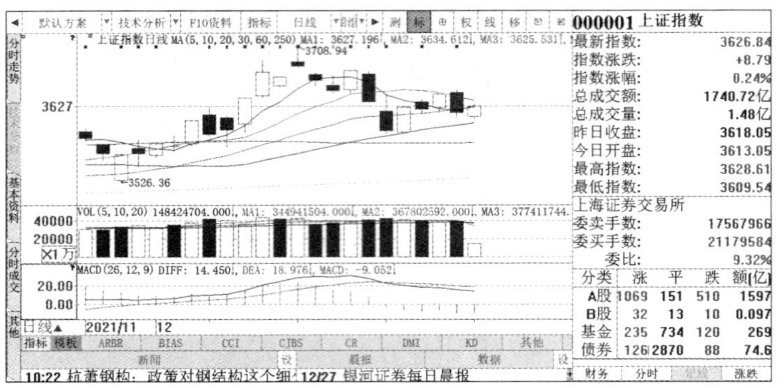

图16-24

2. 分时成交

选择主界面左侧的“分时成交”选项卡可切换至上证指数的分时成交界面，该界面的上方是分时走势，下方是分时成交明细，如图16-25所示。

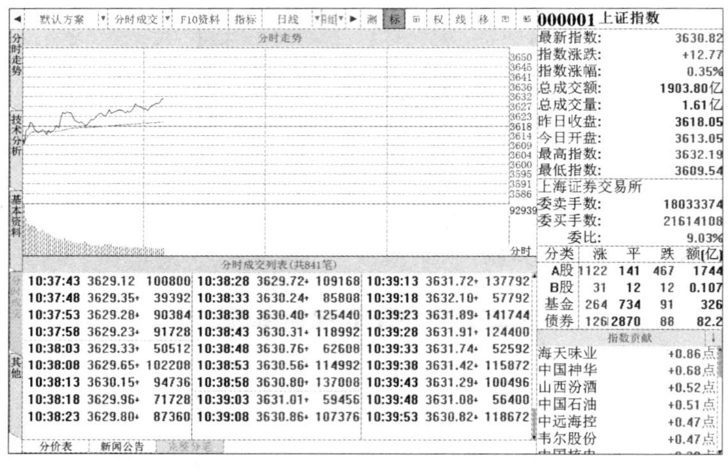

图16-25

16.2.3 个股技术分析

为了方便投资者更全面地分析股票，大智慧软件提供查看分时走势、技术分析、基本资料、主题诊断、分时成交和其他等功能。投资者可从基本面、技术面、消息面、资金面等多维度分析判断一只股票。此外，大智慧软件在分时走势和技术分析界面增加了工具栏，投资者可以很方便地查看更多的数据信息。

1. 个股分时图

个股分时图与大盘分时图类似，但又不完全相同。以中国平安（601318）为例，输入中国平安的股票代码“601318”（见图16-26），按Enter键即可进入该股票的分时图（见图16-27）。分时图主图由个股的分时走势、分时均线和成交量组成，指标窗口可用于切换不同的技术指标。

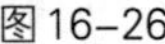

图16-26

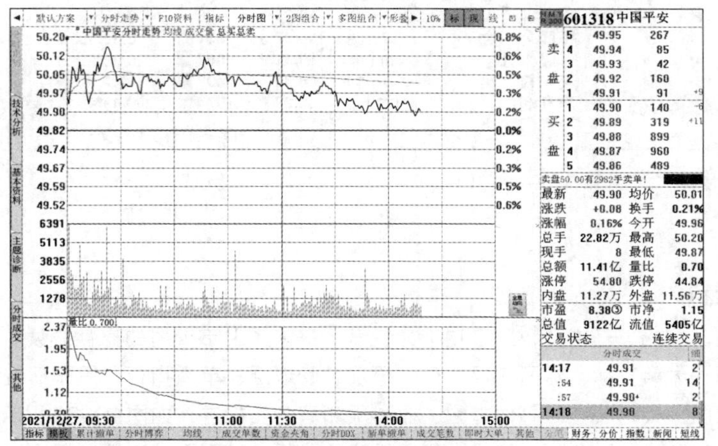

图16-27

2. 个股K线图

个股K线图与大盘K线图的操作方法和切换模式基本类似，如果投资者需要进入个股K线图，通过键盘输入股票的汉语拼音首字母或相应的股票代码，然后按F5键即可进入该股的K线图，如图16-28所示。

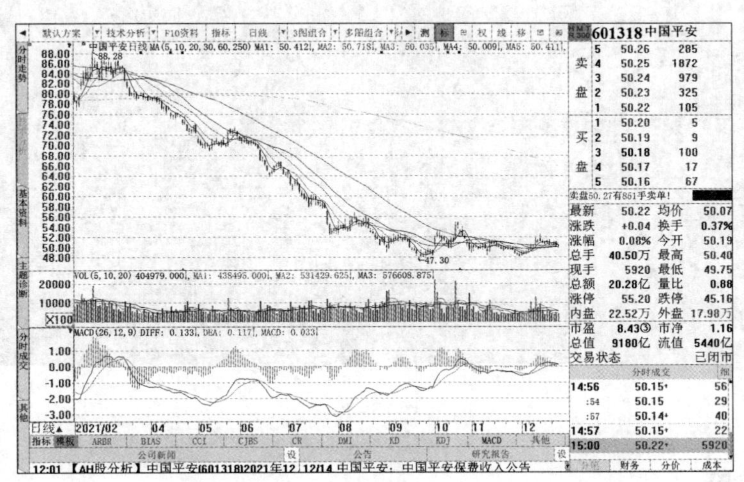

图16-28

个股K线图右下角的信息中心与大盘K线图不同。该信息中心由“分笔”“财务”“分价”“成本”4个选项卡组成。

分笔：每隔几秒更新一次成交均价与成交量，如图16-29（a）所示。

财务：提供当前重要的财务数据，如图16-29（b）所示。

分价：统计当天内每个价位上的成交量及其占总量的百分比，如图16-29（c）所示。

成本：显示成本的获利比例、平均成本及成本的集中度，如图16-29（d）所示。

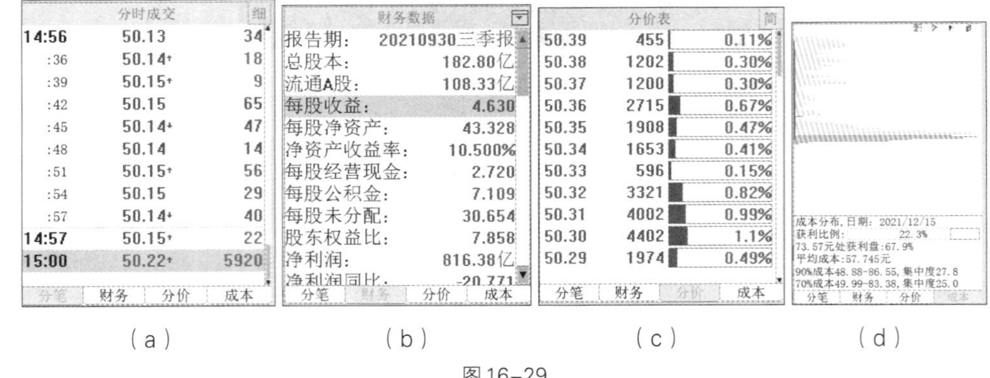

分时成交
14:56 50.13 34
:36 50.14 18
:39 50.15 9
:42 50.15 65
:45 50.14 47
:48 50.14 14
:51 50.15 56
:54 50.15 29
:57 50.14 40
14:57 50.15 22
15:00 50.22 5920
分笔 财务 分价 成本
财务数据
报告期: 20210930三季报
总股本: 182.80亿
流通A股: 108.33亿
每股收益: 4.630
每股净资产: 43.328
净资产收益率: 10.500%
每股经营现金: 2.720
每股公积金: 7.109
每股未分配: 30.654
股东权益比: 7.858
净利润: 816.38亿
分笔 财务 分价 成本
分价表
50.39 455 0.11%
50.38 1202 0.30%
50.37 1200 0.30%
50.36 2715 0.67%
50.35 1908 0.47%
50.34 1653 0.41%
50.33 596 0.15%
50.32 3321 0.82%
50.31 4002 0.99%
50.30 4402 1.1%
50.29 1974 0.49%
分笔 财务 分价 成本
成本分布,日期: 2021/12/15
获利比例: 22.3%
73.57元处获利盘:67.9%
平均成本:57.745元
90%成本48.88-86.55,集中度27.8
70%成本49.99-83.38,集中度25.0
分笔 财务 分价 成本

（a） （b） （c） （d）

图16-29

3. 基本资料

个股主界面左侧的"基本资料"选项卡为投资者提供了上市公司的操盘必读、财务透视、主营构成、行业新闻、大事提醒、八面来风、公司概况、管理层、单季指标、股东研究、股本分红、资本运作、关联个股、公司公告、事件提醒、盈利预测等各类报告，如图16-30所示。投资者可以参考前面章节，对某公司的财务、股东等进行多维度的分析，进而更准确地判断出该公司股票的股价是否低于其价值，是否有投资的潜力。

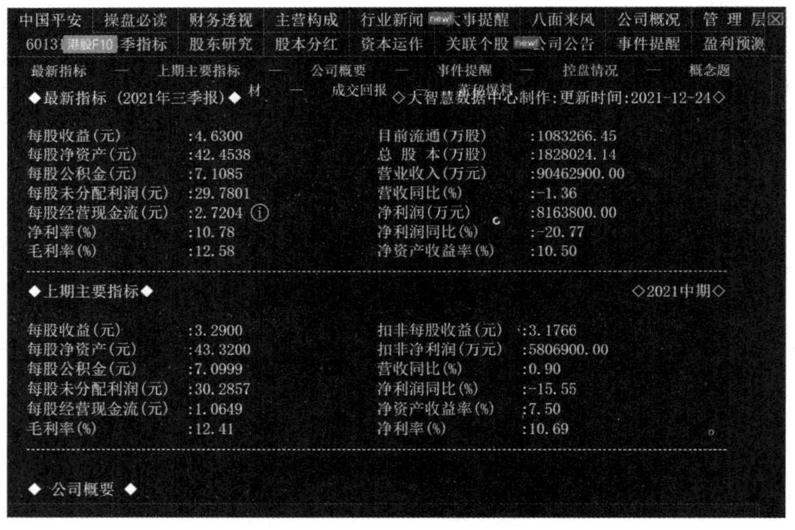

图16-30

4. 主题诊断

选择主界面左侧的"主题诊断"选项卡，即可切换至个股的主题界面，如图16-31所示。该界面为投资者提供了当前个股所属的主题，以及这些主题板块的当日涨幅情况。右侧一栏默认显示的是第一个主题的成分股列表。切换不同的主题，成分股列表也会相应地更改。主题新闻为投资者提供了当前主题的相关新闻，个股新闻是与这个主题相关的个股的新闻。切换主题，主题新闻和个股新闻都会发生相应的改变。

SH601318 中国平安

主题	涨幅	周涨幅	最新新闻	时间
1) 粤港澳	0.35	1.32	银保监会规范粤港澳...	11-16
2) 融资融券	0.12	0.49	新能源车迎积极政策...	01-13
3) MSCI中国	0.08	1.17	MSCI今日宣布推出...	01-08
4) 富时罗素概念	0.08	2.33	富时罗素决定如期推...	03-17
5) 互联网保险	0.07	1.87	首三家互联网财险公...	09-06
6) 债转股相关	0.01	0.38	闽开行、中行等多家...	04-06
7) 保险相关	-0.34	-0.77	BAT齐聚互联网保险	12-03

成份股	最新价	涨幅	周涨幅
1) 招商港口	1707	0.00	-2.61
2) 珠海中富	409	-0.97	-3.36
3) 东江环保	720	0.00	1.57
4) 东方嘉盛	2583	0.00	-2.42
5) 中国广核	317	0.00	-0.76
6) 沙河股份	762	-0.13	-4.20
7) 深水规院	1995	0.00	-0.51
8) 丝路视觉	3125	0.00	25.64
9) 易尚展示	2173	0.00	41.87
10) 深中华A	347	-0.29	-1.25
11) 汤臣倍健	2701	0.00	-4.19
12) 新天科技	484	0.00	2.31
13) 西陇科学	832	0.00	-0.84

主题新闻	
银保监会规范粤港澳大湾区人身险产品	11-16
粤港澳大湾区金融发展论坛举行	11-16
粤港澳大湾区人身险工作迎新政 鼓励产品创新，并主要在湾区内...	11-13
大湾区科技企业融资渠道进一步拓宽 险资可通过创投基金介入	11-10
助力大湾区创新企业拥抱资本市场 上交所资本市场服务粤港澳大...	10-22

个股新闻	
微策生物创业板IPO审核状态变更为"已问询"	14:38
中国华融与市场专业机构签署协议开展全方位合作	14:38
中国证监会行政处罚决定书（海融天、周曦）	14:38
(深互动)奥拓电子："LED视频显示系统"的销售量以"像素点"为统...	14:35
(深互动)奥拓电子：创想数维公司可根据客户需求提供虚拟及数...	14:34

图16–31

5. 分时成交

选择主界面左侧的“分时成交”选项卡，即可切换至个股的分时成交界面，如图16–32所示。该界面为投资者提供了当前个股每一笔成交的时间。在分时成交界面的成交明细表里，可以看到大单成交的具体数额。如果看到突然放量，很可能表明股价将开启上涨或下跌态势。

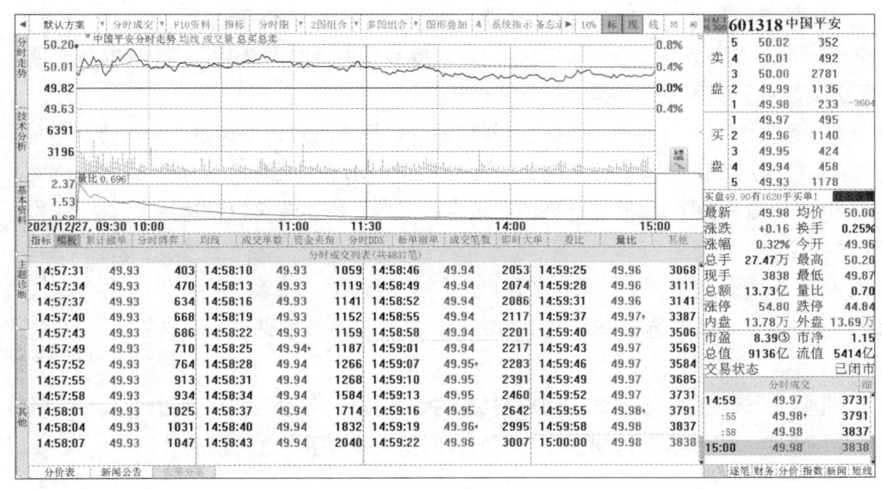

图16–32

16.3 大智慧软件常用的画面工具

大智慧软件常用的画面工具有分析周期、画面组合、分析指标、编辑自定义指数、平移画面、测量距离、主图叠加、多图组合、10%分时线坐标、主图坐标、分笔成交再现、价格还权、版面设计、界面方案选择，如图16–33所示。

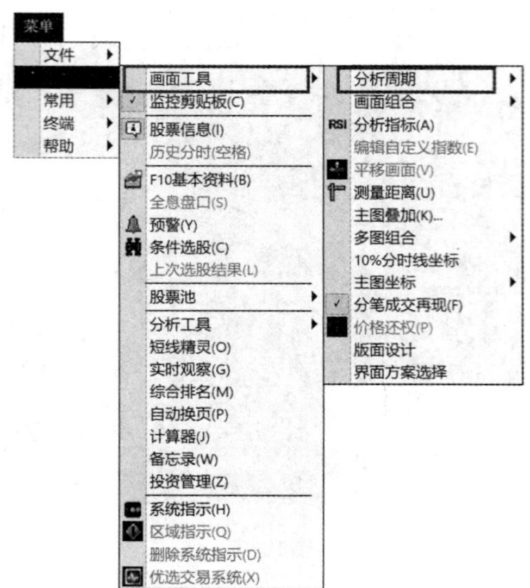

图 16-33

16.3.1 分析周期

通过分析周期，投资者可以快速查看不同时间段内的K线图。在选择“菜单”→“工具”→“画面工具”→“分析周期”命令后，会弹出分析周期子菜单，如图16-34所示。

由于分析周期子菜单包含的选项比较多，可以将其分为分时图选项区、1日内各周期图选项区、多日周期图选项区和分析周期图切换选项区4部分。

分时图选项区只包含“分时图”，通过选择该命令，投资者可以快速进入分时走势界面。

1日内各周期图选项区包含“分笔成交”“1分钟图”“5分钟图”“15分钟图”“30分钟图”“60分钟图”。通过选择该区域中的命令，投资者可以快速进入所选择的K线图。

多日周期图选项区包含“日线图”“周线图”“月线图”“季线”“半年线”“年线”“多日线”。通过选择该区域中的命令，投资者可以快速进入所选择的K线图。

分析周期图切换选项区主要包含“分时日线切换”“分析周期切换”。通过选择该区域中的命令，投资者可以快速在日线的分时图和K线图中进行切换。

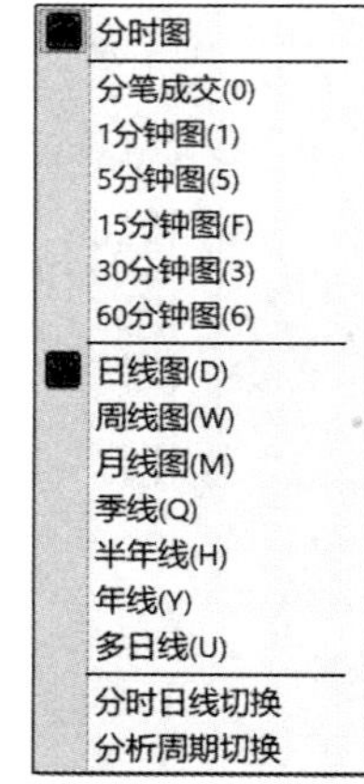

图 16-34

16.3.2 画面组合

在分时图中，投资者可以通过选择“菜单”→“工具”→“画面工具”→“画面组合”命令来改变图形分析窗口中指标的数量。在画面组合菜单中，可以选择1图组合、2图组合、3图组合、4图组合、5图组合和6图组合6种组合方式，如图16-35所示。

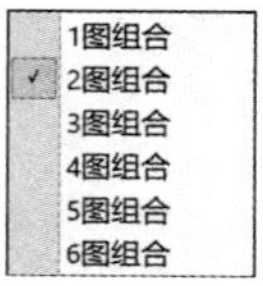

1图组合
2图组合
3图组合
4图组合
5图组合
6图组合

图 16-35

在分时图中，一般最多选2图组合；在技术分析界面，可以多选择几个副图。选择“6图组合”命令后，画面如图16-36所示。

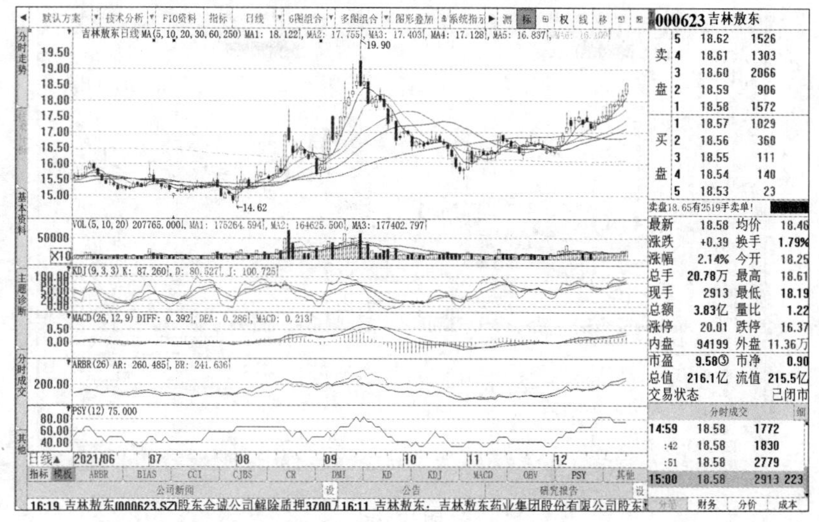

图16-36

16.3.3 分析指标

分析指标可以分为主图指标（包括主图叠加指标）、副图指标和分时指标3类。

主图指标用于描述股票价格，它显示在图形窗口最上部的主图位置，包括K（蜡烛线）、BAR（美国线）、PRICE（价格线）和TWR（宝塔线）4种。各种技术指标在主图上与主图指标叠加显示，则形成主图叠加指标，主图叠加指标的形成一般与股票价格相关。

副图指标指显示在副图位置上的指标。

分时指标指显示在分时图上的指标。

投资者可以在“选择指标”对话框中选择所需要的指标，然后双击即可在图形窗口中显示该指标。

下面以在分时图中添加“QIAN钱龙指标”为例，来介绍如何在分时图中添加技术指标。

❶ 选择“菜单”→“工具”→“画面工具”→“分析指标”命令，在弹出的“选择指标”对话框中选择“H. 龙系指标”→“QIAN钱龙指标”命令，如图16-37所示。

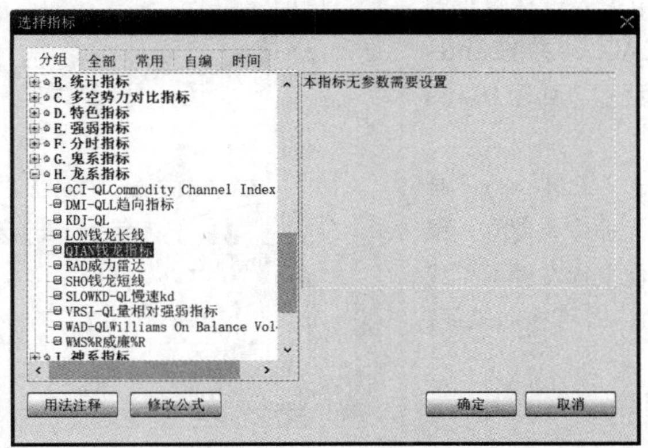

图16-37

❷ 单击“确定”按钮，关闭对话框后，在分时图的下方成功添加“QIAN钱龙指标”，如图16-38所示。

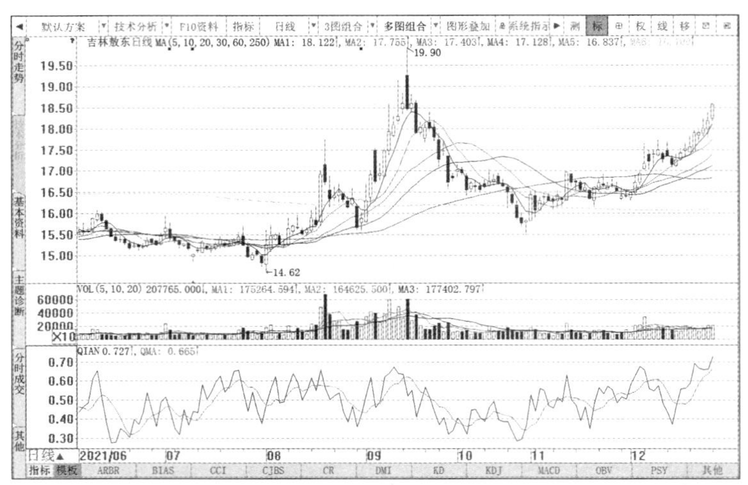

图16-38

如果当前分时图的画面组合为1图组合，添加的新指标将会在1图组合的下方显示；如果不是1图组合，添加的新指标会替代原有最下方的指标。

16.3.4 平移画面

在K线图中，对于一个平面内看不到的画面，可以使用平移画面功能查看。在平移画面状态下，鼠标指针显示为小手形状时，按住鼠标左键拖动，实现画面上、下、左、右平移；按住鼠标右键拖动，则可实现水平和垂直方向的图形放大或缩小。若平移画面超出显示范围，可以通过双击还原显示。与此同时，在平移状态下，还可以调整百分比坐标的基线。在主图纵坐标区域上下拖动，就可改变基线位置。

下面以查看深证成指的K线图为例来介绍平移画面的用法。

❶ 在大智慧软件中输入吉林敖东的汉语拼音首字母“JLAD”，并按Enter键，进入吉林敖东的K线图，如图16-39所示。

❷ 选择“菜单”→“工具”→“画面工具”→“平移画面”命令，此时，鼠标指针由↖变为✋，按住鼠标左键向上或向下、向左或向右拖动，即可移动画面，如图16-40所示。

图16-39

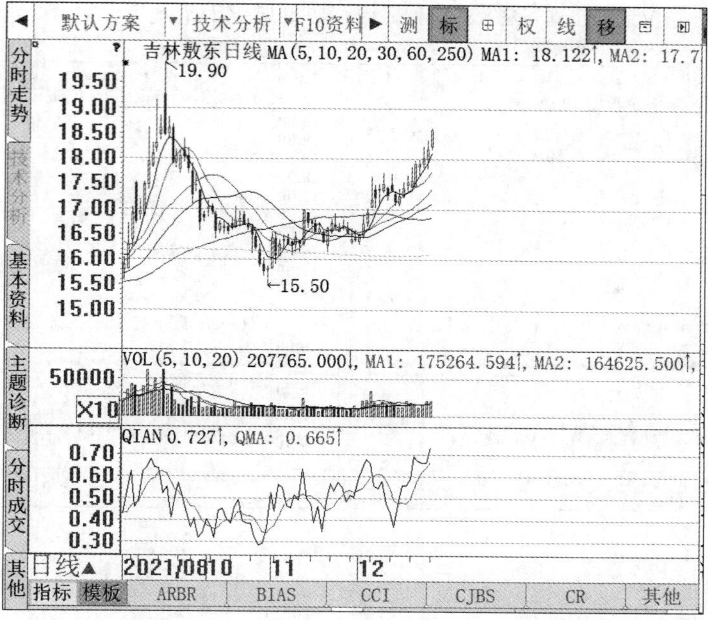

图16-40

> **提示**
>
> 按住鼠标右键，同时单击，可以实现鼠标指针形状的连续切换。

❸ 按住鼠标右键，向左或向右、向上或向下拖动，可对画面进行放大和缩小操作，放大画面如图16-41所示。

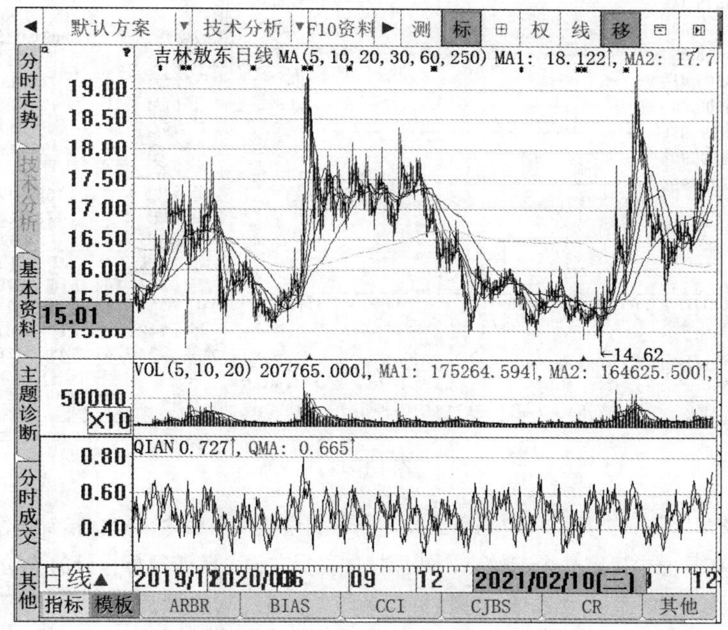

图16-41

❹ 在画面中任意位置双击即可将K线位置还原，如图16-42所示。

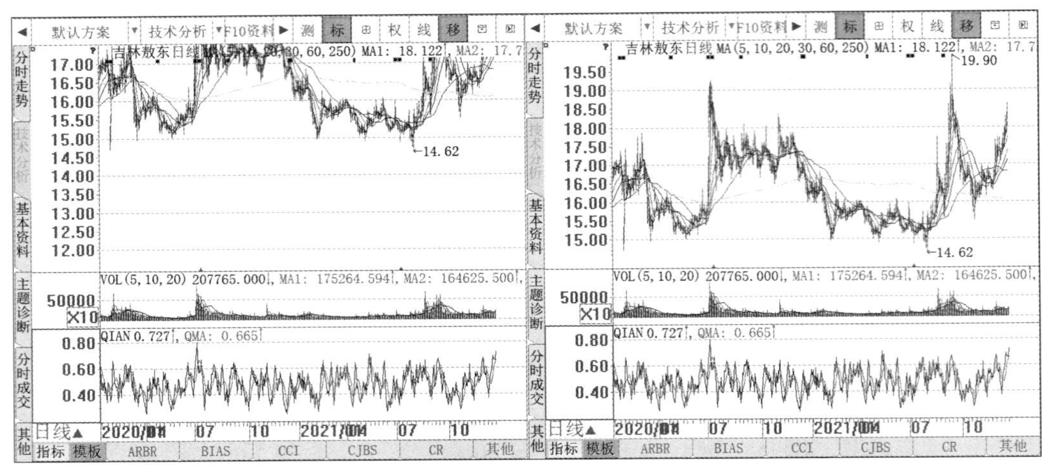

图16-42

16.3.5 测量距离

通过测量距离功能，投资者可以在K线图中快速、准确地测量出任意两点间的距离（交易日）、涨跌值和幅度值。

距离是根据K线的交易日来计算的。下面以一个实例来讲述如何准确测量K线图上任意两点间的距离、涨跌值和幅度值。

❶ 在大智慧软件中输入“SZZS”，并按Enter键，进入上证指数的K线图，如图16-43所示。

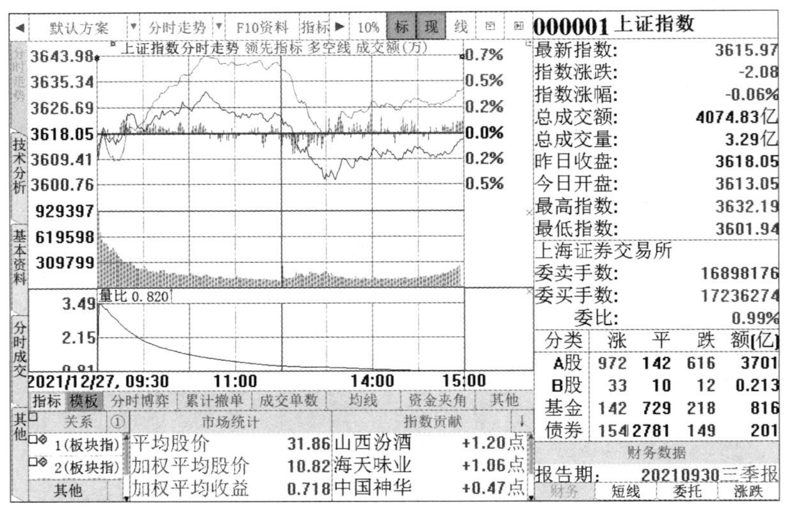

图16-43

❷ 选择“菜单”→“工具”→“画面工具”→“测量距离”命令，鼠标指针由箭头形状变为尺子形状，单击，在画面中确定一个起始点，然后按住鼠标左键，随着鼠标指针的移动来确定终止点。在移动过程中，测量的距离、涨跌值、幅度值都会随之而变，以供投资者查看。投资者可以在分时图和K线图中测量距离，如图16-44所示。

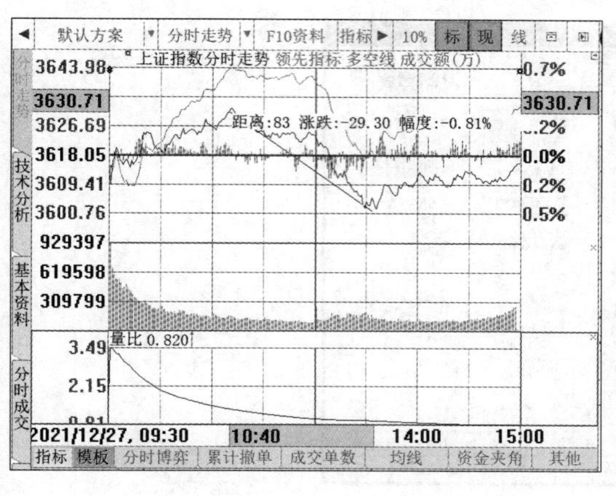

图 16-44

提示

测量的距离数值因鼠标指针移动方向的不同而有正负之分。终止点在起始点右边，数值为正；终止点在起始点左边，数值为负。

❸ 查看完毕，松开鼠标左键，测量结束。

16.3.6 主图叠加

有些投资者在分析个股的时候需要参考大盘或者同行业其他股票的数据，这时可以使用主图叠加功能。主图叠加功能不仅可以叠加A股所有股票、指数、基金、债券等投资标的，还可以叠加北京证券交易所、新三板等其他市场的金融投资标的。选择"菜单"→"工具"→"画面工具"→"主图叠加"命令，即可在分时图和K线图中选择想要叠加的品种。

❶ 在大智慧软件中输入美锦能源的汉语拼音首字母"MJNY"或其股票代码"000723"，连续按Enter键，直至进入美锦能源的分时图，如图16-45所示。

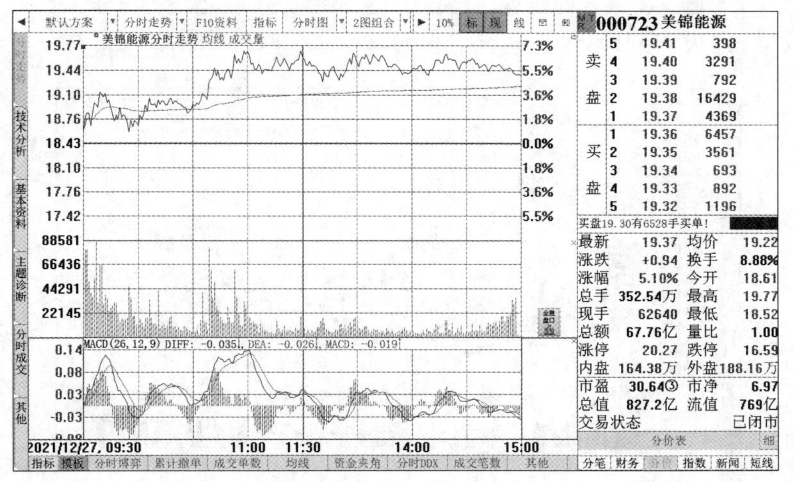

图 16-45

❷ 选择"菜单"→"工具"→"画面工具"→"主图叠加"命令，弹出"主图叠加选择股票"对话框，如图16-46所示，在对话框左侧选择"上证指数"，在右侧选择"上证50"，按住Ctrl键，再在右侧选择"380能源"，单击"确定"按钮。

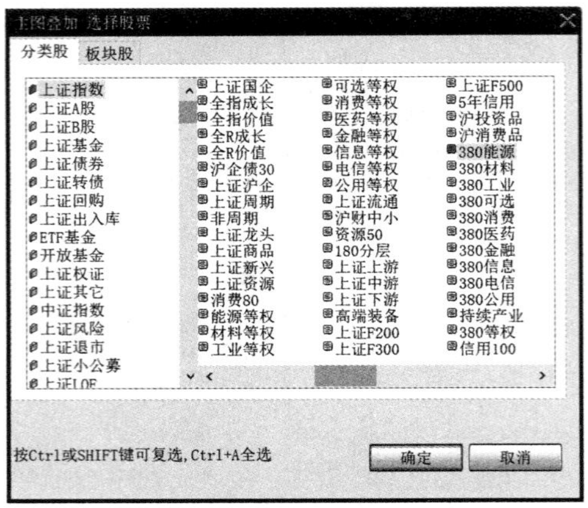

图16-46

❸ 可看到分时图已经叠加了上证50和380能源两条指数的分时线。按Enter键进入K 线图，可看到该股的K线也叠加了上证50和380能源的K线走势，如图16-47和图16-48所示。

图16-47

图16-48

16.3.7 10%分时线坐标

由于分析软件坐标的变化，两只涨跌幅相差几倍的股票在分时线上很难直观地区分它们的涨跌幅情况，若将坐标固定，当切换股票时，股票间涨跌幅的变化就一目了然了。10%分时线坐标就是将分时线纵坐标（涨跌幅）的最大值、最小值固定为10%和-10%的工具。

提示

10%分时线坐标操作只允许在分时图中进行，在K线图中不允许进行此种操作。

下面以为兴森科技（002436）的分时图加入10%分时线坐标为例，来介绍10%分时线坐标的操作方法。

❶ 在大智慧软件中输入光森科技的股票代码“002436”，并连续按Enter键，直至进入兴森科技的分时图，如图16-49所示。

❷ 选择“菜单”→“工具”→“画面工具”→“10% 分时线坐标”命令，将分时线纵坐标（涨跌幅）的最大值固定为10%、最小值固定为-10%，如图16-50所示。

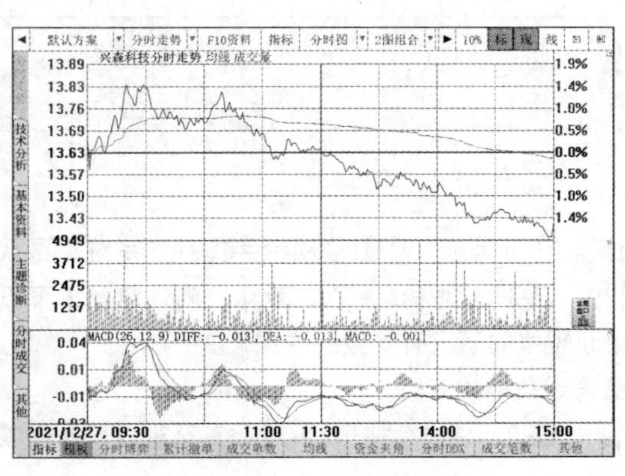

图16-49

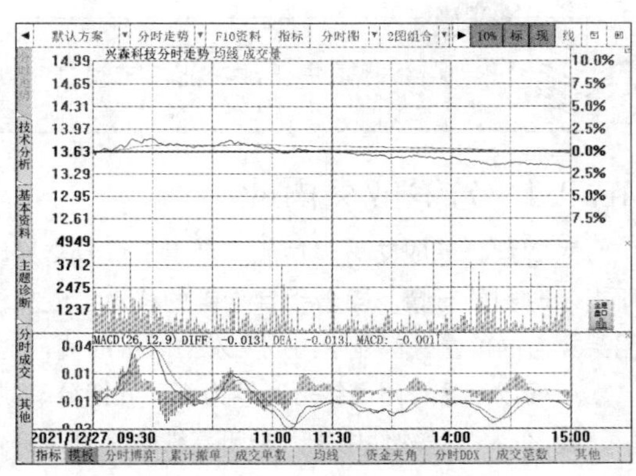

图16-50

❸ 再次选择“菜单”→“工具”→“画面工具”→“10%分时线坐标”命令，可返回原分时图。

16.3.8 主图坐标

在K线图中，主图坐标的形式有3种，分别为普通坐标、对数坐标和百分比坐标。其中，系统默认的主图坐标为普通坐标，它是用市场实际价格表示股价的一种方式。使用对数坐标，可以实现纵向长度和股价涨幅成正比的效果。例如，从1元涨到10元和10元涨到100元的涨幅是相同的，因此在纵坐标上相同。而百分比坐标是以画面显示的第一天的开盘价为基准，股价表示基准的百分比值，该坐标对主图叠加特别有用。

选择“菜单”→“工具”→“画面工具”→“主图坐标”命令，可在子菜单（见图16-51）中选择修改为这3种坐标中的一种。

普通坐标
百分比坐标
对数坐标

图16-51

投资者可以使用Ctrl+N组合键切换到普通坐标视图；使用Ctrl+L组合键切换到对数坐标视图；使用Ctrl+P组合键切换到百分比坐标视图。

图16-52所示分别为普通坐标、对数坐标和百分比坐标的K线图。

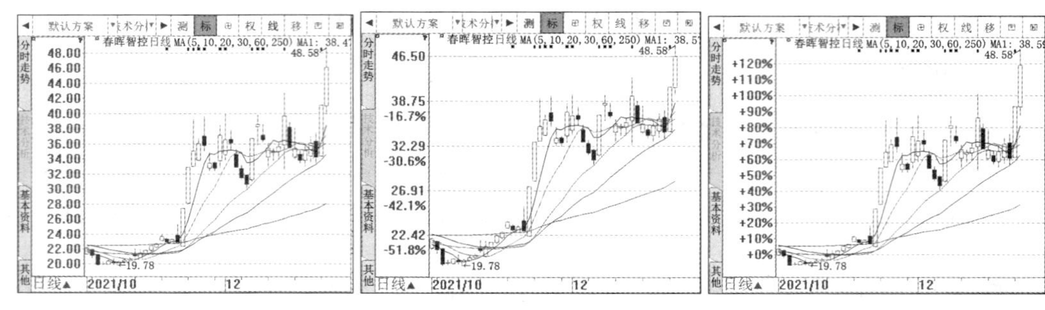

（a）普通坐标　（b）对数坐标　（c）百分比坐标

图16-52

提示

在分时图中，该功能不可用。

16.3.9 分笔成交再现

大智慧分笔成交再现功能，可用于查看交易历史。在分笔成交图上移动十字指针，系统将再现所指示时刻的行情。随着十字指针的移动，成交价格、总手、现手、涨跌、量比、内外盘及上下五档买卖盘的价量等都显示为成交发生时刻的值，这对超短线的研究有着重要的意义。

下面以查看神州高铁分时图为例，介绍分笔成交再现功能的应用。

❶ 在大智慧软件中输入神州高铁的股票代码“000008”，并连续按Enter键，直至进入神州高铁的分时图，如图16-53所示。

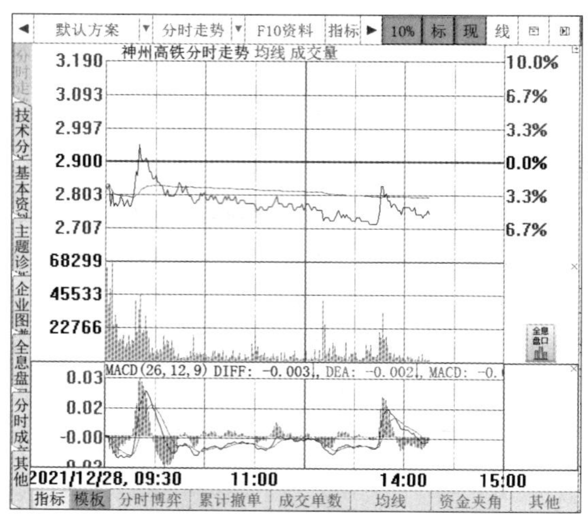

图16-53

❷ 选择“菜单”→“工具”→“画面工具”→“分笔成交再现”命令，如图16-54所示。

❸ 按←或→键，随着十字指针的移动，对应时刻的成交价格、总手、现手、涨跌、量比等数据

信息就显示出来了，如图16-55所示。

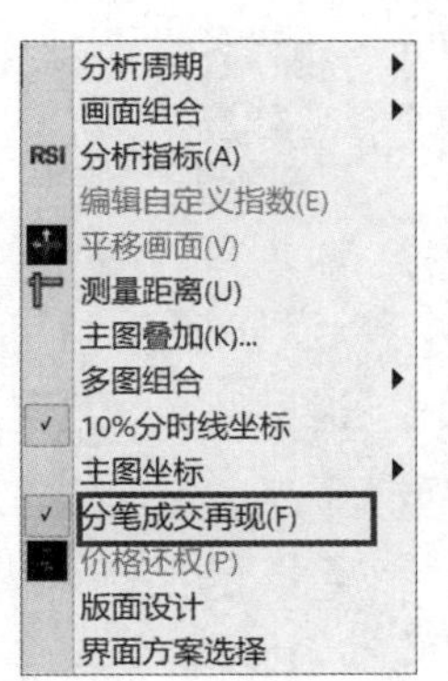

图16-54

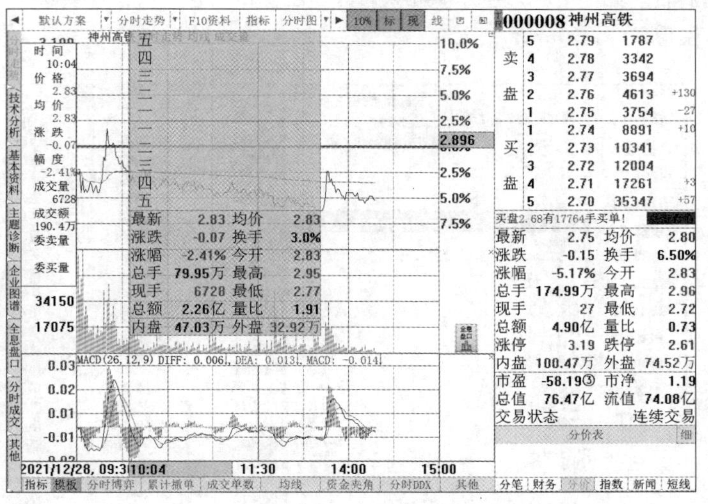

图16-55

提示

分笔成交再现中的最高价和最低价可能与实际情况略有出入，它只是具有一定的参考价值而已。另外，分笔成交再现只能在分笔成交图与分时图中使用。

❹ 按Esc键或再次选择“菜单”→“工具”→“画面工具”→“分笔成交再现”命令，可以取消分笔成交再现功能。

16.3.10 版面设计

大智慧软件的版面设计功能，可使投资者按照个人偏好将几十种功能窗口自由组合，配置出满意的看盘画面。

❶ 选择“菜单”→“工具”→“画面工具”→“版面设计”命令，如图16-56所示。

❷ 弹出“窗口布局”对话框，如图16-57所示，投资者可以选择需修改的具体窗口。如选择“分时走势”，单击“修改”按钮。

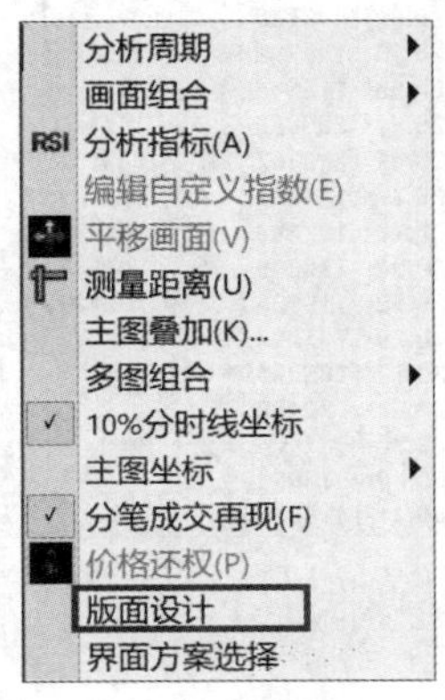

图16-56

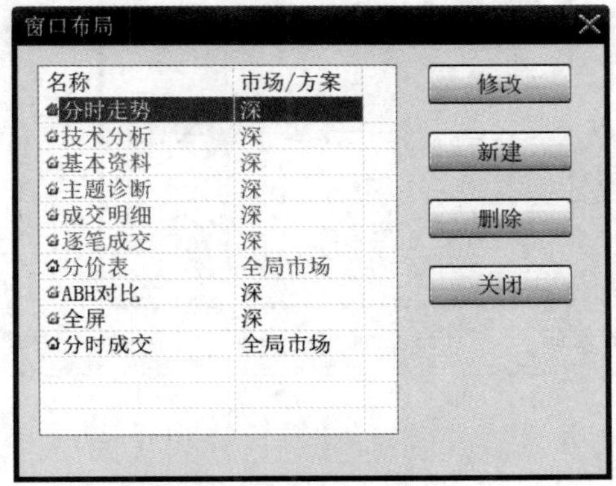

图16-57

❸ 进入版面设计状态后，在任何窗口中右击，可以在其上、下、左、右添加窗口，也可以改变窗口属性，如图16-58所示。如果修改了主窗口的窗口属性，该窗口就会变成副窗口。界面中可以没有主窗口。

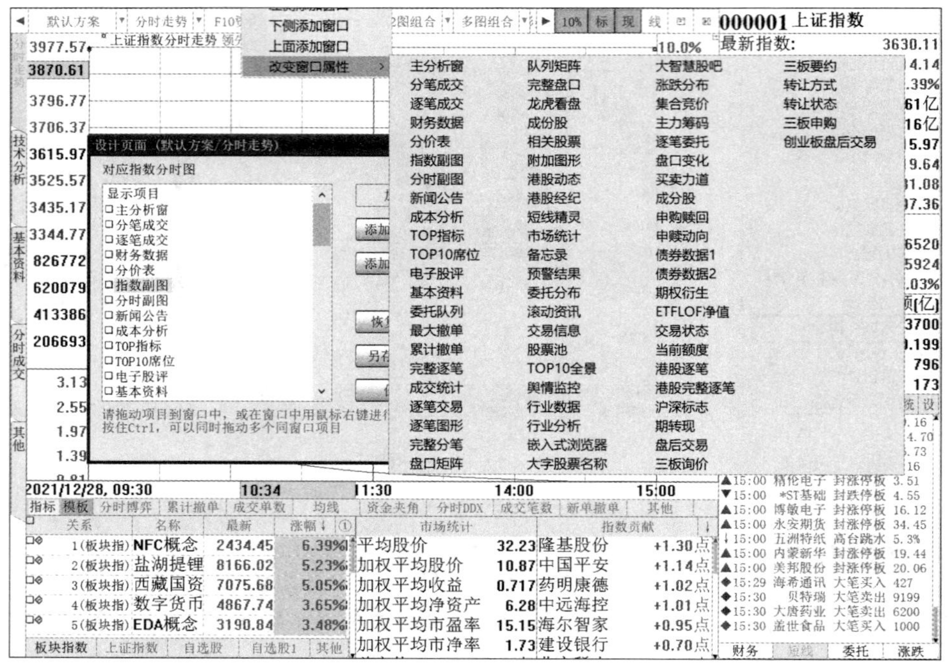

图16-58

❹ 例如要将分笔成交添加至分时图右侧，则选中“设计页面”对话框中的“分笔成交”复选框，单击“添加到右侧”按钮，可看到分时成交窗口添加到了分时图窗口的右侧，如图16-59所示。

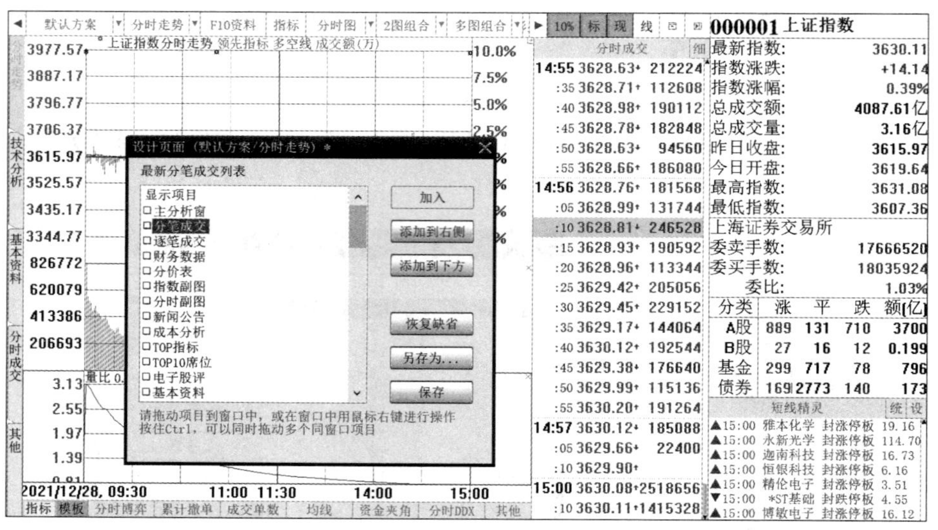

图16-59

设置完成后保存该界面，也可以另存为其他名称，另存时要注意选择适合的市场。保存界面时的状态将成为默认状态。

系统中预设的界面，都可以恢复到初始状态，只需在“设计页面”对话框中单击“恢复缺省”按钮。

16.3.11　界面方案选择

大智慧软件允许投资者根据个人使用习惯选择界面方案。

选择“菜单”→“工具”→“画面工具”→“界面方案选择”命令，进行界面方案设置，如图16-60和图16-61所示。界面方案效果如图16-62所示。

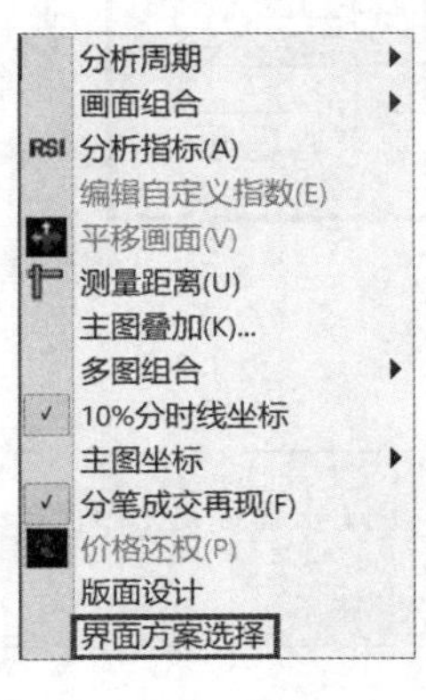

图16-60

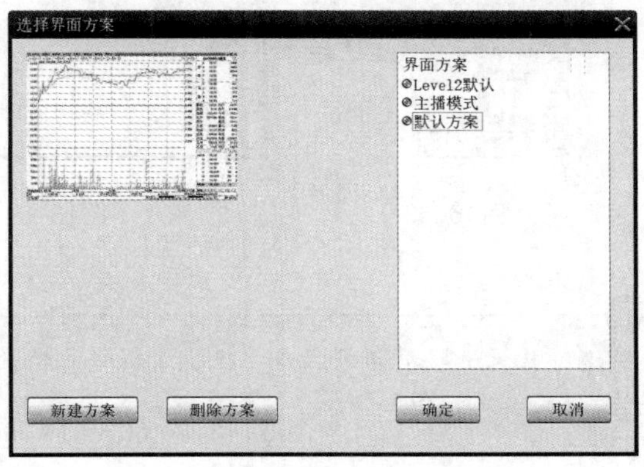

图16-61

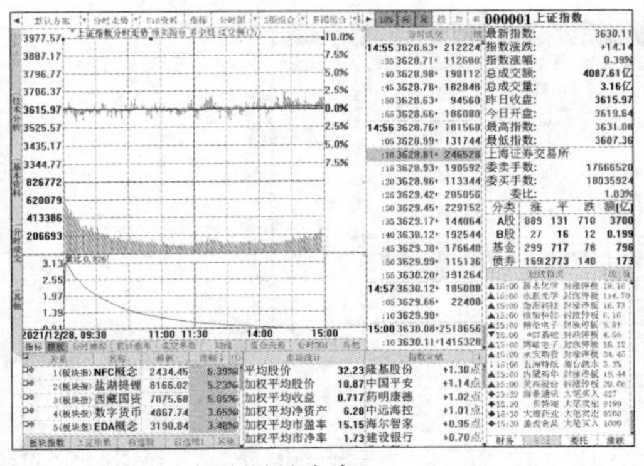

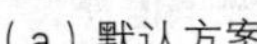
（a）默认方案

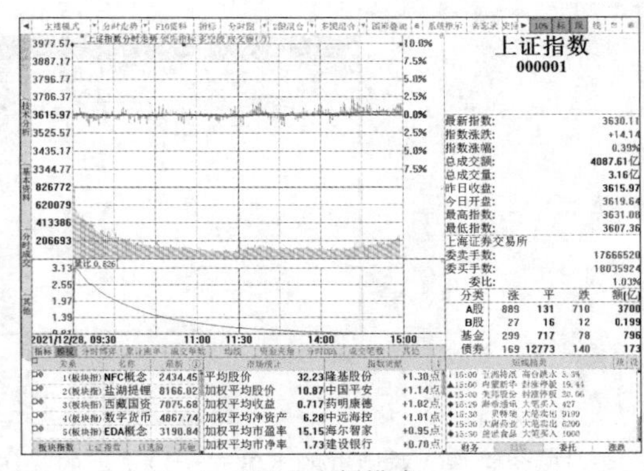
（b）主播模式

图16-62

高手秘技

技巧1　使用投资管理

投资者可以通过选择“菜单”→“工具”→“投资管理”命令，如图16-63所示，对股票进行模拟买入、卖出等操作。投资管理功能既可用于查看投资者自定的投资组合的盈利情况，也可用于模拟炒股。

当投资者选择“投资管理”命令后，会弹出“选择投资者”对话框。在该对话框中，投资者可以输入以前的账号和密码，也可以使用新的登录名和密码，系统会自动创建这个新的账号和密码，如图16-64所示。

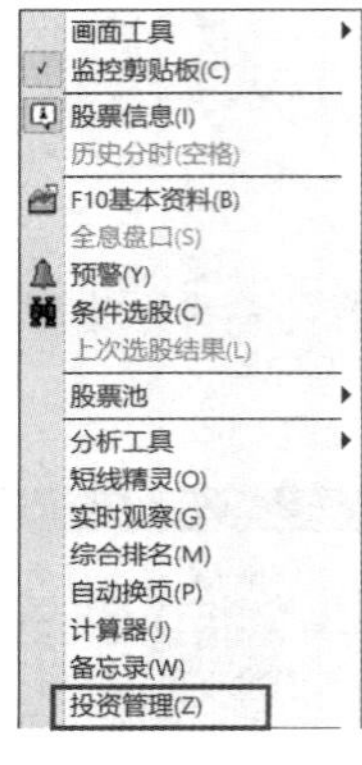

图16-63

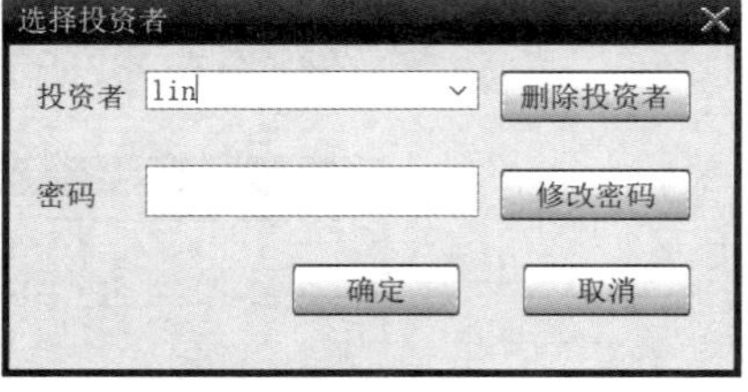

图16-64

提示

“选择投资者”对话框只是为投资者提供方便的模拟炒股通道，对账号和密码并没有太多的限制。

投资者在“选择投资者”对话框中输入账号和密码后，单击“确定”按钮，就可以打开“投资管理”对话框，如图16-65所示。

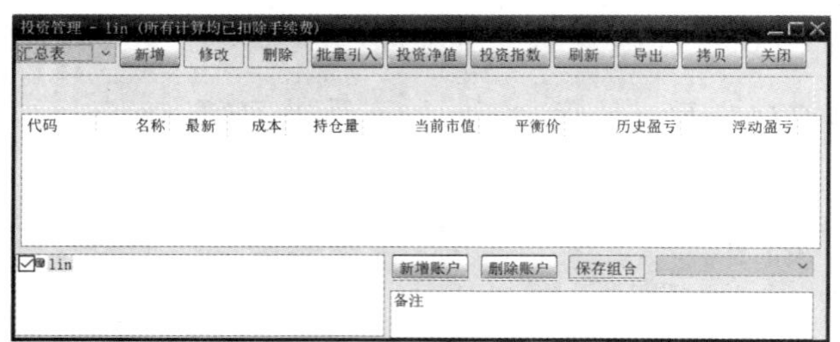

图16-65

“投资管理”对话框的下方显示投资者的操作记录以及股票的盈亏情况等信息，这些信息中的盈亏数字会用红色和绿色来表示。

“投资管理”对话框的左上角有一个下拉菜单，该下拉菜单包含“汇总表”和“历史交易”两个选项。汇总表主要显示投资者当前持有股票的名称、当前价格、持仓量、当前市值等情况。它是系统根据个股历史交易表的内容自动生成的，其记录不能被修改或删除。而历史交易模式按时间顺序记录每一笔交易。它能显示交易的价格、成交量、成交额、费用等，其记录可以被删除和修改。

单击下拉菜单右侧的“新增”按钮时，会弹出“投资项目”对话框，如图16-66所示。在该对话框中可以设置投入资金、买入股票、卖出股票、支取资金、分红配送等。投资者需要先设置投入资金数量和投入日期，之后就可以对股票进行模拟买卖操作。在买卖操作中，输入股票代码，设置好买入日期和买入数量，系统会自动显示股票当前的价格和买入的总成交额。为了使模拟更真实，在“投资项目”对话框的“买入股票”选项卡下还允许设置交易费率等，如图16-67所示。

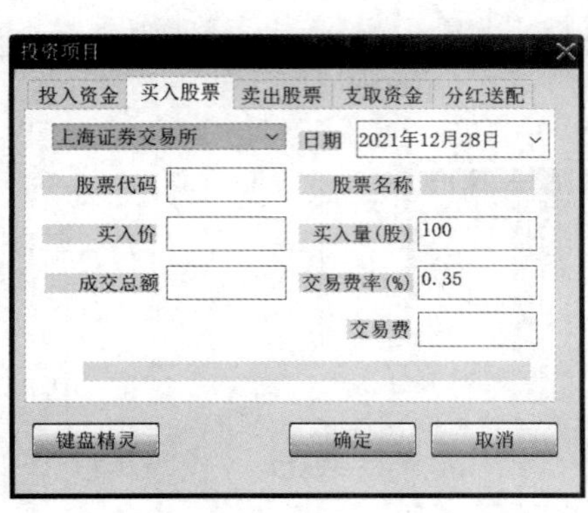

图16-66

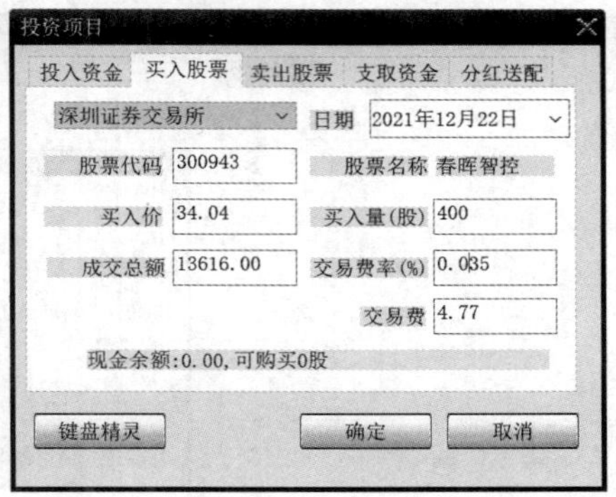

图16-67

在“投资项目”对话框完成所有买入股票设置后，单击“确定”按钮，完成买入操作，然后返回“投资管理”对话框。选择“历史交易”，可查看历史交易记录，如图16-68所示。

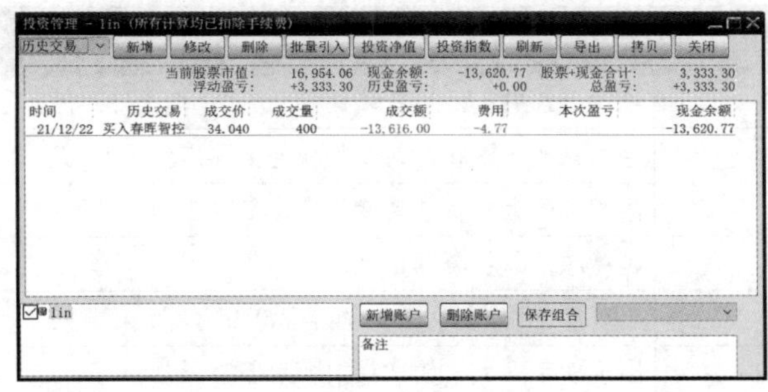

图16-68

可以在资产栏中看到当前股票市值、现金余额、浮动盈亏等信息，如图16-69所示。

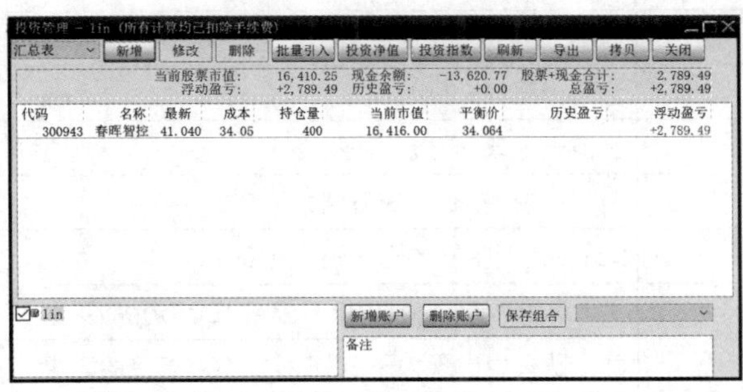

图16-69

单击“投资净值”按钮，即可生成该账户的资金净值指数，以直观地记录该账户的盈亏情况，并显示投资净值。而在投资者新增股票后，可单击“刷新”按钮，更新投资净值和投资指数，否则新增的股票不参与指数计算。同时，单击“拷贝”按钮后，可将数据复制到剪贴板中，以供投资者进行数据保存之用。

技巧2 短线精灵看异动

投资者通过短线精灵可以实时监控股票的涨跌、成交、盘口、资金流动及板块热点，及时把握市场短线机会。

选择“工具”→“短线精灵”命令，大智慧软件主界面的右下角会弹出“短线精灵”窗口，如图16–70所示。

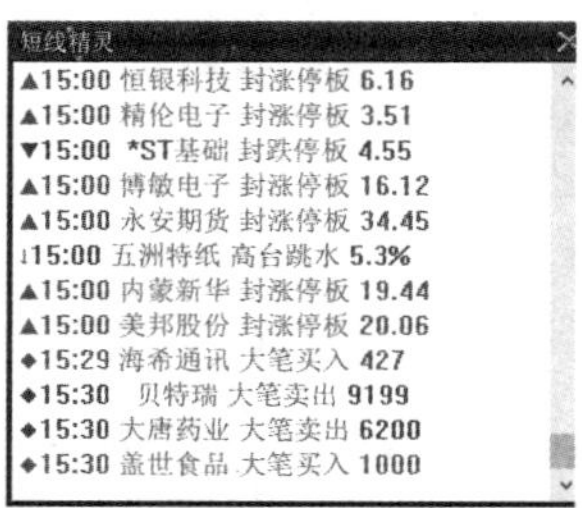

图16–70

短线精灵的异动类型如表16–1所示。

表16–1　短线精灵的异动类型

类别	说明
火箭发射	快速上涨并创出当日新高
快速反弹	由原来的下跌状态转变为快速上涨走势
高台跳水	由原来的上涨状态转变为快速下跌走势
快速下跌	延续原下跌状态并且加速
大笔买入	出现换手率大于0.1%的外盘成交
大笔卖出	出现换手率大于0.1%的内盘成交
有大买盘	5档买盘中有大笔挂单
有大卖盘	5档卖盘中有大笔挂单
封涨停板	当前一笔成交封住涨停
封跌停板	当前一笔成交封住跌停
打开涨停	当前一笔成交打开涨停
打开跌停	当前一笔成交打开跌停
拉升指数	5分钟内对指数的拉升值大于0.5
打压指数	5分钟内对指数的打压值大于0.5
机构买单	买入队列中出现大于50万股或100万元的买单
机构卖单	卖出队列中出现大于50万股或100万元的卖单
买单分单	大于1万股的连续买入挂单超过4个
卖单分单	大于1万股的连续卖出挂单超过4个
买入撤单	撤销买入委托单大于50万股或100万元
卖出撤单	撤销卖出委托单大于50万股或100万元
买入新单	总买盘增加50万股或100万元
卖出新单	总卖盘增加50万股或100万元

投资者如果需要查看某条异动信息，在“短线精灵”窗口中双击股票名称即可切换至该股票的分时图。

第17章　分时走势看盘分析

本章引语

股市赢家法则是：不买落后股，不买平庸股，全心全力锁定领导股。

——威廉·欧奈尔

这看起来很简单，但是具体操作起来却不是那么容易，需要清晰地分析大盘的走势，准确地把握分时图的含义，对短线投资者来说尤其如此。

本章要点

★认识分时图

★分时买入信号

★分时卖出信号

17.1 认识分时图

分时图能展现当天股价的运行动态，投资者若能看懂并掌握分时图的盘口语言，将能清晰地分析和判断大盘和个股短期内的运行趋势。

进入分时图的方法有很多种，下面介绍几种常用的方法。

（1）当处于技术分析界面时，按F5键可以进入分时走势界面。

（2）当位于行情报价界面时，双击报价表中的股票可以进入个股分时图。

（3）通过键盘精灵输入股票代码或汉语拼音首字母，按Enter键可进入分时图。

17.1.1 分时图的类别与功能详解

分时图有两种，即大盘分时图和个股分时图。

1. 大盘分时图

大盘分时图即沪、深股指分时图，是4 000多只（截至2021年11月）股票走势的集体性反映。大盘分时图以分钟为时间单位，主要用于呈现股市在当日盘中的实时运行情况。下面对分时图的各功能进行介绍。

（1）显示/隐藏工具栏、信息栏。较为常用的工具栏与信息栏可以选择性隐藏。如果想要隐藏信息栏，可单击工具栏最右端的◧图标，再次单击◧图标，可显示信息栏，如图17–1所示。

默认方案 | 技术分析 | F10资料 | 指标 | 日线 | 3图组合 | 多图组合 | 图形叠加 | 系统指示 | 备忘录 | 历史回忆 | 分析工具 | 闪电预警 | 普通坐标

图17–1

投资者日常可通过工具栏使用技术分析、F10资料、多图组合、图形叠加、系统指示、历史回忆、分析工具、闪电预警、画线工具等常用功能。

（2）分析功能。单击工具栏中“技术分析”或“分时走势”旁边的▾图标，可选择不同的分析功能，包括分时走势、技术分析、基本资料、主题诊断、成交明细、逐笔成交、分价表、ABH对比、全屏、分时成交，其中最常用的是分时走势。在分时走势界面中有一条玫红色线和一条蓝黑色线，其中，玫红色线代表含有加权的股票价格走势，即大盘指数，蓝黑色线代表不含加权的股票价格走势，即小盘指数，如图17–2所示。

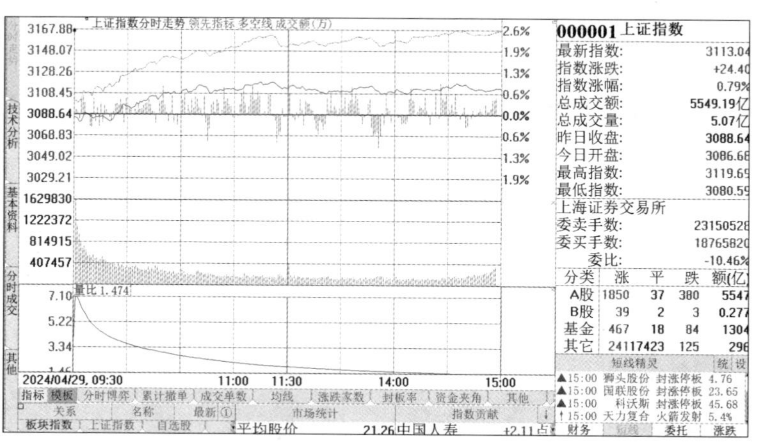

图17–2

提示

蓝黑色线在玫红色线上面表示小盘股涨幅更大，反之则表示大盘股涨幅更大。当指数下跌时，玫红色线在蓝黑色线下面表示小盘股跌幅更大，反之则表示大盘股跌幅更大。在黑色背景下，玫红色线变成黄色线，蓝黑色线变成白色线。

（3）时间周期。除了分时图、分笔图，投资者还可选择不同时间周期的K线图，包括1分钟、5分钟、15分钟、30分钟、60分钟、日线、周线、月线、季线、半年线、年线、多日线。

（4）显示窗口。一般系统默认为三图组合，即K线图、VOL指标图、MACD指标图组合。投资者还可以自行选择几图组合，包括1图组合、2图组合、3图组合、4图组合、5图组合、6图组合、7图组合、8图组合、9图组合、10图组合、11图组合、12图组合。

（5）切换显示组合。投资者可以选择多图组合、多股票、多周期、多日分时4种不同的多图组合方式，满足对不同周期、不同股票相互比较的需求。

（6）分析工具。大智慧软件提供了模拟K线、相关性分析、相关表、预测分析设计、预测分析、套利分析矩阵、套利分析、定位分析、板块分析、移动成本分布、联动分析等11种分析工具供投资者使用，帮助投资者分析股票所处的周期、趋势。

（7）纵坐标。其用来表示股指点数、成交量以及各种指标参数的刻度。系统默认使用普通坐标，投资者还可以切换为百分比坐标、对数坐标查看股票和指数的涨跌幅。

（8）成交量变化。其表示目前整个市场上的成交量变化，每根柱状线都代表某一分钟内的成交量总和。

（9）时间轴。显示当天或一周内的大盘分时图。

（10）指标走势。代表对应指标的走势变化。

提示

当需要显示一周内的大盘分时图时，按↑、↓键即可完成切换。

（11）指数报价。通过相关标签选择对应的报价。

（12）市场统计。显示市场中平均股价、加权平均股价、加权平均收益、加权平均净资产等重要统计信息。

（13）指数贡献。按照每只股票对当前指数变动起到的作用进行排序。

（14）信息中心。信息中心主要包括“财务”“分时”“短线”“涨跌”4个选项卡。

“财务”选项卡显示最新的财务数据摘要，如图17-3所示。

“分时”选项卡显示当日指数的分时走势，如图17-4所示。

图17-3

图17-4

“短线”选项卡显示短线精灵对市场上所有异动股票的实时跟踪，如图17–5所示。

“涨跌”选项卡显示当日指数涨跌概况、涨跌分布等情况，如图17–6所示。

图17–5

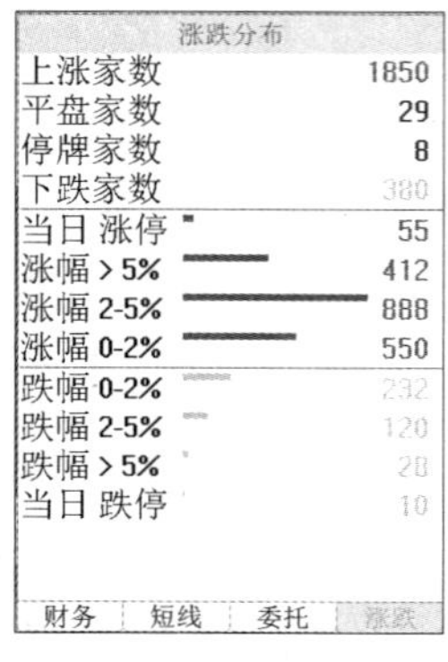

图17–6

2. 个股分时图

个股分时图是最基础的股价走势图，是将个股的每分钟的最后一笔成交价格依次连接起来，由每个交易日240个点组成的股价曲线图。个股分时图的原理和现象同大盘分时图几乎是一样的，只是比大盘分时图在转变时更加尖锐。图17–7是华能国际（600011）2024年4月29日的分时图。

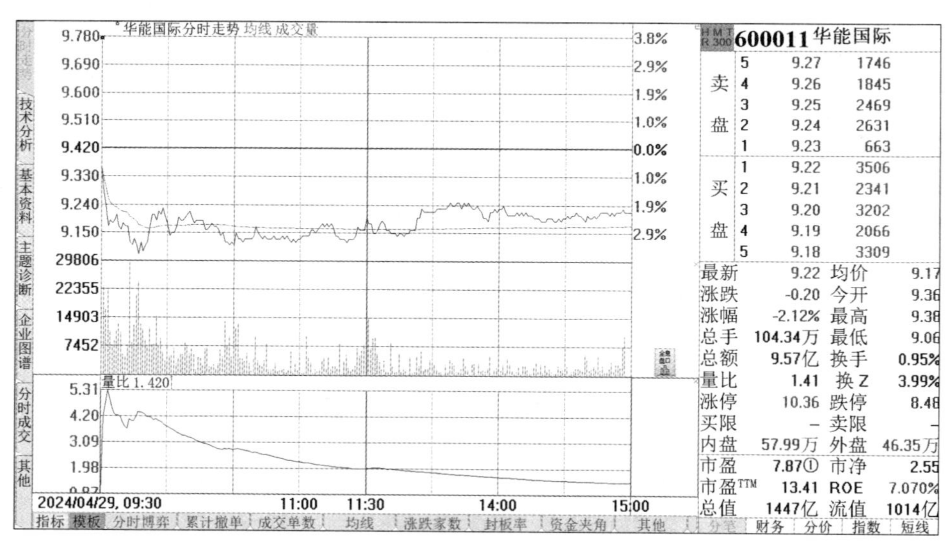

图17–7

（1）黄（玫红）色线。表示该股票即时成交的平均价格，即该时刻之前成交总金额除以成交总股数的值，就是通常所说的均价线。当大智慧软件的背景为黑色时，该线显示为黄色线；当大智慧软件的背景为白色时，该线显示为玫红色线。

（2）白（深蓝）色线。表示该股票即时成交的价格，就是通常所说的分时线。当大智慧软件的背景为黑色时，该线显示为白色线；当大智慧软件背景为白色时，该线显示为深蓝色线。

（3）粗横线。表示上一交易日的收盘价格，是当日价格上涨或下跌的分界线。

（4）柱状线。表示每分钟的成交量，就是常说的分时量或成交量，单位为手。

17.1.2 分时图的操作

前面介绍了分时图的分类和构成要素，本小节介绍分时图的基本操作。

1. 查看某一分钟的详细成交数据

在分时图上不仅能了解到股价的走势，还能确切知道某一分钟的具体成交数据。例如，投资者想查看某只股票14:35的成交数据，按←或→键，当鼠标指针变成十字形时，将鼠标指针移到14:35的位置即可显示该点的成交量，如图17–8所示。

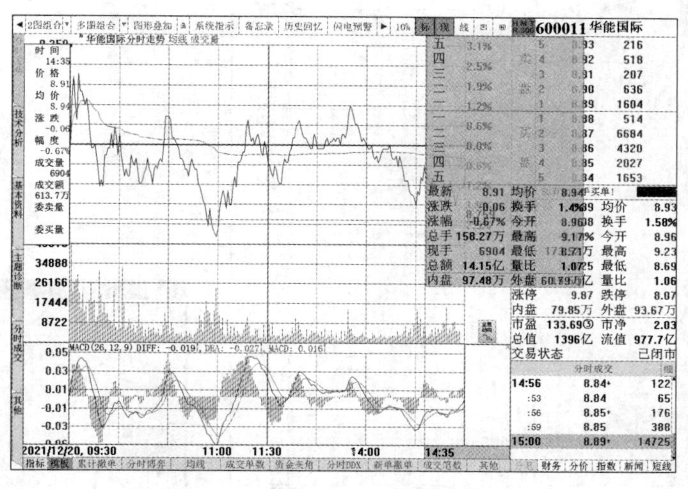

图17–8

> **提示**
>
> 投资者可以通过按←或→键查看上一分钟或下一分钟的成交明细。按Home键或End键可以将鼠标指针快速移动到分时图的头部或尾部。按Esc键退出十字指针形式，重新变成普通指针形式。

2. 查看多日分时图

投资者可以将多日的分时图连接在一起查看，以更全面地了解某只股票的走势情况。

投资者可以通过按↓键来添加分时图，每按一次，在分时图中将增加前一个交易日的分时图；而每按一次↑键将减少一个交易日的分时图，直到减少到当前交易日为止。打开华能国际（600011）2021年12月20日的分时图，按↓键，则可以同时出现12月17日和12月20日的分时图，如图17–9所示。

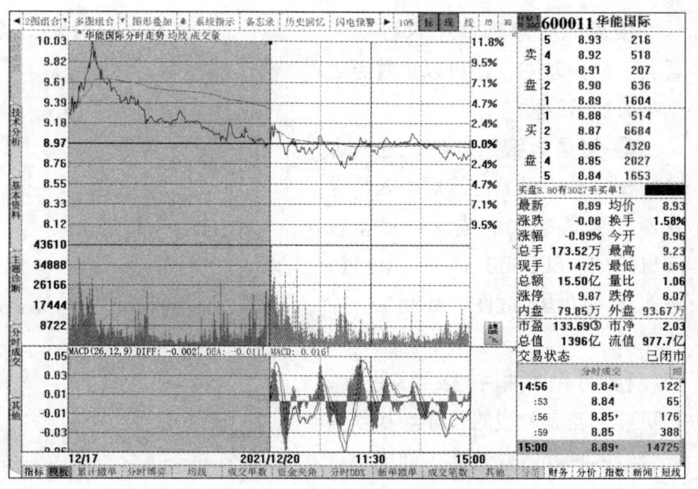

图17–9

3. 时段统计

通过时段统计，投资者可以了解指定时段的成交时间、价格、成交量等情况。

❶ 在华能国际分时图中，将鼠标指针移到要统计的时段的起始位置，并按住鼠标右键拖动到目标位置后松开鼠标右键，会显示一个菜单，如图17-10所示。

❷ 选择“时段统计”命令，打开“华能国际 时段统计”对话框，如图17-11所示。

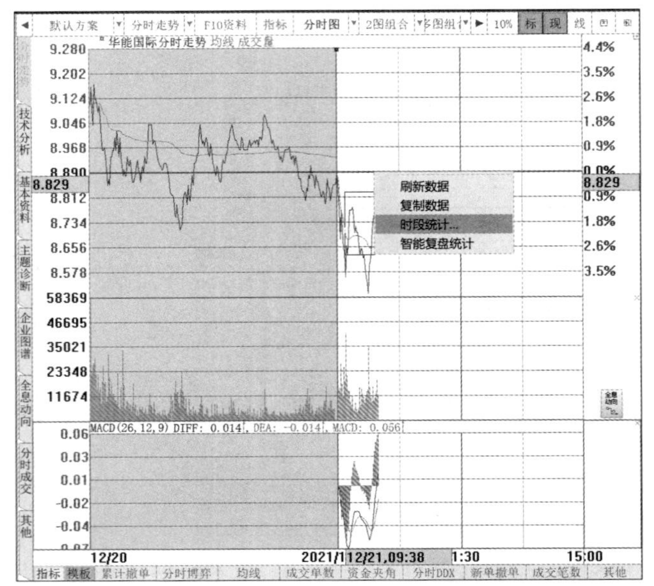

图17-10

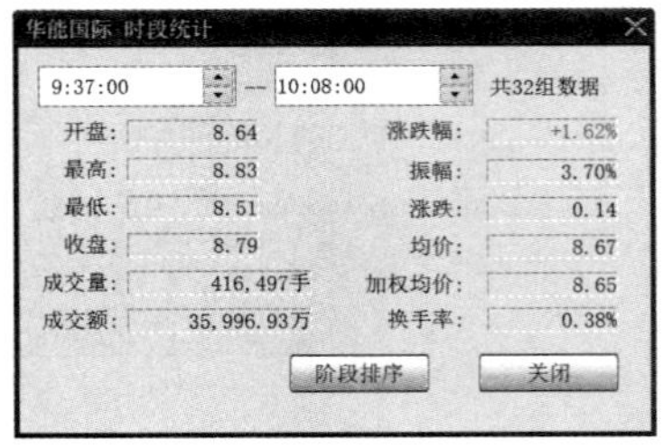

图17-11

提示

如果在显示的菜单中选择“复制数据”命令，则可以将该时段内的数据复制到剪贴板上。

4. 查看历史上某天的分时图

使用大智慧软件不仅可以查看当天的分时图，还可以查看历史上某天的分时图。

❶ 登录大智慧软件，进入个股的技术分析界面，然后输入需要查看的股票的代码或汉语拼音首字母，如“600600”，按Enter键，进入青岛啤酒K线图，如图17-12所示。

❷ 将鼠标指针移到K线上，即可显示当前K线的日期。找到需要查看的日期，双击即可弹出该日的分时图，如图17-13所示。

图17-12

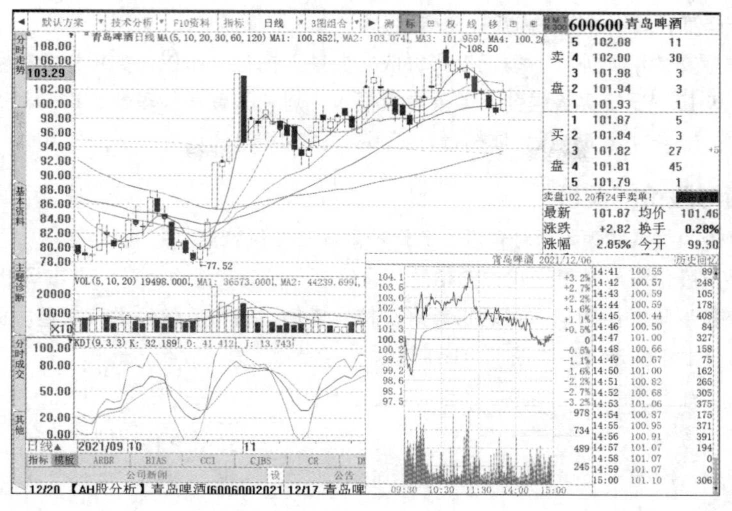

图17-13

❸ 投资者可以按←或→键查看上一日或下一日的分时走势，还可以单击当日分时图右上角的“历史回忆”选项，模拟当日的成交情况，如图17-14所示。

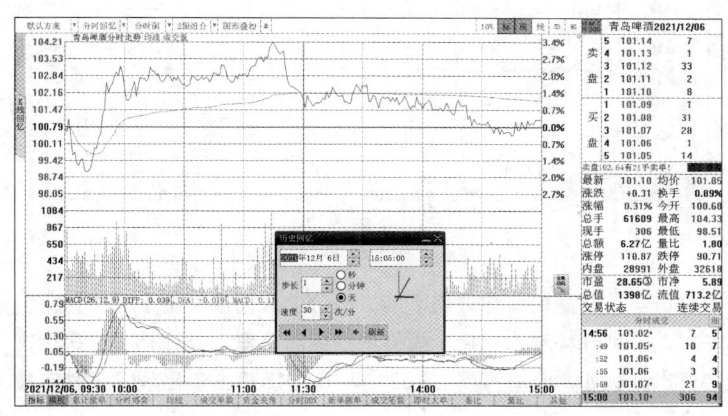

图17-14

17.1.3 成交量背后的含义

成交量是指当天成交的股票总手数（1手=100股）。通过成交量可以判断股票的走势，成交量大且价格上涨的股票，趋势向好。成交量持续低迷时，说明市场交易不活跃。股票市场常说的“量是价的先行，先见天量后见天价，地量之后有地价”就是这个意思。在研究成交量时要正确地认识以下几点。

1. 买盘+卖盘≠成交量

目前上海、深圳证券交易所对买盘和卖盘的揭示，指的是买价最高前三位揭示和卖价最低前三位揭示，是即时的买盘揭示和卖盘揭示。其成交后纳入成交量，不成交不能纳入成交量，因此，买盘与卖盘之和不等于成交量。

2. 外盘+内盘=成交量

既然“买盘+卖盘≠成交量”，那么怎样看出成交量中哪些是以买成交的或哪些是以卖成交的

呢？这里有一个计算公式：外盘＋内盘＝成交量。

委托以卖方成交的纳入外盘，委托以买方成交的纳入内盘。所以，如果外盘很大，意味着多数卖的价位都有人来接，显示买势强劲；如果内盘很大，则意味着在大多数买入价都有人愿意卖，显示卖方力量较大；如果内盘和外盘大体相近，则买卖力量相当。

3. 成交量与股价的关系

成交量与股价的关系体现为两种情况，即量价同向和量价背离。

量价同向是指股价与成交量变化方向相同。股价上升，成交量也上升，是市场继续看好的表现；股价下跌，成交量下降，说明卖方对后市看好，持仓惜售，转势反弹仍大有希望。例如太极股份在2021年10月15日上午的走势，如图17–15所示。

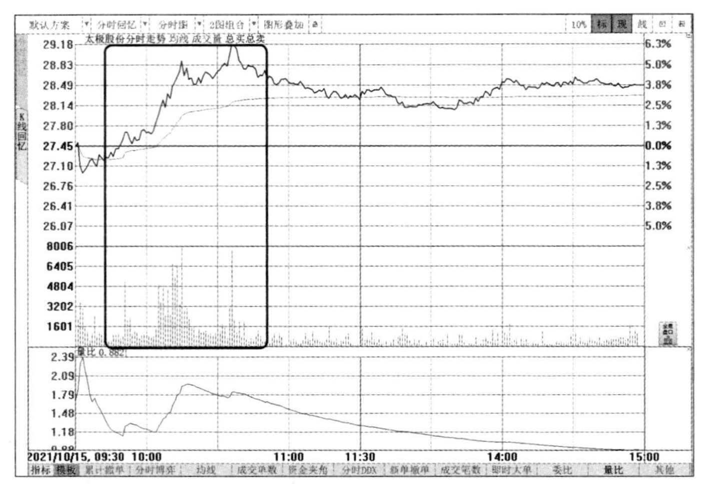

图17–15

量价背离是指股价与成交量的变化方向不同。股价上升而成交量下降或持平，说明股价的升势得不到成交量的支撑，这种升势难以维持；股价下跌但成交量上升或持平，是后市低迷的前兆，说明投资者纷纷抛售离市。例如，云海金属在2021年10月15日上午出现了下跌有量、上涨无量的背离走势，如图17–16所示。

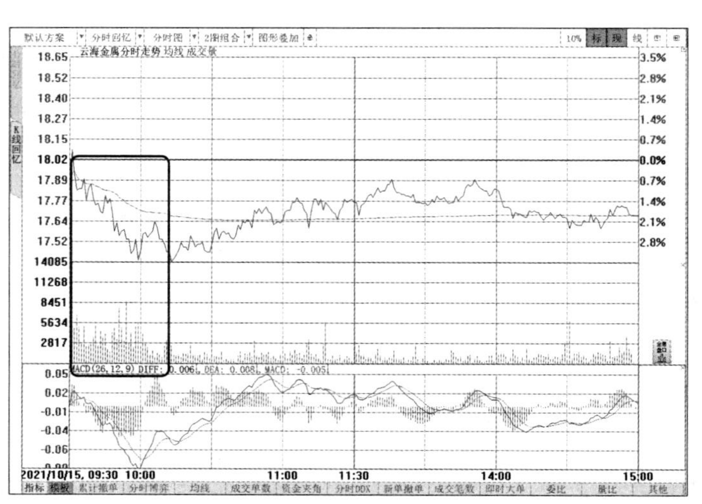

图17–16

4. 正确看待成交量

正常情况下，成交量的大小与股价的涨跌成正比关系，但在不正常情况下，如主力有意设置陷阱时，若盲信二者的正比关系，则会深受其害。

（1）温和放量。这是指一只个股的成交量在前期持续低迷之后，突然出现一个类似“山形”的连续温和放量形态，这种放量形态称作“量堆”。个股出现底部的“量堆”现象，一般可以证明有实力资金介入。但这并不意味着投资者就可以马上介入，一般个股在底部出现温和放量之后，股价会随量上升，量缩时股价会适当调整。此类调整没有固定的时间，少则十几天，多则几个月，所以，此时投资者一定要分批逢低买入，并在支持买进的理由没有被证明是错误的时候，耐心等待。

需要注意的是，当股价温和放量上扬之后，其调整幅度不宜低于放量前期的低点，因为如果低于主力建仓的成本区，至少说明市场的抛压还很大，后市调整的可能性较大。兴森科技2021年10月15日的分时图说明了这种走势，如图17-17所示。

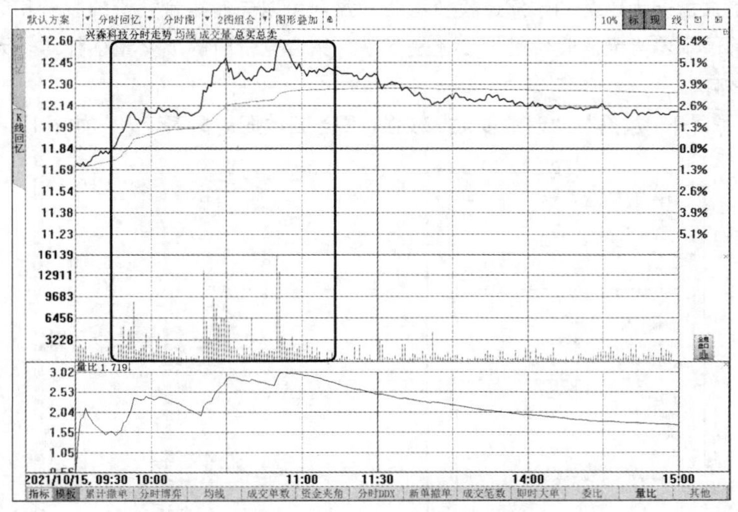

图17-17

（2）突放巨量。对此种走势的研判，应该分几种不同的情况来对待。一般来说，股价上涨过程中放巨量，通常表明多方力量强大，不想投资者低位买到筹码，所以后市可能会继续走高。而股价下跌过程中放巨量，一般出现在下跌初期，很可能有人离场了。如果是跌了很多之后出现的放量跌停，很可能是最后一次集中释放空头压力，后市很可能会快速反弹。图17-18为新洁能2021年10月15日的分时图，放量上涨，后市看涨。

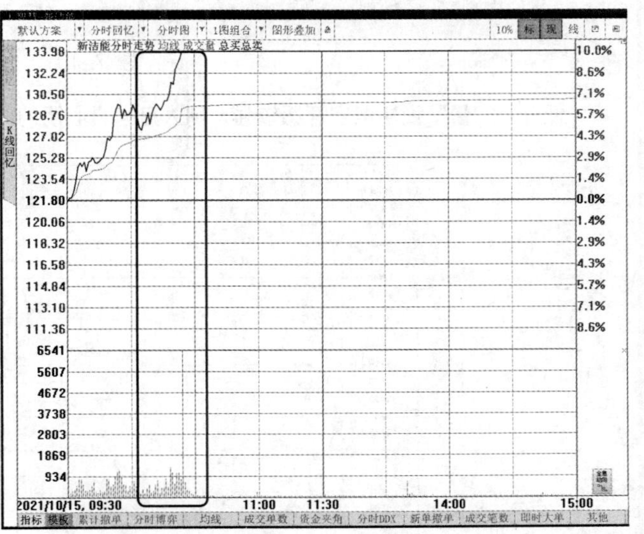

图17-18

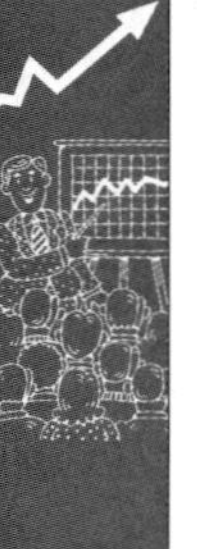

17.1.4 集合竞价揭示当天走势

集合竞价是指每个交易日的9:15—9:25和14:57—15:00，由投资者按照自己所能接受的价格自由地进行买卖申报，由交易主机系统对全部有效委托进行一次集中撮合的处理过程。

每一个交易日的第一个买卖时机就是集合竞价的时候，机构主力经常会借集合竞价跳空高开，拉高出货，或者跳空低开，打压建仓。通常情况下，个人投资者的投资策略是卖出跌势股，买入热门股或强势股，而机构主力操盘恰恰反其道而行之，它们总是利用集合竞价，卖出热门股，买入超跌股。

因此，当集合竞价开始时，投资者如果发现手中持有的热门股跳空高开，同时伴随着大的成交量，就要提高警惕了，继续观察，开市半小时内如果该股达到5%的换手率，就应该做好逢高出手的准备。反之，当集合竞价开始时，投资者如果发现手中的热门股向上跳空高开的缺口较小，并且量价关系良好，则可以追涨。

集合竞价是大盘一天走势的预演，投资者在开盘前可以先看集合竞价的股价和成交额是高开还是低开，这通常预示着当天的股价是上涨还是下跌。集合竞价时的成交量往往对一天之内的成交活跃度有较大的影响。

一般来讲，“高开＋放量”说明做多意愿较强，则当日收阳的概率较大，如图17-19所示。

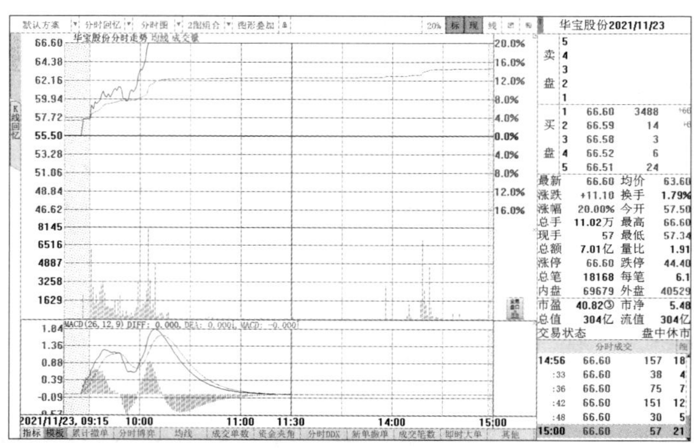

图17-19

“低开＋缩量”说明做空意愿较强，则大盘当日收阴的概率较大，如图17-20所示。

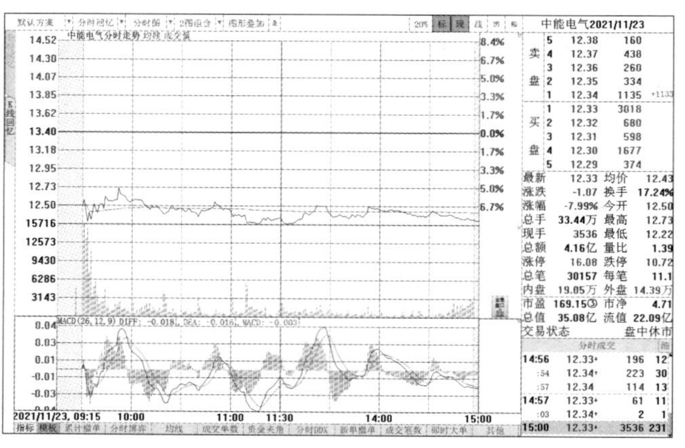

图17-20

17.2 分时买入信号

要想在股市中获利，除了基本面分析，还要注重技术面分析。技术面分析有很多，本节主要研究通过分时图来判断和发现买入信号。

17.2.1 双线向上

这里所说的双线向上是指分时线和量比指标线在同一时段同时向上，即同时形成上升趋势。图17-21为睿昂基因在2021年11月23日的分时图，股价持续上涨并持续得到了大量的成交量支持，说明股价良性上涨，这时，投资者可以入场做多。

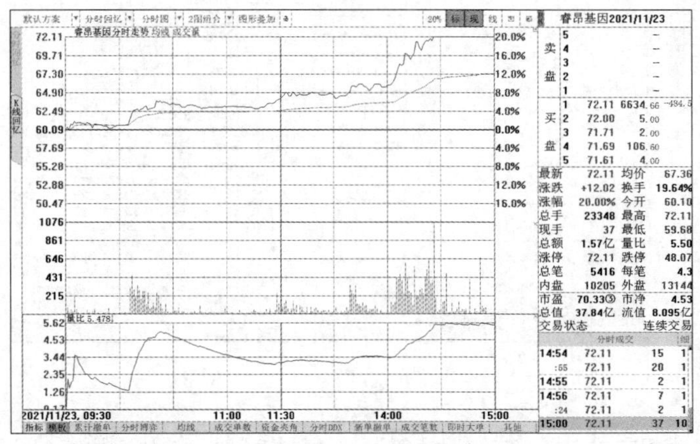

图17-21

17.2.2 双线分离

双线分离就是分时线和量比指标线走向呈喇叭形，分时线上升，量比指标线下降，说明股价此时上涨已不需要成交量放大来配合，是主力高度控盘的结果，或者是缩量上攻，量价背离，如图17-22所示。

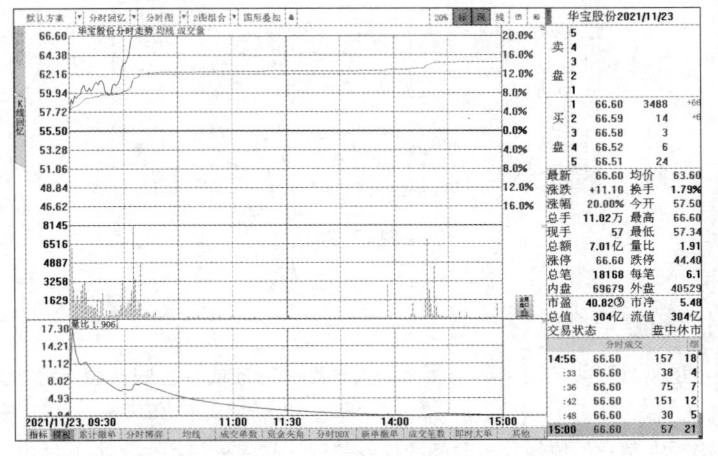

图17-22

17.2.3 均线支撑

均线支撑是指均线支撑着分时线不往下跌的走势。均线支撑分为接近式和相交式。接近式支撑是指分时线由上向下运行到均线附近时就反弹。相交式支撑是指分时线向下运行与均线相交且跌破均线后，在较短时间里，又被拉回均线上的走势。

在第一次支撑出现后，如果股价涨势平缓，没有出现急涨的走势（指涨幅没有超过3%），随后出现的第二次和第三次支撑走势，均可放心买入。在第一次支撑出现后，如果股价大幅拉高，涨幅超过3%，此后出现的支撑走势，应该谨慎或放弃买入。

图17–23所示为接近式支撑，每个低点都是买点。

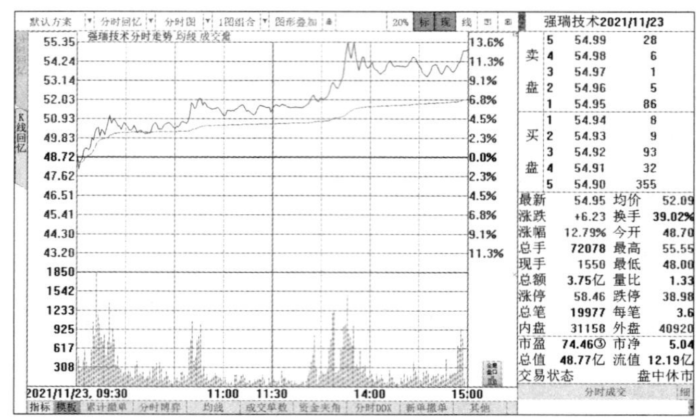

图17–23

图17–24所示为相交式支撑，在分时线第一次跌破均线时，被快速拉高，是最佳买点，第三次跌破均线后被逐渐抬高，也可买入。

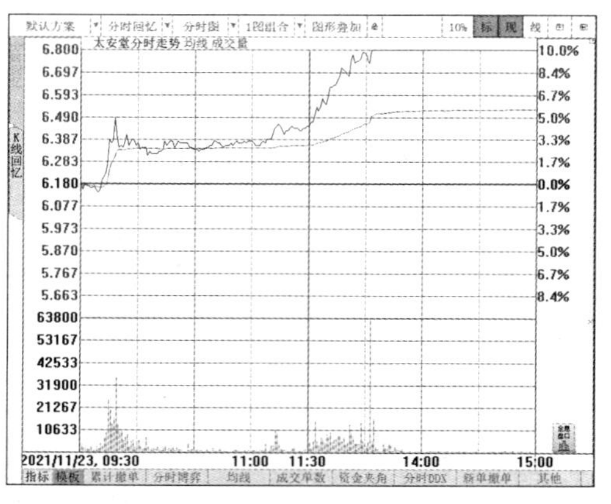

图17–24

17.2.4 向上突破平台

向上突破平台是指分时线向上突破前面横向整理期间形成的平台的一种走势（见图17–25）。该走势有以下特征。

（1）分时线必须在某一价位做较长时间的横向整理，时间一般不少于半小时。

（2）分时线应贴近均价线波动，波动的幅度较小，所形成的高点大体处在同一水平线上。

（3）均线在整理期间基本是一条水平线，无较大的波折。
（4）均线必须向上越过平台的最高点。

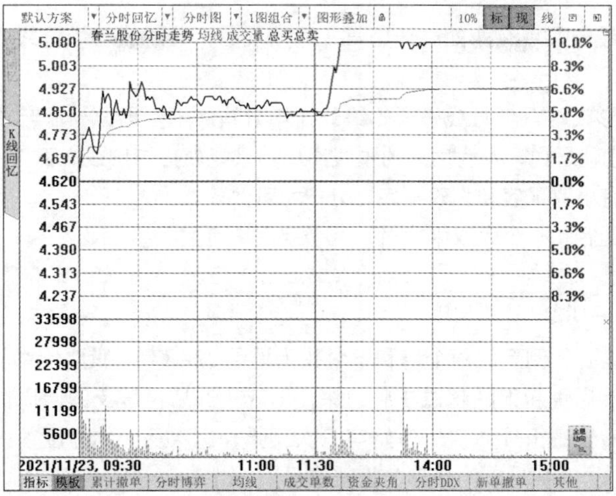

图17-25

提示

①在一个交易日中，有可能会出现多个向上突破平台的走势。第一个向上突破平台走势出现时，应该第一时间买入；第二个向上突破平台走势出现时，如果涨幅不大，也可买入；第三个向上突破平台走势出现时，不应买入。②设好止损点，如果遇到的是假突破，第二天应逃离。

17.2.5 分时双平底

分时双平底是指股价经过一段时间的下跌后，在低位出现了两个同值的低点，如图17-26所示。分时双平底具有以下特征。

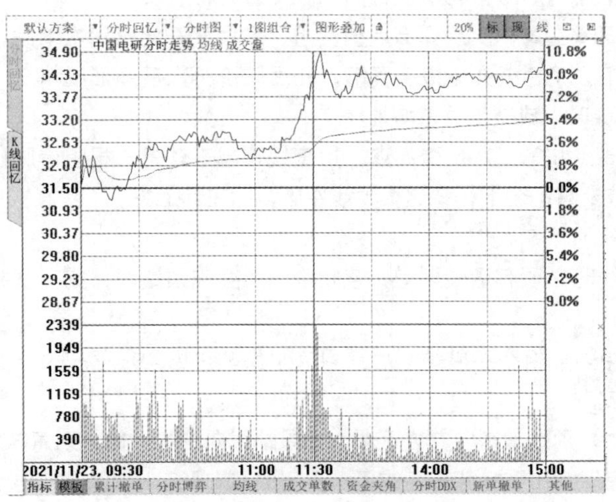

图17-26

（1）股价下跌的幅度较大，一般大于3%。

（2）两低点应同值（第二底略高于第一底也可，但绝不能低于第一底）。

（3）第二底出现后，分时线必须反转向上，且要超过均价线或颈线。

出现分时双平底时需要注意以下几点。

（1）分时双平底最佳买点有两处：一是第二底出现后，分时线与均价线的交点；二是分时线向上突破颈线的位置。

（2）分时双平底形成时，分时线必须始终处在均价线之下，即第一底与第二底之间的分时线不能向上穿越均价线。也就是说，两底之间的颈线高点均只能处在均价线之下。

（3）分时双平底有小双平底和大双平底之分，均可做多。

（4）有一个小双平底和一个大双平底时，两个双底均可买入。

17.2.6 分时头肩底

分时头肩底的曲线犹如倒置的两个肩和一个头（见图17–27）。股票价格从左肩处开始下跌至一定深度后弹回原位，然后重新下跌超过左肩的深度形成头部后再度反弹回原位；经过整理后开始第三次下跌，当跌至左肩位置形成右肩后开始第三次反弹，这次反弹的力度很大，很快穿过整个形态的颈线并且一路上扬。分时头肩底为典型的大涨信号。

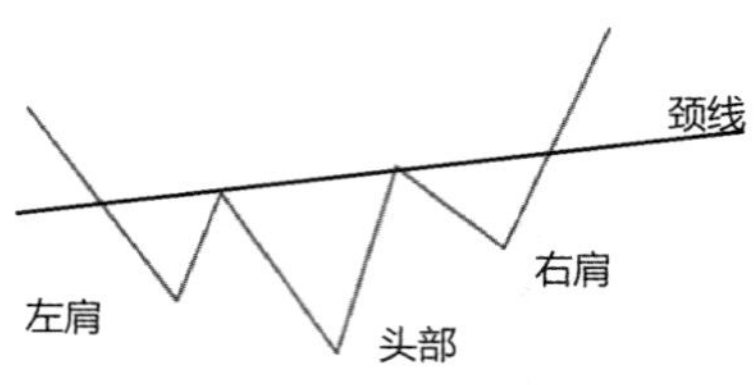

图17–27

（1）急速下跌，随后止跌反弹，形成第一个波谷，这就是通常说的“左肩”。形成左肩部分时，成交量在下跌过程中出现放大现象，而在左肩最低点回升时成交量有减少的倾向。

（2）第一次反弹受阻，股价再次下跌，并跌破了前一低点，之后股价再次止跌反弹形成了第二个波谷，这就是通常说的“头部”。形成头部时，成交量会有所增加。

（3）第二次反弹再次在第一次反弹高点处受阻，股价又开始第三次下跌，但股价到与第一个波谷相近的位置后就不下去了，成交量极度萎缩，此后股价再次反弹形成第三个波谷，这就是通常说的“右肩”。第三次反弹时，成交量显著增加。

（4）第一次反弹高点和第二次反弹高点，用直线连起来就是一根阻碍股价上涨的颈线。但第三次反弹时，股价会在成交量配合下，将这根颈线冲破，站在其上方。

分时头肩底有以下几个特征。

（1）股价突破颈线时必须有量的剧增，若股价向上突破颈线时，成交量并无显著增加，有可能是假突破。

（2）分时头肩底中，价格在突破颈线后更习惯于反抽，原因是落袋为安的投资者比较多，这时会出现两个明显的买点。

（3）分时头肩底中，颈线常常向右方下倾，如果颈线向右方上倾，则意味着市场更加坚挺。

（4）分时头肩底有时会出现一头多肩或多头多肩的转向形态，此类形态较为复杂。

图17–28所示为天华超净（300390）在2021年8月27日的分时图。该股票上午时段出现了分时头肩底走势，连接左肩和右肩的顶点画出颈线，可以看出在右肩向上突破颈线的时候，成交量放大，投资者可考虑买入。

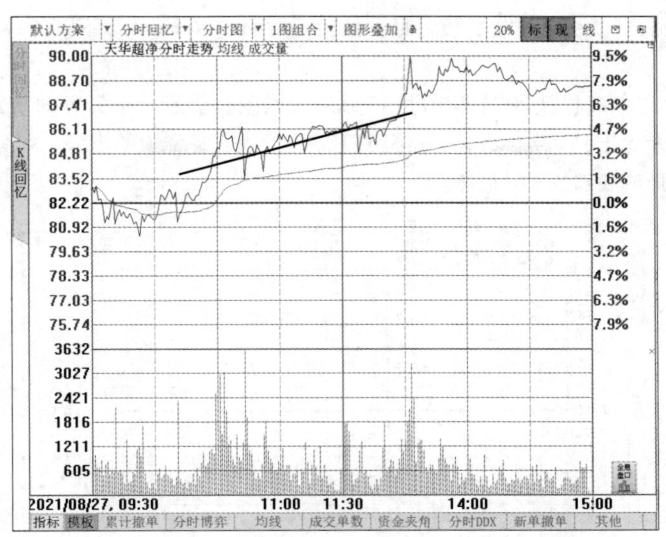

图17-28

17.2.7 分时多重底

分时多重底具有以下技术特征。

（1）分时多重底底部低点相对齐平，但顶部没有规则。

（2）分时多重底底部低点多位于重要的均线位或者重要的技术支撑位附近。

（3）分时多重底盘旋时间往往较长，多在60分钟以上，且横盘区间内呈现极度缩量状态。

（4）分时多重底底部盘旋时要对多空量能进行合计，大多数情况多方量能之和是有优势的，这是多方吸筹状态的临盘体现，是买点的显现。

图17-29所示为中兰环保在2021年10月15日的分时图。其股价下跌之后跌幅一直维持在3%左右，10:00左右一直到13:15，横盘了接近2小时，期间多次探底，低点相对齐平。横盘期间成交量萎缩，之后尾盘拉起，当日振幅达7.61%。

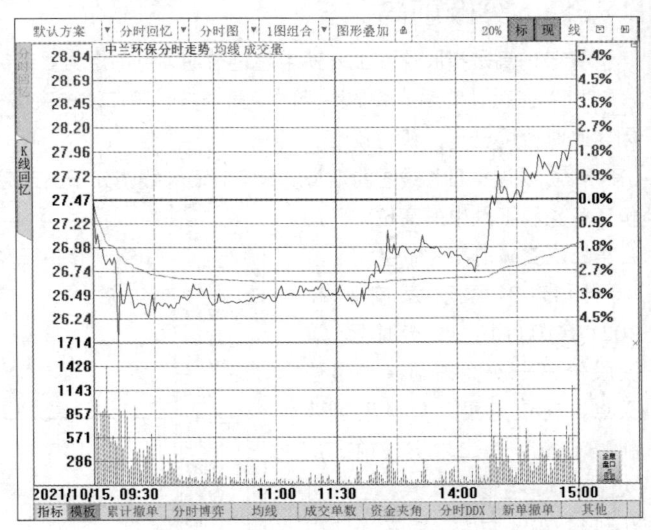

图17-29

17.2.8 V字尖底

V字尖底就是股价急跌，然后被快速拉起，分时线形成一个V字形态的走势。V字尖底具有以下特征。

（1）该形态形成前，应是平开或低开，其后出现急跌的走势。

（2）该形态最低点的跌幅不能少于2%，在最低点停留的时间不能超过3分钟。

（3）该形态形成前，分时线应一直处在均价线之下。

（4）该形态的底部低点必须是负值，且下跌的幅度必须大于2%（下跌的幅度越大，收益就越大）。

图17-30所示为卓翼科技2021年10月15日的分时图。该股价格开盘即下跌，跌幅超过8%，触底后立即走高，是标准的V字尖底，是典型的下跌幅度大、反弹大的走势。K线图上会形成一根长长的下影线，可能形成底部的探针形态。

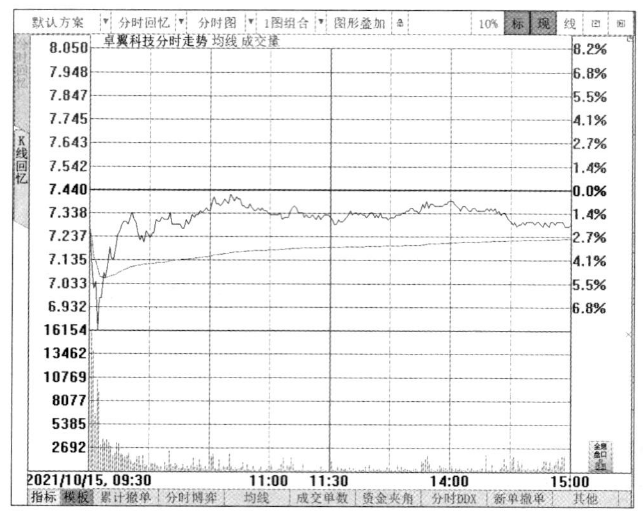

图17-30

17.2.9 突破前高

突破前高是指股价在上升途中超过前期高点的走势。在突破前高买入时要注意如下方面。

（1）在超过前期波峰的高点时，第一次、第二次的突破处，可以做多，在第三次突破时要小心，因为此时价位已高，获利较难。

（2）要注意日K线图的走势。只有在日K线图处于上升趋势，且价位不高时，才可做多。如果股价在盘整和下跌中的高位，则应在第三次突破前高时做空。

图17-31所示为安科瑞2021年10月15日的分时图。该股股价第一次突破前高是最佳买点，在该点买入，当天可获利16.85%；第二次突破前高是次佳买点，在该点买入，当天可获利11.78%左右；第三次突破前高时应当谨慎，虽然从走势看，当天买入仍然能获利，但当时价位已经很高，即使获利也非常少，还有可能第二日低开直接被套。

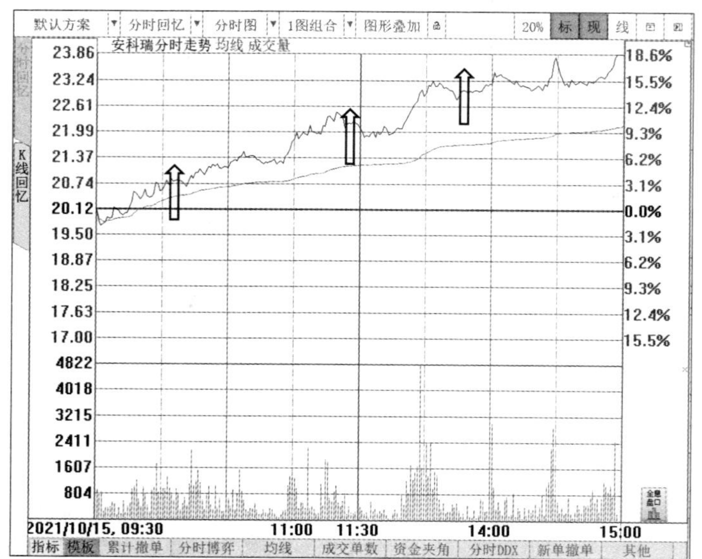

图17-31

17.2.10 上穿收盘线

上穿收盘线是指分时线由下向上波动到前一日收盘线的上方的走势。在上穿收盘线买入时应注意如下方面。

（1）必须关注当日的开盘情况，当日应是低开，且开盘后到分时线上穿前一日收盘线之前的这段时间，分时线始终处在前一日收盘线之下。

（2）股价先高开再跌破收盘线之后再回升到收盘线上时，不太适合买入。

（3）避免在开盘后深跌的“上穿”时买入，因为这很容易变成均线压力。

图17-32所示为金圆股份在2021年10月15日的分时图，是典型的上穿收盘线走势。开盘股价向下走，低于前一日收盘价，然后在10:30之后由下向上突破前一日收盘价，升到前一日收盘价时可以买入。在该点买入，当日可获利10%左右。

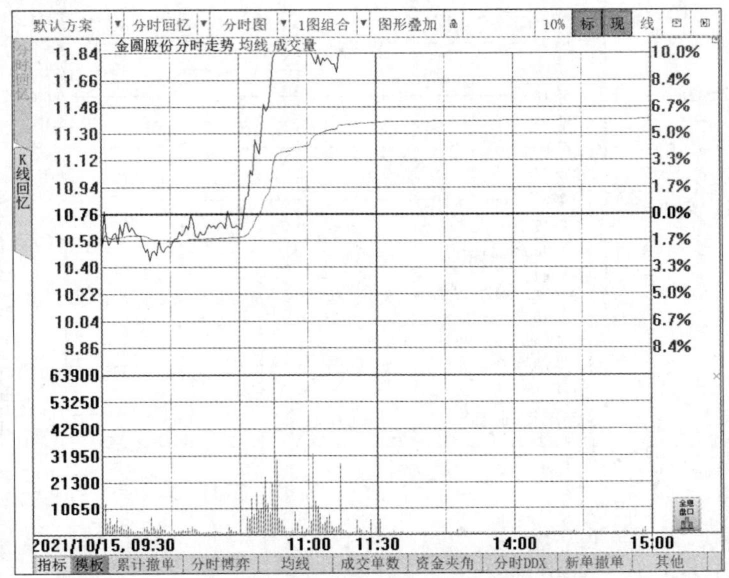

图17-32

17.3 分时卖出信号

下面介绍通过分时图来判断和发现卖点的信号。

17.3.1 双线向下

分时线和量比指标线不仅可以帮投资者提升获利，还可以帮助投资者回避股价下跌的风险。当分时线和量比指标线同时形成下降趋势时，表示盘中的量能开始不断减小，是卖出的信号。

图17-33所示为欧普康视在2021年10月15日的分时图。开盘时量比指标值非常大，但随后出现连续下滑走势。在股价下跌过程中可以看到，分时线形成狼牙形态，股价一波比一波低，说明有资金在坚决出货。

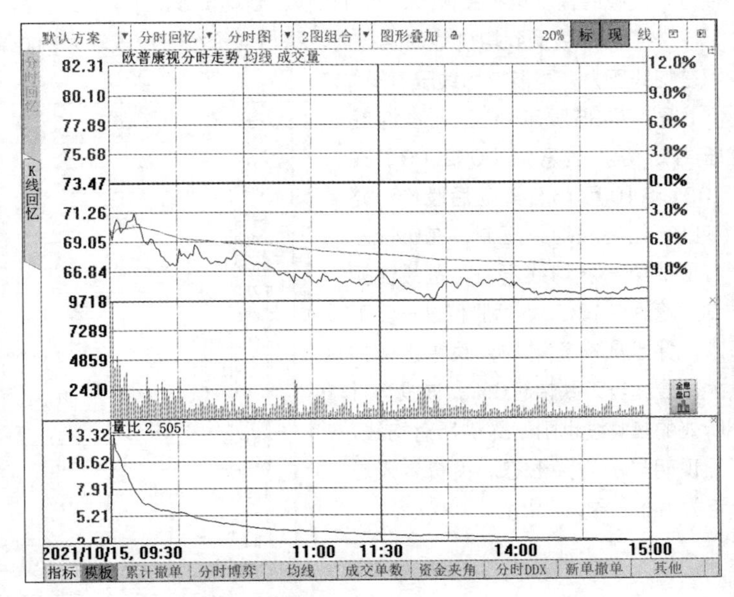

图17-33

17.3.2 双线相对

双线相对即分时线下降，量比指标线却上升，反映资金在盘中不断杀跌出货，这时应果断卖出，如图 17–34 所示。

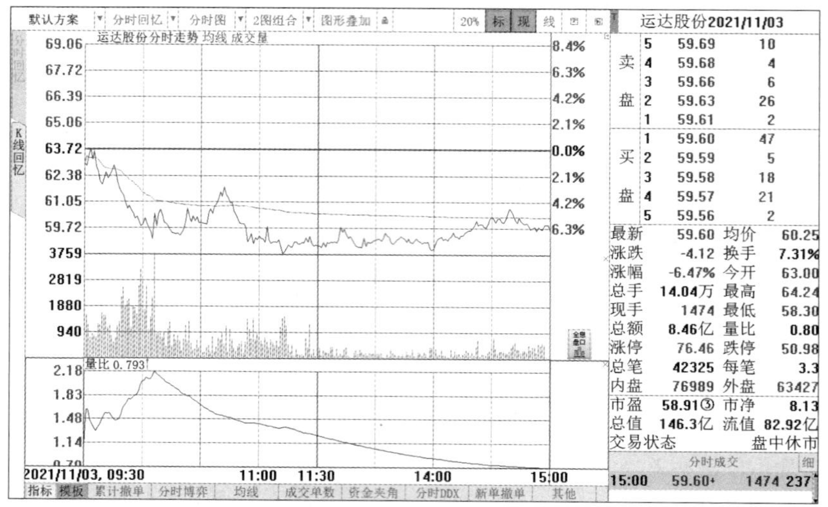

图 17–34

17.3.3 均线压力

均线压力是指股价上升到均价线附近或短暂上穿均价线后，回头下行的走势。均线压力有以下几个特征。

（1）均价线应一直处在分时线之上，且呈水平状态横向移动。

（2）分时线大多数情况下处在均价线之下，一般不向上突破均价线，即使突破，停留的时间也很短，突破的幅度也不会很大，并且很快回到均价线的下方。

（3）分时线受到均价线的阻挡前，需与均价线有一段较大的距离，如果两线始终靠得很近，就不是均线压力，不能按均线压力操作。

图 17–35 所示为标准的均线压力走势。达意隆（002209）在 2021 年 10 月 15 日开盘后股价一路下跌，始终被均线压制，在 9:48 左右形成第一次均线压力，是最佳卖点。随后在 13:36 之后股价进一步下跌，并且成交量增加，跌幅迅速扩大，最终当天跌幅超 6%。该股当时所处的日 K 线也刚刚跌破所有均线，呈现明显的空头形态。投资者还是走为上策，早点卖出。

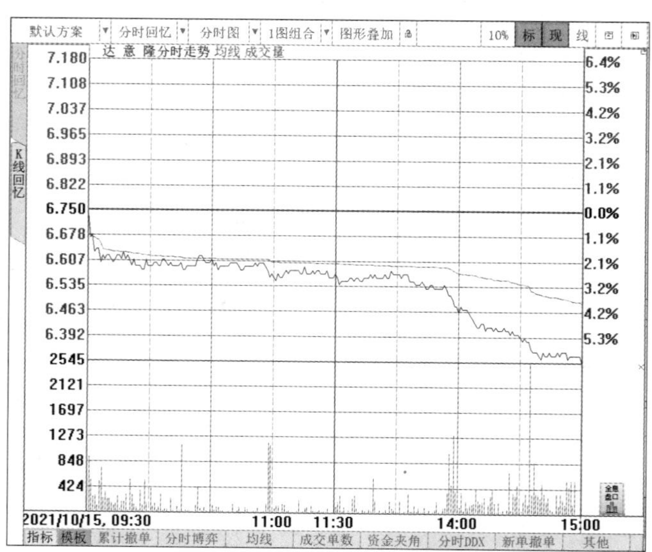

图 17–35

提示

注意均线压力形态出现的价位。只有处在高价位的均线压力才可做空。如果均线压力处在调整后的低位，最好不做空，而是持股待涨。

17.3.4 跌破平台

跌破平台是指分时线在离均线较近的地方进行长时间的横向整理后向下跌破平台的走势。跌破平台有以下两个特征。

（1）跌破前，一定会出现一段横盘走势，形成一个明显的平台。

（2）分时线跌破平台的低点后，多数情况下会在短时间内又反弹到平台的低点附近，然后再次跌破平台的低点，此时就可确认跌破平台形态的形成，是最佳卖点。

图17-36所示为标准的跌破平台走势。国际实业（000159）在2021年9月16日早盘平开高走，股价快速上涨2.7%，之后股价就迅速跌破均线，短线反弹至均线后受到均线压制，股价小幅盘整之后，开始进入下跌趋势。股价先是跌破前一日收盘价的支撑平台，这是个最佳卖点。之后股价一路下探至跌幅1.8%这个平台，盘整至13:50左右。之后股价跌破跌幅为1.8%的平台，再度下探，这是最后的卖点。此后股价跌幅最大为3.5%。

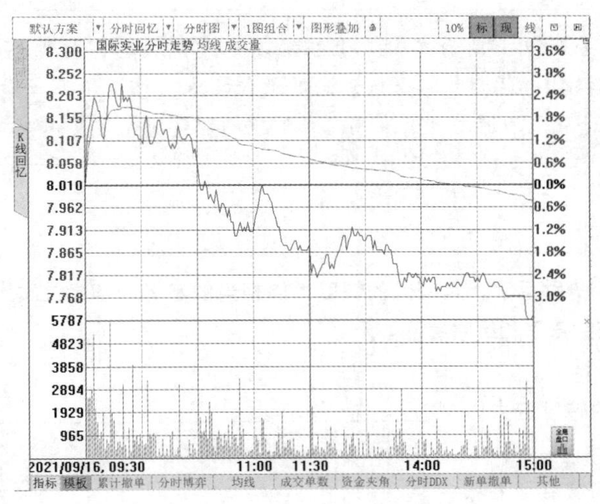

图17-36

提示

跌破平台的最佳卖出时机应是在第一次跌破平台时，第二次次之，因为跌幅较大。

17.3.5 分时双平顶

分时双平顶是指股价在经过一段涨势后，在高位形成了两个高点为同值（或接近）的顶部。分时双平顶形态具有以下特征。

（1）形成的两个顶部高点应为同值（或接近），且应处在均价线之上。

（2）分时双平顶形成时，当日的股价上涨幅度应大于3%。

图17-37所示为冀东水泥在2021年9月10日的分时图。其中分时双平顶出现得比较早，在形成分时双平顶时，涨幅为5.49%而且处在最高位，完全符合涨幅应大于3%的特征，可在第二顶形成

后跌破分时均线的位置考虑卖出。

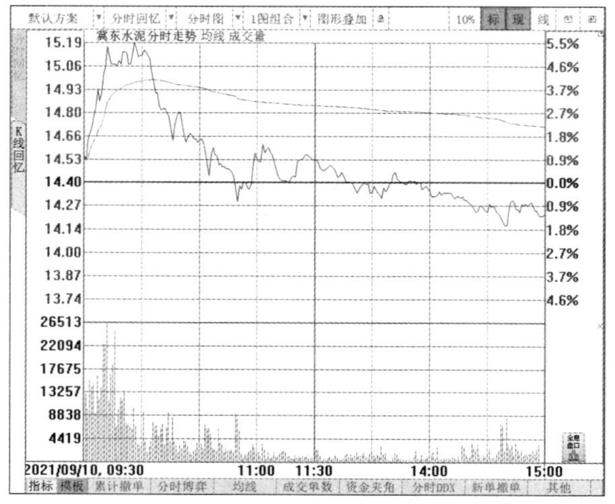

图 17-37

提示

①形成分时双平顶形态时，上涨幅度越大，形态有效性越强，上涨幅度小于3%，应避免操作；②分时双平顶形态的最佳卖点为第二顶形成后的下一档或下两档价位；③分时双平顶形态只有在高位或波段的顶部时，才可做空。

17.3.6 对称上涨

对称上涨是指股价先跌后涨，且涨跌的幅度大体相当的走势，是高位卖出的一个十分有效的信号。对称上涨又分为急跌急涨和缓跌缓涨。

对称上涨具有以下特征。

（1）下跌和上涨的幅度应大体相当或相等。

（2）该形态下跌的低点到上涨的高点的波动幅度应在3%以上。波动幅度小于3%的对称上涨不适合操作。

图17-38所示为典型的急跌急涨形态。晨鸣纸业（000488）股价在2021年9月24日开盘即开始急速下跌，直到10:00左右跌了3.62%后开始小幅反弹，之后开始横盘震荡。在13:20股价开始快速反弹，涨幅达到4.41%后又开始走低，走势符合股价先跌后涨，且涨跌的幅度达到3%以上的特征，下午反弹的高点是个不错的卖点。

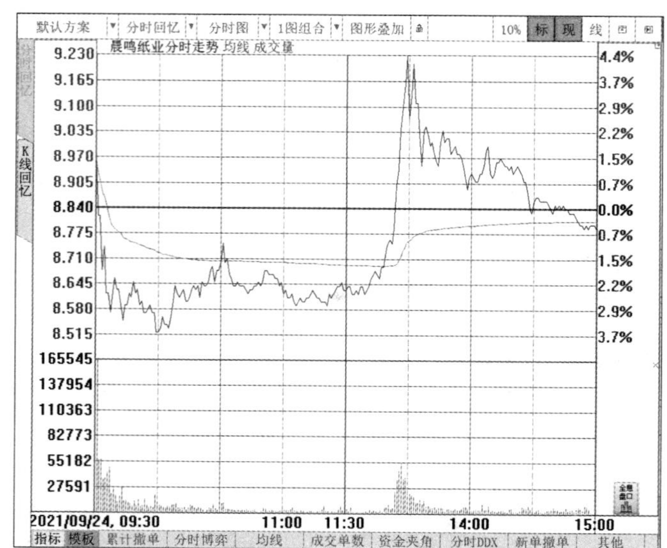

图 17-38

17.3.7 分时头肩顶

分时头肩顶和分时头肩底正好相反，股票价格从左肩处开始上涨至一定高度后跌回原位，然后重新上涨超过左肩的高度形成头后再度跌回原位，经过整理后开始第三次上涨，当上涨至左肩位置形成右肩后开始第三次回跌，这次下跌的力度很大，很快穿过这个形态的颈线并且一路下跌。分时头肩顶为典型的卖出信号，其形态如图17–39所示。

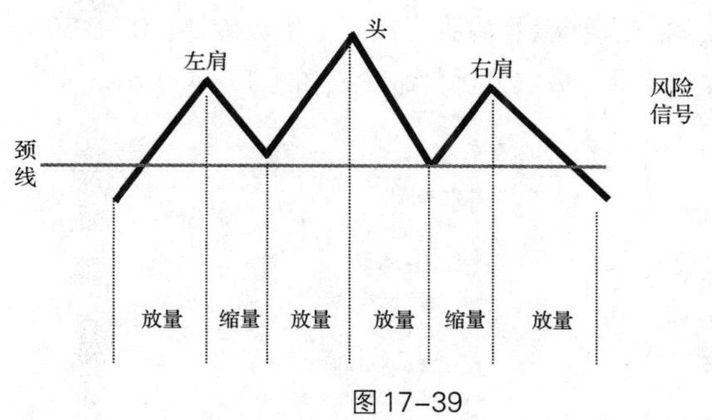

图17–39

分时头肩顶形态走势可以分为以下几个部分。

（1）形成左肩。股价持续上升一段时间，成交量很大，过去在任何时间买进的人都有利可图，于是开始获利卖出，令股价出现短期回落，成交量较上升到顶点时显著减少。

（2）形成头部。股价经过短暂的回落后，又有一次强力的上升，成交量亦随之增加。不过，成交量的高点较之于左肩部分，明显减少。股价突破上次的高点后再一次回落。成交量在这次回落期间亦同样减少。

（3）形成右肩。股价下跌到接近上次的回落低点又再获得支持回升，可是，市场的投资情绪显著减弱，成交量较左肩和头部明显减少，股价没抵达头部的高点便回落，于是形成右肩。

（4）跌破。股价从右肩下跌穿过由左肩底和头部底所连接形成的颈线，其突破颈线的幅度超过市价的3%。

嘉诚国际（603535）在2021年10月15日的早盘9:30—10:30出现了典型的分时头肩顶形态，如图17–40所示。

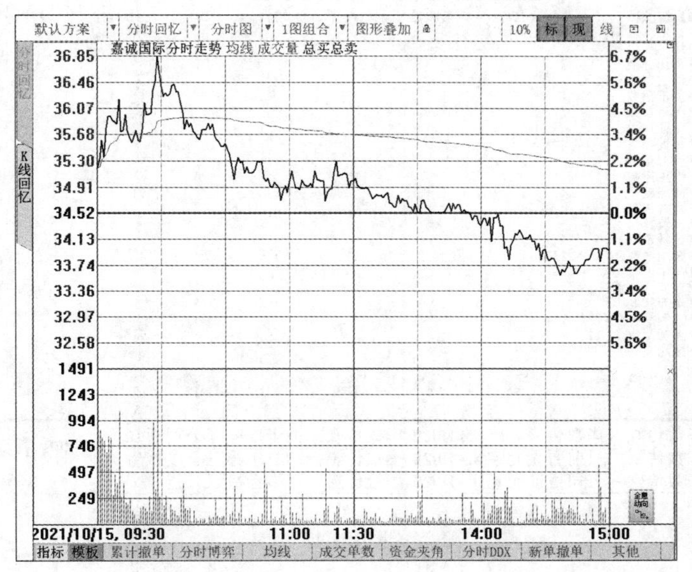

图17–40

第17章

分时走势看盘分析

大智慧炒股软件从入门到精通

高手秘技

技巧1 板块分析

大智慧软件不仅可以从基本面、技术面、消息面分析个股，还可以结合板块进行板块分析。

❶ 登录大智慧软件，输入需要查看的股票代码（华数传媒，000156），单击工具栏的相关功能旁的▼图标，在弹出菜单中选择“板块分析”命令，如图17-41所示。

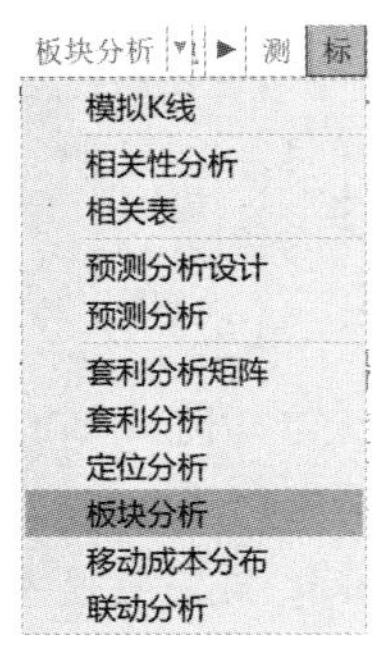

图17-41

❷ 打开“板块对比分析”对话框，如图17-42所示。分别选择“对比分析”“关系分析”“样本股分析”“交叉分析”选项卡进行设置。

图17-42

技巧2　模拟K线

模拟K线功能可用于在历史回忆模式中加入投资者自己绘制的K线。如果说历史回忆功能可以使投资者“回到过去”，那么模拟K线功能则可以使投资者“前往未来”。在任意的K线图中，按Ctrl+K组合键，实际K线图的背景会以蓝色表示，模拟K线图的背景以斜纹表示。

❶ 登录大智慧软件，在K线图中按Ctrl+K组合键，如果该K线图中没有添加过模拟K线，则会提示创建模拟K线，如图17-43所示。

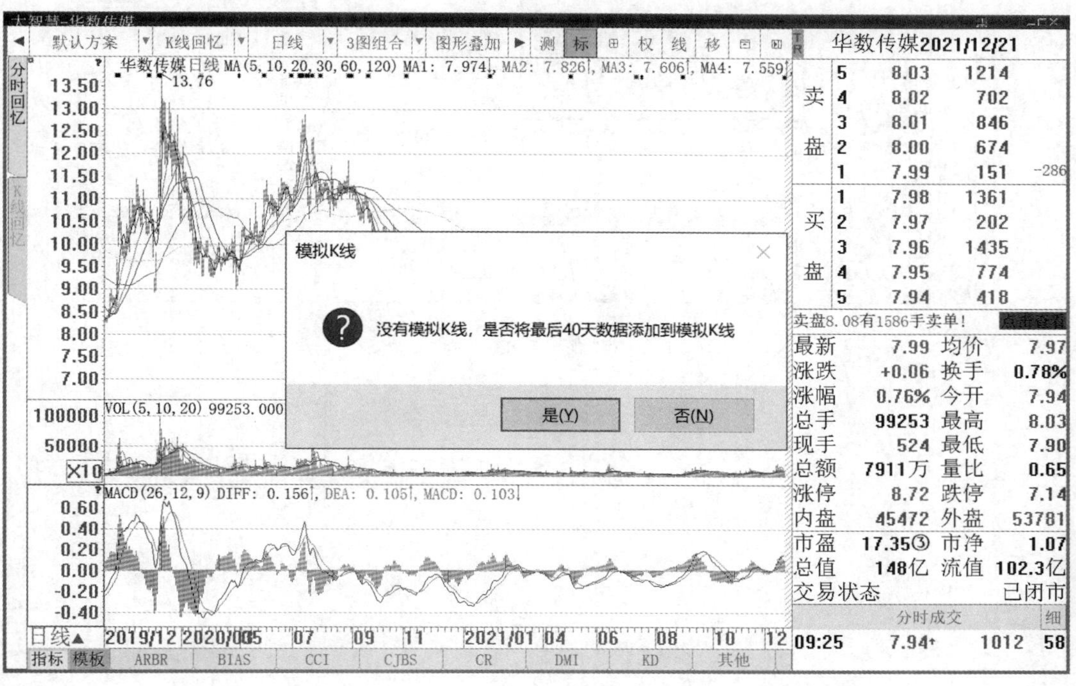

图17-43

❷ 单击“是”按钮，弹出“添加40个数据到模拟K线中”对话框，选择模拟K线与原K线对应的形，然后单击“确定”按钮，如图17-44所示。

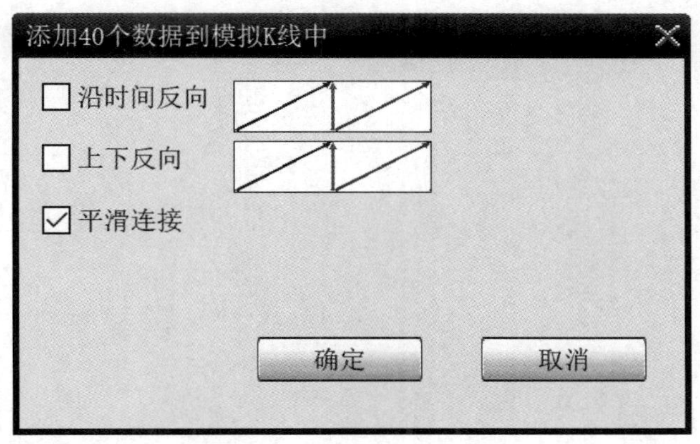

图17-44

❸ 选择历史回忆选项后的显示如图17-45所示。

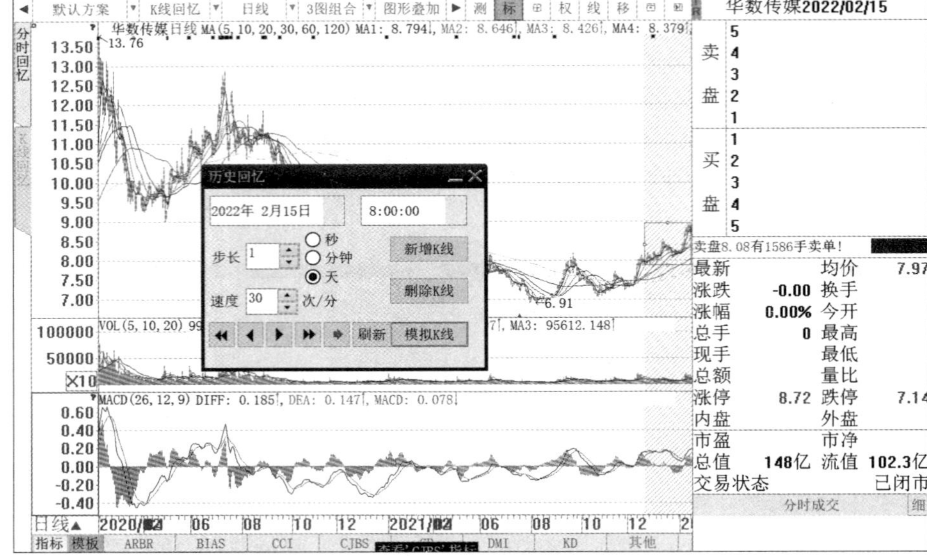
默认方案
K线回忆
日线
3图组合
图形叠加
华数传媒2022/02/15
华数传媒 日线 MA(5,10,20,30,60,120) MA1: 8.794, MA2: 8.646, MA3: 8.426, MA4: 8.379
13.76
6.91
历史回忆
2022年 2月15日
8:00:00
步长
秒
分钟
天
速度
次/分
新增K线
删除K线
刷新
模拟K线
VOL(5,10,20)
MA3: 95612.148
MACD(26,12,9) DIFF: 0.185, DEA: 0.147, MACD: 0.078
卖盘
买盘
卖盘8.08有1586手卖单!
最新
均价
7.97
涨跌
-0.00
换手
涨幅
0.00%
今开
总手
0
最高
现手
最低
总额
量比
涨停
8.72
跌停
7.14
内盘
外盘
市盈
市净
总值
148亿
流值
102.3亿
交易状态
已闭市
分时成交
指标
模板
ARBR
BIAS
CCI
CJBS
DMI
KD
其他

图 17-45

第18章　预警和条件选股

本章引语

股市是谣言最多的地方，如果每听到什么谣言，就要买进卖出的话，那么钱再多，也不够赔。

——是川银藏

股市到处是“地雷”和陷阱，如何能提前预警，排除“地雷”，绕开陷阱，选出真正意义上的绩优股、潜力股是获利的关键。大智慧软件的预警和条件选股可以为投资者提供这方面的帮助。

本章要点

★预警

★条件选股

18.1 预警

在瞬息万变的股市中机会总是一闪即过，使用预警系统可以按照投资者拟定的条件与范围时刻监控股票的走势和动向，帮助投资者及时抓住良机从而获得收益。

预警系统的监控条件分为5类，分别是交易系统发出买入或卖出信号、条件选股的条件成立、股票价格突破指定的上下限、股票涨跌幅突破指定的上下限和股价突破投资者绘制的趋势线。

监控的范围可以自由设定，比如可以监控所有A股，也可以只监控某几只股票。一旦满足预警条件的股票出现，系统就会立即弹出预警窗口并发出声音提示。另外，已经发出的预警情况会被记录下来供投资者参考。

提示

大智慧软件特设预警有效性分析，以便投资者对预警效果进行分析；同时还增加组合条件预警，以便投资者设定多个组合条件进行预警。

18.1.1 添加和设定预警条件

❶ 选择“菜单”→“工具”→“预警”命令，如图18-1所示。

❷ 在弹出的“预警-（运行）”对话框中可以手动启动预警、新增预警条件、修改预警条件、删除预警条件、删除预警结果，还可以隐藏已设置的预警条件、分析预警效果等，如图18-2所示。

图18-1

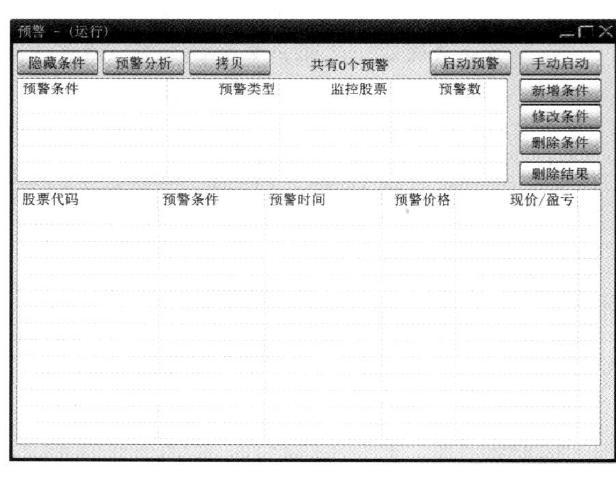

图18-2

提示

按Ctrl+A组合键也可以打开“预警-（运行）”对话框。该对话框上方显示当前系统中已经设定好的预警条件，下方则显示系统历史上发出的预警，包括股票代码、预警条件、预警时间和预警价格等信息。

❸ 单击“新增条件”按钮，弹出“选择股票”对话框，投资者可在不同的分类股中选择想要预

警的个股，或者按Ctrl+A组合键选择A股所有股票，然后单击“确定”按钮，如图18–3所示。

❹ 在弹出的“预警条件设定”对话框的“预警条件”框中选择需要的预警条件，这里选择“条件选股”下的“A–102业绩选股”，在下方“用法注释”区域中可以看到所选择条件的详细信息，如图18–4所示。

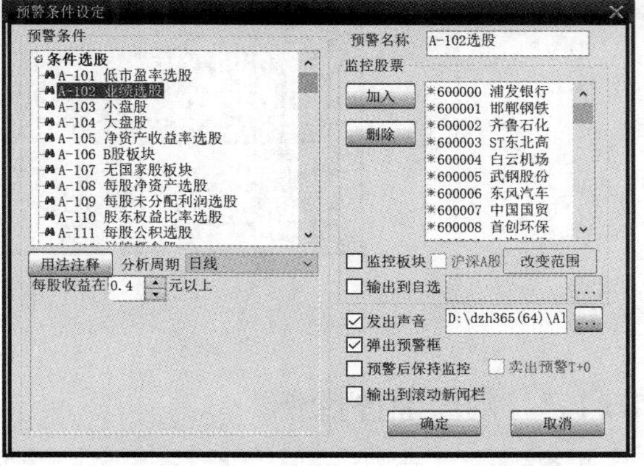

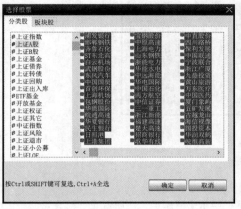

图18–3　　图18–4

❺ 对上证A股按每股收益在0.4元以上这个条件筛选，预警结果如图18–5所示。很明显，这个条件太过宽泛。投资者可以提交预警的具体指标的数值，缩小筛选的股票范围，也可以增加其他预警条件，进一步缩小筛选的股票范围。

❻ 单击“新增条件”按钮，选择“交易系统”下的“MA均线交易系统”。该系统的预警条件为短期5日均线上穿长期15日均线买入50%仓位，长期均线上穿短期均线全部卖出。单击“加入”按钮之后，投资者需确定预警范围，如图18–6所示。

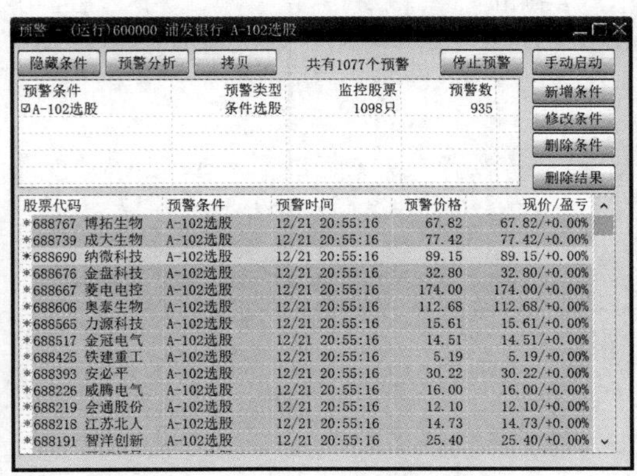

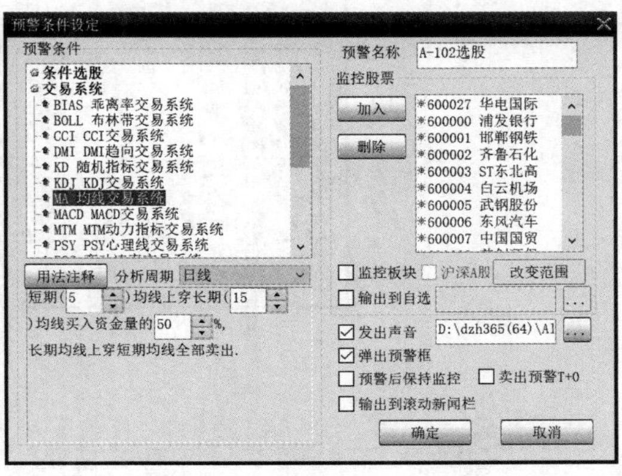

图18–5　　图18–6

❼ 单击“确定”按钮后开始自动筛选个股，满足预警条件的有71只股票，如图18–7所示。投资者可以单击“拷贝”按钮复制预警结果。

图 18–7

18.1.2 预警监控操作

预警条件设置完成后，可在“预警条件设定”对话框中单击“确定”按钮返回“预警－（运行）”对话框，即可在该对话框中看到添加的预警条件。

❶ 单击“启动预警”按钮开始监控，在预警记录区域中可看到已经发出的预警，如图18–8所示。一旦开始监控，软件主界面底部的状态栏中就会显示铃铛图标，表示正处于监控状态。

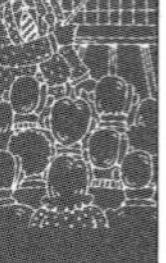

预警 －（运行）600105 永鼎股份 MA系统

隐藏条件 预警分析 拷贝 共有1148个预警 停止预警 手动启动

预警条件	预警类型	监控股票	预警数
A-102选股	条件选股	1098只	935
MA系统	交易系统	1962只	71

新增条件 修改条件 删除条件 删除结果

股票代码	预警条件	预警时间	预警价格	现价/盈亏
600096 云天化	A-102选股	12/22 07:13:35	20.13	20.17/+0.20%
600089 特变电工	A-102选股	12/22 07:13:35	22.08	22.26/+0.82%
600085 同仁堂	A-102选股	12/22 07:13:35	39.94	39.99/+0.13%
600079 人福医药	A-102选股	12/22 07:13:35	20.47	21.05/+2.83%
600075 新疆天业	A-102选股	12/22 07:13:35	7.85	7.96/+1.40%
600068 葛洲坝	A-102选股	12/22 07:13:35	-0.00	买入价未知/--
600064 南京高科	A-102选股	12/22 07:13:35	9.36	9.59/+2.46%
600062 华润双鹤	A-102选股	12/22 07:13:35	12.13	12.10/-0.25%
600061 国投资本	A-102选股	12/22 07:13:35	8.18	8.30/+1.47%
600060 海信视像	A-102选股	12/22 07:13:35	13.69	13.83/+1.02%
600057 厦门象屿	A-102选股	12/22 07:13:35	8.13	8.18/+0.62%
600056 中国医药	A-102选股	12/22 07:13:35	11.35	11.41/+0.53%
600048 保利发展	A-102选股	12/22 07:13:35	14.70	15.44/+5.03%
600039 四川路桥	A-102选股	12/22 07:13:35	11.79	12.07/+2.37%

图 18–8

提示

交易系统预警监控是一个连续监控的过程。在初始阶段，系统监控买入信号，包括多头买入和空头买入，在交易系统发出买入信号，系统发出买入预警后，才会转为监控卖出信号。只有交易系统发出卖出信号后，才算真正完成了一个预警周期。另外，买入预警和卖出预警在预警记录中分别使用红色图标和绿色图标显示。

如果需要修改预警条件，在“预警－（运行）”对话框中选中预警条件后，单击“修改条件”按钮，即可弹出“预警条件设定”对话框。在该对话框中，对选中的预警条件进行修改即可。如果需要删除预警条件，在“预警－（运行）”对话框中选中预警条件后，单击“删除条件”按钮，即可将其删除。

❷ 单击“预警分析”按钮，弹出“预警分析”对话框，在该对话框中，投资者可以利用预警条件、预警股票、开始时间和结束时间等对预警记录进行排列和筛选，快速查找预警记录，如图18–9所示。

❸ 在“预警分析”对话框中，单击“分析”按钮，可以打开“预警测试报告”对话框，分析预警发出若干日后按照当日收盘价卖出股票，所能得到的平均收益，如图18–10所示。

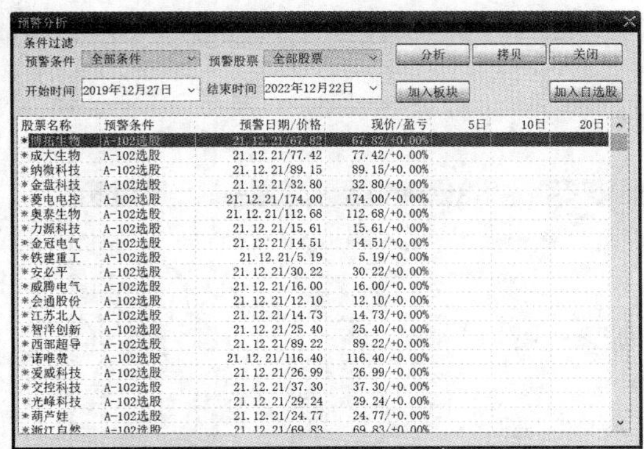

图18–9

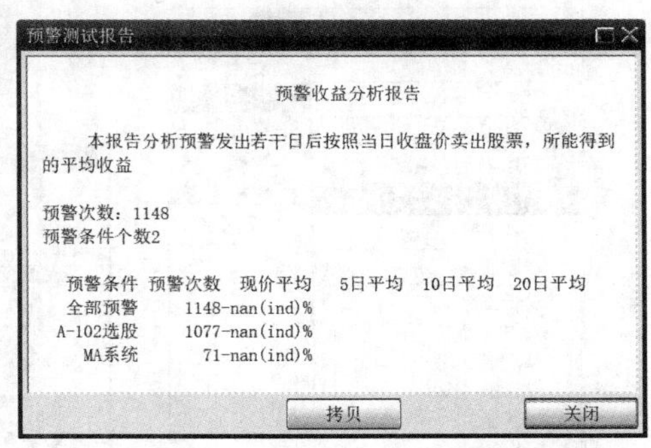

图18–10

提示

“预警—（运行）”“预警分析”“预警测试报告”对话框中都设计了“拷贝”按钮，投资者可以根据需要随时复制。

18.1.3 开机启动预警

❶ 选择“菜单”→“终端”→“选项”命令，如图18–11所示。

❷ 在弹出的“选项”对话框中选择“系统参数”选项卡，在该选项卡中向下拖动滑块，选中“其他设置”选项中的“开机启动预警”复选框，如图18–12所示，单击“确定”按钮完成设置。

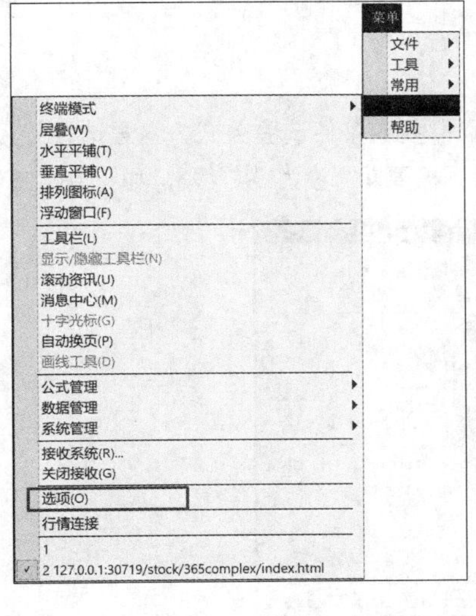

图18–11

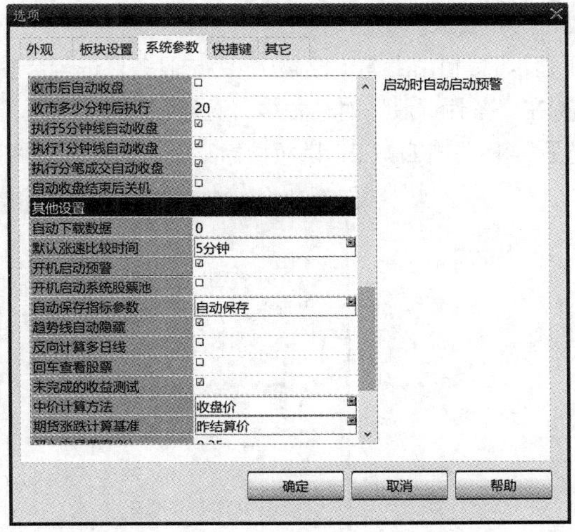

图18–12

设置开机启动预警后，每次进入大智慧软件时，系统都会自动启动预警。

18.2 条件选股

选择“菜单”→“工具”→“条件选股”命令（见图18–13），或者按F7键即可弹出“条件选股”对话框，如图18–14所示。

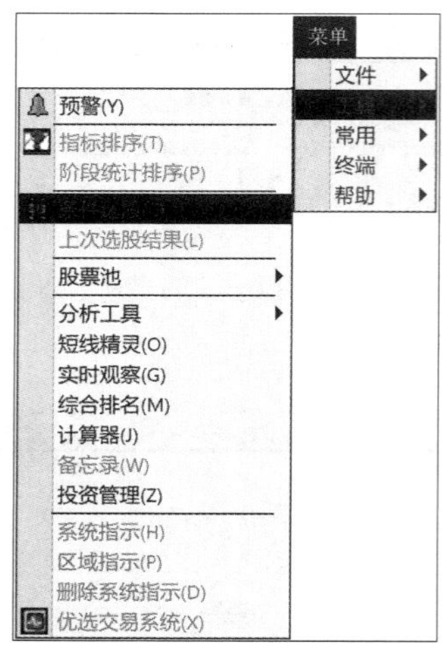

图18–13

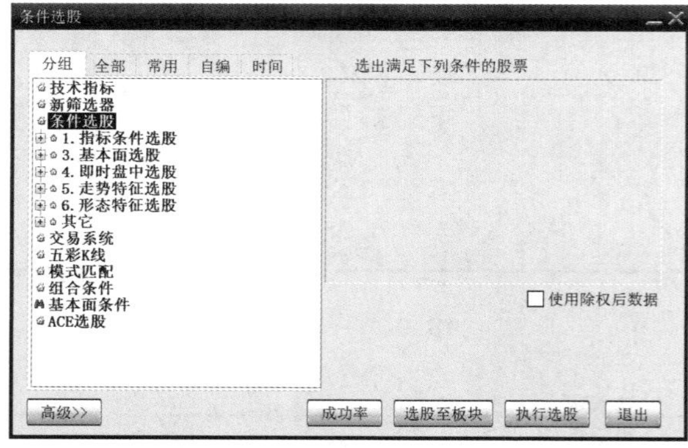

图18–14

条件选股功能为投资者提供技术指标、新筛选器、条件选股、交易系统、五彩K线、模式匹配、组合条件、基本面条件和ACE选股九大类选股方法。

选定选股的条件后，系统自动选出当前或历史上某一段时间内满足条件的所有股票，列在行情界面中，供投资者逐个分析。

18.2.1 条件选股操作

条件选股方法指使用现有的条件选股公式来选股。所谓条件选股公式，是专门针对条件选股功能设计的分析公式。

下面以“J值由上向下穿越0”为选股条件进行选股。

❶ 在“条件选股”对话框中“分组”选项卡下，选取需要的条件选股公式，这里选择“1.指标条件选股”下的“KDJ（2）随机指标卖出条件选股”，将“分析周期”设为“日线”，如图18–15所示。

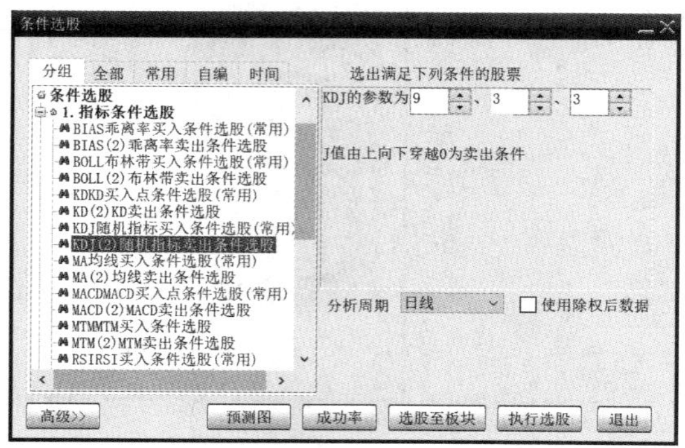

图18–15

❷ 单击“执行选股”按钮，在行情界面中会显示符合条件的股票，如图18–16所示。

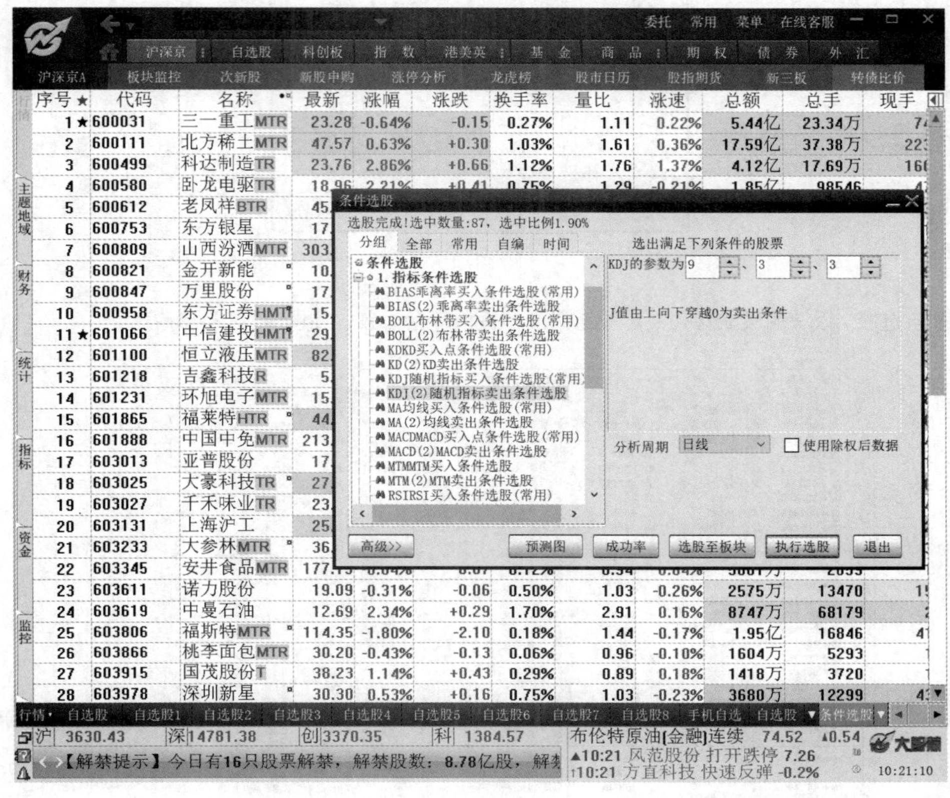

图18–16

提示

在“条件选股”对话框中，单击“高级”按钮，在弹出的区域中，可以设置组合条件、改变选股范围和设定历史阶段选股，如图18–17所示。

组合条件　加入　删除　保存
选股范围　动态显示牌中股票　改变范围
上证A股 深证A股
历史阶段选股　2021/12/22 — 2021/12/22

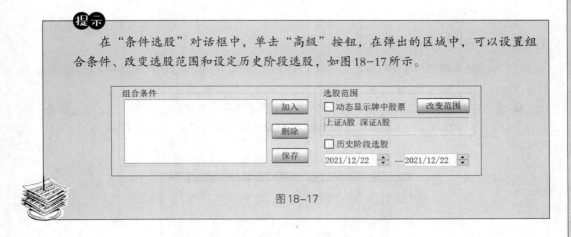

图18–17

18.2.2 保存条件选股结果

选股完成后，可以对选股结果进行保存。

❶ 如果需要将选股结果保存到其他板块中，可以在“条件选股”对话框中单击“选股至板块”按钮，在弹出的“加入到板块”对话框中选择保存的目标板块“自选股1”，如图18–18所示，单击“确定”按钮，则选股结果直接保存到指定的板块。

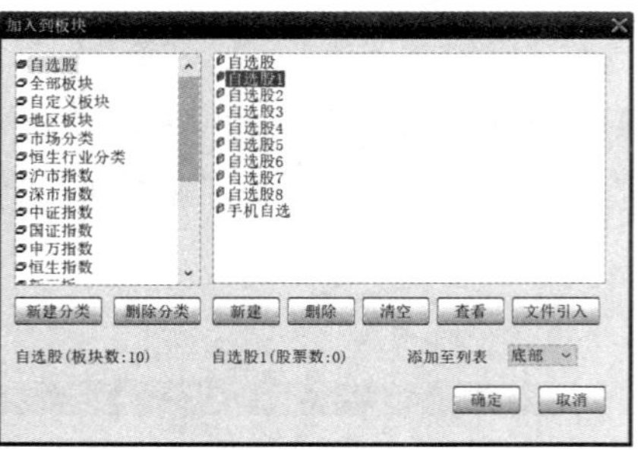

图18-18

❷ 自选股1板块的股票与条件选股结果中的板块完全一致，如图18-19所示。

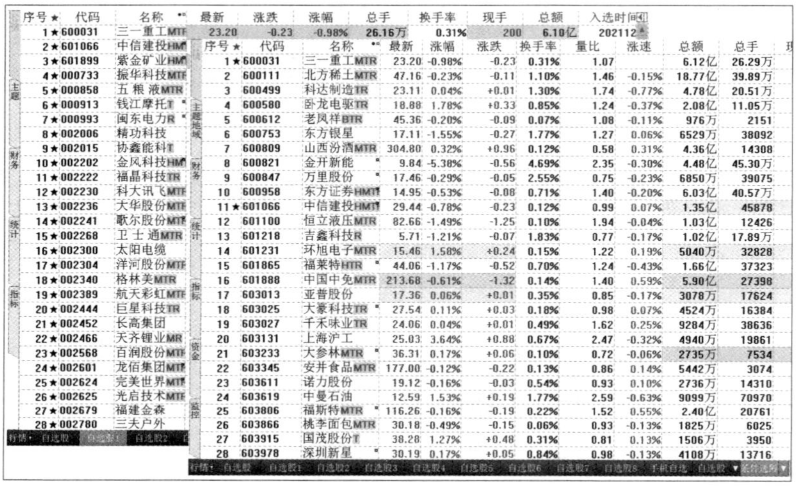

图18-19

18.2.3 技术指标选股

技术指标选股是根据指标线的数值范围来进行选股的方法，需要设定具体指标，筛选出符合条件的股票。下面以MACD指标为例进行讲解。

❶ 设定“DIFF”为“收盘价的12天（短期）平滑移动平均值减去26天（长期）平滑移动平均值”，“DEA”为“DIFF的9天平滑移动平均值”，“MACD”为“2倍的（DIFF−DEA）”，如图18-20所示。

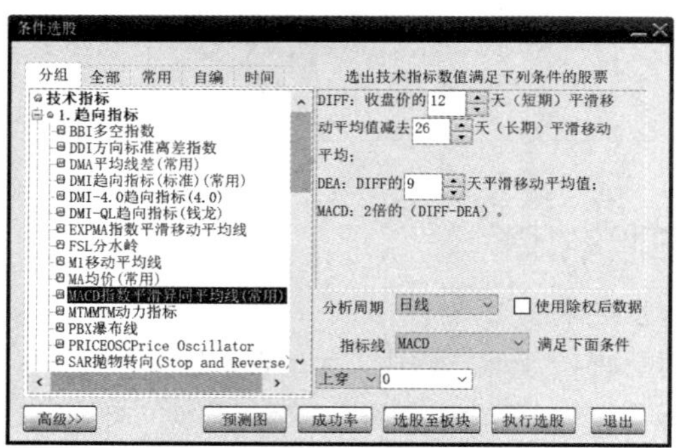

图18-20

❷ 单击“执行选股”按钮，在行情界面会显示符合条件的股票，如图18-21所示。

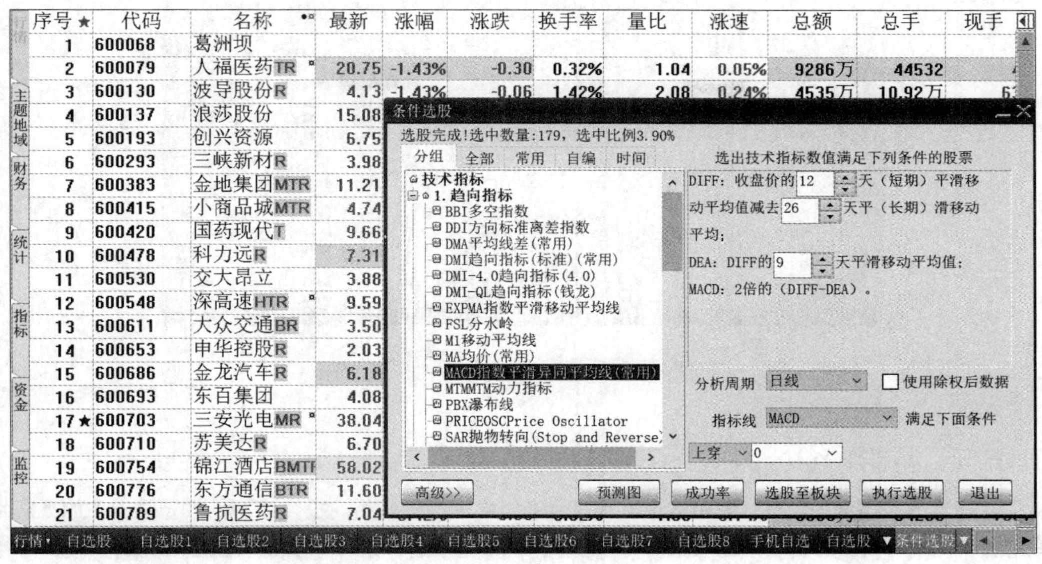

图18-21

18.2.4 交易系统选股

交易系统选股是根据买入和卖出两个方向的条件选股的方法，可以选出向交易系统发出某种信号的股票。投资者应选择某交易系统公式后，再选择需要查找的信号类型，可以是多头买入条件、多头卖出条件、空头买入条件、空头卖出条件、止损条件或任意交易信号。

❶ 在“条件选股”对话框的“分组”选项卡中，选择“交易系统”下的“1.指标交易系统”，并在其下选择“BIAS乖离率交易系统（常用）”指标，在右侧区域将交易条件设为“12日乖离率低于-6买入资金量的50%，高于6全部卖出”，如图18-22所示。

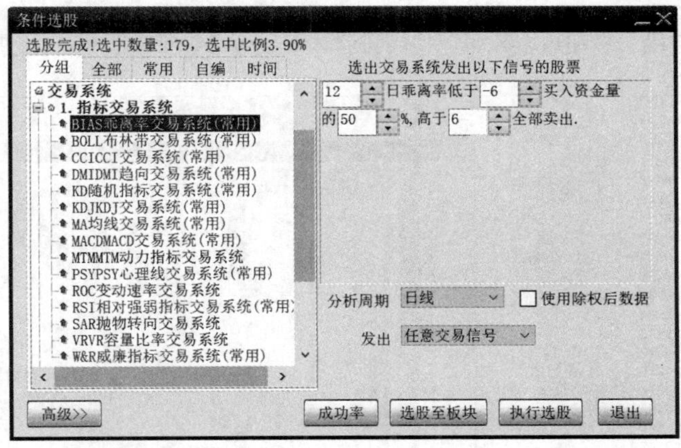

图18-22

❷ 单击“执行选股”按钮，在行情界面会显示符合条件的股票，如图18-23所示。

序号★	代码	名称	最新	涨幅	涨跌	换手率	量比	涨速	总额	总手	现手
1	600634	退市富控									
2	600779	水井坊MTR	125.91	-0.46%	-0.58	0.47%	1.05	-0.17%	2.90亿	22921	1
3	603396	金辰股份	136.20	1.16%	+1.56	1.56%	1.26	0.07%	2.26亿	16454	62
4	603701	德宏股份	10.42	-0.76%	-0.08	1.60%	0.84	-0.19%	4395万	41861	41861
5	603703	盛洋科技	20.75	-0.24%	-0.05	1.53%	0.99	0.19%	9454万	45574	17
6	688299	长阳科技RK	31.32	4.40%	+1.32	0.83%	1.15	0.68%	5856万	19043	19043
7	688390	固德威MTRK	410.53	0.62%	+2.54	0.98%	1.00	-0.34%	2.29亿	5554	4
8	688408	中信博MRK	199.00	-0.28%	-0.55	0.57%	0.98	-0.14%	8206万	4100	4100
9	688699	明微电子RK	198.01	-0.84%	-1.68	1.83%	1.86	-0.10%	1.25亿	6315	6315
10	688772	珠海冠宇RK	48.59	2.38%	+1.13	2.13%	1.31	0.19%	1.06亿	22110	22110
11	000576	甘化科工	12.46	0.08%	+0.01	1.34%	1.21	-0.64%	7048万	57032	57032
12	000693	华泽退									
13	002198	嘉应制药R	7.51	-1.83%	-0.14	1.67%	1.11	-0.13%	6396万	84606	38
14	002502	鼎龙文化	4.51	3.92%	+0.17	1.41%	1.81	0.67%	5227万	11.78万	1
15	002604	龙力退									
16★	002795	永和智控	11.77	-2.40%	-0.29	2.66%	1.16	-0.08%	4442万	37589	37589
17	002812	恩捷股份MTR	244.34	3.91%	+9.19	0.62%	1.77	-0.20%	11.11亿	45799	1
18	003021	兆威机电T	73.24	1.02%	+0.74	0.30%	0.66	-0.12%	1341万	1835	1835
19	300156	神雾退									
20	300158	振东制药T	6.74	-0.15%	-0.01	1.02%	1.36		6969万	10.34万	103394
21	300307	慈星股份	7.92	-0.88%	-0.07	2.31%	1.57		1.42亿	17.84万	61

图 18-23

18.2.5 五彩K线选股

以特殊形态出现的K线一般对后市行情有着非常大的指示作用。投资者利用大智慧软件的五彩K线选股功能，可找出符合要求的股票K线形态，大大节省查看股票和寻找类似形态K线的时间。

投资者需要掌握每种K线形态对后市行情发展的不同指示意义。比如，有些K线形态指示后市看跌。用这些K线形态选股，则是“卖出”选股。另外需要注意的是，单根K线不能准确地指示后市，需要结合前后走势进行综合判断。

❶ 在“条件选股”对话框中的“分组”选项卡中，选择“五彩K线”下的“2.上涨K线模式”，并选择“U120大阳线”，如图18-24所示。

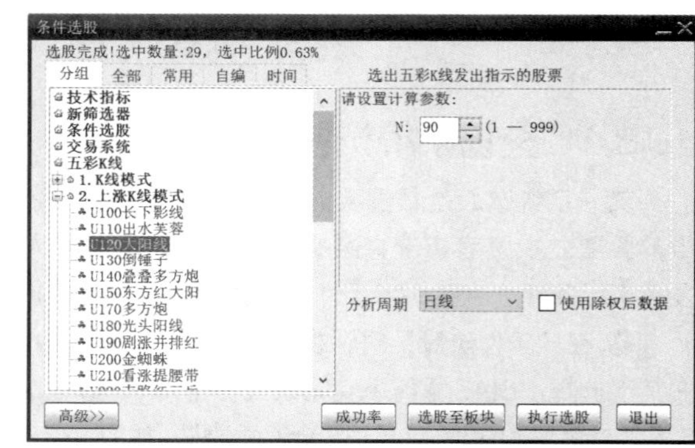

图 18-24

❷ 单击“执行选股”按钮后，就可以得出符合大阳线形态特征的股票，如图18-25所示。

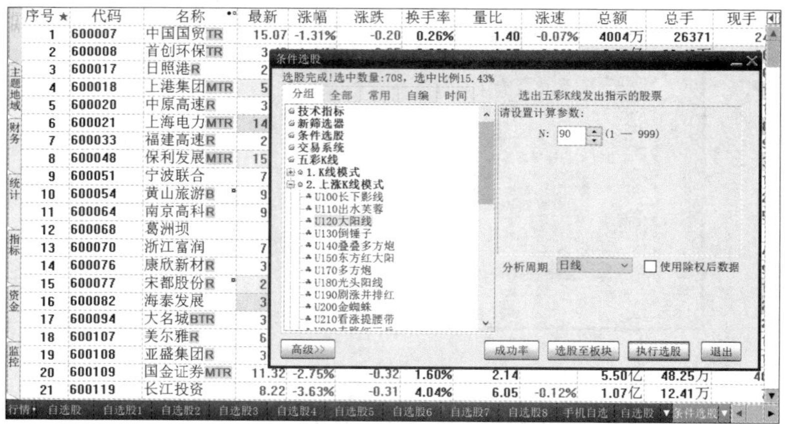

图 18-25

18.2.6 模式匹配选股

一般情况下，如果两只股票在一段时间内的K线走势呈现相同的形态，则它们的后续走势也极有可能相同。使用模式匹配选股方法，投资者可以按照设定的某时期的K线走势来选择其他类似的股票，同时还可以设定增减成交量和每日涨跌幅等条件来进行匹配选股。

下面以对上港集团股票进行模式匹配选股为例来介绍模式匹配选股的操作方法。

❶ 在“条件选股”对话框中右击左侧列表中的“模式匹配”，在弹出的菜单中选择“新增匹配模式”命令，如图18-26所示。

❷ 弹出“模式匹配设计”对话框，在“模式名称”文本框中输入匹配模式的名称。这里输入“上港集团”，如图18-27所示。在下方的“模式描述”文本框中，还可以输入相关的描述。

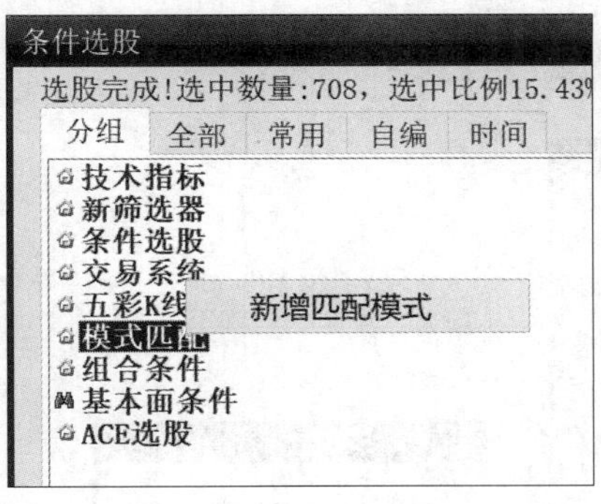

图18-26

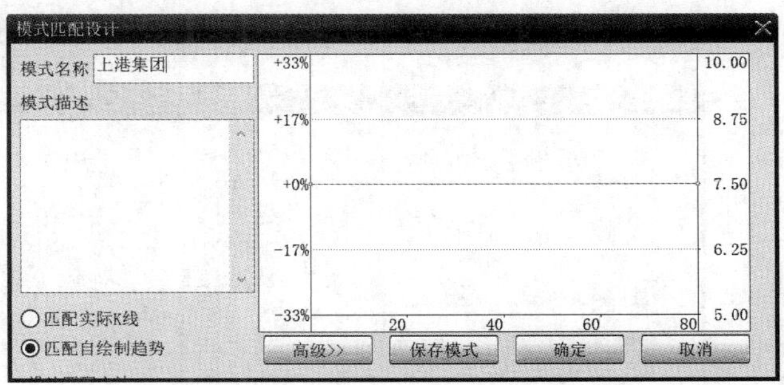

图18-27

❸ 选中“匹配实际K线”单选按钮，在弹出的“选择股票”对话框中，选择股票或指数作为标本走势，这里选择“上证A股”中的“上港集团”股票，如图18-28所示。

❹ 单击“确定”按钮，返回“模式匹配设计”对话框，系统自动显示所选择股票的走势，如图18-29所示。

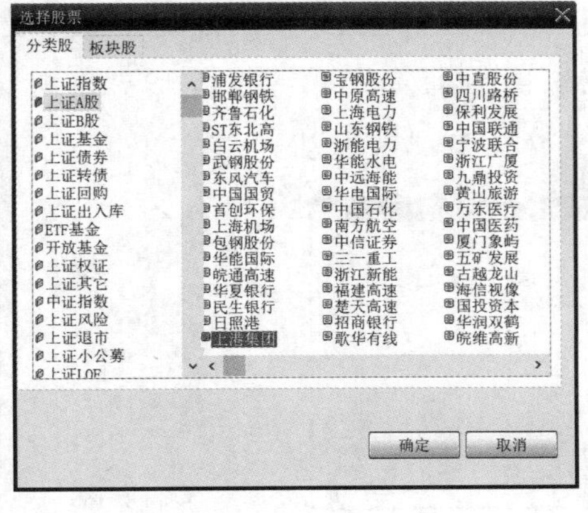

图18-28

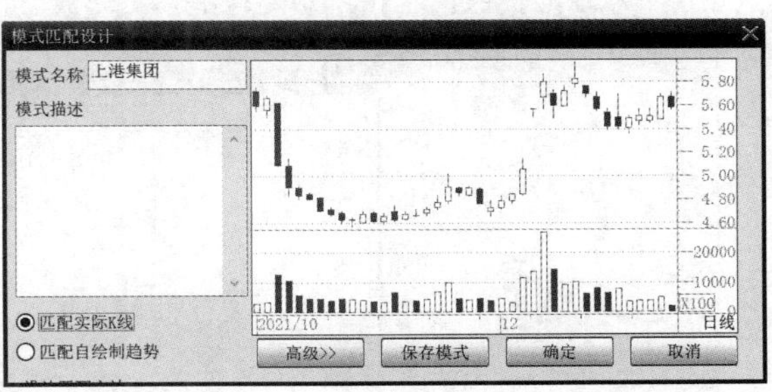

图18-29

❺ 此时系统默认的匹配方法是“价格走势匹配”，如果还需要设定其他匹配方法，可以单击“高级”按钮，设置其他匹配方法，如图18-30所示。完成设置后单击“确定”按钮。

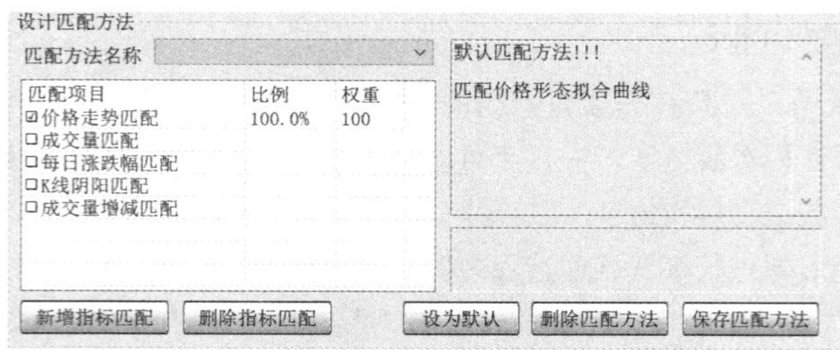

图 18-30

❻ 返回“条件选股”对话框，系统会自动生成图18-31所示的界面。对话框的右侧展示了新建匹配模式的选股条件。这里可以根据需要对其中的选项做进一步的设定。

❼ 单击“执行选股”按钮，系统会自动显示符合条件的股票，如图18-32所示。

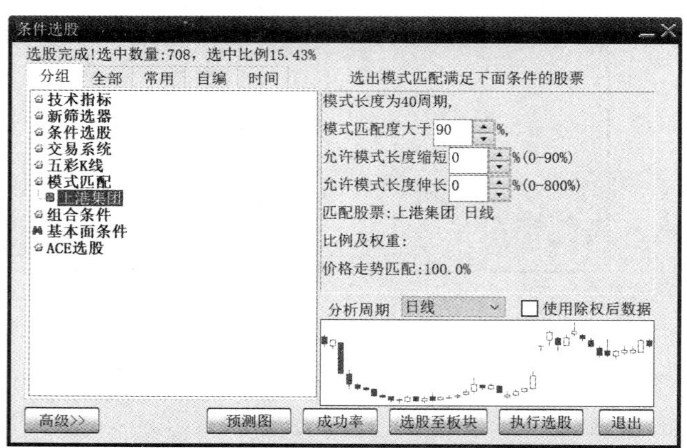

图 18-31

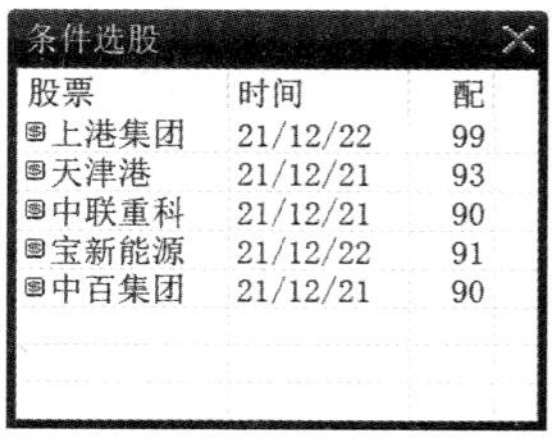

条件选股

股票	时间	配
上港集团	21/12/22	99
天津港	21/12/21	93
中联重科	21/12/21	90
宝新能源	21/12/22	91
中百集团	21/12/21	90

图 18-32

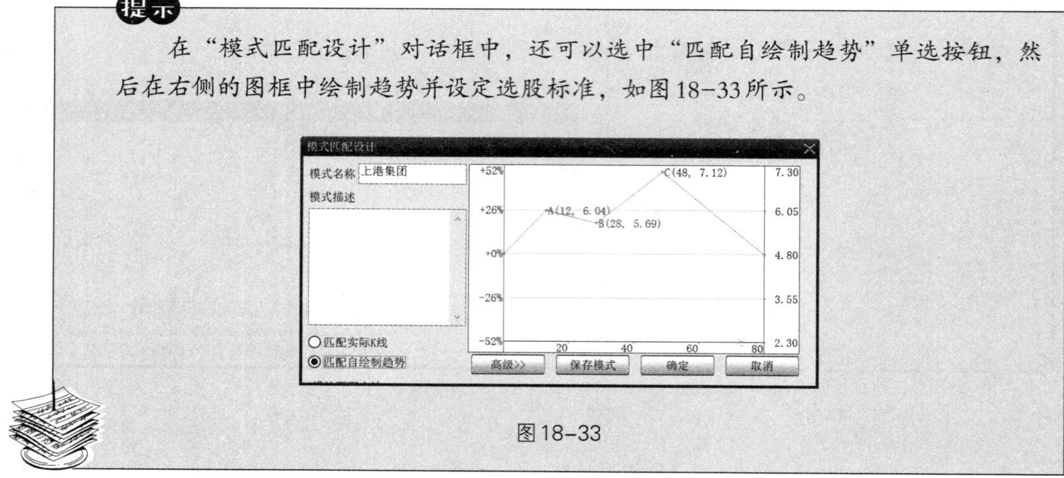

提示

在“模式匹配设计”对话框中，还可以选中“匹配自绘制趋势”单选按钮，然后在右侧的图框中绘制趋势并设定选股标准，如图18-33所示。

图 18-33

18.2.7 组合条件选股

组合条件选股允许投资者将各种选股条件按“条件与”或“条件或”的方式组合，从而生成更多的选股方法。

在大智慧软件里可以采用直接组合条件和层层筛选方法进行组合条件选股。

❶ 在“条件选股”对话框中右击“分组”选项卡中的“组合条件”，在弹出的菜单中选择“新增组合条件”命令，如图18–34所示。

❷ 在弹出的“条件组合”对话框中先将组合条件命名为“组合1”，然后单击“新增条件”按钮，在弹出的“选择指标”对话框中依次选择“条件选股”“1.指标条件选股”“BIAS乖离率买入条件选股（常用）”，如图18–35所示。

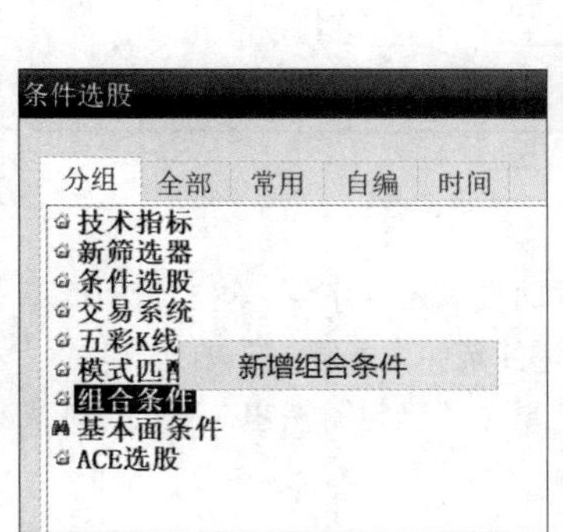

图18–34

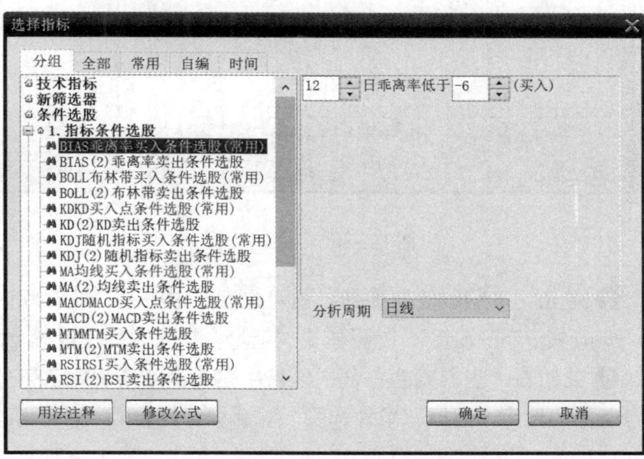

图18–35

❸ 单击“确定”按钮。返回“条件组合”对话框，从中可看到目前已经设置好了条件选股BIAS（12，–6）。单击“新增条件”按钮，如图18–36所示。

❹ 在弹出的“选择指标”对话框中，再依次选择“技术指标”“1.趋向指标”“MA均价（常用）”，如图18–37所示。

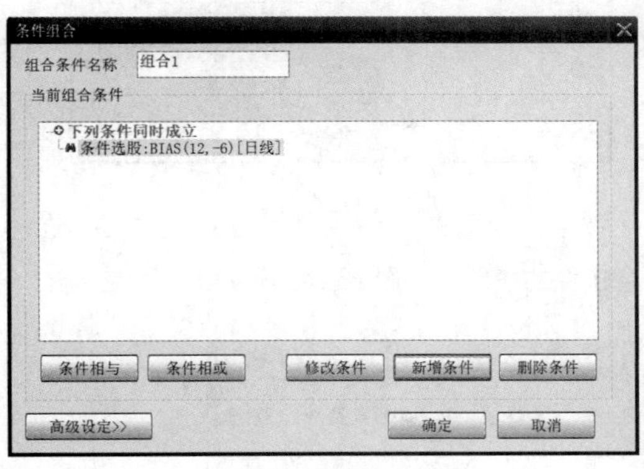

图18–36

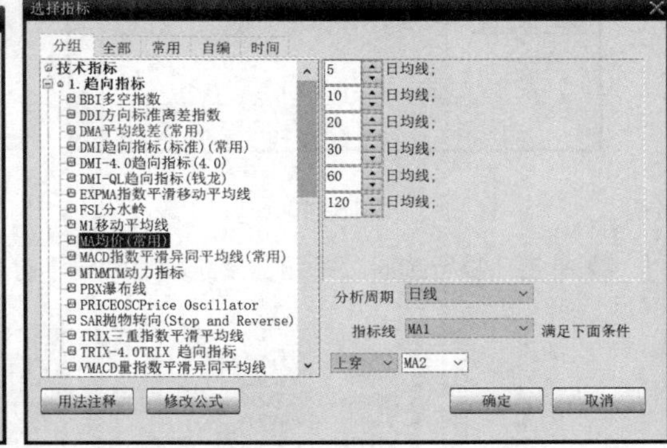

图18–37

❺ 参数设置完成后单击“确定”按钮，完成第二个条件的添加，返回“条件组合”对话框，在其中的列表框中可看到“下列条件同时成立”树形目录，如图18–38所示。

提示

“条件相与”是指同时符合所有条件，“条件相或”是指满足条件之一即可。

❻ 单击“条件相或”按钮，即可将条件组合的方式更改为“下列条件之一成立”，如图18-39所示。

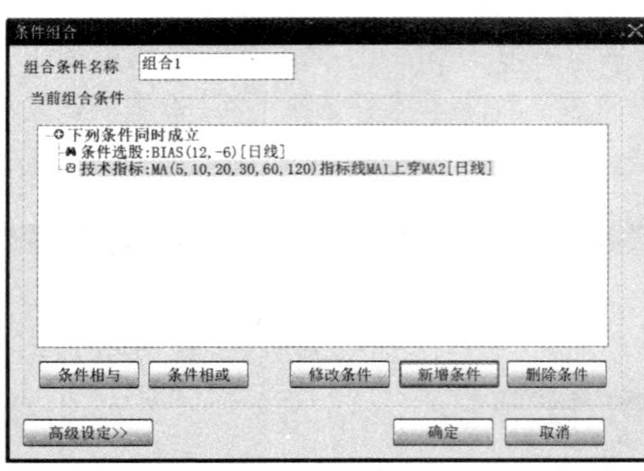

图18-38

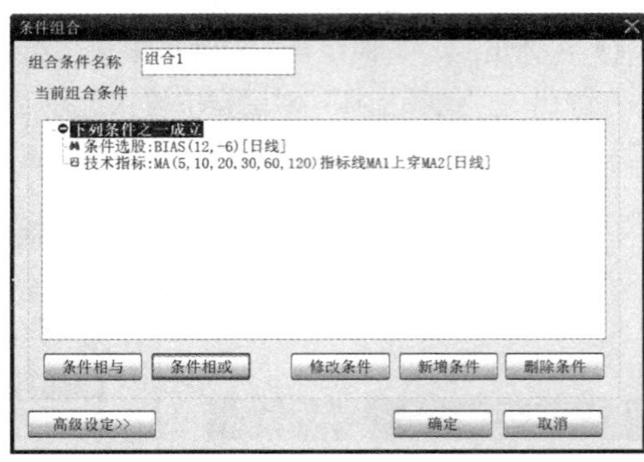

图18-39

❼ 单击“高级设定”按钮，即可设定在过去某一段时间内同时要满足的条件，这里设置时间段为“向前10天至15天”，然后单击“新增”按钮，即完成设定新增的条件，如图18-40所示。

❽ 此时在“当前组合条件”区域中可看到新增的组合条件，单击“确定”按钮，即可完成高级组合条件的设定，返回“条件选股”对话框，如图18-41所示。

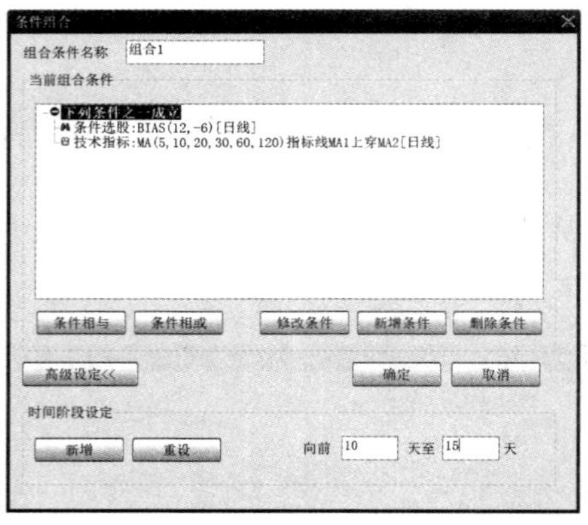

图18-40

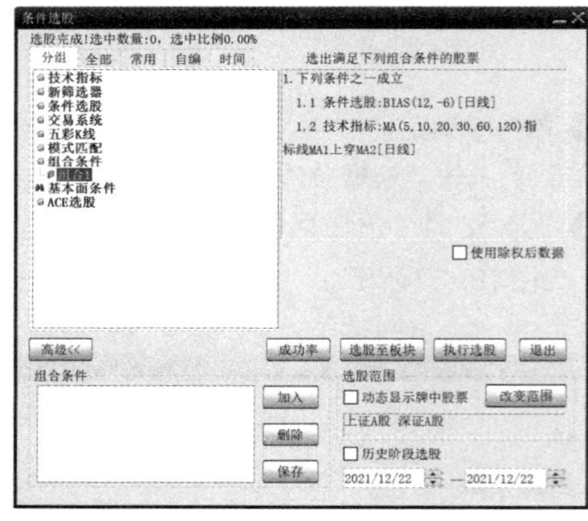

图18-41

❾ 单击“执行选股”按钮，系统会自动显示符合条件的股票，如图18-42所示。

序号	代码	名称	最新	涨幅	涨跌	换手率	量比	涨速	总额	总手	现手
1	600048	保利发展MTR	15.46	0.13%	+0.02	0.42%	1.39	-0.13%	7.86亿	50.79万	7754
2	600086	退市金钰									
3	600096	云天化R	20.26	0.45%	+0.09	1.51%	0.83	0.20%	5.15亿	25.46万	25455
4	600102	莱钢股份									
5	600110	诺德股份MR	17.82	-0.61%	-0.11	1.59%	1.11		3.78亿	21.07万	21073
6	600111	北方稀土MTR	46.88	-0.83%	-0.39	1.43%	0.97	-0.11%	24.42亿	51.90万	9883
7	600138	中青旅R	10.04	0.10%	+0.01	1.18%	1.90		8644万	85437	8543
8	600155	华创阳安R	9.86	-1.20%	-0.12	0.55%	0.88		9487万	95915	9591
9	600163	中闽能源R	9.09	1.00%	+0.09	1.88%	0.67	0.11%	1.95亿	21.74万	21743
10	600169	太原重工R	3.03	-1.94%	-0.06	0.95%	1.25	0.66%	7427万	24.37万	24371
11	600218	全柴动力R	14.76	1.86%	+0.27	3.40%	0.94	0.07%	1.82亿	12.54万	12541
12	600247	*ST成城									
13	600273	嘉化能源TR	11.01	4.56%	+0.48	2.76%	2.72	-0.09%	4.27亿	39.13万	39128
14	600282	南钢股份TR	3.74	-0.80%	-0.03	0.54%	1.15	0.27%	8997万	24.00万	24000
15	600295	鄂尔多斯BTR	24.28	-0.08%	-0.02	0.89%	0.54	-0.04%	1.40亿	57770	5777
16	600307	酒钢宏兴R	2.28	0.00%	-0.00	1.51%	1.75	0.44%	2.17亿	94.49万	94489
17	600326	西藏天路TR	6.48	-0.46%	-0.03	0.44%	1.12	-0.15%	2648万	40735	4073
18	600328	中盐化工TR	16.65	2.52%	+0.41	2.13%	1.03		1.98亿	11.92万	11922
19	600332	白云山HMTR	31.26	2.02%	+0.62	0.73%	2.09	0.03%	3.21亿	10.33万	10328
20	600336	澳柯玛R	7.25	-0.82%	-0.06	1.50%	0.93	-0.14%	8587万	11.85万	11854
21	600367	红星发展	18.70	-1.42%	-0.27	2.84%	0.66	0.16%	1.56亿	82756	8275

图18-42

高手秘技

技巧1 层层筛选方法选股

除了组合条件，投资者还可以使用层层筛选方法选股。层层筛选方法选股是指先按第一个条件进行普通的条件选股，选股后所有满足条件的股票都显示在行情界面中，然后可以将之前筛选出的股票存入自选板块，再次进行条件选股，范围设为“自选股”“自选股1”等即可，如图18-43所示。

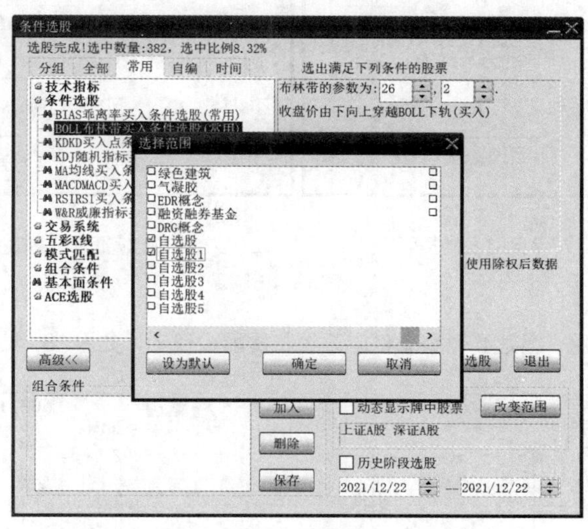

图18-43

技巧2 闪电预警

如果想对自选股进行预警，可以使用闪电预警功能。投资者可在分时图或K线图中右击，在弹出的菜单中选择“新增闪电预警”命令，如图18-44所示。

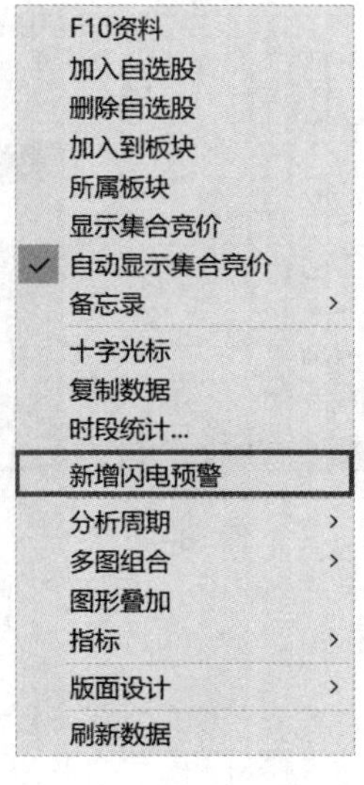

图18-44

对于同时投资多只股票的组合证券投资者来说，有一个对股价进行实时监控预警的小工具是非常方便的。投资者可分别为多只股票设置闪电预警，当个股的股价、涨幅、换手率达到预设参数时，系统会以弹出提示窗、输出到监控栏、提示发出声音等方式来实现预警。进入新洁能（605111）的分时图，在空白区域右击，在弹出的菜单中选择“新增闪电预警”命令，弹出闪电预警设置对话框，设置股价达到177.2元时发出提示、股价达到183.2元时发出提示，如图18-45所示。

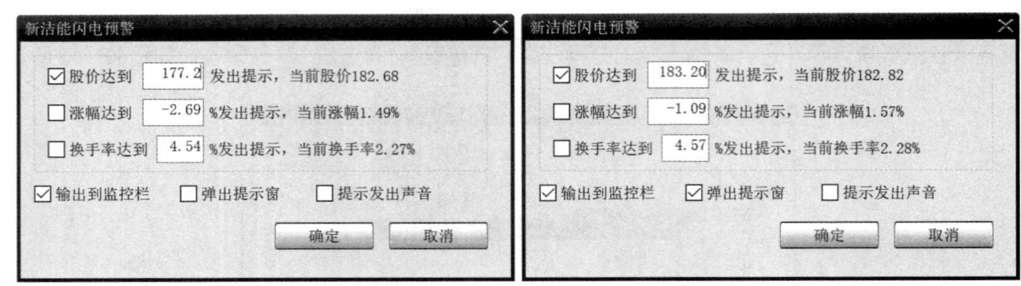

（a）股价达到177.2元时发出提示　　（b）股价达到183.2元时发出提示

图18-45

闪电预警设置完成后，当达到预警条件时系统将提醒投资者，如图18-46所示。

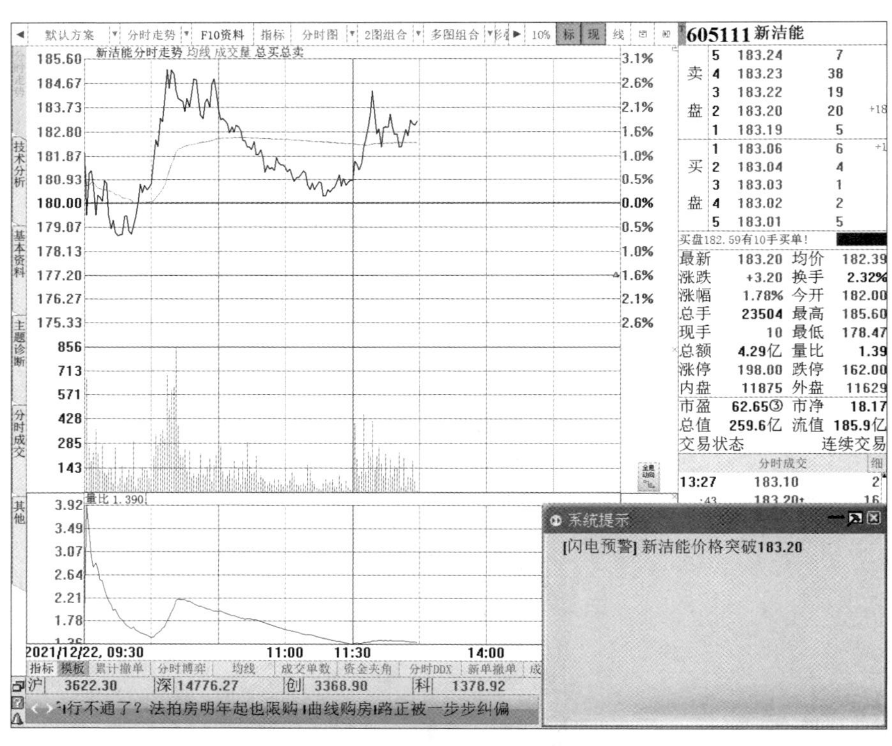

图18-46

第19章 公式的应用与系统测试平台

本章引语

每个笨蛋都会从自己的教训中吸取经验，聪明人则从别人的经验中获益！

——俾斯麦

大智慧软件中的公式和函数就是专业投资者从大量的失败教训、成功经验中总结出来的精华，合理运用公式和函数可以让投资者获益。

本章要点

★大智慧软件的公式应用

★大智慧软件系统测试平台

19.1 大智慧软件的公式应用

对技术分析有一定认识的投资者，可以根据自身的经验或证券分析的各种新技术、新思想和新方法来设计符合自身需求的公式系统。新一代大智慧软件整合了一套独创的公式系统，投资者可以使用该系统对公式进行修改、新建和测试等操作。在大智慧软件中选择“菜单”→“终端”→“公式管理”命令，弹出的菜单包含“公式管理”“公式引入”“公式输出”“系统测试平台”“打开测试文件”5个选项，如图19–1所示。

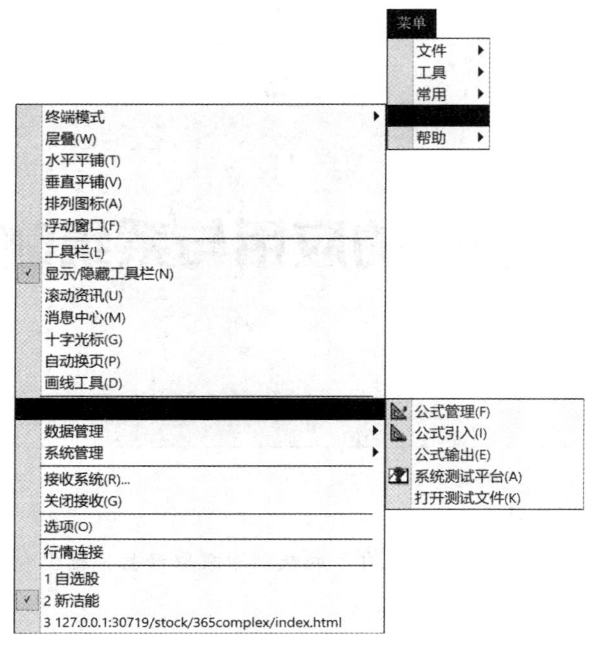

图19–1

19.1.1 公式管理

使用公式管理功能，投资者可以对系统公式进行全面管理，包括新建公式、修改公式算法、引入公式、输出公式以及设置组合条件等。

❶ 选择“菜单”→“终端”→“公式管理”命令，打开“公式管理器”对话框，其中列出了一些公式，包括技术指标、新筛选器、条件选股、交易系统、五彩K线、模式匹配、组合条件等，如图19–2所示。投资者需要对哪一类公式进行管理，就可以将该类公式展开，直到找到需要的公式名称。

提示

从对话框上方的“分组”“全部”“常用”“自编”“时间”5个选项卡中查找选择公式，每个选项卡中都有几种相互独立的公式，不同选项卡中的公式即使名称相同，其内容和作用也是不同的。

下面以新建yjx（月均线交叉）指标公式为例来介绍在大智慧软件中创建公式的方法。

❷ 在“公式管理器”对话框中单击“新建”按钮，在弹出界面中的“公式名称”文本框中输入

新建公式的名称“yjx”，如图19-3所示。

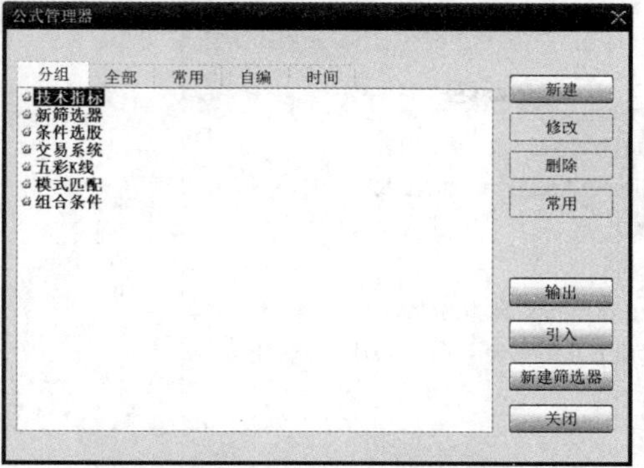

图19-2

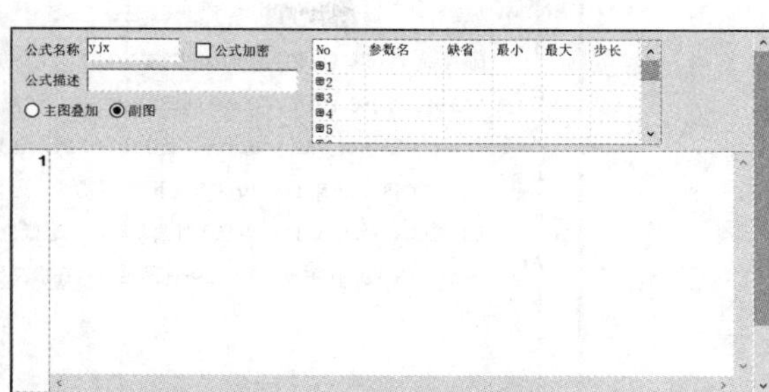

图19-3

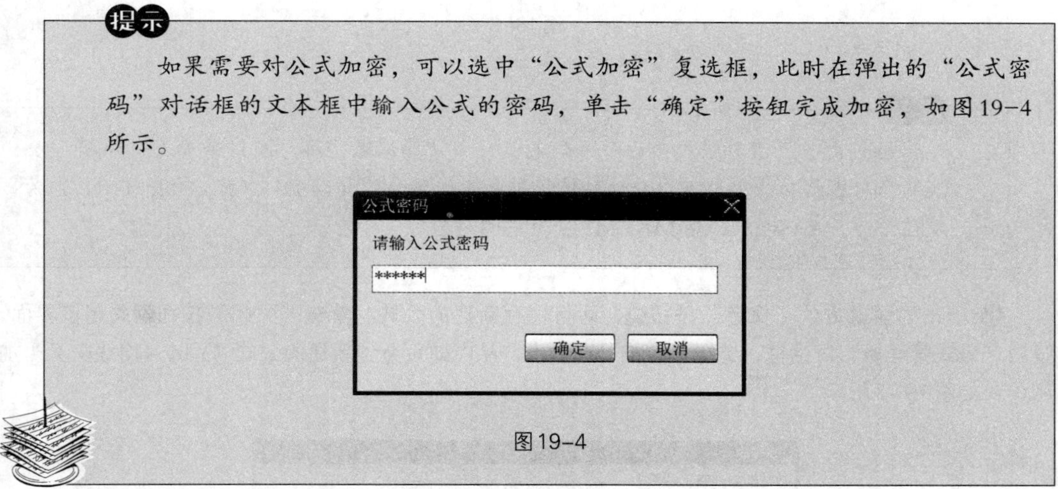
提示

如果需要对公式加密，可以选中“公式加密”复选框，此时在弹出的“公式密码”对话框的文本框中输入公式的密码，单击“确定”按钮完成加密，如图19-4所示。

图19-4

❸ 在“公式描述”文本框中输入公式的描述性文字，在右侧的参数列表中设置参数名、缺省值、最小值、最大值等，这里一共可以设置16个参数，如图19-5所示。

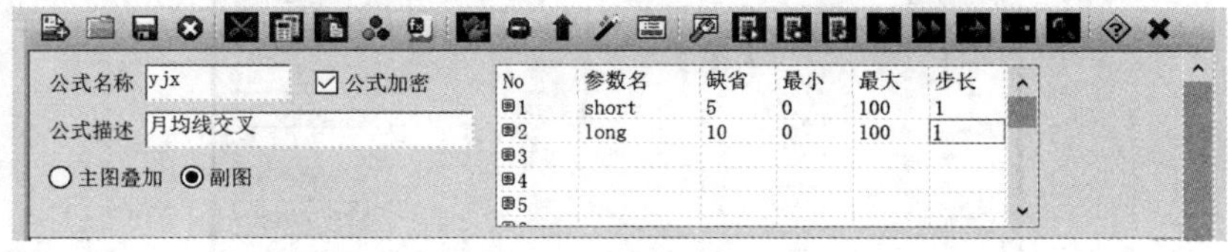

图19-5

提示

步长值就是逻辑运算中从目前值或默认值到下一个值之间的差，其可正可负。正步长值表示递增，负步长值则为递减，一般默认的步长值是1。

❹ 在公式编辑框中输入公式的语句，如图19-6所示。

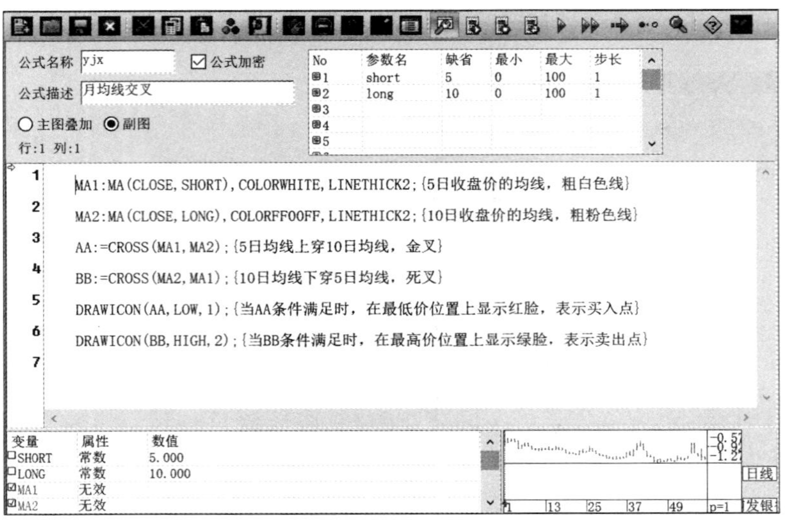

图19-6

提示

公式由若干语句组成，每个语句表示一个计算结果，语句间用分号（;）隔开。公式的语句根据功能语句可以分为赋值语句和中间语句，如MA1:MA(CLOSE,SHORT)为赋值语句，AA:=CROSS(MA1,MA2)为中间语句。

❺ 单击界面上方的“保存”按钮，即可保存新建的公式。单击“关闭”按钮关闭该界面，返回“公式管理器”对话框，选择“自编”选项卡，从中即可看到新建的公式“YJX月均线交叉（加密）”，如图19-7所示。

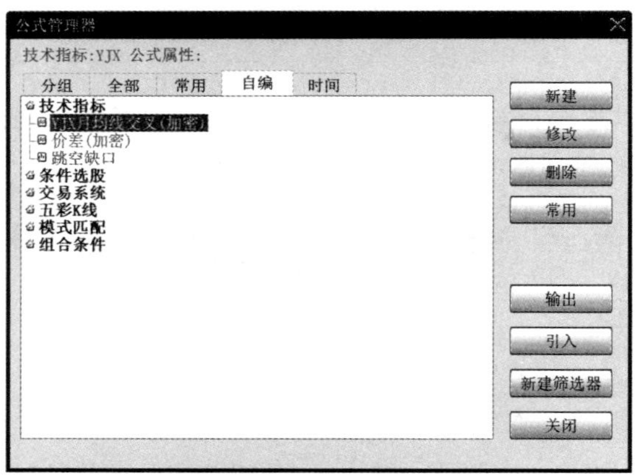

图19-7

❻ 右击新建的公式，在弹出的菜单中选择“设为常用”选项，如图19-8所示，即可将新建的公式添加到“常用”选项卡中，如图19-9所示。

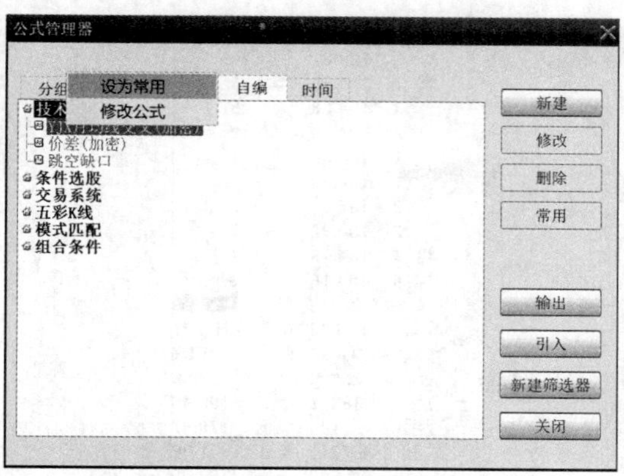

图 19-8

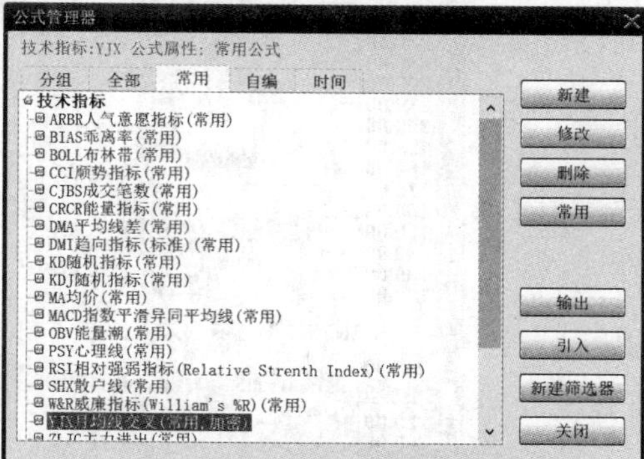

图 19-9

提示

如果需要取消公式的常用属性，选中公式后再次单击“常用”按钮即可。

❼ 打开一只股票的 K 线图，然后直接输入“YJX”，即可弹出键盘精灵，从中选择公式“YJX”，如图 19-10 所示。

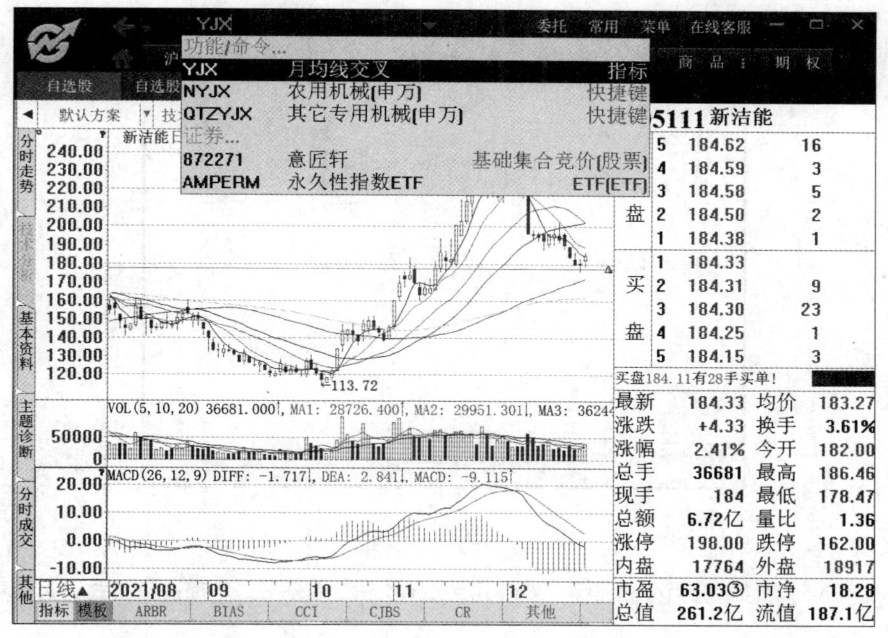

图 19-10

❽ 此时即可在 K 线图下方的副图指标图中显示指标线，如图 19-11 所示。

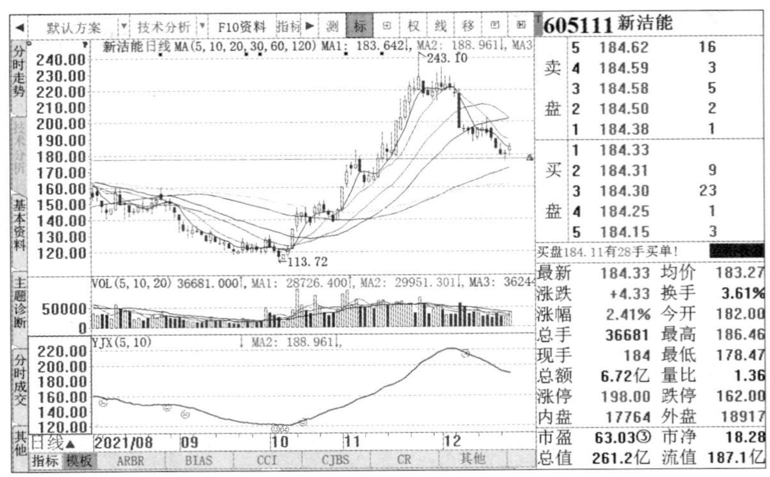

图19-11

19.1.2 公式引入

公式引入是指将存放在公式文件中的公式引入大智慧软件中。使用公式引入功能，可以在“公式管理器”对话框中单击“引入”按钮，还可以选择“菜单”→“终端”→“公式管理”→“公式引入”命令，打开“公式引入”对话框，如图19-12所示。

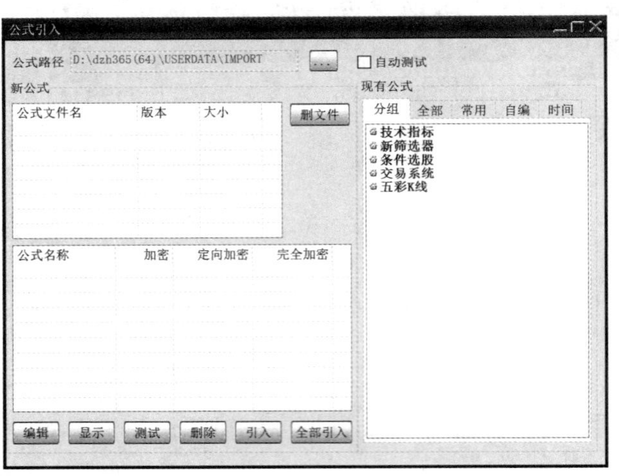

图19-12

“公式引入”对话框分为公式路径、新公式、现有公式3个部分。下面介绍公式引入的具体操作方法。

❶ 单击“公式路径”文本框旁边的...按钮，在弹出的“浏览文件夹”对话框中选择公式文件所在的文件夹，如图19-13所示。

❷ 单击“确定”按钮，即可在“公式引入”对话框中看到公式的文件名等信息，并且可在公式列表中看到列出的公式名称，如图19-14所示。

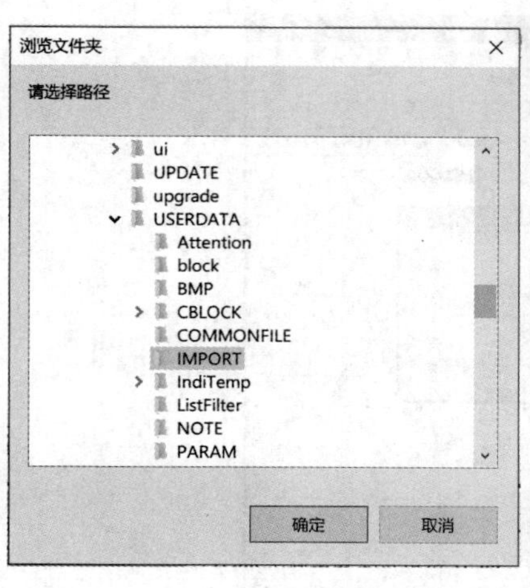

图19-13

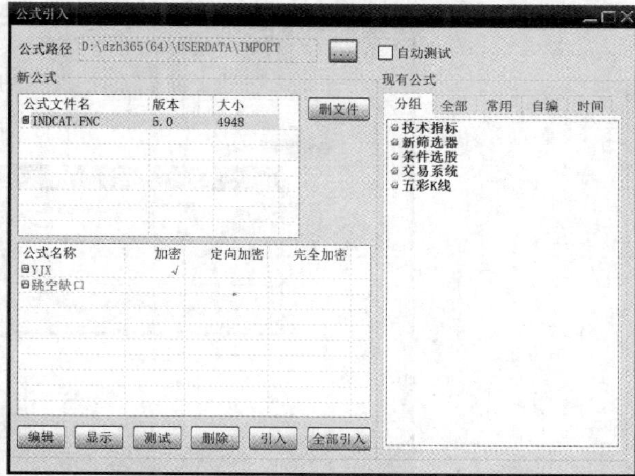

图19-14

提示

如果公式文件中有多个公式存在，并且需要全部引入这些公式，则可以单击“公式引入”对话框中的“全部引入”按钮。

❸ 单击要引入的公式名称，然后单击“引入”按钮，即可弹出“加入指标”对话框，在该对话框中为新加入的公式选择分组，这里选择“其他”，完成后单击“确定”按钮，如图19-15所示。

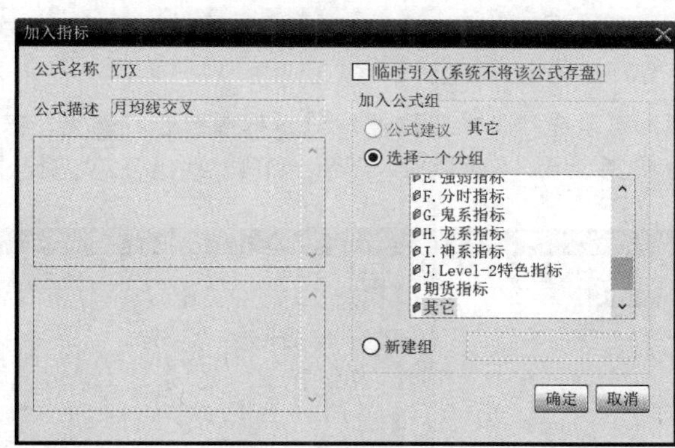

图19-15

提示

如果选中“临时引入”复选框，则公式会以临时方式插入，退出大智慧软件时，系统会询问是否保存这些临时引入的公式，投资者可以根据需要选择是否保存临时引入的公式。

❹ 如果此时系统弹出图19-16所示的对话框，说明引入的公式与系统中存在的公式重名，单击“是”按钮，可以覆盖系统中原来的公式。

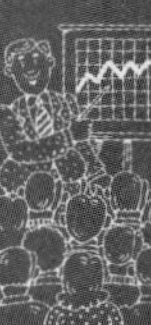

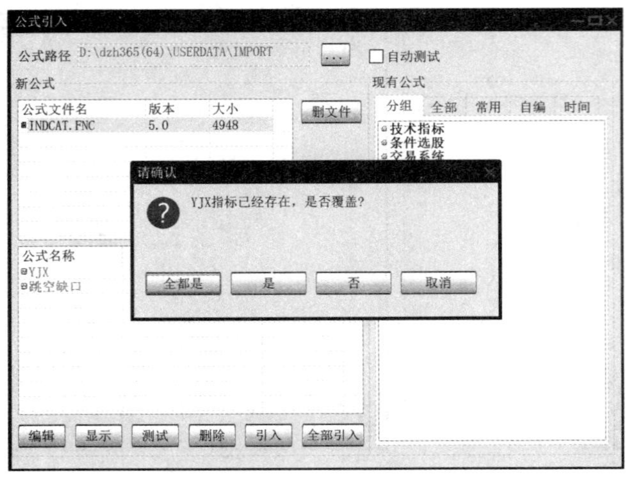

图19-16

> **提示**
> 返回“公式引用”对话框，在该对话框中，单击“测试”按钮，进入系统测试平台，从中可以测试选择的公式。

19.1.3 公式输出

公式的引入与输出都是大智慧软件十分重要的功能。公式输出是指投资者输出自定义的公式文件的功能。

使用公式输出功能，可以在“公式管理器”对话框中单击“输出”按钮，还可以选择“菜单”→“终端”→“公式管理”→“公式输出”命令，打开“输出公式”对话框，如图19-17所示。

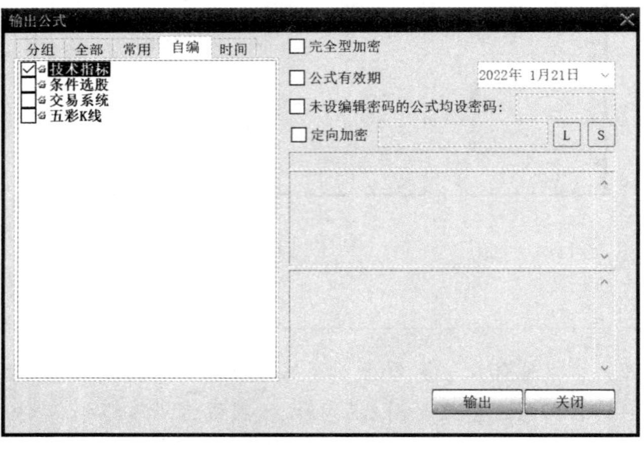

图19-17

公式输出操作步骤如下。

❶ 在“输出公式”对话框中的公式树形列表中选择要输出的公式，然后选中“公式有效期”复选框，在旁边的下拉列表中选择公式的有效期，如图19-18所示。

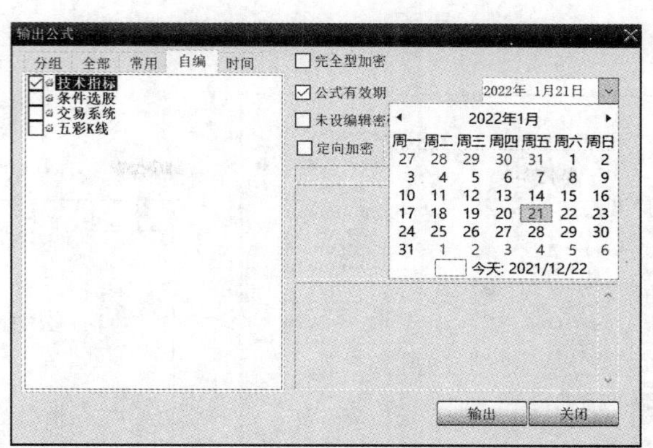

图 19–18

❷ 单击“输出”按钮即可弹出“输入公式密码”对话框，如图 19–19 所示，在该对话框中重新输入公式的密码，完成后单击“确定”按钮，返回“输出公式”对话框。

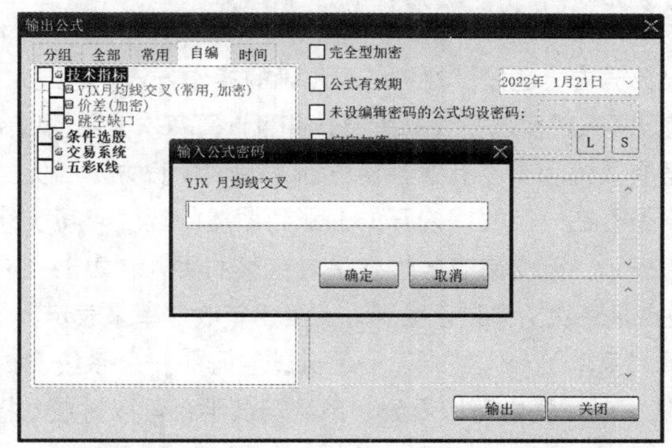

图 19–19

❸ 选择“YJX 月均线交叉（常用，加密）”和“跳空缺口”两个自编公式，如图 19–20 所示。

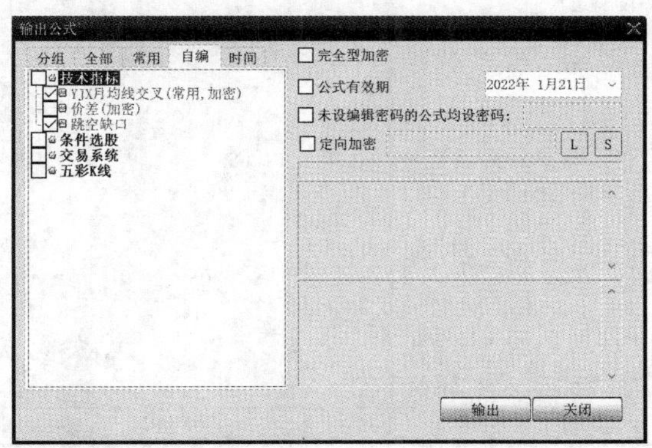

图 19–20

❹ 在弹出的“输出公式”对话框中设置公式文件保存的位置和文件名，完成后单击“保存”按钮，如图 19–21 所示。

❺ 公式输出完成之后，弹出“SuperStk”对话框，提示公式输出完毕，单击“确定”按钮即可，

如图19-22所示。

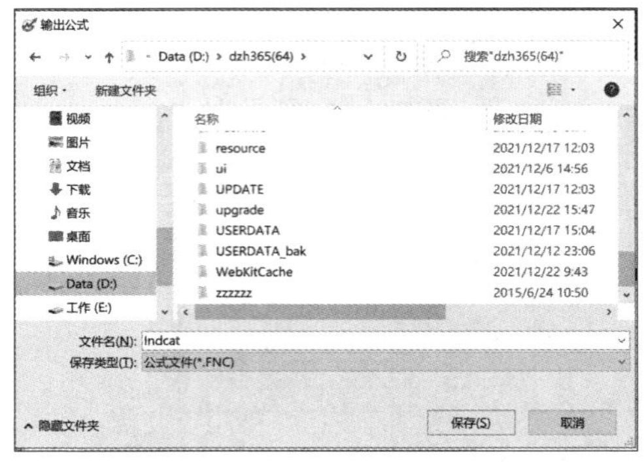

图19-21

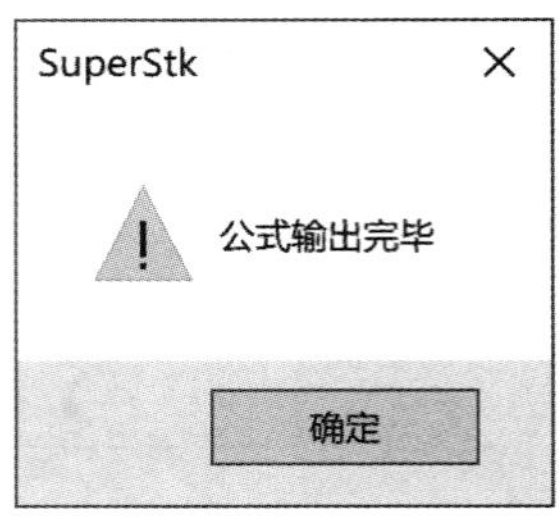

图19-22

19.2 大智慧软件系统测试平台

系统测试是指用历史数据去验证投资方法是否正确的操作方法。通过大智慧软件系统测试平台，投资者可找出所有曾经满足买入或卖出条件的股票，并且计算每次交易的收益。

系统测试平台从信号有效性和交易有效性两方面来测试投资方法的优劣。信号有效性就是当买入信号发出后，股票价格是否在一定时间内真的上涨到期望的幅度，其统计重点是出现信号后上涨的概率，这里用成功率来表示；而交易有效性就是对完整的买入和卖出交易进行统计，查看每次交易的收益情况，其统计重点是每次交易是否盈利，这里用年收益率来表示。

在大智慧软件中选择“菜单”→“终端”→“公式管理”→“系统测试平台”命令，在弹出的“系统测试平台－选择方法”对话框中可以看到，系统测试平台可以对技术指标、新筛选器、条件选股、交易系统和组合条件5种分析方法进行系统测试，如图19-23所示。

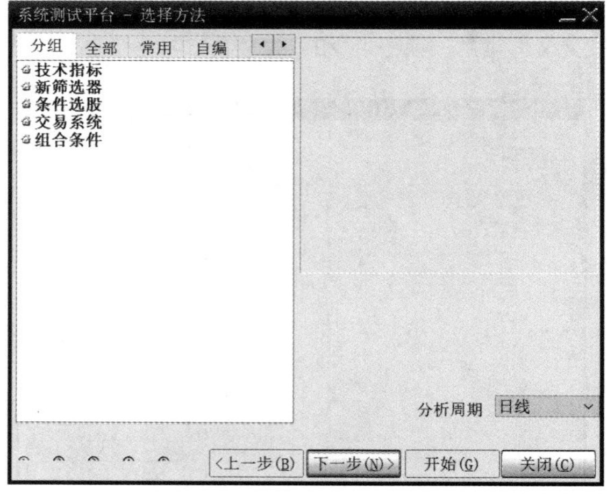

图19-23

19.2.1 系统测试过程

投资者除了要认真仔细地选股外，更重要的是要建立自己的交易系统，也就是出现什么情况买入底仓，出现什么情况加仓，在何时卖出止盈，在何时卖出止损。弄清楚资金进入和退出的规则之后，投资者就可以通过系统测试平台对自己设置的交易规则进行验证了。

系统测试平台的测试过程包括以下步骤：选择分析方法及参数设定、买入条件设定、平仓条件设定、市场模型和测试设置。

下面以BBI多空指数测试为例来介绍系统测试的过程。

❶ 选择“菜单”→“终端”→“公式管理”→“系统测试平台”命令，在弹出的“系统测试平台-BBI-选择方法”对话框中选择“技术指标”→“1.趋向指标”→“BBI多空指数”选项，然后对其算法进行设置，将分析周期设为日线，如图19-24所示。

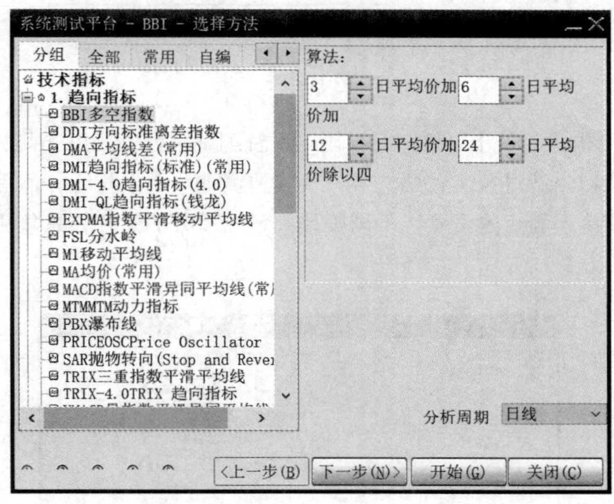

图19-24

❷ 单击“下一步”按钮，弹出“系统测试平台-BBI-买入条件”对话框，在该对话框中对测试时间段、买入规则和连续信号等进行设置，如图19-25所示。

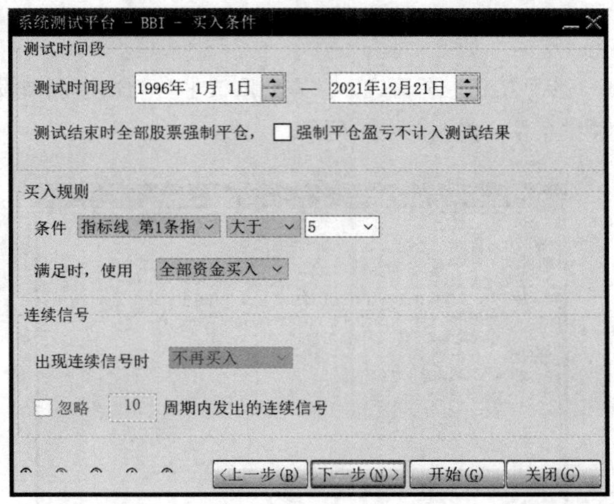

图19-25

❸ 完成买入条件设置后，单击“下一步”按钮，弹出“系统测试平台-BBI-平仓条件”对话框，在该对话框中，设定在什么条件下卖出股票，如图19-26所示。

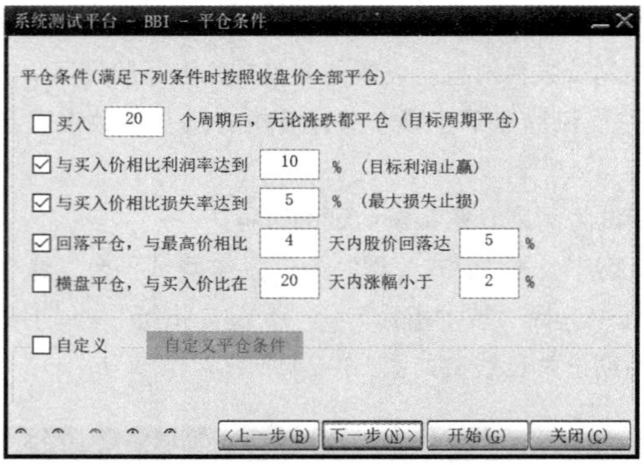

系统测试平台 - BBI - 平仓条件

平仓条件(满足下列条件时按照收盘价全部平仓)

☐ 买入 20 个周期后，无论涨跌都平仓（目标周期平仓）

☑ 与买入价相比利润率达到 10 %（目标利润止赢）

☑ 与买入价相比损失率达到 5 %（最大损失止损）

☑ 回落平仓，与最高价相比 4 天内股价回落达 5 %

☐ 横盘平仓，与买入价比在 20 天内涨幅小于 2 %

☐ 自定义 自定义平仓条件

<上一步(B) 下一步(N)> 开始(G) 关闭(C)

图 19-26

❹ 完成设置后，单击“下一步”按钮，弹出“系统测试平台 -BBI- 市场模型”对话框，在该对话框中，选择测试模型和测试对象。这里选中“单股票测试”单选按钮，然后设定每只股票投入的资金量，即对每只股票投入固定的资金，不同股票间设立单独的账户，只能用于购买该只股票，如图 19-27 所示。

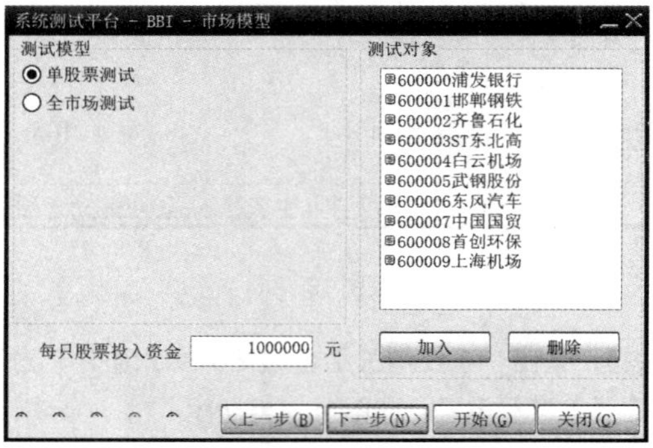

系统测试平台 - BBI - 市场模型

测试模型

◉ 单股票测试

○ 全市场测试

测试对象

600000浦发银行
600001邯郸钢铁
600002齐鲁石化
600003ST东北高
600004白云机场
600005武钢股份
600006东风汽车
600007中国国贸
600008首创环保
600009上海机场

每只股票投入资金 1000000 元

加入 删除

<上一步(B) 下一步(N)> 开始(G) 关闭(C)

图 19-27

❺ 完成后单击“下一步”按钮，即可进入“系统测试平台 -BBI- 测试设置”对话框，在该对话框中，显示刚刚设定的测试条件，如图 19-28 所示。

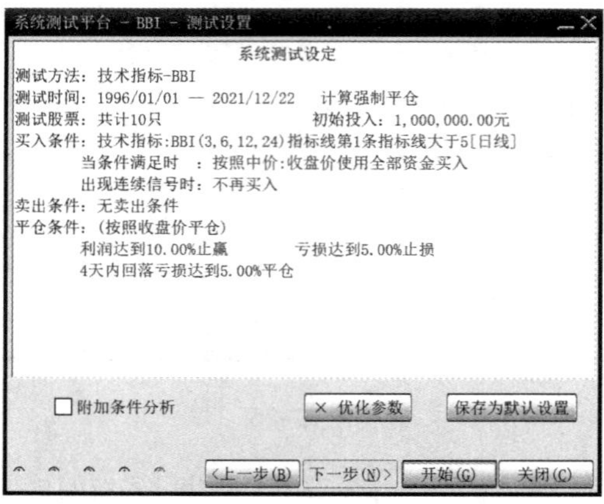

图 19-28

❻ 如果测试条件无误，单击“开始”按钮，此时系统开始根据设定的条件进行测试，并弹出“系统评价－技术指标－BBI”对话框。在该对话框中，显示系统测试的详细结果，如图19-29所示。

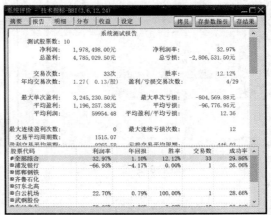

系统评价 － 技术指标-BBI(3,6,12,24)

摘要 报告 明细 分布 收益 设定 拷贝 存参数指引 存结果

系统测试摘要

测试股票数: 10
年回报率: 1.10% 年交易次数: 1.27次(0.13次/股票)
胜率: 12.12% 成功率: 29.86%
平均利润: 59954.48元 年均信号数量: 1046.64次
最大单次盈利: 3245230.50元 最大单次亏损: -804569.88元
交易次数: 33 盈利交易次数: 4 (占12.12%)

股票代码	利润率	年回报	胜率	交易数	成功率
全部综合	32.97%	1.10%	12.12%	33	29.86%
浦发银行	-66.93%	-4.17%	0.00%	1	26.06%
邯郸钢铁					
齐鲁石化					
ST东北高					
白云机场	22.70%	0.79%	100.00%	1	28.66%
武钢股份					

图19-29

从图19-29可知成功率仅为29.86%，这个成功率很低。投资者需要反复调试，将成功率提高至80%以上，才有可能在持续的交易中获利。当然，投资者在真正的投资交易过程中，还要结合基本面、资金面、消息面等因素综合判断。

19.2.2 测试结果分析

“系统评价－技术指标－BBI”对话框包括“摘要”“报告”“明细”“分布”“收益”“设定”6个选项卡，从对话框下方的股票列表中选择需要了解的股票，对话框上方将显示该股票的测试结果。

1. 摘要

“摘要”选项卡显示系统最重要的分析结果，主要包括年回报率、胜率和成功率等内容，将鼠标指针移到项目名称上，如“年回报率”，可以看到该项目的具体含义，如图19-30所示。

2. 报告

“报告”选项卡详细显示了每一次交易的详细情况，其中包括最大单次盈利、最大单次亏损以及最大连续盈利次数等，如图19-31所示。例如，选择“浦发银行”，则可以查看浦发银行的系统测试报告。

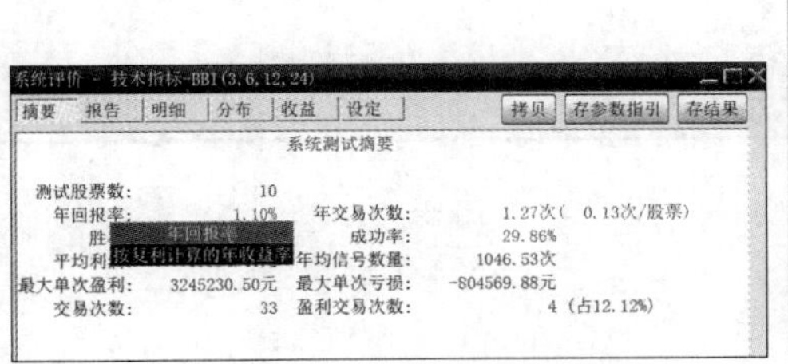

图19-30

系统评价 － 技术指标-BBI(3,6,12,24)

摘要 报告 明细 分布 收益 设定 拷贝 存参数指引 存结果

系统测试报告

测试股票数: 10
净利润: 1,978,498.00元 净利润率: 32.97%
总盈利: 4,785,029.50元 总亏损: -2,806,531.50元

交易次数: 33次 胜率: 12.12%
年均交易次数: 1.27(0.13/股) 盈利/亏损交易次数: 4/29

最大单次盈利: 3,245,230.50元 最大单次亏损: -804,569.88元
平均盈利: 1,196,257.38元 平均亏损: -96,776.95元
平均利润: 59954.48 平均盈利/平均亏损: 12.36

最大连续盈利次数: 0 最大连续亏损次数: 12
交易平均周期数: 1515.07

股票代码	利润率	年回报	胜率	交易数	成功率
全部综合	32.97%	1.10%	12.12%	33	29.86%
浦发银行	-66.93%	-4.17%	0.00%	1	26.06%
邯郸钢铁					
齐鲁石化					
ST东北高					
白云机场	22.70%	0.79%	100.00%	1	28.66%
武钢股份					

图19-31

3. 明细

“明细”选项卡详细显示了每一次交易的类型、价格、交易量和收益等，如图19-32所示。

4. 分布

“分布”选项卡中以图形显示的方式，形象、直观地展示了每次交易的盈亏情况，红色小圆圈表示盈利交易，绿色则表示亏损交易，如图19-33所示。

系统评价 - 技术指标-BBI(3,6,12,24)

摘要 | 报告 | 明细 | 分布 | 收益 | 设定 | 拷贝 | 存参数指引 | 存结果

时间	股票	类型	价格	交易量	收益
*98/03/23	上海机场	买入	10.30	96700	
*99/04/14	中国国贸	买入	6.62	150500	
*99/08/27	东风汽车	买入	6.99	142500	
*99/12/13	浦发银行	买入	25.92	38400	
*99/12/28	东风汽车	止损	4.76	-142500	-323,635.19
*00/01/07	东风汽车	买入	5.24	128600	
*00/01/14	东风汽车	止损	4.87	-128600	-52,132.50
*00/02/21	东风汽车	买入	5.48	113500	
*00/06/06	首创环保	买入	21.65	46000	
*03/06/09	白云机场	买入	9.12	109200	
*04/07/09	东风汽车	止损	4.87	-113500	-73,346.56
*04/09/24	东风汽车	买入	5.33	102900	
*04/09/29	东风汽车	止损	4.92	-102900	-45,880.50
*05/04/01	中国国贸	止损	4.96	-150500	-255,929.75
*05/04/18	中国国贸	买入	5.11	145100	

股票代码	利润率	年回报	胜率	交易数	成功率
全部综合	32.97%	1.10%	12.12%	33	29.86%
浦发银行	-66.93%	-4.17%	0.00%	1	26.06%
邯郸钢铁					
齐鲁石化					
ST东北高					
白云机场	22.70%	0.79%	100.00%	1	28.66%
武钢股份					

图19-32

系统评价 - 技术指标-BBI(3,6,12,24)

摘要 | 报告 | 明细 | 分布 | 收益 | 设定 | 拷贝 | 存参数指引 | 存结果

+54.09% | +27.04% | -0.00% | -27.04% | -54.09%

+3245230. | +1622615. | -0.00 | -1622615. | -3245230.

1996/01/01 | 2001/01/01 | 2006/01/01 | 2011/01/01 | 2016/01/01 | 2021/12/22

股票代码	利润率	年回报	胜率	交易数	成功率
全部综合	32.97%	1.10%	12.12%	33	29.86%
浦发银行	-66.93%	-4.17%	0.00%	1	26.06%
邯郸钢铁					
齐鲁石化					
ST东北高					
白云机场	22.70%	0.79%	100.00%	1	28.66%
武钢股份					

图19-33

5. 收益

“收益”选项卡中用曲线来表示历史收益情况，其中盈利状态和亏损状态分别以不同的颜色区分，红色表示处于盈利状态，绿色表示处于亏损状态，如图19-34所示。

6. 设定

“设定”选项卡显示了所设定的详细测试条件，包括测试方法、测试时间、初始投入、买入条件、卖出条件和平仓条件，如图19-35所示。

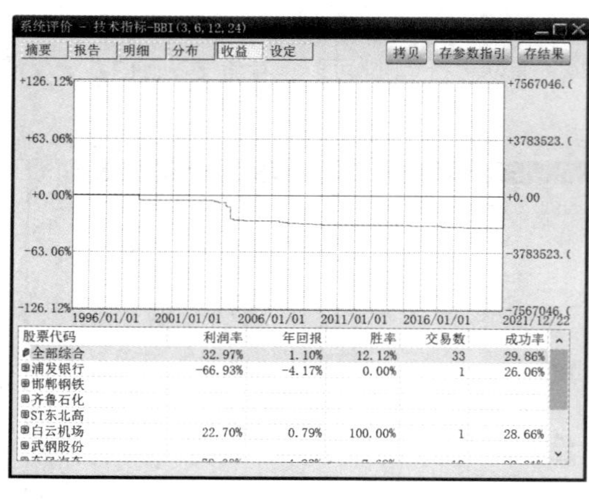

图19-34

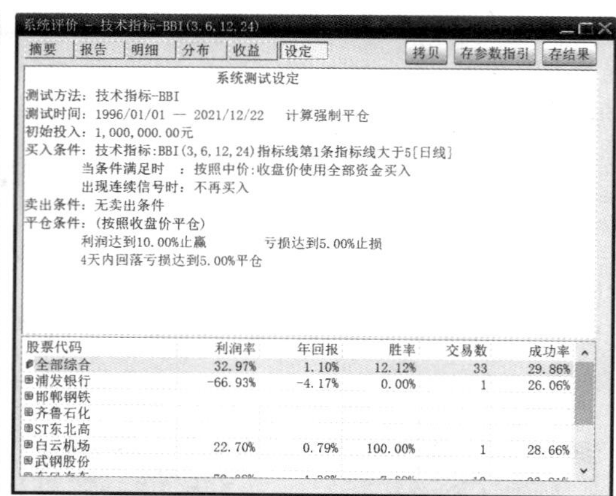

图19-35

19.2.3 保存参数指引

参数指引是指投资者经过测试确定的指定股票的最佳参数，保存参数指引就是将当前的参数保存到参数指引中。

单击“系统评价－技术指标－BBI”对话框右上方的“存参数指引”按钮，在弹出的“将当前参数保存到参数指引中”对话框中选择指定的股票，如图19-36所示。完成后单击“确定”按钮即可。

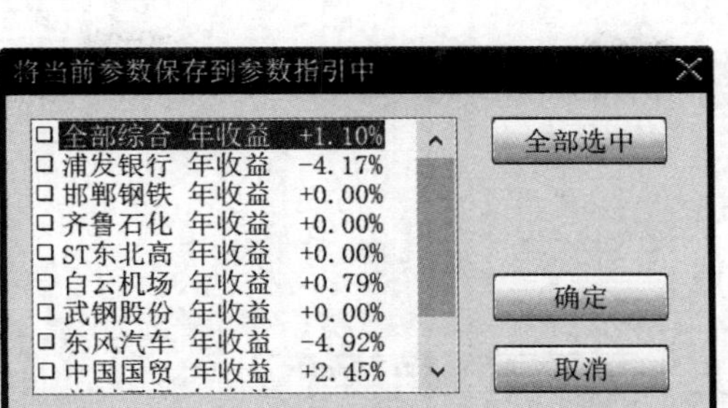

图19-36

19.2.4 复制和保存结果

如果需要将测试结果保存到计算机中，方便以后随时调用分析，可以单击“系统评价－技术指标－BBI”对话框右上方的“拷贝”或“存结果”按钮。

❶ 如果单击“拷贝”按钮，可将内容复制到剪贴板上，然后再选择合适的位置粘贴，如图19-37所示。

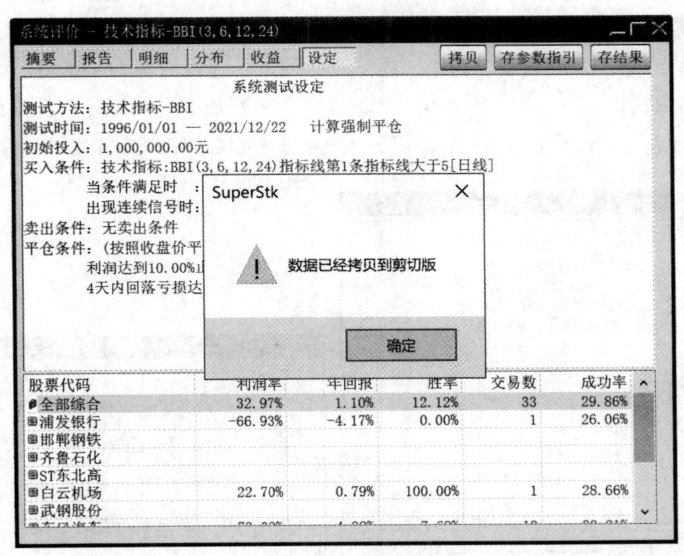

图19-37

❷ 如果单击“存结果”按钮，在弹出的“保存系统测评结果”对话框中设置保存文件的名称（后缀为.TST）和位置，完成后单击“保存”按钮，如图19-38所示。

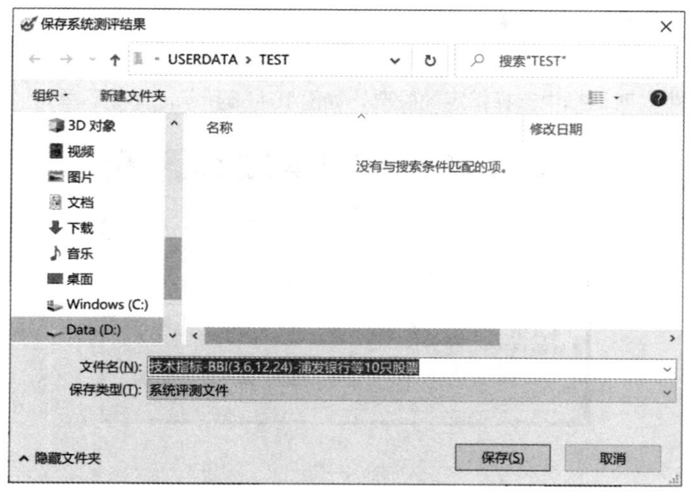

图 19–38

19.2.5 优化参数

优化参数功能有助于投资者找到最佳的参数，可在“系统测试平台 –BBI– 测试设置”对话框中单击“优化参数”按钮，如图 19–39 所示。

在弹出的“优化参数”对话框中，可以对其中的参数进行优化，将每个选中的参数从最小值到最大值逐一进行测试，每次变化的量由步长来决定。比如，设置最小值为 0，最大值为 100，优化步长为 20，则优化系统将该参数从最小到最大逐一进行测试，每次增量为步长值。图 19–40 所示的设置将对 2 个参数都测试 0、20、40、60、80、100 这 6 个参数值。如果对 2 个参数都进行优化，而每个参数都有 6 种变化，则总的测试次数为 6^2=36（次），3 个参数以上的优化以此类推。

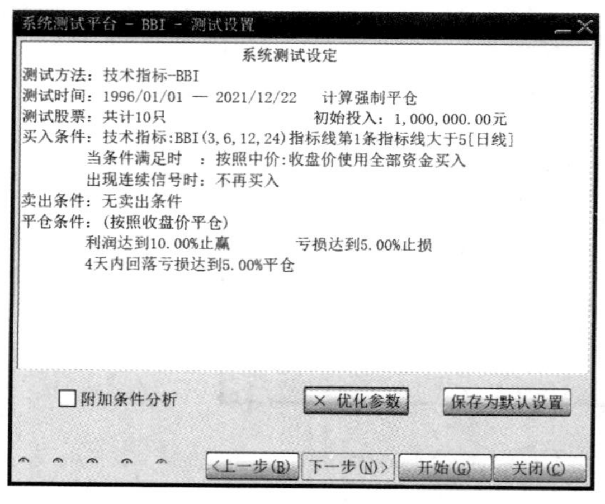

图 19–39

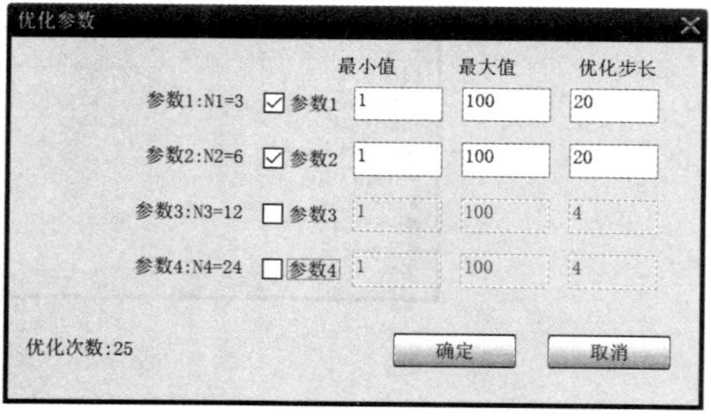

图 19–40

在“优化参数”对话框中，单击“确定”按钮，返回“系统测试平台 –BBI– 测试设置”对话框，如图 19–41 所示，单击“开始”按钮。

稍等片刻即可看到优化结果分析，系统采用图形式、列表式和三维式 3 种方式显示优化的结果，如图 19–42 所示。

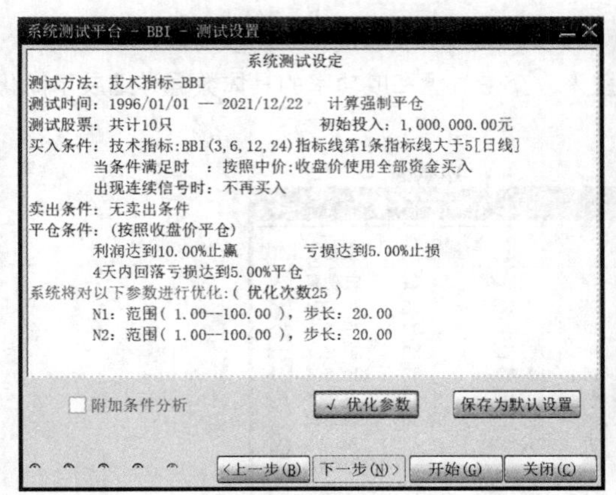

图 19-41

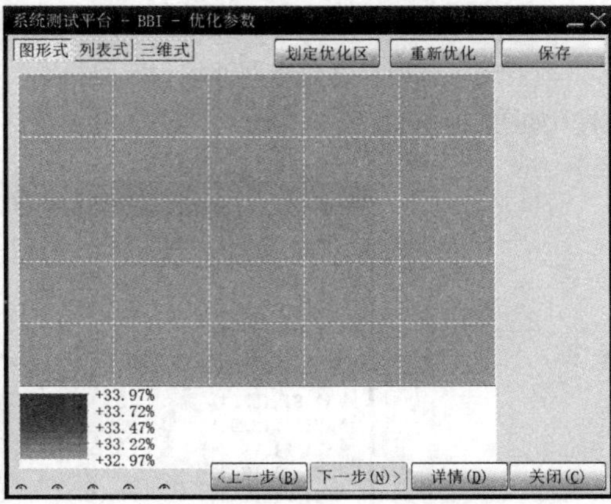

图 19-42

1. 图形式

在“图形式”选项卡中，系统从净利润率、年回报率、胜率、交易数量和成功率五方面来显示优化结果，如图 19-43 所示。

如果优化参数个数等于两个，则采用二维图来展示优化结果。例如图 19-42 中每一个小格表示一组参数的计算结果，位置表示参数值，颜色表示优化结果数值，x 方向表示参数 P1，y 方向表示参数 P2。如果优化参数大于两个，投资者可以选择 x 方向和 y 方向各表示哪个参数，其他参数通过拖动来进行设定。

如果取消 y 方向的显示或者优化参数只有一个，则优化结果的图形属于一维图形。

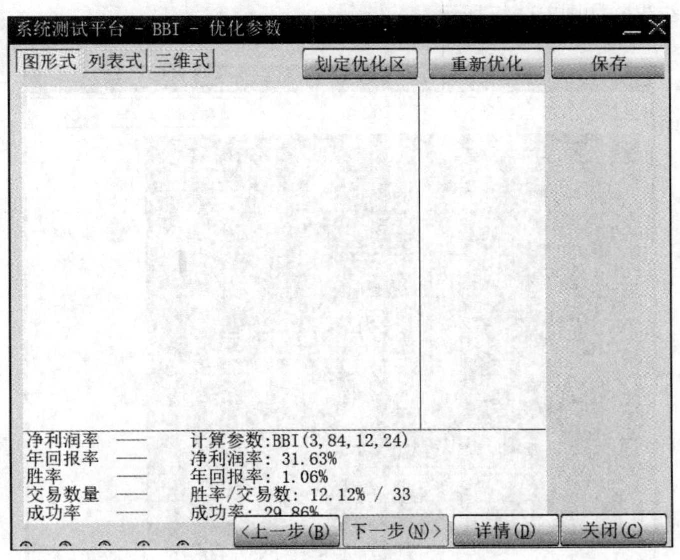

图 19-43

如果投资者对优化结果不满意，还可以单击“重新优化”按钮，打开“优化参数”对话框，重新设置优化参数。

如果需要对优化结果的某个区域进行精细优化，可以单击“划定优化区”按钮，拖动鼠标指针，在优化显示区中标注需要精细优化的矩形区域。

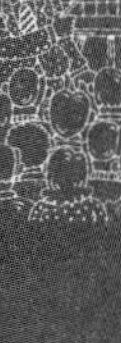

2. 列表式

"列表式"选项卡通过净利润率、年回报率、胜率、交易数量和成功率的具体数据详细展示优化结果，如图19-44所示。

系统测试平台 - BBI - 优化参数

图形式 列表式 三维式　　重新优化　保存

计算参数	利润率	年回报	胜率	交易数	成功率
(1, 1, 12, 24)	32.97%	1.10%	12.12%	33	29.86%
(1, 21, 12, 24)	32.97%	1.10%	12.12%	33	29.86%
(1, 41, 12, 24)	32.97%	1.10%	12.12%	33	29.86%
(1, 61, 12, 24)	32.97%	1.10%	12.12%	33	29.86%
(1, 81, 12, 24)	32.97%	1.10%	12.12%	33	29.86%
(21, 1, 12, 24)	32.97%	1.10%	12.12%	33	29.86%
(21, 21, 12, 24)	32.97%	1.10%	12.12%	33	29.86%
(21, 41, 12, 24)	32.97%	1.10%	12.12%	33	29.86%
(21, 61, 12, 24)	32.97%	1.10%	12.12%	33	29.86%
(21, 81, 12, 24)	32.97%	1.10%	12.12%	33	29.86%
(41, 1, 12, 24)	32.97%	1.10%	12.12%	33	29.86%
(41, 21, 12, 24)	32.97%	1.10%	12.12%	33	29.86%
(41, 41, 12, 24)	32.97%	1.10%	12.12%	33	29.86%
(41, 61, 12, 24)	32.97%	1.10%	12.12%	33	29.86%
(41, 81, 12, 24)	32.97%	1.10%	12.12%	33	29.86%
(61, 1, 12, 24)	32.97%	1.10%	12.12%	33	29.86%
(61, 21, 12, 24)	32.97%	1.10%	12.12%	33	29.86%
(61, 41, 12, 24)	32.97%	1.10%	12.12%	33	29.86%
(61, 61, 12, 24)	32.97%	1.10%	12.12%	33	29.86%

<上一步(B)　下一步(N)>　详情(D)　关闭(C)

图19-44

3. 三维式

在"三维式"选项卡中，系统从空间的角度来显示净利润率、年回报率、胜率、交易数量和成功率5方面的优化结果，如图19-45所示。

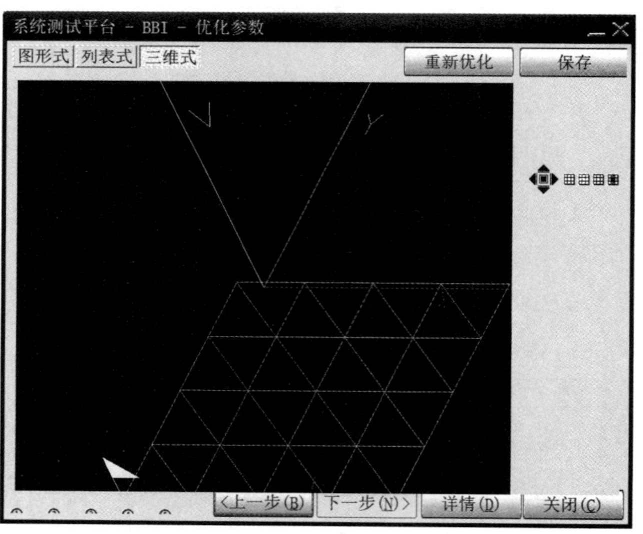

图19-45

单击"保存"按钮，在弹出的"保存优化结果"对话框中，选择合适的保存位置，如图19-46所示。

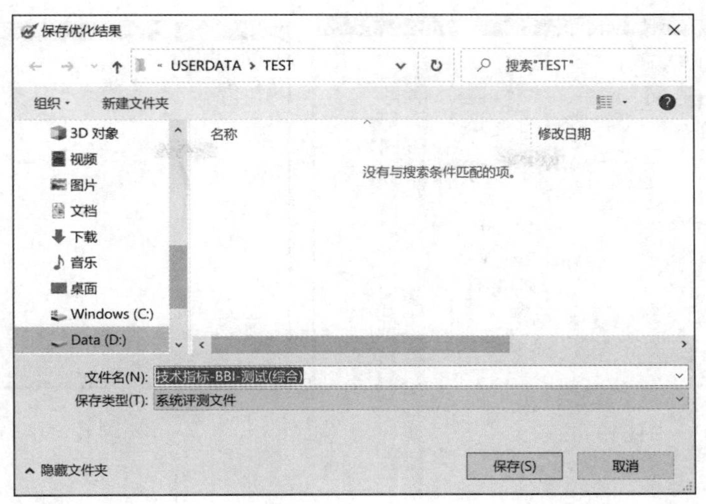

图 19-46

高手秘技

技巧 1　附加条件分析

附加条件分析是指对附加条件进行的测试。

❶ 在“系统测试平台 -BBI- 测试设置”对话框中选中“附加条件分析”复选框，然后单击“开始”按钮，如图 19-47 所示。

❷ 在弹出的“系统测试平台 -BBI- 附加条件分析”对话框中添加需要的附加条件，单击“新增条件”按钮，打开“选择指标”对话框，如图 19-48 所示。

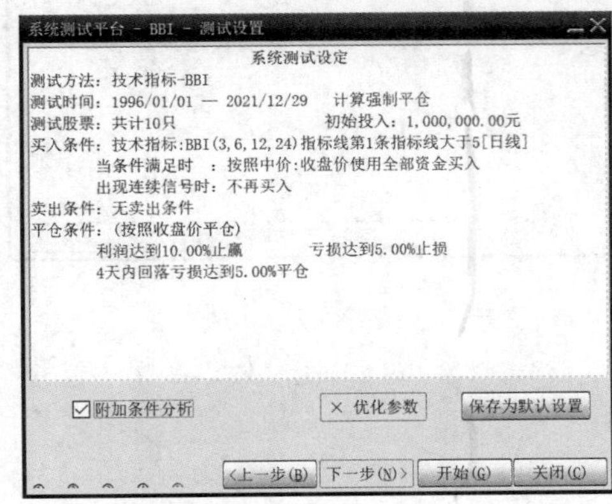

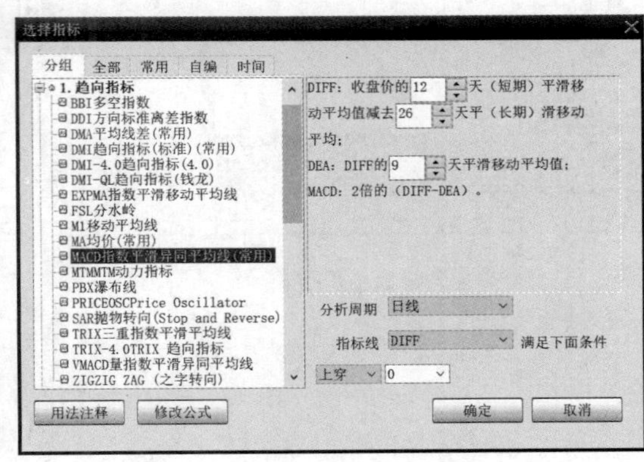

图 19-47　　　　　　图 19-48

❸ 在“选择指标”对话框中设置新增的条件，完成后单击“确定”按钮，如图 19-49 所示。

❹ 在“系统测试平台 -BBI- 附加条件分析”对话框中可以看到新添加并且已经被选中的附加条件，单击“计算”按钮即可看到测试结果，如图 19-50 所示。

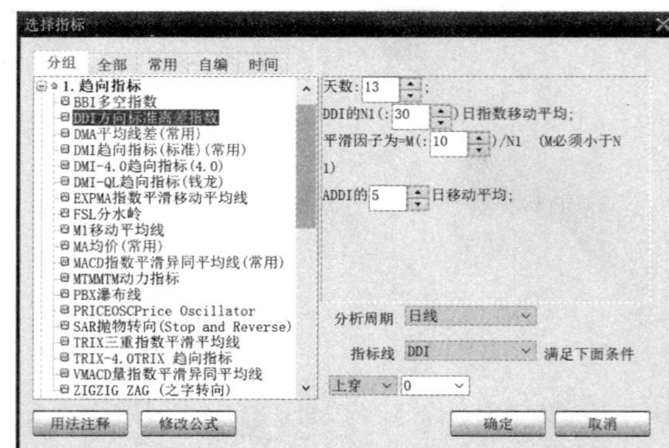

图 19-49

图 19-50

技巧2　打开测试文件

系统测试的结果和优化参数结果可以保存到本地计算机，使用系统的“打开测试文件”功能可以打开计算机中保存的测试结果和优化结果。

❶ 选择“菜单”→“终端”→“公式管理”→“打开测试文件”命令，在弹出的“系统测评文件”对话框中选择要打开的测试结果文件，单击“打开”按钮，如图 19-51 所示。

❷ 在弹出的“系统测试平台 -BBI- 优化参数”对话框中可看到测试结果，如图 19-52 所示。

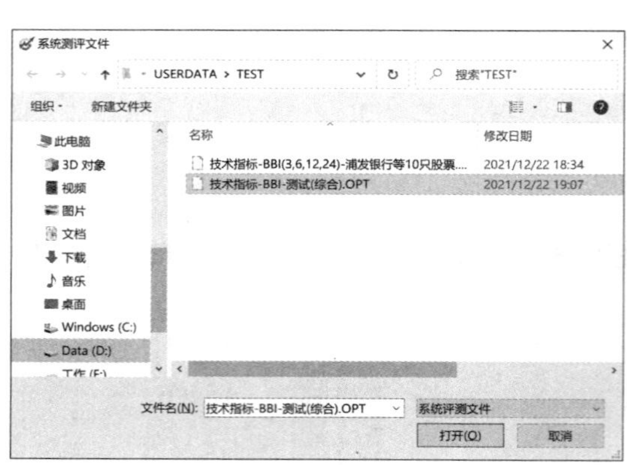

图 19-51

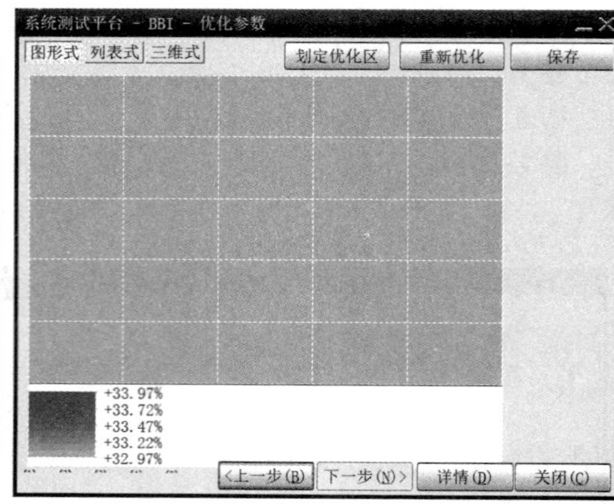

图 19-52